Assessment Center zur Potenzialanalyse

Wirtschaftspsychologie

Assessment Center zur Potenzialanalyse
hrsg. von Prof. Dr. Heinz Schuler

Herausgeber der Reihe:
Prof. Dr. Heinz Schuler

Assessment Center zur Potenzialanalyse

herausgegeben von
Heinz Schuler

Prof. Dr. Heinz Schuler, geb. 1945 in Wien. Studium der Psychologie und Philosophie in München, Promotion 1973 und Habilitation 1978 in Augsburg. Nach Auslandsaufenthalten 1979 Professor und Institutsvorstand in Erlangen, seit 1982 Inhaber des Lehrstuhls für Psychologie der Universität Hohenheim, daneben Wissenschaftlicher Leiter der S&F Personalpsychologie Managementberatung in Stuttgart. Autor mehrerer eignungsdiagnostischer Verfahren und Standardwerke der Organisations- und Personalpsychologie.

Bibliografische Information der Deutschen Nationalbibliothek

Die Deutsche Nationalbibliothek verzeichnet diese Publikation in der Deutschen Nationalbibliografie; detaillierte bibliografische Daten sind im Internet über http://dnb.d-nb.de abrufbar.

© 2007 Hogrefe Verlag GmbH & Co. KG
Göttingen · Bern · Wien · Paris · Oxford · Prag
Toronto · Cambridge, MA · Amsterdam · Kopenhagen
Rohnsweg 25, 37085 Göttingen

http://www.hogrefe.de
Aktuelle Informationen · Weitere Titel zum Thema · Ergänzende Materialien

Das Werk einschließlich aller seiner Teile ist urheberrechtlich geschützt. Jede Verwertung außerhalb der engen Grenzen des Urheberrechtsgesetzes ist ohne Zustimmung des Verlags unzulässig und strafbar. Das gilt insbesondere für Vervielfältigungen, Übersetzungen, Mikroverfilmungen und die Einspeicherung und Verarbeitung in elektronischen Systemen.

Gesamtherstellung: AZ Druck und Datentechnik GmbH, Kempten
Printed in Germany
Auf säurefreiem Papier gedruckt

ISBN: 978-3-8017-2035-3

Inhalt

Teil I: Gegenstand und Überblick

1 Assessment Center als multiples Verfahren zur Potenzialanalyse: Einleitung und Überblick 3

Heinz Schuler

    1.1 Gegenstand, Verbreitung und Einsatzzwecke 3
    1.2 Verfahrenselemente 5
    1.3 Historische Entwicklung 7
    1.4 Die methodische Wende 10
    1.5 Die Bedeutung der Multimodalität 15
    1.6 Die Kapitel dieses Bandes 21
    Literatur 33

2 Assessment Center-Forschung und -Anwendung: eine aktuelle Bestandsaufnahme 37

Filip Lievens und George C. Thornton III

    2.1 Aktuelle Entwicklungen in der Assessment Center-Anwendung 37
    2.2 Aktuelle Entwicklungen in der Assessment Center-Forschung 44
    2.3 Epilog 51
    Literatur 51

Teil II: Anforderungen, Dimensionen, Konstrukte

3 Arbeitsproben im Assessment Center 61

Yvonne Görlich

    3.1 Begriffsbestimmung 61
    3.2 Validität von Arbeitsproben und Assessment Centern 64
    3.3 Arbeitsproben zur Leistungsbeurteilung 65
    3.4 Arbeitsproben und Intelligenztests: Zusammenhang und inkrementelle Validität 66
    3.5 Fairness von Arbeitsproben 67
    3.6 Schlussfolgerung 67
    Literatur 68

4 Transparenz der Anforderungsdimensionen: ein Moderator der Konstrukt- und Kriteriumsvalidität des Assessment Centers 70

Martin Kleinmann, Klaus G. Melchers, Cornelius J. König und Ute-Christine Klehe

    4.1 Einleitung 70
    4.2 Intransparenz von Assessment Centern 71
    4.3 Konsequenzen der Intransparenz für die Bewertung 74
    4.4 Konsequenzen für die Konstruktvalidität 75
    4.5 Konsequenzen für die prädiktive Validität 76
    4.6 Diskussion und Ausblick 78
    Literatur 79

5 Methodenfaktoren statt Fehlervarianz: eine Metaanalyse der Assessment Center-Konstruktvalidität 81

David J. Woehr, Winfred Arthur Jr. und John Patrick Meriac

    5.1 Hintergrund 81
    5.2 Die vorliegende Studie 86
    5.3 Methode 87
    5.4 Ergebnisse 89
    5.5 Diskussion 95
    Literatur 100

6 Weshalb Assessment Center nicht in der erwarteten Weise funktionieren 109

Charles E. Lance

    6.1 Hintergrund 109
    6.2 Lösung des Konstruktvaliditätsproblems 112
    6.3 Konsequenzen 120
    Literatur 122

7 Assessment Center und Persönlichkeitstheorien 126

Hermann-Josef Fisseni und Ivonne Preusser

    7.1 Fragestellung und Untersuchungsziel 126
    7.2 Assessment Center als methodisches Instrument 127
    7.3 Gesamt-Assessment Center und Persönlichkeitsmodelle 128
    7.4 Moderator und Persönlichkeitstheorie 135
    7.5 Beobachter und Persönlichkeitstheorie 138
    7.6 Teilnehmer und Persönlichkeitstheorie 139
    7.7 Assessment Center-Übungen und Persönlichkeitstheorie 141
    7.8 Rückblick und Zusammenfassung 143
    Literatur 144

**8 Interpersonalität im Assessment Center:
Grundlagenmodelle und Umsetzungsmöglichkeiten** 147

Peter M. Muck und Stefan Höft

    8.1 Einleitung 147
    8.2 Interpersonalität im Assessment Center: Grundlagen 148
    8.3 Interpersonalität im Assessment Center: Umsetzung 156
    8.4 Zusammenfassung 165
    Literatur 165

Teil III: Kriterienbezogene Validität

9 Die prädiktive Validität des Assessment Centers – eine Metaanalyse ... 171

*George C. Thornton III, Barbara B. Gaugler, Douglas B. Rosenthal
und Cynthia Bentson*

    9.1 Problemstellung 171
    9.2 Methode 174
    9.3 Ergebnisse 179
    9.4 Diskussion 183
    9.5 Zusammenfassung und Schlussfolgerungen 187
    Literatur 188

**10 Kriterienbezogene Validität des Assessment Centers:
lebendig und wohlauf?** 192

Chaitra M. Hardison und Paul R. Sackett

    10.1 Literatursuche 193
    10.2 Kodierung 193
    10.3 Metaanalytisches Vorgehen 194
    10.4 Ergebnisse 196
    10.5 Diskussion 197
    Literatur 200

**11 Evaluation zweier Potenzialanalyseverfahren zur internen Auswahl
und Klassifikation** 203

*Yvonne Görlich, Heinz Schuler, Karlheinz Becker
und Andreas Diemand*

    11.1 Einleitung 203
    11.2 Zielsetzungen und Erwartungen 203
    11.3 Vorgehen 204
    11.4 Evaluation des Potenzialanalyseverfahrens „nach Bankkauf-
          mann" (PA2) 209

11.5 Evaluation des Potenzialanalyseverfahrens „Führung/komplexe
Beratung" (PA3) 217
11.6 Bewertung der Potenzialanalyseverfahren durch Teilnehmer
und Assessoren 223
11.7 Monetärer Nutzen des Einsatzes der Potenzialanalyseverfahren 229
11.8 Fazit 231
Literatur 232

Teil IV: Reliabilitätssicherung

12 Reliabilität und Trainingseffekt 235
Grete P. Amaral und Heinz Schuler

12.1 Einführung 235
12.2 Retestreliabilität und Paralleltest-Reliabilität des Assessment
Centers 238
12.3 Trainierbarkeit von Assessment Center-Einzelverfahren 238
12.4 Trainierbarkeit der Assessment Center-Gesamtleistung 240
12.5 Einfluss von Assessment Center-Vorerfahrung und Vorbereitung
auf die Assessment Center-Leistung 241
12.6 Schlussfolgerungen und Diskussion 250
Literatur 252

13 Entwicklung paralleler Rollenspiele 256
Yvonne Görlich, Heinz Schuler und Ingo Golzem

13.1 Theoretische Überlegungen 256
13.2 Ausgangssituation und Zielsetzung 256
13.3 Vorgehen 258
13.4 Erarbeitung von parallelen Rollenspielen 259
13.5 Erste Expertenbefragung 259
13.6 Empirische Parallelitätsprüfung 262
13.7 Ergebnisse der zweiten Expertenbefragung 270
13.8 Fazit 272
Literatur 273

14 Die Assessment Center-Bewertung als Ergebnis vieler Faktoren: Differenzierung von Einflussquellen auf Assessment Center- Beurteilungen mithilfe der Generalisierbarkeitstheorie 274
Stefan Höft

14.1 Mangelhafte Assessment Center-Konstruktvalidität:
ein Befund mit vielen möglichen Ursachen 274
14.2 Zielsetzung der Arbeit und Grundprinzip der Herangehensweise 275

14.3 Informationen zum analysierten Assessment Center 281
14.4 Ergebnisse der Generalisierbarkeitsstudien 284
14.5 Zusammenfassung und Schlussfolgerungen zur Assessment Center-
     Konstruktvalidität 291
Literatur 292

Teil V: Anwendungsbereiche

15 Potenzialanalysen als Grundlage von Personalentscheidungen in einer Dienstleistungsorganisation 297
Heinz Schuler, Karlheinz Becker und Andreas Diemand

15.1 Zielsetzung und Grundkonzeption 297
15.2 Anforderungsanalyse 300
15.3 Anforderungsdimensionen 301
15.4 Eignungsdiagnostische Verfahren 301
15.5 Verfahrensüberprüfung 309
15.6 Bestimmung der Eignung für die Tätigkeitsbereiche 310
15.7 Ergebnisinformation für die Personalverantwortlichen und
     individuelle Rückmeldung an die Teilnehmer 311
Literatur 311

16 Assessment Center zur Auswahl von Verkehrsflugzeugführern 313
Stefan Höft und Claudia Marggraf-Micheel

16.1 Einführung 313
16.2 Anforderungen an Flugzeugführer 314
16.3 Das DLR-Auswahlprogramm für Nachwuchsflugzeugführer 317
16.4 Qualitätssicherung des Auswahlprogramms 321
16.5 Aktuelle Problemstellungen in der (DLR-)Diagnostik 326
Literatur 327

**17 Vorauswahlmethoden für Assessment Center:
    Referenzmodell und Anwendung** 330
Patrick Mussel, Andreas Frintrup, Klaus Pfeiffer und Heinz Schuler

17.1 Nutzen von Vorauswahlverfahren 330
17.2 Verfahren der Vorauswahl 331
17.3 Projektbeschreibung und Prozess 334
17.4 Stichprobe 336
17.5 Ergebnisse 338
17.6 Diskussion 341
Literatur 342

**18 Assessment Center als Auswahlverfahren zur Entsendung von
   Mitarbeitern ins Ausland** 346

Filip Lievens

    18.1 Hintergrund der Studie 347
    18.2 Methode 349
    18.3 Ergebnisse 352
    18.4 Diskussion 355
    Literatur 357

19 Interkulturelle Unterschiede in der Assessment Center-Anwendung ... 359

Diana E. Krause, Diether Gebert und George C. Thornton III

    19.1 Anforderungsanalyse und Anforderungsdimensionen 362
    19.2 Art der Übungen 366
    19.3 Beobachterpool, Beobachtersysteme und Beobachtertraining 367
    19.4 Transparenz für die und Information der Assessment Center-
           Teilnehmer sowie der Feedbackprozess 370
    19.5 Evaluation des Assessment Centers 374
    19.6 Ausblick 376
    Literatur 376

Die Autorinnen und Autoren des Bandes 379

Personenverzeichnis 381

Sachverzeichnis 391

Teil I:
Gegenstand und Überblick

1 Assessment Center als multiples Verfahren zur Potenzialanalyse: Einleitung und Überblick

Heinz Schuler

Das Assessment Center nimmt aus unterschiedlichen Gründen eine Sonderstellung unter den berufseignungsdiagnostischen Verfahren ein. Es handelt sich um ein *multiples* Verfahren, es wird häufiger als andere eignungsdiagnostische Methoden auch für *interne* Personalentscheidungen eingesetzt, seine Einsatzhäufigkeit hat in den beiden letzten Jahrzehnten stärker zugenommen als die anderer Verfahren, das Assessment Center wird vornehmlich von eignungsdiagnostischen Laien durchgeführt, und sein Durchführungsaufwand ist erheblich größer als der jedes anderen eignungsdiagnostischen Verfahrens. Deshalb lässt sich seine Popularität weniger durch seine psychometrische Qualität erklären als durch Funktionen, die andere Auswahlverfahren nicht in gleichem Maße zu bieten haben.

Im Folgenden wird zunächst eine kurze Gegenstandsbestimmung vorgenommen, und es werden die Verwendungshäufigkeit, Einsatzzwecke und Verfahrenskomponenten des Assessment Centers aufgezeigt. Im Anschluss daran wird die Herkunft dieses Verfahrenstypus dargelegt; hierbei werden einige Verfahrensdetails aufgezeigt, die für die spätere Diskussion der Frage „Welche Elemente sollen Bestandteil eines Assessment Centers sein?" von Bedeutung sind. Im Weiteren werden zentrale methodische Probleme angesprochen, die derzeit im Assessment Center-Kontext erforscht und diskutiert werden. Die wichtigsten dieser Probleme werden in den weiteren Kapiteln dieses Bandes behandelt und teilweise neuen Lösungen zugeführt. Deshalb kann sich der letzte Teil dieser Einleitung dem Überblick über die weiteren Beiträge dieses Bandes widmen.

1.1 Gegenstand, Verbreitung und Einsatzzwecke

Assessment Center ist der Name einer multiplen Verfahrenstechnik, zu der mehrere eignungsdiagnostische Instrumente oder leistungsrelevante Aufgaben zusammengestellt werden. Ihr Einsatzbereich ist die Einschätzung aktueller Kompetenzen oder die Prognose künftiger beruflicher Entwicklung und Bewährung. Sie wird deshalb sowohl zur Auswahl künftiger Mitarbeiter wie auch als Beurteilungs- und Förderinstrument eingesetzt. Charakteristisch für Assessment Center ist, dass mehrere Personen (etwa 4 bis 12) gleichzeitig als Beurteilte daran teilnehmen und dass auch die Einschätzungen von mehreren Beurteilern (im Verhältnis etwa 1 Beurteiler: 2 Beurteilten) vorgenommen werden. Die Beurteilergruppe besteht vor allem aus Linienvorgesetzten (typischerweise zwei Hierarchieebenen über der Zielebene der zu Beurteilenden) sowie aus Psychologen und Mitarbeitern des Personalwesens. Die Einschätzungen erfolgen üblicherweise dimensionenbezogen (d.h. Verhaltensbeobachtungen werden Eignungsmerkmalen zugeordnet). Abschließend werden die Beurteilungen durch Diskussion unter den Beurteilern

(„Assessoren") oder auf statistischem Wege aggregiert und in vielen Fällen als Feedback und evtl. als Entwicklungsempfehlung den Teilnehmern mitgeteilt. Die Durchführungsdauer weist eine große Streubreite von wenigen Stunden bis zu einer ganzen Woche auf. Wie in einigen Beiträgen dieses Bandes berichtet wird (z. B. Kap. 15), sind bei geeigneter Konzeption alle wesentlichen Informationen innerhalb eines Tages erhebbar.

Verschiedentlich wird heute der Begriff Assessment Center auch für Diagnosen verwendet, denen nicht eine Mehrzahl von Personen, sondern allein Individuen unterzogen werden. Dieses Bemühen, von der attraktiven Begriffsassoziation auch für Individualdiagnosen zu profitieren, ist verständlich, aber semantisch unzweckmäßig. Eine gemäßigte terminologische Variante ist das „Einzel-Assessment", gegen das nichts zu sagen wäre, wenn es nicht nach Unkenntnis dessen klänge, dass psychologische Diagnostik seit Anbeginn ihrer systematischen Existenz, also seit gut einem Jahrhundert, üblicherweise die Form der Individualdiagnostik hat und nicht eine Sonderform der wesentlich jüngeren Gruppenverfahren darstellt.

Gelegentlich werden auch internetgestützte Verfahren als Assessment Center bezeichnet. Gewöhnlich trifft auf sie aber nicht zu, was die Besonderheit des Assessment Centers gegenüber anderen Diagnoseformen ausmacht. Bei technischer Weiterentwicklung – oder auch in konsequenter Nutzung der bereits bestehenden technischen Möglichkeiten – wäre aber eine Durchführung auch interaktiver Verfahren auf diesem Wege – etwa in Form einer Videokonferenz – denkbar (wobei zu berücksichtigen wäre, dass sich hierdurch die Anforderungscharakteristik möglicherweise verändert). Eine systematische Gegenüberstellung des Assessment Centers mit anderen multiplen Diagnoseverfahren nimmt Kleinmann (2003) vor.

Gelegentlich wird das Fehlen einer Eindeutschung des Namens „Assessment Center" beklagt. „Multiples eignungsdiagnostisches Beurteilungsverfahren" wäre vielleicht eine Benennung, die das Wesen der Sache trifft; aber weder ist ihr die marktgemäße begriffliche Prägnanz des englischen Wortpaares eigen, noch scheint dieses beim derzeitigen fortgeschrittenen Stand der Verbreitung überhaupt durch eine deutsche Bezeichnung ablösbar zu sein. So wollen wir also, ungeachtet gewisser Ungereimtheiten bei der Deklination im Deutschen, uns auch weiterhin dieses Terminus technicus bedienen und uns mit dem Gedanken trösten, dass auch Beethovens Bemühung erfolglos war, den Namen des zu seiner Zeit noch *Fortepiano* genannten Musikinstruments mit „Starkschwach-Tastenkasten" einzudeutschen.

In den 70er Jahren waren es in Deutschland erst eine Hand voll Unternehmen, die sich des Assessment Centers zur Auswahl und Entwicklung von Mitarbeitern bedienten. In einer eigenen Umfrage aus dem Jahr 1983 gaben 20 % von 120 befragten großen und mittleren Unternehmen an, diese Methode einzusetzen – vor allem bei Führungskräften und Trainees. Eine erneute Befragung ergab 1990 eine Steigerung auf 39 % (Schuler, Frier & Kauffmann, 1993; N = 105), um sich schließlich in der jüngsten Erhebung (Schuler, Hell, Trapmann, Schaar & Boramir, in Druck) auf 57,6 % zu steigern (Daten von 2003, N = 125). Diese Steigerung ist insofern bemerkenswert, als zu allen drei Befragungszeitpunkten das Assessment Center von den Verwendern als die aufwendigste und damit am wenigsten praktikable Methode von allen verglichenen Verfahrenstypen eingestuft wurde. Durchschnittlich werden in deutschen Großunternehmen Assessment Center 8-mal pro Jahr zur Personalauswahl und 6,5-mal zur Personalentwicklung eingesetzt (Kanning, Pöttker & Gelléri, in Druck).

Während Thornton und Byham (1982) die Auswahl und Entwicklung von Führungskräften als mit 95 % der Anwendungsfälle dominierende Zielsetzung des Assessment Centers angeben, bestand die bevorzugte Zielgruppe in deutschen Unternehmen über die letzten beiden Dekaden hinweg aus Hochschulabsolventen (v. a. Trainees). Die Einsatzzwecke des Assessment Centers sind vielfältig, die wichtigsten dürften sein:
– Auswahl externer Bewerber,
– interne Personalauswahl und -klassifikation,
– Laufbahnplanung,
– Trainingsbedarfsanalyse,
– Beurteilung, insbesondere Potenzialbeurteilung,
– Unternehmerdiagnose und Nachfolgeplanung,
– Ausbildungsberatung,
– Teamentwicklung,
– Berufsberatung,
– berufliche Rehabilitation,
– Arbeitsplatzgestaltung,
– Forschung.

Die Popularität des Assessment Centers würde allerdings nicht ausreichend verständlich, hielte man sich ausschließlich an die genannten „manifesten" Zielsetzungen dieser Diagnosemethode. Denn diese Ziele werden, wie die nachfolgend erläuterten Validitätswerte zeigen, nur in sehr begrenztem Maße erreicht. Vorteile des Verfahrens werden vielmehr auch in „latenten" Funktionen gesehen (vgl. Schuler, 1987), wie im Gewinn eines Überblicks über den Nachwuchs, über Leistungsstand und Defizite im Unternehmen (und zwar nicht nur im Hinblick auf Personen, sondern auch auf Organisationseinheiten, Programme, Führungsstile etc.), in der Gelegenheit zu verhaltensbezogenen Formulierungen von Anforderungen und Leistungsniveaus, in der Betonung der Bedeutung von Personalplanung und Personalentwicklung, der Möglichkeit, Aspekte der Unternehmenskultur zu diskutieren und zu inszenieren, die Teilnehmer mit den Anforderungen – auch sozialpsychologischer Art – einer Führungstätigkeit vertraut zu machen, ihre Selbsteinschätzung zu verbessern und ihnen die Gelegenheit zum sozialen Vergleich zu bieten. Schließlich scheint die Aufgabe des Beobachtens im Assessment Center nicht nur ein gutes Beurteilertraining darzustellen, sondern sogar der Erfüllung weiterer Aufgaben einer Führungskraft dienlich zu sein (Lorenzo, 1984) und überdies deren Selbstverständnis entgegenzukommen. Eine gründliche Erörterung dieser latenten Funktionen des Assessment Centers findet sich bei Neuberger (2002) und – in kritischer Perspektive – bei Kompa (2004).

1.2 Verfahrenselemente

Eine Vielzahl von Aufgabentypen wurde im Assessment Center-Kontext eingesetzt, einige wurden speziell hierfür entwickelt. Ein Großteil dieser Verfahren wird in der Literatur dokumentiert (z. B. Development Dimensions, 1977; Fisseni & Fennekels, 1995; Jeserich, 1981; Kleinmann, 2003; Lattmann, 1989; Obermann, 1992; Sarges, 2001; Sünderhauf, Stumpf & Höft, 2005; Thornton, 1992; Thornton & Byham, 1982). Vor allem

werden in der Literatur simulations- oder arbeitsprobenartige Verfahren beschrieben. Klassischerweise werden im Assessment Center allerdings Aufgaben unterschiedlichster Kategorien eingesetzt, darunter v. a.:
- individuell auszuführende Arbeitsproben und Aufgabensimulationen (v. a. Organisations-, Planungs-, Entscheidungs-, Controlling- und Analyseaufgaben),
- Gruppendiskussionen mit und ohne Rollenvorgabe,
- sonstige Gruppenaufgaben mit Wettbewerbs- und/oder Kooperationscharakteristik,
- Vorträge und Präsentationen,
- Rollenspiele (meist dyadisch, z. B. Verkaufsgespräch, Mitarbeitergespräch),
- Interviews (neuerdings v. a. in strukturierter Form),
- Selbstvorstellung,
- Entscheidungssimulationen (häufig in computergestützter Form),
- Fähigkeits- und Leistungstests,
- Persönlichkeits- und Interessentests,
- biografische Fragebogen.

Die Entscheidung, welche Art von Einzelverfahren im Assessment Center eingesetzt wird, ist nicht nur eine Frage des individuellen Anwendungsfalles, sondern spiegelt auch das Begriffsverständnis wider: Wird „Assessment Center" als multiples Verfahren verstanden, in dessen Rahmen bestmöglicher Gebrauch von der Vielfalt eignungsdiagnostischer Untersuchungsmöglichkeiten gemacht werden soll (z. B. Schuler, 2006), wird man es als unnötige Restriktion ansehen, dieses Instrument nur mit einer bestimmten Klasse von Einzelverfahren zu bestücken und stattdessen das Prinzip der inkrementellen Validität (Welches Verfahren erbringt einen zusätzlichen Validitätsbeitrag?) zum Maßstab der Gestaltung machen. Ordnet man demgegenüber das Assessment Center ganz den simulationsorientierten Verfahren der Personalauswahl zu (z. B. Höft & Funke, 2006), so beschränkt sich die Verfahrenspalette auf arbeitsprobenartige Diagnoseformen wie Diskussionen, Rollenspiele, Präsentationsaufgaben und Entscheidungssimulationen.

Soweit diese Benennungsentscheidung nur als terminologische Frage aufgefasst wird, ist sie relativ unerheblich. (Gegebenenfalls werden die nicht zum engen Assessment Center-Begriff gezählten Verfahrenstypen gesondert durchgeführt wie in dem in Kapitel 16 dieses Bandes vorgestellten Beispiel.) Wird demgegenüber, wie verschiedentlich praktiziert, der normative Anspruch erhoben, die Diagnose der Berufseignung grundsätzlich auf Verfahrenselemente zu beschränken, die der Verhaltensbeobachtung zugänglich und damit auch für eignungsdiagnostische Laien nachvollziehbar sind, so beschränkt man die Qualität berufsbezogener Diagnosen auf unvertretbare Weise.

Was die Benennung der im Assessment Center eingesetzten Einzelverfahren anbelangt, findet sich in den meisten deutschsprachigen Publikationen die Bezeichnung „Übungen" – ganz analog zum englischen Terminus „exercises". Von Übungen wird insbesondere dann gesprochen, wenn es sich um Aufgaben handelt, die Verhaltensbeobachtungen ermöglichen, also z. B. Rollenspiele; in vielen Fällen wird die Bezeichnung aber auch auf alle in ein Assessment Center einbezogenen Verfahren ausgedehnt, also auch auf Tests, Interviews etc. Demgegenüber werden vom Herausgeber dieses Bandes die Bezeichnungen „Aufgaben" oder „Verfahren" präferiert, was eher dem Prüfungs- oder Diagnosecharakter dieser Einheiten gerecht wird. Nach allgemeinem Sprachgebrauch wird als „Übung" ein Trainingselement, nicht aber eine Prüfungsaufgabe bezeichnet – ungeachtet dessen, ob die Konsequenz der Prüfung eine Auswahlentscheidung oder eine Maßnahme der Personalentwicklung ist. Die Vermutung liegt nahe, dass die Fehlbezeichnung in euphemistischer Absicht gewählt wird; sie suggeriert gewissermaßen, es handle sich beim Assessment Center nicht um die diagnostische Grundlage einer Entwicklungsmaßnahme, sondern um die Entwicklungsmaßnahme selbst. Dies trifft gemäß der Datenlage (vgl. Kap. 12) nicht zu. Der Herausgeber und die meisten Autoren dieses Bandes sprechen deshalb im Folgenden von Aufgaben, Verfahren, manchmal auch von Assessment Center-Elementen, Einzelaufgaben etc. Den Autoren wurde aber selbstverständlich die Freiheit eingeräumt, diese Einheiten wahlweise auch als Übungen zu bezeichnen.

1.3 Historische Entwicklung

Vorläufer des heutigen Assessment Centers finden sich erstmals ab 1926/27 in der Weimarer Republik zur Offiziersauswahl der Reichswehr. Das „Rundgespräch", bis heute als – zumeist führerlose – Gruppendiskussion ein Hauptmerkmal des Assessment Centers, wurde 1926 von Rieffert eingeführt, der von 1920 bis 1931 für die „Psychotechnik" im Heer zuständig war. Zu Beginn dieser Entwicklung wurden sowohl „psychotechnische" Methoden, wie sie im militärischen Bereich bereits bekannt und bewährt waren, als auch „charakterologische" Verfahren zur Erfassung der Persönlichkeit angewandt, wobei die charakterologischen Aspekte gegenüber den elementaristischen Teilfunktionsprüfungen später immer wichtiger wurden (Fritscher, 1985). Die Verbreitung psychologischer Methoden zur Auswahl militärischen Führungspersonals war nicht nur auf die Weimarer Republik beschränkt. So berichtet Hofstätter in einem Brief an von Renthe-Fink, dass er im Österreich der frühen 30er Jahre Intelligenztests, Gymnastikaufgaben, Exploration, Fragebogen und Leistungsproben eingesetzt habe (von Renthe-Fink, 1985, S. 98).

Der Ablauf der Prüfung erfolgte gewöhnlich dergestalt, dass gleichzeitig fünf bis acht Offiziersbewerber zwei bis zweieinhalb Tage lang verschiedenen Diagnostikverfahren unterzogen wurden. Hierbei wurden u. a. Intelligenztests, Sprechanalysen, physiognomische Aufnahmen und graphologische Tests sowie, als „situative" Methoden, „Testverfahren", „Befehlsreihe", „Führerprobe", „Exploration" und „Rundgespräch" durchgeführt. Als Datengrundlage für die Urteilsfindung dienten neben biografischen Daten („Lebenslaufanalyse") die „Ausdrucksdiagnostik", Leistungstests („Geistesanalysen") oder Interessenstests (vgl. Fritscher, 1985, S. 434 f.). Eine Exploration hatte zum Ziel, „in einem ganzheitlichen Akt den charakterologischen Gehalt des (Prüflings) zu erfassen" (Kreipe, 1936, S. 105; zitiert nach Fritscher, 1985, S. 436). Neben einer eher neutralen „analytischen" Exploration wurden auch „taraktische" Explorationen vorgenommen, Vorläufer der „Streßinterviews", wie sie dann vor allem vom Office of Strategic Services (OSS) systematischer eingesetzt wurden. Die „Führerprobe" bestand z. B. darin, einer Gruppe im Vortrag ein definiertes Problem zu erklären oder über ein Thema frei zu sprechen. Auch Aufgaben zur Ermittlung körperlicher Belastbarkeit und motorischen Geschicks waren von den Prüflingen zu bewältigen. Das Verfahren endete mit einer Schlussbetrachtung der Prüfergruppe, üblicherweise bestehend aus zwei Offizieren, einem Sanitätsoffizier/Psychiater, zwei Psychologen und einem „Hilfspsychologen".

Über den ersten umfangreichen Einsatz der multiplen Auswahlprozedur in den USA berichtet eine Dokumentation der Beurteilergruppe des Office of Strategic Services, einer

Vorläuferorganisation des CIA. Hauptziel war die Auswahl und das Training von Agenten für Europa und Südostasien (u. a. Ceylon, Indien, China) im militärischen Konflikt mit den Achsenmächten Deutschland und Japan, wobei insbesondere für den Aufbau und die Unterstützung von Widerstandsgruppen Führungsqualitäten unerlässlich schienen. Unter Mitarbeit einer großen Zahl bereits damals oder später namhafter Psychologen – unter ihnen Bronfenbrenner, Fiske, Murray, Newcomb und Tolman – war die Planung und Durchführung des Auswahlprogramms gleichzeitig als Validierungsstudie angelegt. Als Prüfungsaufgaben wurden vornehmlich solche gewählt, die man für Simulationen künftiger Tätigkeiten hielt. Die besondere Schwierigkeit bestand in der Ungewissheit bezüglich dieser Tätigkeiten, zumal vielfältige Einsatzbereiche in unterschiedlichen Kulturkreisen vorgesehen waren. Zusätzlich zu den Simulationsaufgaben wurden eine größere Zahl standardisierter Tests sowie ein biografischer und ein Gesundheitsfragebogen eingesetzt. Die Durchführung der Übungen war für die Kandidaten teilweise dadurch erschwert, dass sie eine falsche Identität aufrecht erhalten mussten. Auch in Belastungssituationen durften sie sich nicht in Widersprüche verwickeln (hier dürfte ebenfalls ein Ursprung des ominösen „Streßinterviews" liegen). Dieses Datenmaterial wurde allerdings nicht konsequent psychometrisch verwertet, sondern diente vor allem als Grundlage eines Interviews. Als Kriterium der Validierung dienten retrospektiv vorgenommene Leistungsbeurteilungen, deren geringe Reliabilität und Streuung die Autoren des Berichts beklagen (Office of Strategic Services Assessment Staff, 1948). Trotzdem wurden Validitätswerte in jener Höhe erzielt, die sich später als typisch für das Assessment Center herausstellen sollten (Schuler, 1989).

Zur Einsicht, dass multiple Messungen mit verschiedenen Verfahren in verschiedenen Situationen und die Einschätzung durch mehrere unabhängige Beurteiler für die Qualität und Tiefe psychologischer Diagnosen von großem Wert sein können, leistete auch Murrays *Clinical and experimental study of fifty men of college age*, die Basis seiner Persönlichkeitstheorie (Murray, 1938), einen großen Beitrag. Teilweise war diese Arbeit sogar die unmittelbare Grundlage der OSS-Verfahrensweisen, an denen Murray als leitender Psychologe beteiligt war. Für Interessierte stellen sowohl der Bericht des Office of Strategic Services Assessment Staff (1948) als auch Murrays persönlichkeitspsychologisch-diagnostisches Werk (Murray, 1938) eine fruchtbare Lektüre dar. Eine einfacher zugängliche Quelle, in der das OSS-Verfahren sowie weitere militärische Anwendungen relativ ausführlich geschildert werden, ist die Monografie von Thornton und Byham (1982).

Nicht die erste, aber fraglos die für die spätere Verbreitung dieses Instruments bedeutendste frühe Assessment Center-Studie im zivilen Bereich war die ab 1956 in der American Telephone and Telegraph Company (AT & T) durchgeführte *Management Progress Study* (Bray, Campbell & Grant, 1974). Hierbei wurden 422 bereits beim Unternehmen beschäftigte Nachwuchs-Führungskräfte mit einer großen Anzahl psychologischer Tests untersucht und mit Simulationsaufgaben wie Postkorbaufgabe, Wirtschaftsspiel und führerloser Gruppendiskussion konfrontiert, daneben kamen Interviews und biografische Fragebogen zur Anwendung.

Ausgangspunkt der Aufgabensammlung in der AT & T-Studie war eine Liste von 25 mutmaßlich wichtigen Eigenschaften, Fähigkeiten und Werthaltungen erfolgreicher Manager – allerdings nicht auf der Basis von Anforderungsanalysen erstellt. Die Beurteiler stuften die Kandidaten nach gründlicher Diskussion bezüglich jedes dieser 25 Merkmale ein und gaben Einschätzungen ab, ob die Beurteilten im Laufe der darauffolgenden

10 Jahre in das mittlere Management aufrücken würden und sollten. Beurteilungen und Karriereerwartungen wurden später mit dem tatsächlichen Karriereerfolg verglichen. Die Ergebnisse zeigten hohe Vorhersageleistungen des Gesamtverfahrens, wobei die prognostische Validität vor allem auf die Arbeitsproben und die kognitiven Leistungstests zurückgingen, während Persönlichkeitstests und Interviews nur einen geringen Beitrag leisteten (vgl. Tab. 1 aus Schuler, 1989, S. 119).

Tabelle 1: Trefferquoten und Validitätskoeffizienten für die Prognosen der Management Progress Study bei AT & T (Daten kompiliert aus Howard, 1981 [nach Thornton & Byham, 1982] sowie aus Bray & Grant, 1966)

Prädiktor: Assessment Center		Kriterium: Führungsposition			
Einschätzung der Beurteiler: Erreicht der Kandidat das Mittlere Management innerhalb von 10 Jahren?	N	nach 8 Jahren		nach 16 Jahren	
		mit College	ohne College	mit College	ohne College
Ja	103	64 %	40 %	89 %	63 %
Nein oder fraglich	166	32 %	9 %	66 %	18 %
Validitätskoeffizient		.46	.46	.33	.40

Im Anschluss an die Verfahrens- und Validitätsdemonstration bei AT & T nahm die Nutzung des Assessment Centers zur Auswahl von Führungskräften, später auch für andere Positionen, speziell in nordamerikanischen Unternehmen, stetig zu. Auch in Großbritannien fand das Assessment Center in den 70er und 80er Jahren bereits rege Verbreitung, während es in anderen europäischen Ländern zu dieser Zeit noch weitgehend unbekannt war. Über die Verwendungshäufigkeit in deutschen Unternehmen wurde in Abschnitt 1.1 bereits berichtet; der Vergleich einiger europäischer Länder zum Zeitpunkt 1990 ist Tabelle 2 zu entnehmen (berichtet wird hier über die Auswahl externer Bewerber; bei internen Personalentscheidungen bietet sich ein ähnliches Bild).

Die Literatur zum Assessment Center hat in den vergangenen Jahrzehnten rasch an Umfang gewonnen. Hervorzuheben ist insbesondere das einflussreiche Werk von Thornton und Byham (1982), das weltweit Anregung für den Einsatz dieses Verfahrens sowie Grundlage anderer Veröffentlichungen war. Die ersten deutschsprachigen Publikationen zum Thema erfolgten etwa ab 1980, wobei das Buch von Jeserich (1981) viele potenzielle Anwender auf den Verfahrenstypus Assessment Center aufmerksam machte. Schuler und Stehle (1983) weisen unter dem Stichwort „soziale Validität" auf eine Qualität eignungsdiagnostischer Verfahren hin, die bis dato wenig Aufmerksamkeit gefunden hatte und die ihnen beim Assessment Center günstiger ausgeprägt schien als bei den meisten anderen Auswahlverfahren: die Information der Kandidaten über Tätigkeitsanforderungen, die Transparenz von Diagnose und Entscheidung, Partizipation und Möglichkeiten der Verhaltenskontrolle sowie offene und faire Urteilskommunikation (als Möglichkeit zum sozialen Vergleich sowie als direktes, konstruktives Feedback). In dieser Hinsicht wurde das Assessment Center wegweisend auch für andere eignungsdiagnostische Verfahren und für die Gestaltung von Personalauswahlprozessen.

Tabelle 2: Einsatzhäufigkeiten des Assessment Centers im Jahr 1990 (Daten nach Schuler, Frier & Kauffmann, 1993)

	N	Ungelernte Arbeiter	Auszubildende		Facharbeiter	Angestellte ohne Führungsaufgaben	Trainees	Führungskräfte		
			technisch	kaufmännisch				untere	mittlere	obere
Deutschland	105	0	0	11	3	9	40	14	15	12
Großbritannien	19	0	14	15	0	0	56	41	35	24
Benelux	21	0	11	9	0	0	0	13	12	20
Frankreich	21	0	10	0	0	0	33	16	5	0
Spanien	25	0	0	0	0	0	0	0	10	20

Anmerkungen: Befragt wurden große und mittlere Unternehmen. Angaben in Prozent der Unternehmen, die die jeweilige Berufsgruppe beschäftigen.

1.4 Die methodische Wende

Wissenschaftlich am Assessment Center Interessierte wurden 1982 durch eine Mitteilung von Sackett und Dreher aufgeschreckt. Kerngehalt ihrer Entdeckung war, dass es den Beurteilern nicht gelingt, innerhalb einer Aufgabe zwischen den verschiedenen Anforderungsdimensionen zu unterscheiden, dass sie also ein Gesamturteil pro Aufgabe abgeben anstelle der erwarteten differenzierten Einschätzung. Gleichzeitig zeigte sich geringe Übereinstimmung der Einschätzungen des jeweils gleichen Merkmals über verschiedene Aufgaben hinweg: Beispielsweise ergab sich eine Nullkorrelation zwischen den Beurteilungen des „Geschicks im Umgang mit Mitarbeitern", das in den verschiedenen Aufgaben gezeigt wurde. Die Originaldaten von Sackett und Dreher (1982) sind in Tabelle 3 wiedergegeben. Zu erkennen ist die minimale durchschnittliche Korrelation („Grand M") für die Beurteilungsdimensionen ($r = .074$) über die Aufgaben hinweg, die eigentlich hoch ausfallen sollte, sowie die theoriewidrig hohe durchschnittliche Korrelation der dimensionsbezogenen Beurteilungen innerhalb jeder der Einzelaufgaben ($r = .638$).

Campbell und Fiske hatten bereits 1959 ein Verfahren vorgeschlagen, die Konstruktvalidität diagnostischer Messungen zu bestimmen, die sog. Multitrait-Multimethod-Matrix, abgekürzt MTMM (Campbell & Fiske, 1959). Im Sinne dieser MTMM ist bei dem von Sackett und Dreher analysierten Datensatz weder das Erfordernis der *konvergenten* noch das der *diskriminanten Validität* erfüllt, die *Konstruktvalidität* ist also gering.

Nun ist der Begriff der Konstruktvalidität – der Frage danach, was mit einem diagnostischen Verfahren eigentlich gemessen wird – nicht mit der Konvergenz und Differenzierung von Korrelationsdaten im Sinne der MTMM erschöpft (der Schluss also vielleicht etwas zu weitgehend), aber konvergente und diskriminante Validität stellen zweifellos essenzielle Erfordernisse dar, und die Entdeckung stellt geradezu die rationale Rekonstruierbarkeit dessen in Frage, was im Assessment Center getan wird. Sollte die Seman-

Tabelle 3: Konvergente und diskriminante Validität im Datensatz A von Sackett und Dreher (1982, S. 404)

Dimension or exercise	Mean r
Dimension	
Oral communication	.21
Written communication	–.09
Interpersonal skills with subordinates	.00
Giving work assignments	.00
Analytical skills	.08
Organizing skills	.13
Organizational acumen	.19
Grand M	.074
Exercise	
In-basket	.56
Group	.74
Oral communication	.71
Written communication	.61
Role play (1)	.64
Role play (2)	.57
Grand M	.638

tik der Merkmalsbezeichnungen eine Differenzierung suggerieren, die nicht der Realität der Urteilsbildung entspricht?

Bemerkenswerterweise wurde die Praxis der Assessment Center-Anwendung dadurch nicht besonders beeinflusst. Heute, nach 25 Jahren weiterer Forschung, muss man sagen, die Praxis hatte nicht Unrecht, sich nicht allzu sehr beunruhigen zu lassen, denn einige nachfolgende Arbeiten – z. B. Guldin und Schuler (1997) sowie Kleinmann (1997) – zeigten, dass ein Teil der verwirrenden Ergebnisse darauf zurückgeht, dass die Anforderungsdimensionen den verschiedenen Aufgaben nicht gleichermaßen angemessen sind, sich also auch nicht gleich gut beobachten lassen (siehe hierzu auch Lance, in diesem Band). Auch ist nicht auszuschließen, dass die verschiedenen Dimensionen etwas Unterschiedliches bedeuten, wenn sie mit verschiedenen Verfahren erfasst werden, dass es also eine Verflechtung von Merkmal und Methode gibt.

Eine weitere mögliche Schlussfolgerung klingt möglicherweise noch etwas radikaler: Könnte es nicht sein, dass in den Assessment Center-Matrizen und erst recht auf den Beurteilungsblättern der Assessoren gewissermaßen nur „Oberflächenmerkmale" verzeichnet sind, deren Benennungen relativ beliebige Vereinbarungen darstellen? Was stattdessen wirklich beurteilt wird, sind vielleicht „Grundmerkmale", die gewissermaßen „hinter dem beobachteten Verhalten stehen". Dies würde jedenfalls neueren Theorien der sozialen Urteilsbildung entsprechen, die annehmen, der Eindruck von einem Menschen komme nicht in Form einer Synthese vieler Einzelbeobachtungen – Verhaltensbeobachtungen – zu Stande, sondern als Globalurteil in Form weniger genereller Kategorien. Die Beurteilung der Verhaltensmerkmale könnte dann bereitwillig den terminologischen Vorgaben folgen, die sich einer oberflächlichen Phänomenologie leicht fügen, ohne deshalb den Fokus der Eindrucksbildung wesentlich anpassen zu müssen.

Eine naive landläufige Meinung scheint darin zu bestehen, die Assessoren im Assessment Center beobachteten und beurteilten gerade das, was ihnen auf den Beurteilungsblättern vorgegeben wird. Steht da „Kooperationsfähigkeit", beurteilen sie Kooperationsfähigkeit, lautet die Anweisung, beschränken Sie sich auf singuläre beobachtbare Verhaltensweisen, trennen Sie Beobachtung und Bewertung und achten Sie nur auf den Blickkontakt, so fügen sich die Assessoren auch dieser Anweisung und tun, wie ihnen geheißen. Könnte es nicht sein, dass sie (1) nicht willens oder nicht in der Lage sind, Beobachtung und Beurteilung zu trennen (eine Erkenntnis, die schon auf die Gestaltpsychologie zu Anfang des zwanzigsten Jahrhunderts zurückgeht), und/oder dass sie sich (2) vielleicht auch an den genereller formulierten Merkmalen („Kooperationsfähigkeit") weniger orientieren als an ihren eigenen Annahmen darüber, welche Eigenschaften erfolgsrelevant sind – zumal wenn sie als Führungskräfte des betreffenden Unternehmens mit den Anforderungen und Erfolgsvoraussetzungen auf ihre Weise vertraut sind. Diese Annahmen wiederum könnten Unternehmensspezifisches enthalten, dürften zu einem guten Teil aber an einigen allgemeinen, zuvor als Grundmerkmale apostrophierten Eigenschaften orientiert sein.

Scholz und Schuler (1993) führten eine Metaanalyse durch – also eine statistische Reanalyse einer größeren Zahl von Einzelstudien –, um diese Frage zu klären.

In die Analysen gingen 51 Studien mit 66 Datensätzen und insgesamt 22.106 Teilnehmern ein. Den ersten Teil des Ergebnisses zeigt Tabelle 4, nämlich das Ausmaß der Übereinstimmung der Assessment Center-Beurteilungen mit dem Ergebnis von Intelligenztests.

Der Wert $\rho = .43$ bedeutet: Das Merkmal, das am stärksten in das Assessment Center-Gesamtergebnis eingeht, ist Intelligenz. Nun gehen in das Assessment Center-Gesamtergebnis auch Ergebnisse von Planspielen, Postkörben u. Ä. ein, teilweise sogar die Ergebnisse der Intelligenztests selbst. Dadurch wäre es nicht sehr verwunderlich, wenn im Gesamtergebnis auch die Intelligenz der Teilnehmer zum Ausdruck kommt. Also gilt die zweite Prüfung einer Aufgabe, die in aller Regel nicht zur Messung der Intelligenz angelegt ist, nämlich der Gruppendiskussion.

Der zweite Teil der Tabelle zeigt, dass das bemerkenswerte Ergebnis offenbar auch für das Resultat der Gruppendiskussion gilt. Das heißt, die Assessoren haben die Kandidaten nach ihren geistigen Fähigkeiten beurteilt, obwohl sie hierzu in aller Regel nicht aufgefordert werden. (In wenigen Fällen wird „Ausdrucksfähigkeit" eingeschätzt. Dass zur Gruppendiskussion nicht nur verbale, sondern auch numerische Intelligenz besonders viel beitragen soll, mag zunächst erstaunen. Es klärt sich aber, wenn man daran denkt, dass innerhalb des g-Faktors der Intelligenz diese beiden Hauptfaktoren am meisten bei-

Tabelle 4: Ergebnisse der Metaanalyse für Intelligenztests (Scholz & Schuler, 1993, S. 77)

	N	Zahl unabhängiger Stichproben	r	ρ	SD	90 % Konfidenzintervall (artefaktkorrigiert)	Varianzaufklärung durch Artefakte in %
Assessment Center (Overall Assessment Rating)							
Allgemeine Intelligenz	17.373	28	.33	.43	.12	.24–.62	16.73
Numerische Intelligenz	11.525	17	.28	.36	.08	.24–.48	30.78
Verbale Intelligenz	12.957	22	.30	.40	.08	.26–.53	30.00
Gruppendiskussion							
Allgemeine Intelligenz	1.591	12	.32	.46	.11	.28–.64	62.70
Numerische Intelligenz	758	8	.21	.30	.17	.03–.57	46.26
Verbale Intelligenz	1.323	12	.28	.41	.08	.27–.55	75.53

tragen und mittelhoch korreliert sind. Assessment Center und Gruppendiskussion erfassen offenbar diesen g-Faktor, also allgemeine Intelligenz.)

Welche nicht kognitiven Persönlichkeitsmerkmale sind ausschlaggebend für das Abschneiden im Assessment Center? Das Ausmaß der Übereinstimmung der Beurteilungen mit dem Ergebnis von Persönlichkeitstests gibt Tabelle 5 wieder.

Die große Bedeutung kognitiver Fähigkeiten für den Eindruck der Beurteiler im Assessment Center kommt auch dann zum Ausdruck, wenn man nicht, wie bei Scholz und Schuler (1993), die Beziehung zwischen Testergebnissen und OAR ermittelt, sondern die prognostische Validität von Beurteilungsdimensionen prüft: In einer metaanalytischen Auswertung dieser Fragestellung kommen Arthur, Day, McNelly und Edens (2003) auf einen korrigierten Validitätskoeffizienten von $\rho = .39$ für die Dimension „Problem solving" (was einer Einschätzung der allgemeinen Intelligenz durch die Beurteiler nahekommt). Die weiteren Urteilsdimensionen konnten diesem Wert nur wenig inkrementelle Validität hinzufügen (den einzigen nennenswerten Beitrag leistete die Dimension „Influencing others" mit 3 % zusätzlich aufgeklärter Kriterienvarianz).

Nicht die breiten Persönlichkeitsmerkmale spiegeln sich im Gesamtergebnis wider, die faktorenanalytisch bestimmten Globalmerkmale Extraversion, Neurotizismus etc., sondern v. a. einige enger definierte Eigenschaften, nämlich Dominanz, Leistungsmotivation, soziale Kompetenz und Selbstvertrauen. Diese Aspekte scheinen den Assessoren aufzufallen, und sie sind es, von denen das Abschneiden im Assessment Center abhängt.

Interessanterweise gehören alle diese Merkmale zu jenen, die sich als allgemein berufserfolgsrelevante Eigenschaften herausgestellt haben, die also relativ unabhängig von den spezifischen Anforderungen von Nutzen sind, sowohl Intelligenz als auch die

Tabelle 5: Ergebnisse der Metaanalyse für Persönlichkeitstests (Scholz & Schuler, 1993, S. 79)

	N	Zahl unabhängiger Stichproben	r	ρ	SD	90 % Konfidenzintervall (artefaktkorrigiert)	Varianzaufklärung durch Artefakte in %
Assessment Center (Overall Assessment Rating)							
Neurotizismus	909	8	−.12	−.15	.00	−.15 − −.15	100,00
Extraversion	1.328	10	.10	.14	.13	−.08 − .36	43,40
Offenheit	631	5	.07	.09	.08	−.04 − .22	69,62
Verträglichkeit	871	7	−.05	−.07	.00	−.07 − −.07	100,00
Gewissenhaftigkeit	494	4	−.05	−.06	.00	−.06 − −.06	100,00
Maskulinität	335	2	.09	.12	.00	.12 − .12	100,00
Dominanz	909	8	.23	.30	.06	.21 − .40	82,39
Locus of Control	176	2	.12	.16	.00	.16 − .16	100,00
Leistungsmotivation	613	5	.30	.40	.14	.18 − .63	41,91
Soziale Kompetenz	572	7	.31	.41	.17	.13 − .70	39,02
Selbstvertrauen	601	6	.24	.32	.08	.18 − .45	71,67

genannten nicht kognitiven Persönlichkeitsmerkmale (Schuler, 1996). Wenn sich also die Assessoren nur sehr eingeschränkt an die Beurteilungsvorgaben halten, so könnte es sein, dass sie dabei die prognostische Validität auf ihrer Seite haben.

Die Entdeckung von Sackett und Dreher (1982) war also insofern bemerkenswert, als sie aufzeigte, dass Urteilsprozesse im Assessment Center nicht gemäß den Vorgaben der Verfahrenssteuerer erfolgen. Dieses Ergebnis wurde nachfolgend viele Male bestätigt (vgl. Höft & Bolz, 2004). Die Behauptung allerdings, hiermit einen Mangel an Konstruktvalidität nachzuweisen, ist nur in dem eingeschränkten Sinne richtig, als sich dieser Konstruktbegriff auf die terminologischen Vorgaben der Beobachtungs- oder Beurteilungsformulare bezieht. Deren Angemessenheit steht aber durchaus in Frage: Guldin und Schuler (1997) konnten zeigen, dass konvergente wie diskriminante Validität bei aufgabenrelevanten Merkmalen höher ausfallen als bei weniger relevanten. Bezeichnet man als Konstrukte diejenigen Merkmale (Eigenschaften und Verhaltensweisen), von denen der Berufserfolg – und bei validen Aufgaben also auch das Abschneiden in diesen – abhängt, so besteht keine Veranlassung, mangelnde Konstruktvalidität zu beklagen. Die typischen Assessment Center-Beurteilungsdimensionen sollten jedenfalls nicht mit Eigenschaften gleichgesetzt werden, wie sie in der Persönlichkeitstheorie gemessen werden (Höft & Schuler, 2001).

Die vorherrschende Interpretation unter Assessment Center-Forschern ist allerdings bis heute die der geringen Konstruktvalidität. Dementsprechend gilt ihr methodisches Bemühen Versuchen, durch schärfere Begriffsfassung, engere Aufmerksamkeitsfokussierung der Beobachter (Beschränkung auf wenige Merkmale und/oder Teilnehmer), gründlicheres Training und andere Maßnahmen die Konvergenz und Diskriminanz der Urteile zu verbessern. Die Metaanalyse von Woehr, Arthur und Meriac (in diesem Band) zeigt, dass diesen Versuchen nur sehr eingeschränkt Erfolg beschieden ist. Lance (in diesem Band) plädiert deshalb dafür, den mehrfach – auch schon von Sackett und Dreher (1982) – vorgebrachten Vorschlag ernst zu nehmen und nicht die üblichen Dimensionen, sondern *Aufgaben* oder *Rollen* als Einheiten der Teilnehmerbeurteilung im Assessment Center zu verwenden.

1.5 Die Bedeutung der Multimodalität

Für verschiedene eignungsdiagnostische Verfahrenstypen hat die Forschung der letzten Jahrzehnte sowie die Nutzung der Anwendungserfahrung zu methodischen Verbesserungen geführt. Vor allem das Einstellungsinterview ist dadurch zu einem Auswahlverfahren geworden, das hinsichtlich seiner Validität in Konkurrenz zu den besten anderen Diagnosemethoden treten kann (zusammenfassend Schuler, 2002). Für das Assessment Center gilt dies leider nicht: Die oben beschriebene klassische AT & T-Studie hat mit einem (unkorrigierten!) Validitätswert von $r = .46$ Maßstäbe gesetzt, an denen man sich gern orientiert hat. Demgegenüber zeigte schon die Metaanalyse von Thornton et al. (1987 und in diesem Band) mit dem messfehlerkorrigierten Wert $\rho = .37$ auf, dass die Erwartungen etwas enger gesteckt werden müssen. Hardison und Sackett (in diesem Band) kommen schließlich bei der Analyse neuerer Studien nur noch zu einem Durchschnittswert von $\rho = .26$ (die besser vergleichbaren unkorrigierten Werte lauten .29 und .22). Aktuelle Reliabilitätsschätzungen (z. B. Kleinmann, 1997; Kelbetz & Schuler, 2002) liegen mit $r =$ um .40 erheblich unter den in der Literatur der 70er Jahre genannten von $r =$ um .70. Überdies wird dem Assessment Center-Gesamtwert nur eine minimale inkrementelle Validität ($r = .02$) über Intelligenztests hinaus attestiert (Schmidt & Hunter, 1998); ähnlich gering fiel die inkrementelle Validität simulationsorientierter Einzelaufgaben untereinander in einer Studie von Goldstein, Yusko, Braverman, Brent Smith und Chung (1998) aus. Die verbreitete Behauptung, das Assessment Center weise zwar gute prognostische, aber unzulängliche konstruktbezogene Validität auf, ist also nicht nur im zweiten Aussageteil fragwürdig, sondern, entscheidender noch, auch im ersten.

Wie ist erklärlich, dass ein eignungsdiagnostisches Verfahren nach fünfzig Jahren Forschung und weitester Anwendungserfahrung heute schlechter dasteht als vor einem halben Jahrhundert? Dass die Literatur – insbesondere die für die Praxis verfasste – überreich ist an Innovationsangeboten, die empirischen Daten hingegen immer unzulänglicher ausfallen?

Die Antwort, die hier angeboten werden kann, lautet: Das Assessment Center bleibt aufgrund der methodischen Unzulänglichkeiten, durch die seine Konzeption und Anwendung vielfach gekennzeichnet ist, weit hinter den Möglichkeiten zurück, die dieses Diagnoseverfahren grundsätzlich bietet. Zu den methodischen Unzulänglichkeiten gehört Verschiedenes, was in den nachfolgenden Beiträgen angesprochen wird – Verzicht auf eine fundierte Anforderungsanalyse, geringe Reliabilität der Einzelverfahren, Missverhältnis der Anzahl von Aufgaben und Beurteilungsdimensionen, unzureichende diagnostische Qualifikation der Beurteiler, Verzicht auf Verfahrensevaluation. (Die Orientierung an den Qualitätsstandards der DIN 33430 ist für Assessment Center ebenso relevant wie für andere eignungsdiagnostische Verfahren. Neuerdings wird von Kersting, 2006, hierfür ein „DIN SCREEN" angeboten.) Verbesserungen dieser Faktoren lassen bereits erheblichen Nutzenszuwachs erwarten.

Das wichtigste Defizit üblicher Assessment Center aber ist ein darüber hinausgehendes, grundsätzliches: die methodische Einseitigkeit der eingesetzten Aufgaben. Präsentationsaufgaben, Gruppendiskussionen und ähnliche Verfahren bieten die Gelegenheit zur Verhaltensbeobachtung, was insbesondere von den als Beobachtern beteiligten Führungskräften und Personalleuten geschätzt wird. Erlaubt diese Beobachtungsgelegenheit ausreichend reliable (d. h. von Fehlereinflüssen nicht stark verzerrte) Einschätzungen und ist sie inhaltsvalide (d. h. entspricht sie den tatsächlichen späteren Tätigkeitsanforderungen), so kann sie *eine* wichtige Quelle des diagnostischen Urteils beisteuern.

Komplexe Phänomene sind aber niemals durch *eine* Informationsquelle allein zu erfassen. Untersucht man beispielsweise in der Astrophysik einen galaktischen Nebel, so wird man durch ein leistungsfähiges Teleskop Aufschlüsse darüber bekommen, dass er aus einer Vielzahl einzelner Sterne, vielleicht auch Doppel- und Dreifach-Sternsystemen besteht. Die Erkenntnismöglichkeit ist allerdings auf den Bereich des sichtbaren Lichts beschränkt. Andere Frequenzen des elektromagnetischen Spektrums – etwa infrarotes Licht, Röntgen- oder Gammastrahlung – liefern ganz andere Information, die in Ergänzung zu dem, was das Fernrohr sichtbar macht, unsere Erkenntnis über das Himmelsobjekt erweitert und vertieft. Die ergänzende Information ist allerdings nur mithilfe zusätzlicher Instrumente zu gewinnen und nicht allein durch angestrengteres Gucken oder durch die Verbesserung optischer Teleskope.

Dieses Prinzip gilt für alle Erkenntnisbereiche. Sucht man hierfür eine philosophischmethodologische Basis, so findet man sie im erkenntnistheoretischen Multiplizismus (vgl. Schulze & Holling, 2004). Diese Erkenntnistheorie zeigt nicht nur auf, dass wir durch unterschiedliche methodische Zugänge zu einander ergänzenden Einsichten kommen, sondern auch, dass wir Hypothesen so „operational" zu formulieren haben, dass das Messverfahren in ihre Formulierung eingeht. Jedes Messverfahren ist nämlich nicht nur auf einen bestimmten Erkenntnisausschnitt beschränkt, sondern ist auch durch eine besondere Art von Messfehlern charakterisiert.

Ermittelt man beispielsweise die Überzeugungskraft einer Person durch einen Fragebogen zur Selbsteinschätzung, so gehen eine Vielzahl einschlägiger Erlebnisse in den Testwert ein, die sich in ihrer Gesamtheit zu einem Selbstbild geformt haben. Allerdings kann das Bemühen um positive Selbstdarstellung das Ergebnis beeinflussen. Besteht die Messgröße dagegen in der Anzahl der einer Führungskraft zugeordneten Mitarbeiter, so liegt zwar ein von der Selbsteinschätzung relativ unabhängiges Maß vor, dafür ist aber in Rechnung zu stellen, dass dieser Wert zwar durch die Überzeugungskraft einer Person mitbedingt ist, aber zusätzlich andere, von ihr nicht zu verantwortende Einflussgrößen widerspiegelt. Eine dritte Datenquelle könnte ein Verhandlungsrollenspiel sein, bei dem die erreichten Zugeständnisse das Überzeugungsmaß darstellen. Messfehler können in diesem Fall durch das unstandardisierte Verhalten des Rollenspielpartners oder durch die Wahl des Verhandlungsgegenstands in das Ergebnis einfließen.

Die grundsätzliche Bedeutung multimodalen oder multimethodalen Vorgehens in der Personalpsychologie wurde von Schuler und Schmitt (1987) dargelegt, wobei aufgezeigt wurde, dass das Prinzip der Multimodalität nicht nur in der Berufseignungsdiagnostik, sondern auch bei der Leistungsbeurteilung und Personalentwicklung sowie bei der allen diesen Bereichen vorgelagerten Analyse der Tätigkeitsanforderungen zu berücksichtigen ist. In der weiteren Entwicklung wurden drei Modalitäten als maßgebliche Ansätze für die Berufseignungsdiagnostik herausgearbeitet, die durch drei Verfahrenstypen charakterisiert sind:
– eigenschafts- oder konstruktorientierte,
– simulationsorientierte,
– biografieorientierte Verfahren.

Gemeinsam bilden diese Verfahrenszugänge den *trimodalen Ansatz der Berufseignungsdiagnostik* (Schuler, 2000).

Sie unterscheiden sich nicht nur hinsichtlich der Diagnosemethoden, die prototypisch diese Ansätze repräsentieren – Tests, Arbeitsproben und biografische Indikatoren –, sondern auch bezüglich der Validierungslogik, die ihnen innewohnt (siehe Abb. 1): Das korrespondierende Validierungsprinzip von Testverfahren, die primär auf die Messung homogener Konzepte ausgerichtet sind, ist das der *Konstruktvalidierung*. Die primäre Fragestellung lautet also, welche psychologische Bedeutung die Messung bzw. das gemessene Merkmal besitzt. Den Simulationsverfahren entspricht die Inhaltsvalidierung, die zu ermitteln hat, inwieweit Elemente der Berufstätigkeit durch die Aufgabe repräsentiert werden. Das den biografieorientierten Verfahren entsprechende Prüfungsprinzip schließlich ist das der kriterienbezogenen Validierung, im Falle der Prognose operationalisiert als Genauigkeit der Vorhersage eines Kriteriums (Verhalten, Leistung, Zufriedenheit u. Ä.) aufgrund eines Prädiktors (v. a. vergangenes Verhalten und Verhaltensergebnisse wie Zensuren).

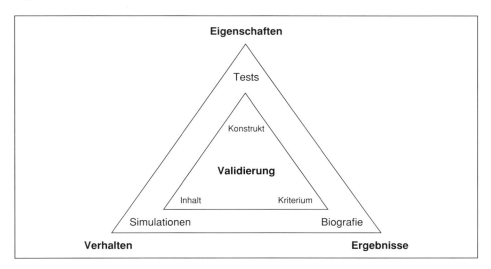

Abbildung 1: Der trimodale Ansatz der Berufseignungsdiagnostik (Abb. aus Schuler & Höft, 2006, S. 103)

Für die praktische Berufseignungsdiagnostik bedeutet dies, dass für komplexere Anforderungskonstellationen zumeist ein multiples Verfahren angemessen ist, das verschiedene Erfassungsmethoden kombiniert.

Das Assessment Center bietet nun die besten Möglichkeiten, die drei diagnostischen Verfahrenstypen zu kombinieren und damit den Erkenntnisbereich zu erweitern, Eindrücke aus der einen Informationsquelle durch andere zu ergänzen sowie einseitige Fehler zu korrigieren.

Was demgegenüber in der gängigen Praxis betrieben wird, ist der gleichermaßen hartnäckige wie aussichtslose Versuch, durch die Vermehrung gleichartiger – ausschließlich simulationsorientierter – Verfahren die Validität zu verbessern. Wie die Arbeit von Goldstein et al. (1998) zeigte, ist die inkrementelle Validität situativer Einzelverfahren untereinander sehr gering, d. h. man stößt rasch an eine Grenze des Informationsgewinns. Der Gesamtwert, das sogenannte OAR (Overall Assessment Rating), ist deshalb nicht valider als eine einzelne gute Arbeitsprobe. Aber selbst hierüber fehlt qualifizierte Forschung, die zeigen würde, an welchen Stellen arbeitsprobenartige Verfahren untereinander ergänzenden Informationsgewinn bieten würden.

Beispiel:

Anfang der 80er Jahre hatte der Verfasser Gelegenheit, im deutschen Tochterunternehmen eines internationalen Konzerns eine Evaluation des dort praktizierten Assessment Centers durchzuführen. Eine der Fragestellungen lautete, welchen Beitrag jede der eingesetzten Aufgaben zum OAR leistet. An jedem der vier Durchführungstage dieses reichhaltigen (also in heutiger Terminologie „multimodalen") Verfahrens wurde eine Gruppendiskussion durchgeführt. Obwohl die Diskussionsrunden mit wechselnden Beteiligten zusammengesetzt waren, nahm ihr Informationswert rasch ab: Die erste Gruppendiskussion klärte noch 25 % der Ergebnisvarianz im OAR auf, die zweite nur noch 4 %, und schon die dritte Aufgabe dieser Art konnte nur noch einen Beitrag zum Gesamtergebnis leisten, der unter 1 % Varianzaufklärung lag, war also praktisch wertlos. Im Anschluss an die Evaluation konnte das Assessment Center ohne Informationsverlust von vier Tagen Durchführungsdauer auf zwei Tage reduziert werden.

Die Forschung zur inkrementellen Validität eignungsdiagnostischer Verfahren steht erst am Anfang. Ihre Ergebnisse bestätigen aber schon, was theoretisch zu erwarten war: Zusätzlicher Informationsgewinn ist nur zu erzielen, wenn unterschiedliche Verfahrenskomponenten eingesetzt werden. Hierbei stößt die Phänomenologie allerdings an enge Grenzen, denn nach unserem intuitiven Eindruck mag man ja ein dyadisches Rollenspiel und eine Gruppendiskussion für zwei recht unterschiedliche Verfahren halten. Von ihrer Anforderungsstruktur und von der Art unserer sozialen Urteilsbildung her sind sie es allerdings nicht oder nur zu einem geringen Anteil. Deshalb findet man gewöhnlich bei Faktorenanalysen die interaktiven Assessment Center-Aufgaben untereinander annähernd in Höhe ihrer Reliabilität korreliert und auf einem einzigen Faktor vereint.

Wir können also den Schluss ziehen, dass ein Assessment Center, das den investierten Aufwand lohnen soll, Einzelverfahren enthalten sollte, die sich durch Verschiedenartigkeit auszeichnen. Hierbei ist auch daran zu denken, dass die Verschiedenartigkeit sowohl die Stimuluskomponente (also die Situation, die direkte Anweisung etc.) als auch die Reaktionskomponente (etwa die Aufgabenlösung, die Handlungsweise etc.) berücksichtigen sollte (Funke & Schuler, 1998). Eine Zusammenstellung nachweislich oder mutmaßlich validitätsrelevanter Merkmale eignungsdiagnostischer Verfahren bietet der folgende Kasten (modifiziert aus Schuler, 2000, S. 67).

Unterscheidungsmerkmale eignungsdiagnostischer Verfahren:
– interaktive vs. nicht interaktive Aufgaben – offenes Verhalten vs. Verhaltensbeschreibungen – konkretes Verhalten vs. Verhaltenspräferenz – spezifisch vs. generalisierend – berufsbezogen vs. berufsfern – Fremdbeurteilung vs. Selbstbeurteilung – maximales Verhalten vs. typisches Verhalten – schriftliche Ausdrucksform vs. mündliche Ausdrucksform – bildliche Aufgabenvorgabe vs. sprachliche Aufgabenvorgabe – schriftliche Aufgabenvorgabe vs. mündliche Aufgabenvorgabe – offene Reaktionsform vs. geschlossene Reaktionsform – Eigenschaftsansatz – Simulationsansatz – biografischer Ansatz

Noch ist kaum bekannt, welche Merkmalsvariation bei welchen Verfahrenstypen am aussichtsreichen ist und durch welche Kombination die höchste Validität des gesamten Assessment Centers zu erzielen ist. Selbstverständlich können im Einzelfall nicht alle denkbaren Variationen erprobt und eingesetzt werden. Es ist zu vermuten, dass mit dem trimodalen Ansatz „Eigenschaften – Verhalten – Ergebnisse" ein erheblicher Teil der Eignungskomponenten erfasst werden kann. Wenn zusätzlich darauf geachtet wird, innerhalb jeder dieser drei Modalitäten auf Unterschiedlichkeit der eingesetzten Einzelverfahren hinsichtlich der genannten Merkmale (vgl. obigen Kasten) zu achten, kann man zuversichtlich sein, ein gutes, d. h. valides Assessment Center zusammenstellen. Wo konsequent nach diesem Prinzip verfahren wurde, bestätigt jedenfalls das Ergebnis den Ansatz (z. B. Schuler, Funke, Moser & Donat, 1995, oder die Verfahren, deren Gestaltung und Evaluation in den Kapiteln 11 und 15 dieses Bandes beschrieben werden).

Die drei Modalitäten Eigenschaften, Verhalten und Ergebnis sind selbstverständlich nicht unabhängig voneinander, sondern stehen in einer Bedingungsrelation, deren einfachste Vorstellung so aussieht:

$$\text{Eigenschaften} \rightarrow \text{Verhalten} \rightarrow \text{Ergebnis}$$

„Hinter" einem beobachteten Verhalten (z. B. Verhandeln) steht eine Eigenschaft (z. B. Kontaktfähigkeit). Das Verhandlungsverhalten führt zu einem Ergebnis (z. B. einem Vertrag). Wenn es sich bei dieser Sequenzreaktion um monokausale und deterministische Beziehungen handeln würde, wäre es ausreichend, die Ergebnisse festzustellen, da in ihnen alle Information enthalten wäre. Aus Zeugnissen, Verkaufsergebnissen und hergestellten Produkten ließe sich alles erschließen, was zur Prognose künftigen Verhaltens und künftigen Berufserfolgs erforderlich ist. Doch die Beziehungen sind weder deterministisch noch monokausal: Aus einer bestimmten Eigenschaft, etwa hoher Intelligenz, folgt nicht zwangsläufig ein entsprechendes Verhalten, z. B. das Lösen anspruchsvoller Aufgaben. Wenn andere hierfür relevante Merkmale zu wenig ausgeprägt sind, z. B. die Leistungsmotivation, werden keine anspruchsvollen Leistungsziele gesteckt und beharrlich verfolgt, weshalb die Ergebnisse (etwa das den Fähigkeiten entsprechende Bildungsniveau) geringer als möglich ausfallen werden. Auch hat eine ausreichende Fähigkeitsbasis nur dann zielführendes Verhalten zur Folge, wenn das Ziel attraktiv genug ist. Umgekehrt ist ein bestimmtes Ergebnis, z. B. die Produktivität einer Abteilung, nicht allein vom Führungsgeschick ihres Leiters abhängig, sondern ebenfalls von anderen Einflussfaktoren.

Die Beziehung der drei Modalitäten Eigenschaften, Verhalten und Ergebnisse stellt sich also bei genauerem Besehen als komplexes Geflecht von Einflussgrößen und -prozessen dar, das wir immer nur in Ausschnitten erfassen können. Um das Potenzial einer Person für eine bestimmte Tätigkeit (z. B. Verkauf technischer Produkte) oder eine allgemeiner gefasste Aufgabe (z. B. Übernahme einer verantwortungsvollen Führungsposition) ermitteln zu können, ist anzustreben, möglichst relevante Ausschnitte in mehreren dieser Modalitäten auf verlässliche Weise zu erfassen. Eine schematische Vorstellung beispielhafter Möglichkeiten zeigt Tabelle 6.

Angesichts der Zusammenstellung von Modalitäten des trimodalen eignungsdiagnostischen Ansatzes mit beispielhaften Messverfahren in Tabelle 6 dürfte plausibel werden, dass ein Assessment Center, in dem man sich begnügt, eine Gruppendiskussion, ein Rollenspiel und vielleicht auch eine Präsentationsaufgabe durchzuführen, nur einen kleinen Ausschnitt dessen erfassen kann, was diagnostisch relevant wäre. Dementsprechend kann

Tabelle 6: Die drei Modalitäten Eigenschaften, Verhalten und Ergebnisse mit typischen eignungsdiagnostischen Messverfahren

Modalität	Eigenschaften	Verhalten	Ergebnisse
Beispiele	Leistungsmotivation	Zielverfolgung	Berufsqualifikation
	soziale Kompetenz	Verhandeln	Verkaufsergebnis
	räumliches Vorstellungsvermögen	technische Findigkeit	technisches Produkt
Typische Diagnoseverfahren	Tests	Arbeitsproben	biografische Indikatoren
Beispiele	Motivations- und Interessentest	Zielsetzungs- und Planungsaufgabe	Zeugnisse und Referenzen
	Persönlichkeitstest	Rollenspiel, Gruppendiskussion	biografische Fragen (Interview, Fragebogen)
	Fähigkeitstest	manuelle Arbeitsprobe	ausgeführte Reparaturen

nicht erwartet werden, allein mit diesen Aufgaben eine zufriedenstellende Prognose des zukünftigen Berufserfolgs zu bewerkstelligen.

Eigenschaften sollten ermittelt werden, weil sie die Grundlage des Verhaltens bilden, und die Generalisierbarkeit eigenschaftsbezogener Diagnosen höher ist als die aus den beiden anderen Modalitäten. Eigenschaften ermöglichen langfristige Prognosen des Erfolgs und auch der Trainierbarkeit. Andererseits sind Eigenschaften untereinander teilweise kompensierbar, und der Weg von einer bestimmten Eigenschaft zum erwarteten Verhalten und dem entsprechenden Ergebnis ist nicht eindeutig festgelegt. Tests als bevorzugte Verfahren der Eigenschaftsmessung sind verlässliche Instrumente, sind aber auch bestimmten Verzerrungsmöglichkeiten (z. B. beschönigender Selbstdarstellung) ausgesetzt.

Verhalten ist bei angemessener Situationsgestaltung beobachtbar und auch von diagnostischen Laien einzuschätzen. Bei geeigneter Gestaltung einer Aufgabensimulation entspricht das beobachtete Verhalten dem im Tätigkeitskontext verlangten, ohne Spekulationen über relevante Eigenschaften zu erfordern. Die Beurteilung von Eigenschaftsdimensionen ist deshalb sinnwidrig. Verhaltensdiagnostische Instrumente informieren Kandidaten über Tätigkeitsanforderungen, erlauben Verhaltenskontrolle und geben Feedback. Andererseits ist zumeist nur ein Teil der Anforderungen in Beobachtungsverfahren umsetzbar, die Einschätzungen sind zumeist wenig reliabel, das Verhalten ist situationsabhängig (z. B. vom Verhalten der Diskussionspartner beeinflusst), was die Vergleichbarkeit zwischen verschiedenen Kandidaten beeinträchtigt.

Ergebnisse stellen die deutlichste Repräsentation der Leistungsziele dar und sind zumindest teilweise mess- und zählbar. Sie lassen sich kumulieren und dadurch zu reliablen Maßen verdichten. Sie lassen Verhaltensfreiheit und verschiedene individuelle Wege zum Ziel zu. Andererseits liegen unmittelbar einschlägige Ergebnisse nur bei Berufserfahrung vor, ihr Zustandekommen ist auch von Einflussgrößen abhängig, die nicht dem Einfluss der betreffenden Person unterliegen, und die Vergleichbarkeit zwischen verschiedenen Personen und Tätigkeiten ist beschränkt. Überdies ist die Verlässlichkeit von Ergebnismessungen häufig geringer, als es ihrem Ruf entspricht.

Jede der drei Modalitäten stellt also prinzipiell eine wertvolle Quelle diagnostischer Information dar, und jede hat ihre verfahrenstypischen Möglichkeiten. Alle unterliegen allerdings auch Beschränkungen, die in der Modalität selbst sowie in den zugehörigen Diagnoseverfahren liegen. Deshalb ist eine „vollständige", informationsreiche und fehlerarme Potenzialdiagnose darauf angewiesen, dass alle drei Zugänge (und künftig vielleicht weitere, noch zu erschließende) genutzt und in ihren Ergebnissen kombiniert werden.

Ein aufwendiges Verfahren jedenfalls, dessen Validität die Prognosekraft eines einzigen seiner Teilverfahren nicht übersteigt, ist weder die Kosten noch die Zeit wert, die dafür aufgebracht werden. Zu einem aussagekräftigen Instrument der Potenzialanalyse wird es erst durch die konsequente Nutzung der verfügbaren Möglichkeiten.

1.6 Die Kapitel dieses Bandes

Kapitel 2

Im nachfolgenden Kapitel 2 bieten Filip Lievens und George Thornton einen Überblick, der aktuelle Entwicklungen sowohl in der Assessment Center-Anwendung als auch in der Forschung zum Gegenstand hat. Trends in der Anwendung sehen die Autoren in der

Verwendung für Nicht-Führungskräfte, beim Einsatz im multinationalen und kulturübergreifenden Kontext, in der Erhebung neuer Dimensionen (vor allem kriteriennaher Anforderungsbereiche wie „Kundenservice" oder „Qualitätsverbesserung"), in vermehrtem Technologieeinsatz, u. a. in Form virtueller Assessment Center, in einer besseren Integration des Assessment Centers in das Personalwesen und in organisationsstrategische Planungen, beim Einsatz speziell in der Personalentwicklung (der sich schlecht mit der Verwendung zur Personalauswahl verknüpfen lässt) sowie im Einsatz als Kriterienmaße (der wohl eher in Verbindung mit Leistungsbeurteilungen zu vertreten ist denn als Ersatz hierfür). Wenig Neues wird auf dem Gebiet der Aufgabentypen gesehen.

Als aktuelle Entwicklungen in der Assessment Center-Forschung heben Lievens und Thornton neuere Ergebnisse zur kriteriumsbezogenen Validität sowie zu ihrem inkrementellen Validitätsbeitrag innerhalb einer multiplen Prognose hervor und diskutieren widersprüchliche Ergebnisse aus der neueren Literatur. In Bezug auf die Konstruktvalidität stellen sie u. a. fest, dass die Beobachter nach wie vor ein Schwachpunkt zu sein scheinen und dass eine geringe Zahl von Dimensionen im Vergleich zur Zahl von Aufgaben günstig ist. Der Beitrag von Woehr, Arthur und Meriac (Kap. 5) wird demgegenüber zeigen, dass in der Praxis die Zahl der Dimensionen die der Aufgaben bei weitem überwiegt. Schließlich erörtern die Autoren praxisbezogene Forschung, u. a. zur wiederholten Assessment Center-Teilnahme, zum Bekanntschaftsgrad zwischen Beobachter und Teilnehmer und zur Wirksamkeit schemageleiteter Beurteilertrainings.

Kapitel 3

Assessment Center erfüllen ihren Zweck, wie in vergangenen Abschnitten dieses Kapitels argumentiert wurde und wie in späteren Beiträgen an Beispielen demonstriert wird, besser, wenn sie multimodal aufgebaut sind, also aus Aufgaben oder Elementen bestehen, die unterschiedliche diagnostische Ansätze repräsentieren. Arbeitsproben stellen den Prototyp simulationsbezogener Diagnoseinstrumente dar. Wenn heute zu beobachten ist, dass Assessment Center vielfach ausschließlich aus simulationsbezogenen Verfahren bestehen, so ist es besonders erstaunlich, dass im Assessment Center-Kontext sehr selten von Arbeitsproben die Rede ist. In Kapitel 3 zeigt Yvonne Görlich auf, dass Arbeitsproben der gleichen psychometrischen Logik unterliegen wie Testverfahren. Setzt man im Assessment Center allein auf diesen Verfahrenstyp, ist man sogar besonders gut beraten, die methodische Qualität zu beachten, von der die Aussagekraft des Verfahrens abhängt.

Worin sich Arbeitsproben aber wesentlich von (eigenschaftsbezogenen) Tests unterscheiden, ist der unmittelbare (nicht über die Berufserfolgsrelevanz von Eigenschaften vermittelte) Tätigkeitsbezug. Dieser schränkt selbstverständlich die Generalisierbarkeit ein. Wie in Kapitel 3 erläutert wird, ist deshalb die Methode der Validitätsgeneralisierung ein für Arbeitsproben weniger geeignetes Vorgehen zur Validitätsermittlung als für konstruktbezogene Verfahren, denn streng genommen ist die Validität einer Arbeitsprobe immer spezifisch. Lediglich in dem Maße, in dem sie tätigkeitsübergreifende Fähigkeiten erfasst, kann sinnvoll von Generalisierbarkeit gesprochen werden. Auch Beispiele für die gezielte Konstruktion solcher Verfahrensvarianten werden in Kapitel 3 dargestellt.

Maßnahmen zur Steigerung der Validität von Arbeitsproben werden von Yvonne Görlich in Anlehnung an jene Maßnahmen vorgeschlagen, die sich bei Einstellungsinterviews als reliabilitätsfördernd erwiesen haben. Wie dort besteht der Kern der Verbesserung in anforderungsbezogener, strukturierender Gestaltung und psychometrischer Prüfung der Verfahren. Gerade hieran lassen es diejenigen Anwender allzu oft fehlen, die das Assessment Center als rein simulationsbezogenes Verfahren einsetzen.

Kapitel 4

Im Vorgängerband der vorliegenden Monografie brachte Bungard (1987) eine provozierende These vor: Er stellte eine Analogie her zwischen dem Assessment Center und dem sozialpsychologischen Laborexperiment und behauptete, was hier wie dort zu beobachten ist, seien hauptsächlich „Reaktivitätseffekte", d. h. Reaktionen auf den speziellen Charakter dieses Typs von Interaktionssituationen. Als Auswirkung sollen insbesondere diejenigen Teilnehmer gut abschneiden, die das normative System der Organisation zutreffend abbilden und sich dadurch „richtig" verhalten können. Diese Hypothese regte prompt die Assessment Center-Forschung an. Während Kleinmann (1991) seine Ergebnisse als Bestätigung der Vermutung interpretierte, sah Guldin (1991) die seinen tendenziell als Falsifikation an.

Martin Kleinmann, Klaus Melchers, Cornelius König und Ute-Christine Klehe bieten nun mit Kapitel 4 eine Übersicht zur Frage, inwieweit sich die Transparenz der Anforderungsdimensionen für die Teilnehmer auf die Konstrukt- und Kriteriumsvalidität des Assessment Centers auswirkt. Hierzu werden vor allem die Studien von Kleinmann und seiner Arbeitsgruppe resümiert. Sie kommen, auf einen einfachen Nenner gebracht, zu dem Schluss, dass Transparenz der Anforderungen die Konstruktvalidität des Verfahrens erhöht und die kriteriumsbezogene Validität vermindert. Ob die Hypothese von Kleinmann et al. zutrifft, dass sich auch die kriteriumsbezogene Validität nicht vermindern, sondern im Gegenteil sogar verbessern müsste, wenn nicht nur die Anforderungen, sondern auch die Kriterien in der betreffenden Organisation transparent sind, bedarf noch der Prüfung.

Kapitel 5

Trotz zahlreicher Studien zur Konstruktvalidität des Assessment Centers lag bisher noch keine Metaanalyse vor, die ein Gesamtbild der Befundlage ermöglicht hätte. Dieses Manko wird in Kapitel 5 von David Woehr, Winfred Arthur und John Meriac beseitigt. Sie formulieren und prüfen Hypothesen in Bezug auf sieben Methodenfaktoren und Gestaltungsmerkmale des Assessment Centers: Anzahl der zu beurteilenden Dimensionen, zahlenmäßiges Verhältnis der zu bewertenden Teilnehmer pro Beobachter, Beurteilung pro Aufgabe vs. dimensionsweise über alle Aufgaben hinweg (summarisch), Berufsgruppe der Beurteiler (Psychologen vs. Manager), Training der Beobachter und Zielsetzung des Assessment Centers (Personalauswahl vs. Personalentwicklung). Zwei der sieben Hypothesen wurden vollständig bestätigt: Summarische Beurteilung erzielt höhere Konstruktvalidität als aufgabenweise Beurteilung, und Beobachterschulung wirkt sich positiv auf die Konstruktvalidität aus. Beurteilung durch Psychologen führte zu höherer konvergenter, aber nur tendenziell zu höherer diskriminanter Validität. Eine geringe Anzahl an Beurteilungsdimensionen erwies sich für die konvergente Validität als günstig, nicht aber für die diskriminante. Unklar ist das Ergebnis für die Dauer der Beobachterschulung, und vollständig im Widerspruch zu den Hypothesen steht, dass sich eine hohe Verhältniszahl Beurteiler : Teilnehmer ungünstig auszuwirken scheint und dass die diskriminante Validität ausgerechnet bei Entwicklungs-Assessment Centern geringer ist als die bei Auswahl-Assessment Centern (obwohl für nachfolgende Trainings eine Merkmalsdifferenzierung besonders nötig wäre). Die Autoren ziehen aus dieser Untersuchung gleichwohl den Schluss, dass die Annahme generell geringer Konstruktvalidität nicht gerechtfertigt sei und dass die weitere Untersuchung und Verbesserung von Gestaltungsmerkmalen zu ihrer Erhöhung führen müsse.

Kapitel 6

In Kapitel 6 zieht Charles Lance ein Resümee aus zwanzig Jahren Forschung zur tatsächlich oder vermeintlich mangelnden Konstruktvalidität des Assessment Centers. Er erklärt die Orientierung an der Multitrait-Multimethod-Methodologie insofern für einen Irrweg, als sie die Forscher dazu geführt habe, latente Korrelationsstrukturen für Assessment-Aufgaben anzunehmen, die genau entgegengesetzt zu denen waren, die empirisch immer wieder gefunden wurden. Teilnehmer verhalten sich entgegen dieser Annahme nicht situationsübergreifend konsistent und innerhalb von Aufgaben differenziert, sondern eher situationsspezifisch und innerhalb der Aufgaben konsistent.

Lance fordert konsequenterweise, auf das Bemühen um eine Art von Konstruktvalidität zu verzichten, die dem Verfahren nicht gemäß sei, und das Assessment Center umzugestalten in die Methode, als die sie tatsächlich funktioniert, nämlich eine Ansammlung potenziell inhaltsvalider Simulationen. Dies würde auch dem Vorschlag von Sackett und Dreher (1982) entsprechen, deren Befunde die Konstruktvaliditätsdebatte ausgelöst haben: Beurteilungen von Assessment Centern sollten sich statt auf Dimensionen auf Rollen oder Aufgaben in Simulationen oder Arbeitsproben beziehen.

Kapitel 7

Hermann-Josef Fisseni und Ivonne Preusser stellen in Kapitel 7 die Frage, welche Persönlichkeitstheorie dem Assessment Center zugrunde liegt, und eröffnen damit eine ungewohnte Perspektive. Nachdem ihre Prüfung verschiedener persönlichkeitstheoretischer Konzepte nicht dazu führt, eine bestimmte Theorie als angemessene Grundlage anzuerkennen, werden hinsichtlich der beiden Aspekte „Erfassung von Verhaltensänderungen" und „dialogische Kommunikation zwischen den beteiligten Personen" verschiedene Denkansätze diskutiert.

Zur persönlichkeitstheoretischen Interpretation des Verhaltens der Teilnehmer, Beobachter und Moderatoren werden verschiedene Autoren herangezogen: Thomae zur Deutung der Prüfungssituation als „thematische Strukturierung von Daseinsthemen und Daseinstechniken", Rogers als Anleitung zur Einübung von Empathie, in deren Rahmen Selbstbild und Fremdbild zu unterscheiden sind, Stern zum Verweis auf das Vorwissen, das den Moderator bei der Konstruktion des Assessment Centers beeinflusst, Rotter im Zusammenhang mit der empirischen Überprüfung der Konstruktionsschritte und schließlich Peterson, dessen Konzept der Person-Person-Relationen auf Fragen wie die Beobachterübereinstimmung und die Zuordnung von Aufgaben und Dimensionen bezogen wird. Der Beitrag schließt mit der Frage nach dem Zusammenpassen der klassischen Testtheorie sowie der inhaltlichen Persönlichkeitstheorien, die hinter manchem Testverfahren stehen, mit der Beobachtungsintention im Assessment Center.

Kapitel 8

Mit dem Wiedereinzug allgemeiner Persönlichkeitstests in die Personaldiagnostik hat das Fünf-Faktoren-Modell der Persönlichkeit viel Popularität gewonnen. Es unterscheidet die Merkmale Extraversion, psychische Stabilität, Verträglichkeit, Gewissenhaftigkeit und Offenheit für Erfahrungen, umfasst also Eigenschaften, die für den sozialen Kontext relevant sind, ebenso wie solche, die auch individuelles Verhalten charakterisieren. Die Validität der Testverfahren, mit denen diese Merkmale gemessen werden, hat sich allerdings als nur mäßig erwiesen.

Als Alternative zu einem so allgemeinen Persönlichkeitsmodell stellen Peter Muck und Stefan Höft in Kapitel 8 den *Interpersonalen Circumplex* vor. Dieses Modell beschränkt sich auf zwei Grundaspekte des Sozialverhaltens – Status und Liebe oder Dominanz und Affiliation –, deren Mischung in kreisförmiger Anordnung (der das Konzept seinen Namen verdankt) verschiedene Verhaltenstendenzen beschreiben soll.

Die Verwendung des Interpersonalen Circumplex im Assessment Center wäre insofern ein Novum, als üblicherweise die Beobachtungen des Sozialverhaltens dem Simulationsprinzip der Diagnostik folgen, also nicht explizit eigenschaftsbezogen sind. Muck und Höft zeigen auf, dass die eigenschaftsorientierte Diagnostik in Form des Interpersonalen Circumplex dazu verhelfen kann, Anforderungsdimensionen besser zu verstehen und zu unterscheiden, und deshalb eine erprobenswerte Alternative darstellt.

Kapitel 9

In Kapitel 9 findet sich der einzige Beitrag der vorliegenden Artikelsammlung, der aus dem Vorläuferband „Assessment Center als Methode der Personalentwicklung" (Schuler & Stehle, 1987) übernommen wurde. George Thornton, Barbara Gaugler, Douglas Rosenthal und Cynthia Bentson stellen darin ihre Metaanalyse der prädiktiven Validität des Assessment Centers dar, die während der vergangenen zwanzig Jahre die Rolle der maßgeblichen Referenz innehatte. Genau ein Dreivierteljahr nach der deutschsprachigen Publikation (sie erfolgte im November 1986, vordatiert auf 1987) erschien die Arbeit auch in englischer Sprache im Augustheft des *Journal of Applied Psychology* (Gaugler, Rosenthal, Thornton & Bentson, 1987)[1]. Für die englischsprachige Fachwelt war selbstverständlich die Zeitschriftenpublikation die maßgebliche Quelle; im deutschsprachigen Raum wurde dagegen in den meisten Fällen auf die Erstveröffentlichung in deutscher Sprache Bezug genommen. Es dürfte nicht übertrieben sein zu behaupten, dass gerade diese Veröffentlichung viel zur Popularisierung des Assessment Centers in der deutschsprachigen Berufseignungsdiagnostik sowie in deutschsprachigen Unternehmen beigetragen hat. Dem Rang dieser Arbeit entsprechend erfolgt ihr Wiederabdruck im vorliegenden Band. Er ermöglicht die Gegenüberstellung mit ihrem aktuellen Pendant, dem nachfolgenden Beitrag von Hardison und Sackett.

Die Metaanalyse von Thornton et al. brachte die immense Streubreite der 107 Validitätskoeffizienten aus den verwerteten Einzelstudien von $r = -.25$ bis $r = +.78$ auf den gewichteten korrigierten Durchschnittswert von $\rho = .37$ (unkorrigiert .29). Das ist weniger

---

[1] Manuskriptabgabe für die deutschsprachige Veröffentlichung 8. September 1985; Ersteinreichung der englischsprachigen Veröffentlichung 14. Mai 1986

als von den Protagonisten des Assessment Centers oft behauptet, liegt aber doch im konkurrenzfähigen Bereich im Vergleich zu anderen Auswahlverfahren. Die Autoren untersuchten auch Moderatorvariablen, um festzustellen, von welchen Elementen oder Gestaltungsmaßnahmen die Validität abhängt, und kamen u. a. zu folgenden Ergebnissen: Hochvalide Verfahren arbeiten mit einer großen Zahl von Einzelaufgaben, werden mithilfe von Psychologen in der Rolle von Beurteilern durchgeführt, haben auch Frauen als Teilnehmer und bedienen sich der gegenseitigen Einschätzung der Teilnehmer als zusätzlicher Beurteilungsdaten. Des Weiteren ergibt sich, dass qualitativ hochwertige Studien zu höheren Validitätskoeffizienten führen. Weitere Moderatoren der Validität sind der Durchführungskontext (für Forschungszwecke höhere Validität als für Beförderungsentscheidungen) und die angelegten Validierungskriterien (gemessen an späteren Potenzialurteilen errechnet sich die höchste Validität). Mit einer Korrelation von $r = -.13$ zwischen Validität und Publikationsjahr deutet sich bereits an, was im nachfolgenden Beitrag offensichtlich wird: dass die prognostische Validität des Assessment Centers im Laufe der letzten Jahrzehnte abgenommen hat.

Kapitel 10

War die Methode der Metaanalyse in der Psychologie Mitte der 80er Jahre noch ein Novum, das für die Kumulation des Wissens einen großen qualitativen Sprung bedeutete, gehört sie heute zum Standardrepertoire der Forschung. Für manche Bereiche ist sogar schon wieder zu beklagen, dass angesichts vorliegender Metaanalysen zu wenige Evaluationen als Einzelstudien durchgeführt werden, wodurch Wissenslücken offen bleiben und neue Entwicklungen nicht erkennbar sind. Dementsprechend hat es zwei Jahrzehnte gedauert, bis eine neue Metaanalyse der prognostischen Validität des Assessment Centers auf vergleichbarer Datenbasis vorgelegt werden konnte. Sie wird in Kapitel 10 von Chaitra Hardison und Paul Sackett präsentiert.

Aus 106 Validitätskoeffizienten ermitteln Hardison und Sackett eine durchschnittliche Validität von $\rho = .26$. Das ist erheblich weniger als die von Thornton et al. errechnete Validität von $\rho = .37$. Die beiden Werte sind insofern nicht gut vergleichbar, als Hardison und Sackett Korrekturen nur bezüglich mangelnder Kriteriumsreliabilität vorgenommen haben, Thornton et al. dagegen zusätzlich in Bezug auf Streuungseinschränkungen. Zwei Möglichkeiten bieten sich, die Ergebnisse beider Metaanalysen dennoch zu vergleichen, nämlich die unkorrigierten, nur hinsichtlich des Stichprobenumfangs gewichteten Koeffizienten gegenüberzustellen ($r = .22$ vs. .29) oder, wie von Hardison und Sackett durchgeführt, Thorntons Daten ebenfalls ohne Streuungseinschränkungen zu berechnen, was zu den Werten $\rho = .26$ vs. .34 führt. Sie bieten etwa das gleiche Bild: Neuere Studien berichten geringere Validität als ältere Studien. Hardison und Sackett erörtern verschiedene Erklärungsmöglichkeiten, darunter den Ausschluss nicht signifikanter Ergebnisse durch ältere Metaanalysen (was zu einer Überbetonung hoher Validitätskoeffizienten führt). Die naheliegendste Erklärung ist allerdings die Abnahme der Assessment Center-Validität über die Jahre, denn auch in der neueren Analyse findet sich eine negative Korrelation zwischen Publikationsjahr und Validitätshöhe ($r = -.25$). Das heißt, nicht nur die zweite Metaanalyse kommt zu niedrigeren Werten als die erste, sondern auch innerhalb der von beiden Untersuchungen umspannten Zeiträume findet sich ein Abwärtstrend. Als Moderatorvariablen prüfen Hardison und Sackett die Kriterientypen (Erfolgsmaße) und finden korrigierte Werte von .28 für die Berufsleistung, .35 für die Trainingsleistung, dagegen nur .15 für Absatzergebnisse und (unkorrigiert) .27 für Beförderung sowie .07 für Fluktuation.

Kapitel 11

In Kapitel 15 werden die Potenzialanalyseverfahren eines großen Finanzdienstleistungsunternehmens vorgestellt. Es handelt sich um drei sequenziell (im Abstand von jeweils etwa fünf Jahren) durchgeführte Diagnoseverfahren, die Auswahl-, Klassifikations- und Personalentwicklungsentscheidungen unterstützen. Zwei dieser Verfahren, die „Potenzialanalyse nach Abschluss Bankkaufmann" und die „Potenzialanalyse komplexe Beratung/Führung", wurden nach mehrjährigem Einsatz nun einer Evaluation unterzogen, über die in Kapitel 11 von Yvonne Görlich, Heinz Schuler, Karlheinz Becker und Andreas Diemand berichtet wird. Im Kern dieser Evaluation stand die Validierung an multimodal erhobenen Kriterien (Eigenschaften, Verhalten und Ergebnisse), daneben wurden die Angemessenheit der „Funktionsfeldzuordnungen" geprüft, Veränderungspotenzial ermittelt, subjektive Einschätzungen erhoben, die Nutzung der Verfahrensergebnisse für Feedbackzwecke und zur Personalentwicklung untersucht und der monetäre Nutzen der Potenzialanalyseverfahren errechnet.

Die Ergebnisse der Analysen erfüllten oder übertrafen sogar die Erwartungen: Während die Validität üblicher Assessment Center nach den beiden in den Kapiteln 9 und 10 referierten Metaanalysen unkorrigiert mit $r = .22$ bzw. .29, korrigiert mit $\rho = .26$ bzw. .37 ermittelt wurde, liegen die Validitätskoeffizienten der vorliegenden Studie unkorrigiert zwischen $r = .40$ und .48, die korrigierten Werte betragen zwischen $\rho = .52$ und .67. Vergleicht man die Determinationskoeffizienten, d. h. die als Quadrat der Korrelationskoeffizienten bestimmte Varianzaufklärung im Kriterium, so ergibt sich, dass durch die Potenzialanalyseverfahren je nach gewähltem Referenzwert zwischen der doppelten und der 6,5-fachen Prognosequalität im Vergleich zum herkömmlichen Assessment Center erzielt wird. Dementsprechend errechnet sich für die neuen Verfahren hoher monetärer Nutzen für jede auf ihrer Grundlage getroffene Personalentscheidung. Zudem ließ sich zeigen, dass bei eignungsgerechter Funktionsfeldzuordnung Leistung, Zufriedenheit und Identifikation der Mitarbeiter höher sind als bei abweichender Zuordnung. Teilnehmer wie Verwender schätzten die Verfahren als praxis- und alltagsnah, fair, akzeptabel und der beruflichen Weiterentwicklung dienlich ein. Aufgrund der Evaluationsergebnisse konnten schließlich noch die Verfahren selbst sowie das an die Teilnehmer übermittelte Feedback optimiert werden, und es wurden Empfehlungen für die künftige vertiefte Nutzung zu Personalentwicklungszwecken (Anbindung von PE-Maßnahmen an die Diagnoseergebnisse) gegeben.

Kapitel 12

Das Ziel, mittels Assessment Center valide Leistungsprognosen zu erstellen, ist nur erreichbar, wenn es gelingt, durch dieses Verfahren zu verlässlichen (reliablen) Diagnosewerten zu kommen. Umgekehrt gesagt: Wenn sich die Validität als unzureichend erweist, kann mangelnde Reliabilität die Ursache dafür sein. Bedauerlicherweise werden Reliabilitätsdaten für das Assessment Center nur selten erhoben – vermutlich aufgrund des großen Aufwands, das gleiche oder ein Parallelverfahren bei einer ausreichend großen Personenzahl erneut durchzuführen. Vergleicht man die beiden Durchführungen nicht nur hinsichtlich des relativen Abschneidens jedes Teilnehmers im Vergleich zu anderen Personen, sondern auch bezüglich ihres möglichen eigenen Zugewinns bei der Wiederholung im Vergleich zur ersten Durchführung, hat man gleichzeitig ein Maß für den Übungseffekt gewonnen, der durch wiederholte Assessment Center-Teilnahme entsteht.

Grete Amaral und Heinz Schuler referieren in Kapitel 12 die Literatur und eigene Untersuchungen zur Reliabilität des Assessment Centers sowie zu Übungseffekten, die sich aus vorangegangener Teilnahme sowie aus systematischen Assessment Center-Trainings ergeben. Als mittlere Reliabilität aus älteren Studien ergibt sich ein Wert von $r = .71$. Auch in diesem Fall ist ein Absinken der Verfahrensqualität zu konstatieren, denn neuere Studien kommen zu erheblich geringeren Werten als die klassischen Untersuchungen aus den 70er Jahren. So errechneten Kelbetz und Schuler (2002) eine Wiederholungsreliabilität nach einem Jahr in Höhe von $r = .37$, Kleinmann (1997) kam auf eine Paralleltest-Reliabilität von $r = .65$ ohne Feedback und $r = .34$ mit Feedback in Bezug auf die Anforderungsdimensionen. Das Maß an Verbesserung bei Einzelaufgaben wie auch im gesamten Assessment Center hängt wesentlich davon ab, ob Feedback gegeben wird oder nicht. (Dass es reliabilitätsvermindernd wirkt, spricht dafür, dass die Teilnehmer in unterschiedlichem Maße vom Feedback profitieren.)

Amaral und Schuler berichten die Ergebnisse einer Metaanalyse aus zehn eigenen Untersuchungen an in deutschen Unternehmen durchgeführten Assessment Centern, in denen bei den Teilnehmern folgende Variablen ermittelt wurden: Anzahl der zuvor durchlaufenen Assessment Center, individuelle Vorbereitung, Personalentwicklungstrainings, Auswahlinterviews und Intelligenztests, Zeitspanne seit der Teilnahme, Art und Umfang des erhaltenen Feedbacks. Gemessen als Effektstärken, zeigen die meisten dieser Einflussgrößen geringe bis mäßige Wirkung auf das Abschneiden im Assessment Center. Lediglich die gezielte Vorbereitung (etwa durch Ratgeberliteratur, Üben mit Kollegen, Beratung durch Assessment Center-Erfahrene) führt zu einer Effektstärke von $\delta = .55$, d. h. vorbereitete Teilnehmer schneiden durchschnittlich eine gute halbe Standardabweichung besser ab als unvorbereitete. Das bedeutet, dass ein durchschnittlich qualifizierter Teilnehmer durch die Vorbereitung statt auf Prozentrang 50 nun etwa auf Prozentrang 70 zu liegen kommt – ein erheblicher komparativer Vorteil gegenüber anderen Bewerbern und eine erhebliche Minderung der Verlässlichkeit von Assessment Center-Ergebnissen, wenn sich unter den Teilnehmern sowohl vorbereitete wie unvorbereitete Personen befinden.

Kapitel 13

Die Entwicklung von Paralleltests ist ein in der Testtheorie bekanntes, wenngleich in neuerer Zeit eher selten praktiziertes Vorgehen. Für die Konstruktion und kontrollierte Anwendung paralleler Arbeitsproben finden sich in der Literatur keinerlei Beispiele. In Kapitel 13 wird von Yvonne Görlich, Heinz Schuler und Ingo Golzem eine solche Konstruktion und Prüfung von Parallelverfahren am Beispiel von Rollenspielen beschrieben. Einleitend wird aufgezeigt, dass bei der Konstruktion von Parallelverfahren wesentlich mehr Aspekte zu berücksichtigen sind und Prüfkriterien zur Verfügung stehen, als dies in der theoretischen Literatur zum Ausdruck kommt. Die wichtigsten und für den speziellen Fall angemessenen Aspekte der Aufgabenparallelität und Möglichkeiten ihrer Prüfung wurden beim beschriebenen Vorgehen berücksichtigt.

Im Rahmen eines multimodalen Potenzialanalyseverfahrens für die Auswahl von Auszubildenden eines großen Finanzdienstleistungsunternehmens (vgl. Kap. 15) wurden zwei Parallelverfahren zu zwei bereits im Einsatz befindlichen Rollenspielen entwickelt. (Mit den Charakteristika von Verkaufs- und Beschwerdegesprächen repräsentieren diese etwas unterschiedliche Anforderungen.) Hierfür wurden zunächst vier Verfahren ausgearbeitet und nach einer ersten Experteneinschätzung modifiziert. Nach der empirischen Erprobung wurden die Verfahren verschiedenen testtheoretischen Prüfungen sowie erneut subjektiven Einschätzungen der Verwender sowie der Teilnehmer unterzogen. Für die beiden besten Verfahren wurden Parallelitätswerte errechnet, die der Retestreliabilität guter interaktiver Verfahren entsprechen und die Parallelitätseinschätzung durch die befragten Experten übertreffen. Nachdem auch die Prüfungen der Konstruktvalidität und der Verfahrensfairness positive Ergebnisse erbracht haben, werden die Parallelverfahren in der Organisationspraxis nun alternativ zu den bisher eingesetzten Rollenspielen zur Auswahl von Auszubildenden eingesetzt.

Kapitel 14

Die vielfach konstatierte mangelnde Konstruktvalidität im Sinne geringer konvergenter und diskriminanter Validität der Beurteilungsdimensionen bedeutet, dass die Unterschiede im Verhalten der Assessment Center-Teilnehmer durch dimensionsbezogene Urteile der Beobachter nicht angemessen abzubilden sind. Das ist theoretisch unbefriedigend, aber es wäre aus praktischer Sicht kein Malheur, denn für Auswahlentscheidungen kann man sich an den Assessment Center-Gesamtwert halten, und als Maßnahme der Personalentwicklung können die Aufgaben trainiert werden, die auch im Assessment Center vorgegeben werden, also Verkaufsgespräche, Gruppensituationen, Präsentationen etc. Trainings konkreter Aufgaben lassen ohnehin bessere Erfolge erwarten als Bemühungen, dimensionsartiges Verhalten wie Kooperation, Engagement etc. zu trainieren.

Wozu also die Aufregung? Weil es noch schlimmer kommen könnte: Es wäre möglich, dass ein Teilnehmer im Verfahren 1 besser in Dimension A als in Dimension B abschneidet, im Verfahren 2 dagegen besser in Dimension B als in A, während es sich bei einem anderen Teilnehmer genau umgekehrt verhält. Noch schlimmer: Es könnten die allgemeinen Urteilstendenzen der Beobachter oder ihre Präferenzen für bestimmte Teilnehmer stark in die Urteile eingehen. Schließlich: Es könnten Urteiltendenzen der Beurteiler in verschiedenen Aufgaben zum Ausdruck kommen und sich dabei in unterschiedlichen Urteilsdimensionen auswirken. Damit hätte man eine Konfundierung verschiedener Einflussvariablen vor sich, die unauflöslich scheint. Man könnte zur Flucht in standardisierte Verfahren der Eignungsdiagnostik ansetzen (was vernünftig sein könnte) oder in die intuitive Diagnostik (was ein unwürdiger regressiver Akt wäre).

Stefan Höft weist in Kapitel 14 einen konstruktiveren Weg, den er „eine Kombination aus generalisierbarkeitstheoretischer Designbeschreibung und strukturgleichungstheoretischer Varianzkomponentenschätzung" nennt. Hinter dieser sperrigen Bezeichnung verbirgt sich eine Methode, die genau das leisten kann, wozu unsere Intuition nicht mehr im Stande ist – die relativen Anteile zu quantifizieren, zu denen das Assessment Center-Urteil auf den Teilnehmer, auf die Dimension, auf die Aufgabe und auf den

Beurteiler zurückgeht sowie auf Verflechtungen (Interaktionen) dieser Komponenten. Voraussetzung ist allerdings eine große Datenmenge, also vor allem eine große Zahl an Assessment Center-Teilnehmern. Höft erklärt die Methode und führt sie dann an einem realen Beispiel aus. Das Ergebnis ist nicht allzu ermutigend: Nur ein relativ geringer Anteil der Gesamtvarianz (also der Unterschiede in den resultierenden Beurteilungen) geht auf die teilnehmenden Personen zurück, größer ist der Anteil der Beurteiler, insbesondere in Verbindung mit den eingesetzten Aufgaben. Höft schlägt Verbesserungsmöglichkeiten für das Assessment Center vor, die sicherlich vernünftig sind. Zu bedenken ist allerdings, dass es sich bei dem geschilderten Assessment Center bereits um ein aufwendig konstruiertes und durchgeführtes Verfahren gehandelt hat. Die Konsequenzen für die zahlreichen weniger kompetent gehandhabten Verfahren lassen sich ausmalen.

Kapitel 15

In Großorganisationen gibt es neben der Auswahl neuer Mitarbeiter ein weiteres wichtiges Einsatzgebiet für die Berufseignungsdiagnostik: die Laufbahnplanung für jeden einzelnen Mitarbeiter. In Kapitel 15 wird von Heinz Schuler, Karlheinz Becker und Andreas Diemand dargelegt, wie in der Sparkassen-Finanzgruppe verfahren wird, um den Fähigkeiten und Interessen der Mitarbeiter bestmöglich gerecht zu werden und optimale Klassifikationsentscheidungen zu treffen. Es werden die drei Potenzialanalyseverfahren PA1, PA2 und PA3 beschrieben. PA1 dient der Auswahl von Auszubildenden, PA2 der Potenzialermittlung nach Abschluss der Ausbildung und etwa ein bis zwei Jahren zusätzlicher Berufserfahrung, PA3 wird weitere drei bis fünf Jahre später eingesetzt, um die Eignung für komplexe Beratungs- und Führungsaufgaben zu ermitteln. Hieraus ergibt sich eine Verfahrenssequenz, die organisationsintern als „eignungsdiagnostische Kette" bezeichnet wird.

Entsprechend der Bedeutung der organisationsweit eingesetzten Verfahren erfolgte ein sorgfältiger Konstruktionsprozess auf der Basis der multimodalen Eignungsdiagnostik unter hohem Partizipationsgrad innerhalb der Organisation. Die Anforderungen wurden mittels mehrerer unterschiedlicher Analyseverfahren ermittelt. Aus den aggregierten Ergebnissen wurden Anforderungsdimensionen extrahiert, die im Kern identisch für die drei Diagnosezeitpunkte sind und entsprechend den jeweils spezifischen Aufgabenstellungen ergänzt wurden. Die aus den Anforderungsanalysen abgeleiteten Aufgaben folgten eigenschafts-, simulations- und biografieorientierten Prinzipien. Daneben ergänzen sie sich auch gemäß weiteren Dimensionen der Multimodalität und kombinieren u. a. Fremd- und Selbstbeurteilung, interaktive und nicht interaktive Aufgaben sowie maximales und typisches Verhalten. Vor dem organisationsweiten Einsatz der Verfahren erfolgte eine Probeanwendung zur Überprüfung ihrer psychometrischen Charakteristika sowie der Teilnehmerreaktionen und durchführungspragmatischer Aspekte.

In Kapitel 15 werden die Einzelaufgaben der drei Potenzialanalyseverfahren kurz vorgestellt und den Anforderungsdimensionen zugeordnet. Eine Besonderheit ist, dass in allen drei Potenzialanalysen auch Selbsteinschätzungen und Interessentests zum Verfahrenskanon zählen, was der Orientierung an den Grundsätzen der sozialen Validität entspricht. In diesem Sinne ist auch das Feedback an die Teilnehmer gestaltet, das gleichzeitig als Grundlage der nachfolgenden Personalentwicklungsgespräche fungiert. In Kapitel 11 wird die Evaluation von PA2 und PA3 berichtet, in Kapitel 13 die Konstruktion von Parallelverfahren.

Kapitel 16

Von jeher eine Domäne der Berufseignungsdiagnostik ist die Auswahl von Piloten und Fluglotsen. Selbst dort, wo die Angemessenheit eignungsdiagnostisch gestützter Personalauswahl grundsätzlich in Zweifel gezogen wurde, hat man respektiert, dass in so offensichtlich sicherheitsrelevanten Bereichen psychologische Diagnosemethoden dazu beitragen können, Risiken zu mindern. Weniger selbstverständlich ist es, zu diesem Zweck nicht nur Fähigkeits- und Persönlichkeitstests sowie technische Aufgabensimulationen, sondern auch interaktive Verfahren einzusetzen. Doch Untersuchungen von Unfällen und Beinahe-Unfällen zeigen seit längerem, dass mangelhafte Zusammenarbeit der Mitglieder einer Flugzeug- (wie auch einer Schiffs-)besatzung ein wesentlicher mitverursachender Faktor an einer Vielzahl kritischer Ereignisse ist.

Stefan Höft und Claudia Marggraf-Micheel stellen in Kapitel 16 zunächst das Gesamtverfahren zur Auswahl von Verkehrsflugzeugführern im Deutschen Zentrum für Luft- und Raumfahrt (DLR) vor. Dabei zeigen sie auf, dass sowohl eigenschaftsorientierte als auch simulations- und biografieorientierte Einzelverfahren Verwendung finden. Als Assessment Center im engeren Sinne wird im DLR nur der interaktionsbezogene Teil der simulationsorientierten Verfahren bezeichnet, in diesem Fall Gruppendiskussion und Rollenspiel. Im Rahmen eines Qualitätsmanagementsystems werden die Einarbeitung neuer Beobachter und die Entwicklung neuer Assessment Center-Verfahren geschildert. Die berichteten Validierungsergebnisse zeigen positive Ergebnisse, lassen aber auch erkennen, dass die Assessment Center-Aufgaben zweckmäßigerweise nur ein Teil eines umfangreicheren Gesamtverfahrens zu sein haben.

Kapitel 17

Zur Auswahl eines externen Bewerbers werden in deutschen Unternehmen durchschnittlich 4,3 verschiedene eignungsdiagnostische Verfahren eingesetzt (Schuler, Frier & Kauffmann, 1993). Demgegenüber steht uns aus Validierungsstudien fast ausschließlich Information zur Verfügung, die sich auf die Validität *einzelner* Verfahrenstypen oder Merkmale bezieht. Welche Prognoseleistung von welchen Verfahrenskombinationen zu erwarten ist und wie die optimalen Verfahrenskombinationen für definierte Klassen von Anwendungsfällen aussehen, ist weitgehend unbekannt. Immerhin liegt seit einigen Jahren metaanalytisch zusammengefasste Information über die kombinierte Validität zweier Auswahlverfahren vor (z. B. Roth, Bobko & McFarland, 2005), wobei die Frage zumeist lautet, wie hoch die *inkrementelle*, also zusätzliche Validität eines zweiten Verfahrens ist, das ergänzend zu einem Intelligenztest eingesetzt wird (Schmidt & Hunter, 1998).

Patrick Mussel, Andreas Frintrup, Klaus Pfeiffer und Heinz Schuler variieren die Fragestellung der inkrementellen Validität angesichts einer komplexen Selektionsaufgabe. Die Aufgabe bestand darin, für die neue Projektgesellschaft eines Automobilkonzerns in kurzer Zeit eine große Anzahl von Mitarbeitern aus einer noch weit größeren Zahl von Bewerbern auszuwählen, erschwert durch die sozialpolitische Vorgabe, als Bewerber nur arbeitslose oder von Arbeitslosigkeit bedrohte Personen ohne Altersbegrenzung auszuwählen, wobei auf eine Formalqualifikation (technische Berufsausbildung) gänzlich verzichtet wurde. Angesichts der hohen Bewerberzahl wurde ein mehrstufiger Auswahlprozess konzipiert, der in Kapitel 17 dargestellt ist. Etwa 48.000 Bewerber bearbeiteten über ein Internetportal einen Personalfragebogen sowie Kurzfassungen von Testverfahren zur Erfassung von Intelligenz, technisch-mechanischem Verständnis und Gewissenhaftigkeit. Knapp 24.000 dieser Personen folgten anschließend der Einladung zur Bearbeitung einer umfangreicheren Testbatterie in geschützter Umgebung (Testzentren). Die gut 13.000 hiernach bestgeeigneten Kandidaten nahmen schließlich an einem Assessment Center teil, das aus einem strukturierten Interview, einem Logistiktest und einer Arbeitsprobe bestand. Nach einer abschließenden arbeitsmedizinischen Untersuchung wurden ca. 3.750 Personen eingestellt, die seither nach einer halbjährigen Qualifizierungsphase ein neues, am Markt sehr erfolgreiches Fahrzeug bauen.

Die angesichts dieses Auswahlprozesses variierte oder erweiterte Fragestellung zur inkrementellen Validität lautet: (1) Wie kann durch eine Vorauswahl, die relativ geringe Kosten verursacht, die Anzahl der zu einem Assessment Center einzuladenden Personen vermindert werden, ohne die Qualität der Auswahlentscheidung zu beeinträchtigen? (2) Wie kann die „Prozesseffizienz" in dem Sinne erhöht werden, dass aufgrund der Vorselektionsverfahren nicht nur das Abschneiden im Assessment Center prognostiziert, sondern darüber hinaus inkrementelle Validität erzeugt wird? Zu diesem Zweck werden verfügbare Daten zur inkrementellen Validität (Schmidt & Hunter, 1998) mit dem Ergebnis der neuesten Metaanalyse zur Assessment Center-Validität (Hardison & Sackett, in diesem Band) und mit den Daten aus dem hier geschilderten Auswahlprojekt kombiniert. Die Ergebnisse zeigen (Abb. 1 in Kap. 17), dass manche Verfahren zur Vorauswahl weder im Sinne der Prozesseffizienz noch des diagnostischen Zuwachses einen Validitätsbeitrag leisten (Graphologie), andere hohen diagnostischen Zuwachs, aber geringe Prozesseffizienz erwarten lassen (Integritätstests), dritte für hohe Prozesseffizienz, nicht aber für diagnostischen Zuwachs gut sind (Extraversion) und vierte schließlich beides leisten können (Tests der allgemeinen Intelligenz). Unseres Erachtens stellt diese Konzeption ein Novum in der Berufseignungsdiagnostik dar.

Kapitel 18

Verschiedentlich wurde in den letzten Jahren bereits der Versuch unternommen, Mitarbeiter speziell für Auslandseinsätze eignungsdiagnostisch auszuwählen. Filip Lievens legt in Kapitel 18 dar, dass es noch an spezifischen Erfahrungen mangelt, Führungskräfte hinsichtlich ihrer interkulturellen Kompetenz auszuwählen und für eine solche Auswahl auch die Validität zu beziffern. Im Beitrag von Lievens wird über eine Studie berichtet, in der kriterienbezogene Validität einer Analyse- und Präsentationsaufgabe sowie einer Gruppendiskussion untersucht wurde. Zielgruppe waren europäische Führungskräfte, die für einen Einsatz in Japan ausgewählt wurden. Die Ergebnisse zeigten ein uneinheitliches Bild, wobei zwar die Beurteilung in der Gruppendiskussion in beachtenswertem Zusammenhang mit den Kriterien Ausbilderbeurteilung und Sprachkenntnisse standen, nicht aber die der Analyse- und Präsentationsaufgabe. Bezogen auf die Trainingsleistung, das vermutlich angemessenere Kriterium, fand sich für beide Aufgaben inkrementelle Validität über die Messung der Big Five, ein strukturiertes Interview und einen kognitiven Fähigkeitstest hinaus.

Kapitel 19

Im letzten Kapitel dieses Bandes wird von Diana Krause, Diether Gebert und George Thornton ein Vergleich der Assessment Center-Gestaltung in drei europäischen Ländern (Deutschland, Österreich und Schweiz) einerseits und den USA andererseits vorgenommen. Die Autoren berichten über eine Befragung von Unternehmen in den drei deutschsprachigen Ländern hinsichtlich der Verfahrenscharakteristika Anforderungsanalyse, Aufgaben, Beobachter, Transparenz und Feedback für die Teilnehmer sowie Evaluation und stellen sie in Beziehung zu Qualitätsstandards der Assessment Center-Anwendung sowie einer ähnlichen Befragung amerikanischer Unternehmen durch Spychalski, Quinones, Gaugler und Pohley (1997).

Die Ergebnisse lassen eine methodisch breitere und sorgfältigere Analyse der Tätigkeitsanforderungen in amerikanischen Unternehmen erkennen. Der Vergleich der eingesetzten Aufgaben oder Übungen zeigt einen gleichermaßen ubiquitären Einsatz von Gruppendiskussionen, während Postkorbaufgaben in den USA häufiger Anwendung finden, Rollenspiele und Tests sogar sehr viel häufiger; für Zweiergespräche und Präsentationen zeigen sich demgegenüber höhere Prävalenzraten in der europäischen Stichprobe. Während Führungskräfte nur in der Hälfte der US-Unternehmen als Beobachter fungieren, sind sie in nahezu allen der befragten europäischen Firmen am Beurteilungsprozess beteiligt. Der Einsatz von Psychologen erfolgt gleichermaßen selten.

Bemerkenswerte Unterschiede zu Gunsten der USA finden sich schließlich noch in der Verwendung anspruchsvoller Beobachtungsskalen sowie in der Evaluation der Verfahren: Reliabilität und Validität der Assessment Center werden in der US-Stichprobe wesentlich häufiger empirisch ermittelt als in den deutschsprachigen Unternehmen, wo man die Validitätseinschätzung den „Experten" überlässt. Umgekehrt findet die Berücksichtigung der Teilnehmerinteressen hier zu Lande mehr Aufmerksamkeit, wo man nachdrücklicher für Verfahrenstransparenz und sachgerechte Information der Teilnehmer sorgt. Auch das Bemühen um rasches und ausgiebiges Feedback für die diagnostizierten Personen (wofür keine US-Vergleichsdaten vorliegen) findet sich auf hohem Niveau in der Anwendungspraxis. Rücksichtsvoll, aber methodisch unzulänglich, so kann eine knapp zusammengefasste Charakterisierung der Assessment Center-Praxis in deutschsprachigen Unternehmen lauten.

Literatur

Arthur, W. Jr., Day, E. A., McNelly, T. L. & Edens, P. S. (2003). A meta-analysis of the criterion-related validity of assessment center dimensions. *Personnel Psychology, 56,* 125–154.

Bray, D. W., Campbell, R. J. & Grant, D. L. (1974). *Formative years in business: A long-term AT&T study of managerial lives.* New York: Wiley.

Bray, D. W. & Grant, D. L. (1966). The assessment center in the measurement of potential for business management. *Psychological Monographs: General and Applied, 80,* 1–27.

Bungard, W. (1987). Zur Problematik von Reaktivitätseffekten bei der Durchführung eines Assessment Centers. In H. Schuler & W. Stehle (Hrsg.), *Assessment Center als*

Methode der Personalentwicklung (S. 99–125). Göttingen: Hogrefe/Verlag für angewandte Psychologie.

Campbell, D. T. & Fiske, D. W. (1959). Convergent and discriminant validation by the multitrait-multimethod matrix. *Psychological Bulletin, 56,* 81–105.

Development Dimensions, Inc. (1977). *Catalog of assessment and development exercises.* Pittsburgh: Author.

Fisseni, H.-J. & Fennekels, G. P. (1995). *Das Assessment Center.* Göttingen: Hogrefe.

Fritscher, W. (1985). Die Psychologische Auswahl des Offiziersnachwuchses während des Zweiten Weltkriegs in der Deutschen Wehrmacht. In o. V. (Hrsg.), *Deutsche Wehrmachtspsychologie 1914–1945* (S. 423–475). München: Verlag für Wehrwissenschaft.

Funke, U. & Schuler, H. (1998). Validity of stimulus and response components in a video test of social competence. *International Journal of Selection and Assessment, 6,* 115–123.

Gaugler, B. B., Rosenthal, D. B., Thornton, G. C. III & Bentson, C. (1987). Meta-analysis of assessment center validity. *Journal of Applied Psychology, 72,* 493–511.

Goldstein, H. W., Yusko, K. P., Braverman, E. P., Smith, D. B. & Chung, B. (1998). The role of cognition ability in the subgroup differences and incremental validity of assessment center exercises. *Personnel Psychology, 51,* 357–374.

Guldin, A. (1991). Wirkung der Hypothesen von Assessment Center-Teilnehmern über die erfolgreiche Person im Assessment Center. In H. Schuler & U. Funke (Hrsg.), *Eignungsdiagnostik in Forschung und Praxis* (S. 153–159). Göttingen: Hogrefe/Verlag für angewandte Psychologie.

Guldin, A. & Schuler, H. (1997). Konsistenz und Spezifität von AC-Beurteilungskriterien: Ein neuer Ansatz zur Konstruktvalidierung des Assessment Center-Verfahrens. *Diagnostica, 43,* 230–254.

Jeserich, W. (1981). *Mitarbeiter auswählen und fördern.* München: Hanser.

Höft, S. & Bolz, C. (2004). Zwei Seiten derselben Medaille? Empirische Überlappungen zwischen Persönlichkeitseigenschaften und Assessment Center-Anforderungsdimensionen. *Zeitschrift für Personalpsychologie, 3,* 6–23.

Höft, S. & Funke, U. (2006). Arbeits- und Anforderungsanalyse. In H. Schuler (Hrsg.), *Lehrbuch der Personalpsychologie* (2. Aufl., S. 135–173). Göttingen: Hogrefe.

Höft, S. & Schuler, H. (2001). The conceptual basis of assessment centre ratings. *International Journal of Selection and Assessment, 9,* 114–123.

Kanning, U., Pöttker, J. & Golléri, P. (in Druck). Assessment Center in deutschen Großunternehmen. Ein Vergleich zwischen wissenschaftlichem Anspruch und Realität. *Zeitschrift für Arbeits- und Organisationspsychologie.*

Kelbetz, G. & Schuler, H. (2002). Verbessert Vorerfahrung die Leistung im Assessment Center? *Zeitschrift für Personalpsychologie, 1,* 4–18.

Kersting, M. (2006). *DIN SCREEN. Leitfaden zur Kontrolle und Optimierung der Qualität von Verfahren und deren Einsatz bei beruflichen Eignungsbeurteilungen.* Lengerich: Pabst.

Kleinmann, M. (1991). Reaktivität von Assessment Centern. In H. Schuler & U. Funke (Hrsg.), *Eignungsdiagnostik in Forschung und Praxis* (S. 159–162). Göttingen: Hogrefe/Verlag für angewandte Psychologie.

Kleinmann, M. (1997). *Assessment-Center: Stand der Forschung, Konsequenzen für die Praxis.* Göttingen: Hogrefe/Verlag für Angewandte Psychologie.

Kleinmann, M. (2003). *Assessment Center*. Göttingen: Hogrefe.
Kompa, A. (2004). *Assessment Center. Bestandsaufnahme und Kritik* (7. Aufl.). München: Hampp.
Kreipe, K. (1936). Zur Methodik der Exploration. *Zeitschrift für angewandte Psychologie, Beiheft 72*.
Lattmann, C. (Hrsg.). (1989). *Das Assessment Center-Verfahren der Eignungsbeurteilung*. Heidelberg: Physica.
Murray, H. A. (1938). *Explorations in personality: A clinical and experimental study of fifty men of college age*. New York: Oxford University Press.
Neuberger, O. (2002). *Führen und führen lassen* (6. Aufl.). Stuttgart: Lucius & Lucius.
Obermann, C. (1992). *Assessment Center*. Wiesbaden: Gabler.
Office of Strategic Services Assessment Staff. (1948). *Assessment of men*. New York: Rinehart.
Renthe-Fink, L. von (1985). Von der Heerespsychotechnik zur Wehrmachtpsychologie. In o. V. (Hrsg.), *Deutsche Wehrmachtspsychologie 1914–1945* (S. 3–182). München: Verlag für Wehrwissenschaft.
Roth, P. L., Bobko, P. & McFarland, L. A. (2005). A meta-analysis of work sample test validity: Updating and integrating some classic literature. *Personnel Psychology, 58*, 1009–1038.
Sackett, P. R. & Dreher, G. F. (1982). Constructs and assessment center dimensions: Some troubling empirical findings. *Journal of Applied Psychology, 67*, 401–410.
Sarges, W. (Hrsg.). (2001). *Weiterentwicklungen der Assessment Center-Methode* (2. Aufl.). Göttingen: Hogrefe.
Schmidt, F. L. & Hunter, J. E. (1998). Meßbare Personmerkmale: Stabilität, Variabilität und Validität zur Vorhersage zukünftiger Berufsleistung und berufsbezogenen Lernens. In M. Kleinmann & B. Strauss (Hrsg.), *Potentialfeststellung und Personalentwicklung* (S. 16–43). Göttingen: Hogrefe.
Scholz, G. & Schuler, H. (1993). Das nomologische Netzwerk des Assessment Center: Eine Metaanalyse. *Zeitschrift für Arbeits- und Organisationspsychologie, 37*, 73–85.
Schuler, H. (1987). Assessment Center als Auswahl- und Entwicklungsinstrument: Einleitung und Überblick. In H. Schuler & W. Stehle (Hrsg.), *Assessment Center als Methode der Personalentwicklung* (S. 1–35). Göttingen: Hogrefe/Verlag für Angewandte Psychologie.
Schuler, H. (1989). Die Validität des Assessment Centers. In C. Lattmann (Hrsg.), *Das Assessment-Center-Verfahren der Eignungsbeurteilung* (S. 223–250). Heidelberg: Physica.
Schuler, H. (1996). *Psychologische Personalauswahl*. Göttingen: Hogrefe/Verlag für Angewandte Psychologie.
Schuler, H. (2000). Das Rätsel der Merkmals-Methoden-Effekte: Was ist „Potenzial" und wie lässt es sich messen? In L. von Rosenstiel & Th. Lang-von Wins (Hrsg.), *Perspektiven der Potenzialbeurteilung* (S. 53–71). Göttingen: Hogrefe.
Schuler, H. (2002). *Das Einstellungsinterview*. Göttingen: Hogrefe.
Schuler, H. (2006). Berufseignungsdiagnostik. In F. Petermann & M. Eid (Hrsg.), *Handbuch der Psychologischen Diagnostik* (S. 717–729). Göttingen: Hogrefe.
Schuler, H., Frier, D. & Kauffmann, M. (1993). *Personalauswahl im europäischen Vergleich*. Göttingen: Hogrefe/Verlag für Angewandte Psychologie.

Schuler, H., Funke, U., Moser, K. & Donat, M. (1995). *Personalauswahl in Forschung und Entwicklung. Eignung und Leistung von Wissenschaftlern und Ingenieuren.* Göttingen: Hogrefe.

Schuler, H., Hell, B., Trapmann, S., Schaar, H. & Boramir, I. (in Druck). *Die Nutzung psychologischer Verfahren der externen Personalauswahl in deutschen Unternehmen – ein Vergleich über 20 Jahre. Zeitschrift für Personalpsychologie.*

Schuler, H. & Höft, S. (2006). Konstruktorientierte Verfahren der Personalauswahl. In H. Schuler (Hrsg.), *Lehrbuch der Personalpsychologie* (2. Aufl., S. 101–144). Göttingen: Hogrefe.

Schuler, H. & Moser, K. (1995). Geschichte der Managementdiagnostik. In W. Sarges (Hrsg.), *Management-Diagnostik* (2. Aufl., S. 32–42). Göttingen: Hogrefe.

Schuler, H. & Schmitt, N. (1987). Multimodale Messung in der Personalpsychologie. *Diagnostica, 33,* 259–271.

Schuler, H. & Stehle, W. (1983). Neuere Entwicklungen des Assessment-Center-Ansatzes – beurteilt unter dem Aspekt der sozialen Validität. *Psychologie und Praxis. Zeitschrift für Arbeits- und Organisationspsychologie, 27,* 33–44.

Schuler, H. & Stehle, W. (1987). *Assessment Center als Methode der Personalentwicklung.* Göttingen: Hogrefe/Verlag für Angewandte Psychologie.

Schulze, R. & Holling, H. (2004). Strategien und Methoden der Versuchsplanung und Datenerhebung in der Organisationspsychologie. In H. Schuler (Hrsg.), *Organisationspsychologie 1 – Grundlagen und Personalpsychologie* (S. 131–179). Göttingen: Hogrefe.

Spychalski, A. C., Quinones, M. A., Gaugler, B. B. & Pohley, K. (1997). A survey of assessment center practices in organizations in the United States. *Personnel Psychology, 50,* 71–90.

Sünderhauf, K., Stumpf, S. & Höft, S. (Hrsg.). (2005). *Assessment Center. Von der Auftragsklärung bis zur Qualitätssicherung.* Lengerich: Pabst Science Publishers.

Thornton, G. C. III (1992). *Assessment centers in human resource management.* Reading, MA: Addison-Wesley.

Thornton, G. C. III & Byham, W. C. (1982). *Assessment centers and managerial performance.* New York: Academic Press.

Thornton, G. C. III, Gaugler, B. B., Rosenthal, D. B. & Bentson, C. (1987). Die prädiktive Validität des Assessment Centers – eine Metaanalyse. In H. Schuler & W. Stehle (Hrsg.), *Assessment Center als Methode der Personalentwicklung* (S. 36–60). Göttingen: Hogrefe/Verlag für angewandte Psychologie.

2 Assessment Center-Forschung und -Anwendung: eine aktuelle Bestandsaufnahme[1]

Filip Lievens und George C. Thornton III

Seit fast 50 Jahren sind Assessment Center ein bewährter Ansatz für die Personalauswahl und -entwicklung von Führungskräften (Spychalski, Quinones, Gaugler & Pohley, 1997), wobei sich ihre Validität als substanziell erwiesen hat (Thornton & Rupp, 2004). Ferner werden Assessment Center weltweit eingesetzt (Byham, 2001; Kudisch, Avis, Fallon, Thibodeaux, Roberts, Rollier & Rotolo, 2001; Sarges, 2001). Im Laufe der Jahre haben sich einige innovative Entwicklungen in der Anwendung von Assessment Centern ergeben. Ebenso konnten verschiedene Wissenschafter der diesbezüglichen Forschung neue Anstöße geben (z. B. Arthur, Woehr & Maldegen, 2000; Arthur, Day, McNelly & Edens, 2003; Haaland & Christiansen, 2002; Kolk, Born & van der Flier, 2002; Lance, Newbolt, Gatewood, Foster, French & Smith, 2000; Lievens & Conway, 2001; Lievens & Klimoski, 2001). Das Ziel dieses Kapitels ist es, sowohl Praktiker als auch Forscher über diese interessanten neuen Entwicklungen zu informieren. Dabei konzentrieren wir uns besonders auf Entwicklungen in der Assessment Center-Anwendung und -Forschung, die sich in den letzten fünf Jahren ergeben haben (1998–2003).

2.1 Aktuelle Entwicklungen in der Assessment Center-Anwendung

In diesem Abschnitt geben wir einen Überblick über die aktuellen Entwicklungen in der Assessment Center-Anwendung. Um dies zu gewährleisten, haben wir Assessment Center-Tätigkeiten untersucht, die in den letzten Jahren in verschiedenen Kontexten beschrieben worden sind. Berücksichtigt wurden Studien, Übersichten von Praktikern aus aller Welt, Präsentationen vom „International Congress on Assessment Center Methods" sowie Berichte über Innovationen, die uns von unterschiedlichen Kollegen zugetragen wurden. Folgende Entwicklungen in der Assessment Center-Anwendung werden wir näher erläutern: Assessment Center für Nicht-Führungskräfte, Assessment Center in kulturübergreifenden Umgebungen, Erhebung neuer Dimensionen, Aufgabentypen, Gebrauch von Technologie und virtuellen Assessment Centern, Integration von Assessment Centern in die Organisationsstrategie, Einsatz von Assessment Centern in der Personalentwicklung und Assessment Center als Kriteriumsmaße.

---

[1] Übersetzung aus dem Englischen von Julia Winzen

Assessment Center für Nicht-Führungskräfte

Ursprünglich wurden Assessment Center vor allem auf Managementebene eingesetzt, sowohl für untere als auch für obere Führungskräfte. In letzter Zeit werden sie häufiger auch in einer Reihe von Berufen zur Einschätzung von Personen in nicht leitenden Positionen angewandt. Diamond Star Motors führt seit vielen Jahren ein Assessment Center zur Auswahl von Arbeitnehmern für die Produktion durch (Henry, 1988). Dieses Vorgehen hat sich auch in anderen produzierenden Unternehmen wie Cessna (Hiatt, 2000) und BASF (L. Howard & McNelly, 2000) durchgesetzt. Der US-Bundesstaat Connecticut stellte mithilfe von Assessment Center-Methoden die Kompetenz von Lehrern sicher (Jacobson, 2000). Andere Organisationen setzten Assessment Center ein, um Polizeioffiziere (Dayan, Kasten & Fox, 2002) und Flugpiloten (Damitz, Manzey, Kleinmann & Severin, 2003) auszuwählen oder Berater (A. Howard & Metzger, 2002; Rupp & Thornton, 2003) und Anwälte (Sackett, 1998) einzuschätzen.

Diese Beispiele demonstrieren die Anwendbarkeit von Assessment Center-Prinzipien auf unterschiedlichste Berufsgruppen. Wie weiter unten ausgeführt wird, konnte die aktuelle Forschung die Validität einiger dieser Assessment Center erfreulicherweise auch dann belegen, wenn Personen beurteilt wurden, die keine Führungsposition besetzen.

Anwendung von Assessment Centern im multinationalen und kulturübergreifenden Kontext

In einer stetig wachsenden Anzahl von Ländern in der ganzen Welt werden Assessment Center eingesetzt. Durch eine solche kulturübergreifende Verwendung ergeben sich viele Herausforderungen in Bezug auf das Design und die konkrete Durchführung der Assessment Center. Es gibt zwei unterschiedliche Ansätze, die sich mit diesem Zusammenhang beschäftigen: den „etischen" und den „emischen" Ansatz (Chawla & Cronshaw, 2002). Im „etischen" Ansatz wird davon ausgegangen, dass (a) universale individuelle Eigenschaften existieren, die für die organisationale Effektivität relevant sind, (b) vorhandene Erhebungstechniken an die Erfordernisse verschiedener Länder angepasst werden können, (c) die Standardisierung und die Verbesserung der Validität erfordern, dass festgelegte Dimensionen und Verfahren eingesetzt werden, und (d) die Angleichung von Auswahlverfahren über verschiedene Kulturen hinweg zu einer homogenen organisationalen Kultur beiträgt. Der „emische" Ansatz besagt hingegen, dass (a) generische Erhebungsmethoden nicht valide sind (d. h., sie spezifizieren einzelne Aspekte der kriterienrelevanten Leistung nur ungenügend), (b) jede Kultur untersucht werden muss, um ihre eigenen Charakteristika zu identifizieren, (c) die Akzeptanz der Erhebungstechniken in unterschiedlichen Kulturen variiert und (d) im Beobachtertraining Verständnis für kontextbezogene Informationen erzeugt werden muss. Ein ungeklärter Punkt in dieser Diskussion betrifft die relativen Gewinne und Verluste, die sich durch die Modifikation einzelner Elemente von Assessment Centern ergeben. Zum Beispiel kann dadurch die Anpassung der Übungen an besondere lokale Erfordernisse erzielt werden, jedoch würde die Vergleichbarkeit der Erhebungen über verschiedene Durchführungsorte hinweg problematisch.

Eine weitere Frage ist, ob Assessment Center dazu geeignet sind, Personen in ihrem Heimatland für eine Tätigkeit im Ausland auszuwählen. In diesem Zusammenhang stellt Briscoe (1997) fest, dass besondere Aufmerksamkeit auf folgende Aspekte gelegt werden sollte: das Design der Aufgaben, die Berücksichtigung anderer Dimensionen, den Einsatz von Beobachtern aus dem Heimat- und dem Gastland, die Bewertung von Verhaltensweisen und die Gewährleistung von Feedback. Briscoe (1997) und Howard (1997) stellen Fallstudien vor, die einige der Herausforderungen veranschaulichen, die sich ergeben, wenn Assessment Center zur Auswahl internationalen Personals eingesetzt werden. Kozloff (2003) diskutiert die Möglichkeit, Führungskräfte zusammen mit ihren Ehepartnern und Familien für das Leben und Arbeiten in verschiedensten Umgebungen auf der ganzen Welt auszuwählen. In der einzigen den Autoren bekannten Studie zur prädiktiven Validität dieses Ansatzes berichten Lievens, Harris, van Keer und Bisqueret (2003), dass die Beurteilung mithilfe von ausgewählten Assessment Center-Übungen die Vorhersagegenauigkeit von kognitiver Fähigkeit und Persönlichkeitstests übertraf, wenn es darum ging, den Erfolg in einem Trainingsprogramm für europäische Manager in Japan vorherzusagen.

Ebenso interessant ist die Frage, inwiefern die *Richtlinien* universell gültig sind. Im Laufe der Jahre hat sich ein Trend dahingehend entwickelt, auch internationale Anliegen zu berücksichtigen. Die Arbeitsgruppe, die die 1975 und 1979 erschienenen Ausgaben der *Guidelines and Ethical Considerations for Assessment Center Operations* (International Task Force on Assessment Center Guidelines, 2000) geschrieben hat, bestand nur aus nordamerikanischen Praktikern. 2001 setzte sich eine Gruppe europäischer Praktiker zusammen, um zu entscheiden, ob es erforderlich sei, die *Richtlinien* für Europa anzupassen (Seegers & Huck, 2001). Außerdem wurde im Jahr 2000 in Indonesien eine Arbeitsgruppe gegründet, die Verhaltensregeln für die Assessment Center-Anwendung in diesem Land festlegte (Pendit & Thornton, 2001).

Erhebung neuer Dimensionen

Ursprünglich wurden Assessment Center entwickelt, um Bündel relativ spezifischer Verhaltensweisen in Form von „Dimensionen" zu erfassen (Thornton & Byham, 1982). In neuerer Zeit beginnen die Urheber von Assessment Centern damit, breiter gefasste Kompetenzbereiche zu erheben, die sich oft aus einer komplexen Kombination der traditionellen Dimensionen zusammensetzen. Unserer Meinung nach liefern solche breiten organisationalen Kompetenzen nicht die spezifischen und objektiven Eigenschaften, die für Assessment Center angemessen wären. Zum Beispiel stellen die Aspekte „Kundenservice" und „ständige Qualitätsverbesserung" zwar wertvolle Organisationsziele dar, dennoch müssen sie über Verhaltensdimensionen operationalisiert werden.

Ein weiterer Trend betrifft das zunehmende Gewicht zwischenmenschlicher Dimensionen wie Teamwork, Kooperation und informelle Führung. Einige Organisationen erdenken auch Wege zur Erfassung von Wertvorstellungen, zum Beispiel über den Einsatz systematischer Techniken wie das Systematic Multiple Level of Observation of Groups (SYMLOG; vgl. Wilson & Pilgram, 2000). Andere Programme haben erhoben, welche Rollenübernahmen von Arbeitnehmern erwartet werden (Mahoney-Phillips, 2002). In einem größeren Maßstab hat das US-Office of Personnel Management einen national gültigen Rahmen von Dimensionen entwickelt, mit dem alle Arbeitsplätze in der US-amerikanischen Wirtschaft definiert werden können (Gowing, 1999). Diese Taxonomie, in der alle Tätigkeiten berücksichtigt werden, die im Standard Occupational Classification-System aufgelistet sind, liefert eine gemeinsame Sprache für die jeweils erforderlichen

Merkmale. Einige Praktiker wählen dagegen einen gänzlich anderen Ansatz und wenden ein, dass nicht Dimensionen erhoben werden sollten (Thoresen, 2002), sondern dass die Leistung in einer Übung als Ganzes betrachtet werden sollte.

Nach unserer Einschätzung kann eigentlich jedes Leistungsmerkmal erhoben werden, wenn zwei Bedingungen erfüllt sind: (1) Die Dimension ist in Bezug auf das Arbeitsverhalten und das beobachtbare Verhalten in den Simulationsaufgaben klar definiert und (2) die Übungen werden sorgfältig konstruiert, so dass sie die relevanten Verhaltensweisen ans Licht bringen. Die zweite Bedingung impliziert, dass Aufgaben auf unterschiedliche Weise konstruiert werden können und sollten, wenn sie dazu dienen, unterschiedliche Merkmale zu erheben. Techniken zur Entwicklung verschiedener Aufgabentypen für unterschiedliche Zwecke und zur Veranschaulichung von Verhaltensweisen, die für unterschiedliche Dimensionen relevant sind, werden in *Developing Organizational Simulations* (Thornton & Mueller-Hanson, 2004) beschrieben.

Aufgabentypen

Man könnte meinen, es seien neue Aufgabentypen entwickelt worden, um neue Dimensionen für neue Tätigkeiten in neuen Settings zu erheben, aber dies scheint nicht der Fall zu sein. Die meisten alten Aufgabentypen werden scheinbar weiterhin verwendet, darunter Postkörbe, Fallstudien und interaktive Simulationen. Es deutet sich allerdings ein Trend zu einem selteneren Einsatz von Gruppendiskussionen an. Dafür könnte es drei Erklärungen geben. Erstens stehen Polizei und Feuerwehr, wo Assessment Center eine Methode zur Beförderungsüberprüfung sind, unter dem großen Druck, eine strikte Standardisierung zu gewährleisten. In der hochvariablen Gruppendynamik, die sich in ungeführten Gruppendiskussionen typischerweise entfaltet, ist dies nicht möglich. Zweitens bestehen praktische bzw. logistische Probleme dabei, alle Kandidaten zu einem bestimmten Zeitpunkt an einem bestimmten Ort zu versammeln. Designer wünschen sich oft einen Prozess, der es nicht erfordert, dass eine Gruppe von Teilnehmern zur selben Zeit am selben Ort ist. Drittens sind die komplexen Interaktionen von fünf oder sechs Personen in einer Gruppendiskussion oft schwer zu beobachten und trotzen somit einer systematischen Beobachtung und Evaluation durch unerfahrene Beobachter.

Der Verzicht auf Gruppendiskussionsübungen ist verständlich, wenn Assessment Center zur Personalauswahl oder -entwicklung durchgeführt werden und mit gesetzlichen Auflagen zur Standardisierung gerechnet werden muss. Dennoch ist die Gruppenübung vor allem im Hinblick auf das Interesse der Organisationen, die Passung zwischen Individuum und Team sowie der Organisation zu bestimmen, eine der inhaltsvalideren Assessment Center-Übungen.

Gebrauch von Technologie und virtuellen Assessment Centern

Die Verfügbarkeit von Computern und elektronischen Medien hat die Möglichkeit eröffnet, den Einsatz von Technologien in Assessment Centern zu steigern. Anfänglich wurden Computer verwendet, um die Urteile eines Beobachterteams zusammenzutragen und zu analysieren. Neuerdings haben sich anspruchsvollere Anwendungen ergeben, in erster Linie in Bezug auf Methoden zur Stimuluspräsentation. Aufgabenstimuli können über Videomonitore oder als computerbasierte Simulationen präsentiert werden (Bobrow &

Schulz, 2002). Bei Sprint wurde ein virtuelles Büro im Intranet des Unternehmens simuliert, um Übungen durchzuführen (Hale, Jaffee & Chapman, 1999). Reynolds (2003) beschrieb die Entwicklung zu einer internetbasierten Bereitstellung von Übungen für die Einschätzung von Führungskräften und Vorgesetzten. Andere Anwendungen von Technologien betreffen die Aufzeichnung von Verhalten auf Ton- und Videobändern, teilweise auch aus der Entfernung. Diese Aufzeichnungen können dann wie gewöhnlich von geschulten Beobachtern oder durch die Verwendung hoch entwickelter Software-Programme analysiert werden. In weiteren Assessment Center-Programmen wurde das Internet genutzt, um elektronische Aufzeichnungen verschiedener Leistungen über Text-, Audio- und Videomedien zu machen (Richards, 2002). Automatische Analysen schriftlicher Antworten können den Inhalt und die Qualität von Schriftproben bewerten (Ford, 2001). Zusätzlich kann Software den Klang von Stimmen analysieren (Bobrow & Schulz, 2002). Spezielle Software wurde entwickelt, um den Prozess des Berichtschreibens zu automatisieren (Lovler & Goldsmith, 2002). Außerdem kann das Internet genutzt werden, um alle Schritte eines Einschätzungsprozesses zu erleichtern, darunter die Durchführung, die Bereitstellung der Übungen, die Punktevergabe, die Datenverfolgung, das Berichtschreiben und das Feedback (Smith & Reynolds, 2002). Reynolds (2003) wies den Fortschritt von Technologieanwendungen in Richtung eines „web service model of assessment" nach, indem er das „online-desk" von Managern verwendete, um Assessment Center-Aktivitäten in Form eines simulierten „Arbeitsalltags" umzusetzen.

Viele dieser technologischen Entwicklungen verbessern die Genauigkeit der Übungen hinsichtlich der Stimulusdarbietung für die Teilnehmer (z. B. erhalten Manager heutzutage typischerweise Informationen über elektronische Medien und antworten online). Somit kann unserer Einschätzung nach der hohe Technologiegrad den Realitätsgehalt der Übungen steigern. Andere Aspekte hochtechnologisierter Assessment-Übungen können allerdings die Genauigkeit der Einschätzung vermindern, besonders die Antwortgenauigkeit. Zum Beispiel erfordern manche computerbasierte Postkörbe, dass der Teilnehmer antwortet, indem er eine der vorher festgesetzten Alternativen auswählt. In der Realität werden Führungskräften jedoch normalerweise keine Alternativen vorgegeben. Tatsächlich müssen sie selbst Alternativen generieren und dann ohne jede Vorgabe eine Antwort liefern. In einigen Übungen zeichnet ein Video die Kommentare eines Mitarbeiters auf, und der Teilnehmer wählt aus einer Zusammenstellung vorher festgesetzte Antworten aus. Diese Art von Erhebungsmethode ist keine getreuliche Abbildung dynamischer zwischenmenschlicher Interaktionen. Computerbasierte Postkörbe und videobasierte Erhebungstechniken haben zwar prädiktive Validität, sie unterscheiden sich aber qualitativ von den offenen Verhaltensweisen, die in den typischen zwischenmenschlichen und entscheidungsfordernden Simulationen, welche der Assessment Center-Methode ihren Stempel aufgedrückt haben, gefordert sind.

Integration des Assessment Centers in das Personalwesen und die Organisationsstrategie

In den letzten Jahren entwickelte sich zunehmend Einsicht dahingehend, dass Assessment Center in ein größeres System integriert werden müssen, welches die Einstellung, Auswahl, Beförderung, Entwicklung sowie die Nachfolgeplanung für Managementtalente umfasst (Byham, 2002; Byham, Smith & Paese, 2001; Roth & Smith, 2000). Dieser Trend ist auch in Organisationen augenscheinlich, die globale HR-Praktiken umsetzen (Eckhardt, 2001). Obwohl die Idee nicht neu ist (Thornton, 1992), hat die Forderung, alle HRM-Praktiken effizienter zu gestalten, dazu geführt, dass mehr Gewicht darauf gelegt wird, Assessment Center-Anwendungen besser an breitere organisationale Strategien anzupassen.

Die Integration von Assessment Centern in breiter gefasste organisationsstrategische Planungen und der Einsatz von Assessment Centern zur Förderung organisationaler Veränderungen werden auch in neueren Anwendungen deutlich. Zum Beispiel wurden Assessment Center unterstützend durchgeführt, um die Wiederbeschäftigung einer feststehenden Belegschaft zu erzielen (Adler, 1995), außerdem zur Rationalisierung (Gebelein, Warrenfeltz & Guinn, 1995), zur Entwicklung von Führungskräfteteams (Fleisch & Cohen, 1995), zur Umstrukturierung von einem funktionalen auf einen produktorientierten Schwerpunkt (Fleisch, 1995) und zum Klimawandel (Dailey, Cohen & Lockwood, 1999). Dies geschah in diversen Organisationen aus dem Bereich der Industrie, der Telekommunikation, des Kraftfahrwesens, des Kundenservices, der Hochtechnologien und der Sicherheit. Die Integration von Assessment Centern in organisationale Veränderungsprozesse erfordert die Einbindung der obersten Führungskräfte in das Programm (Dowell & Elder, 2002).

Einsatz des Assessment Centers in der Personalentwicklung

Der am stärksten zu betonende Trend der Assessment Center-Aktivitäten in den letzten Jahren ist der Wechsel ihres vornehmlichen Einsatzfeldes von der Personalauswahl zur Personalentwicklung (Kudisch et al., 2001; Spychalski et al., 1997). Dieses zunehmende Interesse an einer Verwendung von Assessment Centern, um die Talente der Manager in ihren laufenden Positionen zu fördern, resultiert unter anderem aus der Abflachung und Rationalisierung der Organisationen und der geringeren Verfügbarkeit von Beförderungsmöglichkeiten.

Es gibt mehrere Varianten von Entwicklungs-Assessment Centern. In einigen liegt der Schwerpunkt auf der Diagnose des Trainingsbedarfs von Individuen. Das Design dieser Assessment Center, einschließlich der Dimensionen und Übungen, ist dem der Beförderungscenter sehr ähnlich. Eine andere Variante ist ein wahres *Entwicklungscenter*, in dem es darum geht, die Entwicklung bestimmter Fähigkeiten zu fördern (Ballantyne & Povah, 1995). Um das Programm in eine Lernerfahrung zu verwandeln, werden einige Schritte unternommen, um unmittelbares Feedback, Praxis, Verstärkung, Trainingstransfer und nachfolgende Unterstützung in der Organisation zu gewährleisten. Eine dritte Variante von Entwicklungs-Assessment Centern sind Programme, die entwickelt wurden, um die Weiterbildung von Organisationseinheiten zu fördern. Die Verwendung von Simulationstechnologien für Entwicklungszwecke beinhaltet typischerweise die Einschätzung intakter Arbeitsgruppen, die an komplexen Organisationsspielen teilnehmen (Thornton & Cleveland, 1990). Der Einsatz eines Assessment Center-Programms für beide Zwecke, das heißt für Personalauswahl und -entwicklung, ist problematisch (Arnold, 2002) und erfordert eine sorgfältige Aufmerksamkeit auch auf solche Faktoren, die über die psychometrische Genauigkeit hinausgehen (z. B. motivierte Teilnehmer, klares Feedback, unterstützendes Umfeld; vgl. Kudisch, Lundquist & Smith, 2002).

Entwicklungs-Assessment Center sind recht populär geworden, aber sie stehen auch vor zahlreichen Herausforderungen. Eine der wichtigsten Herausforderungen ist die Notwendigkeit, einen adäquaten psychometrischen Beweis der Konstruktvalidität zu erbringen. Wie in einem späteren Abschnitt dieses Kapitels diskutiert wird, gibt es gemischte Belege bezüglich der Konstruktvalidität von Beobachterurteilen. Die zweite Herausforderung, die sich Entwicklungs-Assessment Centern stellt, ist es, den Beleg zu liefern, dass das Programm eine Wirkung auf die Teilnehmer hat. Die Wirkung kann sich äußern in Form von (a) Absichten, Entwicklungsschritte zu unternehmen, (b) Engagement in irgendeiner Art von Entwicklungsmaßnahmen, (c) einem veränderten Verständnis von Leistungsdimensionen, (d) verbesserten Fähigkeiten, (e) veränderten Verhaltensweisen am Arbeitsplatz oder (f) einer Verbesserung der organisationalen Effektivität. Jones und Whitmore (1995) fanden heraus, dass der Karrierefortschritt von teilnehmenden und nicht teilnehmenden Managern sich nicht unterschied, es sei denn, die Manager, die am Assessment Center teilgenommen hatten, zeigten anschließend Weiterbildungsaktivitäten. Leider ziehen die meisten Manager nicht die Konsequenz aus Assessment Center-Diagnosen, Weiterbildungsaktivitäten zu zeigen (T. Byham, 2003). Erst kürzlich haben erste Forschungsbelege die Bedingungen aufgezeigt, unter denen Entwicklungs-Assessment Center effektiv sind (Maurer, Eidson, Atchley, Kudisch, Poteet, Byham & Wilkerson, 2003). Positive Effekte ergeben sich nicht automatisch, und es ist wahrscheinlich, dass sie nur auftreten, wenn es zahlreiche andere unterstützende Maßnahmen in der Organisation gibt, die dem Teilnehmer nach der Assessment Center-Erfahrung helfen (Bernthal, Cook & Smith, 2001).

Assessment Center als Kriterienmaße

Ähnlich wie Arbeitsproben werden Assessment Center zunehmend als Kriterienmaße eingesetzt, wenn es darum geht, verschiedene Aspekte der Leistung von Managern und Studenten zu untersuchen. Zum Beispiel verwendeten Thomas, Dickson und Bliese (2001) ein Assessment Center zur Führungseffektivität in einer Studie über die Rolle von Werten, Motiven und Persönlichkeit bei Kadetten. Barlay und York (2002) sowie Riggio, Mayes und Schleicher (2003) gebrauchten Assessment Center, um die Leistung von Studenten im Grundstudium zu messen. Vor kurzem haben Atkins und Wood (2002) ein 360°-Feedbackprogramm auf der Basis von Assessment Center-Beurteilungen der Kandidaten validiert.

Die Idee, die der Verwendung von Assessment Centern als Kriterienmaße zugrunde gelegt wird, ist, dass sie eng mit der Arbeitstätigkeit korrespondieren und daher als Miniatursetting für die Beobachtung von Arbeitsleistung betrachtet werden können. Obwohl dieser Ansatz sinnvoll ist, ist es wichtig zu berücksichtigen, dass die Kriteriendaten, die man durch ein Assessment Center erhält, sich unweigerlich von den traditionelleren Arbeitsleistungsdaten (d. h. Ratings) unterscheiden. Die Leistung im Assessment Center spiegelt die maximale Leistung wider, wohingegen die Leistungsbeurteilung typische Leistung wiedergibt.

2.2 Aktuelle Entwicklungen in der Assessment Center-Forschung

Der folgende Teil befasst sich mit der Assessment Center-Forschung. Die Durchsicht der zwischen 1998 und 2003 veröffentlichten Forschungsergebnisse zeigt, dass sich die meisten Studien in vier Themenbereiche gruppieren lassen: Forschung zur kriterienbezogenen Validität, Forschung zur inkrementellen Validität, Forschung zur Konstruktvalidität und prozessbezogene Forschung.

Assessment Center und kriterienbezogene Validität

Im Laufe der letzten fünf Jahre konnten weitere Belege für die kriterienbezogene Validität von Assessment Centern gesammelt werden. Insbesondere haben aktuelle Studien den Beweis erbracht, dass die kriterienbezogene Validität von Assessment Centern über Arbeitsplätze, Zeit und Umfeld hinweg stabil ist. In Bezug auf die Arbeitsplätze sind zwei Studien besonders nennenswert. Damitz et al. (2003) erweiterten bestehende Auswahlverfahren für die Auswahl von Piloten, indem sie verschiedene Assessment Center-Übungen aufnahmen, um sowohl zwischenmenschliche als auch leistungsbezogene Dimensionen zu erheben. Das Gesamturteil war ein valider Prädiktor für die Einschätzungen der Kriterien durch die Kollegen. In ähnlicher Weise argumentieren Dayan et al. (2002), dass Assessment Center notwendig sein können, um zwischenmenschliche Dimensionen in der Polizeiarbeit zu erfassen. Ihre Behauptung wurde durch eine Untersuchung mit israelischen Polizeikräften gestützt, in der Einschätzungen durch Vorgesetzte und Kollegen als Kriterien verwendet wurden.

Was die längerfristige Validität von Assessment Centern betrifft, so haben Jansen und Stoop (2001) ein Assessment Center über den Zeitraum von sieben Jahren validiert. Kriterium war der durchschnittliche Lohnzuwachs. Die korrigierte Validität des Gesamturteils betrug .39. Ein weiterer interessanter Beitrag von Jansen und Stoop war, dass sie zusätzlich untersuchten, wie sich die Validität von Assessment Center-Dimensionen mit der Zeit verändert. Sie fanden, dass die Dimension Standhaftigkeit über die ganze Zeit hinweg vorhersagekräftig war, wohingegen die zwischenmenschlichen Dimensionen erst nach einigen Jahren valide wurden.

In den letzten Jahren gab es Belege dazu, dass Assessment Center auch in anderen Kontexten eingesetzt werden können als in der inländischen Personalauswahl. Stahl (2000) entwickelte ein Assessment Center für die Auswahl deutscher Aussiedler. Die kriterienbezogene Validität des Assessment Centers wurde allerdings nicht überprüft. Lievens et al. (2003) entwickelten und validierten ein Assessment Center zur Auswahl europäischer Manager für ein kulturübergreifendes Trainingsprogramm in Japan. Neben Assessment Center-Übungen umfasste das Verfahren kognitive Fähigkeits- und Persönlichkeitstests und ein Verhaltensbeschreibungs-Interview. Die Dimensionen Anpassungsfähigkeit, Teamwork und Kommunikation, die mithilfe einer Gruppendiskussion erhoben wurden, erwiesen sich als valide Prädiktoren, ebenso wie die kognitiven Fähigkeits- und Persönlichkeitstests. Die Dimensionen, die über eine Präsentation erhoben wurden, erwiesen sich nicht als signifikante Prädiktoren. Dies verdeutlicht, dass das Aufgabendesign ein wichtiger Aspekt ist, wenn Assessment Center international angewendet werden (siehe oben).

Schließlich führten Arthur et al. (2003) eine Metaanalyse zur kriterienbezogenen Validität von Assessment Center-Dimensionen durch. Die wahren Werte für die Kriteriumsvalidität variierten von .25 bis .39. Überdies erklärte eine Regressionsgleichung, die vier der sechs Dimensionen umfasste, die kriterienbezogene Varianz der Assessment Center-Einschätzungen und erklärte zusätzlich ein wenig mehr Varianz in der Leistung als eine vorangegangene Metaanalyse von Gaugler, Rosenthal, Thornton und Bentson (1987, vgl. auch Thornton et al., in diesem Band). Die Assessment Center-Dimensionen erbrachten eine multiple Korrelation von .45 ($R^2 = .20$). Demnach scheint es für die Vorhersagegüte von Assessment Centern günstig zu sein, den Fokus auf einzelne Assessment Center-Konstrukte (Dimensionen) und nicht auf das Gesamturteil zu legen.

Es ist ein interessanter Befund, dass die Validität von Assessment Centern nicht höher ist als die Validität weniger teurer Verfahren, wie zum Beispiel hoch strukturierter Interviews oder situativer Einschätzungstests (Situational Judgement Tests). Zwei methodologische Aspekte könnten dies erklären. Zum einen verwendeten frühere Metaanalysen zu Assessment Centern Werte von .77 (Gaugler et al., 1987, S. 496) beziehungsweise .76 (Arthur et al., 2002, S. 153) zur Korrektur der Kriteriumsreliabilität. Diese Werte sind sehr viel höher als der Wert von .52, der typischerweise in aktuellen Metaanalysen zu Auswahlverfahren (z. B. strukturierten Interviews) für die Interrater-Reliabilität von Leistungsbeurteilungen eingesetzt wird (Viswesvaran, Ones & Schmidt, 1996). Da frühere Metaanalysen solch konservative Schätzungen für die Korrektur der Kriteriumsreliabilität verwendeten, unterschätzen ihre korrigierten Werte die „wahre" Validität von Assessment Centern. Wenn wir zum Beispiel den Validitätskoeffizienten von Gaugler et al. (1987) mit dem gebräuchlichen Wert von .52 anstelle der konservativeren Werte korrigieren, steigt die korrigierte Validität von Assessment Centern von .37 auf .45. Ein anderer entscheidender methodologischer Punkt bei der Interpretation von Assessment Center-Validitäten bezieht sich auf den eingeschränkten Geltungsbereich der gemessenen KSAOs (Kenntnisse, Fertigkeiten, Fähigkeiten und andere Eignungsmerkmale). Normalerweise werden Assessment Center in den letzten Phasen eines Auswahlprozesses eingesetzt, so dass die Kandidaten in vorherigen Auswahlphasen bereits auf Basis ihrer kognitiven Fähigkeiten und ihrer Persönlichkeit selektiert worden sind. Daher ist die Varianz sowohl der kognitiven als auch der zwischenmenschlichen Kompetenzen bei den Teilnehmern eines Assessment Centers eingeschränkt. Dies kann möglicherweise eine niedrigere Validität zur Folge haben (Hardison & Sackett, 2004). Die zukünftige Forschung sollte all dies überprüfen.

Assessment Center und inkrementelle Validität

Trotz der weit verbreiteten Übereinkunft, dass Assessment Center eine starke prädiktive Validität haben, wird darüber debattiert, ob sie auch inkrementelle Validität aufweisen, die über die der traditionellen Personalauswahlverfahren wie kognitive Fähigkeits- oder Persönlichkeitstests hinausgeht. Eine Metaanalyse von Collins, Schmidt, Sanchez-Ku, Thomas, McDaniel und Le (2003) ergab, dass die multiple Korrelation von Persönlichkeits- und kognitiven Fähigkeitstests mit dem Gesamturteil von Assessment Centern .84 betrug. Zusätzlich berichteten Schmidt und Hunter (1998), dass Assessment Center eine geringe inkrementelle Validität (2 %) aufweisen, wenn sie mit kognitiven Fähigkeitstests kombiniert werden. Dennoch fanden sich in einer neueren Studie (Dayan et al., 2002) gegenteilige Ergebnisse. Hier hatten Assessment Center signifikante Einzelvaliditäten, die über die der kognitiven Fähigkeitstests hinausgingen. Weiterhin zeigten O'Connell, Hattrup, Doverspike und Cober (2002), dass Rollenspielsimulationen der inkrementellen Validität im Vergleich zu biografischen Daten bei der Vorhersage von Verkaufsleistungen zuträglich waren.

Wie lassen sich diese konfligierenden Erkenntnisse vereinbaren? Zunächst sollte angemerkt werden, dass die Assessment Center, die in den zwei zuerst genannten umfassenden Übersichtsarbeiten (Collins et al., 2003; Schmidt & Hunter, 1998) berücksichtigt wurden, oft kognitive Fähigkeits- und Persönlichkeitstests enthielten. Dadurch basierten die Gesamturteile teilweise auf Informationen aus kognitiven Fähigkeits- und Persönlichkeitstests. Wenn man diese Kontamination in Rechnung stellt, ist es wenig überraschend, dass Assessment Center im Vergleich zu kognitiven Fähigkeits- und Persönlichkeitstests keine zusätzliche Varianz erklärten. Zweitens konzentrierten sich beide Übersichtsarbeiten auf das Gesamturteil. Obwohl dieses von großer praktischer Bedeutung ist (Einstellungsentscheidungen sind davon abhängig), ist es ein Gesamturteil, welches sich aus Einstufungen auf einer Vielfalt von Dimensionen in einer mannigfaltigen Zusammenstellung von Übungen (Howard, 1997) ergibt. Der Punkt, dass das Gesamturteil eine solche Verschmelzung verschiedener Urteile ist, könnte seinen konzeptuellen Wert vermindern. Auch Arthur et al. (2003) argumentieren, dass Assessment Center am besten als eine Methode zur Erfassung einer Vielfalt von Konstrukten aufgefasst werden. Daher macht es wenig Sinn, zu behaupten, Assessment Center *an sich* würden kognitive Fähigkeiten erheben. Stattdessen können Assessment Center, in Abhängigkeit von den erfassten arbeitsrelevanten Konstrukten, hoch mit kognitiven Fähigkeiten korreliert sein (oder auch nicht). Tatsächlich sind hohe Korrelationen mit kognitiven Fähigkeitstests zu erwarten, wenn Assessment Center-Übungen (Postkörbe, Fallanalysen) vor allem kognitiv-orientierte Dimensionen messen, wie Goldstein, Yusko, Braverman, Smith und Chung (1998) zeigten. In einer ähnlichen Weise wird die Beziehung zwischen Gesamturteil und Persönlichkeitstests entsprechend der in den Assessment Center-Übungen jeweils erfassten arbeitsrelevanten Konstrukte variieren. Verschiedene aktuelle Studien (Craik, Ware, Kamp, O'Reilly, Staw & Zedeck, 2002; Lievens, de Fruyt & van Dam, 2001; Spector, Schneider, Vance & Hezlett, 2000) unterstützen diese Schlussfolgerung. Zum Beispiel entdeckten Spector et al. (2000), dass „zwischenmenschliche" Übungen mit verschiedenen Persönlichkeitskonstrukten wie Emotionaler Stabilität, Extraversion oder Offenheit korrelierten und dass „Problemlöse-"Aufgaben mit kognitiver Fähigkeit und Gewissenhaftigkeit korrelierten. In einer anderen Studie berichteten Craik et al. (2002), dass die Leistung im Postkorb mit Gewissenhaftigkeit, Offenheit und strategischen Dimensionen wie z. B. Entscheidungsfindung zusammenhing. Umgekehrt wurde die Leistung in einer Gruppendiskussion am besten durch zwischenmenschliche Dimensionen und Persönlichkeitskonstrukte wie z. B. Verträglichkeit, Extraversion und Offenheit beschrieben. Schließlich verknüpften Lievens et al. (2001) die Persönlichkeits- und die Assessment Center-Domäne. Sie überprüften die Notizen von Beobachtern auf persönlichkeitsbeschreibende Adjektive und klassifizierten diese entsprechend den Big Five. Wieder verdeutlichten die Ergebnisse, dass die Verteilung der Big Five-Kategorien über die Aufgaben hinweg variierte. Zum Beispiel wurden beim Postkorb am häufigsten Beschreibungen für die Gewissenhaftigkeit der Probanden verwendet, wohingegen die Gruppendiskussion durch viele Beschreibungen für Extraversion gekennzeichnet war.

In den letzten Jahren wurden Assessment Center nicht nur durch Persönlichkeits- und kognitive Fähigkeitstests herausgefordert, sondern auch durch andere Erhebungsinstrumente. Besonders situative Einschätzungstests, situative Interviews und Verhaltensbeschreibungs-Interviews sind zunehmend populärer geworden, da sie leicht durchzuführen sind, eine gute Vorhersage der Arbeitsleistung ermöglichen und nicht sehr teuer sind. Eine wichtige Frage ist deshalb, ob Assessment Center in diesem Zusammenhang inkrementelle Validität aufweisen. Bisher scheint die Forschung den kontinuierlichen Einsatz von Assessment Centern zu rechtfertigen. Lievens et al. (2003) zeigten, dass die im Assessment Center erfassten Dimensionen inkrementelle Validität gegenüber solchen Dimensionen aufwiesen, die in einem Verhaltensbeschreibungs-Interview zur Vorhersage der Leistung in einem kulturübergreifenden Training erhoben wurden. Weiterhin berichteten Harel, Arditi und Janz (2003), dass die Validität eines Verhaltensbeschreibungs-Interviews bei .53 lag, wohingegen die Validität des Assessment Centers .62 betrug.

Ein Nachteil der meisten Studien zur inkrementellen Validität ist, dass in ihnen Methoden (z. B. Assessment Center, Interviews, Tests) mit Konstrukten (z. B. Gewissenhaftigkeit, Gesselligkeit) konfundieren. Zum Beispiel wurde die Validität zweier Konstrukte (kognitive Fähigkeit und Persönlichkeit) typischerweise mit der Validität einer Methode (Assessment Center) verglichen. Wie bereits erwähnt, sind diese Vergleiche nicht sinnvoll, es sei denn, es wird entweder das Konstrukt konstant gehalten und die Methode variiert, oder die Methode wird konstant gehalten und der Inhalt variiert (Arthur et al., 2003). Zukünftige Studien sollten zum Beispiel überprüfen, ob Gesselligkeit, die über eine Assessment Center-Übung erhoben wird, inkrementelle Validität gegenüber Gesselligkeit, die über einen Persönlichkeitsfragebogen oder ein situatives Interview erhoben wird, aufweist.

Assessment Center und gemessene Konstrukte

Generell wurden vor allem zwei analytische Methoden eingesetzt, um die Konstruktvalidität von Assessment Centern zu untersuchen. Zum einen wurden abschließende Dimensionseinschätzungen in ein nomologisches Netzwerk eingeordnet, um ihre Beziehungen zu ähnlichen Konstrukten zu untersuchen, die mit anderen Methoden wie Tests, Interviews usw. erhoben wurden. Wie oben beschrieben, zeigte sich, dass Assessment Center-Urteile mit gleichen oder ähnlichen Dimensionen korrelierten, auch wenn diese mit anderen Methoden erhoben wurden. Eine zweite Analysestrategie ist es, pro Aufgabe die Dimensionseinschätzungen (d. h. die aufgaben*internen* Dimensionseinschätzungen) in Form einer Multitrait-Multimethod-Matrix anzuordnen, wobei die Dimensionen als Traits und die Übungen als Methoden fungieren. Die Schlussfolgerung aus dieser Strategie ist folgende: Die Einschätzungen auf denselben Dimensionen über die Aufgaben hinweg sind nur schwach korreliert (d. h. niedrige konvergente Validität), wohingegen die Einschätzungen auf unterschiedlichen Dimensionen in einer einzigen Übung hoch korreliert sind (d. h. niedrige diskriminante Validität). Das bedeutet aber nicht, dass Assessment Center keine Konstruktvalidität aufweisen. Statt zu fragen, *ob* irgendwelche Konstrukte erfasst werden, sollte es darum gehen, *welche* Konstrukte gemessen werden (Lievens & Klimoski, 2001; Sackett & Tuzinski, 2001).

In den letzten fünf Jahren hat sich die Forschung auf diesem Gebiet ausgeweitet (siehe Höft & Schuler, 2001; Lievens, 1998; Lievens & Conway, 2001; Sackett & Tuzinski,

2001; Woehr & Arthur, 2003, für Übersichten). Die Forscher haben herauszufinden versucht, warum sich diese Ergebnisse für die Konstruktvalidität ergeben. Obwohl die Debatte weiterhin aktuell ist, wird derzeit davon ausgegangen, dass vor allem drei Faktoren verantwortlich sind.

Zunächst scheinen schlecht konstruierte Assessment Center eine geringere Konstruktvalidität zu haben. Um die Auswirkungen des Assessment Center-Designs zu untersuchen, reanalysierten Lievens und Conway (2001) eine große Anzahl von Studien. Sie berichteten signifikant mehr Belege für Konstruktvalidität, wenn weniger Dimensionen berücksichtigt wurden und wenn die Beobachter Psychologen waren. Die Verwendung von Verhaltenschecklisten, ein niedrigeres Verhältnis von Dimensionen und Aufgaben und Ähnlichkeit der Aufgaben verbesserten ebenfalls die Dimensionsvarianz. Kürzlich bestätigten Woehr und Arthur (2003) den Einfluss vieler dieser Gestaltungsaspekte. Diese beiden umfassenden Studien demonstrieren, dass das Assessment Center-Design wichtig ist und eine Bedeutung hat. Daher sind wir im Allgemeinen enthusiastisch in Bezug auf diesen Forschungsbereich. Dennoch muss eine Einschränkung gemacht werden. Es ist wichtig zu berücksichtigen, welche Gestaltungsempfehlungen künstlich sind und welche nicht. Zum Beispiel könnte die Aufforderung an die Beobachter, Verhaltensbeobachtungen und Einschätzungen pro Dimension über alle Übungen hinweg zu integrieren, bevor die Dimensionen bewertet werden (siehe Arthur et al., 2000), eine zu weitgehende Veränderung des Designs darstellen. Wenn die Beobachter zuerst die Konsistenz des Kandidatenverhaltens über die Übungen hinweg betrachten sollen, könnten die Korrelationen der Dimensionen über die Übungen hinweg künstlich erhöht werden.

An zweiter Stelle wäre im Hinblick auf die Konstruktvalidität eine höhere Interrater-Reliabilität der Beobachter erstrebenswert. Wenn die Interrater-Reliabilität bestenfalls bescheiden ist, wird die daraus resultierende Varianz notwendigerweise mit der Varianz konfundiert sein, die sich durch die Aufgaben ergibt, da Beobachter für gewöhnlich in den verschiedenen Aufgaben wechseln (sie schätzen Kandidaten nicht in allen Übungen ein). Durch diese Konfundierung könnte es sein, dass ein Teil der großen Aufgabenvarianz, die in Studien zur Konstruktvalidität oft beobachtet wird, eigentlich auf die Varianz der Beobachter zurückzuführen ist (Howard, 1997). Um dies zu untersuchen, verglichen zwei neuere Studien (Kolk et al., 2002; Robie, Osburn, Morris, Etchegaray & Adams, 2000) die Konstruktvalidität, die sich ergibt, wenn die Beobachter alle Dimensionen in einer einzigen Aufgabe einschätzen (wie es in der Praxis oft der Fall ist), mit der Konstruktvalidität, die sich ergibt, wenn ein Beobachter nur eine einzige Dimension in verschiedenen Aufgaben beurteilt. Die Konstruktvalidität verbesserte sich mit der letztgenannten Methode. Obwohl es vermutlich praktisch nicht durchführbar ist, einen Beobachter pro Dimension einzusetzen, weisen diese Studien darauf hin, dass die normalerweise große Aufgabenvarianz zumindest teilweise auf die Urteilsvariabilität der Beobachter zurückzuführen ist.

Neuere Studien haben weitere Hinweise darauf geliefert, dass die genannten Faktoren (d. h. sorgfältiges Design und Beurteiler-Reliabilität) notwendige, aber nicht hinreichende Bedingungen für die Gewährleistung von Konstruktvalidität sein könnten. Besonders zwei Studien (Lance et al., 2000; Lievens, 2002) identifizierten die Art der Kandidatenleistung als dritten Schlüsselfaktor. Lance et al. überprüften, ob die Aufgabenvarianz eine Verzerrung oder eine wahre Abbildung der situationsübergreifenden Leistungsdifferenzen ist. Sie korrelierten latente Aufgabenfaktoren mit externen Korrelaten wie z. B. Messungen der kognitiven Fähigkeit und folgerten, dass Aufgabenfaktoren wahre Varianz erfassen und keine Verzerrungen. Scheinbar liefern Beobachter relativ genaue Einschätzungen der Kandidaten. Diese Kandidaten zeigen allerdings keine konsistente Leistung über die Aufgaben hinweg. Lievens (2002) kam zu ähnlichen Schlussfolgerungen. Er zeigte, dass sowohl konvergente als auch diskriminante Validität nur für Kandidaten belegt werden konnte, deren Leistung über die Dimensionen variierte und über die Aufgaben relativ konstant war. Dies führt zu der Annahme, dass Beobachter dazu fähig sind, Leistungsunterschiede auf den Dimensionen zu erkennen, wenn diese wirklich existieren.

Da wir nun wissen, dass die Leistung der Teilnehmer die Konstruktvalidität beeinflusst, stellt sich die Frage, was dazu führt, dass die Kandidaten in unterschiedlichen Aufgaben unterschiedliche Leistungen zeigen. Um diese Frage zu beantworten, wurden neuere Studien auf Basis interaktionistischer Modelle aus der Sozialpsychologie durchgeführt. Vor allem Tett und Guterman (2000) bezogen sich auf das Prinzip der Trait-Aktivierung (Tett & Burnett, 2003), um zu erklären, wie eine Verhaltensweise, die auf einem Konstrukt beruht, durch konstruktrelevante situative Reize (d. h. aufgabenbezogene Anforderungen) angeregt werden muss, um gezeigt zu werden. Auf der Grundlage dieses interaktionistischen Ansatzes zeigten Tett und Guterman (2000) sowie Haaland und Christiansen (2002), dass eine aufgabenübergreifende Konsistenz der Beobachtereinschätzungen nur dann auftritt, wenn die Aufgaben dieselben Möglichkeiten bieten, Konstrukte auszudrücken. Zusätzliche Studien sind erforderlich, um die Trait-Aktivierung im Kontext der Konstruktvalidität von Assessment Centern weiter zu erforschen.

Assessment Center und prozessbezogene Forschung

In den letzten fünf Jahren haben Forscher ein erneutes Interesse auch am Assessment Center-Prozess gezeigt. Eine erste Gruppe von Studien hat potenziell verzerrende Faktoren im Prozess untersucht. Insbesondere wurde erforscht, ob die Urteile der Beobachter anfällig sind für Effekte, die sich aus einer wiederholten Teilnahme der Kandidaten (Kelbetz & Schuler, 2002), der Aufgabenreihung (Bycio & Zoogah, 2002), dem Impression-Management des Teilnehmers (Kuptsch, Kleinmann & Köller, 1998; McFarland, Ryan & Kriska, 2003) oder dem Bekanntschaftsgrad zwischen Beobachter und Teilnehmer (Moser, Schuler & Funke, 1999) ergeben. Viele dieser potenziell verzerrenden Faktoren übten relativ geringe Effekte aus. Zum Beispiel fanden Bycio und Zoogah (2002), dass die Reihenfolge, in der die Kandidaten an den Übungen teilnahmen, nur etwa 1 % der Einschätzungsvarianz erklärte. Kelbetz und Schuler (2003) berichteten, dass eine vorherige Assessment Center-Erfahrung nicht mehr als 3 % der Varianz des Gesamturteils erklärte. Im Durchschnitt erbrachte eine wiederholte Assessment Center-Teilnahme den Kandidaten einen Gewinn, der äquivalent war zu einer Effektstärke von .40. McFarland et al. (2003) fanden, dass in einer Assessment Center-Übung (Rollenspiel) weniger Impression-Management durch die Kandidaten betrieben wurde als in einem situativen Interview. Offensichtlich sind die Kandidaten schon so damit beschäftigt, ihre vorgeschriebene Rolle zu spielen, dass sie nur wenige kognitive Ressourcen für das Impression-Management frei haben. Moser et al. (1999) entdeckten einen großen Effekt des Bekanntschaftsgrades zwischen Beobachter und Teilnehmer. Wenn die Bekanntschaft zwischen Kandidat und Beobachter zwei Jahre oder weniger andauerte, war die kriterienbezogene Validität

.09. Dieser Wert stieg dramatisch auf .50, wenn die Bekanntschaft länger als zwei Jahre bestand. Obwohl es Fairnessprobleme geben könnte, glauben wir, dass eine Bekanntschaft zwischen Beobachter und Teilnehmer nicht immer schlecht ist. Besonders in Entwicklungs-Assessment Centern könnte sie nützlich sein. Um Folgemaßnahmen zu erleichtern, wäre der beste „Beobachter" möglicherweise auch der Chef des Teilnehmers.

Eine andere Gruppe prozessbezogener Studien hat die Wichtigkeit des Beobachtertyps (Psychologe versus Manager) bestätigt. Lievens (2001a, 2001b) fand heraus, dass Manager im Vergleich zu Psychologiestudenten mehr Schwierigkeiten dabei hatten, zwischen den Dimensionen zu unterscheiden. Dennoch schätzten sie die Kandidaten mit größerer Genauigkeit ein. Andere Studien zeigten, dass Psychologen die Nicht-Psychologen nur dann übertrafen, wenn die kriterienbezogene Validität der *interpersonalen Einschätzungen* überprüft wurde ($r = .24$ versus $r = .09$; vgl. Damitz et al., 2003) und dass erfahrene Beobachter signifikant größere Genauigkeit lieferten als unerfahrene Beobachter (Kolk, Born, van der Flier & Olman, 2002). Insgesamt haben diese Studien gezeigt, dass beide Typen von Beobachtern ihre Stärken und Schwächen haben. Daher scheint es empfehlenswert, auch weiterhin sowohl erfahrene Linienvorgesetzte als auch Psychologen im Beobachterteam zu berücksichtigen.

Drittens haben neuere Studien untersucht, wie die Beobachtungs- und Bewertungsaufgabe der Beobachter erleichtert werden kann. Eine offensichtliche Intervention besteht darin, den Beobachtern eine bessere Schulung zu bieten. Es scheint einige Belege dafür zu geben, dass besonders ein schemageleitetes Training im Hinblick auf eine verbesserte Interrater-Reliabilität, Differenzierung der Dimensionen, differenzielle Genauigkeit und sogar kriterienbezogene Validität günstig ist (Goodstone & Lopez, 2001; Lievens, 2001a; Schleicher, Day, Mayes & Riggio, 2002). Schemageleitetes Training (Bezugsrahmentraining) lehrt die Beurteiler, eine spezielle Leistungstheorie als mentales Schema zu verwenden, um das Verhalten auf relevante Aspekte hin zu „scannen" und diese – so wie sie beobachtet werden – in Leistungskategorien einzuordnen. Dieses Training scheint eine sinnvolle Ergänzung des traditionellen datengeleiteten Trainings zu sein, in welchem die Beobachter lernen, die verschiedenen Beurteilungsphasen strikt voneinander zu trennen (Beobachtung, Klassifikation, Bewertung).

Andere Forscher haben überprüft, ob eine Modifikation der Beobachtungs- und Bewertungsprozedur nützliche Effekte hat. Hennessy, Mabey und Warr (1998) verglichen drei Beobachtungsmethoden: Notizenmachen, Verhaltenschecklisten und Verhaltenskodierung. Die Methoden erbrachten ähnliche Resultate in Bezug auf die Genauigkeit, Halo-Fehler und Einstellung zu der Methode, mit einer Präferenz für die Verhaltenskodierung. Kolk et al. (2002) fanden keine positiven Effekte für die Genauigkeit, die Interrater-Reliabilität oder den Halofehler, wenn sie die Beobachter darum baten, die Notizen erst nach der Übung zu machen.

Obwohl die betrachteten Studien unser Verständnis des Assessment Center-Prozesses vorangebracht haben, betreffen sie nur die sprichwörtliche Spitze des Eisbergs. Wenige Studien haben tatsächlich von den derzeitigen Erkenntnissen zur Personwahrnehmung, sozialen Informationsverarbeitung, zwischenmenschlichen Urteilsbildung und Entscheidungsfindung profitiert. Genauer gesagt könnten interessante Forschungswege zum Beispiel die Rolle der sozialen Urteilsgenauigkeit, die Erwartungen der Beobachter, kognitive Strukturen, motivierte Kognitionen oder die Verantwortlichkeit von Beobachterurteilen betreffen (Lievens & Klimoski, 2001).

2.3 Epilog

Die Assessment Center-Methode wird zunehmend in einer Vielfalt organisationaler Settings eingesetzt und generiert zahlreiche Forschungsstudien. In den letzten Jahren wurden Assessment Center weltweit für viele Zwecke und für ein zunehmend breiteres Spektrum von Arbeitstätigkeiten eingesetzt. Andere neue Entwicklungen der Assessment Center-Praxis betreffen die Erhebung neuer Dimensionen mithilfe von innovativen Assessment Center-Methoden, die auf computer- und internetbasierten Technologien aufbauen. Obwohl es sich hierbei um innovative Anwendungen handelt, ist es unglücklich, dass eine systematische Erforschung ihrer Validität und Nützlichkeit im Vergleich zu etablierten Praktiken meist fehlt.

Entwicklungen in der Forschung umfassen innovative Studien bezüglich der kriterienbezogenen Validität von Assessment Centern und bezüglich des spezifischen Beitrags von Assessment Centern über alternative Diagnoseverfahren hinaus. Neuere Studien haben auch unser Verständnis der Konstruktvalidität verbessert. Insbesondere fand die Forschung heraus, dass ein schlechtes Assessment Center-Design, die Unreliabilität der Beobachter und ein Mangel an Leistungsvariabilität zur unzulänglichen Messung von Konstrukten in Assessment Centern führen. Schließlich haben prozessbezogene Studien die Debatten um den Beobachtertyp und die Art des Beobachtertrainings gefördert.

Zusätzliche Forschung ist erforderlich, um die Bedingungen aufzuzeigen, unter denen Entwicklungs-Assessment Center wirksam sind. Es mangelt an Belegen dafür, dass Teilnehmer nachfolgende Aktivitäten als Konsequenz aus entwicklungsbezogenem Feedback aufnehmen, ihr Arbeitsverhalten verändern usw. Erste Forschungsansätze haben individuelle Merkmale und organisationale Unterstützungsmechanismen aufgezeigt, die zu einer positiven Wirkung von Entwicklungs-Assessment Centern beitragen. Dennoch sind weitere Studien erforderlich.

Literatur

Adler, S. (1995, May). *Using assessment for strategic organization change*. Paper presented at the 23rd International Congress on the Assessment Center Method, Kansas City, MO.

Arnold, J. (2002). Tensions between assessment, grading and development in development centres: A Case Study. *International Journal of Human Resource Management, 13,* 975–991.

Arthur, W. Jr., Day, E. A., McNelly, T. L. & Edens, P. S. (2003). A meta-analysis of the criterion-related validity of assessment center dimensions. *Personnel Psychology, 56,* 125–154.

Arthur, W. Jr., Woehr, D. J. & Maldegen, R. M. (2000). Convergent and discriminant validity of assessment center dimensions: A conceptual and empirical re-examination of the assessment center construct-related validity paradox. *Journal of Management, 26,* 813–835.

Atkins, P. W. B. & Wood, R. E. (2002). Self- versus others' ratings as predictors of assessment center ratings: Validation evidence for 360-degree feedback programs. *Personnel Psychology, 55,* 871–904.

Ballantyne, I. & Povah, N. (1995). *Assessment and development centres*. Aldershot: Gower.
Barlay, L. A. & York, K. M. (2002, October). *Assessment centers for program evaluation: Assessing student academic achievement*. Paper presented at the 30th International Congress on Assessment Center Methods, Pittsburgh, PA.
Bernthal, P., Cook, K. & Smith, A. (2001). Needs and outcomes in an executive development program. *Journal of Applied Behavioral Science, 37*, 488–512.
Bobrow, W. & Schulz, M. (2002, October). *Applying technical advances in assessment centers*. Paper presented at the 30th International Congress on Assessment Center Methods, Pittsburgh, PA.
Briscoe, D. R. (1997). Assessment centers: Cross-cultural and cross-national issues. *Journal of Social Behavior and Personality, 12*, 261–270.
Bycio, P. & Zoogah, B. (2002). Exercise order and assessment centre performance. *Journal of Occupational and Organizational Psychology, 75*, 109–114.
Byham, T. (2003). *AC follow up*. Paper presented at the meeting of the Society for Industrial and Organizational Psychology, Orlando, FL.
Byham, W. C. (2001, October). *What's happening in assessment centers around the world*. Paper presented at the 29th International Congress on Assessment Center Methods, Frankfurt, Germany.
Byham, W. C. (2002, October). *Growing leaders: We must do better*. Paper presented at the 30th International Congress on Assessment Center Methods, Pittsburgh, PA.
Byham, W. C., Smith, A. & Paese, M. J. (2001). *Grow your own leaders*. Pittsburgh, PA: DDI Press.
Caldwell, C., Thornton, G. C. III & Gruys, M. L. (2003). Ten classic assessment center errors: Challenges to selection validity. *Public Personnel Management, 32*, 73–88.
Chawla, A. & Cronshaw, S. (2002, October). *Top-down vs. bottom-up leadership assessment: Practical implications for validation in assessment centers*. Paper presented at the 30th International Congress on Assessment Center Methods, Pittsburgh, PA.
Collins, J. M., Schmidt, F. L., Sanchez-Ku, M., Thomas, M. A., McDaniel, M. A. & Le, H. (2003). Can basic individual differences shed light on the construct meaning of assessment center evaluations. *International Journal of Selection and Assessment, 11*, 17–29.
Craik, K. H., Ware, A. P., Kamp, J., O'Reilly, C., Staw, B. & Zedeck, S. (2002). Explorations of construct validity in a combined managerial and personality assessment programme. *Journal of Occupational and Organizational Psychology, 75*, 171–193.
Dailey, L., Cohen, B. & Lockwood, W. (1999, June). *Using assessment centers as a change strategy in a global company*. Paper presented at the 27th International Congress on Assessment Center Methods, Orlando, Florida.
Damitz, M., Manzey, D., Kleinmann, M. & Severin, K. (2003). Assessment center for pilot selection, construct and criterion validity and the impact of assessor type. *Applied Psychology: An International Review, 52*, 193–212.
Dayan, K., Kasten, R. & Fox, S. (2002). Entry-level police candidate assessment center: An efficient tool or a hammer to kill a fly? *Personnel Psychology, 55*, 827–849.
Dowell, B. E. & Elder, E. D. (2002, October). *Accelerating the development of tomorrow's leaders*. Paper presented at the 30th International Congress on Assessment Center Methods, Pittsburgh, PA.

Eckardt, T. (2001, October). *Implementing integrated human resource development globally*. Paper presented at the 29th International Congress on Assessment Center Methods, Frankfurt, Germany.

Fleisch, J. M. (1995, May). *The human side of reengineering*. Paper presented at the 23rd International Congress on the Assessment Center Method, Kansas City, MO.

Fleisch, J. M. & Cohen, B. M. (1995, May). *Organizational change: You want it? You got it!* Paper presented at the 23rd International Congress on the Assessment Center Method, Kansas City, MO.

Ford, J. (2001, October). *Automating the collection and scoring of written (non-multiple choice) assessment center data*. Paper presented at the 29th International Congress on Assessment Center Methods, Frankfurt, Germany.

Gaugler, B. B., Rosenthal, D. B., Thornton, G. C. III & Bentson, C. (1987). Meta-analysis of assessment center validity. *Journal of Applied Psychology, 40,* 243–259.

Gebelein, S., Warrenfeltz, W. & Guinn, S. (1995, May). *Change in organizations – Assessment tools as solutions*. Paper presented at the 23rd International Congress on the Assessment Center Method, Kansas City, MO.

Goldstein, H. W., Yusko, K. P., Braverman, E. P., Smith, D. B. & Chung, B. (1998). The role of cognitive ability in the subgroup differences and incremental validity of assessment center exercises. *Personnel Psychology, 51,* 357–374.

Goodstone, M. S. & Lopez, F. E. (2001). The frame of reference approach as a solution to an assessment center dilemma. *Consulting Psychology Journal: Practice and Research, 53,* 96–107.

Gowing, M. (1999, June). *Defining assessment center dimensions: A national framework for global use*. Paper presented at the 27th International Congress on Assessment Center Methods, Orlando, FL.

Haaland, S. & Christiansen, N. D. (2002). Implications of trait-activation theory for evaluating the construct validity of assessment center ratings. *Personnel Psychology, 55,* 137–163.

Hale, B., Jaffee, C. & Chapman, J. (1999, June). *How technology has changed assessment centers*. Paper presented at the 27th International Congress on Assessment Center Methods, Orlando, FL.

Hardison, C. M. & Sackett, P. R. (2004, April). *Assessment center criterion related validity: A meta-analytic update*. Paper presented at the 18th Annual Conference of the Society for Industrial and Organizational Psychology, Chicago, IL.

Harel, G. H, Arditi, V. A. & Janz, T. (2003). Comparing the validity and utility of behavior description interview versus assessment center ratings. *Journal of Managerial Psychology, 18,* 94–104.

Hennessy, J., Mabey, B. & Warr, P. (1998). Assessment centre observation procedures: An experimental comparison of traditional, checklist and coding methods. *International Journal of Selection and Assessment, 6,* 222–231.

Henry, S. E. (1988). *Nontraditional applications of assessment centers: Assessment in staffing plant start ups*. Paper presented at the meeting of the American Psychological Association, Atlanta, GA.

Hiatt, J. (2000, May). *Selection for positions in a manufacturing startup*. Paper presented at the 28th International Congress on Assessment Center Methods, San Francisco, CA.

Höft, S. & Schuler, H. (2001). The conceptual basis of assessment centre ratings. *International Journal of Selection and Assessment, 9,* 114–123.

Howard, A. (1997). A reassessment of assessment centers: Challenges for the 21st century. *Journal of Social Behavior and Personality, 12,* 13–52.

Howard, A. & Metzger, J. (2002, October). *Assessment of complex, consultative sales performance.* Paper presented at the 30th International Congress on Assessment Center Methods, Pittsburgh, PA.

Howard, L. & McNelly, T. L. (2000). *Assessment center for team member level and supervisory development.* Paper presented at the 28th International Congress on Assessment Center Methods, San Francisco, CA.

International Task Force on Assessment Center Guidelines. (2000). Guidelines and ethical considerations for assessment center operations. *Public Personnel Management, 29,* 315–331.

Jacobson, L. (2000, May). *Portfolio assessment: Off the drawing board into the fire.* Paper presented at the 28th International Congress on Assessment Center Methods, San Francisco, CA.

Jansen, P. G. W. & Stoop, B. A. M. (2001). The dynamics of assessment center validity, Results of a 7-year study. *Journal of Applied Psychology, 86,* 741–753.

Jones, R. G. & Whitmore, M. D. (1995). Evaluating developmental assessment centers as interventions. *Personnel Psychology, 48,* 377–388.

Kelbetz, G. & Schuler, H. (2002). Verbessert Vorerfahrung die Leistung im Assessment Center? *Zeitschrift für Personalpsychologie, 1,* 4–18.

Kohne, W. (2001, October). *Executive view of assessment centers.* Paper presented at the 29th International Congress on Assessment Center Methods, Frankfurt, Germany.

Kolk, N. J., Born, M. P. & van der Flier, H. (2002). Impact of common rater variance on construct validity of assessment center dimension judgments. *Human Performance, 15,* 325–338.

Kolk, N. J., Born, M. P., van der Flier, H. & Olman, J. M. (2002). Assessment center procedures: Cognitive load during the observation phase. *International Journal of Selection and Assessment, 10,* 271–278.

Kozloff, B. (2003, October). *Expatriate selection.* Paper presented at the 31st International Congress on Assessment Center Methods, Atlanta, GA.

Kudisch, J. D., Avis, J. M., Fallon, J. D., Thibodeaux, H. F., Roberts, R. E., Rollier, T. J. & Rotolo, C. T. (2001). *A survey of assessment center practices in organizations worldwide: Maximizing innovation or business as usual?* Paper presented at the 16th Annual Conference of the Society for Industrial and Organizational Psychology, San Diego, CA.

Kudisch, J. D., Lundquist, C. & Smith, A. F. R. (2002, October). *Reactions to „dual purpose" assessment center feedback.* Paper presented at the 30th International Congress on Assessment Center Methods, Pittsburgh, PA.

Kuptsch, C., Kleinmann, M. & Köller, O. (1998). The chameleon effect in assessment centers: The influence of cross-situational behavioral consistency on the convergent validity of assessment centers. *Journal of Social Behavior and Personality, 13,* 102–116.

Lance, C. E., Newbolt, W. H., Gatewood, R. D., Foster, M. R., French, N. & Smith, D. E. (2000). Assessment center exercise factors represent cross-situational specificity, not method bias. *Human Performance, 13*, 323–353.

Lievens, F. (1998). Factors which improve the construct validity of assessment centers: A review. *International Journal of Selection and Assessment, 6*, 141–152.

Lievens, F. (2001a). Assessor training strategies and their effects on accuracy, interrater reliability, and discriminant validity. *Journal of Applied Psychology, 86*, 255–264.

Lievens, F. (2001b). Assessors and use of assessment center dimensions: A fresh look at a troubling issue. *Journal of Organizational Behavior, 65*, 1–19.

Lievens, F. (2002). Trying to understand the different pieces of the construct validity puzzle of assessment centers: An examination of assessor and assessee effects. *Journal of Applied Psychology, 87*, 675–686.

Lievens, F. & Conway, J. M. (2001). Dimension and exercise variance in assessment center scores: A large-scale evaluation of multitrait-multimethod studies. *Journal of Applied Psychology, 86*, 1202–1222.

Lievens, F., de Fruyt, F. & van Dam, K. (2001). Assessors' use of personality traits in descriptions of assessment centre candidates: A five-factor model perspective. *Journal of Occupational and Organizational Psychology, 74*, 623–636.

Lievens, F. & Harris, M. M., van Keer, E. & Bisqueret, C. (2003). Predicting cross-cultural training performance: The validity of personality, cognitive ability, and dimensions measured by an assessment center and a behavior description interview. *Journal of Applied Psychology, 88*, 476–489.

Lievens, F. & Klimoski, R. J. (2001). Understanding the assessment centre process: Where are we now? *International Review of Industrial and Organizational Psychology, 16*, 246–286.

Lovler, B. & Goldsmith, R. F. (2002, October). *Cutting edge developments in assessment center technology*. Paper presented at the 30th International Congress on Assessment Center Methods, Pittsburgh, PA.

Mahoney-Phillips, J. (2002, October). *Role profiling and assessment as an organizational management tool*. Paper presented at the 30th International Congress on Assessment Center Methods, Pittsburgh, PA.

Maurer, T., Eidson, C., Atchley, K., Kudisch, J., Poteet, M., Byham, T. & Wilkerson, B. (2003). *Where do we go from here? Accepting and applying assessment center feedback*. Paper presented at the 31st International Congress on Assessment Center Methods, Atlanta, GA.

McFarland, L. A., Ryan, A. M. & Kriska, S. D. (2003). Impression management use and effectiveness across assessment methods. *Journal of Management, 29*, 641–661.

Moser, K., Schuler, H. & Funke, U. (1999). The moderating effect of raters' opportunities to observe ratees' job performance on the validity of an assessment centre. *International Journal of Selection and Assessment, 7*, 133–141.

O'Connell, M. S., Hattrup, K., Doverspike, D. & Cober, A. (2002). The validity of „mini" simulations for Mexican retail salespeople. *Journal of Business and Psychology, 16*, 593–599.

Pendit, V. & Thornton, G. C. III. (2001, October). *Development of a code of conduct for personnel assessment in Indonesia*. Paper presented at the 29th International Congress on Assessment Center Methods, Frankfurt, Germany.

Reynolds, D. (2003, October). *Assessing executives and leaders through a technology-based assessment center*. Paper presented at the 31st International Congress on Assessment Center Methods, Atlanta, GA.

Richards, W. (2002, October). *A digital portfolio to support learning and development*. Paper presented at the 30th International Congress on Assessment Center Methods, Pittsburgh, PA.

Riggio, R. E., Mayes, B. T. & Schleicher, D. J. (2003). Using assessment center methods for measuring undergraduate business outcomes. *Journal of Management Inquiry, 12,* 68–78.

Robie, C., Osburn, H. G., Morris, M. A., Etchegaray, J. M. & Adams, K. A. (2000). Effects of the rating process on the construct validity of assessment center dimension evaluations. *Human Performance, 13,* 355–37'

Roth, E. & Smith, A. (2000, May). *The United States Postal Service: Reinventing executive succession planning*. Paper presented at the 28th International Congress on Assessment Center Methods, San Francisco, CA.

Rupp, D. E. & Thornton, G. C. III. (2003). *Development of simulations for certification of competence of IT consultants*. Paper presented at the 18th Annual Conference of the Society for Industrial and Organizational Psychology, Orlando, FL.

Sackett, P. R. (1998). Performance assessment in education and professional certification: Lessons for personnel selection? In M. D. Hakel (Ed.), *Beyond multiple choice tests* (pp. 113–129). Mahwah, NJ: Lawrence Erlbaum.

Schleicher, D. J., Day, D. V., Mayes, B. T. & Riggio, R. E. (2002). A new frame for frame-of-reference training: Enhancing the construct validity of assessment centers. *Journal of Applied Psychology, 87,* 735–746.

Schmidt, F. L. & Hunter, J. E. (1998). The validity and utility of selection methods in personnel psychology: Practical and theoretical implications of 85 years of research findings. *Psychological Bulletin, 124,* 262–274.

Seegers, J. & Huck, J. (2001, October). *European review of new assessment center guidelines*. Paper presented at the 29th International Congress on Assessment Center Methods, Frankfurt, Germany.

Smith, A. & Reynolds, D. (2002, October). *Automating the assessment experience: The latest chapter*. Paper presented at the 30th International Congress on Assessment Center Methods, Pittsburgh, PA.

Spector, P. E., Schneider, J. R., Vance, C. A. & Hezlett, S. A. (2000). The relation of cognitive ability and personality traits to assessment center performance. *Journal of Social Psychology, 30,* 1474–1491.

Spychalski, A. C., Quinones, M. A., Gaugler, B. B. & Pohley, K. (1997). A survey of assessment center practices in organizations in the United States. *Personnel Psychology, 50,* 71–90.

Stahl, G. K. (2000). Using assessment centers as tools for international management development: An exploratory study. In M. Mendenhall, T. M. Kühlmann & G. K. Stahl (Eds.), *Developing global business leaders: Policies, processes, and innovations* (pp. 191–210). Westport, CT: Quorum.

Tett, R. P. & Burnett, D. D. (2003). A personality trait-based interactionist model of job performance. *Journal of Applied Psychology, 88,* 500–517.

Tett, R. P. & Guterman, H. A. (2000). Situation trait relevance, trait expression, and cross-situational consistency: Testing a principle of trait activation. *Journal of Research in Personality, 34,* 397–423.

Thomas, J. L., Dickson, M. W. & Bliese, P. D. (2001). Values predicting leader performance in the U.S. Army Reserve Officer Training Corps assessment center: Evidence for a personality-mediated model. *Leadership Quarterly, 12,* 181–196.

Thoresen, J. (2002, October). *Do we need dimensions? Dimensions limited unlimited.* Paper presented at the 30th International Congress on Assessment Center Methods, Pittsburgh, PA.

Thornton, G. C. III. (1992). *Assessment centers and human resource management.* Reading, MA: Addison-Wesley.

Thornton, G. C. III. & Byham, W. C. (1982). *Assessment Centers and managerial performance.* New York: Academic Press.

Thornton, G. C. III & Cleveland, J. N. (1990). Developing managerial talent through simulation. *American Psychologist, 45,* 190–199.

Thornton, G. C. III & Mueller-Hanson, R. A. (2004). *Developing organizational simulations: A guide for practitioners and students.* Mahwah, NJ: Erlbaum.

Thornton, G. C. III & Rupp, D. E. (2004). Simulations and assessment centers. In M. Hersen (Ed.). *Comprehensive handbook of psychological assessment: Vol. 4.* J. C. Thomas (Ed.), *Industrial and organizational assessment* (pp. 319–344). Hoboken, NJ: Wiley.

Viswesvaran, C., Ones, D. S. & Schmidt, F. L. (1996). Comparative analysis of the reliability of job performance ratings. *Journal of Applied Psychology, 81,* 557–574.

Wilson, L. & Pilgram, M. (2000, May). *Diagnose ... then prescribe.* Paper presented at the 28th International Congress on Assessment Center Methods, San Francisco, CA.

Woehr, D. J. & Arthur, W. Jr. (2003). The construct-related validity of assessment center ratings: A review and meta-analysis of the role of methodological factors. *Journal of Management, 29,* 231–258.

Teil II:
Anforderungen, Dimensionen, Konstrukte

3 Arbeitsproben im Assessment Center

Yvonne Görlich

3.1 Begriffsbestimmung

Selten ist im Assessment Center-Kontext von Arbeitsproben die Rede, dabei ist die inhaltliche und terminologische Abgrenzung von *Assessment Center-Aufgaben* und *Arbeitsproben* schwierig und zum Teil unnötig. Beide Diagnoseinstrumente gehören zu den simulationsorientierten Verfahren, die im Gegensatz zu Tests für die Messung von Intelligenz oder Persönlichkeitsmerkmalen einen direkten und engen Bezug zur Arbeitstätigkeit haben (Prädiktor-Kriterium-Symmetrie). Der Konstruktion einer Arbeitsprobe oder einer Assessment Center-Aufgabe muss deshalb grundsätzlich eine Anforderungsanalyse vorausgehen, um erfolgskritische Fähigkeiten, Fertigkeiten oder Verhaltensweisen zu ermitteln und damit die Inhaltsvalidität des Verfahrens zu garantieren. Die Standardisierung von Durchführung, Auswertung und Ergebnisinterpretation ist eine weitere Voraussetzung für einen objektiven Vergleich der Kandidaten sowie für Reliabilität (Messgenauigkeit) und Validität des Verfahrens.

Wird eine Unterscheidung des *Assessment Centers* insgesamt vom Begriff der *Arbeitsproben* gesucht, so findet sich die Abgrenzung darin, dass im Assessment Center per Definition die Leistung *mehrerer* Teilnehmer in *mehreren* Aufgaben von *mehreren* Beobachtern (Assessoren) auf *mehreren* Anforderungsdimensionen beurteilt wird (vgl. z.B. Höft & Funke, 2006). In einer Arbeitsprobe *kann* dagegen auch nur *ein* Teilnehmer *eine* Aufgabe bearbeiten, die von *einem* Beobachter bewertet wird: „Eine Arbeitsprobe ist eine inhaltlich valide und erkennbar äquivalente Stichprobe des erfolgsrelevanten Verhaltens in Form einer standardisierten Aufgabe" (Schuler, 2000). Demnach kann sich ein Assessment Center aus Arbeitsproben zusammensetzen, wenn mehrere Bewerber und mehrere Beobachter zugegen sind. Selbst diese Voraussetzung ist im „Einzel-Assessment Center" nicht mehr nötig.

Der Begriff Assessment Center stammt aus dem Amerikanischen, obwohl die Wurzeln des Verfahrens – wie auch die der Arbeitsproben – in Deutschland liegen. Systematisch wurden Assessment Center erstmals in der Weimarer Republik von der Deutschen Reichswehr zur Offiziersauswahl eingesetzt. Im Jahre 1927 hatte sich dieses Verfahren schon so weit etabliert, dass jeder neue Offizier der Reichswehr dieses Auswahlverfahren erfolgreich durchlaufen haben musste. Grundlage für diese „Heerespsychotechnik", durch die schon im ersten Weltkrieg Kraftfahrer, Piloten und Funker ausgewählt wurden, war Münsterbergs Methode der Berufseignungsdiagnostik. Ein berühmtes Beispiel für diese frühen Entwicklungen war Münsterbergs Arbeitsprobe zur Auswahl von Straßenbahnführern (1912). Allgemein unterschied Münsterberg die Prüfung relevanter Teilfunktionen und die Prüfung einer einheitlichen Gesamtleistung. Giese (1923) und Moede (1930) – ebenfalls mit der systematischen Entwicklung von Arbeitsproben beschäftigt – unterschieden „Wirklichkeits-, Schema- und abstrakte Proben, und zwar entsprechend dem Maße, in dem sich die Prüfbedingungen der Wirklichkeit annähern oder ihr gleichen" (Moede, 1930, S. 308).

Die „deutsche" Assessment Center-Methode wurde ab 1942 in Großbritannien zur Offiziersauswahl und in den USA zur Selektion von Geheimdienstmitarbeitern übernommen. In den USA prägte dann Murray den Namen „Assessment Center" (Fisseni & Fennekels, 1995). Erst 1956 fand das erste Assessment Center in der amerikanischen Industrie bei der Firma AT&T statt. Neben Testverfahren, Wirtschaftsspiel und führerloser Gruppendiskussion (die in der deutschen Heerespsychodiagnostik „Rundgespräch" genannt wurde, vgl. Obermann, 2002) wurde die Anfang der 50er Jahre entwickelte Postkorbübung durchgeführt. In Deutschland wurde ab 1970 das Assessment Center in der Industrie eingesetzt. Zu dieser Zeit separiert sich auch die Assessment Center- von der Arbeitsprobenforschung, obwohl die Unterteilung nie trennscharf war. Zum Zwecke von narrativen Reviews (Asher & Sciarrino, 1974) oder Metaanalysen (Robertson & Kandola, 1982; Callinan & Robertson, 2000) wurden Arbeitsproben klassifiziert. Für einen Eindruck von der Vielfalt von Arbeitsproben sollen einige Verfahren und Möglichkeiten aufzählend benannt werden:
1. motorische („hands-on") Arbeitsproben, z. B.: elektrischen Schaltkreis legen, Nähmaschine bedienen, Zahn aus Gips modellieren oder Getriebe reparieren;
2. sprachorientierte Aufgaben, wie einen Text korrigieren oder übersetzen;
3. Trainierbarkeitstests, die eine strukturierte und kontrollierte Lernphase zur Ausführung der Arbeitsprobe einschließen und damit keine Berufserfahrung voraussetzen;
4. Situational-Judgment-Tests, bei denen die Testperson ihr eigenes Verhalten (oder das Optimalverhalten) in vorgegebenen erfolgskritischen Situationen angibt;
5. Fachkenntnistests, bei denen berufsrelevantes Wissen abgeprüft wird;
6. Assessment Center-Aufgaben (Postkorbaufgaben, Rollenspiele, Gruppendiskussionen, Präsentationsaufgaben).

Aus dieser Aufstellung wird deutlich, dass auch Assessment Center-Aufgaben und Testverfahren als Arbeitsproben verstanden werden und sich ein Assessment Center aus Arbeitsproben zusammensetzen lässt.

Um der Vielfalt der eignungsdiagnostisch eingesetzten Arbeitsproben gerecht zu werden und dennoch einen Überblick zu gewähren, sei im Folgenden eine pragmatische und abstrakte Klassifikation gewählt, nämlich in Probearbeit, Arbeitssimulation und arbeitsprobenartige Testverfahren (Klingner, 2003). Abbildung 1 zeigt das Klassifikationsschema von Arbeitsproben im Kontext der eignungsdiagnostischen Verfahren Probezeit und Test. Die Probezeit ist noch kontexttreuer und noch spezifischer als die Probearbeit, da das Arbeitsumfeld real ist und die Situation nicht einer einmaligen Auswahlsituation entspricht, sondern einer typischen Arbeitssituation für die konkrete Tätigkeit. Für Schuler (2000) ist die Probezeit eine zeitlich ausgedehnte Arbeitsprobe mit Lernaspekten.

Tests – am anderen Ende des Kontinuums – sind standardisierte Verfahren, die individuelle Merkmale messen, um Schlüsse auf Eigenschaften oder auf Verhalten in anderen Situationen zu ziehen (Schuler, 2000). Tests sind also nicht spezifisch für eine bestimmte Tätigkeit, sondern abstrakt. In der eignungsdiagnostischen Situation hat dies den Nachteil, dass die Bewerber die Relevanz für die konkrete Tätigkeit oft nicht erkennen.

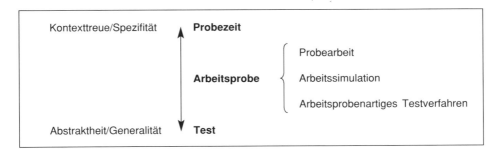

Abbildung 1: Klassifikationsschema von Arbeitsproben

Unter einer *Probearbeit* („Wirklichkeitsversuch" nach Giese, 1923, und Moede, 1930) ist die Ausführung der späteren Tätigkeit in einer eignungsdiagnostischen Situation zu verstehen. Dabei wird mit realen Maschinen oder Personen geprobt, die tatsächlich im konkreten Arbeitskontext stehen. Beispiele sind ein Werkstück fertigen, ein Kleidungsstück nähen, eine Ware verkaufen, ein Fahrzeug oder Flugzeug steuern, Patienten operieren oder pflegen, ein Kunstwerk erstellen, ein Theaterstück vor Publikum vorführen, eine Vorlesung halten. Bei dieser Aufzählung wird deutlich, dass in jedem beruflichen Bereich und bei jeder beruflichen Tätigkeit eine Probearbeit durchgeführt werden kann. Voraussetzung ist jedoch meist ein Minimum an Berufserfahrung. Die Kontexttreue macht die Probearbeit zu einem sehr validen Instrument, aber auch zu einem aufwendigen und mitunter gefährlichen Verfahren (etwa bei potenziellen Chirurgen, Piloten oder Mitarbeitern im Sprengmittelräumdienst).

Die *Arbeitssimulation* kann solche Nachteile der Probearbeit minimieren. So wird die spätere Tätigkeit nicht an der tatsächlichen Maschine oder den realen Patienten erprobt, sondern Tätigkeit und Apparate werden simuliert. Die Arbeitssimulation entspricht der schematischen Probe der Klassifikation von Giese (1923) bzw. von Moede (1930). Dabei steuert ein zukünftiger Pilot nicht gleich ein Flugzeug, sondern einen Flugsimulator. Das hat, neben dem entfallenden Risiko, den Vorteil, dass die Arbeitsprobe besser standardisiert und dass auch Verhalten in kritischen Situationen geprüft werden kann. Für verschiedene Bewerber lassen sich so gleiche Bedingungen erzeugen, was zur Verfahrensobjektivität beiträgt. Andere Beispiele für eine Arbeitssimulation sind: ein Arzt, der an einem Modell operiert und nicht wie bei der Probearbeit an einem Patienten; der Verkäufer, der im Rollenspiel die Ware verkauft und nicht an einen direkten Kunden; die Führungskraft, die ebenfalls im Rollenspiel ein Mitarbeitergespräch führt; der Künstler, der ohne Publikum eine Rolle spielt. Die Übergänge zur Probearbeit sind fließend, wie das letzte Beispiel zeigt. Vorteile der Arbeitssimulation sind zunehmende Standardisierung und Manipulation der diagnostischen Situation sowie Kostenersparnis. Nachteil ist die möglicherweise geringere Übertragbarkeit des Verhaltens in der eignungsdiagnostischen Situation auf die spätere Tätigkeit. So spielt für einen Künstler das Publikum eine besondere Rolle oder für einen Verkäufer die erwartete Provision oder für einen Arzt oder Piloten die Verantwortung.

Die dritte Verfahrensklasse sind die *arbeitsprobenartigen Testverfahren*. Hierunter fallen Situational-Judgment-Tests, Fachkenntnistests und berufsbezogene Tests. Ein Beispiel für berufsbezogene Leistungstests ist der Revidierte Allgemeine Büroarbeitstest (ABAT-R, Lienert & Schuler, 1994). Vorteile dieser Verfahren sind einfache Handhabung und Kosteneffizienz, da weder Apparate noch andere Personen benötig werden und die Verfahren genereller einsetzbar sind. Die Testnähe dieser Verfahrensklasse drückt sich auch in einer spezifischen Konstruktnähe aus. So werden z. B. mit der Arbeitsprobe zur berufsbezogenen Intelligenz für Büro- und kaufmännische Tätigkeiten (AZUBI-BK, Schuler & Klingner, 2005) oder für technische und handwerkliche Tätigkeiten (AZUBI-TH, Görlich & Schuler, in Druck) – wie schon durch den Namen zu erschließen – berufsspezifische Intelligenzfaktoren gemessen.

Assessment Center setzen sich meist aus Arbeitssimulationen und arbeitsprobenartigen Testverfahren zusammen, denn selbst wenn konstruktorientierte Verfahren im Assessment Center verwendet werden, haben sie gewöhnlich erkennbaren Berufsbezug, um die Akzeptanz und soziale Validität des Verfahrens nicht zu gefährden.

3.2 Validität von Arbeitsproben und Assessment Centern

Bisher wurde Arbeitsproben – im Gegensatz zu Assessment Centern – generell eine sehr hohe Valididät zugeschrieben. Diese Sichtweise stützte sich auf die viel zitierte Metaanalyse von Schmidt und Hunter (1998), die auf eine generelle Validität von r = .54 für Arbeitsproben und auf r = .37 für Assessment Center kamen (um den Messfehler im Kriterium bereinigt, d. h. attenuationskorrigiert). Die Assessment Center-Validität stammt dabei aus der Metaanalyse von Thornton, Gaugler, Rosenthal und Bentson (1987 und in diesem Band) und die Datenbasis für die Arbeitsprobenvalidität stützt sich ausschließlich auf das narrative Review von Asher und Sciarrino (1974). Eine kritische Betrachtung der Arbeitsproben-Metaanalyse von Schmidt und Hunter (1998) fördert allerdings gravierende methodische Mängel zutage, die von Roth, Bobko und McFarland (2005) diskutiert werden. Roth et al. stellten eine eigene Metaanalyse mit einer Validität für Arbeitsproben von lediglich .26 (attenuationskorrigiert .33) vor. Auch die Assessment Center-Validität ist in der neuesten Metaanalyse (Hardison & Sackett, in diesem Band) auf .22 (attenuationskorrigiert .26) gesunken. Dabei gingen in die Metaanalyse zur Assessment Center-Validität nur Studien ein, die sich auf vollständige Assessment Center stützen, in die Metaanalyse zu Arbeitsproben dagegen keine „vollständigen" Assessment Center, allerdings auch Studien, in denen Gruppendiskussionen, Postkorbübungen, Rollenspiele oder arbeitsprobenartige Testverfahren durchgeführt wurden. Wenn ähnliche Aufgaben validiert werden, verwundern die nun ähnlichen metaanalytischen Validitätskoeffizienten von Arbeitsproben und Assessment Center nicht. Aber heißt das, dass Arbeitsproben und Assessment Center generell eine relativ niedrige Prognosekraft haben? Gewiss nicht.

Die Errechnung einer mittleren Validität durch Metaanalysen setzt voraus, dass die Primärstudien direkt vergleichbar sind und Unterschiede in den Validitäten einzelner Arbeitsproben oder Assessment Center lediglich Messfehler darstellen. Allerdings ist dies aufgrund der Heterogenität der arbeitsprobenartigen Verfahren nicht gegeben. Vielmehr ist offensichtlich, dass es valide und weniger valide Arbeitsproben und damit auch Assessment Center gibt: Nach Roth et al. (2005) liegen 80 % der attenuationskorrigierten Validitäten zwischen .24 und .42, 10 % darüber und 10 % darunter.

Was macht nun Arbeitsproben aus, die eine Validität im oberen Bereich erbringen? Der beste Weg, um die Validität von Arbeitsproben zu erhöhen, ist ihre fundiert anforderungsbezogene Konstruktion, um die Erfolgsrelevanz sicherzustellen. Anders als etwa

bei Intelligenztests, Leistungsmotivationstests oder Gewissenhaftigkeitstests sagt die Bezeichnung „Arbeitsprobe" nichts über ihren Inhalt aus. (Gleiches gilt im Übrigen auch für Fragen im Interview.) Das zeigt, dass es problematisch ist, die Validität von Arbeitsproben metaanalytisch zu mitteln. Für konstruktorientierte Verfahren ist dieses Vorgehen selbstverständlich sinnvoll, da ermittelt werden kann, ob ein Merkmal generell oder nur für bestimmte Personengruppen berufserfolgsrelevant ist. Dadurch können Stichprobenfehler ausgeglichen und eine große Stichprobe generiert werden. Da eine Arbeitsprobe in vielen Fällen für eine spezifische Tätigkeit konstruiert wird, gibt es keine generelle, sondern nur eine spezifische Validität. Studien, in denen Arbeitsproben eine überdurchschnittlich hohe Validität aufweisen, sollten nicht als Stichproben- oder Messfehler abgewertet, sondern als Referenzen gesehen werden. Um die Validität von Arbeitsproben zu steigern, können ähnliche Punkte genannt werden wie für die Steigerung der Validität von Interviews (vgl. Schuler, 2002), nämlich:
– anforderungsbezogene Gestaltung,
– Durchführung in strukturierter bzw. (teil)standardisierter Form,
– Verwendung geprüfter und verankerter Skalen für die Bewertung der Arbeitsprobe oder ihrer Bestandteile,
– empirische Prüfung (Reliabilität, Validität),
– bei geringem Standardisierungsgrad Einsatz mehrerer Beurteiler (Assessoren),
– Trennung von Information und Entscheidung,
– Standardisierung der Gewichtungs- und Entscheidungsprozedur und
– Vorbereitung der Assessoren durch ein verfahrensbezogenes Training.

Bei Beachtung dieser Regeln können zum Teil deutlich höhere Validitäten erzielt werden, als bei Roth et al. ermittelt. So reanalysierten Greif und Holling (1990) alte Daten aus der Straßenbahnprobe von Münsterberg (1912) und errechneten eine Validität von .61 (N = 62) für die Beurteilung der praktischen Fahrleistung. Ein anderes Beispiel für gelungene Arbeitsproben – kombiniert zu einer Potenzialanalyse – stellen Görlich, Schuler, Diemand und Becker in diesem Band vor.

3.3 Arbeitsproben zur Leistungsbeurteilung

Eine gut konstruierte Arbeitsprobe basiert auf erfolgskritischen Anforderungen und kann deshalb nicht nur zur Bewerberauswahl, sondern auch zur Messung der Berufsleistung eingesetzt werden. In verschiedenen Studien wurden Arbeitsproben auch als Kriterium verwendet, um ein bestimmtes Auswahlverfahren zu validieren. Diese Studien prüfen häufig die Validität von Intelligenztests (z. B. Jackson, Harris, Ashton, McCarthy & Temblay, 2000) und können zusätzlich Aufschluss über die Intelligenzsättigung der betreffenden Arbeitsproben geben (siehe Abschnitt 3.4). Arbeitsproben als Kriterium können eine gute Ergänzung zum Vorgesetztenurteil oder dessen Ersatz sein, wenn z. B. Mitarbeiter vom Vorgesetzten nicht direkt beobachtet werden können, bzw. dies nicht unter einheitlichen Bedingungen stattfinden kann. Neben der Standardisierung haben Arbeitsproben bei der Leistungsbeurteilung den Vorteil, dass sie auf Berufserfahrung aufbauen (was ihren Einsatz als Auswahlverfahren teilweise einschränkt).

Eine Arbeitsprobe zur Leistungsbeurteilung kann unter realen Bedingungen durchgeführt werden (Probearbeit), z. B. wenn bei Lehrkräften hospitiert wird oder wenn geschulte „Testkunden" Verkäufer oder Sterneköche bewerten. Arbeitssimulationen werden eher zur Potenzialanalyse eingesetzt. Auch an dieser Stelle ist der Übergang fließend: So kann das Potenzialanalyseverfahren (meist Kombination aus Arbeitssimulationen und arbeitsprobenartigen Testverfahren, vgl. Schuler, Becker & Diemand, in diesem Band) sowohl als Leistungsbeurteilung angesehen werden (Schuler, 2004) als auch als Verfahren zur internen Personalauswahl. Studien, in denen die Arbeitsprobe als Kriterium eingesetzt wird, prüfen häufig die Validität von Intelligenztests (z. B. Jackson, Harris, Ashton, McCarthy & Temblay, 2000).

3.4 Arbeitsproben und Intelligenztests: Zusammenhang und inkrementelle Validität

Intelligenztests sind weniger aufwendig als Arbeitsproben, da sie nicht für eine spezifische Tätigkeit konstruiert werden. Dabei besitzen sie generelle Prognosekraft. Die metaanalytisch berechnete Validität von Intelligenztests (Kriterium Berufsleistung) wird bei Roth et al. (2005) mit .39 (attenuationskorrigiert) und bei Schmidt und Hunter (1998) mit .51 (attenuations- und streuungskorrigiert) angegeben. Welche inkrementelle (zusätzliche) Validität ist nun von einer Arbeitsprobe gegenüber einem Intelligenztest zu erwarten? Metaanalytisch gehen Roth et al. (2005) von einer Korrelation zwischen Arbeitsproben und Intelligenztests von .32 (unkorrigiert) und Schmidt und Hunter (1998) von .38 aus. Roth et al. (2005) errechnen daraus eine multiple Korrelation von Arbeitsproben und Intelligenztests mit dem Berufserfolg von .45 und damit eine inkrementelle Validität von .06 für die zusätzlichen Arbeitsproben. Schmidt und Hunter (1998) ermittelten dagegen eine multiple Korrelation von .63, was einer inkrementellen Validität von Arbeitsproben gegenüber Intelligenztests von .12 entspricht. Scholz und Schuler (1993) berechneten metaanalytisch einen Zusammenhang von Intelligenz und Assessment Center-Ergebnis von .33 (unkorrigiert). Wird die von Roth et al. (2005) verwendete prädiktive Validität für Intelligenztests verwendet, so lässt sich eine inkrementelle Validität von Assessment Centern über Intelligenztests von .02 für die Daten der Metaanalyse von Hardison und Sackett (in diesem Band) errechnen. Zu einer gleichen inkrementellen Validität kommen auch Schmidt und Hunter (1998) in ihrer Metaanalyse (allerdings mit anderen grundständigen Validitäten). Diese metaanalytischen Ergebnisse zeigen, dass sich die Validität durch eine zusätzlich eingesetzte Arbeitsprobe stärker steigern lassen kann als durch ein Assessment Center. Auch an dieser Stelle sei angemerkt, dass für den Zusammenhang von Intelligenztests und Arbeitsproben bzw. Assessment Center weniger auf metaanalytische Ergebnisse zurückgegriffen werden sollte als auf die individuelle Korrelation zwischen spezifischer Arbeitsprobe und Intelligenztests. So wird sich z. B. in einer anforderungsbezogenen Arbeitsprobe für einen Programmierer ein höherer Zusammenhang mit Intelligenztests ergeben (sofern keine – z. B. bildungsvoraussetzungsbedingten – Streuungseinschränkungen vorliegen) als in einer Arbeitsprobe für einen Beruf, in dem z. B. die Muskelkraft das wesentliche erfolgskritische Merkmal ist.

Ein besonderer Fall liegt bei den arbeitsprobenartigen Testverfahren AZUBI-BK und AZUBI-TH vor. Konstruktionsintention der Arbeitsprobe war es hier, bei noch ausstehender Berufserfahrung berufsbezogene Intelligenz durch eine Arbeitsprobe zu messen. Daher erstaunt es nicht, dass beide Verfahren sehr hoch mit Intelligenztests korrelieren und dadurch auch den Einsatz eines Intelligenztests ersetzen können, da sie höhere Validitäten aufweisen als dieser (AZUBI-BK: .43; attenuationskorrigiert .56; AZUBI-TH: .59; attenuationskorrigiert .68; Zusammenhang mit beruflicher Leistung) und da ein Intelligenztest keine inkrementelle Validität gegenüber der AZUBI-BK besitzt (vgl. Schuler & Klingner, 2005; Görlich & Schuler, in Druck). Dadurch wird mittels *eines* Verfahrens eine bimodale Diagnose durch eine Integration von Arbeitsprobe und Intelligenztest ermöglicht.

Der gegensätzliche Fall liegt dann vor, wenn eine Arbeitsprobe so entwickelt wird, dass sie möglichst unabhängig von Intelligenztests ist. Das kann z. B. dann der Fall sein, wenn ein Intelligenztest ohnehin eingesetzt wird und die inkrementelle Validität durch eine möglichst geringe Interkorrelation der Prädiktoren gesteigert werden soll oder wenn es sich um sehr einfache Tätigkeiten handelt, die kaum kognitive Fähigkeiten voraussetzen.

3.5 Fairness von Arbeitsproben

Arbeitsproben sind besonders faire Verfahren (für eine allgemeine Darstellung der Fairnessaspekte siehe Görlich & Schuler, 2006):
– *Statistische Fairness:* Zum einen sind Arbeitsproben valide Verfahren, zum anderen werden Minderheiten wenig benachteiligt (geringer „adverse impact"; vgl. z. B. Schmitt, Clause & Pulakos, 1996). Bobko, Roth und Buster (2005) wiesen allerdings darauf hin, dass „adverse impact" auch bei Arbeitsproben vorhanden sein kann und es auf das Merkmal ankommt, das erfasst wird, und weniger auf die Methode;
– *Biografische Fairness:* Arbeitsproben folgen dem Prinzip der Eigenverantwortlichkeit. Kandidaten wird eine „neue Chance" eingeräumt, d. h. sie können „hier und jetzt" ihre Fähigkeiten unter Beweis stellen.
– *Anforderungsbezogene Fairness:* Arbeitsproben beschränken sich ausschließlich auf berufsrelevante Merkmale und sind (eine fundierte Konstruktion vorausgesetzt) repräsentativ, indem sie in ausreichender Breite die Anforderungen erfassen.
– *Prozedurale Fairness/soziale Validität:* Arbeitsproben geben realistische Tätigkeitsinformationen und informieren über erfolgskritische Anforderungen. Sie sind transparent, der Kandidat kann die eignungsdiagnostische Situation kontrollieren und er bekommt meist direktes Feedback durch die Aufgabe, was der Akzeptanz zugute kommt. Zudem konnten z. B. Downs, Farr und Colbeck (1978) zeigen, dass Arbeitsproben die Selbstselektion begünstigen. Werden Arbeitsproben zu einem Assessment Center kombiniert, so erhalten die Teilnehmer meist in einer „Abschlussrunde" Feedback von den Assessoren, zudem können sie ihre Leistung ins Verhältnis zu anderen Kandidaten setzen.
– *Gesellschaftliche Fairness:* Durch die Arbeitsprobe ist das Leistungsprinzip erkennbar. Zudem können anderweitige Benachteiligungen erkannt und ausgeglichen werden.

3.6 Schlussfolgerung

Arbeitsproben – u. a. als Bestandteile von Assessment Centern oder Potenzialanalyseverfahren – können sehr valide sein. Das setzt aber eine anforderungsbezogene Konstruktion und standardisierte Durchführung voraus. Arbeitsproben sollten grundsätzlich spezifisch validiert werden. Werden mehrere Verfahren kombiniert – zum Beispiel in Assessment Centern –, so ist es wichtig, über Regressionsrechnungen festzulegen, wie stark die einzelnen Verfahren gewichtet werden sollen oder ob Verfahren entbehrlich sind (dies sollte grundsätzlich über eine Kreuzvalidierung erfolgen). Nur so lässt sich die Validität eines Assessment Centers steigern und fällt nicht (z. B. durch ungeprüfte Mittelwertsbildung der einzelnen Verfahrenskomponenten) hinter die Validität einer Arbeitsprobe zurück. Neben dem hohen Durchführungs- und Personalaufwand werden Arbeitsproben und Assessment Center durch diese anforderungsbezogene Konstruktion und Evaluation zu aufwendigen Verfahren. Dass sich der Aufwand lohnen kann, zeigen Nutzenanalysen (vgl. Görlich, Schuler, Becker & Diemand, in diesem Band). Arbeitsproben sind gut akzeptierte und faire Verfahren und können zur Selbstselektion und Fluktuationsreduktion beitragen. Im Speziellen muss geprüft werden, wie viel Berufserfahrung zur Ausübung der Arbeitsprobe erforderlich ist. Auch wenn Berufserfahrung nicht notwendig ist, sollte empirisch geprüft werden, wie sich Berufserfahrung auf die Leistung in der Arbeitsprobe auswirkt. Gerade bei komplexen, sich verändernden Anforderungen ist es wichtig, auch stabile und generell erfolgsrelevante Merkmale zu erfassen. Dies kann entweder über Testverfahren geschehen (möglichst mit konkretem Berufsbezug, d. h. als arbeitsprobenartige Testverfahren) oder über Simulationen, die so konstruiert sind, dass sie Verhaltensweisen messen, die über die Inhalte der Diagnosesituation hinausgehen und damit Indikatoren für stabile Merkmale darstellen. Die Kombination solcher Arbeitsproben ist dann oft ein Assessment Center.

Literatur

Asher, J. J. & Sciarrino, J. A. (1974). Work sample tests: A review. *Personnel Psychology, 31,* 519–533.

Bobko, P., Roth, P. L. & Buster, M. A. (2005). Work sample selection tests and expected reduction in adverse impact: A cautionary note. *International Journal of Selection and Assessment, 8,* 1–10.

Callinan, M. & Robertson, I. T. (2000). Work sample testing. *International Journal of Selection and Assessment, 8,* 248–260.

Downs, S., Farr, R. M. & Colbeck, L. (1978). Self appraisal: A convergence of selection and guidance. *Journal of Occupational Psychology, 51,* 271–278.

Fisseni, H.-J. & Fennekels, G. P. (1995). *Das Assessment-Center. Eine Einführung für Praktiker.* Göttingen: Hogrefe.

Giese, F. (1923). *Psychotechnisches Praktikum.* Halle a. S.: Wendt & Klauwell.

Görlich, Y. & Schuler, H. (2006). Personalentscheidungen, Nutzen und Fairness. In H. Schuler (Hrsg.), *Lehrbuch der Personalpsychologie* (2. Aufl., S. 797–840). Göttingen: Hogrefe.

Görlich, Y. & Schuler, H. (in Druck). *Arbeitsprobe zur berufsbezogenen Intelligenz. Technische und handwerkliche Tätigkeiten (AZUBI-TH).* Göttingen: Hogrefe.

Greif, S. & Holling, H. (1990). Reanalyse zur Eignungsprüfung von Straßenbahnführern aus den 20er Jahren. *Diagnostica, 36,* 231–248.

Höft, S. & Funke, U. (2006). Simulationsorientierte Verfahren der Personalauswahl. In H. Schuler (Hrsg.), *Lehrbuch der Personalpsychologie* (2. Aufl., S. 145–187). Göttingen: Hogrefe.

Jackson, D. N., Harris, W. G., Ashton, M. C., McCarthy, J. M. & Temblay, P. F. (2000). How useful are work samples in validational studies? *International Journal of Selection and Assessment, 8,* 29–33.

Klingner, Y. (2003). *Integration von Tests und Arbeitsproben.* Berlin: dissertation.de.

Lienert, G. A. & Schuler, H. (1994). *Revidierter Allgemeiner Büroarbeitstest (ABAT-R).* Göttingen: Hogrefe.

Moede, W. (1930). *Lehrbuch der Psychotechnik.* Berlin: Springer.

Münsterberg, H. (1912). *Psychologie und Wirtschaftsleben. Ein Beitrag zur angewandten Experimental-Psychologie.* Leipzig: Barth.

Obermann, C. (2002). *Assessment Center. Entwicklung, Durchführung, Trends.* Wiesbaden: Gabler.

Robertson, I. T. & Kandola, R. S. (1982). Work sample tests: Validity, adverse impact and applicant reaction. *Journal of Occupational Psychology, 55,* 171–182.

Roth, P. L., Bobko, P. & McFarland, L. A. (2005). A meta-analysis of work sample test validity: Updating and integrating some classic literature. *Personnel Psychology, 58,* 1009–1037.

Schmidt, F. L. & Hunter, J. E. (1998). The validity and utility of selection methods in personnel psychology: Practical and theoretical implications of 85 years of research findings. *Psychological Bulletin, 124,* 262–274.

Schmitt, N., Clause, C. & Pulakos, E. (1996). Subgroup differences associates with different measures of some common job relevant constructs. In C. Cooper and I. Robertson (Eds.), *International Review of Industrial and Organizational Psychology* (Vol. 11, pp. 115–139). New York: Wiley.

Scholz, G. & Schuler, H. (1993). Das nomologische Netzwerk des Assessment Centers: eine Metaanalyse. *Zeitschrift für Arbeits- und Organisationspsychologie, 37,* 73–85.

Schuler, H. (2000). *Psychologische Personalauswahl. Einführung in die Berufseignungsdiagnostik* (3. Aufl.). Göttingen: Hogrefe.

Schuler, H. (2002). *Das Einstellungsinterview.* Göttingen: Hogrefe.

Schuler, H. & Klingner, Y. (2005). *Arbeitsprobe zur berufsbezogenen Intelligenz. Büro- und kaufmännische Tätigkeiten (AZUBI-BK).* Göttingen: Hogrefe.

Thornton, G. C. III, Gaugler, B. B., Rosenthal, D. B. & Bentson, C. (1987). Die prädiktive Validität des Assessment Centers – eine Metaanalyse. In H. Schuler & W. Stehle (Hrsg.), *Assessment Center als Methode der Personalentwicklung* (S. 36–77). Göttingen: Hogrefe.

4 Transparenz der Anforderungsdimensionen: ein Moderator der Konstrukt- und Kriteriumsvalidität des Assessment Centers

Martin Kleinmann, Klaus G. Melchers, Cornelius J. König und Ute-Christine Klehe

4.1 Einleitung

Dass Assessment Center prognostisch valide Verfahren sind, ist durch viele Studien eindrucksvoll belegt (Gaugler, Rosenthal, Thornton & Bentson, 1987; vgl. auch Thornton et al., in diesem Band). Ebenfalls gut dokumentiert ist allerdings, dass die intendierten Konstrukte nur in geringem Maße erfasst werden. So konnten beispielsweise Sackett und Dreher (1982) in ihren Assessment Centern keinerlei konvergente und diskriminante Validität der Konstrukte nachweisen. Dieses Validitätsparadoxon führte nun zu einer Reihe von Forschungsaktivitäten (vgl. Kleinmann, 1997a), die das Ziel hatten, es zu verstehen und aufzulösen. Für den einen Aspekt, die geringe Konstruktvalidität, kann jede Komponente des Assessment Center-Verfahrens einzeln oder in Kombination mit anderen verantwortlich sein. Zum Beispiel könnten die Beobachter nicht in der Lage sein, adäquat zu beobachten und zu bewerten, die Übungen könnten ungeeignet sein, genügend beobachtbares Verhalten zu ermöglichen, oder die Anforderungsdimensionen könnten untauglich sein, reliable und stabile Messungen zuzulassen. Und schließlich kann das Teilnehmerverhalten ursächlich für die geringe Konstruktvalidität sein. Die Teilnehmer könnten sich zum einen über verschiedene Übungen hinweg unterschiedlich konsistent verhalten (vgl. Kuptsch, Kleinmann & Köller, 1998). Zum anderen kann aber auch die mangelnde Transparenz dessen, was von den Teilnehmern als Zielverhalten im Assessment Center erwartet wird, für dessen geringe Konstruktvalidität verantwortlich sein – wie allerdings auch für ihre vorhandene prädiktive Validität. Letzterer Erklärungsansatz hat den Vorteil, dass er nicht nur die geringe Konstruktvalidität alleine erklären kann, sondern hilft, das gesamte Validitätsparadoxon aufzulösen.

Assessment Center sind in mindestens zweifacher Hinsicht für die Teilnehmer intransparent: Weder sind ihnen die Beurteilungsdimensionen bekannt, noch besteht Kenntnis über die Verhaltensweisen, die für die jeweiligen Beurteilungsdimensionen relevant sind. Die Teilnehmer werden sinnvollerweise jedoch nicht lediglich passiv auf ihre Bewertung warten, sondern versuchen, möglichst gut bewertet zu werden. Entsprechendes Impression-Management (Tedeschi, 1981) der Teilnehmer wäre die Folge. Orne (1962) entwickelte in diesem Zusammenhang das Konstrukt der „demand characteristics". Quellen für „demand characteristics" über erwünschtes Verhalten im Assessment Center könnten z. B. bisherige Vorerfahrungen mit Assessment Centern, das Image der Firma, die räumlichen Rahmenbedingungen, das Übungsmaterial oder das Verhalten der Beobachter bzw. der anderen Teilnehmer sein. Für das Assessment Center bedeuten diese Annahmen, dass neben den tatsächlichen Fähigkeiten/Fertigkeiten auch die adäquate Wahrnehmung der Situation das Abschneiden im Assessment Center maßgeblich beeinflussen würde, d. h. das Erkennen der „richtigen" – weil bewerteten – Dimensionen. Wären alle Übungen vollständig transparent, dann wüssten alle Personen, welche Dimensionen bewertet werden. In diesem Falle könnten Probleme ausgeschlossen werden, die durch die Unterschiedlichkeit der Hypothesen der Teilnehmer über das Verhalten, das sie zeigen sollen, verursacht würden. Wären die Anforderungen hingegen intraindividuell bzw. interindividuell unterschiedlich transparent, hätte dies Auswirkungen auf die Konstruktvalidität und eventuell auch auf die Kriteriumsvalidität.

Der Effekt der unterschiedlichen Transparenz auf die Konstruktvalidität lässt sich folgendermaßen erklären: Falls identische Anforderungsdimensionen in verschiedenen Übungen intraindividuell unterschiedlich transparent sind, würden das Verhalten und damit die Bewertung der Teilnehmer in diesen Dimensionen variieren. Dies hätte eine Verringerung der konvergenten Validität zur Folge. Würden Teilnehmer z. B. dieselbe zu beurteilende Anforderungsdimension in zwei unterschiedlichen Übungen korrekt erkennen bzw. nicht erkennen, würden sie sich wahrscheinlich ähnlicher verhalten und damit auch ähnlicher bewertet werden als Teilnehmer, die diese Anforderungsdimension nur in einer der beiden Übungen erkennen.

Im Hinblick auf die Kriteriumsvalidität ist es denkbar, dass sich Personen darin interindividuell unterscheiden, wie transparent die Anforderungsdimensionen in verschiedenen AC-Übungen für sie sind bzw. wie gut sie diese erkennen. Wenn es aber eine stabile, situationsübergreifende Fähigkeit gibt, solche impliziten Anforderungen zu erkennen, würden Personen im Assessment Center dann als leistungsstark bewertet, wenn sie die Anforderungen erkennen; und sie würden möglicherweise im späteren Validitätskriterium besser bewertet, weil sie in ihrer beruflichen Tätigkeit ebenfalls besser erkennen, worauf es in erfolgsrelevanten Situationen ankommt. Insofern besteht mit diesem Ansatz die Möglichkeit, das vorhandene Validitätsparadoxon aufzulösen.

4.2 Intransparenz von Assessment Centern

Damit bleibt als erste zu klärende Frage, ob Assessment Center für die Teilnehmer tatsächlich intransparent dargeboten werden. Zwei empirische Studien liegen vor, die sich mit dieser Frage beschäftigen. Die eine Studie untersucht die Praktiken in Nordamerika (Spychalski, Quinones, Gaugler & Pohley, 1997), die andere die Gepflogenheiten im deutschsprachigen Raum (Krause & Gebert, 2003). In ihnen zeigte sich, dass die Assessment Center-Dimensionen den Teilnehmern im deutschsprachigen Raum nur in 33 % und in den U. S. A. in 29 % der befragten Unternehmen bekannt gegeben werden. Über das Zielverhalten in den einzelnen Übungen wird im deutschsprachigen Raum in 37 % und in den USA in nur 7 % der Unternehmen informiert. Zum weitaus größten Teil werden Assessment Center somit für die Teilnehmer intransparent dargeboten.

Selbst wenn Teilnehmer nicht über die Anforderungsdimensionen informiert werden, ist offen, ob sie nicht erkennen, welches Verhalten bewertet wird. Zur Klärung dieser Frage führten Kleinmann (1993, 1997b) sowie Kleinmann, Kuptsch und Köller (1996) drei Studien durch. Das Vorgehen in diesen Studien wird beispielhaft anhand der ersten Studie (Kleinmann, 1993) etwas ausführlicher dargestellt. In dieser Studie fanden

Assessment Center mit insgesamt 56 Teilnehmern im Rahmen eines Bewerbertrainings statt. Als Veranstalter fungierte eine Personalberatungsfirma. Die Teilnehmer wurden von einer Studenteninitiative rekrutiert, die regelmäßig Veranstaltungen mit externen Firmen für interessierte Studenten anbot. Interessenten konnten sich telefonisch bei der Studenteninitiative anmelden und erhielten nach Überweisung der Teilnahmegebühr eine Bestätigung der Anmeldung mit Ort- und Zeitangabe der Durchführung. Für alle Teilnehmer war dies ihr erstes Assessment Center.

An den einzelnen Assessment Centern nahmen neben jeweils sechs Teilnehmern und drei Beobachtern noch zwei weitere Hilfskräfte teil. Ihre Aufgabe war es, für einen reibungslosen organisatorischen Ablauf zu sorgen und eine Befragung der Teilnehmer in den Pausen durchzuführen (siehe unten). Nach der Begrüßung der Teilnehmer durch einen Vertreter der Studenteninitiative wurden die Teilnehmer von den Moderatoren in den Tagesablauf eingeführt. Ihnen wurde mitgeteilt, dass sich die Beobachter nach den einzelnen Übungen zu einer Auswertung zurückziehen würden. Sie selbst würden nach den einzelnen Übungen jeweils zu ihrer Wahrnehmung der Übungen befragt, dieser Prozess gehöre jedoch nicht zum Assessment Center und werde nicht bewertet. Diese Befragung sei auch der Nutzen des Bewerbertrainings für die Personalberatungsfirma. Man erhoffe sich Aufschlüsse zur Verbesserung der Übungen.

Nach diesen einleitenden Worten wurde die erste Übung moderiert und durchgeführt. Nach Beendigung der ersten Übung verließen die Beobachter den Raum, um ihre Einzelauswertungen für die vier Dimensionen der jeweiligen Übung vorzunehmen. Den Teilnehmern wurde von den Hilfskräften ein Formblatt überreicht, mit der Bitte, es auszufüllen. Den Teilnehmern wurde nochmals versichert, dass dieser Teil des Assessment Centers nicht bewertet werde, sondern dass es lediglich darum gehe, ihre jeweiligen Hypothesen über bewertetes Verhalten und ihre Handlungsstrategien zu erfassen. Konkret wurde gefragt: „Eine meiner Hypothesen bei dieser Übung war, dass es auf folgendes ankommt … Ich habe versucht, mich daraufhin folgendermaßen zu verhalten …". Dieser Satz war auf dem Fragebogen mehrmals vorgegeben und mit Buchstaben gekennzeichnet. Die Formblätter wurden von den Hilfskräften nach dem Ausfüllen durch die Teilnehmer wieder eingesammelt, worauf die Beobachter wieder den Raum betraten und die nächste Übung moderierten.

Dieser Wechsel zwischen Übung und Befragung wiederholte sich für alle der fünf durchgeführten Übungen. Nach der letzten Übung zogen sich die Beobachter zu ihrer Beobachterkonferenz zurück. Die Teilnehmer bekamen nach einer kurzen Pause eine Liste mit acht potenziellen Anforderungsdimensionen für die erste Übung vorgelegt, mit der Bitte, diese zu lesen. Anschließend erhielten sie das erste Formblatt mit den von ihnen selbst aufgeschriebenen Anforderungen. Aufgabe der Teilnehmer war es nun, ihre vermuteten Anforderungen den Anforderungen auf der Liste zuzuordnen. Die Anforderungen auf der Liste waren genauso verhaltensnah definiert, wie sie den Beobachtern bei der Beobachtung der Übung vorlagen. Jede selbst notierte Anforderung sollte einer Anforderung auf der Liste zugeordnet werden. Mehrere Anforderungen der Teilnehmer konnten auch der gleichen Anforderungsdimension auf der Liste zugeordnet werden, sofern sie dieser am ehesten entsprachen. Falls die von den Teilnehmern geäußerte Anforderung nicht eindeutig zugeordnet werden konnte, sollte dies gekennzeichnet werden. Anschließend wurden die Unterlagen wieder eingesammelt. Dieser Vorgang wiederholte sich dann für alle weiteren Übungen. Die Zuordnung der vermuteten Anforderungen zu den vorgegebenen Anforderungen erfolgte erst nach Ende aller AC-Übungen, um den Teilnehmern während des Assessment Centers keine zusätzlichen Hinweisreize über potenzielle Anforderungsdimensionen und damit für die folgenden Übungen zu geben. In jeder der fünf Übungen wurden von den acht möglichen vorgegebenen Anforderungsdimensionen jene vier bewertet, die sich in Vortests als am besten geeignet für die jeweilige Übung erwiesen hatten. Die Anzahl richtig erkannter Anforderungsdimensionen der Teilnehmer konnte demnach für alle Übungen zusammen zwischen null und zwanzig variieren. Die Listen mit den acht unterschiedlichen Anforderungen pro Übungen waren so gestaltet, dass die Reihenfolge der richtigen – weil bewerteten – Anforderungen auf den Listen zufällig variierte.

Wie in Tabelle 1 zu sehen ist, bestand eine große Streuung zwischen den einzelnen Teilnehmern. So gab es Teilnehmer, die 0 bis 4 bzw. 13 bis 16 Anforderungen richtig erkannt hatten. Zusätzlich bemerkenswert ist, dass kein Teilnehmer *alle* bewerteten Anforderungsdimensionen erkannt hat. Offensichtlich ist die Transparenz der Anforderungen sowohl interindividuell unterschiedlich als auch insgesamt eher gering.

Tabelle 1: Anzahl der von den Teilnehmern richtig erkannten Anforderungen (vgl. Kleinmann, 1993, S. 108)

Anzahl richtig erkannter Anforderungen	Häufigkeit	prozentual
0–4	6	10,7
5–8	35	62,5
9–12	12	21,4
13–16	3	5,4
17–20	0	0,0
Total	56	100,0
Modus = 6	Median = 7	Range = 15

Auch die Streuung der erkannten Anforderungsdimensionen in den einzelnen Übungen ist beachtlich. In der Übung „Präsentation" beispielsweise sollte ein Text zur „Szenario-Technik" aufgearbeitet, präsentiert und auf Anwendbarkeit überprüft werden (Reibnitz, 1983). Nur 9 % der Teilnehmer sahen hierbei die Anforderung „eigene Urteilskraft" als relevant an, während 68 % der Teilnehmer „didaktische Fähigkeiten" als Anforderungsdimension korrekt erkannten. In keiner einzigen Übung gab es eine Anforderungsdimension, die alle Teilnehmer als relevant erkannt hatten, d. h. keine Anforderungsdimension war für alle Teilnehmer transparent.

Ein ähnliches Ergebnis findet sich in der zweiten Studie von Kleinmann (1997b). Im dortigen Assessment Center mit drei Übungen zeigten die Antworten der Kandidaten über vermutete Anforderungen, dass für keine der Übungen die Transparenz aller drei Dimensionen anzunehmen ist. In keiner der Übungen wurde auch nur eine der Dimensionen von allen Teilnehmern richtig erkannt. Auch in der dritten Studie von Kleinmann et al. (1996) zeigte sich, dass für keine der Übungen die Transparenz aller drei Dimensionen anzunehmen ist. In keiner der Übungen wurde auch nur eine der Dimensionen von allen Teilnehmern richtig erkannt; es gab sogar „Übungs-Dimensions-Kombinationen", die kein Kandidat richtig erkannte. Ähnliche Ergebnisse berichten Preckel und Schüpbach (2004) aus einer Feldstudie. Die weitgehende Intransparenz der Dimensionen in diesen Assessment Centern kann damit als bestätigt gelten.

Als Zwischenfazit kann festgehalten werden, dass Assessment Center meist intransparent dargeboten und die Anforderungsdimensionen häufig von den Teilnehmern nicht richtig erkannt werden.

4.3 Konsequenzen der Intransparenz für die Bewertung

Werden Assessment Center hingegen transparent durchgeführt, kann erwartet werden, dass die Leistungsbewertungen positiver ausfallen, da die Teilnehmer wissen, welches Verhalten zielrelevant ist. Sie würden versuchen, ihr Verhalten an den Anforderungen auszurichten und es zu verändern. Auf der anderen Seite ist offen, ob die Bewertungen insgesamt tatsächlich höher ausfallen, wenn alle Teilnehmer versuchen, sich dementsprechend zu verhalten. Möglicherweise verändert sich zwar das Teilnehmerverhalten, jedoch könnten die Beobachter unfähig sein – im Sinne einer normorientierten Diagnostik – „absolut" zu bewerten. Konsequenz hiervon wäre eine im Durchschnitt gleich bleibende Bewertung aller Teilnehmer. Um die Auswirkungen einer transparenten Darbietung zu prüfen, führte Kleinmann (1997b) eine Studie mit 119 Teilnehmern durch. Ein Assessment Center wurde für 59 Teilnehmer intransparent durchgeführt und für 60 Teilnehmer transparent. Die Beobachter bewerteten die Teilnehmer in der Transparenzbedingung statistisch signifikant besser als in der Intransparenzbedingung. In zwei späteren Studien konnten Kolk, Born und van der Flier (2003) diese Unterschiede allerdings nicht bestätigen. Zwar fanden sie für einzelne Dimensionen (z. B. Sensitivität) bessere Bewertungen, allerdings nicht bei der Gesamtbetrachtung aller Daten. So kann ihrem Schluss sicherlich zugestimmt werden, dass die transparente gegenüber der intransparenten Durchführung von Assessment Centern nur geringe Effekte auf die Gesamtbewertung der Teilnehmer aufweist.

Betrachtet man jedoch die Bewertungen der Teilnehmer in intransparent durchgeführten Assessment Centern sowohl intraindividuell als auch interindividuell, dann zeigen sich klare Effekte der Art, dass Personen interindividuell besser bewertet werden, wenn sie mehr Dimensionen erkannt haben, und auch intraindividuell auf jenen Dimensionen besser bewertet werden, die sie erkannt haben, im Gegensatz zu denen, die sie nicht erkannt haben (Kleinmann, 1993; 1997b). Ähnliche Ergebnisse finden sich im Übrigen auch in der Forschung zu Einstellungsinterviews (z. B. Melchers, Kleinmann, Richter, König & Klehe, 2004). Dort wurden Personen positiver bewertet, wenn sie erfolgreicher erkannt hatten, welche Anforderungsdimensionen mit den verschiedenen Interviewfragen erfasst werden sollen. Intraindividuell wurden sie ebenfalls besser beurteilt auf jenen Fragen, für die sie die jeweilige Anforderungsdimension korrekt erkannt hatten, im Vergleich zu Fragen, bei denen sie dies nicht erkannten.

In den verschiedenen oben beschriebenen Studien konnte die Fähigkeit, Anforderungsdimensionen korrekt zu erkennen, zudem jeweils mit befriedigenden Reliabilitäten erfasst werden. Dies deutet darauf hin, dass sich Personen über verschiedene Situationen hinweg stabil dahingehend unterschieden, inwiefern sie jeweils richtige Zielverhaltensweisen erkannten.

4.4 Konsequenzen für die Konstruktvalidität

Was sind nun die Konsequenzen für die Konstruktvalidität? In einer ersten Studie untersuchte Kleinmann (1993) die Konsequenzen der intransparenten Darbietung von Assessment Centern für die Konstruktvalidität. Hierzu stellte er folgende Hypothese zur konvergenten Validität auf: Wenn identische Anforderungen in zwei unterschiedlichen Übungen gleichermaßen erkannt werden bzw. gleichermaßen nicht erkannt werden, werden sie in den beiden Übungen ähnlicher bewertet, als wenn die Anforderung nur in einer der beiden Übungen erkannt wird.

Zur Prüfung dieser Hypothese wurden alle Messwertpaare der Teilnehmer aus den Assessment Centern von je zwei identischen Anforderungen in unterschiedlichen Übungen gebildet. Anschließend wurden die Messwertpaare in drei Gruppen geteilt. Gruppe 1 bestand aus Messwertpaaren, bei denen die interessierende Anforderungsdimension in keiner der beiden Übungen von dem jeweiligen Teilnehmer erkannt wurde, in Gruppe 2 wurde die Anforderungsdimension jeweils nur einer der beiden Übungen erkannt, und in Gruppe 3 wurde sie in beiden Übungen erkannt. Da die Teilnehmer die Anforderungen unterschiedlich häufig erkannten, wurde pro Teilnehmer zufällig ein Messwertpaar für die drei Gruppen gezogen. Für diese drei Messwertreihen wurde anschließend ein Intraclass-Korrelationskoeffizient gebildet. Betrachtet man die entsprechenden Korrelationskoeffizienten für die drei Teilnehmergruppen, so zeigt sich, dass die Korrelationen zwischen Bewertungen derselben Dimensionen in verschiedenen Übungen dann höher sind, wenn die Teilnehmer diese Dimensionen in den verschiedenen Übungen als Anforderungen gleichermaßen nicht erkannten ($r = .62$) bzw. erkannten ($r = .57$). Die Korrelationen zwischen Bewertungen identischer Dimensionen sind allerdings erwartungsgetreu niedriger für Teilnehmer, die diese Dimensionen in einer Übungen erkannten, in der anderen jedoch nicht ($r = .32$). Dies bedeutet also, dass die Beurteilungen der Teilnehmer auf identischen Anforderungsdimensionen in verschiedenen Übungen homogener sind, wenn die Teilnehmer die Anforderungen in den einzelnen Übungen gleichermaßen erkannten oder gleichermaßen nicht erkannten. Das heißt, dass das Erkennen der Anforderungsdimensionen moderierend auf die Höhe der konvergenten Validität einwirkt.

In einem nächsten Schritt prüften Kleinmann et al. (1996), ob die Konstruktvalidität besser ist, wenn die Anforderungsdimensionen den Teilnehmern vorher mitgeteilt werden. Hierzu führten sie eine Reihe von Assessment Center durch, bei denen die Anforderungen entweder mitgeteilt wurden oder nicht mitgeteilt wurden. Als Ergebnis der durchgeführten Analysen zeigte sich, dass die Konstruktvalidität besser ausgeprägt war, wenn die Anforderungsdimensionen transparent dargeboten wurden. Zusätzlich führten sie für eine Teilstichprobe weitere Analysen durch. Die gemittelten konvergenten Korrelationskoeffizienten sind für diejenigen Teilnehmer ($r = .55$, $N = 25$), die angaben, sich nach den Anforderungsdimensionen gerichtet zu haben, signifikant höher ($z = 2.13$, $p < .05$) als für diejenigen, die angaben, sich nicht nach den Anforderungsdimensionen gerichtet zu haben ($r = .39$, $N = 35$). Die konvergente Validität ist also für Teilnehmer, die angaben, sich bei ihrem Verhalten nach den zuvor bekannt gegebenen Anforderungsdimensionen gerichtet zu haben, höher als für Teilnehmer, die sich in ihrem Verhalten nicht nach den Anforderungsdimensionen richteten. Weiterhin zeigte sich, dass die gemittelten diskriminanten Korrelationskoeffizienten für diejenigen Teilnehmer signifikant niedriger sind ($z = 3.90$, $p < .01$), die angaben, sich nach den Anforderungsdimensionen gerichtet zu haben ($r = .55$, $N = 25$), als für diejenigen, die sich nicht nach den Anforderungsdimensionen gerichtet hatten ($r = .75$, $N = 35$). Wie die konvergente Validität ist also auch die diskriminante Validität höher für Teilnehmer, die angaben, sich bei ihrem Verhalten nach den Anforderungsdimensionen gerichtet zu haben, als für Teilnehmer, die angaben, sich in ihrem Verhalten nicht nach den Anforderungsdimensionen gerichtet zu haben.

Die Effekte der Bekanntgabe der Anforderungsdimensionen auf die Konstruktvalidität konnten sowohl in einer weiteren Studie von Kleinmann (1997b) im Rahmen eines Bewerbertrainings als auch in einer Studie von Kolk et al. (2003) mit 690 wirklichen Bewerbern repliziert werden. So verbesserte sich jeweils sowohl die konvergente als auch die diskriminante Validität. Diskrepante Ergebnisse hierzu erhielten Kolk et al. jedoch in einer zweiten Studie, die sie nicht mit echten Bewerbern, sondern mit Studierenden durchführten. Bei dieser Studie arbeiteten sie im Gegensatz zu ihrer anderen Studie und auch im Gegensatz zu den übrigen hier erwähnten Studien jeweils mit vier Einzelübungen (also individuell durchzuführenden Aufgaben). Möglicherweise ist dies der Grund für die unterschiedlichen Ergebnisse in ihren beiden Studien. Zum einen haben Studierende unter Intransparenzbedingungen weniger Hinweisreize über mögliche Anforderungsdimensionen und adäquates Verhalten als echte Bewerber, die aufgrund ihrer größeren Erfahrung oder ihres Wissens über die Organisation eine Vielzahl von Hinweisreizen wahrnehmen können. Zum anderen entfällt in Einzelübungen das Verhalten anderer Teilnehmer als Quelle für wertvolle Hinweise über mögliche Anforderungsdimensionen.

4.5 Konsequenzen für die prädiktive Validität

Als eine Ursache für die geringe Konstruktvalidität des Assessment Centers erwies sich die Intransparenz der Anforderungsdimensionen für die Teilnehmer. Allerdings werden Teilnehmer, die in der Lage sind, eine größere Anzahl von Dimensionen richtig zu erkennen, im Assessment Center in diesen Dimensionen besser bewertet. Ähnliches kann auch für das Kriterium gelten, da häufig auch die erfolgsrelevanten Anforderungsdimensionen bzw. die gewünschten Verhaltensweisen am Arbeitsplatz intransparent sind. Gemeinsame Varianz zwischen Prädiktor und Kriterium könnte so durch das gemeinsame Erkennen der relevanten Anforderungen durch Teilnehmer bei der Prädiktormessung und der Kriteriumsmessung bedingt sein. Kleinmann (1993) vermutet, dass die prädiktive Validität durch die Wirksamkeit eines Faktors der „praktischen Intelligenz" erklärt werden könnte. Damit ist die Fähigkeit der Teilnehmer gemeint, die verdeckte Regelstruktur einer Situation zu erkennen und sich dementsprechend zu verhalten. Die prognostische Validität des Assessment Centers käme somit durch ein „Gespür" für sozial anerkanntes

Handeln zu Stande. Das eine Mal verhalten sich die Kandidaten geschickt im Assessment Center, das andere Mal glänzen sie durch eben dieses Gespür im Unternehmen. Dieses „Gespür" wäre somit ein wichtiger Karrierefaktor und könnte gemeinsame Varianz zwischen Prädiktor und Kriterium erklären.

Es wird postuliert, dass die Bekanntgabe der Anforderungsdimensionen im Assessment Center zwei Folgen hat: Transparente Assessment Center sind eher konstruktvalide (vgl. die Ergebnisse oben), während intransparente Assessment Center eher kriteriumsvalide sind. Diese postulierte Beziehung zwischen Konstrukt- und Kriteriumsvalidität konnte in der Studie von Kleinmann (1997b; $N = 128$) empirisch tatsächlich nachgewiesen werden. Außerdem zeigte sich, dass „Anforderungen im Assessment Center erkennen" signifikant bedeutsam mit dem Konstrukt „soziale Urteilskompetenz" korrelierte. Einschränkend sei allerdings angemerkt, dass sowohl der Prädiktor als auch das Kriterium aus einem Assessment Center gebildet wurden.

Neben dieser Arbeit gibt es jedoch zwei weitere Studien von Smith-Jentsch (1996) im Feld, deren Ergebnisse auf die Assessment Center-Forschung übertragbar erscheinen. In der ersten Studie nahmen Teilnehmer an einer situativen Übung zu einer Konfliktsituation teil (Prädiktor). Der Hälfte der Teilnehmer wurde dabei mitgeteilt, dass die Dimension „Selbstsicherheit" bewertet wird, der zweiten Hälfte wurden keine expliziten Hinweise zur bewerteten Dimension gegeben. Beobachter bewerteten für beide Gruppen die Ausprägung auf der Dimension „Selbstsicherheit". Etwas später nahmen alle Teilnehmer an einer weiteren Untersuchung teil, bei der sie einen Persönlichkeitstest zur Selbstsicherheit (Lorr & More, 1980) ausfüllten (Kriterium), ohne dass ihnen beim Ausfüllen mitgeteilt wurde, welches Konstrukt erfasst werden sollte. Wie postuliert war die Korrelation zwischen Prädiktor und Kriterium in der Transparenzbedingung signifikant geringer ($r = .01$) als in der Intransparenzbedingung ($r = .33$). Ähnliche Ergebnisse fand Smith-Jentsch in einer weiteren Feldstudie bei Piloten. Bei dieser Studie arbeiteten jeweils ein Pilot, ein Copilot und ein Flugingenieur in einem Simulator (Prädiktor) zusammen. Dieser Simulator produzierte innerhalb von 45 Minuten vier Konfliktfälle, die gemeinsam zu bewältigen waren. Die Crew – und insbesondere der Copilot – wurde bei ihren Bewältigungsversuchen von zwei erfahrenen Piloten auf der Dimension „Selbstsicherheit" beobachtet und bewertet. Der Hälfte der Copiloten in dieser Studie wurde im Vorfeld mitgeteilt, dass Selbstsicherheit bewertet würde, der anderen Hälfte wurden keine Hinweise über Bewertungsdimensionen gegeben. Ein Jahr später wurden alle Copiloten anhand verfügbaren Materials nach Verhalten in erlebten kritischen Situationen im Flugbetrieb befragt. Diese Befragung wurde aufgezeichnet und von „blinden" Gutachtern für die Dimension „Selbstsicherheit" der Copiloten ausgewertet. Es zeigte sich, dass für die Intransparenzbedingung des Prädiktors eine bedeutsame Korrelation zwischen Simulationsstudie und anschließendem berichteten Verhalten vorlag ($r = .57$), während die Kriteriumsvalidität bei transparenter Durchführung des Prädiktors nahe null lag ($r = -.08$).

Alle drei Studien zeigen, dass die Übereinstimmung zwischen den Bewertungen eines Assessment Centers bzw. einer Simulation und einem gewählten Kriterium geringer ausfällt, wenn den Teilnehmern im Assessment Center bzw. der Simulation die Anforderungsdimensionen im Vorfeld erläutert werden, als wenn den Teilnehmern nicht mitgeteilt wird, welche Anforderungsdimensionen bewertet werden. Falls den Teilnehmern nicht mitgeteilt wird, welche Anforderungsdimensionen bewertet werden, ist die Übereinstimmung zwischen Prädiktor und Kriterium deutlich größer.

4.6 Diskussion und Ausblick

Es zeigt sich, dass die Intransparenz der Anforderungsdimensionen für die Teilnehmer bei der Durchführung von Assessment Centern zu einer Reihe von Effekten führt. Zum einen unterscheiden sich die Teilnehmer dahingehend, dass sie unterschiedlich gut in der Lage sind, zu erkennen, was jeweils bewertet wird. Diese Fertigkeit, Anforderungsdimensionen zu erkennen, führt dazu, dass sie sowohl intra- als auch interindividuell besser bewertet werden. Diese Bewertungsunterschiede finden sich jedoch nur bei intransparenten Assessment Centern. Werden diese eignungsdiagnostischen Verfahren auch transparent durchgeführt, werden Teilnehmer in intransparent und transparent durchgeführten Assessment Centern in etwa gleich gut bewertet. Insofern kommt es offensichtlich in der Transparenzbedingung nicht zu einem Schauspielern, welches zu unterschiedlicher Bewertung führt. Für eine transparente Durchführung von Assessment Center spricht, dass die Konstruktvalidität sich unter dieser Bedingung verbessert.

Für die Praxis bedeutet dies, dass Assessment Center je nach ihrem Einsatzzweck unterschiedlich durchgeführt werden sollten. Wenn die Zielsetzung eines Assessment Centers ist, individuelle Stärken und Schwächen festzustellen, dann ist ein transparent durchgeführtes Assessment Center sicherlich die bessere Lösung. In diesem Fall wäre es vertretbarer, wenn aufgrund der Beurteilung einzelner Beurteilungsdimensionen des Assessment Centers individuelle Empfehlungen ausgesprochen würden. Wird das Assessment Center jedoch zur Potenzialanalyse genutzt, stellt sich die Situation ein wenig anders dar. Nach den Ergebnissen der bisherigen Studien ist zu erwarten, dass die prognostische Validität bei der Bekanntgabe der Anforderungsdimensionen sinken würde, sofern das Kriterium ebenfalls eher intransparent ist. Der Anteil der Varianz der jeweiligen Ergebnisse im Prädiktor (Assessment Center) und im Kriterium (z. B. Vorgesetztenbeurteilung), der auf das Erkennen relevanter Anforderungsdimensionen zurückzuführen ist, würde reduziert, wenn Assessment Center transparent dargeboten würden.

Anders sieht es jedoch aus, wenn Unternehmen sehr klare Vorstellungen kommunizieren, welche Verhaltensweisen innerhalb der Organisation erwünscht sind. Wenn die Kriterien für die Organisationsmitglieder also transparent sind, sollte die prädiktive Validität in der Transparenzbedingung höher ausfallen, da die Anforderungen an Mitarbeiter im Prädiktor und Kriterium vergleichbarer sind. Studien, die diesen postulierten Zusammenhang untersuchen, fehlen jedoch bisher.

Wäre jedoch das Ziel, sowohl die Konstruktvalidität als auch die Kriteriumsvalidität bei einem intransparenten Kriterium zu optimieren, könnte die Fähigkeit von Teilnehmern, die Regelwerke sozialer Situationen zu erkennen, durch strukturierte Interviews zur Bewältigung intransparenter Situationen ergänzt werden. Diese Interviews könnten dann als zusätzlicher Bestandteil des Assessment Centers Verwendung finden. Diese Maßnahmen könnten dazu dienen, die Konfundierung der Fähigkeit, relevante Stimuli der Umgebung zu erkennen, von der Ausprägung der eigentlich zu beobachtenden Fertigkeiten zu trennen. Darüber hinaus könnten dann weitere Übungen durchaus unter Bekanntgabe der Anforderungsdimensionen durchgeführt werden, um die maximale Verhaltenskompetenz wichtiger Anforderungsdimensionen zu erfassen.

Ebenfalls noch ungeklärt ist, welche Konstrukte sich hinter der Fähigkeit „Anforderungsdimensionen zu erkennen" verbergen. Möglicherweise ist dies neben der „sozialen Urteilskompetenz" in erster Linie Intelligenz. Für diese häufig geäußerte Überlegung spricht neben ihrer Plausibilität auch, dass Intelligenz als Einzelprädiktor vergleichsweise hoch mit Assessment Center-Ergebnissen korreliert (Scholz & Schuler, 1993). Trotzdem erscheinen uns auch weitere Studien wünschenswert, die untersuchen, ob es noch andere Faktoren gibt, mit denen die Fähigkeit, Anforderungsdimensionen zu erkennen, substanziell korreliert. Wenn Intelligenz das einzige Konstrukt ist, das in diesem Zusammenhang bedeutsam ist, dann würde bei transparenter Darbietung von Assessment Centern allerdings das Erkennen der Anforderungsdimensionen als zu erbringende Intelligenzleistung wegfallen und damit möglicherweise wertvolle diagnostische Information. Zudem muss noch erwähnt werden, dass Intelligenz oder andere stabile Personvariablen, die einen bedeutsamen Einfluss haben auf die Fähigkeit, Anforderungsdimensionen zu erkennen, lediglich die oben angesprochenen interindividuellen Effekte erklären können, nicht jedoch die intraindividuellen Effekte.

Weitere Studien zu den aufgezeigten Forschungsfeldern erscheinen nötig und können sicherlich helfen, die noch offenen Fragen zu beantworten und Assessment Center zu gleichermaßen validen Instrumenten für Personalauswahl und Personalentwicklung zu entwickeln.

Literatur

Gaugler, B. B., Rosenthal, D. B., Thornton, G. C. III & Bentson, C. (1987). Meta-analysis of assessment center validity. *Journal of Applied Psychology, 74,* 611–618.

Kleinmann, M. (1993) Are assessment center rating dimensions transparent for participants? Consequences for criterion and construct validity. *Journal of Applied Psychology, 78,* 988–993.

Kleinmann, M. (1997a). *Assessment Center. Stand der Forschung – Konsequenzen für die Praxis.* Göttingen: Verlag für Angewandte Psychologie.

Kleinmann, M. (1997b). Transparenz der Anforderungsdimensionen: Ein Moderator der Konstrukt- und Kriteriumsvalidität des Assessment-Centers. *Zeitschrift für Arbeits- und Organisationspsychologie, 41,* 171–181.

Kleinmann, M., Kuptsch, C. & Köller, O. (1996). Transparency: A necessary requirement for the construct validity of assessment centers. *Applied Psychology: An International Review, 45,* 67–84.

Kolk, N. J., Born, M. P. & van der Flier, H. (2003). The transparent assessment centre: The effects of revealing dimensions to candidates. *Applied Psychology: An International Review, 52,* 648–668.

Krause, D. E. & Gebert, D. (2003). A comparison of assessment center practices in organizations in German-speaking regions and the United States. *International Journal of Selection and Assessment, 11,* 297–312.

Kuptsch, C, Kleinmann, M. & Köller, O. (1998). The chameleon effect in assessment centers: The influence of interindividual consistency on the construct validity of assessment centers. *Journal of Social Behavior and Personality, 13,* 103–116.

Lorr, M. & More, W. W. (1980). Four dimensions of assertiveness. *Multivariate Behavioral Research, 15,* 127–138.

Melchers, K. G., Kleinmann, M., Richter, G. M., König, C. J. & Klehe, U.-C. (2004). Messen Einstellungsinterviews das, was sie messen sollen? Zur Bedeutung der

Bewerberkognitionen über bewertetes Verhalten. *Zeitschrift für Personalpsychologie, 3,* 159–169.

Orne, M. T. (1962). On the social psychology of the psychological experiment: With particular reference to demand characteristics and their implications. *American Psychologist, 17,* 776–783.

Preckel, D. & Schüpbach, H. (2004). *Rezeptive Selbstdarstellungskompetenz im Assessment-Center.* Manuskript eingereicht zur Publikation.

Reibnitz, U. (1983). Szenarien als Grundlage stategischer Planung. *Harvard Manager, 1,* 71–79.

Sackett, P. R. & Dreher, G. F. (1982). Constructs and assessment center dimensions: Some troubling empirical findings. *Journal of Applied Psychology, 67,* 401–410.

Scholz, G. & Schuler, H. (1993). Das nomologische Netzwerk des Assessment Centers: eine Metaanalyse. *Zeitschrift für Arbeits- und Organisationspsychologie, 27,* 33–44.

Smith-Jentsch, K. A. (1996, April). *Should rating dimensions in situational exercises be made transparent for participants?* Paper presented at the 11th Annual Conference of the Society for Industrial and Organizational Psychology, San Diego, CA.

Spychalski, A. C., Quinones, M. A., Gaugler, B. B. & Pohley, K. A. (1997). A survey of assessment center practices in organizations in the United States. *Personnel Psychology, 50,* 71–90.

Tedeschi, J. K. (Ed.). (1981). *Impression management theory and social psychological research.* New York: Academic Press.

5 Methodenfaktoren statt Fehlervarianz: eine Metaanalyse der Assessment Center-Konstruktvalidität[1]

David J. Woehr, Winfred Arthur Jr. und John Patrick Meriac

5.1 Hintergrund

In den vergangenen Jahrzehnten hat die Popularität von Assessment Centern stetig zugenommen. Sie finden jährlich ihre Anwendung bei der Beurteilung tausender Personen in zahlreichen privaten und öffentlichen Organisationen (Lowry, 1997; Spychalski, Quiñones, Gaugler & Pohley, 1997; Thornton & Byham, 1982). Zweifellos mitverantwortlich für diese Beliebtheit ist dabei die Validität des Assessment Centers. Belege für die kriterienbezogene Validität sind beständig dokumentiert worden (Arthur, Day, McNelly & Edens, 2003; Gaugler, Rosenthal, Thornton & Bentson, 1987). Um professionellen und rechtlichen Anforderungen zu genügen, werden zudem regelmäßig Methoden zur inhaltsbezogenen Validierung bei der Entwicklung von Assessment Centern hinzugezogen (Sackett, 1987). Weniger vielversprechend war jedoch bislang der Nachweis der konstruktbezogenen Validität der im Assessment Center erhobenen Dimensionen. Assessment Center werden speziell für die Personenbeurteilung konzipiert, um Individuen auf bestimmten Dimensionen der beruflichen Leistung in spezifischen Situationen oder Übungen zu bewerten. Jedoch lässt die bisherige Forschung eher vermuten, dass sich nicht die Dimensionsfaktoren, sondern vielmehr die einzelnen Übungen in der Beurteilung der Teilnehmer widerspiegeln (Bycio, Alvares & Hahn, 1987; Highhouse & Harris, 1993; Schneider & Schmitt, 1992; Turnage & Muchinsky, 1982). Ausführlich dargestellt wurden in der Literatur bisher die mangelnde Evidenz der konvergenten Validität wie auch teilweise der diskriminanten Validität (Brannick, Michaels & Baker, 1989; Klimoski & Brickner, 1987; Sackett & Harris, 1988). Diese Befunde führten zu der vorherrschenden Annahme, dass die Ratings im Assessment Center zwar kriterienbezogene Validität aufweisen, es ihnen jedoch gleichzeitig an konstruktbezogener Validität mangelt (z. B. Belege für konvergente/diskriminante Validität).

Obwohl der Mangel an konstruktbezogener Validität vielfach zitiert wurde, wurden konzeptuelle und methodologische Erklärungen hierfür bisher nicht ausreichend in Erwägung gezogen (Jones, 1992). Allerdings zielten einige neuere Untersuchungen (z. B. Arthur & Tubre, 1999; Arthur, Woehr & Maldegan, 2000; Born, Kolk & van der Flier, 2000; Howard, 1997; Jones, 1992; Kudisch, Ladd & Dobbins, 1997; Lievens, 1998, 2001; Thornton, Tziner, Dahan, Clevenger & Meir, 1997) auf diese Aspekte ab und stellten die gängige Auffassung der mangelnden konstruktbezogenen Validität in Frage.

---

[1] Übersetzung aus dem Englischen von Petra Gelléri

In Bezug auf den großen Forschungsbestand ist es möglich, bestimmte Methodenfaktoren und Gestaltungsmerkmale des Assessment Centers zu identifizieren, von denen erkennbare positive oder negative Effekte auf die konstruktbezogene Validität der Beurteilungen erwartet werden können. Hierzu gehören die Anzahl der Dimensionen, welche durch die Assessoren beobachtet, erfasst und anschließend beurteilt werden (Bycio et al., 1987; Gaugler & Thornton, 1989; Schmitt, 1977), das zahlenmäßige Verhältnis der zu bewertenden Teilnehmer pro Beobachter (Gaugler et al., 1987), die Art der Vorgehensweise bei der Beurteilung (d. h. pro Übung vs. dimensionsweise über alle Übungen hinweg; Harris, Becker & Smith, 1993; Robie, Adams, Osburn, Morris & Etchegaray, 2000; Sackett & Dreher, 1982; Silverman, DeLessio, Woods & Johnson, 1986), der berufliche Hintergrund der Beobachter (Psychologen vs. Manager und Vorgesetzte; vgl. Spychalski et al., 1997), die Schulung der Beobachter (Gaugler et al., 1987; Woehr & Huffcutt, 1994) und die Zielsetzung des Assessment Centers (d. h. Auswahl vs. Entwicklung der Teilnehmer). Im Folgenden sollen die Annahmen bezüglich der Auswirkungen dieser Faktoren und die konzeptuelle Basis dieser Effekte überprüft werden.

Anzahl der zu beurteilenden Dimensionen und die Verhältniszahl Teilnehmer pro Beobachter

Dem zahlenmäßigen Verhältnis von Teilnehmern zu Beobachtern und der Anzahl der Dimensionen, die durch die Assessoren beobachtet, aufgezeichnet und bewertet werden sollen, kommt eine wichtige Rolle bei der Validität von Assessment Center-Urteilen zu (Bycio et al., 1987). So fand zum Beispiel Schmitt (1977) in seiner Studie, dass sich die 17 ausgewiesenen Dimensionen bei der Bewertung durch die Beobachter im Zuge des Beurteilungsprozesses auf drei globale Dimensionen reduzierten. Ähnliches fanden auch Sackett und Hakel (1979): In ihrer Studie waren lediglich 5 von 17 Dimensionen notwendig, um den Großteil der Varianz des Gesamturteils aufzuklären. In einer Weiterführung dieser Untersuchung fand Russell (1985), dass aus 16 Dimensionen eine einzelne die Urteile der Assessoren dominierte.

Dass Beobachter zudem Schwierigkeiten bei der Unterscheidung einer großen Anzahl von Verhaltensdimensionen haben, demonstrierten Gaugler und Thornton (1989). In dieser Studie sollten die Beobachter jeweils 3, 6 oder 9 Dimensionen beurteilen. Die Bewertungen jener Beobachter, die nur 3 oder 6 Dimensionen beurteilen sollten, waren akkurater als die derjenigen, die 9 Dimensionen beurteilten. Sollen viele Dimensionen bewertet werden, scheint das die kognitiven Anforderungen an die Informationsverarbeitung durch die Assessoren auf Dimensionsebene zu erhöhen; es kommt zu einem Absinken der konvergenten und diskriminanten Validität. Diese Befunde sind konsistent mit den in der Literatur zur kognitionspsychologischen Forschung berichteten oberen Grenzen der menschlichen Informationsverarbeitungskapazität (Miller, 1956). Analog wurde die Bedeutung der kognitiven Prozesse in der Leistungsbeurteilung und im Bewertungsprozess gut bestätigt (Bretz, Milkovich & Read, 1992; Ilgen, Barnes-Farrell & McKellin, 1993).

Eine ähnliche Argumentation kann – obgleich es weniger direkte Evidenz gibt – auch hinsichtlich der Anzahl der zu beurteilenden Teilnehmer im Assessment Center gelten. Je größer das zahlenmäßige Verhältnis von Teilnehmern zu Beobachtern (je mehr Teilnehmer also der einzelne Beobachter zu beobachten und zu bewerten hat), desto schwieriger wird aufgrund der erhöhten kognitiven Anforderungen die Informationsverarbeitung auf Dimensionsebene pro Teilnehmer. Zudem werden die Bewertungen unter der Bedingung einer hohen kognitiven Anforderung anfälliger für Verzerrungen und Fehler der Informationsverarbeitung (Martell, 1991; Woehr & Roch, 1996).

Zusammengefasst lassen die Befunde zu diesem Forschungsgebiet vermuten, dass Beobachter bei hoher kognitiver Anforderung bzw. Überlastung durch zu viele zu beobachtende Dimensionen (Gaugler & Thornton, 1989; Reilly, Henry & Smither, 1990) oder zu beobachtende Teilnehmer nicht dazu in der Lage sind, zwischen den verschiedenen Dimensionen zu unterscheiden und diese einheitlich in allen Übungen anzuwenden. Die mangelnde Fähigkeit zur simultanen Verarbeitung vieler Dimensionen über mehrere Teilnehmer hinweg könnte mitverantwortlich sein für die Tendenz der Beobachter, eher auf globale Dimensionen zurückzugreifen; dies führt zu einer Minderung der konvergenten und diskriminanten Validität. Daraus leiten wir folgende Hypothesen ab:

– H1: Es besteht ein Zusammenhang zwischen der Anzahl der durch die Assessoren zu beurteilenden Verhaltensdimensionen und der konstruktbezogenen Validität: Die Schätzung der konvergenten Validität der Dimensionen fällt höher aus, wenn Beobachter weniger Dimensionen beurteilen, als wenn sie viele Dimensionen zu beurteilen haben. Zudem ist die Schätzung der diskriminanten Validität höher (d. h. die Korrelation zwischen den Dimensionen niedriger), wenn Assessoren wenige anstatt vieler Dimensionen zu bewerten haben.
– H2: Es besteht ein Zusammenhang zwischen der Anzahl der Teilnehmer, die von einem Beobachter beurteilt werden (Verhältnis Teilnehmer pro Beobachter), und der konstruktbezogenen Validität: Die Schätzung der konvergenten Validität der Dimensionen ist höher, wenn jeder Beobachter wenige (anstelle vieler) Teilnehmer beurteilt. Zudem ist die Schätzung der diskriminanten Validität höher (d. h. die Korrelation zwischen den Dimensionen niedriger), wenn jeder Beobachter wenige statt vieler Teilnehmer beurteilt.

Vorgehensweise bei der Beurteilung

Bei der Beurteilung im Assessment Center gibt es zwei zentrale Vorgehensweisen (Sackett & Dreher, 1982; Robie et al., 2000). Eine Möglichkeit besteht darin, die Beurteilung *übungsweise* vornehmen zu lassen: Die Teilnehmer werden dann nach Abschluss jeder einzelnen Übung bezüglich jeder Dimension beurteilt. Zwei Variationen dieses Vorgehens wurden beschrieben: (a) Dieselben Beurteiler beobachten alle Übungen, aber geben Dimensionsurteile nach jeder einzelnen Übung ab; (b) verschiedene Gruppen von Assessoren beobachten die einzelnen Übungen und geben Urteile über alle Dimensionen ab. Wählt man als Vorgehensweise eine *abschließende* Beurteilung der Dimensionen *über die Übungen hinweg*, so erfolgt die Beurteilung, nachdem alle Übungen abgeschlossen sind. Sie basiert auf der in allen Übungen gezeigten Leistung. Auch für die Beurteilung über die Übungen hinweg wurden zwei Variationen beschrieben: (a) Die Beobachter geben für jede Dimension ein Gesamturteil ab, wobei dieses die Leistungen über alle Übungen hinweg widerspiegelt, und (b) die Beobachter beurteilen für jede Übung jede Dimension, jedoch erst nachdem alle Übungen beobachtet wurden.

Silverman et al. (1986) demonstrierten, dass die konvergente und diskriminante Validität von Assessment Center-Urteilen von der Vorgehensweise abhängen könnte; ihre Ergebnisse scheinen der Beurteilung über die Übungen hinweg gegenüber der Beurteilung zwischen den Übungen den Vorzug zu geben. Eine Replikation dieses Befunds durch Harris et al. (1993) zeigte, „dass sowohl die Beurteilung pro Übung als auch über die Übungen hinweg ähnliche durchschnittliche Monotrait-Heteromethod-Korrelationen und Heterotrait-Monomethod-Korrelationen ergaben" (S. 677). Kürzlich legten Robie et al. (2000) weitere Belege vor, die für eine Beurteilung über die Übungen hinweg sprachen: Es entstanden klare Dimensionsfaktoren, wenn Assessoren die Dimensionen über alle Übungen hinweg beurteilten. Umgekehrt entstanden deutliche Übungsfaktoren, wenn die Beobachter alle Dimensionen zwischen den einzelnen Übungen bewerteten. Legt man also die Befunde bis dato zugrunde, so kann argumentiert werden, dass die Beurteilung über die Übungen hinweg konzeptuell angemessener erscheint und somit zu einer höheren Konstruktvalidität führt. Daraus leiten wir unsere dritte Hypothese ab:

– H3: Es besteht ein Zusammenhang zwischen der Vorgehensweise bei der Beurteilung (über die Übungen hinweg vs. übungsweise) und der konstruktbezogenen Validität: Die Schätzung der konvergenten Validität der Dimensionen fällt höher aus für die Beurteilung über Übungen hinweg im Vergleich zu der übungsweisen Beurteilung. Zudem ist die Schätzung der diskriminanten Validität der Dimensionen über die Übungen hinweg höher (d.h. die Korrelation zwischen den Dimensionen niedriger), wenn die Beurteilung pro Übung durchgeführt wird.

Berufsgruppe der Beobachter

Der vierte Faktor bezieht sich auf die Art der eingesetzten Beobachter, insbesondere auf die Berufsgruppe der Psychologen im Vergleich zu Managern und Vorgesetzten. Gaugler et al. (1987; vgl. auch Thornton et al., in diesem Band) erklären die Ergebnisse ihrer Metaanalyse dadurch, dass Psychologen die überlegenen Beobachter sind, da sie durch ihre Ausbildung und Geübtheit besser auf Beobachtung, Aufzeichnung und Bewertung von Verhalten vorbereitet sind. Sagie und Magnezy (1997) demonstrierten, dass die Art des Beobachters (d.h. Manager vs. Psychologen) die konstruktbezogene Validität der Beurteilung im Assessment Center signifikant beeinflusst. Sind alle anderen Faktoren konstant, so bedeutet dies, dass sich in Studien, in denen A&O-Psychologen (bzw. entsprechend ausgebildete HR-Berater und Experten) die Teilnehmer beobachten, eher Evidenz für konvergente/diskriminante Validität finden lässt als dort, wo Manager, Vorgesetzte oder andere Stelleninhaber die Beurteilung vornehmen. Daraus folgern wir:

– H4: Es besteht ein Zusammenhang zwischen der Art des Beobachters (Psychologen vs. Manager und Vorgesetzte), welcher die Beurteilung im Assessment Center durchführt, und der konstruktbezogenen Validität: Die Schätzung der konvergenten Validität der Dimensionen fällt höher aus, wenn Psychologen die Beurteilung vornehmen, als wenn dies Manager oder Vorgesetzte tun. Zudem ist die Schätzung der diskriminanten Validität höher (d.h. die Korrelation zwischen den Dimensionen niedriger), wenn die Assessoren Psychologen und nicht Manager oder Vorgesetzte sind.

Schulung der Beobachter

Da die Ratings im Assessment Center inhärent mit dem Beurteilungsprozess verbunden sind, wird der Beobachterschulung bei der Entwicklung von Assessment Centern eine wichtige Rolle zugeschrieben. Demnach ist also auch die *Art* der Schulung eine wichtige Variable (Woehr & Huffcutt, 1994). So herrscht in der Literatur Einklang darüber, dass das Bezugsrahmentraining eine hocheffektive Maßnahme in der Beobachterschulung ist (Lievens, 2001; Noonan & Sulsky, 2001; Schleicher & Day, 1998; Woehr & Huffcutt, 1994). Assessment Center mit einer umfassenden Beobachterschulung zeigen jedoch, unabhängig von der eingesetzten Trainingsmethode, eine höhere konvergente/diskriminante Validität. Hieraus folgern wir:

- H5: Es besteht ein Zusammenhang zwischen der Beobachterschulung und der konstruktbezogenen Validität: Die Schätzung der konvergenten Validität der Dimensionen fällt höher aus, wenn in den Studien von der Implementation einer Beobachterschulung berichtet wird, als wenn dies nicht der Fall ist. Zudem ist die Schätzung der diskriminanten Validität der Dimensionen höher (d. h. die Korrelation zwischen den Dimensionen niedriger), wenn die Implementation einer Beobachterschulung im Gegensatz zu keiner Schulung berichtet wird.
- H6: Es besteht ein Zusammenhang zwischen der Dauer der Beobachterschulung und der konstruktbezogenen Validität: Die Schätzung der konvergenten Validität der Dimensionen fällt höher aus für längere Beobachterschulungen als für kurze. Zudem ist für längere Beobachterschulungen die Schätzung der diskriminanten Validität der Dimensionen höher (d. h. die Korrelation zwischen den Dimensionen niedriger) als für kurze.

Zweck der Durchführung des Assessment Centers

Eine weitere Variable, die die konstruktbezogene Validität von Assessment Center-Ratings beeinflusst, ist der Zweck, zu welchem die Beurteilung im Assessment Center durchgeführt wird. In Abhängigkeit davon, ob diese Daten der Auswahl und Beförderungsentscheidung oder dem Training und der Entwicklung dienen, beurteilen Beobachter Teilnehmer möglicherweise anders. In der Literatur zum Assessment Center ist Forschung, die sich auf den Zweck der Beurteilung bezieht, jedoch eher begrenzt. In der Literatur zum Thema Leistungsbeurteilung hingegen hat dieses Thema viel Aufmerksamkeit erhalten. Hier wird angenommen, dass der Zweck der Bewertung die kognitive Verarbeitung insofern beeinflusst, als dass die Beurteiler die eingehenden Informationen in Abhängigkeit vom Ziel (Bewerten vs. Beobachten) verschieden verarbeiten (z. B. Feldman, 1981; Woehr & Feldman, 1993). Studien in diesem Gebiet haben gezeigt, dass Beobachter differenziertere dimensionsbasierte Urteile fällen (im Gegensatz zu globalen Urteilen), wenn sich die anfänglichen Verarbeitungsziele auf die Beobachtung und Differenzierung statt auf die reine Bewertung konzentrieren (Woehr, 1992; Woehr & Feldman, 1993). So kann man für Assessment Center, die das Training und die Entwicklung der Teilnehmer zum Ziel haben, differenziertere Urteile erwarten als für solche, die ausschließlich Auswahl- oder Beförderungszwecken dienen. Daraus schließen wir:

- H7: Es besteht ein Zusammenhang zwischen dem Zweck der Assessment Center-Durchführung (Training/Entwicklung vs. Auswahl/Beförderung) und der konstruktbezogenen Validität: Die Schätzung der konvergenten Validität der Dimensionen fällt für Assessment Center, die im Zuge von Trainings-/Entwicklungsmaßnahmen durchgeführt werden, höher aus als für jene, die Auswahl/Beförderung zum Ziel haben. Ebenso ist die Schätzung der diskriminanten Validität der Dimensionen für Trainings- und Entwicklungs-Assessment Center höher (d. h. die Korrelationen zwischen den Dimensionen sind niedriger) als für die zum Zwecke der Auswahl und Beförderung von Teilnehmern.

Zusammengefasst zeigte die vorangehend betrachtete Literatur verschiedene Methodenfaktoren und Gestaltungsmerkmale im Assessment Center, die als potenzielle Moderatoren der konstruktbezogenen Validität der Dimensionen im Assessment Center gelten können. Diese sind (1) die Anzahl der erhobenen Verhaltensdimensionen, (2) das zahlenmäßige Verhältnis der Teilnehmer pro Beobachter, (3) die Art des Vorgehens bei der Beurteilung, (4) die Berufsgruppe der Beobachter, (5) die Schulung der Beobachter, (6) die Dauer der Beobachterschulung und (7) der Zweck der Durchführung des Assessment Centers. In der Literatur ist auch ein weiterer Methodenfaktor in den Fokus der Aufmerksamkeit gerückt: die Art der Ratingskalen. Unser Entschluss, diese Variable nicht in die vorliegende Untersuchung aufzunehmen, hat zwei Gründe. Erstens gaben nur sehr wenige der von uns gefundenen Studien darüber Aufschluss, welche Art der Ratingskalen verwendet wurde, und die geringe Anzahl der Untersuchungen, die dies dennoch berichteten, wurden unter Laborbedingungen durchgeführt (s. Lievens, 1998). Zweitens sind die Hinweise hinsichtlich des Einflusses verschiedener Ratingskalen im Assessment Center-Kontext begrenzt. Vor mehr als 20 Jahren gingen Landy und Farr (1980) sogar so weit, aufgrund der fruchtlosen Ergebnisse ein Moratorium der Erforschung des Skalenformats in der Beurteilung zu verkünden.

Die hier berücksichtigten Methodenfaktoren stellen folglich keine erschöpfende Liste aller potenziellen Moderatoren dar. Vielmehr sind die ausgewählten Merkmale jene, die am wahrscheinlichsten die Ergebnisse der konstruktbezogenen Validität beeinflussen. Legt man die hier dargestellten theoretischen und empirischen Argumente zugrunde, so scheinen diese Charakteristika jene zu sein, für die die angenommenen Effekte (sowohl positive als auch negative) auf die Ergebnisse der konstruktbezogenen Validität am klarsten benennbar sind.

5.2 Die vorliegende Studie

Die mangelhafte konvergente und diskriminante Validität der Dimensionen ist in unseren Augen kein inhärenter Fehler des Assessment Centers als Messinstrument oder Methode. Vielmehr sind diese Befunde bestimmten Gestaltungsmerkmalen und Methodenfaktoren zuzuschreiben (Gaugler et al., 1987; Jones, 1992). Unter dieser Prämisse erscheint es lohnenswert, die Literatur zur vorherrschenden Sichtweise (Assessment Center-Urteile wiesen zwar inhalts- und kriterienbezogene, nicht aber konstruktbezogene Validität auf) systematisch zu überprüfen.

Primäres Ziel der vorliegenden Studie war eine Übersicht der Literatur hinsichtlich der verschiedenen methodischen und gestaltungsbezogenen Charakteristika des Assessment Centers und die Durchführung einer Metaanalyse, welche die Beziehung zwischen diesen Merkmalen und der konstruktbezogenen Validität des Assessment Centers klären soll. Hierzu erstellten wir zunächst einen detaillierten Überblick über die bestehende Literatur, die die konstruktbezogene Validität von Assessment Center-Ratings zum Forschungsgegenstand hatte, mit dem Ziel, zusammenfassende deskriptive Information hinsichtlich der sieben ausgewählten Merkmale (siehe oben) zu gewinnen, um anschließend spezifische Hypothesen bezüglich ihrer Auswirkungen auf die konstruktbezogene Validität zu formulieren. Um die postulierten Effekte der spezifizierten Methodenfaktoren und Gestaltungsmerkmale zu überprüfen, führten wir anschließend eine Metaanalyse durch.

Ein weiteres Ziel der vorliegenden Untersuchung war die Klärung der Frage, inwieweit Studien auf Basis der bestehenden Literatur zur konstruktbezogenen Validität des Assessment Centers sich gleichzeitig mit verschiedenen Quellen der Validität befassen. Unsere Frage lautete: Wie viele der Studien zur Anwendung von Assessment Centern weisen einen Mangel an konstruktbezogener Validität, zugleich aber bestehende kriterienbezogene Validität auf? Insgesamt sollte so ein detailliertes Bild der Literatur entstehen, auf welchem die vorherrschende Sichtweise der Assessment Center-Validität basiert, und mittels metaanalytischer Methoden empirisch der Einfluss von spezifischen Methodenfaktoren und Gestaltungsmerkmalen auf die konstruktbezogene Validität der Assessment Center-Beurteilungen untersucht werden.

5.3 Methode

Literatursichtung und Aufnahmekriterien

Zunächst führten wir eine Suche nach Studien durch, welche die konstruktbezogene Validität von Assessment Center-Ratings überprüften. Hierzu wurde eine Vielzahl computergestützter Datenbanken in Anspruch genommen (z. B. PsycINFO, Social Sciences Citation Index, Web of Science). Zusätzlich wurden die Literaturangaben der so gefundenen Texte gesichtet, um weitere in Frage kommende Studien zu identifizieren. Zur Aufnahme der Studien in die Untersuchung legten wir verschiedene Kriterien an. Als Erstes wählten wir diejenigen Studien aus, die direkt die konstruktbezogene Validität von Assessment Center-Dimensionen untersuchten. Zweitens nahmen wir nur jene Studien in die Metaanalyse auf, die Information über die konstruktbezogene Validität von Assessment Center-Ratings im Betrieb enthielten. Besonders konzentrierten wir uns auf Studien, in denen die Durchführung in einem tatsächlichen organisationalen Kontext stattfand; somit schlossen wir Studien mit simulierten Assessment Centern aus (dies bedeutet, wir schlossen Studien *nicht* aus, wenn ein experimentelles oder quasi-experimentelles Vorgehen vorlag, sondern wenn sie auf studentischen Stichproben beruhten [Beobachter und/oder Teilnehmer] oder filmisch dargestellte, „hypothetische" Teilnehmer verwendeten). Das Ergebnis waren 40 Studien im Zeitraum von 38 Jahren (von 1966 bis 2004) mit den Resultaten von 60 einzelnen Assessment Centern (vgl. Anhang). Diese Studien bildeten die Grundlage für unsere deskriptive Übersicht der Literatur. Schlussendlich identifizierten wir zusätzlich eine Untergruppe dieser Untersuchungen, welche die üblichen korrelationsbasierten Daten der MTMM-Methode berichteten. Diese zusammenfassenden Kennwerte der konvergenten und diskriminanten Validität (d. h. durchschnittliche Monotrait-Heteromethod- und/oder entsprechend Heterotrait-Monomethod-Korrelationen) verwendeten wir als abhängige Maße, um unsere sieben Hypothesen über den Einfluss der Methodenfaktoren und Gestaltungsmerkmale zu überprüfen. Für 42 der 60 Assessment Center waren derartige Daten verfügbar.

Kodierung der Methodenfaktoren

Jedes der 60 Assessment Center wurde hinsichtlich der bereits angeführten sieben Methodenfaktoren und Gestaltungsmerkmale betrachtet und kodiert. Diese Charakteristika waren: (1) die Anzahl der zu bewertenden Dimensionen; (2) das zahlenmäßige Verhältnis von Teilnehmern zu Beobachtern; (3) die Vorgehensweise bei der Beurteilung (pro Übung vs. über die Übungen hinweg); (4) die Berufsgruppe der Beobachter (Manager oder Vorgesetzte vs. Psychologen); (5) ob eine Beobachterschulung erwähnt wurde; (6) die Dauer der Beobachterschulung und (7) der Zweck der Assessment Center-Durchführung. Jede Studie wurde auch bezüglich vier zusätzlicher deskriptiver Informationen kodiert: (1) die Anzahl der Teilnehmer (d. h. Stichprobengröße); (2) die Anzahl der Übungen innerhalb des Assessment Centers; (3) die Beschreibungen der beurteilten Dimensionen/Konstrukte und (4) die Art der Analyse, die verwendet wurde, um die konstruktbezogene Validität zu ermitteln (d. h. explorative oder konfirmatorische Faktorenanalyse, MTMM-Methode, nomologische Netzwerke). Für jene Studien, die MTMM-basierte Daten berichteten, nahmen wir auch die konvergente Validität (d. h. durchschnittliche Monotrait-Heteromethod-Korrelation) und/oder Koeffizienten der diskriminanten Validität (d. h. durchschnittliche Heterotrait-Monomethod-Korrelation) auf. Schließlich wurde für jede der Studien geprüft, ob zusätzlich zur Evidenz für die konstruktbezogene Validität auch Evidenz für die kriterienbezogene Validität berichtet wurde.

Metaanalytisches Vorgehen

Wie bereits angemerkt, fanden sowohl Koeffizienten der konvergenten als auch der diskriminanten Validität (d. h. durchschnittliche Monotrait-Heteromethod- und/oder Heterotrait-Monomethod-Korrelation) als Maße der konstruktbezogenen Validität Verwendung. Mit anderen Worten: Als Ergebnisstatistik der Metaanalyse fungierten die Koeffizienten der konvergenten und diskriminanten Validität. Folglich basierte die Metaanalyse auf 42 (von 60) Studien, die herkömmliche Korrelationsdaten auf Grundlage der MTMM-Methode berichteten.

Das Verhältnis Teilnehmer pro Beobachter und die Anzahl der erhobenen Dimensionen lagen zwar zunächst als kontinuierliche Variablen vor, wurden aber für die Metaanalyse in dichotome Variablen (mittels Median-Split) umgewandelt. Die Länge des Trainings wurde in drei Stufen eingeteilt: weniger als ein Tag, ein bis fünf Tage und mehr als fünf Tage Training. Zwar konnten wir auf diese Weise die beschriebenen Analysen durchführen, dennoch stößt die Kodierung der Beobachterschulung an einige Grenzen. Zum einen stellt die Variable lediglich dar, ob in der Studie überhaupt von einer Beobachterschulung berichtet wurde, nicht aber die tatsächliche Existenz einer solchen Schulung. Es ist folglich möglich, dass zwar ein Training durchgeführt, aber nicht erwähnt wurde. Zweitens gibt diese Kodierung keinen Aufschluss über die Art oder den Inhalt des Trainings. Eine Kodierung nach dem Inhalt des Trainings wäre natürlich wünschenswert gewesen, leider wurden diese Angaben aber nur in sehr wenigen Studien ausführlich genug verfügbar gemacht.

Zur Datenanalyse wurde SAS PROC MEANS, ein Programm zur Metaanalyse von Arthur, Bennett und Huffcutt (2001), herangezogen, um nach Stichprobenumfang gewichtete konvergente und diskriminante Validitäten für die festgelegten Ebenen der methodischen Charakteristika zu berechnen. Die Gewichtung der Studien gemäß der Stichprobengröße misst Studien mit großen Stichproben ein entsprechend größeres Gewicht bei. Dadurch reduziert sich der Effekt des Stichprobenfehlers, denn dieser wird kleiner, je größer die Stichprobe ist (Hunter & Schmidt, 1990). Für die an der Stichprobengröße gewichteten konvergenten und diskriminanten Validitäten berechneten wir Konfidenzintervalle von 95 %.

5.4 Ergebnisse

Deskriptive Zusammenfassung der Literatur

Wie erwartet, gab es eine hohe Variabilität hinsichtlich der festgelegten Methodenfaktoren und Gestaltungsmerkmale innerhalb der Studien. Die mittlere Stichprobengröße betrug 245,43 ($SD = 257.52$; Median = 153; Modalwert = 75) und reichte von 29 bis 1.170. Die mittlere Anzahl der zu bewertenden Dimensionen betrug 9,65 ($SD = 5,06$; Median = 8; Modalwert = 8) und reichte von 3 bis 25. In den 60 Assessment Center-Studien fanden sich 129 verschiedene Dimensionsbezeichnungen (eine Auflistung dieser Dimensionen ist bei den Autoren erhältlich). Die mittlere Anzahl der Übungen innerhalb der Assessment Center betrug 4,47 ($SD = 1,49$; Median = 4; Modalwert = 4; Minimum = 2; Maximum = 8). Abbildung 1 zeigt die Verteilung der Dimensionen und Übungen in den Studien. Jedoch bezieht sich die Anzahl nur auf jene Übungen, die situationsbezogen

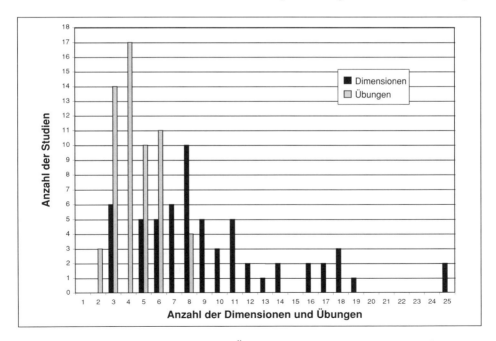

Abbildung 1: Anzahl der Dimensionen und Übungen in den Assessment Center-Studien

sind; etliche der aufgenommenen Studien verwendeten zusätzlich Papier-und-Bleistift-Verfahren, die manchen der Bewertungsdimensionen zugeordnet waren. Nur 35 der 60 Studien (58 %) benannten das Verhältnis Teilnehmer pro Beobachter. Für diese 35 Studien umfasste das zahlenmäßige Verhältnis einen Teilnehmer pro vier Beobachter bis hin zu vier Teilnehmern pro Beobachter mit einem Mittel von 1,89 (Modalwert = 2) Teilnehmern pro Beobachter. Hinsichtlich der Vorgehensweise bei der Beurteilung gab es 19 Studien, bei denen die Teilnehmer abschließend, also über die Übungen hinweg, beurteilt wurden. In 38 Studien fand die Beurteilung auf den Dimensionen pro Übung statt, also während oder nach jeder einzelnen Übung.

Informationen, ob eine Beobachterschulung stattgefunden hatte, enthielten 42 der 60 Studien (70 %), aber nur 29 davon (69 %) gaben Aufschluss über die Dauer der Trainings. Die mittlere Dauer der Beobachterschulungen betrug für diese Studien 3,39 Tage ($SD = 2.80$, Median = 2.5, Modalwert = 2), die Streubreite reichte von 1 bis zu 15 Tagen. Von den 60 Assessment Centern hatten 42 (70 %) vornehmlich das Ziel der Auswahl und Beförderung und 12 (20 %) Training und Entwicklung der Teilnehmer. 38 der 60 Studien (63 %) benannten die Berufe der Beobachter, 27 (71 %) der Assessment Center griffen dabei auf Manager oder Führungskräfte der gleichen Organisation zurück, in der das Assessment Center auch implementiert wurde. In 8 (13 %) der Studien wirkten Psychologen als Beobachter.

Metaanalyse der Effekte der Methodenfaktoren

Als Nächstes untersuchten wir empirisch die Beziehung zwischen den methodologischen Merkmalen und dem Ergebnis der konstruktbezogenen Validität. Wie vorangehend angemerkt verwendet die Metaanalyse die Koeffizienten der konvergenten und diskriminanten Validität als Ergebnisstatistik. Die Koeffizienten der konvergenten Validität zeigen den Grad der Interkorrelation der Dimensionsbeurteilungen über die Übungen hinweg, im Gegensatz dazu stellen die Koeffizienten der diskriminanten Validität den Grad der Interkorrelationen zwischen den Dimensionen innerhalb der Übungen dar. Somit drückt sich konstruktbezogene Validität in hohen Koeffizienten der konvergenten und niedrigen Koeffizienten der diskriminanten Validität aus.

Die Ergebnisse der Metaanalyse sind in Tabelle 1 dargestellt. Sie zeigen, dass die Ergebnisse für die Vorgehensweise bei der Beurteilung (H3) und der Beobachterschulung (H5) in die vorhergesagte Richtung weisen. Verglichen mit der Vorgehensweise, die Dimensionsurteile übungsweise abgeben zu lassen, ist die mittlere konvergente Validität der Dimensionen höher als bei einer summarischen Beurteilung (über die Übungen hinweg), nämlich .43 vs. .28. Ebenso ist die diskriminante Validität der Dimensionen beim summarischen Vorgehen höher als bei Einzelbeurteilungen (.50 vs. .57). Ähnliche Muster zeigten sich beim Vergleich Beobachterschulung vs. keine Beobachterschulung.

Die Hypothesen hinsichtlich der Anzahl der zu beobachtenden Dimensionen (H1) und des Berufs der Beobachter (H4) konnten teilweise bestätigt werden. Die Beobachtung weniger Dimensionen war verbunden mit einer höheren konvergenten und einer niedrigeren diskriminanten Validität. Bezogen auf die Berufsgruppe der Beobachter war die diskriminante Validität für die Beurteilung durch Psychologen höher als die durch Manager und Vorgesetzte (.47 vs. .61). Zwar lag auch die mittlere konvergente Validität der Dimensionen höher für Psychologen als für Manager und Vorgesetzte (.39 vs. .35), jedoch

Tabelle 1: Ergebnisse der Metaanalyse der konvergenten und diskriminanten Validität

VARIABLE	Konvergente Validität						Diskriminante Validität					
	k	N	mittlere r	SD_r	% aufgkl. Var.	95 % CI	k	N	mittlere r	SD_r	% aufgkl. Var.	95 % CI
Gesamt	42	9.019	.33	.11	29,04	.31 : .35	42	9.019	.54	.15	10,93	.53 : .55
Anzahl der Dimensionen[A]												
Hoch	15	2.254	.25	.15	27,05	.22 : .29	15	2.254	.43	.13	24,85	.40 : .46
Niedrig	27	6.765	.36	.09	42,65	.34 : .37	27	6.765	.58	.13	10,39	.57 : .59
Verhältnis Teilnehmer/Beobachter[A]												
Hoch	15	3.924	.37	.12	20,35	.35 : .39	15	3.924	.51	.13	13,93	.49 : .53
Niedrig	10	2.424	.33	.06	81,44	.30 : .36	10	2.424	.69	.09	15,51	.67 : .71
Vorgehensweise bei der Beurteilung												
Übungsweise	33	5.824	.28	.10	49,18	.26 : .30	33	5.824	.57	.17	8,86	.55 : .58
Über die Übungen hinweg	7	2.921	.43	.07	34,58	.40 : .45	7	2.921	.50	.06	43,76	.48 : .52
Beruf der Beobachter												
Manager/Vorgesetzte	16	5.315	.35	.10	25,42	.33 : .37	16	5.315	.61	.13	6,84	.59 : .62
Psychologen/Berater	6	748	.39	.12	43,98	.34 : .44	6	748	.47	.09	66,22	.42 : .52
Beobachterschulung												
Kein Training angegeben	11	2.389	.29	.12	28,14	.26 : .32	11	2.389	.60	.19	5,47	.58 : .62
Training angegeben	31	6.630	.35	.11	31,76	.33 : .36	31	6.630	.52	.12	16,77	.51 : .54

Tabelle 1: Ergebnisse der Metaanalyse der konvergenten und diskriminanten Validität (Fortsetzung)

VARIABLE	Konvergente Validität					Diskriminante Validität				
	k	N	mittlere r	SD_r	% aufgkl. Var.	95% CI	k	N	mittlere r	SD_r	% aufgkl. Var.	95% CI
Dauer der Beobachterschulung												
Weniger als 1 Tag	2	274	.29	.13	37.34	.20 : .38	2	274	.50	.06	98.82	.43 : .58
1 bis 5 Tage	22	5.567	.35	.11	27.82	.33 : .37	22	5.567	.53	.12	13.98	.51 : .54
Mehr als 5 Tage	1	75	.10	–	–	–	1	75	.29	–	–	–
Assessment Center-Zweck												
Auswahl/Beförderung	33	6.295	.34	.12	31.20	.32 : .36	33	6.295	.51	.12	19.98	.49 : .52
Training/Entwicklung	8	2.143	.32	.12	21.58	.29 : .35	8	2.143	.61	.19	4.37	.58 : .63

Anmerkungen: A = mittels Median-Split in dichotome Variablen konvertiert. Der Median betrug 2 für das Teilnehmer/Beobachter-Verhältnis, 9 für die Anzahl der Dimensionen und 4 für die Anzahl der Übungen; k = Anzahl konvergenter/diskriminanter Validitäten; N = Anzahl der Teilnehmer; mittlere r = Mittelwert der an der Stichprobe gewichteten konvergenten und diskriminanten Validitäten; SD_r = Standardabweichung der an der Stichprobe gewichteten konvergenten und diskriminanten Validitäten; % aufgkl. Var. = Prozent der Varianz, die dem Stichprobenfehler zugeschrieben wird; 95% CI = unterer und oberer Wert des 95%igen Konfidenzintervalls. CI schätzen das Ausmaß, zu welchem der Stichprobenfehler innerhalb der an der Stichprobengröße gewichteten mittleren Effektstärke liegt. Demnach gibt ein CI den Wertebereich an, in dem die mittlere Effektstärke wahrscheinlich hineinfällt, wenn für die Metaanalyse andere Studien ausgewählt würden. Sich nicht überschneidende CI können zur Interpretation des Ausmaßes herangezogen werden, zu dem die an der Stichprobe gewichteten mittleren Korrelationen tatsächlich voneinander verschieden sind.

überschnitten sich hier die Konfidenzintervalle der beiden Kategorien (die Hypothese wurde also tendenziell bestätigt).

Die Hypothesen bezüglich des Verhältnisses Teilnehmer pro Beobachter (H2), der Dauer der Beobachterschulung (H6) und des Zwecks der Assessment Center-Durchführung (H7) konnten nicht bestätigt werden. Sowohl die Ergebnisse für die konvergente wie auch die diskriminante Validität für das Teilnehmer-pro-Beobachter-Verhältnis waren gegenläufig zu unseren Annahmen – ein geringes zahlenmäßiges Verhältnis war verknüpft mit einer niedrigeren konvergenten und diskriminanten Validität. Bei der Betrachtung der Dauer der Beobachterschulung schlossen wir den einzigen Fall mit mehr als 5 Schulungstagen aus. Die Ergebnisse der Metaanalyse zeigen, dass längere Beobachtertrainings nur tendenziell mit höherer konvergenter und niedrigerer diskriminanter Validität verbunden waren. Entgegen unseren Annahmen war die konvergente Validität für Trainings- und Entwicklungs-Assessment Center nicht höher als für jene, deren Ziel in der Auswahl oder Beförderung von Teilnehmern bestand. Weiterhin war der Koeffizient der diskriminanten Validität höher für Trainings- bzw. Entwicklungs-Assessment Center als der solcher Assessment Center, die zum Zwecke der Auswahl oder Beförderung durchgeführt wurden. Zusammengefasst wurden zwei der sieben untersuchten Hypothesen vollständig bestätigt, partielle Unterstützung fand sich für weitere zwei Hypothesen, und drei Hypothesen erwiesen sich als nicht haltbar.

Gleichzeitiges Vorkommen konstrukt- und kriterienbezogener Validität

Als Nächstes untersuchten wir, welche der Studien sowohl konstrukt- als auch kriterienbezogene Validität wie auch die Art des Validitätsnachweises berichteten. Erstaunlicherweise berücksichtigten nur 13 % (nämlich 8) der 60 Studien *beide* Strategien der Validierung (konstruktbezogen *und* kriterienbezogen). Noch überraschender war die Tatsache, dass diese Studien kaum, wenn überhaupt, Unterstützung für die Sichtweise hervorbrachten, dass es Assessment Center-Ratings an konstruktbezogener Validität mangele, während kriterienbezogene Validität vorliege. Eine Zusammenfassung der Validitätsbelege dieser 8 Studien ist in Tabelle 2 dargestellt. In 4 von 8 Fällen gab es keine Untersuchung der inneren konstruktbezogenen Validität (d. h. Analyse mittels MTMM). Stattdessen wurden die Beobachterratings, die auf einer relativ großen Anzahl von Dimensionen basierten (nämlich von 12 bis hin zu 25 Dimensionen), faktorenanalytisch untersucht, so dass sich eine kleinere Anzahl an Faktoren zeigte. Die Beurteilungen auf diesen Faktoren zeigten eine variierende Höhe der kriteriumsbezogenen Validität. Nur vier der Studien (Chan, 1996; Fleenor, 1996; Henderson, Anderson & Rick, 1995; Jansen & Stoop, 2001) wendeten speziell sowohl kriterienbezogene als auch innere konstruktbezogene Strategien der Validitätsermittlung auf eine Stichprobe an. Die Ergebnisse dieser Studien weisen in unterschiedliche Richtungen. Die Resultate von Henderson et al. (1995) entsprechen dem postulierten Mangel an konstruktbezogener Validität (mittlere Korrelation innerhalb der Dimension/über die Übungen hinweg .19; mittlere Korrelation innerhalb der Übung/über die Dimensionen hinweg .42). Jedoch waren nur 2 der 14 Dimensionsurteile signifikante Prädiktoren für die Beurteilung der beruflichen Leistung. Ähnlich berichteten Jansen und Stoop (2001) in ihrer Studie von einem Mangel an konstruktbezogener Validität (mittlere Korrelation innerhalb der Dimension/über die Übungen hinweg .28; mittlere Korrelation innerhalb der Übungen/über die Dimensionen hinweg .68),

Tabelle 2: Zusammenfassung der Analysemethoden zur Untersuchung konstrukt- und kriterienbezogener Validität

Studie	Art der Analyse	Belege kriterienbezogener Validität
Bray & Grant (1966)	*EFA* – hierarchische Faktorenanalyse des Mittelwerts der Ratings auf 25 Dimensionen erbrachte 11 Faktoren für die College-Stichprobe und 8 für die Nicht-College-Stichprobe.	Korrelationen zwischen den abgeleiteten „Faktor"-Werten und der Gehaltssteigerung.
Chan (1997)	*MTMM* – mittlere *r* zwischen den Dimensionen, über die Übungen von .07; mittlere *r* zwischen den Übungen, über die Dimensionen von .71. *EFA* – Hauptkomponentenanalyse mit orthogonaler Rotation von 6 Übungen · 14 Dimensionsratings erbrachte 6 Übungsfaktoren. *Nomologisches Netz* – Muster der Korrelationen der AC-Dimensionsratings mit Maßen der kognitiven Fähigkeiten und Persönlichkeit belegen nicht die Konstruktvalidität.	Mittelwert des AC-Ratings (r_{xy} mit Leistungsbeurteilung = .06; mit tatsächlicher Beförderung = .59). Konsensrating der „Beförderungswürdigkeit" (r_{xy} mit Leistungsbeurteilung = .25; mit tatsächlicher Beförderung = .70).
Fleenor (1996)	*MTMM* – mittlere *r* zwischen den Dimensionen, über die Übungen von .22; mittlere *r* zwischen den Übungen, über die Dimensionen von .42. *EFA* – Hauptkomponentenanalyse mit orthogonaler Rotation von 8 Übungen · 10 Dimensionsratings ergab 8 Übungsfaktoren.	Mittlere Korrelationen des AC-Dimensionsratings von: .10 mit Leistungsbeurteilung durch Mitarbeiter; .15 mit Selbsteinschätzung; .17 mit Leistungsbeurteilung durch Vorgesetzte.
Henderson et al. (1995)	*MTMM* – mittlere *r* zwischen den Dimensionen, über die Übungen von .19; mittlere *r* zwischen den Übungen, über die Dimensionen von .42. *EFA* – Analyse der Dimensionsratings mittels orthogonaler Rotation ergab 5 Übungsfaktoren.	Regression von 14 Leistungsbeurteilungen auf Dimensionswerte ergab, dass nur 2 der Dimensionen signifikante Prädiktoren der Leistung waren.
Hinrichs (1969)	*EFA* – Hauptkomponentenanalyse mit nicht orthogonaler Rotation von 12 Eigenschaftsratings ergab 3 drei einander überlappende Faktoren.	Auf 3 Faktoren basierende Werte wurden korreliert mit dem relativen Gehaltsniveau, dem Gesamtwert des Management-Potenzials und den Gesamturteilen der AC-Bewertung. *r* von .15 bis .78.
Huck & Bray (1976)	*EFA* – Hauptkomponentenanalyse mit orthogonaler Rotation von 16 Dimensionsratings ergab 4 Faktoren.	Gesamturteil (r_{xy} mit Gesamtwert der Leistungsbeurteilung = .41; mit Verbesserungspotenzial = .59) für Weiße. Gesamturteil (r_{xy} mit Gesamtwert der Leistung = .35; mit Verbesserungspotenzial = .54) für Schwarze.
Jansen & Stoop (2001)	*MTMM* – mittlere *r* zwischen den Dimensionen, über die Übungen von .28; mittlere *r* zwischen den Übungen, über die Dimensionen von .62.	Korrelationen der mittleren Gehaltssteigerung mit den Dimensionsurteilen jeder Übung (mittlere *r* = .09, min = –.02, max = .30)
Shore et al. (1992)	*Nomologisches Netzwerk* – Muster der Korrelationen zwischen Selbstbeurteilungen und Kollegenbeurteilungen auf den AC-Dimensionen und Maßen der kognitiven Fähigkeiten und Persönlichkeit belegen die Konstruktvalidität.	Korrelationen von beruflichem Aufstieg mit Kollegen- (mittlere *r* = .20) und Selbstbeurteilungen (mittlere *r* = .07) im AC.

Anmerkungen: EFA = Exploratorische Faktorenanalyse; MTMM = Multitrait-Multimethod-Daten

aber auch von schwachen Korrelationen der Dimensionen mit dem durchschnittlichen Wachstum des Gehalts (mittlere Korrelation von .09, min $r = -.02$, max $r = .30$). Schlussendlich weisen auch die Ergebnisse Fleenors (1996) auf den Mangel an konstruktbezogener Validität hin (mittlere Korrelation innerhalb der Dimensionen, über die Übungen hinweg .22; mittlere Korrelation innerhalb der Übungen, über die Dimensionen hinweg .42), zeigen aber auch schwache Korrelationen mit der Leistungsbeurteilung (mittlere Korrelation von .10 mit Mitarbeiterurteilen, mittlere Korrelation von .15 mit der Selbstbeurteilung, mittlere Korrelation von .17 mit Vorgesetztenurteilen).

Chan (1996) schließlich berichtet als einziger von einem Mangel an konstruktbezogener Validität (mittlere Korrelation innerhalb der Übungen/über die Übungen hinweg .07; mittlere Korrelation innerhalb der Übungen/über die Dimensionen hinweg .71) und einer gleichzeitig signifikanten Korrelation des mittleren Assessment Center-Ratings mit der Häufigkeit von Beförderungen, allerdings nicht mit Leistungsbeurteilungen. Obwohl Chans Ergebnisse jedoch auf einen Mangel an konstruktbezogener Validität gepaart mit Hinweisen auf kriterienbezogene Validität schließen lassen, zeigen sich eine Reihe von methodischen Problemen. Die zugrunde gelegte Stichprobe war mit einem N von 46 Teilnehmern sehr klein, und es erfolgte eine Bewertung einer großen Anzahl von Dimensionen (14) und Übungen (6).

5.5 Diskussion

Ziel des vorliegenden Artikels war die systematische Untersuchung der Literatur, die sich mit der vorherrschenden Sichtweise beschäftigt, Assessment Center-Ratings seien zwar kriterienbezogen, aber nicht konstruktbezogen valide. Unserer Auffassung nach sind diese Befunde zum einen eher bestimmten Methoden- und Gestaltungsmerkmalen und nicht einem inhärenten Fehler der Assessment Center-Methode oder dem Messinstrument selbst zuzuschreiben, zum anderen erscheint uns die vorherrschende Sichtweise inkonsistent mit den aktuellen Konzeptualisierungen der Validität und des Validierungsprozesses. Unsere Untersuchung befasste sich folglich mit den Methodenfaktoren in Studien, die sich mit der konstruktbezogenen Validität von Assessment Centern beschäftigen, und wir untersuchten, inwiefern Belege bezüglich der kriterienbezogenen und der konstruktbezogenen Validität aus den gleichen empirischen Studien hervorgehen.

Methoden- und Designfaktoren und die konstruktbezogene Validität im Assessment Center

Die sieben von uns in den Mittelpunkt gestellten Methoden- und Gestaltungsfaktoren wurden in früheren Studien als jene Merkmale identifiziert, die womöglich die konstruktbezogene Validität von Assessment Center-Ratings beeinflussen. Diese Merkmale betreffen unmittelbar die Belastung bei der Informationsverarbeitung und/oder die Fähigkeit der Beobachter, die Informationen über die Teilnehmer akkurat zu verarbeiten und dabei zu einem Urteil zu gelangen. Eine Befürchtung von Forschern, die sich mit diesem Thema befassten, ist, dass die an die Beobachter gestellten Anforderungen möglicherweise zu hoch sind; zu viele Informationen müssen beobachtet, aufgezeichnet und zusammengefasst werden (Bycio et al., 1987). Diese hohe kognitive Anforderung könnte es den Beobachtern erschweren, die Informationen auf der Dimensionsebene zu verarbeiten, und somit die Befunde zur konstruktbezogenen Validität der erhobenen Dimensionen negativ beeinflussen. Sowohl das Verhältnis Teilnehmer pro Beobachter als auch die Anzahl der direkt zu bewertenden Dimensionen bestimmen die kognitive Anforderung an die Assessoren. Trotz des theoretischen und konzeptuellen Anreizes fanden wir jedoch nur eingeschränkt Belege für den Einfluss der Anzahl der Dimensionen und der zu beobachtenden Teilnehmer in der Metaanalyse. Wie vorhergesagt ging zwar eine geringe Anzahl an zu beurteilenden Dimensionen mit einer höheren konvergenten Validität einher, aber entgegen unserer Hypothese auch mit einer niedrigeren diskriminanten Validität. Unsere Hypothesen bezüglich des Teilnehmer-pro-Beobachter-Verhältnisses konnten zudem auch nicht durch die Metaanalyse bestätigt werden.

Unserer Ansicht nach sind jedoch verschiedene plausible methodische Gründe denkbar, warum es an dieser Stelle nicht gelang, die postulierten Effekte für das Teilnehmer-pro-Beobachter-Verhältnis und die Anzahl der zu beurteilenden Dimensionen zu bestätigen. Zunächst einmal stellten zwar 35 der 60 von uns kodierten Studien das Teilnehmer-pro-Beobachter-Verhältnis dar, nur 25 dieser Studien präsentierten allerdings MTMM-basierte Koeffizienten der konvergenten und diskriminanten Validität. Somit konnten lediglich diese 25 Studien in die Metaanalyse aufgenommen werden. Der mangelnde Effektnachweis mag also auf die relativ kleinen Teilnehmer-pro-Beobachter-Verhältnisse (und die geringe Variabilität) der in die Metaanalyse aufgenommenen Studien zurückzuführen sein. Es ist wahrscheinlich, dass das Beobachten und Beurteilen mehrerer Teilnehmer nur dann eine erkennbar höhere kognitive Anforderung an die Beobachter stellt, wenn das Zahlenverhältnis zwischen Teilnehmern und Beobachtern groß ist.

Zweitens fand sich zwar der vorhergesagte Zusammenhang zwischen der kleineren Anzahl zu beobachtender Dimensionen und einer höheren konvergenten Validität wieder, aber entgegen unseren Hypothesen auch ein Zusammenhang zu einer niedrigeren diskriminanten Validität. Dieses Ergebnis ist jedoch möglicherweise mit dem Grad der Kovarianz zwischen den erhobenen Dimensionen konfundiert. Genau betrachtet erforderte der ursprüngliche MTMM-Ansatz Campbells und Fiskes (1959) das Messen unabhängiger Konstrukte. Diese Anforderung basiert auf der Tatsache, dass jede Interkorrelation zwischen den Eigenschaften sich in den Schätzungen der diskriminanten Validität niederschlägt. Die Schätzungen der diskriminanten Validität, die aus mehreren Messungen nicht unabhängiger Konstrukte zu Stande kommen, rühren sowohl vom Einfluss eigenschafts- als auch methodenbasierter Kovariation her. Im Falle des Assessment Centers ist es unwahrscheinlich, dass die gemessenen Dimensionen wirklich unabhängig sind (Arthur et al., 2003; Sackett & Hackel, 1979). Darüber hinaus steigt vermutlich der Grad der gegenseitigen Abhängigkeit mit der Anzahl der Dimensionen. Dass eine geringe zu beurteilende Anzahl an Dimensionen in unserer Studie mit höheren Werten der diskriminanten Validität zusammenhängt, könnte also in der Zunahme realer Zusammenhänge zwischen den Dimensionen mit deren steigender Anzahl begründet liegen. Als Konsequenz – obgleich unsere Hypothese bezüglich der Anzahl der zu bewertenden Dimensionen nur zum Teil bestätigt werden konnte – sollten Forscher und Praktiker zukünftig in Erwägung ziehen, auf eine geringere Anzahl von Dimensionen zurückzugreifen, als es derzeitig üblich ist (Abb. 1 zeigt, dass in nahezu der Hälfte der Assessment Center in unserer Studie 10 oder mehr Dimensionen erhoben wurden). Beispielsweise demonstrierten Arthur et al. (2003) in einer kürzlich durchgeführten Metaanalyse der kriterienbezogenen Validität von Assessment Center-Dimensionen, dass die Dimensionen vollkommen die kriterienbezogene Validität der Ratings erklären. So verwenden womöglich Forscher und Praktiker einfach mehr Dimensionen, als tatsächlich notwendig wären (Jones & Whitmore, 1995; Russell, 1985; Sackett & Hakel, 1979).

Es sollte angemerkt werden, dass sich die Schwierigkeiten der kognitiven Verarbeitung einer großen Anzahl an Dimensionen wahrscheinlich aus der Art und Vielfalt der Konstrukte ergeben, die sich in den Dimensionsurteilen spiegeln. Wie bereits beschrieben, entdeckten wir 129 verschiedene Dimensionsbezeichnungen in den 48 untersuchten Assessment Centern. Sicherlich sind viele dieser Bezeichnungen Synonyme oder stellen gemeinsame Konstrukte dar, wodurch die Anzahl der dargestellten Konstrukte wahrscheinlich weitaus geringer ist. Jedoch variiert der Grad, zu dem diese Konstrukte auch durch tatsächlich beobachtbares Verhalten operationalisierbar sind, sehr stark (z. B. verbale Kommunikation im Vergleich zu Liebenswürdigkeit). Das Ausmaß, in dem die verwendeten Dimensionen schwer beobachtbares Verhalten darstellen, führt zu einer nachteiligen Beeinflussung der konstruktbezogenen Validität von Assessment Centern.

Im Gegensatz zu unseren Ergebnissen für die Anzahl der zu beurteilenden Dimensionen und das Teilnehmer-pro-Beobachter-Verhältnis konnten unsere Hypothesen hinsichtlich der Vorgehensweise beim Rating und der Beobachterschulung voll bestätigt werden, die Hypothese zur Berufsgruppe der Beobachter zumindest zum Teil (wenn es sich um professionelle Assessoren handelte, lag die konvergente Validität nur tendenziell höher). Diese Faktoren beeinflussen alle direkt die Fähigkeit der Beobachter, akkurat die in Assessment Centern gestellte Aufgabe der Informationsverarbeitung zu bewältigen. Wie bereits beschrieben, postulieren Gaugler et al. (1987), dass Psychologen als Beobachter Managern und Inhabern der Zielposition überlegen sind. Durch ihre Ausbildung und Erfahrung sind sie besser zu Beobachtung, Registrierung und Beurteilung von Verhalten befähigt. 22 der 60 von uns untersuchten Assessment Center enthielten jedoch keine Information über die Berufsgruppe des Beobachters. In den verbleibenden Studien waren 72 % der Beobachter Manager und Vorgesetzte. Auch fanden wir eine weite Variabilität hinsichtlich der Vorgehensweise bei der Beurteilung und der Art und Dauer der Beobachterschulung.

Hinsichtlich der Vorgehensweise bei der Beurteilung bleibt noch ein Vorbehalt anzusprechen. Obwohl unsere Ergebnisse zeigen, dass Ratings, die über die Übungen hinweg vorgenommen werden (im Gegensatz zur Beurteilung zwischen den Übungen), bessere konvergente und diskriminante Validität aufweisen, besteht hier möglicherweise eine Konfundierung. In Assessment Centern, die so konzipiert sind, dass die Bewertungen über die Übungen hinweg stattfinden, beobachten typischerweise dieselben Beobachter oder dieselbe Gruppe von Beobachtern dieselben Teilnehmer in den verschiedenen Übungen. Im Gegensatz dazu beurteilen die Beobachter bei Assessment Centern, in denen die Teilnehmer zwischen den Übungen beurteilt werden, verschiedene Teilnehmer in einer einzelnen Übung. Es ist also möglich, dass unsere Befunde eine gewöhnliche „Methodenvarianz" im Zusammenhang mit dem Beobachter widerspiegeln. Darüber hinaus würde sich diese Varianz in einer Vorgehensweise über die Übungen hinweg in stärkeren Dimensionseffekten manifestieren, während sich die Beurteilung zwischen den Übungen in größeren Übungseffekten niederschlagen würde. Obgleich uns eine Trennung dieser Effekte in der vorliegenden Studie nicht möglich war, ist dies für zukünftige Forschungsvorhaben ein interessanter Weg.

Zwei Einschränkungen bestehen hinsichtlich der gewählten Methode der Metaanalyse. Um die Auswirkungen der methodischen Merkmale zu untersuchen, mussten die Charakteristika auf die festgelegten Ebenen für die Unterebenen-Analyse aufgespalten werden. Zwar bestehen hinsichtlich der Mindestanzahl der zu verwendenden Daten für stabile und interpretierbare Metaanalysen keine rigiden Standards, dennoch kann das Aufteilen in Unterebenen mit kleinen Mengen an Datenpunkten zu einem Stichprobenfehler zweiter Ordnung führen (Arthur et al., 2001; Hunter & Schmidt, 1990). Da einige der Ebenen der Methodenfaktoren in unserer Untersuchung eine kleine Anzahl von Datenpunkten aufweisen, sollten folglich deren Ergebnisse vorsichtig interpretiert werden. Zweitens war es für die Anwendung von Unterebenen-Analysen erforderlich, ursprünglich kontinuierliche Variablen (d. h. die Anzahl der Dimensionen, Verhältnis Teilnehmer pro Beobachter, Dauer der Beobachterschulung) zu kategorisieren. Für die Anzahl der Dimensionen und das Teilnehmer-pro-Beobachter-Verhältnis erreichten wir dies mittels eines Median-Splits.

Unser vornehmliches Ziel in der vorliegenden Studie war eine systematische Untersuchung der Assessment Center-Literatur im Hinblick auf spezifische Designmerkmale und Methodenfaktoren, welche potenziell die Validität von Assessment Center-Urteilen beeinflussen. Betrachtet man die Ergebnisse, so würden Studien, in denen – wenn machbar – bestimmte Merkmale unmittelbar manipuliert wurde, unserer Ansicht nach noch viel zum weiteren Verständnis von Assessment Centern beitragen. Die vorliegenden Befunde lassen darauf schließen, dass eine Vielzahl von Eigenschaften und Merkmalen die Validität von Assessment Center-Ratings beeinflussen kann. Unserer Auffassung nach ist die Richtung, die die zukünftige Forschung einschlagen sollte, die systematische Untersuchung derjenigen Designfaktoren, welche die psychometrischen Eigenschaften von Assessment Centern beeinflussen. Neben den von uns untersuchten Designfaktoren sind dies weitere noch zu untersuchende potenzielle Moderatoren wie der Gebrauch von Verhaltenschecklisten (Reilly et al., 1990) und die Intransparenz der Dimensionen (Kleinmann, 1993; Kleinmann, Kuptsch & Koller, 1996).

Gleichzeitiges Vorkommen von konstrukt- und kriterienbezogener Validitätsevidenz

Befunde zur konstrukt- und kriterienbezogenen Validität kommen nach unseren Ergebnissen zum Großteil aus unabhängigen Forschungsbeständen. Natürlich ist an dieser Vorgehensweise nichts grundsätzlich falsch. Nimmt man an, dass der Mangel an Belegen für konstruktbezogene Validität bei gleichzeitig vorhandener kriterienbezogener und inhaltsbezogener Validität unvereinbar mit der Auffassung von Validität als einheitlichem Konzept ist, ist es denkbar, dass in Studien, in denen ein Mangel an konstruktbezogener Validität aufgezeigt werden konnte, auch ein Mangel an kriterienbezogener Validität vorlag. Da die Evidenz aus voneinander weitgehend unabhängigen Studien stammt, wäre dies eine sehr schlüssige Erklärung. Tatsächlich fanden wir nur vier Studien, die *beides*, also kriterien- *und* konstruktbezogene Validitätsdaten umfassten. Von diesen berichtete nur eine (Chan, 1996) von vorhandener kriterienbezogener Validität bei gleichzeitiger Ermangelung von Konstruktvalidität. In den anderen drei Studien (Fleenor, 1996; Henderson et al., 1995; Jansen & Stoop, 2001) waren fehlende konstruktbezogene und kriterienbezogene Validität gepaart. Wenngleich unsere Ergebnisse die vorherrschende Sichtweise der Assessment-Center-Validität auch nicht widerlegen können, stellen sie doch deren Wahrheitsgehalt stark in Frage. Nach unserer Auffassung sollte die weitere Forschung auf eine simultane Untersuchung verschiedener Aspekte der Validität gerichtet sein.

Unsere Reanalyse der Literatur, auf der die vorherrschende Auffassung beruht, die Beurteilungen im Assessment Center seien zwar kriterien- (und inhalts-)bezogen, nicht jedoch konstruktbezogen valide, legt nahe, dass diese Befunde nicht auf inhärente Fehler des Messinstruments Assessment Center zurückgehen, sondern eher auf bestimmte Gestaltungsmerkmale und Methodenfaktoren. Denkbar sind auch andere schlüssige Erklärungen für die bestehende inhalts- und kriterienbezogene Validität bei einem Mangel an konvergenter und diskriminanter Validität. Eine mögliche Interpretation bezieht sich auf die Idee der Fehlspezifikation/Fehlidentifikation der Konstrukte (Raymark & Binning, 1997; Russell & Domm, 1995). Statt der eigentlich interessierenden Konstrukte – wie z. B. Teambildung, Flexibilität, Beeinflussung anderer – werden im Assessment Center möglicherweise unabsichtlich unspezifische Konstrukte – wie z. B. Self-Monitoring oder Impression-Management gemessen (Church, 1997; Cronshaw & Ellis, 1991) oder eine Fehlinterpretation des Wesens von „Übungsfaktoren" vorgenommen (Ladd, Atchley, Gniatczyk & Baumann, 2002; Lance, Newbolt, Gatewood, Foster, French & Smith, 2000). Im Falle dieses Beispiels wäre die eigentlich erklärende Variable das Self-Monitoring, eine „tiefer liegende" Grundeigenschaft, die auf einer anderen nomologischen Ebene wirkt als auf jener Ebene, auf der Assessment Center-Konstrukte offensichtlich gemessen werden.

Einerseits muss die Hypothese der Konstruktfehlspezifizierung noch umfangreicher empirisch überprüft werden, zumindest verdient dieses Gebiet zukünftig weitere Forschungsanstrengung (vgl. Arthur & Tubre, 1999; siehe auch Russell & Domms, 1995, Untersuchung der Rollenkongruenz als plausibles erklärendes Konstrukt). Andererseits kann unserer Ansicht nach die neue Erklärung des Validitätsparadoxons gewichtige Konsequenzen für die derzeitige Verwendung von Assessment Centern für Trainings- und Entwicklungsmaßnahmen haben. Die Durchführung von Assessment Centern fußt weitgehend auf der Annahme, dass tatsächlich die festgelegten anvisierten Dimensionen gemessen werden. Als Konsequenz werden um diese Dimensionen herum Feedback-Reports, entwicklungsbezogene Interviews und individuelle Entwicklungspläne konstruiert und durchgeführt. Sind bzw. waren all diese Anstrengungen fundamental fehlgeleitet? Ist diese wichtige Funktion von Assessment Centern grundlegend fehlerbehaftet? Nicht in unseren Augen. Obgleich konzeptuell schlüssig, muss die Hypothese der Fehlspezifizierung noch empirisch belegt werden. Angesichts der dargestellten Daten und Argumente der vorliegenden Studie sind wir darüber hinaus geneigt anzunehmen, dass die Auffassung, der Mangel an diskriminanter und konvergenter Validität liege an Entwicklungs- und Designfaktoren, eine sparsamere und prägnantere Erklärung für das Paradoxon der Konstruktvalidität im Assessment Center ist. Die Schlussfolgerung unserer Befunde ist die, die vorherrschende Sichtweise in Frage zu stellen, Assessment Center-Urteile seien nicht konstruktbezogen valide. Assessment Center können als Messinstrumente nur so gut sein wie ihre Entwicklung und ihre Gestaltung. Es besteht bei der Implementierung jedes Verfahrens eine gewisse Verschiedengestaltigkeit, also auch beim Assessment Center. Folglich muss zukünftige Forschung sich systematisch auf die Untersuchung von Gestaltungsmerkmalen richten, welche die psychometrischen Eigenschaften von Assessment Centern beeinflussen, sowie auf die simultane Untersuchung der verschiedenen Aspekte der Validität.

Literatur

Die mit Asterisken gekennzeichneten Artikel wurden in der Metaanalyse verwendet.

*Archambeau, D. J. (1979). Relationships among skill ratings assigned in an assessment center. *Journal of Assessment Center Technology, 2,* 7–19.

Arthur, W. Jr., Bennett, W. Jr. & Huffcutt, A. I. (2001). *Conducting meta-analysis using SAS.* Mahwah, NJ: LEA.

Arthur, W. Jr., Day, E. A., McNelly, T. L. & Edens, P. S. (2003). A meta-analysis of the criterion-related validity of assessment center dimensions. *Personnel Psychology, 56,* 125–154.

Arthur, W. Jr. & Tubre, T. C. (1999). The assessment center construct-related validity paradox: A case of construct misspecification? In M. A. Quinones (Chair), *Assessment centers, 21st century: New issues and new answers to old problems.* Symposium presented at the 14th Annual Conference of the Society for Industrial and Organizational Psychology, Atlanta, GA.

*Arthur, W. Jr., Woehr, D. J. & Maldegan, R. M. (2000). Convergent and discriminant validity of assessment center dimensions: A conceptual and empirical reexamination of the assessment center construct-related validity paradox. *Journal of Management, 26,* 813–835.

*Becker, A. S. (1990). *The effects of a reduction in assessor roles on the convergent and discriminant validity of assessment center ratings.* Unpublished doctoral dissertation, University of Missouri-St. Louis.

Born, M. P., Kolk, N. J. & van der Flier, H. (2000). *A meta-analytic study of assessment center construct validity.* Paper presented at the 15th Annual Conference of the Society for Industrial and Organizational Psychology, New Orleans, LA.

Brannick, M. T., Michaels, C. E. & Baker, D. P. (1989). Construct validity of in-basket scores. *Journal of Applied Psychology, 74,* 957–963.

*Bray, D. W. & Grant, D. L. (1966). The assessment center in the measurement of potential for business management. *Psychological Monographs: General and Applied, 80,* 1–27.

Bretz, R. D. Jr., Milkovich, G. T. & Read, W. (1992). The current state of performance appraisal research and practice: Concerns, directions, and implications. *Journal of Management, 18,* 321–352.

*Bycio, P., Alvares, K. M. & Hahn, J. (1987). Situation specificity in assessment center ratings: A confirmatory analysis. *Journal of Applied Psychology, 72,* 463–474.

Campbell, D. T. & Fiske, D. W. (1959). Convergent and discriminat validation by the multtrait-multimethod matrix. *Psychological Bulletin, 56,* 81–105.

*Carless, S. A. & Allwood, V. E. (1997). Managerial assessment centres: What is being rated? *Australian Psychologist, 32,* 101–105.

*Chan, D. (1996). Criterion and construct validation of an assessment centre. *Journal of Occupational and Organizational Psychology, 69,* 167–181.

*Chorvat, V. P. (1994). *Toward the construct validity of assessment center leadership dimensions: A multitrait-multimethod investigation using confirmatory factor analysis.* Unpublished doctoral dissertation, University of South Florida.

Church, A. H. (1997). Managerial self-awareness in high-performing individuals in organizations. *Journal of Applied Psychology, 82,* 281–292.
*Crawley, B., Pinder, R. & Herriot, P. (1990). Assessment centre dimensions, personality and aptitudes. *Journal of Occupational and Organizational Psychology, 63,* 211–216.
Cronshaw, S. F. & Ellis, R. J. (1991). A process investigation of self-monitoring and leader emergence. *Small Group Research, 22,* 403–420.
*Donahue, L. M., Truxillo, D. M., Cornwell, J. M. & Gerrity, M. J. (1997). Assessment center construct validity and behavioral checklists: Some additional findings. *Journal of Social Behavior and Personality, 12,* 85–108.
Feldman, J. M. (1981). Beyond attribution theory: Cognitive processes in performance appraisal. *Journal of Applied Psychology, 66,* 127–148.
*Fleenor, J. W. (1996). Constructs and developmental assessment centers: Further troubling empirical findings. *Journal of Business and Psychology, 10,* 319–335.
* Fredricks, A. J. (1989). *Assessment center ratings: Models and process.* Unpublished doctoral dissertation, University of Nebraska-Lincoln.
Gaugler, B. B., Rosenthal, D. B., Thornton, G. C. III & Bentson, C. (1987). Meta-analysis of assessment center validity. *Journal of Applied Psychology, 72,* 493–511.
Gaugler, B. B. & Thornton, G. C. III. (1989). Number of assessment center dimensions as a determinant of assessor generalizability of the assessment center ratings. *Journal of Applied Psychology, 74,* 611–618.
*Harris, M. M., Becker, A. S. & Smith, D. E. (1993). Does the assessment center scoring method affect the cross-situational consistency of ratings? *Journal of Applied Psychology, 78,* 675–678.
*Henderson, F., Anderson, A. & Rick, S. (1995). Future competency profiling: Validating and redesigning the ICL graduate assessment centre. *Personnel Review, 24,* 19–31.
Highhouse, S. & Harris, M. M. (1993). The measurement of assessment center situations: Bem's template matching technique for examining exercise similarity. *Journal of Applied Social Psychology, 23,* 140–155.
*Hinrichs, J. R. (1969). Comparison of „real life" assessments of management potential with situational exercises, paper-and-pencil ability tests, and personality inventories. *Journal of Applied Psychology, 53,* 425–432.
Howard, A. (1997). A reassessment of assessment centers: Challenges for the 21st century. *Journal of Social Behavior and Personality, 12,* 13–52.
*Huck, J. R. & Bray, D. W. (1976). Management assessment center evaluations and subsequent job performance of white and black females. *Personnel Psychology, 29,* 13–30.
Hunter, J. E. & Schmidt, F. L. (1990). *Methods of meta-analysis: Correcting error and bias in research findings.* Newbury Park, CA: Sage Publications.
Ilgen, D. R., Barnes-Farrell, J. L. & McKellin, D. B. (1993). Performance appraisal process research in the 1980s: What has it contributed to appraisals in use? *Organizational Behaviors and Human Decision Processes, 54,* 321–368.
*Jansen, P. G. W. & Stoop, B. A. M. (2001). The dynamics of assessment center validity: Results of a 7-year study. *Journal of Applied Psychology, 86,* 741–753.

Jones, R. G. (1992). Construct validation of assessment center final dimension ratings: Definition and measurement issues. *Human Resources Management Review, 2,* 195–220.

Jones, R. G. & Whitmore, M. D. (1995). Evaluating developmental assessment centers as interventions. *Personnel Psychology, 48,* 377–388.

*Joyce, L. W., Thayer, P. W. & Pond, S. B. III. (1994). Managerial functions: An alternative to traditional assessment center dimensions? *Personnel Psychology, 47,* 109–121.

Kleinmann, M. (1993). Are rating dimensions in assessment centers transparent for participants? Consequences for criterion and construct validity. *Journal of Applied Psychology, 78,* 988–993.

*Kleinmann, M. & Köller, O. (1997). Construct validity of assessment centers: Appropriate use of confirmatory factor analysis and suitable construction principles. *Journal of Social Behavior and Personality, 12,* 65–84.

Kleinmann, M., Kuptsch, C. & Köller, O. (1996). Transparency: A necessary requirement for the construct validity of assessment centers. *Applied Psychology: An International Review, 45,* 67–84.

Klimoski, R. & Brickner, M. (1987). Why do assessment centers work? The puzzle of assessment center validity. *Personnel Psychology, 40,* 243–259.

*Kolk, N. J., Born, M. P. & van der Flier, H. (2002). Impact of common rater variance on construct validity of assessment center dimension judgments. *Human Performance, 15,* 325–337.

*Kudisch, J. D., Ladd, R. T. & Dobbins, G. H. (1997). New evidence on the construct validity of diagnostic assessment centers: The findings may not be so troubling after all. *Journal of Social Behavior and Personality, 12,* 129–144.

Ladd, R. T., Atchley, E. K., Gniatczyk, L. A. & Baumann, L. B. (2002, April). *An Evaluation of the Construct Validity of an Assessment Center Using Multiple-Regression Importance Analysis.* Paper presented at the 17th annual meeting of the Society for Industrial/Organizational Psychology, Toronto, Canada.

*Lance, C. E., Foster, M. R., Gentry, W. A. & Thoresen, J. D. (2004). Assessor cognitive processes in an operational assessment center. *Journal of Applied Psychology, 89,* 22–35.

Lance, C. E., Newbolt, W. H., Gatewood, R. D., Foster, M. R., French, N. R. & Smith, D. E. (2000). Assessment center exercise factors represent cross-situational specificity, not method bias. *Human Performance, 13,* 323–353.

Landy, F. J. & Farr, J. L. (1980). Performance rating. *Psychological Bulletin, 87,* 72–107.

Lievens, F. (1998). Factors which improve the construct validity of assessment centers: A review. *International Journal of Selection and Assessment, 6,* 141–152.

Lievens, F. (2001). Assessors and use of assessment center dimensions: A fresh look at a troubling issue. *Journal of Organizational Behavior, 22,* 203–221.

*Lievens, F. & van Keer, E. (1999, April). *Modeling method effects in assessment centers: An application of the correlated uniqueness approach.* Paper presented at the 14th Annual Conference of the Society for Industrial and Organizational Psychology, Atlanta, GA.

Lowry, P. E. (1997). The assessment center process: New directions. *Journal of Social Behavior & Personality, 12,* 53–62.

Martell, R. F. (1991). Sex bias at work: The effects of attentional and memory demands on performance ratings of men and women. *Journal of Applied Social Psychology, 21,* 1939–1960.

Miller, G. A. (1956). The magical number seven, plus or minus two: Some limits on our capacity for processing information. *Psychological Review, 63,* 81–97.

*Neidig, R. D., Martin, J. C. & Yates, R. E. (1979). The contribution of exercise skill ratings to final assessment center evaluations. *Journal of Assessment Center Technology, 2,* 21–23.

Noonan, L. E. & Sulsky, L. M. (2001). Impact of frame-of-reference and behavioral observation training on alternative training effectiveness criteria in a Canadian military sample. *Human Performance, 14,* 2–36.

*Parker, M. L. W. (1991). *A construct validation of the Florida Principal Competencies Assessment Center using confirmatory factor analysis.* Unpublished doctoral dissertation, University of South Florida.

Raymark, P. H. & Binning, J. F. (1997). *Explaining assessment center validity: A test of the criterion contamination hypothesis.* Paper presented at the 1997 Academy of Management meeting, Boston, MA.

*Reilly, R. R., Henry, S. & Smither, J. W. (1990). An examination of the effects of using behavior checklists on the construct validity of assessment center dimensions. *Personnel Psychology, 43,* 71–84.

*Robertson, I. T., Gratton, L. & Sharpley, D. (1987). The psychometric properties and design of managerial assessment centres: Dimensions into exercises won't go. *Journal of Occupational Psychology, 60,* 187–195.

Robie, C., Adams, K. A., Osburn, H. G., Morris, M. A. & Etchegaray, J. M. (2000). Effects of the rating process on the construct validity of assessment center dimension evaluations. *Human Performance, 13,* 355–370.

*Russell, C. J. (1985). Individual decision processes in an assessment center. *Journal of Applied Psychology, 70,* 737–746.

*Russell, C. J. (1987). Person characteristics vs. role congruency explanations for assessment center ratings. *Academy of Management Journal, 30,* 817–826.

Russell, C. J. & Domm, D. R. (1995). Two field tests of an explanation of assessment centre validity. *Journal of Occupational and Organizational Psychology, 68,* 25–47.

Sackett, P. R. (1987). Assessment centers and content validity: Some neglected issues. *Personnel Psychology, 40,* 13–25.

*Sackett, P. R. & Dreher, G. F. (1982). Constructs and assessment center dimensions: Some troubling empirical findings. *Journal of Applied Psychology, 67,* 401–410.

*Sackett, P. R. & Hakel, M. D. (1979). Temporal stability and individual differences in using assessment center information to form overall ratings. *Organizational Behavior and Human Performance, 23,* 120–137.

*Sackett, P. R. & Harris, M. M. (1988). A further examination of the constructs underlying assessment center ratings. *Journal of Business and Psychology, 3,* 214–229.

*Sagie, A. & Magnezy, R. (1997). Assessor type, number of distinguishable categories, and assessment centre construct validity. *Journal of Occupational and Organizational Psychology, 70,* 103–108.

Schleicher, D. J. & Day, D. V. (1998). A cognitive evaluation of frame-of-reference rater training: Content and process issues. *Organizational Behavior and Human Decision Processes, 73,* 76–101.

*Schmitt, N. (1977). Interrater agreement in dimensionality and combination of assessment center judgments. *Journal of Applied Psychology, 62,* 171–176.

*Schneider, J. R. & Schmitt, N. (1992). An exercise design approach to understanding assessment center dimension and exercise constructs. *Journal of Applied Psychology, 77,* 32–41.

*Shore, T. H., Shore, L. M. & Thornton, G. C. III. (1992). Construct validity of self- and peer evaluations of performance dimensions in an assessment center. *Journal of Applied Psychology, 77,* 42–54.

*Shore, T. H., Thornton, G. C. III & Shore, L. M. (1990). Construct validity of two categories of assessment center dimension ratings. *Personnel Psychology, 43,* 101–116.

*Silverman, W. H., Dalessio, A., Woods, S. B. & Johnson, R. L. Jr. (1986). Influence of assessment center methods on assessors' ratings. *Personnel Psychology, 39,* 565–578.

Spychalski, A. C., Quiñones, M. A., Gaugler, B. B. & Pohley, K. (1997). A survey of assessment center practices in organizations in the United States. *Personnel Psychology, 50,* 71–90.

Thornton, G. C. III & Byham, W. C. (1982). *Assessment centers and managerial performance.* New York, NY: Academic Press.

*Thornton, G. C. III, Tziner, A., Dahan, M., Clevenger, J. P. & Meir, E. (1997). Construct validity of assessment center judgments: Analysis of the behavioral reporting method. *Journal of Social Behavior and Personality, 12,* 109–128.

*Turnage, J. J. & Muchinsky, P. M. (1982). Transsituational variability in human performance within assessment centers. *Organizational Behavior and Human Performance, 30,* 174–200.

Woehr, D. J. (1992). Performance dimension accessibility: Implications for rating accuracy. *Journal of Organizational Behavior, 13,* 357–367.

Woehr, D. J. & Feldman, J. M. (1993). Processing objective and question order effects on the causal relation between memory and judgment: The tip of the iceberg. *Journal of Applied Psychology, 78,* 232–241.

Woehr, D. J. & Huffcutt, A. I. (1994). Rater training for performance appraisal: A meta-analytic review. *Journal of Occupational and Organizational Psychology, 67,* 189–205.

Woehr, D. J. & Roch, S. (1996). Context effects in performance evaluation: The impact of ratee gender and performance level on performance ratings and behavioral recall. *Organizational Behavior and Human Decision Processes, 66,* 31–41.

Anhang: Zusammenfassung der designbezogenen Merkmale der Studien, die konvergente/diskriminante Validität von Assessment Center-Ratings untersuchten

Studie*		Stichprobengröße	Teilnehmer-Beobachter Verhältnis	Anzahl Dim	Anzahl Üb	Innerhalb der Übung vs. über Übungen hinweg	Beruf der Beobachter	Zweck	Beurteilertraining	Dauer des Trainings (Tage)
*Archambeau (1979)		29	2:1	10	5	Zwischen	Manager	Auswahl	Ja	5
*Arthur et al. (2000)		149	2:1	9	4	Zwischen	Psychologen	Feedback	Ja	2
*Becker (1990)	A	81	2:1	5	4	Zwischen	Vorgesetzte	Auswahl	Ja	3,5
	B	81	?	5	4	Zwischen	Vorgesetzte	Auswahl	Ja	3,5
Bray & Grant (1966)	A	207	3:1	25	3[A]	Über hinweg	Manager	Auswahl	Ja	?
	B	148	3:1	25	3[A]	Über hinweg	Manager	Auswahl	Ja	?
*Bycio et al. (1987)		1.170	1:1	8	5	Zwischen	Vorgesetzte	Feedback	?	?
Carless & Allwood (1997)		875	4:1	5	5	Über hinweg	?	Feedback	?	?
*Chan (1996)		46	1:2	14	6[A]	Zwischen	Manager	Auswahl	Ja	2
Chorvat (1994)		207	3:1	11	4	Zwischen	Unabhängige Nicht-Manager	Auswahl	Ja	6
*Crawley et al. (1990)	A	117	?	13	5	?	?	Auswahl	Ja	1
	B	157	?	9	6	?	?	Auswahl	Ja	1
*Donahue et al. (1997)		188	2:1	9	4	Zwischen	Manager	Auswahl	Ja	1
*Fleenor (1996)		102	?	10	8	Zwischen	?	Feedback	Ja	5
*Fredricks (1989)		66	3:1	8	3	Zwischen	Vorgesetzte	Auswahl	Ja	2

Zusammenfassung der designbezogenen Merkmale der Studien, die konvergente/diskriminante Validität von Assessment Center-Ratings untersuchten (Fortsetzung)

Studie*		Stich-proben-größe	Teilneh-mer-Beob-achter Ver-hältnis	Anzahl Dim	Anzahl Üb	Innerhalb der Übung vs. über Übungen hinweg	Beruf der Beobachter	Zweck	Beurteiler-training	Dauer des Trainings (Tage)
*Harris et al. (1993)	A	237	?	7	6	Zwischen	?	Feedback	Ja	4
	B	556	?	7	6	Über hinweg	?	Feedback	Ja	4
	C	63	?	7	6	Über hinweg	?	Feedback	Ja	4
*Henderson et al. (1995)		311	?	14	4A	Zwischen	?	Auswahl	?	?
Hinrichs (1969)		47	?	12	6A	Über hinweg	Manager	?	?	?
Huck & Bray (1976)	A	241	?	18	4A	Über hinweg	Manager	Auswahl	Ja	?
	B	238	?	18	4A	Über hinweg	Manager	Auswahl	Ja	?
*Jansen & Stoop (2001)		581	1:1	3	2	Zwischen	Manager	Auswahl	Ja	1
*Joyce et al. (1994)	A	75	2:1	7	4	Zwischen	?	Auswahl	Ja	5
	B	75	2:1	7	4	Zwischen	?	Auswahl	Ja	7
*Kleinmann & Köller (1997)		70	1:2	3	3	Zwischen	Psychologen	Feedback	Ja	?
*Kolk et al. (2002)	A	100	3:1	3	2	Zwischen	Psychologen	Feedback	Ja	?
	B	100	3:1	3	3	Zwischen	Psychologen	Feedback	Ja	?
	C	52	1:1	3	3	Zwischen	Gemischt	?	?	?
*Kudisch et al. (1997)		138	1:2	12	4	Zwischen	A & O-Studenten	Feedback	Ja	3
*Lance et al. (2004)	A	260	3:1	6	3	Zwischen	Vorgesetzte	?	Ja	1
	B	199	3:1	6	3	Zwischen	Vorgesetzte	?	Ja	1
*Lievens & van Keer (1999)		191	?	6	5	Zwischen	Psychologen	2	Ja	4

Zusammenfassung der designbezogenen Merkmale der Studien, die konvergente/diskriminante Validität von Assessment Center-Ratings untersuchten (Fortsetzung)

Studie*		Stich-proben-größe	Teilneh-mer-Beob-achter Ver-hältnis	Anzahl Dim	Anzahl Üb	Innerhalb der Übung vs. über Übungen hinweg	Beruf der Beobachter	Zweck	Beurteiler-training	Dauer des Trainings (Tage)
Nedig et al. (1979)		260	2:1	19	6	Zwischen	Manager 2. Ebene	Auswahl	?	?
*Parker (1991)		379	2:1	11	3	Zwischen	Vorgesetzte	?	Ja	5
*Reilly et al. (1990)	A	120	2:1	8	8	Zwischen	?	Auswahl	Ja	?
	B	235	2:1	8	8	Zwischen	?	Auswahl	Ja	?
*Robertson et al. (1987)	A	41	?	10	5	Zwischen	?	Auswahl	?	?
	B	48	?	8	4	Zwischen	?	Auswahl	?	?
	C	84	?	8	3	Zwischen	?	Auswahl	?	?
	D	49	?	11	4	Zwischen	?	Auswahl	?	?
Russell (1985)		200	?	18	4	Über hinweg	Manager	Auswahl	Ja	15
*Russell (1987)		75	?	9	4	Zwischen	?	Auswahl	?	?
*Sackett & Dreher (1982)	A	86	?	8	6	Zwischen	?	Auswahl	?	?
	B	311	?	16	6	Zwischen	?	Auswahl	?	?
	C	162	?	9	6	Zwischen	?	Auswahl	?	?
Sackett & Hakel (1979)		719	2:1	17	?	Über hinweg	Manager	Auswahl	?	?
Sackett & Harris (1988)	A	346	?	8	3	Zwischen	?	Auswahl	?	?
	B	51	?	7	6	Zwischen	?	Auswahl	?	?
Sagie & Magnezy (1997)	A	425	2:1	5	3	Zwischen	Psychologen	Auswahl	Ja	2
	B	425	2:1	5	3	Zwischen	Manager	Auswahl	Ja	2

Zusammenfassung der designbezogenen Merkmale der Studien, die konvergente/diskriminante Validität von Assessment Center-Ratings untersuchten (Fortsetzung)

Studie*		Stichprobengröße	Teilnehmer-Beobachter Verhältnis	Anzahl		Innerhalb der Übung vs. über Übungen hinweg	Beruf der Beobachter	Zweck	Beurteilertraining	Dauer des Trainings (Tage)
				Dim	Üb					
Schmitt (1977)		101	?	17	4	Zwischen	Manager	Auswahl	Ja	?
*Schneider & Schmitt (1992)		89	1:2	3	4	Zwischen	Lehrer und Admin.	Feedback	Ja	?
Shore et al. (1992)		394	2:1	11	5	Über hinweg	Manager	Auswahl	Ja	?
Shore et al. (1990)		441	2:1	11	5	Über hinweg	Psychologen	Auswahl	?	?
*Silverman et al. (1986)	A	45	1:4	6	3	Zwischen	Manager	Auswahl	Ja	1,5
	B	45	1:4	6	3	Über hinweg	Manager	Auswahl	Ja	1,5
Thornton et al. (1997)		382	2:1	16	8	Über hinweg	Hochrangige Manager und Psychologen	Auswahl	Ja	?
*Turnage & Muchinsky (1982)	A	1.028	3:1	8	5	Zwischen	Manager	Auswahl	Ja	2
	B	1.028	3:1	8	5	Zwischen	Manager	Auswahl	Ja	2

Anmerkungen: ? = konnte aus den gegebenen Informationen nicht ermittelt werden; ^{A} = Anwendung von Papier-und-Bleistift-Verfahren – diese wurden nicht bei der Gesamtzahl der Übungen berücksichtigt; innerhalb der Übung vs. über die Übungen hinweg = Methode, mittels der Dimensionsratings ermittelt wurden (pro Übung = alle Dimensionen in einer Übung werden beurteilt, bevor zur nächsten Übung fortgeschritten wird; über die Übungen hinweg = Beurteilung einer Dimension in allen Übungen, bevor zur nächsten Dimension fortgeschritten wird); * = Studien, die MTMM-basierte konvergente (mittlere Monotrait-, Heteromethod-Korrelationen) und diskriminante (mittlere Heterotrait-, Monomethod-Korrelationen) Validitätsdaten berichteten.

6 Weshalb Assessment Center nicht in der erwarteten Weise funktionieren[1]

Charles E. Lance

Auf herkömmliche Weise gestaltete und eingesetzte Assessment Center (AC) funktionieren nicht so wie ursprünglich gedacht, und dies wird sich vermutlich auch in Zukunft nicht ändern. Die ursprüngliche Intention bei der Entwicklung von ACs war es, Verhaltens*dimensionen* zu messen, aber nach einem Vierteljahrhundert der Forschung ist inzwischen klar, dass „… Aufgaben und nicht Dimensionen die Währung von Assessment Centern sind" (Howard, 1997, S. 21). Dies ist der Kern des sogenannten AC-Konstruktvaliditätsproblems (Howard, 1997; Lance, Newbolt, Gatewood, Foster, French & Smith, 2000; Lievens & Klimoski, 2001; Sackett & Tuzinski, 2001) – ACs haben eine gut dokumentierte kriterienbezogene (z. B. Gaugler, Rosenthal, Thornton & Bentson, 1987; Hardison & Sackett, 2004) und inhaltliche Validität (Sackett, 1987; Thornton & Müller-Hansen, 2004), aber sie scheinen *nicht* die Konstrukte (d. h. Dimensionen) zu messen, die sie messen sollen. Ich behaupte hier, dass sich das offensichtlich bestehende AC-Konstruktvaliditätsproblem aus einer falschen Anwendung des Multitrait-Multimethod-Designs ergeben hat. Dieses wurde eingesetzt, um – wie sich im Nachhinein herausstellte – ungerechtfertigte Hypothesen bezüglich des Verhaltens von AC-Teilnehmern zu überprüfen, welches unweigerlich situationsübergreifend spezifisch ist und tendenziell richtig durch die Beobachter beurteilt wird. Ich komme zu dem Schluss, dass es an der Zeit ist, die Designimplikationen aus Ergebnissen der bestehenden Forschungsbasis anzuerkennen und sich in Richtung aufgaben- oder rollenbasierter ACs zu bewegen, weg von traditionellen, dimensionsbasierten ACs. Im Folgenden werde ich diese Punkte weiter ausführen.

6.1 Hintergrund

Die „International Task Force on Assessment Center Guidelines" (2000) erachtet mehrere Aspekte als essenziell, wenn es darum geht, einen Prozess als AC zu bezeichnen. Darunter fallen eine Arbeitsanalyse, um kritische Elemente der Arbeitsleistung zu identifizieren, die Klassifikation des Verhaltens der Teilnehmer in Bedeutungskategorien oder *Dimensionen*, der Einsatz multipler Erhebungstechniken zur Messung kritischer Verhaltensweisen, der Einsatz mehrerer geschulter Beobachter sowie systematische Vorgehensweisen, um das Verhalten der Teilnehmer reliabel und valide aufzuzeichnen, zu integrieren und zusammenzufassen. Normalerweise sind ACs für die Erhebung des Teilnehmerverhaltens auf mehreren Leistungsdimensionen anhand mehrerer Aufgaben vorgesehen (Spychalski, Quinones, Gaugler & Pohley, 1997). Die dimensionsbezogene Leistung kann erst nach

---

1 Übersetzung aus dem Englischen von Julia Winzen

der Bearbeitung aller Aufgaben beurteilt werden (die traditionellere, sogenannte „aufgabenübergreifende" Beurteilungsmethode) oder nach der Bearbeitung jeder einzelnen Aufgabe (die sogenannte „aufgabeninterne" Beurteilungsmethode; Robie, Osburn, Morris, Etchagaray & Adams, 2000; Woehr & Arthur, 2003). Letztere ergibt als „Post-Aufgaben-Dimensionsratings" (PEDRs, post-exercise dimension ratings; Sackett & Dreher, 1982; Lance, Newbolt et al., 2000) bezeichnete Einschätzungen, die von den Beobachtern oftmals verwendet werden, um konsensbasierte finale dimensionsbezogene Beurteilungen (wie in der dimensionsinternen Methode) und zusammenfassende Gesamturteile (overall assessment ratings; OARs) zu formulieren. Tabelle 1 zeigt hierzu einen beispielhaften Aufbau (nach Lance, Newbolt et al., 2000, Studie I). Wie aus Tabelle 1 hervorgeht, ähnelt die (unvollständige) Überkreuzung von Dimensionen, die über verschiedene Aufgaben erhoben werden, einem MTMM-Design (Campbell & Fiske, 1959), wobei die Dimensionen die Eigenschaften und die Aufgaben die Methoden repräsentieren. In der Tat hat diese Zuordnung von Dimensionen zu Eigenschaften und Aufgaben zu Methoden die Basis für einen Großteil der Forschung zur AC-Konstruktvalidität im letzten Vierteljahrhundert geliefert (Lance, Lambert, Gewin, Lievens & Conway, 2004; Lievens & Conway, 2001).

Belege für die AC-Konstruktvalidität

Tabelle 2 veranschaulicht eine hypothetische Matrix von Korrelationen zwischen drei Dimensionen, die in jeder von drei Aufgaben gemessen werden. Korrelationen wie diese sind verwendet worden, um die Konstruktvalidität von AC-PEDRs auf zwei Wegen zu

Tabelle 1: Beispielhafter Aufbau eines ACs, in dem die „aufgabeninterne" Beurteilungsmethode eingesetzt wird

Dimensionen	Aufgaben					
	Postkorb	Ungeführte Gruppendiskussion	Budget-Besprechung	Mitarbeitergespräch	Analytisches Problem	Endgültige Dimensionsbeurteilungen
Tatkraft	XX	XX	XX		XX	XX
Erforschung des Sachverhalts	XX	XX	XX	XX	XX	XX
Mündliche Kommunikation	XX		XX	XX	XX	XX
Autonomie			XX	XX	XX	XX
Flexibilität des Verhaltens		XX	XX	XX	XX	
Supervision			XX	XX	XX	XX
Gesamturteil						XX

untersuchen. Entsprechend der traditionellen Theorie zur Unterstützung des AC-Aufbaus repräsentieren Dimensionen relativ stabile Verhaltenskategorien, die (a) innerhalb der Aufgaben ausreichend distinkt und (b) über die Aufgaben hinweg ausreichend konsistent sein sollten (Sackett & Dreher, 1982; Woehr & Arthur, 2003). Falls die Annahme stimmt, sollte dieser Umstand zu relativ hohen Korrelationen der gleichen Dimension in unterschiedlichen Aufgaben (same dimension-different exercise (SDDE) correlations; manchmal als „konvergente Validitäten" bezeichnet, z. B. Woehr & Arthur, 2003) führen, im Vergleich zu Korrelationen verschiedener Dimensionen in verschiedenen Aufgaben (different dimension-different exercise (DDDE) correlations). Die Korrelationen verschiedener Dimensionen innerhalb einer Aufgabe (different dimension-same exercise (DDSE) correlations, manchmal als „diskriminante Validität" bezeichnet, z. B. Woehr & Arthur, 2003) würden als relativ niedrige Korrelationen die Distinktheit oder Unterscheidbarkeit der mit jeder Aufgabe erhobenen Dimensionen widerspiegeln. Weiterhin würde die traditionelle AC-Theorie vorhersagen, dass Faktoranalysen von Korrelationsmatrizen, wie in Tabelle 2 dargestellt, Faktoren ergeben würden, die die gemessenen Dimensionen repräsentieren und nicht die Methoden (Aufgaben), die zu deren Messung eingesetzt wurden. Dennoch haben verschiedene narrative Reviews (z. B. Howard, 1997; Lievens & Klimoski, 2001; Sackett & Tuzinski, 2001) sowie umfangreiche empirische Zusammenfassungen bestehender Befunde zur AC-Konstruktvalidität (z. B. Bowler & Woehr, 2005; Lievens & Conway, 2001; Lance, Lambert et al., 2004; Woehr & Arthur, 2003) gezeigt,

Tabelle 2: Hypothetische Matrix von Korrelationen zwischen drei Dimensionen, die in jeder von drei Aufgaben erhoben wurden

	Aufgabe 1			Aufgabe 2			Aufgabe 3		
	D1	D2	D3	D1	D2	D3	D1	D2	D3
Aufgabe 1:									
Dimension 1									
Dimension 2	*DDSE*								
Dimension 3	*DDSE*	*DDSE*							
Aufgabe 2:									
Dimension 1	**SDDE**	DDDE	DDDE						
Dimension 2	DDDE	**SDDE**	DDDE	*DDSE*					
Dimension 3	DDDE	DDDE	**SDDE**	*DDSE*	*DDSE*				
Aufgabe 3:									
Dimension 1	**SDDE**	DDDE	DDDE	**SDDE**	DDDE	DDDE			
Dimension 2	DDDE	**SDDE**	DDDE	DDDE	**SDDE**	DDDE	*DDSE*		
Dimension 3	DDDE	DDDE	**SDDE**	DDDE	DDDE	**SDDE**	*DDSE*	*DDSE*	

Anmerkungen: DDSE = Korrelation zwischen verschiedenen Dimensionen innerhalb einer Aufgabe; DDDE = Korrelation zwischen verschiedenen Dimensionen, gemessen in unterschiedlichen Aufgaben; SDDE = Korrelation derselben Dimensionen, gemessen in unterschiedlichen Aufgaben; *Kursivdruck* = diskriminante Validitäten; **Fettdruck** = konvergente Validitäten.

dass diese Erwartungen nicht erfüllt werden konnten. Tatsächlich sind DDSE-Korrelationen fast immer größer als SDDE-Korrelationen (und für gewöhnlich auch substanziell), und (sowohl exploratorische als auch konfirmatorische) Faktoranalysen unterstützen fast immer starke Aufgabenfaktoren anstelle von Dimensionsfaktoren. Das heißt, die bis heute angesammelten Belege indizieren eine geringe oder keine Evidenz für eine konvergente oder diskriminante Validität von AC-Dimensionen sowie starke und robuste Methoden-(Aufgaben-)Effekte. In Kombination mit Reviews, die die Inhaltsvalidität von ACs stützen (Sackett, 1987; Thornton & Mueller-Hansen, 2004), und metaanalytischen Belegen, die auf eine starke prädiktive Validität von ACs im Hinblick auf eine Vielfalt von Kriterien hinweisen (Arthur, Day, McNelly & Edens, 2003; Gaugler et al., 1987; Hardison & Sackett, 2004; Schmidt & Hunter, 1998), erzeugt der große Anteil von Belegen für das *Fehlen* einer Konstruktvalidität von ACs ein „offensichtliches Dilemma" (Lance, Lambert et al., 2004, S. 377), „das Konstruktvaliditätsproblem" (Howard, 1997, S. 21) und einige widersprüchliche und „beunruhigende Befunde" (Lievens & Klimoski, 2001, S. 263). Wie kann diese offensichtlich widersprüchliche Ansammlung von Forschungsresultaten erklärt werden? Wir stellen zwei Erklärungen einander gegenüber. Eine Erklärung berücksichtigt, dass ACs nicht optimal gestaltet wurden, aber so umgearbeitet werden können, dass sich Konstruktvalidität für PEDRs aufzeigen lässt. Die andere Erklärung geht davon aus, dass Forscher seit geraumer Zeit die falschen Fragen zur AC-Konstruktvalidität gestellt haben, und dass ACs funktionieren, aber nicht aus den Gründen, aus denen man ursprünglich gedacht hatte. Wir weiten diese Anmerkungen der Reihe nach aus.

6.2 Lösung des Konstruktvaliditätsproblems

ACs müssen umgearbeitet werden, um Konstruktvalidität zu zeigen

Es gibt mehrere exzellente Diskussionen und Präsentationen zu dieser Position, darunter Lievens (1998), Lievens und Conway (2001), Sackett und Tuzinski (2001) sowie Woehr und Arthur (2003). Im Wesentlichen gilt das Argument, dass es bei der üblichen Durchführung von ACs einige Gestaltungsmerkmale gibt, die, falls sie umgearbeitet werden, zu einer gesteigerten Konstruktvalidität für AC-PEDRs führen sollten. Dieses Argument basiert auf den Annahmen, dass in üblichen ACs die kognitiven Anforderungen an die Beobachter übermäßig hoch sind, dass das Verhalten der Zielpersonen und die Dimensionen nicht ausreichend konkret definiert sind, dass die Beobachter nicht zureichend geschult sind und/oder dass einige Beurteilungsstrategien (z. B. die aufgabeninterne Methode) systematische Beurteilungsfehler erzeugen (Lievens & Klimoski, 2001; Sacket & Tuzinski, 2001; Woehr & Arthur, 2003). Dieser Denkmethode folgend wurden verschiedene Designmodifikationen untersucht, um die PEDR-Konstruktvalidität zu verbessern. Zum Beispiel wurde die Anzahl der zu beurteilenden Dimensionen reduziert (z. B. Gaugler & Thornton, 1989; Schneider & Schmitt, 1992), es wurden Verhaltenschecklisten bereitgestellt, um die Beobachtung und Aufzeichnung des Teilnehmerverhaltens zu erleichtern (z. B. Donahue, Truxillo, Cornwell & Gerrity, 1997; Hennessy, Mabey & Warr, 1998; Reilly, Henry & Smither, 1990), die Dimensionen für die Kandidaten transparent gemacht

(z. B. Kolk, Born & van der Flier, 2003; Kleinmann, 1993; Kleinmann & Köller, 1997), alternative Beurteilungsmethoden, wie zum Beispiel aufgabenübergreifende (vs. aufgabeninterne) Methoden verwendet (z. B. Harris, Becker & Smith, 1993; Robie et al., 2000; Silverman, Dalessio, Woods & Johnson, 1986), professionelle (vs. unprofessionelle) Beobachter eingesetzt (z. B. Lievens, 2002; Sagie & Magnezy, 1997) und die Beobachter mithilfe unterschiedlicher Trainingsformen geschult (z. B. Lievens, 2001a; Schleicher, Day, Mays & Riggio, 2002).

Waren diese Ansätze erfolgreich? „Well, yes and no" (Buffet, 1999). Sowohl in der Metaanalyse von Woehr und Arthur (2003) als auch bei Lievens und Conway (2001) fanden sich Verbesserungen der Konstruktvalidität in Studien, in denen weniger Beurteilungsdimensionen verwendet und Psychologen (vs. Manager/Vorgesetzte) als Beurteiler eingesetzt wurden, wie von dem „Designverbesserungs-Ansatz" vorhergesagt. Woehr und Arthur fanden weiterhin eine Verbesserung der Konstruktvalidität für die aufgabenübergreifende Beurteilungsmethode und wenn die Beobachter ein ausgedehnteres Training bekamen, aber Lievens und Conway stellten fest, dass die Konstruktvalidität höher ist, wenn das Training von *kürzerer* Dauer war (tatsächlich war dies der größte Effekt, den sie in Bezug auf die untersuchten Gestaltungsmerkmale auffanden)[2]. Woehr und Arthur fanden auch Verbesserungen der Konstruktvalidität, wenn ACs *hohe* (vs. niedrige) Teilnehmer-zu-Beobachter-Relationen aufwiesen – entgegengesetzt zu den „Designverbesserungs"-Vorhersagen. Keine Effekte ergaben sich für etliche andere vermeintliche Designverbesserungen. Obwohl also verschiedene Designabwandlungen innerhalb (Lievens, 1998) und außerhalb (Beaubein, Baker & Salvaggio, 2004) der AC-Schauplätze empfohlen wurden, ist die empirische Beweislage, durch Designverbesserungen das Konstruktvaliditätsproblem beilegen zu können, bestenfalls als gemischt anzusehen. Wichtiger ist vielleicht, dass es ein grundlegendes und sich durchziehendes Ergebnismuster gibt, das über die leichten Verbesserungen der Konstruktvalidität, die für ein paar Verbesserungsmaßnahmen belegt werden konnten, hinaus bestehen bleibt – in PEDRs dominieren Aufgabeneffekte weiterhin über Dimensionseffekte. Das bedeutet: Unabhängig davon, ob Konstruktvalidität über den Vergleich von SDDE-Korrelationen (konvergente Validitäten) mit DDSE-Korrelationen (diskriminante Validitäten, Woehr & Arthur, 2003) erhoben wird oder über die relative Größe der Aufgaben- bzw. Dimensionsfaktorladungen (Lance, Lambert et al., 2004; Lievens & Conway, 2001), herrscht trotz der geringen Verbesserungen, die durch verschiedene Designabwandlungen erzielt wurden, ein grundsätzliches Ergebnismuster vor, das als Anzeichen für das *Fehlen* von Konstruktvalidität (im traditionellen Sinn) interpretiert wird. Weisen diese Resultate darauf hin, dass die Gestaltung eines ACs nicht „repariert" werden kann, oder darauf, dass die richtigen Modifikationen oder die richtige Zusammenstellung von Modifikationen noch nicht identifiziert wurden? Oder könnte es sein, dass die Forscher bisher die falschen Fragen gestellt haben? Wenden wir uns nun letzterer Möglichkeit zu!

---

2 Lievens (persönliche Mitteilung, 22. März 05) nahm an, dass ein Grund für die scheinbar höhere Effektivität kürzerer Trainings darin besteht, dass fast alle Studien zu AC-Beurteilertrainings in Laborsettings durchgeführt wurden. Außerdem scheinen vorliegende Befunde darauf hinzuweisen, dass ein kurzes Beurteilertraining besser ist als gar keines, aber es ist nicht klar, in welchem Umfang, in welcher Art und weshalb.

Haben Forscher bisher die falschen Fragen über die AC-Konstruktvalidität gestellt? Falsche Anwendung des MTMM-Forschungsdesigns

Zuvor haben wir dargelegt, dass die (zumindest teilweise vorgenommene) Überkreuzung mehrerer Dimensionen, die über verschiedene Aufgaben erhoben wurden, (zumindest oberflächlich betrachtet) einem MTMM-Design ähnelt, wobei Dimensionen als Eigenschaften und Aufgaben als Methoden fungieren. Tatsächlich steht diese Zuordnung in Übereinstimmung mit der traditionellen Theorie der AC-Gestaltung, die besagt, dass Dimensionen situationsübergreifend stabile Verhaltenskategorien messen, wenn den Kandidaten die Möglichkeit gegeben wird, das Verhalten in verschiedenen Aufgaben zu zeigen (Sackett & Tuzinski, 2001). Dennoch führt diese Zuordnung von Dimensionen zu Eigenschaften und von Aufgaben zu Methoden zu einer impliziten (und unserer Meinung nach recht unglücklichen) Varianzaufteilung der Dimensionsbeurteilungen, die im Anschluss an die Übungen vorgenommen werden (PEDRs), in solche Varianz, die den Dimensionen (als Eigenschaften) zuzuschreiben ist und somit die erwünschte oder wahre Varianz darstellt, und in jene Varianz, die den Aufgaben (als Methoden) zuzuschreiben ist, *unerwünschte* Varianz darstellt und deshalb als allgemeiner Methoden-*Fehler* interpretiert werden müsste. Das heißt, die Anpassung des MTMM-Gerüsts zur Modellierung der Korrelationen zwischen den PEDRs könnte die Forscher zu schnell dazu verleitet haben, die Schlussfolgerung zu ziehen, dass die Varianz, die auf die Dimensionen zurückzuführen ist (d. h. die Varianz der Eigenschaften), erwünschte Varianz ist, die es zu maximieren gilt, und Varianz, die auf die Aufgaben zurückzuführen ist (d. h. Methodenvarianz), unerwünschte Varianz ist, die minimiert werden muss (Lievens & Conway, 2001).

Lance, Newbolt et al. (2000) verdeutlichten als Erste diese *Methodenfehler*-Interpretation der Aufgabeneffekte in AC-PEDRs und stellten sie einer alternativen *situationsspezifischen* Interpretation gegenüber. Während die *Methodenfehler*-Interpretation davon ausgeht, dass Aufgabeneffekte „... Quellen systematischer Messmethodenvarianz, die zu leistungsirrelevanten Kontaminierungen von AC-Beurteilungen durch Methodenvarianz und Konstruktinvalidität führen", darstellen (Lance, Newbolt et al., S. 327), sieht die *situationsspezifische* Interpretation Aufgabeneffekte als situationsübergreifend (d. h. aufgabenübergreifend) spezifische Leistungen und somit als *wahre Werte* an, „... erzeugt durch aufgabenübergreifende Unterschiede in (a) Aufgabenmerkmalen, (b) Wissens-, Fähigkeits-, Fertigkeit- und Rollen- (knowledge, skill, ability and role; KSAR) Erfordernissen und (c) Interaktionen zwischen KSAR-Erfordernissen und Kompetenzen des Kandidaten" (Lance, Newbolt et al., S. 327; siehe auch Lance, Foster, Gentry & Thoresen, 2004). Dieses sind ziemlich unterschiedliche Interpretationen von Aufgabeneffekten, welche demnach Quellen leistungsirrelevanter Messfehler (*Methodenfehler*-Interpretation) oder Quellen situationsübergreifend spezifischer wahrer Varianz (*situationsspezifische* Interpretation) sein können.

Lance und Kollegen (Lance, Newbolt et al., 2004; Lance, Foster et al., 2004) lieferten fünf unabhängige und konkurrierende empirische Tests zwischen der *Methodenfehler*- und der *situationsspezifischen* Interpretation der Aufgabeneffekte in AC-PEDRs. Die Logik dieser Tests wird in Abbildung 1 und Tabelle 3 veranschaulicht. Wie in vorherigen Studien wurden die PEDR-Korrelationen anhand eines Quasi-MTMM-Gerüsts modelliert, wobei eine konfirmatorische Faktoranalyse (CFA) verwendet wurde, um eine Faktorstruktur zu identifizieren, die eine vernünftige Anpassung an die Daten ermöglicht (im Hinblick auf die Modellkonvergenz, Zugänglichkeit und Anpassungsgüte zwischen Modell und Daten). In der hypothetischen Struktur, die in Abbildung 1 gezeigt wird, liegen der Korrelationsstruktur des PEDR korrelierte Dimensions- und korrelierte Aufgabenfaktoren zugrunde (analog zu einem Modell mit korrelierten Eigenschaften und korrelierten Methoden, CTCM-Modell, vgl. Lance, Nobel & Scullen, 2002, oder zu Widamans, Modell 3C, 1985). In der Praxis stellt jedoch oft ein eindimensionales Korrelationsmodell eine Annäherung an eine akzeptable Lösung dar und liefert eine gute Anpassung an die Daten (vgl. Schleicher et al., 2002). Mit dem vergleichenden Test zwischen der *Methodenfehler-* und der *situationsspezifischen* Interpretation von Aufgabeneffekten werden die aus der „Kern"-CFA entstandenen Faktoren auf „externe" Variablen (z. B. kognitive Fähigkeit, Fachkenntnisse und Arbeitsleistung) bezogen, wie in Abbildung 1 dargestellt.

Wie Tabelle 3 zeigt, würde man sowohl bei der *Methodenfehler-* als auch bei der *situationsspezifischen* Interpretation der Aufgabeneffekte erwarten, dass die Dimensionsfaktoren eine Beziehung zu solchen externen Variablen aufweisen, die ebenfalls leistungsbezogen sind. Worin sich die beiden Interpretationsarten unterscheiden, ist ihre Vorhersage bezüglich der Beziehung von Aufgabenfaktoren und diesen externen leistungsbezogenen Variablen. Nach der *Methodenfehler*-Interpretation geht man davon aus, dass Aufgabenfaktoren leistungsirrelevante Mess*fehler* widerspiegeln, und sagt demnach vorher, dass Aufgabenfaktoren *keinen Zusammenhang* mit externen leistungsbezogenen Variablen aufweisen sollten. Die *situationsspezifische* Interpretationsweise sieht demgegenüber Aufgabeneffekte als *wahre Werte* an, die Ergebnis situationsübergreifend spezifischer Leis-

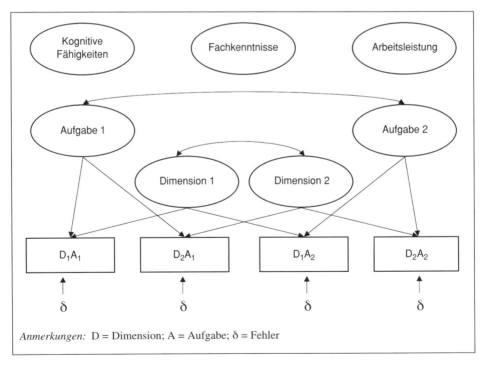

Abbildung 1: Hypothetische Faktorstruktur der PEDR-Korrelationen

tung sind und *einen Zusammenhang* zu externen leistungsbezogenen Variablen aufweisen sollten. Die Befunde von Lance und Kollegen (Lance, Newbolt et al., 2000; Lance, Foster et al., 2004) aus fünf unterschiedlichen ACs lieferten eine starke Unterstützung der *situationsspezifischen* Interpretation von Aufgabeneffekten. Im Gegensatz zu den *Methodenfehler*-Vorhersagen, aber konsistent mit den *situationsspezifischen* Vorhersagen, wiesen die Aufgabenfaktoren häufig signifikante Zusammenhänge zu anderen leistungsbezogenen Variablen auf, die außerhalb der „Kern"-CFAs lagen. Aus diesem Grund scheint es, dass Aufgabenfaktoren (Aufgabeneffekte) nicht als ungewollte, kontaminierende Methodeneffekte interpretiert werden sollten, sondern eher als wahre Werte situationsübergreifend spezifischer Leistung. Wir werden die weiteren Implikationen dieser Befunde später diskutieren; an dieser Stelle begnügen wir uns damit, festzuhalten, dass eine bedingungslose Anwendung der MTMM-Methode auf den Bereich der AC-PEDRs die Forscher fehlgeleitet hat (a) anzunehmen, dass Aufgabeneffekte unerwünschte Quellen von Varianz in PEDRs seien, weil sie den üblichen Methoden-Bias darstellen, und (b) davon *abgebracht* hat, die richtigen Fragen zu stellen, nämlich welche Konstrukte durch AC-PEDRs vor allem gemessen *werden* (Russell & Domm, 1995; Sackett & Tuzinski, 2001).

Tabelle 3: Vorhersagen nach Methoden-Bias versus situativer Spezifität

	Korrelationen mit externen Variablen	
	Dimensionsfaktoren	Aufgabenfaktoren
Methoden-Bias	Ja	Nein
situative Spezifität	Ja	Nein

Erwartung stabiler AC-Leistung, die innerhalb von Aufgaben differenziert werden kann

Erinnern wir uns daran, dass die angesammelte Menge empirischer Belege ergibt, dass AC-Leistung, die durch PEDRs erhoben wird, relativ undifferenziert *innerhalb* von Aufgaben (wie durch relativ große DDSE-Korrelationen und robuste Aufgabenfaktoren belegt wird) und relativ inkonsistent *über* Aufgaben *hinweg* ist (wie durch relativ schwache SDDE-Korrelationen und seltene Belege für gut definierte Dimensionsfaktoren dokumentiert wird; Lance, Lambert et al., 2004; Woehr & Arthur, 2003). Natürlich widersprechen diese Ergebnisse dem, was man gemäß der traditionellen AC-Theorie erwarten würde, welche ja davon ausgeht, dass dimensionales Verhalten über die Aufgaben hinweg relativ stabil und innerhalb der einzelnen Aufgaben gut zu differenzieren ist (Sackett & Tuzinski, 2001). Dies ist der Kern des „Konstruktvaliditätsproblems". Die traditionelle AC-Theorie besagt, dass das Verhalten der Teilnehmer situationsübergreifend konsistent und innerhalb der Aufgaben differenzierbar ist. Aber immer wieder zeigen die Daten, dass das Verhalten der Teilnehmer tatsächlich situationsübergreifend spezifisch und innerhalb einzelner Übungen undifferenziert ist. Dieser widersprüchliche Befund brachte Forscher zu der Vermutung, dass irgend etwas an der Art der Gestaltung von ACs falsch sein muss. Oder ist es tatsächlich so? Zwei Schlüsselstudien von Filip Lievens erbrachten wichtige Erkenntnisse zu dieser Frage.

In einer Studie manipulierte Lievens (2002) die Verhaltensprofile von Kandidaten über videobasierte Aufzeichnungen ihrer Leistungen in einem 2 (situationsübergreifende Konsistenz vs. Spezifität) · 2 (dimensionale Differenzierung)-Design. Das Verhalten jedes Kandidaten war entweder konsistent oder variierte über die Aufgaben hinweg und war entweder relativ differenziert oder homogen innerhalb der Aufgaben. Es ist anzumerken, dass das situationsübergreifend konsistent-differenzierte Verhaltensprofil dem Verhaltensmuster entspricht, das die traditionelle AC-Theorie vorhersagt, wohingegen das situationsübergreifend spezifisch-homogene (undifferenzierte) Profil das Muster widerspiegelt, welches konsistent ist mit den angesammelten Forschungsbefunden zur Konstruktvalidität von AC-PEDRs. Die zwei Beobachtergruppen waren 26 A & O-Psychologen und 20 Manager. Beide Gruppen bekamen ein zweistündiges Beobachtertraining. Lievens Haupterkenntnis in Bezug auf das gegenwärtige Anliegen war, dass die Beobachter die manipulierten Verhaltensprofile entdeckten und die Kandidaten entsprechend beurteilten, das heißt, die PEDRs der Beobachter waren ziemlich genau. Wenn zum Beispiel das Verhalten der Teilnehmer über die Aufgaben hinweg konsistent und innerhalb der Aufgaben differenziert war (das Profil, das der traditionellen AC-Theorie entspricht), erkannten die Beobachter dieses Muster und beurteilten es akkurat. Ebenso, wenn das Verhalten der Teilnehmer über die Aufgaben hinweg variierte, aber innerhalb einer Aufgabe differenziert war (das Profil, das den meisten Daten zur AC-Konstruktvalidität entspricht). Lievens (2001b) Laborstudie war gleichermaßen aufgebaut und erbrachte sehr ähnliche Resultate.

Warum sind Lievens (2001b, 2002) Befunde so wichtig? Weil sie darauf schließen lassen, dass Beobachterurteile nicht fehleranfällig, sondern ziemlich genau sind. Dies entspricht der Literatur zur ökologischen Validität sozialer Wahrnehmung, die annimmt, dass – auch wenn sich Psychologen mit den verschiedenen Arten beschäftigen, auf die die menschliche Wahrnehmung verzerrt sein könnte – Menschen letztendlich recht gute Beurteiler des Verhaltens anderer sein können und meistens auch sind (Fundner, 1987; McArthur & Baron, 1983; Swann, 1984). Falls es stimmt, dass Menschen im Allgemeinen – und sehr erfahrene und trainierte Beobachter im Besonderen – recht genaue Beurteiler des Verhaltens anderer (bzw. von Kandidaten) sind, würde dies dabei helfen, das AC-Konstruktvaliditätsparadoxon beizulegen. Insbesondere würde es nahelegen, dass die Daten zur Konstruktvalidität von AC-PEDRs aus einem Vierteljahrhundert belegen, dass Beobachter das Verhalten von AC-Teilnehmern, welches tatsächlich situationsübergreifend spezifisch und relativ undifferenziert (d. h. homogen) innerhalb der Übungen ist, recht genau eingeschätzt haben, entgegengesetzt zur traditionellen AC-Theorie, die den gegenteiligen Fall voraussetzt. Das heißt, es könnte sein, dass die traditionelle AC-Theorie falsch war und ACs nicht verbessert werden müssen, da sie das, was sie messen, gut messen, aber was sie messen, ist nicht das, was ursprünglich angenommen wurde. Aber schließt dies Beurteilerfehler als mögliche Erklärung aus? Vielleicht, vielleicht auch nicht.

Sind Beurteilerfehler verantwortlich für das Konstruktvaliditätsproblem?

Es gibt hier mindestens zwei Aspekte: (a) Verzerrungen, die sich als Funktion der Beurteilungsstrategie (z. B. aufgabenübergreifende vs. aufgabeninterne Methoden) ergeben, und (b) Halo-Fehler (Sackett & Tuzinski, 2001). Obwohl es mindestens vier unterschiedliche AC-Beurteilungsstrategien gibt (siehe Robie et al., 2000, und Woehr & Arthur, 2003), scheinen die üblichsten die von Woehr und Arthur (2003) genannten zu sein, nämlich (a) die aufgabeninterne Methode, bei der die Beobachter die Teilnehmer nach der Bearbeitung jeder Aufgabe auf den Dimensionen einschätzen und dann zusammenfassende Dimensionsbewertungen nach Bearbeitung aller Aufgaben vornehmen, und (b) die aufgabenübergreifende Methode, bei der die Beobachter die Dimensionsurteile nur nach Bearbeitung aller Aufgaben abgeben. Angeblich bringt die aufgabeninterne Methode allgemeine Aufgabeneffekte mit sich, während die aufgabenübergreifende Methode allgemeine Beurteilereffekte erzeugt (Lance, Lambert et al., 2004), und in der Tat fanden Woehr und Arthur (2003) stärkere Belege für konvergente Validität bei der aufgabenübergreifenden Methode (obwohl die DDSE-Korrelationen die SDDE-Korrelationen für beide Beurteilungsmethoden *immer noch* übertrafen).

In einer interessanten Studie, die sich direkt auf den Aspekt des Urteilsfehlers bezieht, untersuchten Kolk, Born und van der Flier (2002) eine ungewöhnliche (und zugegebenermaßen nicht sehr praktische) Beurteilungsstrategie, in der jeder Beobachter für die Beurteilung eines Kandidaten auf nur einer Dimension in einer Aufgabe verantwortlich war, so dass es so viele Beobachter wie Dimensionen · Aufgaben-Kombinationen gab. Dadurch wurden die abschließenden Beurteilungen über Dimensionen und Aufgaben hinweg unabhängig voneinander vorgenommen, so dass alle Quellen möglicher allgemeiner Beurteiler- und Aufgabenfehler eliminiert wurden. Dennoch dominierten sogar hier Aufgabeneffekte über Dimensionseffekte. In zwei Studien, die dieses experimentelle Beurteilungsschema mit einer Kontrollgruppe verglichen, die entsprechend einem traditionelleren aufgabeninternen Schema urteilte, waren die DDSE-Korrelationen (sogenannte diskriminante Validitäten) in der Experimentalgruppe signifikant niedriger, aber die Beurteilungsstrategie hatte praktisch keinen Effekt auf SDDE-Korrelationen (sogenannte konvergente Validitäten). Dennoch ist der Umstand wichtig, dass die DDSE-Korrelationen in *beiden* Gruppen (merklich) größer waren als die SDDE-Korrelationen. Das heißt, Aufgabeneffekte dominierten nach wie vor über Dimensionseffekte, sogar in der Experimentalgruppe, in der alle Quellen möglicher Urteilsfehler eliminiert waren. Wenn also die Leistung im AC mithilfe einer Beurteilungsstrategie gemessen wird, die frei von potenziellen Bedrohungen durch allgemeine Beurteilungs- und Aufgabenfehler ist, so zeigt die Korrelationsstruktur der PEDRs dennoch eine situationsübergreifend spezifische Leistung an, die relativ homogen innerhalb der Aufgaben ist.

Aber die Ergebnisse von Kolk et al. (2002) zeigten eine Reduktion der DDSE-Korrelationen für die experimentelle Beurteilungsmethode im Vergleich zu der traditionelleren aufgabeninternen Methode. Bedeutet dies, dass letztere Methode einen aufgabeninternen Halo-Effekt erzeugt? Lance, Foster et al. (2004) präsentierten einige Befunde, die sich hierauf beziehen. Sie verwendeten eine CFA, um die Faktorstruktur von zwei Replikationen eines betrieblichen ACs zu modellieren, das aus drei Aufgaben und sechs Dimensionen bestand, und in beiden Fällen unterstützten die Resultate ein Modell mit einer Dimension und drei korrelierten Aufgaben. Weiterhin holten sie Gesamtbeurteilungen der Leistung (overall performance ratings, OPRs) für jede Aufgabe ein („Beurteilen Sie die Effektivität der Gesamtleistung des Kandidaten in dieser Aufgabe", S. 25) sowie Daten zu zwei leistungsbezogenen CFA-externen Variablen, außerdem Testwerte der Fachkenntnisse und Arbeitsleistungsbeurteilungen durch Vorgesetzte. Die Korrelationen der OPRs über die Aufgaben hinweg betrugen im Durchschnitt .28 (im gleichen

Bereich wie die Korrelationen der Aufgabenfaktoren untereinander: .31), was auf das Nichtvorhandensein eines generalisierten Halos hinweist. Die Korrelationen zwischen den Aufgabenfaktoren und den externen Leistungsvariablen betrugen im Schnitt .23 und waren alle statistisch signifikant (dies ist der Teil der Ergebnisse, der schon weiter oben erwähnt wurde und der anzeigt, dass Aufgabenfaktoren als wahre Werte situationsspezifischer AC-Leistung interpretiert werden sollten). Die Korrelationen zwischen den OPRs und den externen Leistungsvariablen waren von ähnlicher Größe, im Durchschnitt .26. Folglich sind OPRs als ein Index des Gesamteindrucks der Beobachter von der Leistung der AC-Teilnehmer deutlich leistungsbezogen und nicht bloß Hinweise auf einen leistungsirrelevanten Halo-*Fehler*. Deshalb behaupten wir, dass die mittlere Differenz der DDSE-Korrelationen zwischen der Experimental- und der Kontrollgruppe (aufgabeninterne Beurteilungsmethode) in der Studie von Kolk et al. (2002) eine Reduktion des Halo-Fehlers in der Experimentalgruppe widerspiegeln *könnte*, ebenso gut aber auch auf eine Verminderung dieser Korrelationen in der Experimentalgruppe als Funktion einer unvollkommenen Interrater-Reliabilität zurückgehen könnte. Zusätzliche Forschung ist erforderlich, um diesen Punkt zu klären.

Schlussfolgerungen

Die hier besprochene Literatur unterstützt fünf Schlussfolgerungen. Erstens kann (trotz verschiedener Designverbesserungen, darunter einige sehr kreative und schlagkräftige Manipulationen und Umgestaltungsversuche, sowohl im Labor als auch in betrieblichen Settings) „Konstruktvalidität", wie sie traditionellerweise verstanden wurde – nämlich im Sinne der Übertragung der MTMM-Methodologie auf die Untersuchung von AC-PEDRs –, nicht gerettet oder gekittet werden, zumindest nicht auf einer regulären Basis. Dies soll nicht heißen, dass es nicht eine verbleibende (Reihe von) Designverbesserung(en) gibt, die zu „konstruktvaliden" AC-PEDRs führen könnte(n), aber nach einem Vierteljahrhundert der Forschung denken wir, dass dies unwahrscheinlich ist.

Zweitens hat ein Vierteljahrhundert der Forschung wieder und wieder bestätigt, dass ACs das Verhalten der Teilnehmer in dem Sinne messen, in dem es im Zusammenhang zu den Aufgaben steht, die entwickelt wurden, und nicht zu den Dimensionen, die für die Beobachter definiert wurden, um das Verhalten der Kandidaten zu beurteilen. Diese „Aufgabeneffekte" sind robust und verschwinden nicht.

Drittens repräsentieren diese robusten Aufgabeneffekte eine situationsübergreifende Spezifität des Kandidatenverhaltens und keinen Methoden-Bias, wie die Übertragung der methodologischen Grundlagen des MTMM auf die Untersuchung der PEDR-Korrelationsstruktur die Forscher hat vermuten lassen. Wir wollen die Debatte über Dispositionen versus Situationen als Determinanten individuellen Verhaltens (z.B. Epstein & O'Brien, 1985; Pervin, 1989) nicht wieder eröffnen, aber wir wissen, dass situative Charakteristika relevante Ursachen für menschliches Verhalten darstellen können. Ein Weg, auf dem Situationen und Persönlichkeitseigenschaften interagieren und das Verhalten beeinflussen können, wurde im Kontext der Trait-Activation (TA)-Theorie (Tett & Burnett, 2003) beschrieben. Entsprechend der TA-Theorie dienen situative Charakteristika dazu, die Relevanz bestimmter Eigenschaften zu bahnen. Im AC-Kontext könnte eine konkurrenzbetonte, ungeführte Gruppendiskussion die Relevanz der Eigenschaften Dominanz oder Aggression bahnen und somit einen Einfluss auf solche Verhaltensweisen der Kandidaten nehmen, die als relevant für die AC-Dimension „Führung" angesehen werden. Eine Übung zur Mitarbeiterberatung könnte die Relevanz von Eigenschaften wie Fürsorge und Mitgefühl bahnen, die wiederum einen Einfluss auf solches Teilnehmerverhalten haben, das als relevant in Bezug auf eine Sensitivitätsdimension im AC wahrgenommen wird. Die Hauptvorhersagen für den vorliegenden Fall sind: (a) Eine größere situationsübergreifende Konsistenz der Dimensionsbeurteilungen sollte für Dimensionen über solche Situationen hinweg beobachtet werden, die dieselben relevanten Eigenschaften bahnen; (b) eine bessere Dimensionsdifferenzierung sollte innerhalb derjenigen Aufgaben möglich sein, die multiple Eigenschaften bahnen, insofern diese relevant für die zu beurteilenden Dimensionen sind. Obwohl es einige Unterstützung für diese Vorhersagen gibt (Haalund & Christiansen, 2002; Lievens, Chasteen, Day & Christiansen, im Druck), waren die Auswirkungen der Eigenschaftsrelevanz auf die konvergente und diskriminante Validität der AC-PEDRs zugegebenermaßen sehr gering (Lievens et al., im Druck). Stattdessen bleiben Befunde bestehen, dass DDSE-Korrelationen substanziell größer sind als SDDE-Korrelationen – unabhängig von den Mustern der Eigenschaftsrelevanz.

Viertens dürften Beobachter – und zwar besonders die gründlich trainierten und erfahrenen Beobachter – recht genaue Beurteiler solchen Verhaltens von Kandidaten sein, das situationsübergreifend relativ spezifisch und innerhalb von Situationen (Aufgaben) undifferenziert erscheint. Das heißt, es sieht so aus, als ob Beobachter sich in Assessments nicht ungeschickt verhalten und/oder falsche Aussagen darüber gemacht haben, was sie gesehen haben, sondern dass sie die Effektivität des Teilnehmerverhaltens, das sie als variabel über Aufgaben hinweg und relativ homogen innerhalb von Aufgaben beobachtet haben, recht genau beschrieben haben.

Fünftens und letztens repräsentieren Aufgabeneffekte, auf die mittlere bis hohe DDSE-Korrelationen hinweisen, nicht einen beobachterbedingten Halo-Fehler, sondern spiegeln teilweise eher angemessen genaue Gesamturteile des Kandidatenverhaltens innerhalb von Aufgaben wider. Zusätzlich zum Fällen dimensionsspezifischer Leistungsurteile scheinen Beobachter ebenfalls angemessen genaue leistungsbezogene Gesamturteile innerhalb von Aufgaben abgeben zu können, die zu einem gewissen Ausmaß ebenfalls die Dimensionsurteile beeinflussen (Lance, Foster et al., 2004).

6.3 Konsequenzen

ACs sind gut in dem, was sie tun, nämlich Verhalten von Kandidaten mit Bezug auf potenziell inhaltlich valide simulierte Leistungssituationen (Thornton & Mueller-Hansen, 2004), das heißt Aufgaben, zu bewerten. Sie versagen jedoch bei der validen Erfassung von Verhalten mit Bezug auf die Dimensionen, die den Beobachtern vorgegeben werden, da diese situationsübergreifend konsistente Verhaltenskategorien voraussetzen. Mit anderen Worten, ACs arbeiten nicht wie beabsichtigt, aber sie sind in dem, was sie machen, recht gut. Was wir nun tun können, ist, die Wege anzuerkennen, auf denen ACs tatsächlich zu funktionieren scheinen, und deshalb (a) die Forschung umzuleiten – weg von Fragen wie „Warum funktionieren ACs nicht so, wie sie sollten?" in Richtung eines breiteren Verständnisses der Art und Weise, auf die sie zu funktionieren scheinen, und (b) in der Praxis, aufbauend auf unserer bestehenden Wissensbasis, ACs umzugestalten, damit sie besser als das funktionieren, was sie tatsächlich sind – eine Ansammlung potenziell inhaltsvalider Simulationen (Howard, 1997; Lance, Foster et al., 2004; Lance, Lambert et al., 2004; Sackett & Tuzinski, 2001).

Dieser Vorschlag ist nicht neu. Vor mehr als 20 Jahren regten Sackett und Dreher (1984) an, „... globale Dimensionen zu eliminieren und stattdessen auf die Identifikation wichtiger Managerrollen für die Arbeitstätigkeit und die Gestaltung von Aufgaben zur Simulation von Rollenverhalten zu fokussieren. Assessment Center können begrifflich aufgefasst werden als eine Serie von Aufgaben, die entwickelt wurden, um die Leistungsfähigkeit in einer Vielzahl wichtiger Managerrollen wie zum Beispiel als Verhandelnder, Berater, Untersuchender, Überzeuger usw. zu erheben ...", so dass „... statt am Ende eine Reihe von globalen Dimensionsurteilen zu haben, als Ergebnis eine Reihe von Beurteilungen der Leistungsfähigkeit in Aufgaben oder Rollensimulationen zur Verfügung steht" (S. 189). Dennoch ist die Forschung zu solchen alternativen AC-Konstruktionen gering (Joyce, Thayer & Pond, 1994; Lovler, Rose & Wesley, 2002; Russell & Domm, 1995).

Kürzlich haben Sackett und Tuzinski (2001) sowie Lance und Kollegen (Lance et al., 2000; Lance, Foster et al., 2004; Lance, Lambert et al., 2004) die Aufforderung von Sackett und Dreher (1982) zu einer Neuausrichtung der Beurteilung mithilfe von ACs statt auf Dimensionen auf Rollen oder Aufgaben in Simulationen oder Arbeitsproben wieder aufgegriffen. Diese Anregung „... [basiert] auf der Idee, Vorteile aus den allgegenwärtigen Aufgabeneffekten zu ziehen, indem man ACs auf Basis inhaltsvalider Arbeitsproben-Aufgaben konstruiert, die durch Arbeitsanalysen identifiziert wurden" (Lance, Foster et al., 2001, S. 32). Das heißt, falls „... Beobachterurteile natürlicherweise [und korrekterweise] auf die Effektivität von Aufgabenleistung fokussiert sind, dann könnte man Assessment Center in einer Art konstruieren, die konsistent mit diesem Blickwinkel ist" (Sackett & Tuzinski, 2001, S. 126). Glücklicherweise gibt es schon eine etablierte Literatursammlung zu Design und Umsetzung von Arbeitsproben (z. B. Campbell, Ford, Rumsey, Pulakos, Borman, Felker, de Vera & Riegelhaupt, 1990; Knapp, im Druck; Smith, 1991; Teachout & Pellum, 1991) sowie Belege ihrer Validität (z. B. Lance, Johnson, Douthitt, Bennett & Harville, 2000; Schmidt & Hunter, 1998). Trotz ihres Festhaltens an der traditionellen AC-Theorie liefern Thornton und Mueller-Hansen (2004) einen besonders brauchbaren Überblick über die Entwicklung von Simulationen, die extra für AC-basierte Beurteilungen entwickelt wurden. Schließlich haben Thoresen (2002) und Lowry (1995, 1997) Beschreibungen von sehr gründlich und systematisch entwickelten aufgabenbasierten ACs dargestellt. Obwohl es Unterschiede zwischen ihren Ansätzen gibt, beruhen sowohl Thoresens als auch Lowrys aufgabenbasierte ACs auf systematischen Arbeitsanalysen, um kritische Arbeitstätigkeiten zu identifizieren. Hierbei werden die Leistungen in den Simulationen dann nicht bezüglich breiter Dimensionen erhoben, sondern es ist spezifisches Zielverhalten, das eine erfolgreiche Leistung in der Simulation widerspiegelt. Feedback wird ebenso nicht in Bezug auf breitgefasste Dimensionen gegeben, sondern dahingehend, welche Aspekte der Aufgaben relativ erfolgreich oder nicht erfolgreich bewältigt wurden. Dennoch gibt es bisher sehr wenig Forschung zur Reliabilität, Validität oder der Reaktion der Verwender eines der Ansätze. Wir sehen dies als naheliegende und wahrscheinlich sehr fruchtbare Richtung für die zukünftige Forschung an.

ACs funktionieren nicht auf die bisher vermutete Art. Die traditionelle AC-Theorie, kombiniert mit der Übernahme der MTMM-Methodologie, führte Forscher dahin, latente

Korrelationsstrukturen für PEDRs anzunehmen, die genau entgegengesetzt zu denen waren, die normalerweise in Messungen von Teilnehmerverhalten gefunden werden. Teilnehmerverhalten ist nicht situationsübergreifend konsistent und innerhalb von Aufgaben differenziert. Eher ist es situationsübergreifend spezifisch und relativ homogen innerhalb von Aufgaben, und Beobachter erkennen dies recht gut. Es ist nun an der Zeit, den Wert der Forschungsergebnisse des letzten Vierteljahrhunderts anzuerkennen und Beurteilungen umzuorientieren, fort von breiten Dimensionen und hin zu aufgabenbasiertem Assessment.

Literatur

Arthur, W. Jr., Day, E. A., McNelly, T. L. & Edens, P. S. (2003). A meta-analysis of the criterion-related validity of assessment center dimensions. *Personnel Psychology, 56,* 125–154.

Beaubein, J. M., Baker, D. P. & Salvaggio, A. N. (2004). Improving the construct validity of line operational simulation ratings: Lessons learned from the assessment center. *International Journal of Aviation Psychology, 14,* 1–17.

Bowler, M. C. & Woehr, D. J. (2005). *Assessment center construct-related validity: A big picture perspective.* Manuscript submitted for publication.

Buffett, J. (1999). I don't know and I don't care. On *Beach house on the moon* [CD]. Key West, FL: Margaritaville/Island.

Campbell, C. H., Ford, P., Rumsey, M. G., Pulakos, E. D., Borman, W. C., Felker, D. B., de Vera, M. V. & Riegelhaupt, B. J. (1990). Development of multiple job performance measures in a representative sample of jobs. *Personnel Psychology, 43,* 277–300.

Campbell, D. T. & Fiske, D. W. (1959). Convergent and discriminant validation by the multitrait-multimethod matrix. *Psychological Bulletin, 56,* 81–105.

Donahue, L. M., Truxillo, D. M., Cornwell, J. M. & Gerrity, M. J. (1997). Assessment center construct validity and behavioral checklists: Some additional findings. *Journal of Social Behavior and Personality, 12,* 85–108.

Epstein, S. & O'Brien, E. J. (1985). The person-situation debate in historical and current perspective. *Psychological Bulletin, 98,* 513–537.

Funder, D. C. (1987). Errors and mistakes: Evaluating the accuracy of social judgment. *Psychological Bulletin, 101,* 75–90.

Gaugler, B. B., Rosenthal, D. B., Thornton, G. C. III & Bentson, C. (1987). Meta-analysis of assessment center validity. *Journal of Applied Psychology, 72,* 493–511.

Gaugler, B. B. & Thornton, G. C. III. (1989). Number of assessment center dimensions as a determinant of assessor accuracy. *Journal of Applied Psychology, 74,* 611–618.

Haaland, S. & Christiansen, N. D. (2002). Implications of trait-activation theory for evaluating the construct validity of assessment center ratings. *Personnel Psychology, 55,* 137–163.

Hardison, C. M. & Sackett, P. R. (2004, April). *Assessment center criterion-related validity: A meta-analytic update.* Paper presented at the meeting of the Society for Industrial and Organizational Psychology, Chicago, IL.

Harris, M. M., Becker, A. S. & Smith, D. E. (1993). Does the assessment center scoring method affect the cross-situational consistency of ratings? *Journal of Applied Psychology, 78,* 675–678.

Hennessy, J., Mabey, B. & Warr, P. (1998). Assessment center observation procedures: An experimental comparison of traditional, checklist and coding methods. *International Journal of Selection and Assessment, 6,* 222–231.

Howard, A. (1997). A reassessment of assessment centers: Challenges for the 21st century. *Journal of Social Behavior and Personality, 12,* 13–52.

International Task Force on Assessment Center Guidelines. (2000). Guidelines and ethical considerations for assessment center operations. *Public Personnel Management, 28,* 315–331.

Joyce, L. W., Thayer, P. W. & Pond, S. B. III. (1994). Managerial functions: An alternative to traditional assessment center dimensions? *Personnel Psychology, 47,* 109–121.

Kleinmann, M. (1993). Are rating dimensions in assessment centers transparent for participants? Consequences for criterion and construct validity. *Journal of Applied Psychology, 78,* 988–993.

Kleinmann, M. & Köller, O. (1997). Construct validity of assessment centers: Appropriate use of confirmatory factor analysis and suitable construction principles. *Journal of Social Behavior and Personality, 12,* 65–84.

Knapp, D. (in press). The U.S. joint-service job performance measurement project. In W. Bennett, Jr., C. E. Lance & D. J. Woehr (Eds.), *Performance measurement: Current perspectives and future challenges.* Mahwah, NJ: Erlbaum.

Kolk, N. J., Born, M. P. & van der Flier, H. (2002). Impact of common rater variance on construct validity of assessment center dimension judgments. *Human Performance, 15,* 325–337.

Kolk, N. J., Born, M. P. & van der Flier, H. (2003). The transparent assessment center: The effects of revealing dimensions to candidates. *Applied Psychology: An International Review, 52,* 648–668.

Lance, C. E., Foster, M. R., Gentry, W. A. & Thoresen, J. D. (2004). Assessor cognitive processes in an operational assessment center. *Journal of Applied Psychology, 89,* 22–35.

Lance, C. E., Johnson, C. D., Douthitt, S. S., Bennett, W. Jr. & Harville, D. L. (2000). Good news: Work sample administrators' global performance judgments are (about) as valid as we've suspected. *Human Performance, 13,* 253–277.

Lance, C. E., Lambert, T. A., Gewin, A. G., Lievens, F. & Conway, J. M. (2004). Revised estimates of dimension and exercise variance components in assessment center postexercise dimension ratings. *Journal of Applied Psychology, 89,* 377–385.

Lance, C. E., Newbolt, W. H., Gatewood, R. D., Foster, M. R., French, N. & Smith, D. E. (2000). Assessment center exercise factors represent cross-situational specificity, not method bias. *Human Performance, 13,* 323–353.

Lance, C. E., Noble, C. L. & Scullen, S. E. (2002). A critique of the correlated trait – correlated method (CTCM) and correlated uniqueness (CU) models for multitrait-multitimethod (MTMM) data. *Psychological Methods, 7,* 228–244.

Lievens, F. (1998). Factors which improve the construct validity of assessment centers: A review. *International Journal of Selection and Assessment, 6,* 141–152.

Lievens, F. (2001a). Assessor training strategies and their effects on accuracy, interrater reliability, and discriminant validity. *Journal of Applied Psychology, 86,* 255–264.

Lievens, F. (2001b). Assessors and use of assessment centre dimensions: A fresh look at a troubling issue. *Journal of Organizational Behavior, 22,* 203–221.

Lievens, F. (2002). Trying to understand the different pieces of the construct validity puzzle of assessment centers: An examination of assessor and assessee effects. *Journal of Applied Psychology, 87,* 675–686.

Lievens, F., Chasteen, C. S., Day, E. A. & Christiansen, N. D. (in press). Large-scale investigation of the role of trait activation theory for understanding assessment center convergent and discriminant validity. *Journal of Applied Psychology.*

Lievens, F. & Conway, J. M. (2001). Dimensions and exercise variance in assessment center scores: A large-scale evaluation of multitrait-multimethod studies. *Journal of Applied Psychology, 86,* 1202–1222.

Lievens, F. & Klimoski, R. J. (2001). Understanding the assessment centre process: Where are we now? *International Review of Industrial and Organizational Psychology, 16,* 246–286.

Lovler, B., Rose, M. & Wesley, S. (2002, April). *Finding assessment center construct validity: Try behaviors instead of dimensions.* Paper presented at the meeting of the Society for Industrial and Organizational Psychology, Toronto, Ontario, Canada.

Lowry, P. E. (1995). The assessment center process: Assessing leadership in the public sector. *Public Personnel Management, 24* (4), 443–450.

Lowry, P. E. (1997). The assessment center process: New directions. *Journal of Social Behavior and Personality, 12,* 53–62.

McArthur, L. Z. & Baron, R. M. (1983). Toward an ecological theory of social perception. *Psychological Bulletin, 90,* 215–238.

Pervin, L. A. (1989). Persons, situations, and interactions: The history of a controversy and a discussion of theoretical models. *Academy of Management Review, 14,* 350–360.

Reilly, R. R., Henry, S. & Smither, J. W. (1990). An examination of the effects of using behavior checklists on the construct validity of assessment center dimensions. *Personnel Psychology, 43,* 71–84.

Robie, C., Osburn, H. G., Morris, M. A., Etchegaray, J. M. & Adams, K. A. (2000). Effects of the rating process on the construct validity of assessment center dimension evaluations. *Human Performance, 13,* 355–370.

Russell, C. J. & Domm, D. R. (1995). Two field tests of an explanation of assessment centre validity. *Journal of Occupational and Organizational Psychology, 68,* 25–47.

Sackett, P. R. (1987). Assessment centers and content validity: Some neglected issues. *Personnel Psychology, 40,* 13–25.

Sackett, P. R. & Dreher, G. F. (1982). Constructs and assessment center dimensions: Some troubling findings. *Journal of Applied Psychology, 67,* 401–410.

Sackett, P. R. & Dreher, G. F. (1984). Situation specificity of behavior and assessment center validation strategies: A rejoinder to Neidig and Neidig. *Journal of Applied Psychology, 69,* 187–190.

Sackett, P. R. & Tuzinski, K. (2001). The role of dimensions in assessment center judgment. In M. London (Ed.), *How people evaluate others in organizations* (pp. 111–129). Mahwah, NJ: Erlbaum.

Sagie, A. & Magnezy, R. (1997). Assessor type, number of distinguishable categories, and assessment centre construct validity. *Journal of Occupational and Organizational Psychology, 67,* 401–410.

Schleicher, D. J., Day, D. V., Mayes, B. T. & Riggio, R. E. (2002). A new frame for frame-of-reference training: Enhancing the construct validity of assessment centers. *Journal of Applied Psychology, 87,* 735–746.

Schmidt, F. L. & Hunter, J. E. (1998). The validity and utility of selection methods in personnel psychology: Practical and theoretical implications of 85 years of research findings. *Psychological Bulletin, 124,* 262–274.

Schneider, J. R. & Schmitt, N. (1992). An exercise design approach to understanding assessment center dimension and exercise constructs. *Journal of Applied Psychology, 77,* 32–41.

Silverman, W. H., Dalessio, A., Woods, S. B. & Johnson, R. L. Jr. (1986). Influence of assessment center methods on assessors' ratings. *Personnel Psychology, 39,* 565–578.

Smith, F. D. (1991). Work samples as measures of performance. In A. K. Wigdor & B. F. Green (Eds.), *Performance assessment for the workplace* (Vol. 2, pp. 27–52). Washington, DC: National Academy Press.

Spychalski, A. C., Quiñones, M. A., Gaugler, B. B. & Pohley, K. (1997). A survey of assessment center practices in the United States. *Personnel Psychology, 50,* 71–91.

Swann, W. B. (1984). Quest for accuracy in person perception: A matter of pragmatics. *Psychological Review, 91,* 457–477.

Teachout, M. S. & Pellum, M. W. (1991). *Air force research to link standards for enlistment to on-the-job performance* (AFHRL-TR-90-90). Brooks AFB, TX: Air Force Human Resources Laboratory, Training Systems Division.

Tett, R. P. & Burnett, D. D. (2003). A personality trait-based interactionist model of job performance. *Journal of Applied Psychology, 88,* 500–517.

Thoresen, J. D. (2002, October). *Do we need dimensions? Dimensions limited or unlimited.* Paper presented at the meeting of the International Congress of Assessment Center Methods, Pittsburg, PA.

Thornton, G. C. III & Mueller-Hanson, R. A. (2004). *Developing organizational simulations: A guide for practitioners and students.* Mahwah, NJ: Erlbaum.

Widaman, K. F. (1985). Hierarchically nested covariance structure models for multitrait-multimethod data. *Applied Psychological Measurement, 9,* 1–26.

Woehr, D. J. & Arthur, W. Jr. (2003). The construct-related validity of assessment center ratings: A review and meta-analysis of the role of methodological factors. *Journal of Management, 29,* 231–258.

7 Assessment Center und Persönlichkeitstheorien[1]

Hermann-Josef Fisseni und Ivonne Preusser

7.1 Fragestellung und Untersuchungsziel

Gegenstand unserer Fragen ist das Verhältnis von Assessment Center (AC) und Persönlichkeitstheorien. In der Fragestellung tut sich ein Dilemma auf. Zum *Assessment Center* haben Gruppen von Psychologen (nennen wir sie A) bestimmte Vorstellungen entwickelt, ebenso haben Gruppen von Psychologen (nennen wir sie B) über die *Persönlichkeit* bestimmte Theorien formuliert. Keineswegs aber sind in Gruppe A die Vorstellungen zum AC oder in Gruppe B die Theorien zur Persönlichkeit bedeutungsäquivalent. Und noch weniger gilt, dass die „Gemeinschaft der Psychologen" (the scientific community) diese Vorstellungen und Theorien für gültig hält.

Assessment Center. Wir befassen uns mit dem Assessment Center als einer Art idealtypischen Modells, können aber nicht eingehen auf die große Zahl seiner Varianten. Was die *Personen* angeht, so sind drei Gruppen beteiligt: Teilnehmer heißen die (8 bis 12) Personen, die beurteilt werden (auf ihre Auswahl- oder Entwicklungswürdigkeit hin). Beobachter heißen die (4 bis 6) Personen, welche die Aufgabe übernehmen, die Teilnehmer zu beurteilen. Beide Gruppen (Beobachter und Teilnehmer) stehen unter der Supervision eines oder mehrerer Leiter, der sogenannten Moderatoren. Was die Verfahren der Verhaltenserfassung betrifft, die sogenannten *Übungen*, so sollen sie die Anforderungen abbilden, denen ein Teilnehmer dann entsprechen muss, wenn er auf die Zielstelle vorrückt, die er anstrebt. *Ziel* des Assessment Centers ist es, Personen zu untersuchen und zu beurteilen auf ihre Eignung für Führungsaufgaben in Industrie, Verwaltung, Militär u. a. Schlichter gesagt, die Beobachter sollen das Potenzial oder die Kompetenz der Teilnehmer einschätzen, *bezogen auf die Zielstelle,* und diese Einschätzung soll (mit)entscheiden über Auswahl- oder Entwicklungswürdigkeit der Teilnehmer. Der *Verlauf* eines Assessment Centers ist nicht genau festgelegt, der *Begriff* nicht scharf umrissen.

Persönlichkeit und Persönlichkeitstheorie. Die Konzepte von Persönlichkeit und Persönlichkeitstheorie lassen sich nicht als klar und eindeutig bezeichnen. Wir möchten dem Leser aber sagen, was wir unter Persönlichkeit und Persönlichkeitstheorie verstehen.

Persönlichkeit sei aufgefasst als Inbegriff der einzigartigen Verhaltensweisen eines Menschen, die sich in unterschiedlichem Grade als „individuell" beschreiben lassen; eingeschlossen ist die Vorstellung, dass alle leib-seelischen Vorgänge, alle bewussten oder unbewussten Tätigkeiten, alle Verhaltensprozesse sich beziehen auf eine Einheit, die erlebt (und beschrieben) wird als „Selbst" oder als „Ich".

Hinzugefügt sei: Zur Persönlichkeit gehört ein Maß an *Spontaneität*. Dies besagt *negativ:* Die Persönlichkeit ist zwar abhängig von ihrer Umwelt, sie wird aber von der

---

[1] Danken möchten wir Frau Diplom-Psychologin Susanne D'Souza für ihre sorgfältige Lesung dieses Kapitels, für ihre Korrektur- und Ergänzungsvorschläge.

Umwelt nicht determiniert. *Positiv* besagt Spontaneität: Die Persönlichkeit bestimmt ihr Handeln mit, sie besitzt ein *Zentrum bewussten und reflexiven Handelns*.

Persönlichkeitstheorie sei verstanden als komplexes Aussagensystem, dessen Bedeutungshof nicht scharf umrissen ist. Das Aussagensystem enthält Angaben zu den Merkmalen, die eine Persönlichkeit ausmachen; es erläutert einzelne Merkmale, umschreibt ihre Funktion und ihre strukturellen Zusammenhänge; es enthält Hypothesen und Gesetze, die das Verhalten von Individuen und von Persönlichkeiten in Gruppen verständlich machen sollen.

Solche Aussagensysteme gibt es sehr viele. Aber ihre Aussagen unterscheiden sich so gründlich, dass sie kein gemeinsames Aussagengefüge ergeben. Wer die Vielfalt dieser Systeme ordnen und klassifizieren wollte, fände wohl kaum einen einheitlichen Gesichtspunkt, nach dem sich alle Systeme einteilen ließen; die Systeme sind zu unterschiedlich, als dass sie sich unter einer einheitlichen Perspektive betrachten ließen.

Untersuchungsziel. Was kann oder soll der Vergleich von AC und Persönlichkeitstheorien leisten? Die Konzepte von Persönlichkeitstheorien sollen dazu beitragen, die Aufgaben eines ACs zu erhellen, – sollen sie nicht erst begründen, wohl aber verdeutlichen. AC-Anwender wissen, was sie tun und wollen, wenn sie ein AC planen und durchführen. Aber ihre Pläne und Ziele lassen sich „durchleuchten" und auf ihre Angemessenheit hin prüfen. Auch Lehrer wissen, was sie tun und wollen, wenn sie Unterricht halten. Dennoch ist es sinnvoll, ihre Pläne und Ziele zu verdeutlichen. In dem gleichen Sinne lässt es sich rechtfertigen, die Aufgaben eines ACs aus unterschiedlichen Perspektiven zu sichten, zum Beispiel aus der Sicht unterschiedlicher Persönlichkeitstheorien, und sie auf diese Weise verständlicher zu machen.

7.2 Assessment Center als methodisches Instrument

In welchem Sinne lässt sich ein Assessment Center als methodisches Instrument betrachten? Lässt es sich einstufen und bewerten wie ein klassischer Leistungstest? Nein, die drei klassischen Gütekriterien Objektivität, Reliabilität und Validität lassen sich auf das Assessment Center nur mit Einschränkungen anwenden. Als methodisches Verfahren lässt sich das AC – in seiner Gesamtheit – nicht nach den Kriterien eines klassischen Tests analysieren und beurteilen.

Mit welchem anderen anerkannten Verfahren lässt es sich dann vergleichen? Uns scheint ein AC am ehesten einem *halbstandardisierten Interview* zu ähneln. Zwischen den beiden Polen standardisiertem und unstandardisiertem Interview lassen sich viele Mischformen bilden, die sogenannten halbstandardisierten Gespräche. Ein halbstandardisiertes Gespräch:
– gibt wie ein *standardisiertes* Interview *Strukturen* vor, welche die Interaktion zwischen Befrager und Befragtem regeln. So erlaubt es dem Untersucher, einen Teil der Fragen und der Auswertekategorien *wörtlich vorzuformulieren;*
– gewährt wie ein *unstandardisiertes* Interview *viele Freiheitsgrade für individuelle Variationen.* So ermöglicht es dem Untersucher, *einen Teil der Fragen im Gespräch frei zu formulieren* und sie später neu konzipierten Auswertekategorien zuzuordnen.

Was leistet der Vergleich für das Assessment Center?

Auch das AC gibt eine Anzahl *fester Strukturen* vor:
- Der Moderator analysiert die Anforderungen, welche die Zielstelle ihrem Inhaber abfordert.
- Er formuliert Anforderungsdimensionen, welche die Aufgaben der Zielstelle abbilden.
- Er wählt Übungen, in denen er die Anforderungsdimensionen abbilden kann.
- Die Beobachter müssen sich mit den Anforderungsdimensionen vertraut machen.
- Den vorgegebenen Übungen müssen die Teilnehmer „sich fügen".

Wie ein halbstandardisiertes Interview gewährt das AC *viele Freiheiten der Gestaltung:*
- Der Moderator darf die Abfolge der Übungen so regeln, dass sie es den Teilnehmern erleichtert, ihr Verhalten angemessen zu äußern, und den Beobachtern ermöglicht, das beobachtete Verhalten (der Teilnehmer) eindeutig zu erfassen.
- Die Beobachter dürfen ihre Beobachtungen, die sie während der Übungen machen, in freier Form formulieren. (Negativ gesagt, sie füllen keinen vorformulierten Fragebogen aus, der die Anforderungsdimensionen in seinen Statements wiedergibt.) Sie drücken ihre Beobachtungen auch in Ratings aus (in „Noten"), für die eine Skala vorgegeben ist.
- In einer Beobachterkonferenz diskutieren die Beobachter über verbale und numerische Urteile und suchen nach Entscheiden, denen die Mehrheit zustimmen kann.
- Über die Ergebnisse werden die Teilnehmer in einer Rückmeldung informiert, die nicht nur nackte Zahlen oder kurze Sätze weitergibt, sondern die in *Empfehlungen* münden *sollte,* so konkret, dass sie dem Teilnehmer helfen, seine Stärken weiterzuentwickeln und seine Schwächen zu verbessern oder gar zu korrigieren.

Ein Resümee: Das Assessment Center *ist keineswegs* ein halbstandardisiertes Interview. Der Vergleich mit einem anerkannten Verfahren (wie dem halbstandardisierten Interview) sollte einige Merkmale des ACs verständlich machen.

7.3 Gesamt-Assessment Center und Persönlichkeitsmodelle

Das Assessment Center ist ein eignungsdiagnostisches Instrument, welches das Verhalten und das Leistungspotenzial der Teilnehmer einschätzen soll. Unmittelbares Ziel ist – in der Regel – *nicht* eine Beschreibung der Teilnehmerpersönlichkeit.

Aber die Erfassung von Verhalten und Leistungspotenzial setzt (meist eher implizit als explizit) ein Persönlichkeitsmodell voraus: Das Verhalten, das beobachtet wird, ereignet sich nicht isoliert, gleichsam in einem leeren Raum, sondern ist zugeordnet einem Individuum als Träger des Verhaltens. Die Einschätzung des Leistungspotenzials ist immer eine Zusammenfassung (eine Art Mittelwert) vieler Verhaltensstichproben des beobachteten Teilnehmers.

Doch besagt diese Feststellung nicht, dass dem Assessment Center eine einheitliche Persönlichkeitstheorie zugrunde liegt, sondern es sprechen sogar die folgenden Tatsachen dagegen: (1) Die Methoden und Techniken, mit denen die Anforderungsdimensionen eines ACs erhoben werden, gehen so weit auseinander, dass ihnen kein gemeinsames Persönlichkeitsmodell entspricht; (2) auch das Verhalten, das von den drei Personengruppen (Moderator, Beobachter, Teilnehmer) erwartet wird, lässt sich nicht herleiten aus einer einheitlichen Persönlichkeitskonzeption und (3) die in einem AC vereinigten Verfahren, die sogenannten Übungen, unterscheiden sich so gründlich, dass sie sich keinem *gemeinsamen* Persönlichkeitsmodell zuordnen lassen.

Bleiben wir nur im Rahmen der Wissenschaft „Psychologie", dann gilt: *Innerhalb der Psychologie ist das AC ein Abkömmling der Diagnostik und der Interventionspsychologie, ein Abkömmling der Arbeits- und der Organisationspsychologie, der Allgemeinen Psychologie, aber auch der Sozialpsychologie.* Schon innerhalb der Psychologie ist das AC ein interdisziplinäres Verfahren, salopp gesagt, es ist eine Art Mischling. Erst recht behält es diese Charakteristik, wenn man die Einzeldisziplinen *außerhalb der Psychologie* betrachtet, die das Assessment Center mitgestalten, vor allem die Disziplinen der Wirtschaftswissenschaften. Der Einfluss so unterschiedlicher Ansätze erschwert es, das Assessment Center unter einer persönlichkeitstheoretischen Sicht zu betrachten, die völlig einheitlich wäre.

Um diese Auskunft zu erweitern und zu vertiefen, wenden wir uns Personen zu, die zu den Initiatoren des ACs gehören:
– den deutschen Heerespsychologen (der 20er und 30er Jahre) und
– dem Persönlichkeitstheoretiker Murray (in den 40er Jahren).

Assessment Center und die Charakterologie der deutschen Heerespsychologen (in den 20er und 30er Jahren)

Praktische (und politische) Ziele waren es, welche nach dem Ersten Weltkrieg (in den 20er und 30er Jahren) deutsche *Heerespsychologen* dazu bewogen, als Auswahlverfahren bei Bewerbern für die Offizierslaufbahn ein neues Instrumentar zu entwickeln. Es beteiligten sich „viele" Psychologen, führend waren Rieffert (1883–1956), Simoneit (1896–1962), später auch Lersch (1898–1972).

Die neuen Verfahren sollten realitätsnahe sein. Eine zentrale Rolle spielte das sogenannte Rundgespräch, eine führerlose Gruppendiskussion. Darüber hinaus wurde ein großer Kreis weiterer Verfahren angewandt: „Lebenslaufanalyse, Ausdrucksanalyse, Geistesanalyse, Handlungsanalyse, Führerprobe, Gruppendiskussion. Neben Tests und explorativen Interviews wurden hier also auch Einzel- und Gruppenübungen als Simulationen wichtiger Führungssituationen (situative Prüfungen) vorgegeben" (Sarges, 2001, S. VIII).

Der Ursprung des „ACs" verdankt sich praktischen Zielen: Lag diesen Zielen eine Persönlichkeitstheorie zugrunde? Ja, und zwar – formuliert in der Fachsprache der 20er Jahre – die sogenannte Charakterologie. (Nur als Exempel sei die Charakterkunde von Kretschmer [1888–1964] erwähnt, also die Konstitutionstypologie [Kretschmer, 1921, 1977].) Dabei lautete die Hauptaussage, dass Menschen sich kennzeichnen lassen durch ein stabiles Gefüge von Eigenschaften. Die Heerespsychologen versuchten herauszufinden, wie das festgefügte Charaktersystem zu erfassen sei, das für einen Offizier kennzeichnend (wörtlich also charakteristisch) war.

Hat das Konzept der Charakterologie die weitere Entwicklung des ACs geprägt? Die Antwort lautet: Nein! Aber *ein* Charakteristikum wurde in die Entwicklung des ACs übernommen: Nicht nur innerhalb der Bewerbergruppen (der Offiziersanwärter) wurden Gespräche geführt. *Intensive Gespräche oder Dialoge wurden auch zwischen den „Probanden" und den „Untersuchern" geführt.* Damit ist ein Stichwort gefallen, das auf ein wesentliches Element hinweist: auf den *Informationsaustausch* zwischen den Personengruppen des ACs; kürzer gefasst, das Stichwort weist hin auf eine „dialogische Kommunikation".

Assessment Center und der Persönlichkeitstheoretiker Murray

Wenden wir uns dem Titel „Assessment Center" zu; ihn hat Murray (1893–1988) geprägt. Murray hat eine eigene Persönlichkeitstheorie entwickelt, verkürzt zu bezeichnen als „Need-Press-Theorie" (Murray, 1938, 1943). Dieser Persönlichkeitstheorie hat Murray sich bedient, um im Zweiten Weltkrieg zu ermitteln, ob ein Soldat sich zum Einsatz hinter den feindlichen Linien eignen würde.

Murrays „Need-Press-Theorie" besagt, dass sich ein Individuum charakterisieren lässt durch eine spezifische Need-Press-Matrix. *Need* (Bedürfnis) bezeichnet die Impulse, die das Individuum aussendet mit dem Wunsch, etwas aus der Umwelt zu erhalten. *Press* (Druck, Eindruck) bezeichnet die Einflüsse, welche die Umwelt auf das Individuum ausübt. Murray setzt voraus, dass Need und Press, also Individuum und Umwelt, ständig interagieren. Was er demnach entwirft, ist ein Prozessmodell der Persönlichkeit: *Die Person ist ständig in einem Prozess der Verhaltensänderung begriffen.*

Hat die Need-Press-Theorie die weitere Entwicklung des ACs geprägt? Auch hier lautet die Antwort eindeutig: Nein! Aber herausgestellt sei eine bestimmte Charakteristik: *Die Verhaltensänderung gehört zur Eigenart eines ACs.*

Resümee: Die kurze Hinwendung zu Murray und zu den deutschen Heerespsychologen hat uns zu zwei Themen geführt, die ein Assessment Center unter persönlichkeitstheoretischem Aspekt kennzeichnen. Wir sprechen von Verhaltensänderungen und von einem Informationsaustausch zwischen Personengruppen des ACs. Wir wählten den kurzen Titel „dialogische Kommunikation".

Assessment Center und Verhaltensänderungen

Das AC zielt auf eine Potenzialanalyse der Teilnehmer. Diese Absicht führt immer zu der diagnostischen Frage, was dem einzelnen Teilnehmer *möglich* ist, welche Ressourcen in ihm vorhanden, aber nur in Ansätzen aktiviert sind, wie demnach für ihn die Potenzialangabe lautet. Darum gilt: *Eine solche Angabe schließt den Hinweis auf Verhaltensänderungen ein.*

Am eindeutigsten zeigt sich dieser Hinweis in den Rückmeldegesprächen; in ihnen erhält der einzelne Teilnehmer – *optimalerweise* – Empfehlungen zur *Korrektur* seiner Schwächen und zu besserer *Ausbildung* seiner Stärken, er erhält Anweisungen zu Verhaltensänderungen.

Wir suchen nach Persönlichkeitstheorie(n), die diesem Anliegen des ACs entsprechen. Welche Persönlichkeitstheorien kommen in Betracht? Solche Theorien, welche voraussetzen, dass Personen ihr Verhalten vielfältig variieren (können).

Biografisch orientierte Persönlichkeitstheorien. Sowohl das Auswahl-AC als auch das Entwicklungs-AC treffen eine „biografische Entscheidung": Beide AC-Varianten bestimmen (mit), wie (vom Zeitpunkt des ACs her gesehen) die zukünftige Biografie eines Teilnehmers verlaufen wird: Im günstigen Fall rückt er in der Hierarchie hinauf, im ungünstigen Fall bleibt er auf der erreichten Stufe stehen (oder fällt gar zurück).

Darum seien einige Theorien genannt, welche die Variation menschlichen Verhaltens *in ihrem biografischen Verlauf* beschreiben und zu verstehen suchen. Die biografische Entwicklung verläuft in vielfältigen Verhaltensvarianten. Um einzelne „biografisch orientierte" Autoren zu nennen, seien erwähnt Ch. Bühler (1933, 1969), Kelly (1955), Murray (1938, 1943) oder Thomae (1968, 1988, 1996). Zusammenfassend berichten Jüttemann und Thomae (1987) über diesen persönlichkeitstheoretischen Ansatz.

„*Zielorientierte*" *Persönlichkeitstheorie.* Im Assessment Center werden die Teilnehmer verglichen mit den Anforderungsdimensionen, die der Moderator erhoben und formuliert hat. Diese Dimensionen haben die Funktion wohldefinierter Ziele. Je genauer das IST-PROFIL eines Teilnehmers dem SOLL-PROFIL der Anforderungen (dem Ziel) entspricht, desto günstiger fällt die Potenzialanalyse für ihn aus. Dabei lässt sich eine Unterscheidung treffen:

– Das *Auswahl-AC* prüft vorrangig, ob das IST-PROFIL des Teilnehmers *schon jetzt* dem Ziel (den Anforderungsdimensionen) entspricht; geprüft wird also, ob der Teilnehmer schon jetzt die Kompetenz besitzt, welche die Zielstelle von ihrem Inhaber verlangt.
– Das *Entwicklungs-AC* prüft vorrangig, ob das IST-PROFIL des Teilnehmers eine *Prognose* zu der Frage erlaubt, ob der Teilnehmer seine Kompetenz so weit entwickeln könne, dass er fähig wird, auf eine bestimmte Zielstelle vorzurücken.

Zu dieser Eigenart des ACs passt ein psychologischer Denkansatz, der zunächst eine Methode ist: Es geht um die sogenannte Kriteriumsorientierte Messtheorie (Fricke, 1974; Glaser, 1973; Klauer, 1987). Personen werden danach beurteilt, wie weit sie sich einem bestimmten Ziel (oder Kriterium) annähern, wie weit sich beispielsweise ein Klient einem Therapieziel oder wie weit sich ein Schüler einem Lehrziel angenähert hat.

Dieser *methodische* Ansatz setzt ein bestimmtes Persönlichkeitsmodell voraus – genau so wie die Klassische Testtheorie. Der Klassischen Testtheorie liegt ein Trait-Modell zugrunde. Kurz sei gesagt, was dies bedeutet: „Ein orthodoxer trait-Ansatz postuliert, dass Verhalten ausschließlich vom trait-Wert abhängig ist; trait und Verhalten stehen in monotoner Beziehung. Situationen nehmen keinen modifizierenden Einfluß" (Leichner, 1979, 29). Aber über dieses Persönlichkeitsmodell formuliert die Klassische Testtheorie *keine expliziten* Aussagen.

So auch bei der Kriteriumsorientierten Testtheorie! Ihr liegt ein *Prozessmodell* der Person zugrunde, eine auf Ziele hin orientierte Persönlichkeitstheorie. Das sei an einem Beispiel demonstriert. Bei Herrn Neusser liege eine Schlangenphobie vor. Ein Therapeut übernehme die Aufgabe, den Klienten von der Schlangenphobie zu befreien; dieses Ziel strebe er an, indem er seinen Klienten in kleinen Schritten dazu führt, sich einer Schlange zu nähern; für die Therapie wähle der Therapeut vier Schritte: (1) Dem Klienten wird das *Bild* einer Schlange gezeigt, dem er sich nähern und das er berühren soll; (2) dem Klienten wird eine *Plastikschlange* gezeigt, der er sich nähern und die er berühren soll; (3) dem Klienten wird eine *ausgestopfte Schlange* gezeigt, welcher er sich nähern und die er auch berühren soll, sowie (4) dem Klienten wird eine *lebende Schlange* gezeigt, welcher er sich nähern und die er berühren soll. Der Erfolg jedes Schrittes lässt sich in einer Matrix festhalten und in diesem Sinne auch quantifizieren.

So wenig allerdings wie die Klassische Testtheorie sagt die Kriteriumsorientierte Testtheorie ausdrücklich, welches Persönlichkeitsmodell ihr zugrunde liegt. Doch lässt sich festhalten: Die Kriteriumsorientierte Testtheorie beruht auf der Voraussetzung, dass sich

Persönlichkeitsmerkmale ändern lassen dank der Orientierung an einem Ziel. (Kennzeichnet sich das menschliche Dasein nicht immer *auch* durch eine antizipierte Zukunft, die ein Ziel ist?)

Anwendung auf das Assessment-Center: Ziele geben sowohl das Entwicklungs-AC als auch das Auswahl-AC vor; in beiden Fällen wird vorausgesetzt, dass Personen sich gezielt einem Ziel annähern und dabei verändern können.

Sozial-kognitive Lerntheorie. Das AC prüft die Teilnehmer in unterschiedlichen Übungen:
– Erwartet wird, dass der Teilnehmer (im Idealfall) gleiches Verhalten zeigt in unterschiedlichen Übungen, *wenn* sie gleiches Verhalten fordern.
– Erwartet wird, dass der Teilnehmer (im Idealfall) in gleichen Übungen unterschiedlches Verhalten zeigt, *wenn* sie unterschiedliches Verhalten fordern.

Ein Persönlichkeitskonzept, das diese Diskriminationsleistung erklären kann, ist der sogenannte *interaktionale* Ansatz, der besagt, dass sich menschliches Verhalten interpretieren lässt als Resultante aus Person und Situation. Bezeichnen lässt sich diese interaktionale Persönlichkeitstheorie auch als *sozial-kognitive Lerntheorie:*
– Um eine *Lerntheorie* handelt es sich, sofern angenommen wird, dass menschliches Verhalten sich ändert aufgrund von Verstärkung(en), von bestimmten Situationen.
– Um eine *kognitive* Theorie handelt es sich, sofern angenommen wird, dass sich Verhalten orientiert nicht allein an objektiven Verstärkern, sondern an der kognitiven Verarbeitung objektiver Verstärker.
– Um eine *soziale* Theorie handelt es sich, sofern angenommen wird, dass ein Individuum immer in einem sozialen Kontext agiert oder reagiert.

Das AC prüft die Teilnehmer in unterschiedlichen Übungen; diese Übungen lassen sich betrachten als Verstärker, die kognitiv unterschiedlich interpretiert werden und darum unterschiedliches Verhalten hervorrufen. Wir interpretieren dieses Verhalten mithilfe der sozial-kognitiven Lerntheorie:
– Erwartet wird, dass der Teilnehmer gleiches Verhalten zeigt in unterschiedlichen Übungen, *also bei unterschiedlichen Verstärkern, wenn* sie, *kognitiv interpretiert,* gleiches Verhalten fordern.
– Erwartet wird, dass der Teilnehmer in gleichen Übungen, *also bei gleichen Verstärkern,* unterschiedliches Verhalten zeigt, *wenn* sie, *kognitiv interpretiert,* unterschiedliches Verhalten fordern.

Als Autoren eines solchen Denkansatzes lassen sich nennen: Rotter (1916–1987, vgl. Rotter & Hochreich, 1975) oder Bandura (vgl. 1977a, 1977b) und Mischel (vgl. 1968, 1999).

Assessment Center und Informationsaustausch zwischen den beteiligten Personengruppen, kürzer formuliert: AC und dialogische Kommunikation

Informationsaustausch zwischen Moderator, Beobachter und Teilnehmer ist ein entscheidendes persönlichkeitstheoretisches Element der Assessment Center-Methode; der Kürze halber verwenden wir den Titel „dialogische Kommunikation".

Die Teilnehmer sollen/müssen „sich öffnen", damit die Beobachter sie beschreiben können; nennen wir einige Übungen: In Gruppendiskussionen, in Disputationen, in Mitarbeitergesprächen ist der Anteil „unüberhörbar", der sich einem Dialog eng annähert.

Schon (oder auch?) in den neun Standards des Arbeitskreises Assessment Center (1992) kommt *implizit* die dialogische Kommunikation als eine Charakteristik des ACs vor. Zwei Hinweise:

- „3. *Prinzip der kontrollierten Subjektivität:* Ein Assessment Center darf erst dann durchgeführt werden, wenn die Beobachter für ihre Aufgabe hinreichend trainiert werden" (1992, S. 263).
- „5. *Transparenzprinzip:* Das Assessment Center ist so anzulegen, dass alle Beteiligten (Teilnehmer, Beobachter, Entwickler) eine maximale Chance haben, Grundziel, Ablauf und Bedeutung des Verfahrens für das Individuum verstehen zu können. Das Verfahren wird deshalb möglichst transparent gestaltet. Die Transparenz beginnt vor der Verfahrensdurchführung mit einer eingehenden Information der Teilnehmer über Ziel, Ablauf und Chancen/Risiken einer Teilnahme. Diese Information erfolgt sinnvoller Weise vor der individuellen Teilnahmeentscheidung" (1992, S. 265).

Wie sollten die drei Personengruppen (Teilnehmer, Beobachter, Entwickler) ihre Informationen erhalten und verarbeiten ohne Dialog: ohne Rede und Gegenrede, ohne Frage und Nachfrage, generell ohne Kommunikation in der Form eines Wortwechsels?

Wenn das Assessment Center als ein Grundelement die dialogische Kommunikation einschließt, dann entsprechen ihm Persönlichkeitstheorie(n), in denen der Dialog eine wichtige Rolle erhält. Welche Persönlichkeitstheorie(n) kommen in Betracht?

Psychodynamische Persönlichkeitstheorien. Genannt seien an erster Stelle – ehrenhalber – die drei klassischen *analytischen* Therapeutenschulen und ihre Vertreter: Freud (1856–1939) und die Psychoanalyse (vgl. 1940); Adler (1870–1937) und die Individualpsychologie (vgl. 1974), Jung (1875–1961) und die Komplexe Psychologie (vgl. 1968). *Alle drei Theoretiker hielten dialogische Kommunikation für essenziell in ihrer therapeutischen Arbeit, jeder auf seine eigene Weise.* Den Anwendern von ACs lag vermutlich wenig an einem Rückgriff auf diese Theorien und Theoretiker. Aber von ihnen könnten sie einiges lernen und übernehmen für den Umgang mit ihrer Klientel: das Gespür und die Sensibilität für zwischenmenschliches seelisches Erleben und Verhalten.

„Es könnte für eine Führungskraft durchaus hilfreich sein, wenn sie um die Herkunft eigener Bedürfnisse nach Macht, Abhängigkeit, Aufstieg usw. aus frühkindlichen Motiventwicklungen wüsste, wenn ihr die Rolle von Minderwertigkeitsgefühlen und deren Kompensation beim Zustandekommen von Macht- und Leistungsbedürfnissen (Persönlichkeitstheorie nach Adler) bewusst wäre oder wenn sie die Zusammenhänge von Eigenschaften wie Pedanterie, extremes Ordnungs- und Sauberkeitsbedürfnis, Autorität, Dogmatismus und Manipulationsbedürfnis mit den frühkindlichen Phasen der eigenen Sozialisation durchschaute (Interpretation nach Freud)" (Dieterich & Sowarka, 2000, S. 443).

Humanistische Persönlichkeitstheorien. Genannt seien an zweiter Stelle (nur) drei Vertreter der sogenannten Humanistischen Psychologie: Charlotte Bühler (1893–1974) mit ihren Versuchen, die Biografie eines Menschen zu erfassen und in ihr individuelle „Lebensziele" zu identifizieren (vgl.1933 bzw. 1959, 1969); sodann Fromm (1900–1980) mit der Absicht, dem Individuum bei seinem Bemühen um „Menschwerdung" zu folgen (vgl. 1964); schließlich Frankl (1905–1997) mit seinem Versuch, im individuellen Leben die Art der individuellen Sinnfindung zu erkennen (vgl. 1979). *Allen drei Vertretern war der Dialog ein selbstverständliches Instrument der Erfassung menschlichen Verhaltens.*

Haben sich die Anwender von ACs an den drei genannten Vertretern orientiert? Vermutlich nicht. Und doch könnten AC-Anwender sich einiges von den humanistischen Psychologen sagen lassen, z. B. (1) dass ein Individuum sich nicht im Monolog, sondern im Dialog konstituiert, und zwar in einem Dialog, in dem der *eine* Partner den *anderen* nicht manipuliert, sondern ihm die Freiheit belässt, er selbst zu werden und zu sein, und (2) dass im Dialog jeder Partner sich immer auch orientiert an seiner eigenen impliziten, meist unscharfen Persönlichkeitstheorie, die er auf seinem biografischen Weg entwickelt hat.

Interaktionale Persönlichkeitstheorien. An dritter Stelle seien drei „jüngere" Theoretiker genannt, deren Theorien die Beziehung zur dialogische Kommunikation ausdrücklich enthalten: Zunächst denken wir an Thomae (1915–2001), der sagt: Weil „nur das Individuum selbst Zeuge seines Verhaltens im natürlichen Ablauf seines Lebens ist", muss dieser Zeuge *sich* erklären, damit der Forscher den Zeugen verstehen und erklären kann (1968, S. 111); des Weiteren denken wir an Bandura (* 1925) und Mischel (* 1930), die in ihre Untersuchungen und Experimente ausdrücklich explorative Methoden einbeziehen, die immer „dialogische Wechselrede" einschließen (vgl. Bandura, 1973, 1977a und 1977b; vgl. Mischel, 1968 und 1999).

Resümee: Natürlich können wir nicht behaupten: Wenn AC-Autoren Anforderungsdimensionen erheben oder Übungen für das AC entwerfen, nähmen sie ausdrücklich Bezug auf Persönlichkeitstheorien, welche eine dialogische Kommunikation einschließen.

Festgehalten sei aber doch, dass sie für ein AC und seine „Elemente" implizit ein dialogisches Persönlichkeitsmodell voraussetzen. Darum sei als Aussage formuliert: *Das Assessment Center beruht auf einem Persönlichkeitsmodell, das dialogische Kommunikation einschließt, auch wenn diese Grundlage nicht ausdrücklich erwähnt wird.*

Begrenzung der weiteren Fragen:
Einzelne Komponenten des ACs und affine Persönlichkeitstheorien

Unsere Fragen und Reflexionen haben uns an einen Punkt geführt, an dem wir entscheiden müssen, wie wir weiter vorgehen wollen.

Dem Assessment Center in seiner Gesamtheit, so wie es sich heute vorstellt, liegt keine einheitliche Persönlichkeitstheorie zugrunde. Wenn es keine Persönlichkeitstheorie gibt, aus der sich das *gesamte* Assessment Center ableiten und erklären ließe, dann bleiben für unser weiteres Vorgehen zwei Möglichkeiten: *Entweder wir verzichten* auf eine *weitere* persönlichkeitstheoretische Aufhellung des ACs *oder* aber *wir begnügen uns* mit partiellen Zuordnungen, das heißt, wir suchen nach Persönlichkeitstheorien für einzelne Elemente des ACs. Wir fragen, ob wir eine Verwandtschaft, eine Affinität, erkennen zwischen den drei Personengruppen (Teilnehmern, Beobachtern, Moderatoren) und bestimmten Persönlichkeitstheorien, ebenso zwischen den Übungen und bestimmten Persönlichkeitstheorien. Wir wählen die zweite Möglichkeit.

Konsequenz: Unsere Fragestellung ist bescheidener geworden! Nur für Teilbereiche des ACs fragen wir nach korrespondierenden Persönlichkeitstheorien. Benennen wir

unsere weiteren Reflexionsschritte: Wir versuchen, affine Persönlichkeitstheorie(n) aufzuspüren
- für die drei Personengruppen (Teilnehmer, Beobachter, Moderator; vgl. Abschnitte 7.4 bis 7.6), ebenso
- für die zwei Klassen von Übungen, für situative und nicht situative Übungen (vgl. Abschnitt 7.7).

7.4 Moderator und Persönlichkeitstheorie

Worin besteht die Aufgabe eines Moderators?
- Er bereitet das Assessment Center vor: Er sammelt die unternehmensspezifischen Erwartungen, an denen sich ein konkretes AC ausrichtet.
- Aufgrund der Informationen, die er „im Unternehmen" gesammelt hat, formuliert er die spezifischen Anforderungsdimensionen.
- Er muss die Übungen konstruieren oder auswählen, welche die unternehmensspezifischen Anforderungsdimensionen abbilden.
- Er weist Beobachter und Teilnehmer in ihre Aufgaben ein.
- Er entwirft einen Zeitplan, der die Aufgaben von Teilnehmern und Beobachtern festlegt. Den Beobachtern muss er beispielsweise genügend Zeit einräumen, um ihre Beobachtungen auszuwerten und die vorgesehenen „Gutachten" zu formulieren.
- Er sorgt dafür, dass die Teilnehmer nach Abschluss des ACs eine *Rückmeldung* erhalten: Darin wird der Teilnehmer unterrichtet über Stärken und Schwächen, die im AC beobachtet wurden; er erhält – *im Idealfall* – Empfehlungen zur Korrektur der Schwächen und zu (noch) besserer *Ausbildung* der Stärken.

Weiterhin hat der Moderator die Aufgabe:
- darauf zu achten, dass die Beobachter ihre Urteile an den vorgegebenen Anforderungsdimensionen orientieren (ohne ihnen die Urteilsbildung abzunehmen);
- auf kluge Weise zu intervenieren, sollten sich Spannungen aufbauen in der Gruppe der Teilnehmer oder der Beobachter;
- den Gesamtverlauf des ACs zu steuern.

Von welcher Persönlichkeitstheorie her lassen sich die Aufgaben des Moderators „durchleuchten"? Es lässt sich *nicht* nur *eine* Theorie nennen. Anführen lassen sich solche Theorien, die vorsehen, dass die menschliche Person ihre Mit- und Umwelt aktiv, kreativ und verantwortlich (mit)gestaltet und (mit)verwaltet. Angemessen abbilden können vor allem solche Persönlichkeitstheorien die Tätigkeit des Moderators, die ein interaktionales Modell menschlichen Verhaltens fordern. Interaktional (es sei wiederholt) besagt: Sowohl die Umwelt (als Reiz) als auch die Person (als Subjekt) bestimmen (in Wechselwirkung) das Verhalten in einer gegebenen Situation.

Solche Persönlichkeitsmodelle gibt es bei älteren und bei jüngeren Theoretikern. Von den älteren Theoretikern sei William Stern (1871–1938) genannt, von den jüngeren Theoretikern Julian B. Rotter (1916–1987).

Zu Stern: In seiner Persönlichkeitstheorie hat Stern ein spezielles Modell entworfen (1917, 1921, 1923), welches das Verhältnis von Person und Umwelt beschreiben soll; er nennt dieses Modell „Konvergenzlehre". Danach steht die Person in ständigem Wechselbezug zur Umwelt. Sie „bedarf der Welt, um sich zu vollenden. Die Außenwelt bietet die Reize, auf welche die Person reagiert; sie bietet das Material, an welchem die persönliche Kausalität angreift ... Dieses positive, zweckbestimmte Verhältnis von Person und Umwelt bezeichnen wir als ‚Konvergenz'" (Stern, 1923, S. 10).

Die *Beziehung zwischen Umwelt und Persönlichkeit* drückt Stern in zwei Formeln aus, welche die drei Buchstaben U, P, A verwenden: U bedeutet Umwelt, P Person, A Akte (Verhalten). Die Formeln lauten (Stern, 1923, S. 123):
Formel 1: {U, P} → A
Formel 2: {P, U} → A

In der ersten Formel steht U an erster Stelle, in der zweiten Formel dagegen P. Dies besagt:
– Gemäß Formel 1 kommen aus der Umwelt Anregungen auf die Person zu, die ihrerseits darauf reagiert, indem sie Akte setzt (Verhalten vollzieht).
– Gemäß Formel 2 geht von der Person eine Spontanaktion aus, welche die Umwelt als Material zu ihren Akten (zu ihrem Verhalten) verwendet.

Die Wechselbeziehung zwischen Person und Welt vollzieht sich in den Dimensionen des Raumes und der Zeit. Raum und Zeit sind objektiv vorgegeben. Wenn die Person sie sich aber subjektiv aneignet, wandeln sie sich um in „persönliche Räume" und in „persönliche Zeiten": Sie werden „objektivierte Dimensionsweisen und Maße" als „introzipiert in das eigenpersonale Dimensionssystem" (Stern, 1950, S. 138).

Zu Rotter: Um die Aufgaben des Moderators zu erläutern, ist von den neueren Theoretikern Rotters Persönlichkeitstheorie insofern hilfreich, als sie kognitive und lerntheoretische Ansätze vereinigt. In einer Art *Verhaltensgleichung* verbindet er vier Hauptvariablen; auf diese Weise veranschaulicht er den Vorgang der Interaktion und macht ihn messbar (Rotter & Hochreich, 1975 bzw. 1979).

Die vier Hauptvariablen, die Rotter einführt, seien kurz erläutert: Die erste Hauptvariable heißt *Verhaltenspotenzial* (behavior potential); sie umschreibt die Wahrscheinlichkeit, mit der sich eine Person in einer bestimmten Situation verhalten wird. Die zweite Hauptvariable heißt *Erwartung* (expectancy); sie bezeichnet die subjektive Einschätzung, ob ein bestimmtes Verhalten der Person zu einem bestimmten Verstärker hinführt. Die dritte Hauptvariable heißt *Verstärkerwert* (reinforcement value); sie schätzt den Grad der Befriedigung ein, den sich die Person von dem antizipierten Verstärker verspricht. Die vierte Hauptvariable heißt *psychologische Situation* (psychological situation); sie gibt an, mit welcher Wahrscheinlichkeit bestimmte Verstärker in einer vorgesehenen Situation auftreten.[2]

Veranschaulichung: Herr Fleißig erstrebt eine Führungsposition in der Industrie. Er nimmt die Einladung zu einem Assessment Center an: *(1) Verhaltenspotenzial.* Es ist wahrscheinlich, dass Herr Fleißig bestimmte Erwartungen hegt, bezogen auf die Übungen eines ACs, und dass er sein Verhalten an diesen Erwartungen in der Situation des

---

2 Hinweis: Die vier Hauptvariablen beziehen sich auf einzelne Verhaltensweisen. Rotter hat dieses Modell erweitert und auf komplexe Verhaltensabläufe ausgedehnt. Der Übersicht halber bleiben wir bei dem einfachen Grundmodell.

ACs ausrichten will; *(2) Erwartungen.* Herr Fleißig erwartet ausdrücklich, dass sein Einsatz in den Übungen eine gute Rückmeldung wahrscheinlich macht und dass eine gute Rückmeldung die Aussicht erhöht, zu den Kandidaten zu gehören, denen ein Aufstieg in der Hierarchie offen steht; *(3) Verstärkungswert.* Eingeschlossen in die Erwartung ist die Vorausschau auf die Befriedigung, welche die höhere Position gewährt; *(4) psychologische Situation.* Alle Abwägungsprozesse laufen in einer konkreten Situation ab, die sich umschreiben lässt in dem Satz: „Herr Fleißig ist entschlossen, mit Engagement an einem Auswahl-AC teilzunehmen" (vgl. Rotter & Hochreich, 1979, S. 110–114).

Resümee: Sowohl Stern als auch Rotter setzen eine Wechselwirkung zwischen handelnder Person und ihrer Umwelt voraus. Aber wie sie diese Wechselwirkung darstellen, darin unterscheiden sie sich sehr klar:

— Stern leitet seine Beschreibung der „Konvergenz" (zwischen Person und Umwelt) *theoretisch* ab und veranschaulicht sie auch theoretisch in zwei Formeln: {U, P} → A und {P, U} → A.
— Rotter gewinnt seine Grundkonzepte aus seiner *empirischen* Forschung, so dass er seine Konzepte auch empirisch „verifizieren" kann.

Warum bei einem solchen Unterschied überhaupt Stern erwähnen, warum sich nicht allein auf Rotter beziehen? Weil beide Autoren spezielle Ideen einführen, die das Verhalten des Moderators verständlicher machen:

— *Von Stern her* lässt sich hinweisen auf die theoretischen Voraussetzungen, von denen der Moderator ausgeht.
— *Von Rotter her* lässt sich hinweisen auf die empirisch nachweisbare Erfassung der Anforderungsdimensionen und der Auswahl der Übungen.

Von Stern her gesehen: Der Moderator hat sehr konkrete Aufgaben zu lösen. Geht er darum rein empirisch vor? Nein! Der Moderator hegt bestimmte Vorstellungen von der Methode „Assessment Center", und zwar Vorstellungen, die er keineswegs alle empirisch „erworben" hat.

Was er von dem Auftraggeber erfragen will, nämlich die Anforderungsdimensionen, wie er diese Dimensionen dann beschreibt, welche Übungen er als angemessene Abbildungen der Zielstelle wählt, welche Rückmeldungen er den Teilnehmern gibt (oder geben lässt): In all diese Schritte gehen viele nicht empirische Anteile mit ein.

Genau auf diese vielfältigen theoretischen Vorgaben des konkreten Verhaltens kann Sterns Kongruenzlehre aufmerksam machen.

Von Rotter her gesehen: Die Elemente der Person-Umwelt-Interaktion lassen sich empirisch erfassen. So kann das Verhaltenspotenzial des Moderators erfasst werden, z. B. mit explorativen Methoden. Empirisch kann auch seine Erwartungshaltung erfasst werden, z. B. mit Persönlichkeitstests (Fragebogen). Verstärkerwert und Situationsstärke sind auf gleiche Weise empirisch messbar.

Resümee: Was sollte unsere Interpretation leisten? Zwei Persönlichkeitstheorien, die sich klar unterscheiden, sollten das Verhalten des Moderators verständlicher machen; die Differenz in den Theorien von Stern und Rotter sollte dazu beitragen, die Aufgabe des Moderators schärfer zu fassen.

Versuchen wir jetzt, für die Rolle des Beobachters eine affine Persönlichkeitstheorie zu finden.

7.5 Beobachter und Persönlichkeitstheorie

Ein Beobachter übernimmt, vereinfacht gesagt, drei Aufgaben: Er muss (1) zwei bis drei Teilnehmer in jeder Übung beobachten, (2) seine Beobachtungen schriftlich festhalten und (3) in einem Rating seinen Beobachtungen eine Messzahl zuordnen.

Könnte eine spezielle Persönlichkeitstheorie den Arbeitsverlauf eines Beobachters interpretieren helfen? Oder anders gefragt: Wie sieht die *implizite Persönlichkeitstheorie* des Beobachters aus, ohne dass er zwischen Beobachten und einer Persönlichkeitstheorie verbal eine Beziehung herstellt?

Die Haupttätigkeit des Beobachters besteht im Beobachten. Beobachten ist eine sehr einfache Tätigkeit, sie besteht darin, das Vorgegebene wahrzunehmen – im konkreten Beispiel: das Verhalten der Teilnehmer in den Übungen sorgfältig wahrzunehmen, schriftlich festzuhalten und auf einer Ratingskala einzustufen.

Indes – ist die Tätigkeit des Beobachtens wirklich so einfach, wie wir behaupten? Ist Beobachten eine einfache Aufgabe? Ist die Auswertung (verbal und numerisch) eine einfache Tätigkeit?

Tätigkeiten eines Beobachters nach Kleinmann (2003, S. 46):

1. „Jeder Beobachter beobachtet einen oder mehrere Teilnehmer in Bezug auf die zuvor definierten Anforderungsmerkmale.
2. Das beobachtete Verhalten wird protokolliert, ohne es zu bewerten.
3. Das Verhalten wird den einzelnen Beobachtungsdimensionen zugeordnet.
4. Die Beobachter bewerten unabhängig voneinander die Ausprägung des Teilnehmerverhaltens auf den einzelnen Dimensionen auf einer Skala.
5. Die Beobachter einigen sich in der Beobachterkonferenz auf die Dimensionsausprägungen für jeden Teilnehmer.
6. Die Beobachter machen einen Entscheidungsvorschlag über Einstellung und/oder Förderungsempfehlung."

Sind diese sechs Schritte „einfache" Tätigkeiten? Nein, Beobachten und Auswerten fordern dem Beobachter höchst komplexe Leistungen ab. Schon jede alltägliche Beobachtung impliziert ein umfangreiches Vorwissen und formiert sich demgemäß als komplexes Verhalten. *So ist erst recht die Beobachtung des AC-Beobachters höchst anspruchsvoll:* Der Beobachter orientiert sich an den Anforderungsdimensionen, die der Moderator vorgegeben hat, und vergleicht das Verhalten eines Teilnehmers mit diesen Anforderungsdimensionen. Er muss dann den Grad der Übereinstimmung zwischen Teilnehmerverhalten und Anforderungsdimensionen in einem verbalen und einem numerischen Urteil bewerten.

Wonach suchen wir? Nach einer Persönlichkeitstheorie, welche *Beobachten* als zentrales Element aufnimmt. Ist es abwegig, an den (Therapeuten und) Persönlichkeitstheoretiker Rogers (1902–1987) zu denken?

Rogers lehrt seine „Schüler", eigene und fremde Gefühle sorgfältig zu beobachten und dabei die Fertigkeit der *Empathie* einzuüben (vgl. 1951, 1961): Empathie soll der Schüler erlernen gegenüber seinen eigenen Gefühlen *und* gegenüber den Gefühlen des anderen. Der Schüler soll sich selbst erkennen, und er soll sich in einen anderen Menschen einfühlen, um ihn zu erkennen.

Wer im Sinne von Rogers die Fertigkeit der Empathie einübt, lernt *Selbstbild* und *Fremdbild* zu unterscheiden.

Ist diese Fertigkeit nicht eine ideale Voraussetzung der Aufgabe eines AC-Beobachters? Geschult nach Rogers würde er *sich selber* kennen in *dem* Sinne:
– dass er identifizieren kann, was aus seiner eigenen Gefühls- und Kognitionswelt in sein Bewusstsein aufsteigt (sein *Selbstbild*), und
– dass er von diesem Selbstbild *die* Eindrücke trennen kann, die er von einem anderen (dem Teilnehmer) in sein Bewusstsein aufnimmt (sein *Fremdbild*).

Noch einmal: Für diese Unterscheidung fällt eine entscheidende Rolle der Empathie zu, also der Fähigkeit des Beobachters, das Erleben des Teilnehmers in sich gleichsam nachzubilden und nachzuempfinden und auf diese Weise das Fremdbild des Teilnehmers von seinem (des Beobachters) Selbstbild zu unterscheiden. An den AC-Beobachter wird – gewertet von Rogers her – eine hohe Anforderung gestellt. Diese Anforderung entspricht aber der Aufgabe des Beobachters: den Teilnehmer, den er beobachtet, in *seiner* Eigenart wahrzunehmen und ihm keine Verhaltensweisen zu attribuieren, die zu seinem (des Beobachters) Verhaltensrepertoire gehören.

Um es zu wiederholen, das Persönlichkeitsmodell von Rogers als Vorbild für den AC-Beobachter vorzugeben hieße zu fordern, dass die Beobachter die Trainingsphase dazu verwenden, unter Kontrolle empathische Verhaltensweisen einzuüben.

> **Beachte:**
>
> Ein Beobachter, der *ungeschult* seine Empathie „aufruft", um einen Teilnehmer zu „verstehen", kann das tatsächliche Verhalten des Teilnehmers *wohlwollend* oder *ablehnend* wahrnehmen und bewerten. Empathie ist dann keine Fertigkeit im Sinne von Rogers, sondern vielleicht eine Form von „Mitleid" (von Wohlwollen) oder ein Ausdruck von „Gefühlskälte" (von Ablehnung). *Diese Art von Empathie könnte/würde die Beobachtungen verzerren und verfälschen.*

Demgegenüber ist Rogers ein idealer Lehrer, an dem sich ein Beobachter orientieren könnte. Rogers liefert ein „ideales Rezept": Der Beobachter soll die Kunst der Unterscheidung einüben. Empathie soll er *nicht* unreflektiert als Mitleid oder als Ablehnung einsetzen. Er soll die Kunst einüben, *eigene* Einsichten und Gefühle zu trennen von *fremden* Einsichten und Gefühlen, z. B. den Einsichten und Gefühlen des Teilnehmers.

Versuchen wir jetzt, für die Rolle des Teilnehmers eine passende Persönlichkeitstheorie zu finden.

7.6 Teilnehmer und Persönlichkeitstheorie

Als Teilnehmer werden in der Regel (vereinfacht gesagt) zu einem Assessment Center eingeladen:

– interne Mitarbeiter eines Unternehmens, die im Rahmen ihrer bisherigen Tätigkeit durch besondere Leistungen aufgefallen sind, oder aber
– externe Bewerber, die eine Position in einem (für sie neuen) Unternehmen anstreben.

Das Assessment Center hat das Ziel, bei Internen wie Externen das Potenzial einzuschätzen, das heißt ihre Stärken und Schwächen zu ermitteln; die Ermittlung dient einer zweifachen Absicht, nämlich festzustellen:
– ob sich für jemanden *Entwicklungsmöglichkeiten* innerhalb „seines" Unternehmens bieten und/oder
– ob jemand für eine *Führungsposition* im eigenen oder in einem „neuen" Unternehmen geeignet ist.

Welche Persönlichkeitstheorie kommt in Betracht, um das Verhalten der Teilnehmer zu erklären? Der Teilnehmer muss sich präsentieren, und zwar so, dass sich in seinen manifesten Verhaltensweisen seine kognitive und seine soziale Kompetenz ausdrücken. Dabei muss er Instruktionen der Beobachter und Moderatoren erfassen und befolgen, ohne ihnen falsche Absichten zu unterstellen. Bei dieser Aufgabe muss der Teilnehmer bereit und fähig sein, die eigene Person „zur Schau" zu stellen. Er muss fähig sein, Rivale seiner Teilnehmerkollegen zu werden, aber auch die Rivalität der anderen Teilnehmer zu ertragen. Der Teilnehmer muss das große Ziel anstreben, welches ein AC ihm vorgibt:
– In einem Auswahl-AC muss er anstreben, „Bester" zu sein.
– In einem Entwicklungs-AC muss er die Bereitschaft „äußern", seine Persönlichkeit weiterzuentwickeln nach Empfehlungen, welche ihm (im Idealfall) die Rückmeldung nennt.

Den vielen Anforderungen, denen der Teilnehmer entsprechen soll, wird eine Persönlichkeitstheorie nur dann gerecht, wenn sie ein vielgestaltiges Verhalten von Personen vorsieht. Uns scheint, *eine* solche Persönlichkeitstheorie ist die von Hans *Thomae* (1915–2001). Wir kennzeichnen nur zwei seiner zentralen Kategorien: Daseinsthema und Daseinstechnik (Thomae, 1968, 1988, 1996).

Daseinsthemen sind Gedanken, Wünsche, Befürchtungen und Hoffnungen, sie sind intrapsychische Vorgänge, die sich als Ziele und Motive kennzeichnen lassen. Die Zahl der Daseinsthemen lässt sich nicht festlegen. In verschiedenen Lebensphasen und in verschiedenen Lebensbereichen verdichten sich unterschiedliche Anliegen zu Daseinsthemen (Thomae, 1988, S. 55).

Daseinstechniken haben die Funktion von Mitteln. Während sich Daseinsthemen (vereinfacht) als Ziele kennzeichnen lassen, kommt Daseinstechniken die Rolle von Mitteln zu, die dazu dienen, Daseinsthemen zu verwirklichen.

Thematische Strukturierung individueller Lebensphasen. Ein Individuum orientiert sein Verhalten an bestimmten Daseinsthemen und setzt bestimmte Daseinstechniken ein, um die Daseinsthemen zu verwirklichen. Dabei kann ein Daseinsthema eine Lebensphase kurze Zeit oder längerfristig bestimmen (Thomae, 1968, S. 168–183):
– *Aktuelle Strukturierung:* Ein Thema kann kurzfristig für eine Person bedeutsam werden. *Anwendung auf das AC:* Ein AC-Teilnehmer setzt sich *für einzelne Übungen* jeweils ein Ziel und orientiert sich somit an einem *aktuellen* Daseinsthema. Welche Daseinstechniken könnte der Teilnehmer etwa für eine Gruppendiskussion auswählen?

(a) Er könnte sich auf die Bereitschaft einstellen, dem Mitteilnehmer zuzuhören, der gerade das Wort hat; (b) er könnte sich ermutigen, einem Kollegen zu widersprechen, wenn seine Argumente wenig überzeugend ausfallen; (c) er könnte sich vornehmen, eigene Argumente vorzubringen, aber mit dem Ziel, das Gespräch in der Gruppe zu fördern und es nicht zu lähmen.
- *Temporäre Strukturierung:* Ein Thema kann einer mittleren Zeiteinheit Bedeutsamkeit verleihen. *Anwendung auf das AC:* Am Beginn eines ACs kann der Teilnehmer sich das Ziel setzen, das gesamte Assessment Center als Chance zu nutzen, einem sozial-beruflichen Aufstieg näher zu kommen. Zuordnen könnte er diesem temporären Daseinsthema spezielle Daseinstechniken: (a) keine Zeit zu vertändeln, sondern von Beginn die eigenen Kräfte ganz einzusetzen; (b) das Verhalten in den einzelnen Übungen dem übergeordneten Ziel unterzuordnen und in jedem Falle die eigene Energie voll aufzubieten; (c) sich nicht entmutigen zu lassen, wenn er den Eindruck gewinnt, in einer einzelnen Übung den Erwartungen der Beobachter nicht entsprochen zu haben.
- *Chronische Strukturierung:* Ein Daseinsthema kann eine längere Zeitspanne bestimmen, es kann einen ganzen Lebensabschnitt prägen. *Anwendung auf das AC:* Der Teilnehmer konzentriert sich *nicht nur* auf das aktuelle Assessment Center, sondern interpretiert es als einen Abschnitt auf seinem gesamten Berufsweg. Zuordnen könnte er diesem chronischen Daseinsthema spezielle Daseinstechniken: (a) Er könnte sich vornehmen, bei einzelnen Misserfolgen im Verlauf des ACs seine Gelassenheit zu wahren. (b) Er könnte sich eine vorsichtige Distanz zu den Empfehlungen vorschreiben, die er am AC-Ende in der Rückmeldung hört oder/und liest. (c) Er könnte ausdrücklich auf Erfolg setzen, aber für den Fall eines Misserfolgs Gespräche mit Kollegen vorsehen (kollegiale Konsultation).

Gehen wir nun weiter – zu den Übungen, zu dem komplexesten Teil unserer Überlegungen!

7.7 Assessment Center-Übungen und Persönlichkeitstheorie

„Im Assessment Center wird Verhalten in Situationen beobachtet und beurteilt, die denen nachgebildet sind, die in der Wirklichkeit der Zielpositionen über die Effizienz des Positionsinhabers entscheiden" (Arbeitskreis-AC, 1992, 2000, 4. Simulationsprinzip). Die Übungen werden in zwei Klassen geteilt, in situative und nicht situative Übungen.

Als *situativ* gelten Übungen, in denen sich die Anforderungen an die beteiligten Personen ständig wandeln. *Beispiel:* In einer Gruppendiskussion evoziert der Beitrag von Teilnehmer A eine Gegenrede von Teilnehmer B, die Gegenrede von Teilnehmer B veranlasst Teilnehmer C zu einem Kommentar zur Rede von A.

Als *nicht situativ* gelten Übungen, in denen die Verhaltensweisen der beteiligten Personen vorgeschrieben und in diesem Sinne „festgelegt" sind. *Beispiel:* Ein klassischer Leistungstest gibt sowohl Reize vor (Testaufgaben) als auch Antwortmöglichkeiten (unter ihnen die Lösung). Der Proband muss sich für eine der Antwortmöglichkeiten entscheiden.

Wir versuchen für situative Übungen andere Persönlichkeitstheorien auszumachen als für nicht situative Übungen.

Situative Übungen und Persönlichkeitstheorie

Situative Übungen evozieren vor allem Person-Person-Beziehungen. Erneut ein *Beispiel:* Person A (Vorgesetzter) regt in einem „Mitarbeitergespräch" Person B (Mitarbeiter) zu einer Antwort an. Person A formuliert eine Entgegnung. Person B erwidert ihrerseits erneut der Person A usw.

Welche Persönlichkeitstheorie passt zu solchen Übungen? Eine Persönlichkeitstheorie, die sich vorrangig mit Person-Person-Beziehungen befasst! Es gibt einen Theoretiker, der seine Aufmerksamkeit speziell auf zwischenmenschliche Beziehungen richtet: *Peterson* (1968, 1977). Warum diese Ausrichtung? Weil für eine Person, so schreibt er, zwischenmenschliche Beziehungen entscheidender sind als Interaktionen mit sachlichen Objekten (Peterson, 1977, S. 306). Doch treten spezielle Schwierigkeiten auf (Peterson, 1977, 313–314):

- Schwierigkeiten betreffen Probleme der *Abgrenzung von Verhaltenseinheiten* (punctuation of ongoing streams of behavior). In natürlichen Situationen steht man vor Aktions-Reaktions-Ketten, die in Länge und Komplexität erheblich variieren; in dieser Kette sinnvolle Einheiten abzugrenzen (zu definieren) ist eine schwere Aufgabe. *Anwendung auf das AC:* Wie lässt sich sicherstellen, dass eine Verhaltenssequenz, beispielsweise „Sicheres Auftreten", in den Anforderungsdimensionen eindeutig umschrieben (definiert) worden ist?
- Schwierigkeiten betreffen *Kombinationsprobleme* (combination): Festgelegt werden muss, wann Interaktionssequenzen „wiederkehren". *Anwendung auf das AC:* Wie lässt sich verbürgen, dass „Sicheres Auftreten" in verschiedenen Übungen zwar unter verschiedenen Verhaltensfacetten auftritt, aber demselben Merkmal zuerkannt wird?
- Schwierigkeiten betreffen die Frage der *Übereinstimmung zwischen den Untersuchern* (problem of dependability). *Anwendung auf das AC:* Wie lässt sich sicherstellen, dass die Beobachter „Sicheres Auftreten" übereinstimmend verstehen und übereinstimmend im Teilnehmerverhalten entdecken?
- Schwierigkeiten betreffen die Frage, ob zwei verschiedene Verfahren das gleiche Verhalten erfassen (intermethod convergence). *Anwendung auf das AC:* Wie lässt sich sicherstellen, dass die Beobachter „Sicheres Auftreten" in verschiedenen Übungen als Facette desselben Merkmals identifizieren?

Peterson sieht noch keine Lösung für *seine* Probleme. Wurden Lösungen gefunden für die analogen Probleme des ACs? Nein, wie jeder Eingeweihte weiß!

Nicht situative Übungen und Persönlichkeitstheorie(n)

Als *nicht situativ* gelten Übungen, in denen die Verhaltensweisen der beteiligten Personen festgelegt sind, das besagt: Zugelassen werden Übungen und Verfahren, in denen die Reize vorgegeben und die Antwortmöglichkeiten vorklassifiziert sind. *Beispiele* nicht situativer Instrumente sind:

- allgemeine Leistungstests, etwa Intelligenz-, Konzentrations-, Gedächtnistests;
- spezielle Leistungstests, etwa Berufseignungstests, differenzielle Fähigkeitstests;
- Persönlichkeitstests, etwa Persönlichkeits-Struktur-Tests, Leistungsmotivationstests.

Bei diesen Verfahren begnügen wir uns damit, auf zwei Probleme hinzuweisen:
- *klassische Tests und Veränderungsmessung:* Werden Tests als nicht situative Übungen eingesetzt, so ist zu beachten, dass die Mehrzahl dieser Tests (noch) nach der Klassischen Testtheorie konstruiert wurde; diese aber beruht auf einer speziellen Persönlichkeitstheorie und setzt Merkmale voraus, die *stabil* sind; zwar lässt sie zu, dass diese stabilen Merkmale variieren, aber nur im Umfang *zufälliger* Schwankungen. Das AC befasst sich jedoch mit Verhaltensänderungen, die *systematisch* eingeleitet werden;
- *nicht situative Übungen und spezielle Persönlichkeitstheorien:* Manche klassischen Tests entstammen einer speziellen Persönlichkeitstheorie, sie „bringen" ihre Persönlichkeitstheorie sozusagen mit. *Drei Beispiele:* (a) Der „Gießen-Test" setzt eine psychoanalytische Persönlichkeitstheorie voraus (vgl. Beckmann, Brähler & Richter, 1991); (b) das „Eysenck-Persönlichkeits-Inventar" entstammt der Eysenckschen Persönlichkeitstheorie (vgl. Eggert, 1983; Eysenck & Eysenck, 1969); (c) dem „16-Persönlichkeits-Faktoren-Test" liegt die Persönlichkeitstheorie von Cattell zugrunde (vgl. Schneewind & Graf, 1998; Cattell, 1967).

Ein AC-Anwender, der ein solches Verfahren als Übung einsetzt, muss (müsste) sich die Frage stellen, ob die Persönlichkeitstheorie dieser „Übung" den Anforderungsdimensionen *seines* Assessment Centers entspricht.

Wir schließen mit einem Rückblick und einer Zusammenfassung.

7.8 Rückblick und Zusammenfassung

Welche Persönlichkeitstheorie liegt dem Assessment Center zugrunde? Wir haben keine Persönlichkeitstheorie entdeckt, die als gemeinsamer Ursprung und gemeinsame Grundlage „des" ACs anzusprechen wäre. Von den Persönlichkeitstheorien zweier AC-Initiatoren – der Charakterologie der deutschen Heerespsychologen und der Need-Press-Theorie von Murray – haben wir uns anregen lassen, zwei Merkmale zu nennen, welche dem AC unter persönlichkeitstheoretischer Sicht zugesprochen werden sollten: (a) Erfassung von Verhaltensänderungen im AC und (b) dialogische Kommunikation zwischen den am AC beteiligten Personen.

Um das Verhalten der Teilnehmer, Beobachter und Moderatoren persönlichkeitstheoretisch zu „deuten", haben wir unterschiedliche Autoren benannt.

Um das *Teilnehmer*verhalten zu „interpretieren", haben wir die Persönlichkeitstheorie von Thomae herangezogen und vorgeschlagen, die Prüfungsphase „Assessment Center" als eine „thematische Strukturierung von Daseinsthemen und Daseinstechniken" zu deuten.

Um das *Beobachter*verhalten zu deuten, haben wir vorgeschlagen, das Empathie-Konzept von Rogers zu übernehmen: Eingeübt in sein Verständnis von Empathie, kann der Beobachter sein Selbstbild deutlich abheben von dem Fremdbild, das er sich von dem Teilnehmer macht.

Um das *Moderator*verhalten zu „erklären", haben wir auf Stern und Rotter verwiesen: Sterns Theorie sollte aufmerksam machen auf Anteile des Vorwissens, die den Moderator bei der Konstruktion eines ACs beeinflussen. Rotters Theorie sollte die Möglichkeit anführen, Konstruktionsschritte auch empirisch zu überprüfen.

Eine persönlichkeitstheoretische Deutung der *AC-Übungen* bereitete die größte Schwierigkeit. Um die *situativen* Übungen persönlichkeitstheoretisch einzuordnen, erwähnten wir das Konzept der Person-Person-Relationen von Peterson; diese Relationen lassen sich auf spezielle AC-Probleme beziehen, z. B. auf die *Übereinstimmung* der Beobachter hinsichtlich der Anforderungsdimensionen oder auf die *eindeutige* Zuordnung von AC-Anforderungsdimensionen zu bestimmten Übungen. Um die *nicht situativen* Übungen persönlichkeitstheoretisch zu bewerten, verwiesen wir (nur) auf zwei persönlichkeitstheoretische Probleme: (a) Werden klassische Tests als Übungen eingesetzt, dann dürfte der AC-Anwender gemäß dem Persönlichkeitsmodell der Klassischen Testtheorie nur die Messung stabiler Merkmale anzielen. (b) Manche klassischen Tests beruhen auf einer speziellen Persönlichkeitstheorie. Wenn ein AC-Anwender solche Verfahren als Übungen übernimmt, müsste er jedes Mal die Frage klären, ob solche Tests den Zielen seines *konkreten* ACs entsprechen.

Literatur

Adler, A. (1974). *Praxis und Theorie der Individualpsychologie*. Frankfurt: Fischer.
Arbeitskreis Assessment Center (Hrsg.). (1992). Standards der Assessment Center Technik 1992. Auswahl und Entwicklung von Führungskräften. In H.-J. Fisseni & G. P. Fennekels (1995), Das Assessment-Center. Eine Einführung für Praktiker (S. 259–269).
Bandura, A. (1973). *A social learning analysis*. Englewood Cliffs, NJ: Prentice Hall.
Bandura, A. (1977a). *A social learning theory*. Englewood Cliffs, NJ: Prentice Hall.
Bandura, A. (1977b). Self-efficacy: Toward a unifying theory of behavioral change. *Psychological Review, 84,* 191–215.
Beckmann, D., Brähler, E. & Richter, H. E. (1991). *Der Gießen Test (GT). Ein Test für Individual- und Gruppendiagnostik. Handbuch* (4., überarbeitete Aufl. mit Neustandardisierung). Bern: Huber.
Bühler, Ch. (1933). *Der menschliche Lebenslauf als psychologisches Problem*. Leipzig: Hirzel. (Neuauflage 1959). Göttingen: Hogrefe.
Bühler, Ch. (1969). Die allgemeine Struktur des menschlichen Lebenslaufs. In Ch. Bühler & F. Massarik (Hrsg.), *Lebenslauf und Lebensziele* (S. 10–22). Stuttgart: G. Fischer.
Cattell, R. B. (1967). *The scientific analysis of personality*. Chicago: Aldine. (Deutsch von L. Piaggio. [1973]. Die empirische Erforschung der Persönlichkeit. Weinheim: Beltz.)
Dieterich, R. & Sowarka, B. H. (2000). Gesamtkonzept der Persönlichkeit. In W. Sarges (Hrsg.), *Management Diagnostik* (3., unveränderte Aufl., S. 432–446). Göttingen: Hogrefe.
Eggert, D. (1974, 1983). *Eysenck-Persönlichkeits-Inventar, EPI* (1. Aufl., 2., überarbeitete und ergänzte Aufl.). Göttingen: Hogrefe.
Eysenck, H. J. & Eysenck, S. B. G. (1969). *Personality structure and measurement*. London: Routledge & Kegan Paul.
Frankl, V. E. (1979). *Der Mensch vor der Frage nach dem Sinn. Eine Auswahl aus dem Gesamtwerk*. München: Piper.

Freud, S. (1941). *Abriß der Psychoanalyse. Gesammelte Werke* (Vol. XVII, S. 63–138). London: Imago.
Fricke, R. (1974). *Kriterienorientierte Leistungsmessung.* Stuttgart: Kohlhammer.
Fromm, E. (1964). *The heart of man. Its genius for good and evil.* New York: Harper & Row. (Deutsch von L. und E. Mickel. [1980]: Die Seele des Menschen. Deutsche Gesamtausgabe, Band 2, S. 159–268. Stuttgart: Deutsche Verlags-Anstalt.)
Glaser, R. (1973). Ein kriteriumsbezogener Test. In P. Strittmatter (Hrsg.), *Lernzielorientierte Leistungsmessung* (S. 62–68). Weinheim: Beltz.
Jung, C. G. (1968). Zugang zum Unbewußten. In C. G. Jung, M. L. von Franz, J. L. Henderson, J. Jacobi & A. Jaffé (Hrsg.), *Der Mensch und seine Symbole* (S. 18–103). Olten und Freiburg im Breisgau: Walter.
Jüttemann, G. & Thomae, H. (Hrsg). (1987). *Biographie und Psychologie.* Berlin: Springer.
Kelly, G. A. (1955). *The psychology of personal constructs* (Vol. I, II). New York: Norton.
Klauer, K. J. (1987). *Kriteriumsorientierte Tests. Lehrbuch der Theorie und Praxis lehrzielorientierten Messens.* Göttingen: Hogrefe.
Kleinmann, M. (2003). *Assessment-Center.* Göttingen: Hogrefe.
Kretschmer, E. (1921, 1977). *Körperbau und Charakter* (1. Aufl.; 26. Aufl.). Berlin: Springer.
Leichner, R. (1979). *Psychologische Diagnostik. Grundlagen, Kontroversen, Praxisprobleme.* Weinheim: Beltz.
Lersch, Ph. (1938, 1964). *Aufbau der Person* (1. Aufl.: „Der Aufbau des Charakters"; 9. Aufl.). München: Barth.
Mischel, W. (1968). *Personality and assessment.* New York: Wiley.
Mischel, W. (1999). *Introduction to personality* (6th ed.). New York: Harcourt Brace.
Murray, H. A. (1938). *Explorations in personality.* New York: Oxford University Press.
Murray, H. A. (1943). *Thematic Apperception Test Manual.* Cambridge: Harvard University Press.
Peterson, D. R. (1968). *The clinical study of social behavior.* New York: Appleton-Century-Crofts.
Peterson, D. R. (1977). A functional approach to the study of person-person interactions. In D. Magnusson & N. S. Endler (Eds.), *Personality at the crossroads. Current issues in an international psychology* (pp. 305–315). Hillsdale: Lawrence Erlbaum.
Rieffert, J. B. (1922). *Psychotechnik im Heer. Bericht über den VII Kongreß für experimentelle Psychologie in Marburg 1921.* Jena: Fischer.
Rieffert, J. B. (1932). *Sprechtypen. Bericht über den 12. Kongreß der Deutschen Gesellschaft für Psychologie in Hamburg 1931.* Göttingen: Verlag für Psychologie.
Rogers, C. R. (1951). *Client-centered therapy: Its current practice, implications, and theory.* Boston: Mifflin.
Rogers, C. R. (1961). *On becoming a person. A therapist's view of psychotherapy.* Boston: Mifflin. (Deutsch von J. Giere. [1973]: Entwicklung der Persönlichkeit. Stuttgart: Klett.)
Rotter, J. B. & Hochreich, D. J. (1975). *Personality.* Glenview, IL: Scott, Foresman. (Deutsch von P. Baumann-Frankenberger. [1979]: Persönlichkeit. Theorien, Messung, Forschung. Berlin: Springer.)

Sarges, W. (2001). Die Assessment-Center-Methode – Herkunft, Kritik und Weiterentwicklungen. In W. Sarges (Hrsg.), *Weiterentwicklungen der Assessment-Center-Methode* (2., überarbeitete und erweiterte Aufl., S. VII–XXXIII). Göttingen: Hogrefe.

Schneewind, K. A. & Graf, J. (1998). *Der 16-Persönlichkeits-Faktoren-Test* (revidierte Fassung, 16 PF-R). Bern: Huber.

Simoneit, M. (1933). *Wehrpsychologie. Ein Abriß ihrer Probleme und politischen Folgerungen.* Berlin: Bernard & Graefe.

Simoneit, M. (1953). *Charakterologische Symptomlehre.* Stuttgart: Testverlag.

Stern, W. (1917, 1921, 1923). *Die menschliche Persönlichkeit* (1., 2., 3. Band). Leipzig: Barth.

Stern, W. (1935, 1950). *Allgemeine Psychologie auf personalistischer Grundlage* (1. Aufl., 2. Aufl.). Den Haag: Nijhoff.

Thomae, H. (1968). *Das Individuum und seine Welt.* Göttingen: Hogrefe.

Thomae, H. (1988). *Das Individuum und seine Welt* (2., völlig neu bearbeitete Aufl.). Göttingen: Hogrefe.

Thomae, H. (1996). *Das Individuum und seine Welt* (3., erweiterte und verbesserte Aufl.). Göttingen: Hogrefe.

8 Interpersonalität im Assessment Center: Grundlagenmodelle und Umsetzungsmöglichkeiten

Peter M. Muck und Stefan Höft

8.1 Einleitung

Dieses Kapitel hat zum Ziel, den Interpersonalen Circumplex (IPC) mit dem Assessment Center (AC)-Ansatz zu verknüpfen. Dies ist zunächst nicht selbstverständlich, denn Assessment Center sind dem simulationsorientierten Ansatz der Eignungsdiagnostik verpflichtet (Höft & Funke, 2006), während der IPC als grundlegendes Modell der Interpersonalität (vgl. Wiggins, Trapnell & Phillips, 1988) eher dem konstrukt- bzw. eigenschaftsorientierten Ansatz der Eignungsdiagnostik (Schuler & Höft, 2006) zuzuordnen ist.

Beide Ansätze repräsentieren sehr unterschiedliche Herangehensweisen an die Prüfung beruflicher Eignung (vgl. Höft & Funke, 2006): In den im AC-Ansatz kombinierten Simulationsverfahren werden berufserfolgskritische Arbeitssituationen nachgestellt. Die von den Probanden gezeigten Verhaltensweisen werden als repräsentative Stichprobe für tatsächliches Arbeitsverhalten interpretiert. Damit wird die testtheoretische Idee der Kontentvalidität umgesetzt (vgl. Lienert & Raatz, 1994). Schwächen ergeben sich regelmäßig bei der Konstruktvalidität der erfassten Anforderungsdimensionen: Anforderungen, die gemeinsam in einem Verfahren erfasst wurden, zeigen einen höheren Zusammenhang als Bewertungen zu identischen Anforderungen über die Verfahren hinweg (mangelnde konvergente und diskriminante Validität).

Bei eigenschaftsorientierten Verfahren (z. B. Persönlichkeitstests) wird von der Beantwortung einzelner personbezogener Aussagen auf die Ausprägung berufserfolgsrelevanter Personmerkmale geschlossen. Durch den Einsatz testtheoretischer Konstruktionsprinzipien ist die Konstruktvalidität sorgfältig entwickelter Verfahren gesichert. Eine berufsbezogene Gestaltung der Verfahrensinhalte ist in den meisten Fällen nicht gegeben (vgl. aber Höft, 2002a, sowie Muck, Höft, Hell & Schuler, 2006).

Die geringe Konstruktvalidität von AC-Anwendungen ist speziell beim Einsatz für Personalentwicklungsziele kritisch, da in solchen Fällen bei der Ergebnisrückmeldung und der nachfolgenden Trainingsgestaltung intensiv auf das im AC ermittelte Stärken- und Schwächenprofil zurückgegriffen wird. Diese sehr differenzierte Herangehensweise ist hinfällig, wenn Anforderungsbewertungen gleicher Dimensionen über die Verfahren hinweg keine Konvergenz zeigen und innerhalb der einzelnen Verfahren empirisch nicht getrennt werden können. Als Gründe für diese Befundlage wurden unterschiedlichste Ursachen diskutiert (vgl. Höft & Funke, 2006). Eine davon ist die mangelhafte Definition von Anforderungskonstrukten.

Um die Konstruktvalidität von Assessment Centern zu steigern, könnte deshalb an der Gestaltung der Anforderungen angesetzt werden. Ziel wäre es, möglichst voneinander unabhängige, in sich konsistente Beobachtungsdimensionen zu generieren. Hierzu bietet sich ein Modell aus der Grundlagenforschung an, das bereits in vielfacher Hinsicht geprüft wurde: der Interpersonale Circumplex. Dies ist vor allem deshalb sinnvoll, da viele der im AC eingesetzten Verfahren interpersonaler Natur sind. Interpersonalität wird dabei in einem ganz allgemeinen Sinne gefasst: als Prozesse, die andere Personen betreffen (vgl. z. B. Wiggins, 1979). Im AC sind Rollenspiele oder Gruppendiskussionen und mit Abstrichen auch Präsentationen interpersonale Situationen, in denen einerseits andere Teilnehmer auf angemessene Art und Weise von der eigenen Meinung, andererseits Beobachter von der eigenen Leistungsfähigkeit überzeugt werden müssen.

Insofern soll nachfolgend zunächst auf den Interpersonalen Circumplex als grundlegendem Modell interpersonaler Wahrnehmung und interpersonalen Verhaltens und ähnliche Konzepte eingegangen werden. Es folgt ein konkretes Beispiel, wie im Deutschen Zentrum für Luft- und Raumfahrt der zunächst im IPC fehlende Anforderungsbezug hergestellt wurde.

8.2 Interpersonalität im Assessment Center: Grundlagen

Der Interpersonale Circumplex als Modell interpersonalen Verhaltens und interpersonaler Persönlichkeitseigenschaften

Circumplexmodelle sind Modelle mit einer kreisförmigen Struktur. Ursprung der Interpersonalen Theorie und der darauf aufbauenden Interpersonalen Circumplex-Tradition ist das Werk von Sullivan (z. B. 1948, zit. n. Wiggins, 1996, S. 221). Persönlichkeit wird nach Sullivan über die wesentlichen interpersonalen Situationen definiert, wie sie für ein Individuum typisch sind, da sie in wenig veränderter Art und Weise immer wieder auftreten. Dies geschieht deshalb, da Personen bestimmte Bedürfnisse haben, die sie zu erfüllen suchen, und sich dementsprechend in Situationen begeben, in denen die Wahrscheinlichkeit hierfür als besonders groß eingeschätzt wird. Der Interpersonale Circumplex wurde erstmals in den 50er Jahren (z. B. Freedman, Leary, Ossorio & Coffey, 1951) propagiert. Leary (1957) hatte sich u. a. zum Ziel gesetzt, die interpersonalen Konzepte Sullivans konkreter und messbar zu machen. Mögliche Datenquellen werden verschiedenen Ebenen zugeordnet, u. a. der:
– öffentlichen Ebene – eingeschätzt über Verhaltensbeobachtungen durch Experten oder Peers, z.B. in Situationen wie Therapie oder anderen Assessment-Situationen (!);
– bewussten Ebene – eingeschätzt z. B. über Persönlichkeitsinventare, in denen sich der Proband selbst beurteilt.

Auf der öffentlichen Ebene sollte untersucht werden, was für eine Art von Verhalten ein Individuum gegenüber anderen an den Tag legt. Dies (z. B. „aggressing against him"; Freedman et al., 1951, S. 149) wurde als interpersonaler Mechanismus bezeichnet. Nach und nach (vgl. Leary, 1957, S. 63 f.) kristallisierte sich eine Struktur heraus. Dieser Interpersonale Circumplex erfüllte als konzeptioneller Bezugsrahmen die verfolgten Ziele größtmöglicher Einfachheit bei gleichzeitiger Balance von hoher Bandbreite jedes der insgesamt 16 interpersonalen Themen und akzeptabler Spezifität. Abbildung 1 zeigt diesen Fokus auf die „Persönlichkeit in Aktion".

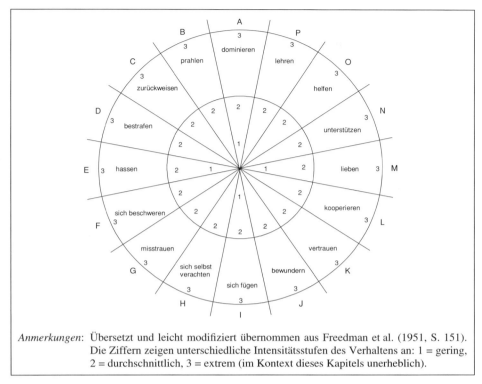

Anmerkungen: Übersetzt und leicht modifiziert übernommen aus Freedman et al. (1951, S. 151). Die Ziffern zeigen unterschiedliche Intensitätsstufen des Verhaltens an: 1 = gering, 2 = durchschnittlich, 3 = extrem (im Kontext dieses Kapitels unerheblich).

Abbildung 1: Der Interpersonale Circumplex 1951 dargestellt mit interpersonalen Mechanismen

Erstmals wird bei Freedman et al. (1951, S. 150) betont, dass jeder der 16 Bereiche interpersonaler Mechanismen (A bis P) als Kombination bestimmter Kernaspekte anzusehen sei: Dominanz, Feindseligkeit, Unterwürfigkeit und Fürsorglichkeit. Die Abbildung ist deshalb wie folgt zu verstehen: Vom Sektor A gegen den Uhrzeigersinn wird die emotionale Qualität bis Sektor E immer negativer (größere Feindseligkeit), danach verbessert sie sich, bis sie in Sektor I wie in Sektor A neutral ist und schließlich in Sektor M ihr positives Maximum (Fürsorglichkeit) erreicht, um dann wieder abzunehmen. Außerdem nehmen die Dominanzanteile bis Sektor I ab, um dann wieder bis Sektor A, dem Maximum, zu steigen. Der Unterschied zwischen den Sektoren P und A liegt also beispielsweise darin, dass P (lehren) eine etwas weniger dominante, dafür etwas fürsorglichere Verhaltensweise darstellt als A (dominieren). Insgesamt ist es für die Klassifizierung eines Verhaltens unerheblich, ob es sich um ein verbales oder nonverbales Verhalten handelt, solange die Funktion des Verhaltens gleichartig ist.

Der derzeit aktuelle Interpersonale Circumplex (Wiggins et al., 1988) beruht auf der Verknüpfung des Leary-Circumplexes mit Foa und Foas (1974) sozialer Austauschtheorie. Foa und Foa beschreiben eine Facettenanalyse eines sozialen Austauschs für die beiden wesentlichen interpersonalen Ressourcen Liebe und Status. Drei Facetten werden unterschieden: Richtung, Objekt und Ressource des sozialen Austauschs (jeder einzelnen Handlung). Diese werden je dichotom spezifiziert:

- Richtung: akzeptieren/geben vs. zurückweisen/nehmen
- Objekt: Selbst vs. Anderer
- Ressource: Liebe (emotional) vs. Status (sozial)

Interpersonales Verhalten kann demnach als das Akzeptieren oder Geben bzw. das Zurückweisen oder Nehmen von Status und/oder Liebe zwischen zwei oder mehr Personen betrachtet werden (vgl. Tab. 1). Das Schema lässt sich auf jede zwischenmenschliche Handlung anwenden. Beispielsweise lässt sich der Akt des Helfens wie folgt spezifizieren: Man gibt dem anderen Liebe und Status, liebt sich dabei auch selbst, reduziert aber seinen eigenen Status (Wiggins & Trapnell, 1996, S. 120). Der Akt des Helfens würde also einer Verhaltensweise aus dem Oktanten LM: warmherzig-verträglich entsprechen.

Ergebnisse von Fisher, Heise, Bohrnstedt und Lucke (1985) sowie Moskowitz (1994) sind empirische Hinweise darauf, dass das Circumplexmodell zur Beschreibung von realem Verhalten Gültigkeit besitzt. Bei Fisher et al. erwächst das Circumplexmodell aus der Alltagserfahrung mit erlebten Gefühlen, die im Rahmen einer Selbstbeobachtung aufgezeichnet werden. Bei Moskowitz resultiert eine deutliche Konvergenz zwischen adjektivischen Selbstbeurteilungen und selbst berichteten Verhaltensweisen bei spezifischen

Tabelle 1: Verknüpfung von Facettentheorie und Interpersonalem Circumplex

Sektor	Sektorbezeichnung	Selbst		Anderer	
		Status	Liebe	Liebe	Status
PA	assured-dominant (selbstsicher-dominant)	+1	+1	+1	−1
BC	arrogant-calculating (arrogant-berechnend)	+1	+1	−1	−1
DE	cold-hearted (kaltherzig)	+1	−1	−1	−1
FG	aloof-introverted (reserviert-introvertiert)	−1	−1	−1	−1
HI	unassured-submissive (unsicher-unterwürfig)	−1	−1	−1	+1
JK	unassuming-ingenuous (nicht-anmaßend-offenherzig)	−1	−1	+1	+1
LM	warm-agreeable (warmherzig-verträglich)	−1	+1	+1	+1
NO	gregarious-extraverted (gesellig-extravertiert)	+1	+1	+1	+1

Anmerkungen: Positive Werte bedeuten Geben/Akzeptieren, negative Werte Nehmen/Zurückweisen. Weitere Erläuterungen im Text.

sozialen Interaktionen sowie eine gleichzeitige Divergenz zu den jeweils orthogonalen Dimensionen. Insgesamt bildet der Interpersonale Circumplex also tatsächliches Verhalten ab.

Im Unterschied zu diesen verhaltensbezogenen Prozessvariablen der Persönlichkeit stehen die eigenschaftsbezogenen Strukturvariablen der Persönlichkeit, also die überdauernden Qualitäten interpersonalen Verhaltens, die als interpersonale Traits bezeichnet werden (Freedman et al., 1951, S. 156). Interpersonale Traits wirken interaktionspartnerunabhängig. Deshalb halten Freedman et al. (1951) wie später auch Wiggins (1979) Adjektive zur Beschreibung dieser überdauernden Tendenzen für geeignet. Durch den Übergang zu Adjektiven findet ein Perspektivenwechsel dahingehend statt, dass nicht mehr nur Verhalten, das interpersonal wahrgenommen wird, sondern die Person beschrieben wird. Somit geht es um Muster interpersonalen Verhaltens mit gewisser Stabilität über Zeit und Situationen. Nicht mehr im Vordergrund steht die Charakterisierung einzelner interpersonaler Verhaltensweisen, sondern die personbezogene Zusammenfassung einer größeren Zahl von Verhaltensäußerungen.

Wichtig ist im Rahmen des vorliegenden Kapitels, dass unabhängig von der Verhaltensnähe zumindest konzeptionell ein Interpersonaler Circumplex dargestellt werden kann. Die Verhaltensnähe (interpersonale Mechanismen: verhaltensnah; interpersonale Traits: verhaltensfern) hat insofern keine Auswirkungen auf die Circumplexität. Der besondere Vorzug des IPC ist darin zu sehen, dass er als Strukturmodell mit homogenen Konstrukten konzipiert ist, dessen Bestandteile in einer grafisch-anschaulichen und prüfbaren Beziehung zueinander stehen.

Die Lage der Oktanten im IPC ist per Konvention festgelegt (vgl. Abb. 2). Die vorgenommene Unterteilung in acht Sektoren ist Ergebnis eines Abwägungsprozesses zwi-

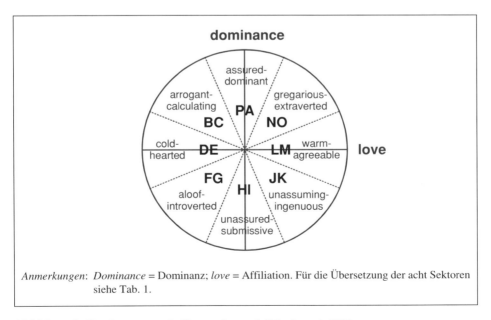

Anmerkungen: Dominance = Dominanz; *love* = Affiliation. Für die Übersetzung der acht Sektoren siehe Tab. 1.

Abbildung 2: Der Interpersonale Circumplex nach Wiggins seit 1988

schen genauer Erfassung einerseits (bei 16 Sektoren schwieriger) und genügender Differenzierung andererseits. Dieses grundlagentheoretische Modell nach Wiggins et al. (1988) und seine Erfassung über die revidierten Interpersonellen Adjektiv Skalen (IAS-R) erlauben eine umfassende Abbildung interpersonaler Variablen. Zwei orthogonale faktorenanalytisch ermittelte Faktoren spannen die zirkulare Ordnung auf: zum einen Dominanz (als soziale Achse), zum anderen Affiliation (als emotionale Achse). Sie symbolisieren die Ressourcen des sozialen Austauschs Status und Liebe. Einander ähnliche Konstrukte liegen im Circumplex näher beieinander, Konstrukte ohne Zusammenhang liegen 90 Grad auseinander, solche, die Gegensätzliches ausdrücken, liegen einander gegenüber, also um 180 Grad getrennt.

Der Interpersonale Circumplex als konzeptioneller Bezugsrahmen

Der Interpersonale Circumplex hat aufgrund der dargestellten Struktur und seiner grafischen Repräsentation einige Vorzüge, die ihn dazu prädestinieren, als konzeptioneller Bezugsrahmen für Skalen mit interpersonalem Inhalt zu dienen. Auf diese Weise kann eine Taxonomie von interpersonalen Persönlichkeitskonstrukten vor dem Hintergrund des Rahmenmodells IPC geschaffen werden. Diese Eigenschaft kann – wie wir später zeigen werden – auf sinnvolle Weise zur Systematisierung von Assessment Center-Anforderungsdimensionen genutzt werden.

Die Position und somit Charakterisierung einer Skala wird über trigonometrische Berechnungen ermittelt (z. B. Gurtman, 1991). Zwei Kennzahlen sind zur Abbildung im Circumplex hinreichend: der Winkel α und die Vektorlänge r. Der Winkel bestimmt den Sektor, in dem eine Skala positioniert ist, die Vektorlänge die Entfernung vom Zentrum des Circumplexes. Die Vektorlänge zeigt also, wie gut die Varianz einer Skala durch die beiden zugrunde liegenden Achsen der zirkulären Ordnung aufgeklärt wird.

Wiggins und Broughton (1991) präsentieren den IPC als taxonomisches Rahmenmodell zur Klassifikation von Skalen, die als interpersonal angenommene Persönlichkeitseigenschaften erfassen. Sie positionieren insgesamt 172 Persönlichkeitsskalen mit der Angabe von Gradzahl und Vektorlänge. Gurtman (z. B. 1999) greift die Arbeiten von Wiggins und Broughton auf und zeigt, dass der IPC als nomologisches Netzwerk und Strukturmodell zur Konstruktvalidierung von Persönlichkeitsskalen geeignet sein könnte. Gurtman verwendet beispielsweise den IPC als Rahmenmodell für verschiedenste Facetten sozialer Kompetenz. Ergebnis der Studie ist letztlich, dass sich die meisten Facetten sozialer Kompetenz als Facetten dominanten (PA), extravertierten (NO) oder freundlichen (LM) Verhaltens kategorisieren lassen. Grenzen einer Abbildung sozialer Kompetenzfacetten im IPC werden darin gesehen, dass im IPC eher verhaltensorientierte Skills als Fertigkeiten sozialer Wahrnehmung abgebildet werden können.

Buss, Gomes, Higgins und Lauterbach (1987) zeigen auf, dass sich verschiedene Manipulationstaktiken sinnvoll in den IPC (einer Vorversion mit 16 Sektoren) einordnen lassen. So hängen z. B. alle Manipulationstaktiken (Schmeicheln, Schweigen, Druck, Vernunft, Schmollen/Regression, Selbsterniedrigung) trotz ihres unterschiedlichen Charakters zunächst mit dem *Calculating*-Sektor zusammen. Die Manipulationstaktiken, die Stärke ausdrücken, sind im Unterschied zu den anderen Taktiken positiv mit dem *Ambitious-* (heute: *Assured-*)Sektor (Druck) bzw. dem *Dominant*-Sektor (Vernunft) verbunden.

In diesem Abschnitt sollte gezeigt werden, dass der Interpersonale Circumplex als Bezugsrahmen für Skalen mit interpersonalem Inhalt eingesetzt werden kann. Der IPC ist aufgrund seiner Eingängigkeit und Anschaulichkeit ein gut kommunizierbares Modell zur Konstruktvalidierung und somit auch für die konzeptionelle Einordnung von Anforderungsdimensionen in Assessment Centern prinzipiell geeignet. Diese Anwendbarkeit im Kontext von Assessment Centern lässt sich weiter begründen. Eine Circumplexstruktur ergibt sich nämlich nicht nur, wenn Personen direkt beurteilt werden, sondern auch dann, wenn die (verdeckten) Reaktionen von Interaktionspartnern oder Beobachtern (!) erfasst werden. Perkins et al. (1979; zit. n. Schmidt, Wagner & Kiesler, 1999) publizieren erstmals das sogenannte Impact Message Inventory (IMI). Aus den verdeckten Reaktionen anderer wird die interpersonale Wirkung der beurteilten Person abgelesen.

Zur Möglichkeit der Ergänzung des Interpersonalen Circumplexes für Zwecke der Verhaltensbeobachtung

White (1980) trägt Belege dafür zusammen, dass universelle Konzepte bei der Beschreibung interpersonaler Phänomene kulturübergreifend zu beobachten sind. Er bezeichnet die beiden jeweils zugrunde liegenden Dimensionen als Dominanz-Submission und Solidarität-Konflikt, in denen die Dominanz- und Affiliationsachse des Interpersonalen Circumplexes erkannt werden können. White zieht eine Verbindung zu den Ergebnissen der Forschung zur konnotativen Bedeutung der Sprache: Osgood, Suci und Tannenbaum (1957) erhalten hier mittels des semantischen Differenzials drei (anstatt zwei) Dimensionen: Bewertung *(evaluation)*, Stärke *(potency)* und Aktivität *(activity)*. Die Einschätzung von Worten erfolgt also in dem Sinne, dass analysiert wird, ob es sich um ein angenehmes oder ein unangenehmes, ein starkes oder ein schwaches und ein aktives oder ein passives Wort handelt. Die ersten beiden Dimensionen können nach White in seiner vergleichenden Analyse von Persönlichkeitsbeschreibung und Sprachbedeutung als interpersonale Dimensionen angesehen werden. Ergänzend können Ergebnisse für die nonverbale Kommunikation berichtet werden, für die Ähnliches gilt wie für die verbale: Mehrabian (1969, zit. n. Forgas, 1994, S. 139) unterscheidet ebenfalls drei Arten von Reizen:
– Unmittelbarkeitsreize zur Kommunikation von Sympathie/Antipathie: z. B. Blickkontakt, interpersonale Distanz;
– Entspanntheitsreize zur Kommunikation von Status und sozialer Kontrolle: z. B. Seitwärtsneigung des Körpers, asymmetrische Haltung der Extremitäten;
– Aktivitätsreize zur Kommunikation von Reaktionsbereitschaft: z. B. Ausmaß der Gestik, Kopfnicken, Stimmvolumen.

Die ersten beiden Reizarten lassen sich wiederum mit Affiliation und Dominanz im IPC in Verbindung bringen. Durch Gifford (vgl. Gifford & O'Connor, 1987; Gifford, 1991, 1994) wurden explizit Verhaltensstudien mit dem Interpersonalen Circumplex durchgeführt. Die IAS-Skalen hängen mit verbalen und nonverbalen Verhaltensweisen wie der Teilnahme an der Konversation in sozialen Situationen oder der interpersonalen Distanz, dem Ausmaß an Gestik oder der Dauer positiver Gesichtsausdrücke zusammen. Das jeweilige korrelative Muster mit den IAS besitzt allerdings vor allem seine jeweils höchsten (niedrigsten) Ausprägungen im Bereich des Sektors NO: gesellig-extravertiert (FG: reserviert-introvertiert). Insoweit handelt es sich bei dieser NO-FG-Achse um die „sichtbarste" interpersonale Achse. Ausnahmen von dieser Regel zeigen aber auch, dass nicht alles Verhalten durch Extraversion vorhergesagt wird. So zeigt sich Kopfnicken insbesondere bei Personen mit einer hohen Ausprägung auf der Affiliationsachse, Objektmanipulationen sind vor allem bei submissiven im Unterschied zu dominanten Personen zu beobachten; umgekehrt verhält es sich mit der Ausbreitung der Beine bei Dominanten. Dies passt zu den unabhängig vom Circumplex erzielten Ergebnissen Mehrabians (1969, zit. n. Forgas, 1994, S. 139), der asymmetrische Haltungen der Extremitäten als Entspanntheitsreize aufführt.

Vergleichbare Ergebnisse finden sich bei der Kommunikation von Gefühlen: Schlosberg (1952, 1954, zit. n. Herkner, 1991, S. 278 f.) ordnet Gefühle als Erster kreisartig in einem zweidimensionalen Raum aus einer Bewertungs- und einer Kontrollachse an und führt als dritte Dimension eine Aktivierungsdimension an. Erneut lassen sich die beiden ersten Dimensionen als unabhängig vom IPC entstandene Kernfaktoren mit den beiden IPC-Achsen in Verbindung bringen. Die dritte Dimension der Aktivierung spielt für Persönlichkeitseigenschaften nur eine untergeordnete Rolle, da sie zunächst kein Trait ist, sondern situationsabhängigen Schwankungen unterliegt. Es handelt sich hierbei eher um die Form, also die Art und Weise, wie der eigentliche Inhalt, das interpersonale Verhalten, ausgedrückt wird. Dennoch könnte diese Dimension für konkretes Verhalten z. B. im AC als Moderator zusätzlich zu den beiden IPC-Dimensionen eine Rolle spielen.

Scholl (2002) führt die beschriebenen Gemeinsamkeiten hinsichtlich der Dimensionalität von interpersonaler Wahrnehmung, der Wahrnehmung von Gefühlen und von verbalem und nonverbalem kommunikativen Verhalten zusammen: Da in der nonverbalen Kommunikation vor allem Gefühle ausgedrückt werden, finden sich zunächst dieselben drei Dimensionen auch bei ihr. Die affektive Bedeutung einer Mitteilung ist anschließend auch für die verbale Kommunikation bedeutsam, weshalb die drei Dimensionen sich auch dort zeigen. Die Wahrnehmung interpersonalen Verhaltens wäre dann ebenfalls durch diese drei Emotionsdimensionen geprägt, die sich als wahrgenommene Qualitäten des Verhaltens niederschlagen. Werden nun bestimmte Ausprägungen solchen Verhaltens überdurchschnittlich häufig gezeigt, ergibt sich eine Verhaltensdisposition, die als Persönlichkeitseigenschaft angesehen werden kann. Diese haben nach White (1980) eine Bedeutung, die über die einfache sprachliche Bedeutung von Wörtern insofern hinausgeht, als sie eine Schlussfolgerung über das voraussichtliche Verhalten eines Menschen beinhalten. Wissen in Bezug auf Einflussnahme, Zielerreichungswahrscheinlichkeit oder Verhalten bei Zielkonflikten ist mit der Dominanz- und der Affiliationsdimension (und allen Mischformen der zwei Dimensionen) verbunden. Dieses anhängige Wissen um die Implikationen eines Eigenschaftsbegriffs ist insofern wesentlich dafür verantwortlich, dass Eigenschaften einen prädiktiven Nutzen haben.

Da bei einer Beobachtung der Verhaltensweisen von Assessment Center-Kandidaten neben Dominanz- und Affiliationsaspekten auch die in den vorangegangenen Ausführungen dargestellten Aktivierungsaspekte wahrgenommen werden, ist bei einer konzeptionellen Zusammenführung von IPC und AC darauf zu achten. In den dargestellten Ergebnissen der Grundlagenforschung fehlt allerdings der Anforderungsbezug, der in Assessment Center-Dimensionen zwangsläufig gegeben sein muss. Deshalb gilt es diesen nachfolgend herzustellen. Scholl (2002) hat bereits einige erste Ideen entwickelt, inwieweit sich die sozio-emotionalen Grunddimensionen menschlichen Erlebens und

Verhaltens (Dominanz und Affiliation) in geeignete Interaktionsvariablen umsetzen lassen. So verknüpft er Dominanz mit Macht- und Einflussprozessen, Affiliation mit Kooperationsbereitschaft (vs. Wettbewerbsneigung). Dies geschieht allerdings unabhängig vom beruflichen Kontext.

Als berufliche Anforderung erscheint eine Aktivierungsdimension zu allgemein. Aktivität erfordert im Arbeitskontext normalerweise eine Richtung, ansonsten handelt es sich um blinden Aktivismus. Evidenz für eine solche dritte Dimension lässt sich aus der Beobachtung von Interaktionsprozessen in Gruppen ableiten (SYMLOG: System for the Multiple Level Observation of Groups; Bales & Cohen, 1982). Bales (2001, S. 7; vgl. zusammenfassend Fisch & Beck, 2003) beschreibt die drei zugrunde liegenden Dimensionen als Einflussnahme vs. Zurückhaltung, Zuwendung vs. Abgrenzung sowie Aufgaben- und Normorientierung vs. Nonkonformismus. Die grafische Repräsentation entspricht einem Würfelmodell mit 27 möglichen Kombinationen der drei Dimensionen (vgl. Abb. 3). Vorausgesetzt wird dabei, dass hinsichtlich einer Dimension entweder eine positive, eine neutrale oder eine negative Ausprägung vorhanden ist. Die Kombination mit drei neutralen Werten entfällt, weshalb 26 Kombinationen resultieren.

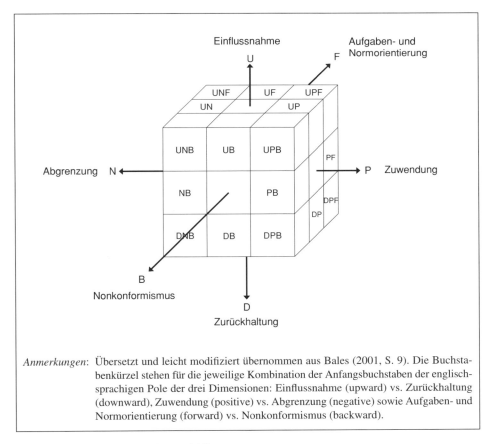

Anmerkungen: Übersetzt und leicht modifiziert übernommen aus Bales (2001, S. 9). Die Buchstabenkürzel stehen für die jeweilige Kombination der Anfangsbuchstaben der englischsprachigen Pole der drei Dimensionen: Einflussnahme (upward) vs. Zurückhaltung (downward), Zuwendung (positive) vs. Abgrenzung (negative) sowie Aufgaben- und Normorientierung (forward) vs. Nonkonformismus (backward).

Abbildung 3: Das SYMLOG-Würfeldiagramm

Die ersten beiden Dimensionen spiegeln die beiden IPC-Achsen wider. So entspricht die auch als *upward vs. downward* bezeichnete Einflussnahmedimension in etwa der Dominanzachse. Die auch als *positive vs. negative* bezeichnete Zuwendungsdimension ist in wesentlichen Zügen deckungsgleich mit der Affiliationsachse. Die dritte Dimension enthält nunmehr den Aspekt der Zielgerichtetheit *(forward vs. backward)*. Allerdings vermischt sich innerhalb dieser Dimension die Aufgabenorientierung mit der Emotionskontrolle. Gefühlsbestimmtes, spontanes Handeln wird als nicht aufgabenorientiert reinterpretiert.

Im SYMLOG-Modell werden weniger individuelle Personbeschreibungen vorgenommen, sondern es wird auf die Beziehungen zu anderen Gruppenmitgliedern und die Orientierung an der Aufgabe eingegangen. Diese Kontextualisierung ist der wesentliche Unterschied zum Interpersonalen Circumplex. Fisch und Beck (2003) fassen die 26 Kombinationen zu sieben Clustern zusammen: Initiative, Kooperation, Kollegialität, Kreativität, Rückzug, Widerstand sowie Disziplin und Kontrolle. Anhand der Bezeichnungen wird eine größere Anforderungsnähe deutlich. Generell können also Übersetzungsprozesse in den Arbeitskontext stattfinden. In den weiteren Abschnitten soll deshalb untersucht werden, inwieweit durch den Interpersonalen Circumplex und seine illustrierten Erweiterungen interpersonale Anforderungen im Assessment Center systematisiert werden können. Auf diese Weise ist möglicherweise auch zu erreichen, die eingangs des Kapitels erwähnte mangelnde Konstruktvalidität von Assessment Centern zu verbessern und angesichts einer reduzierten Zahl von Anforderungsdimensionen die Beobachter zu entlasten.

8.3 Interpersonalität im Assessment Center: Umsetzung

Im Weiteren soll das Potenzial des Circumplexansatzes für die Gestaltung eines Assessment Center-Anforderungsprofils veranschaulicht werden. Als Anwendungsbeispiel dient die Umstrukturierung der verhaltensorientierten Diagnostik im Auswahlprogramm des Deutschen Zentrums für Luft- und Raumfahrt e.V. (DLR) für Nachwuchsflugzeugführer, die 2003 geplant, 2004 empirisch erprobt und Anfang 2005 umgesetzt wurde.

Anforderungsprofil bis 2004 im Assessment Center für Nachwuchsflugzeugführer

Eine ausführliche Beschreibung zum DLR-Auswahlprogramm geben Höft und Marggraf-Micheel (in diesem Band). Im Rahmen des sequenziell angelegten Auswahlprogramms finden drei interaktive simulationsorientierte Verfahren statt: In einem strukturierten Rollenspiel wird ein Konflikt mit Kollegen nachgestellt, in einer Gruppenübung müssen unter Zeitdruck Informationen für die Gestaltung eines gemeinsamen Einsatzplans zusammengetragen werden und in einer zweiten Gruppendiskussion wird die Verteilung begrenzter Ressourcen unter den Teilnehmern ausgehandelt. Diese Verfahren stehen im Mittelpunkt der weiteren Darstellung. Sie werden DLR-intern als „Assessment Center" bezeichnet und stellen eine konzeptionelle Einheit dar. Ein Standard-

AC wird mit zehn Teilnehmern und vier trainierten Beobachtern, drei DLR-Psychologen und einem Kapitän der Flugbetriebe der Deutschen Lufthansa AG (DLH), durchgeführt.

Das bisherige Anforderungsprofil wurde im Rahmen der ursprünglichen AC-Einführung im Jahr 1995 entwickelt und 1999 geringfügig überarbeitet (vgl. Höft & Marggraf-Micheel, in diesem Band). Ergebnis war ein an bestehenden Assessment Center-Taxonomien (vgl. Shore, Thornton & Shore, 1990) orientiertes System mit zwei großen Merkmalsbereichen („Soziale Kompetenz" und „Handlungskompetenz"), die in mehrere AC-Dimensionen differenziert werden. Diese dienen als Grundlage für die eigentliche Beobachtung und werden verfahrensspezifisch differenziert. Die ab 1999 verwendeten Anforderungen sind in Tabelle 2 zu sehen.

Die insgesamt sieben Anforderungsdimensionen werden in mindestens zwei Verfahren erfasst. Pro Verfahren werden fünf Dimensionen erhoben. Eine Sonderrolle nimmt die Dimension „Selbstreflexion" ein: Sie wird im Anschluss an die betreffenden Verfahren ermittelt, indem die Selbsteinschätzung (Was war gut? Was war weniger gut?) der Bewerber zu ihrem eigenen gerade gezeigten Verhalten im standardisierten Diskurs (Rollenspiel) bzw. über eine offene schriftliche Befragung (planungsorientierte Gruppendiskussion) erhoben wird. Diese Selbsteinschätzung wird dann von den Beobachtern mit ihren vorgenommenen Bewertungen verglichen und hinsichtlich ihrer Passung beurteilt.

Tabelle 2: Die Anforderungen des DLR-Assessment Centers von 1999 bis 2004

Titel	Kurzbeschreibung
Merkmalsbereich Soziale Kompetenz (SK)	Umgang mit anderen sowie die Wahrnehmung der eigenen Person („Ich und andere")
Kooperation (KO)	Informationsaustausch und gegenseitige Unterstützung bei der Zusammenarbeit im Team
Konfliktbewältigung (KF)	Meinungsverschiedenheiten konstruktiv gestalten
Empathie (EM)	Interesse und Verständnis für die Sichtweise und die Beweggründe anderer zeigen
Selbstreflexion (SR)	Die eigenen Stärken und Schwächen realistisch einschätzen
Merkmalsbereich Handlungskompetenz (HK)	Beitrag des Einzelnen zum Problemlöseprozess der Gruppe („Ich und die Aufgabe")
Engagement (EG)	Intensive Beteiligung am Gruppenprozess durch Fragen, Wortbeiträge oder Ideen
Flexibilität (FL)	Sich rasch auf neue Situationen einstellen und neue Informationen in das Handeln einbeziehen
Belastbarkeit (BE)	Konzentrierte Aufgabenbewältigung trotz ungünstiger Rahmenbedingungen (Stress, Zeitdruck usw.)

Erkannte Schwächen und Ziele der Umstrukturierung

Einige ab 2001 durchgeführte Analysen offenbarten spezifische Schwächen des angewandten Systems. In einer Studie von Höft (2002b) wurde eine Stichprobe von 2.100 Bewerbern untersucht. Drei konstruktvaliditätsrelevante Koeffizientengruppen standen im Mittelpunkt des Interesses: Beobachterübereinstimmung, Mittelwerte und Standardabweichungen der verfahrensspezifischen Dimensionsbewertungen sowie unterschiedliche Strukturindikatoren (z. B. konfirmatorische Faktorenanalysen).

In der Zusammenschau zeigten sich dimensions- und verfahrensheterogene Beobachterübereinstimmungen, die über den Zeitverlauf hinweg variieren. Als Trend waren speziell in den Gruppenverfahren sinkende Mittelwerte und steigende Varianzen zu verzeichnen. Die Konstruktvaliditätsindikatoren zeigten generell das AC-übliche Bild (geringe konvergente und diskriminante Validität). Im zeitlichen Verlauf waren allgemein steigende Dimensionsinterkorrelationen zu verzeichnen, die allerdings keinen Einfluss auf die faktorielle Struktur der Bewertungen hatten.

Für die zeitverlaufsbezogenen Befunde wurden zwei potenzielle Ursachen diskutiert. So kann sich die Bewerberstichprobe im Zeitverlauf und mit zunehmendem Bewerberaufkommen nachteilig verändert haben. Dagegen spricht allerdings, dass ähnliche Effekte bei anderen Verfahren im Auswahlprogramm nicht festgestellt wurden. Deshalb ist es plausibel, dass beobachterspezifische Effekte relevant sind: Im Auswahlprogramm wird mit einem feststehenden Beobachterstamm von DLR-Psychologen und DLH-Flugkapitänen gearbeitet, der nur sporadisch einer Fluktuation unterliegt. Dadurch können sich mit der Zeit individuumsspezifische Bewertungssysteme entwickeln („observer drift"; vgl. Wirtz & Caspar, 2002), die sich immer mehr vom offiziellen Anforderungsprofil entfernen.

Gestützt auf die in der Studie genannten Empfehlungen ergaben sich die Ziele für die Überarbeitung des Assessment Center-Anforderungsprofils des DLR: Bestehende Inkonsistenzen und Dimensionsüberlappungen im bisherigen Anforderungsprofil sollten analysiert und durch Dimensionsvereinfachung und -verkürzung aufgelöst werden. Neben der Harmonisierung des Systems sollten bestehende luftfahrtpsychologische Befunde berücksichtigt werden. Zusätzlich musste eine Überleitung vom alten zum neuen System gewährleistet werden. Das dann neu formulierte Anforderungsprofil sollte als Grundlage für ein Training aller Beobachter dienen, um einen neuen gemeinsamen Bezugsrahmen für die Beobachtung und Bewertung aufzubauen.

Das überarbeitete DLR-Anforderungsprofil

Mit dem Circumplexansatz liegt ein schlüssig formuliertes Konzept vor, das es erlaubt, Interaktionsverhalten sparsam mithilfe von zwei Dimensionen (und deren Überlappungsbereich) zu beschreiben. Allerdings eignet sich die in Abschnitt 8.2 dargestellte Circumplextheorie zunächst nur bedingt für die Gestaltung eines AC-Anforderungsprofils: Die Dimensionen weisen keinen expliziten berufsbezogenen Zuschnitt auf. Die Assoziation mit privaten Verhaltensbereichen wird durch die Konstruktbezeichnungen („dominance", „love") verstärkt. Für berufliche Anforderungen relevante Konstruktaspekte sind vermischt mit irrelevanten Anteilen.

Ein zusätzliches Problem stellt der mangelnde Verhaltensbezug der zentralen Forschung zum Circumplexansatz dar. Zwar steht bei Sullivan (vgl. Wiggins & Trobst,

1999) noch das (klinisch relevante) Verhalten von Personen im Vordergrund, die wichtigen Arbeiten von Wiggins (z. B. 1979) greifen aber später ausschließlich auf Adjektivlisten zurück und markieren die Trendwende von der sozialpsychologischen zur persönlichkeitspsychologischen Circumplex-Interaktionsforschung. Zwar existieren weiterführende Arbeiten mit einem direkten Verhaltensbeobachtungsbezug (vgl. Abschnitt 8.2.3), sie sind aber allesamt nicht berufsbezogen konzipiert. Eine Assessment Center-Umsetzung mit Circumplexbezug muss also die berufsbezogenen Anteile des Ansatzes selegieren und gleichzeitig einen Bezug zu den möglichen Verhaltensäußerungen in den eingesetzten simulationsorientierten Verfahren (hier: Rollenspiel und Gruppendiskussionen) herstellen.

Das entwickelte Anforderungsprofil soll im Weiteren aus unterschiedlichen Perspektiven betrachtet werden. Nach einem kurzen Abgleich mit der bestehenden AC-Forschung und einer Diskussion der zielpositionsspezifischen Anforderungsaspekte werden die Ergebnisse einer Konzeptanalyse zum bisherigen Anforderungsprofil dargestellt. Daran schließt sich eine ausführliche Beschreibung des gewählten Cirumplexansatzes an. Die Gedankenführung wird in einer Darstellung des entwickelten Verhaltensmodells für die AC-Beobachtung gebündelt.

Hinweise aus der bestehenden AC-Forschung

Die allgemeine AC-Forschung zur Verbesserung der Konstruktvalidität gibt einige allgemeine Hinweise zur Gestaltung von Anforderungsprofilen. So empfiehlt Lievens (1998), besonders im Personalauswahl-Kontext möglichst wenige Dimensionen zu verwenden. Die Dimensionen sollten konzeptionell gut voneinander trennbar, eingesetzte Verhaltensoperationalisierungen möglichst konkret und berufsbezogen formuliert sein. Eine ausführlichere Zusammenfassung relevanter Studien geben Lievens und Klimoski (2001). Als zusätzlichen Aspekt stellen sie den Abstraktionsgrad der Dimensionen heraus: Einige einschlägige Studien (Guldin & Schuler, 1997; Kolk, Born & van der Flier, 2004) zeigen, dass bei global definierten Dimensionen höhere Konvergenzen über die Einzelverfahren hinweg erzielt werden als bei spezifisch definierten Dimensionen. Andere Einzelbefunde (z. B. zum Einfluss der unterschiedlichen Beobachtbarkeit der Dimensionen) konnten hingegen nicht repliziert werden. Übrig bleibt die Empfehlung, mit möglichst wenigen, gut definierten und global angelegten Dimensionen zu arbeiten – Forderungen, die der circumplex-orientierte Ansatz erfüllt.

Berücksichtigung spezifischer Anforderungen der Zielposition

Speziell für die Nachwuchsauswahl bietet sich ein allgemeines Interaktionsmodell an, wie es durch den Circumplexansatz beschrieben wird: Im Ausbildungsverlauf an der Verkehrsfliegerschule stellen sich besondere Anforderungen (z. B. Integration in den Klassenverband, gemeinschaftliche Absolvierung von Prüfungen zum Erwerb der Fluglizenzen), die sich nur zum Teil mit den Interaktionsanforderungen der späteren Cockpit-Arbeit decken. Während in der Ausbildung die zeitlich überdauernde harmonische Zusammenarbeit in einer feststehenden Gruppe relevant ist, müssen sich die Piloten in ihrem Arbeitsalltag bei jeder Arbeitsschicht auf unbekannte Kollegen einstellen und mit ihnen sofort koordiniert zusammenarbeiten. Da es nach der Aufnahme in die Verkehrsfliegerschule keine formalen Auswahlphasen im späteren Karriereverlauf mehr gibt, muss bei der initialen Auswahl zusätzlich die Eignung des Bewerbers für die spätere Zielposition des Flugkapitäns antizipiert werden. Bei diesem breiten Kanon von Anforderungen erscheint der Rückgriff auf ein allgemeines Verhaltensmodell am schlüssigsten.

Abgleich mit dem bisherigen AC-Anforderungsprofil

Das bisherige Anforderungsprofil sollte als Ausgangspunkt für die Umstrukturierung dienen. Zum einen wurde damit eine Kontinuität der AC-Arbeit angestrebt, die an den Erfahrungen der bisherigen AC-Beobachter anknüpfen sollte, zum anderen hatten Validitätsstudien gezeigt, dass die bisherige Herangehensweise durchaus (kriteriumsbezogen) valide Ergebnisse produziert (vgl. Höft & Pecena, 2004, im Überblick). Einen wichtigen Anknüpfungspunkt bildete hier die Studie von Höft (2003), in der die konzeptionellen Überlappungen der bisher eingesetzten Anforderungsdimensionen vor dem Hintergrund einer im Auswahlverfahren eingesetzten Gruppendiskussion (Verteilung begrenzter Ressourcen) untersucht wurden. Hierfür wurden anhand von Beobachtungsprotokollanalysen, freien Beobachtungen sowie eines intensiven Literaturstudiums 150 unterschiedliche Verhaltensbeschreibungen abgeleitet, die repräsentativ für das Geschehen in der betreffenden Gruppendiskussion sein sollten (Beispiel: „Kandidat widerspricht einem anderen Kandidaten"). Diese Beschreibungen wurden von 19 geschulten AC-Beobachtern (13 DLR-Psychologen sowie sechs DLH-Flugkapitänen) mithilfe eines komplexen Bewertungssystems den jeweils einschlägigsten Anforderungsdimensionen zugeordnet. Die Analyse der kombinierten Urteile zeigte, dass einige der verwendeten Anforderungen eher uni- als bipolar charakterisiert sind (beispielsweise „Belastbarkeit" oder „Engagement"). Während einige Anforderungen gehäuft angewählt wurden (z. B. „Kooperation"), beschrieben andere Anforderungen (z. B. „Flexibilität") eher nachrangige Aspekte von Verhaltensbeobachtungen. Eine multidimensionale Skalierung verdeutlichte, dass einige der bisher verwendeten Anforderungen konzeptionell sehr ähnlich gelagert waren („Kooperation" und „Empathie"), während bei anderen eine unterschiedliche Charakterisierung der Positiv- bzw. Negativpole auffiel (Positivpol von „Konfliktbewältigung" nahe bei „Engagement", Negativpol als Anzeichen negativer Kooperation). Diese Konzeptbefunde lassen sich teilweise bis zur empirischen Korrelationsstruktur realer AC-Bewertungen nachvollziehen (vgl. Höft, 2002b).

Quintessenz war, die bisher im Merkmalsbereich „Soziale Kompetenz" gruppierten Dimensionen in ein circumplex-orientiertes Modell zu überführen, in dem die bisherigen Dimensionen „Kooperation" und „Empathie" als Teilfacetten in einer neuen beziehungsorientierten Kooperationsdimension zusammengelegt wurden. Der aufgabenorientierte Positivpol von „Konfliktbewältigung" geht in einer bipolar homogener definierten Dimension (Titel: Koordination/Steuerung) auf. „Selbstreflexion" wurde aus der eigentlichen AC-Beobachtung herausgenommen, indem ein separates fragengestütztes Verfahren zur Erfassung dieses Aspekts konstruiert wurde (vgl. Höft, 2005).

Der gesamte Handlungskompetenzbereich findet zunächst keine Entsprechung im Circumplexansatz. Er muss also ergänzend berücksichtigt werden. Die Ergebnisse der Konzeptstudie legen hier eine Verknüpfung der Flexibilitätsdimension mit anderen Dimensionen nahe (am ehesten „Engagement"). Die unipolar charakterisierte Dimension „Belastbarkeit" scheint nach den Befunden dieser Studie relativ isolierte Verhaltensaspekte zu erfassen.

Die Ausgestaltung der circumplex-orientierten Interaktionsdimensionen

Im Fall des DLR wurde die Charakterisierung des Circumplexmodells in der Version von Wiggins et al. (1988) als Grundlage genommen, um die für die Zielposition des Nachwuchsflugzeugführers relevanten Konstruktaspekte von den irrelevanten zu trennen, gleichzeitig aber die bestehende Grundstruktur (zweidimensionales System mit besonderer Betonung der Überlappungsbereiche) bestehen zu lassen. Die bereits erwähnten Anforderungsdimensionen „Koordination/Steuerung" (KS) und „Kooperation" (KO) werden mit ihren Facetten in Tabelle 3 beschrieben.

KS stellt eine adaptierte Version der Dominanzachse dar, bei der die soziale Einflussnahme auf andere im Positivpol umgedeutet wird als aufgabenbezogene Führerschaft, und integriert somit zwei Dimensionen des SYMLOG-Modells (Einflussnahme und Aufgabenorientierung). Die Facettencharakterisierung zeigt vermischte Anteile der ursprünglichen PA- („selbstsicher-dominant") und NO-Sektoren („gesellig-extravertiert"): Eine Person mit einer hohen KS-Ausprägung nimmt eine aktive Moderationsrolle ein. Sie strukturiert den Arbeitsprozess durch zielführende Vorschläge zum Vorgehen. Sie verfolgt aber auch eigene Interessen und verteidigt diese durch eine aktive Argumentation für ihre Position. Der Negativpol spiegelt Aspekte der FG- („reserviert-introvertiert") und HI-Sektoren („unsicher-unterwürfig") besonders deutlich in der Facette „Konfliktscheu (Mitläufertum)". Eine Person mit einer entsprechenden Ausprägung trägt keinen bedeutsamen Beitrag zum aufgabenbezogenen Lösungsprozess bei, sondern vollzieht nur die von anderen Personen gegebenen Impulse nach. Sich andeutende Interessenkonflikte werden durch sofortiges Einlenken aktiv gemieden. Ein zusätzlicher Aspekt wird durch die Facette „Sprunghaftigkeit (Chaos)" ergänzt: Hier werden Redebeiträge erfasst, die erkennbar sprunghaft sind und die bestehende Gedankenführung unterbrechen bzw. stören. Die Person verfolgt kein nachvollziehbares Konzept. Dadurch wird ein Gegenpol zur Aufgabenakzentuierung der Positivausprägung aufgebaut.

Die zweite Dimension KO deckt im Positivpol die LM- („warmherzig-verträglich") und JK-Aspekte („nichtanmaßend-offenherzig") ab: Aktive Hilfsbereitschaft ist hier ein

Tabelle 3: Beschreibung der neu formulierten circumplex-orientierten AC-Anforderungsdimensionen

Dimension	Charakterisierung	Positive Facetten	Negative Facetten
Koordination/ Steuerung	Zielorientiertes Management eines gemeinsamen Arbeits- und Diskussionsprozesses	Strukturierung des Arbeitsprozesses	Sprunghaftigkeit (Chaos)
		Zielorientierung hinsichtlich eigener und gemeinschaftl. Interessen	Konfliktscheu (Mitläufertum)
Kooperation	Interesse am Informationsaustausch mit anderen sowie Rücksichtnahme auf die Anliegen anderer Personen	Aktive Hilfsbereitschaft	Intoleranz und Egoismus
		Offenheit zur eigenen und zu anderen Situationen	Interaktion emotionalisieren

wesentlicher Aspekt. Die Person unterstützt andere durch Informationen oder entlastet sie durch entsprechende Hilfsleistungen. Dazu gehört Offenheit zur eigenen Situation, die sich durch eine aktive und vorbehaltlose Informationsgabe äußert, sowie das Interesse an der Situation anderer, das sich durch nonverbale Signale oder Nachfragen zu deren Belangen zeigt und auf deren Integration in den Gruppenprozess abzielt. Negativaspekte der Dimension zielen auf die Circumplexsegmente BC („arrogant-berechnend") und DE („kaltherzig"): Hierzu gehört mangelnde Rücksichtnahme auf andere, indem deren geäußerte Bedürfnisse und Einwände ignoriert oder sogar aktiv unterbrochen werden. Die Person ist vorrangig an den eigenen Belangen und dem eigenen Vorankommen interessiert. Ein deutliches Anzeichen für mangelnde Kooperation sind Verhaltensweisen, die zu einer Emotionalisierung der Interaktion führen und die Sachebene des Informationsaustauschs verlassen. Beispiele hierfür sind unsachliche Bemerkungen (Ausdruck von Ärger, Arroganz etc.) und verletzende Kommentare zu Beiträgen anderer Anwesender.

Die unterschiedenen Facetten weisen eine Charakterisierung auf, die ein circumplexorientiertes Arrangement ermöglicht. In Abbildung 4 wird dieser Umstand verdeutlicht. Beispielsweise beinhaltet die positive KO-Facette „Offenheit" auch positive KS-Anteile, weil durch eine vorbehaltlose Informationspolitik der Arbeitsprozess nur gefördert werden kann. „(Aktive) Hilfsbereitschaft" ist zwar für denjenigen, der die Hilfe erhält (z. B. einen Erklärungshinweis zu einer Arbeitsregel), sehr hilfreich, hält aber womöglich den Ablauf der Gruppenarbeit eher auf. Entsprechend ist die negative KS-Facette „Konfliktscheu (Mitläufertum)" für das Arbeitsklima eher förderlich, weil die betreffende Person allen Entscheidungen zustimmt. Sprunghafte Diskussions- und Planungsbeiträge können hingegen besser organisierte Teilnehmer behindern oder brüskieren.

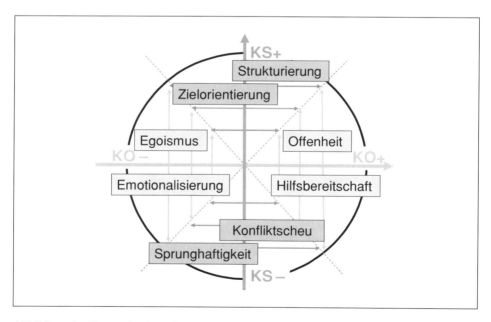

Abbildung 4: Circumplexdarstellung der Anforderungsdimensionen „Koordination/Steuerung" (KS) und „Kooperation" (KO)

Die in der allgemeinen Charakterisierung immer noch sehr abstrakten Dimensionsfacetten werden gemäß der üblichen AC-Technik (vgl. Höft & Lüth, 2005) für jedes AC-Verfahren mithilfe spezifischer, direkt beobachtbarer Verhaltensanker operationalisiert. Dabei erhält jede Dimension eine verfahrensspezifische Färbung: So äußert sich KS im Rollenspiel eher durch eine Strukturierung und ergebnisorientierte Gedankenführung des aufgeworfenen Problems, während in den Gruppendiskussionen die Koordination der Gesamtgruppe stärkeres Gewicht erhält.

Entwicklung eines erweiterten Verhaltensmodells

Während der KS/KO-Circumplex zur Analyse der Interaktionsleistung der Bewerber verwendet wird, dienen zwei weitere Anforderungen (Engagement, EG, und Belastbarkeit, BE) zur Erfassung des Selbstmanagements des Bewerbers im Interaktionsprozess. Sie decken den bisherigen Bereich der Handlungskompetenz ab.

In der allgemeinen Diskussion zur Anwendung des Circumplexansatzes in der Verhaltensbeobachtung (Abschnitt 8.2.3) wurde bereits auf die moderierende Rolle der Aktiviertheit der agierenden Person hingewiesen: Eine höhere Aktivität einer Person führt zu mehr einschlägigen KS/KO-Verhaltensweisen. Die Person muss durch viele gezeigte Verhaltensweisen nicht besser in den anderen Dimensionen abschneiden (eine Person kann durch viele unstrukturierte Beiträge „Chaos" verursachen), die Diagnose fällt durch die breitere Datenbasis aber im Sinne des testtheoretischen Reliabilitätskonzepts treffsicherer aus. Eine niedrige Ausprägung in der Aktivitätsdimension (wenig beobachtbare Aktionen, viele Pausen in der Gesprächsbeteiligung) führt hingegen zu einer Abwertung in den interaktiven Dimensionen: Eine sehr zurückhaltende Person wird nur in den seltensten Fällen wichtige Beiträge liefern können, eine Moderationsfunktion wird nicht adäquat übernommen und die durch die anderen Teilnehmer getroffenen Entscheidungen werden passiv hingenommen (Resultat: deutlich negative Bewertung in Koordination/Steuerung). Gleichzeitig fügt sie sich zwar in das Team ein und unterstützt getroffene Entscheidungen, kann durch die mangelnde Aktivität aber keine Positivindikatoren von Kooperation, z. B. bedeutsame Hilfestellungen für einen anderen Teilnehmer, zeigen (Resultat: moderat negative Bewertung in Kooperation).

Die Aktivität des Teilnehmers wird über die neu formulierte Dimension Engagement erfasst. Um einen stärkeren Anforderungsbezug herzustellen und um „nichts sagende Vielredner" nicht ungerechtfertigterweise zu bevorzugen, werden für eine hohe Dimensionsausprägung eine erkennbare Variation in der Art der Beteiligung (strukturierende Hinweise, Werben für die eigene Position, aktive Hilfestellungen etc.) sowie eine adäquate Reaktion auf im Diskussionsverlauf neu auftauchende Informationen gefordert.

Als vierte Anforderungsdimension wird Belastbarkeit erhoben (korrekter müsste es „Grad der Beanspruchung" heißen), da dieser Verhaltensaspekt im Diskussionsprozess zum neuen Anforderungsprofil von den beteiligten DLH-Flugkapitänen als relevante Einflussgröße bei Interaktionsstörungen im Cockpit genannt wurde. Die Dimensionsausprägung wird über die Analyse von vegetativen Belastungssymptomen erfasst, die auf eine starke Kapazitätsauslastung im Sinne einer zu starken Beanspruchung hindeuten und somit eine mögliche Einschränkung der Handlungsfreiheit der Person ankündigen. Symptome sind sprachliche Behinderungen (Stottern, zu laute oder zu leise Intonation etc.) sowie Auffälligkeiten in der Gestik oder Mimik. Die Dimension ist damit im Wesentlichen durch Negativindikatoren geprägt. Das Ausbleiben dieser Anzeichen führt zu einer positiven Ausprägung. Die Dimension wird erwartungsgemäß positiv mit den übrigen Dimensionen korreliert sein: Mangelnde Belastbarkeit wird häufig zu mangelndem Engagement (kaum Beteiligung oder stereotype Beitragswiederholungen) führen, was wiederum die Kooperation und die Koordination/Steuerung erschwert. Dieser Dimensionszusammenhang ist allerdings nicht zwangsläufig gegeben: Psychophysiologische Indikatoren (z. B. Hautrötung) sind mehrdeutig und können entsprechend als Anzeichen von zu hoher Beanspruchung fehlinterpretiert werden.

Letztliches Ergebnis der Anforderungsumstrukturierungen ist ein circumplex-orientiertes Interaktionsmodell, das in ein erweitertes Verhaltensmodell eingebettet ist. In Abbildung 5 ist eine grafische Systemdarstellung wiedergegeben. Der quantitative Aspekt der EG-Dimension wirkt als Moderator der KS/KO-Interaktionsanalyse: Der wachsende Trichter soll verdeutlichen, dass die KS- und KO-Diagnosen umso genauer werden, je höher der Aktivitätsgrad der Person ist. Negative BE-Indikatoren können mit mangelndem Engagement einhergehen. Das Modell ist in dieser Form rein deskriptiv angelegt mit dem Ziel, anforderungsrelevante Verhaltensweisen korrekt zu verorten und die Zusammenhänge zwischen den vier Dimensionen offen zu legen.

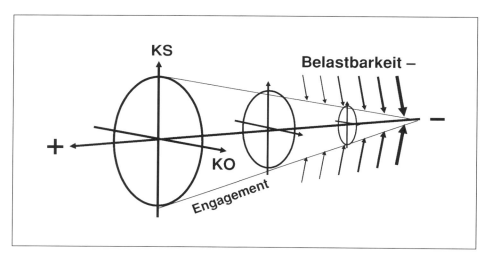

Abbildung 5: Das Verhaltensmodell des DLR-Assessment Centers

Anwendung des circumplex-basierten Verhaltensansatzes in Training und Diagnostik

Das im letzten Abschnitt beschriebene Modell wird als Referenz im Rahmen des bezugsrahmenorientierten Trainings aller AC-Beobachter eingesetzt. Bei diesem neueren Trainingsansatz wird durch die Beschäftigung mit Prototypen und durch die intensive Diskussion zwischen den Beobachtern und AC-Entwicklern angestrebt, innerhalb der Beobachtergruppe ein gemeinsam geteiltes Bewertungsschema (den „Bezugsrahmen") zu etablieren, mit dessen Hilfe das gezeigte Teilnehmerverhalten eindeutig klassifiziert und beurteilt werden kann. Die bisher vorliegenden Laborstudien (z. B. Lievens, 2001) weisen für diesen Ansatz höhere Beobachterübereinstimmungen und eine höhere Akkuratheit im Vergleich zum traditionellen Verhaltensbeobachtungsansatz nach. Das Verhaltensmodell leistet hier wertvolle Dienste, da es neben einem eindeutig definierten Anforderungsprofil auch Aussagen zum Zusammenhang der Dimensionen trifft.

Die eigentliche Verhaltensdiagnose im AC konzentriert sich zunächst auf die Erfassung der interaktiven Dimensionen Koordination/Steuerung und Kooperation. Auftretende einschlägige Verhaltensweisen werden im strukturierten Beobachtungsbogen frei protokolliert. Die auf häufig wiederkehrenden Verhaltensweisen basierenden Dimensionen Engagement und Belastbarkeit werden begleitend dazu mithilfe von Checklisten erfasst. Wegen des globalen Charakters der eingesetzten vier Dimensionen werden sie in allen drei AC-Verfahren erfasst. Dadurch wird der nominelle „Verlust" von Bewertungen (im alten System: 15 Bewertungen; im neuen System: 12 Bewertungen) in Grenzen gehalten.

8.4 Zusammenfassung

In diesem Kapitel wurde ein Überblick über eine theoriegeleitete Konstruktion von Assessment Center-Anforderungen gegeben. Ausgehend von der Problematik mangelnder konvergenter und diskriminanter Validität im AC wurde als eine Möglichkeit zu ihrer Erhöhung die Identifikation von konzeptionell und empirisch trennscharfen Anforderungen gesehen. Trennscharfe Merkmale sind eher bei konstrukt- als bei simulationsorientierten Ansätzen zu finden. Insofern wurde auf ein grundlagentheoretisches Modell rekurriert, das in besonderer Weise geeignet erschien, der interaktionalen Natur vieler AC-Übungen sowie der interpersonalen Wahrnehmung durch Beobachter gerecht zu werden: den Interpersonalen Circumplex. Nachfolgend wurde aufgezeigt, inwieweit seine strukturtheoretischen Annahmen und ergänzende Überlegungen verwandter Konzepte beim Deutschen Zentrum für Luft- und Raumfahrt angewendet wurden, um ein bestehendes Assessment Center für Nachwuchsflugzeugführer anforderungsseitig zu modifizieren. Anzahl und Überlappungsgrad der Anforderungsdimensionen konnten auf diese Weise reduziert, Facetten der interpersonalen Anforderungsdimensionen aufgrund ihrer Positionierung im IPC differenziert werden. Gleichwohl wird das circumplex-gestützte Interaktionsmodell nicht verabsolutiert, sondern in ein umfassenderes Verhaltensmodell eingebettet, in dem die Bezüge zwischen den Anforderungsdimensionen veranschaulicht werden.

Literatur

Bales, R. F. (2001). *Social interaction systems: Theory and measurement.* New Brunswick, NJ: Transaction Publishers.

Bales, R. F. & Cohen, S. P. (1982). *SYMLOG: Ein System für die mehrstufige Beobachtung von Gruppen.* Stuttgart: Klett-Cotta.

Buss, D. M., Gomes, M., Higgins, D. S. & Lauterbach, K. (1987). Tactics of manipulation. *Journal of Personality and Social Psychology, 52,* 1219–1229.

Fisch, R. & Beck, D. (2003). Teamdiagnose und -entwicklung im Rahmen des SYMLOG-Ansatzes. In S. Stumpf & A. Thomas (Hrsg.), *Teamarbeit und Teamentwicklung* (S. 341–355). Göttingen: Hogrefe.

Fisher, G. A., Heise, D. R., Bohrnstedt, G. W. & Lucke, J. F. (1985). Evidence for extending the circumplex model of personality trait language to self-reported moods. *Journal of Personality and Social Psychology, 49,* 233–242.

Foa, U. G. & Foa, E. B. (1974). *Societal structures of the mind.* Springfield, IL: Thomas.

Forgas, J. P. (1994). *Soziale Interaktion und Kommunikation: Eine Einführung in die Sozialpsychologie.* Weinheim: Psychologie Verlags Union.

Freedman, M. B., Leary, T., Ossorio, A. G. & Coffey, H. S. (1951). The interpersonal dimension of personality. *Journal of Personality, 20,* 143–161.

Gifford, R. (1991). Mapping nonverbal behavior on the interpersonal circle. *Journal of Personality and Social Psychology, 61,* 279–288.

Gifford, R. (1994). A lens-mapping framework for understanding the encoding and decoding of interpersonal dispositions in nonverbal behavior. *Journal of Personality and Social Psychology, 66,* 398–412.

Gifford, R. & O'Connor, B. (1987). The interpersonal circumplex as a behavior map. *Journal of Personality and Social Psychology, 52,* 1019–1026.

Guldin, A. & Schuler, H. (1997). Konsistenz und Spezifität von AC-Beurteilungskriterien: Ein neuer Ansatz zur Konstruktvalidierung des Assessment Center-Verfahrens. *Diagnostica, 43,* 230–254.

Gurtman, M. B. (1991). Evaluating the interpersonalness of personality scales. *Personality and Social Psychology Bulletin, 17,* 670–677.

Gurtman, M. B. (1999). Social competence: An interpersonal analysis and reformulation. *European Journal of Psychological Assessment, 15,* 233–245.

Herkner, W. (1991). *Lehrbuch Sozialpsychologie* (5. Aufl.). Bern: Huber.

Höft, S. (2002a). *Grundlagen einer persönlichkeitsorientierten Berufseignungsdiagnostik. Verhaltens- und berufsbezogene Aspekte des Fünf-Faktoren-Modells der Persönlichkeit.* Berlin: dissertation.de.

Höft, S. (2002b). *2100 Nachwuchsflugzeugführer-Bewerber im Assessment Center des DLR: Zeitliche Verlaufsanalysen zu ausgewählten Konstruktvaliditätsindikatoren im Einsatzzeitraum März 1999 bis August 2001* (DLR-Forschungsbericht 2002-15). Köln: Deutsches Zentrum für Luft- und Raumfahrt e. V. (DLR).

Höft, S. (2003). Konzeptionelle und empirische Überlappungen von Assessment Center-Beurteilungsdimensionen. In W. Bungard (Hrsg.), *Psychologie und Wirtschaft leben. Abstractband zur 3. Tagung der Fachgruppe Arbeits- und Organisationspsychologie der DGPs, 22.–24. September 2003, Mannheim* (S. 63–64). Mannheim: Lehrstuhl für Wirtschafts- und Organisationspsychologie, Universität Mannheim.

Höft, S. (2005). „Realist, Hoch- oder Tiefstapler?" – Selbstreflexion als eignungsdiagnostisches Auswahlkriterium. In L. Schmidt-Atzert & S. Krumm (Hrsg.), *Abstractband der 8. Arbeitstagung der Fachgruppe für Differentielle Psychologie, Persönlichkeitspsychologie und Psychologische Diagnostik der Deutschen Gesellschaft für Psychologie, 26.–27. September 2005, Marburg* (S. 45). Lengerich: Pabst Science Publishers.

Höft, S. & Funke, U. (2006). Simulationsorientierte Verfahren der Personalauswahl. In H. Schuler (Hrsg.), *Lehrbuch der Personalpsychologie* (2. Aufl., S. 145–187). Göttingen: Hogrefe.

Höft, S. & Lüth, N. (2005). Beobachtung und Bewertung im Assessment Center: Gestaltungsmerkmale eines AC-Beobachtungssystems. In K. Sünderhauf, S. Stumpf & S. Höft (Hrsg.), *Assessment Center – von der Auftragsklärung bis zur Qualitätssicherung* (S. 164–180). Lengerich: Pabst Science Publishers.

Höft, S. & Pecena, Y. (2004). Behaviour-oriented assessment for the selection of aviation personnel. In K.-M. Goeters (Ed.), *Aviation psychology: Practice and research* (pp. 153–170). Aldershot: Ashgate.

Kolk, N. J., Born, M. P. & van der Flier, H. (2004). A triadic approach to the construct validity of the assessment center: The effect of categorizing dimensions into a feeling, thinking, and power taxonomy. *European Journal of Psychological Assessment, 20*, 149–156.

Leary, T. (1957). *Interpersonal diagnosis of personality.* New York, NY: The Ronald Press.

Lienert, G. A. & Raatz, U. (1994). *Testaufbau und Testanalyse.* Weinheim: PVU-Beltz.

Lievens, F. (1998). Factors which improve the construct validity of assessment centers: A review. *International Journal of Selection and Assessment, 6*, 141–152.

Lievens, F. (2001). Assessor training strategies and their effects on accuracy, interrater reliability, and discriminant validity. *Journal of Applied Psychology, 86*, 255–264.

Lievens, F. & Klimoski, R. (2001). Understanding the assessment center process: Where are we now? In C. L. Cooper & I. T. Robertson (Eds.), *International Review of Industrial and Organizational Psychology* (Vol. 16, pp. 245–286). Chichester: Wiley.

Moskowitz, D. S. (1994). Cross-situational generality and the interpersonal circumplex. *Journal of Personality and Social Psychology, 66*, 921–933.

Muck, P. M., Höft, S., Hell, B. & Schuler, H. (2006). Die Konstruktion eines berufsbezogenen Persönlichkeitsfragebogens. Integration von Interpersonalem Circumplex, Fünf-Faktoren-Modell und Act Frequency Approach. *Diagnostica, 52*, 76–87.

Osgood, C. E., Suci, G. J. & Tannenbaum, P. H. (1957). *The measurement of meaning.* Urbana, IL: University of Illinois Press.

Sackett, P. R. & Dreher, G. F. (1982). Constructs and assessment center dimensions: Some troubling empirical findings. *Journal of Applied Psychology, 67*, 401–410.

Schmidt, J. A., Wagner, C. C. & Kiesler, D. J. (1999). Psychometric and circumplex properties of the octant scale Impact Message Inventory (IMI-C): A structural evaluation. *Journal of Counseling Psychology, 46*, 325–334.

Scholl, W. (2002). *Das sozio-emotionale Apriori des Menschen.* Unveröffentlichtes Manuskript, Humboldt-Universität Berlin.

Schuler, H. & Höft, S. (2006). Konstruktorientierte Verfahren der Personalauswahl. In H. Schuler (Hrsg.), *Lehrbuch der Personalpsychologie* (2. Aufl., S. 101–144). Göttingen: Hogrefe.

Shore, T. H., Thornton, G. C. & Shore, L. M. (1990). Construct validity of two categories of assessment center dimension ratings. *Personnel Psychology, 43*, 101–116.

White, G. M. (1980). Conceptual universals in interpersonal language. *American Anthropologist, 82*, 759–781.

Wiggins, J. S. (1979). A psychological taxonomy of trait-descriptive terms: The interpersonal domain. *Journal of Personality and Social Psychology, 37*, 395–412.

Wiggins, J. S. (1996). An informal history of the interpersonal circumplex tradition. *Journal of Personality Assessment, 66*, 217–233.

Wiggins, J. S. & Broughton, R. (1991). A geometric taxonomy of personality scales. *European Journal of Personality, 5,* 343–365.

Wiggins, J. S. & Trapnell, P. D. (1996). A dyadic-interactional perspective on the five-factor model. In J. S. Wiggins (Ed.), *The five-factor model of personality: Theoretical perspectives* (pp. 88–162). New York, NY: Guilford.

Wiggins, J. S., Trapnell, P. D. & Phillips, N. (1988). Psychometric and geometric characteristics of the Revised Interpersonal Adjective Scales (IAS-R). *Multivariate Behavioral Research, 23,* 517–530.

Wiggins, J. S. & Trobst, K. K. (1999). The fields of interpersonal behavior. In L. A. Pervin & O. P. John (Eds.), *Handbook of personality* (2nd ed., pp. 653–670). London: Guilford.

Wirtz, M. & Caspar, F. (2002). *Beurteilerübereinstimmung und Beurteilerreliabilität.* Göttingen: Hogrefe

Wundt, W. M. (1910). *Grundzüge der physiologischen Psychologie* (6. Aufl.). Leipzig: Engelmann.

Teil III:
Kriterienbezogene Validität

9 Die prädiktive Validität des Assessment Centers – eine Metaanalyse[1]

George C. Thornton III, Barbara B. Gaugler, Douglas B. Rosenthal und Cynthia Bentson

9.1 Problemstellung

In mehreren Untersuchungen verschiedenster Konzeption ist die Validität von Assessment Centern nachgewiesen worden:

Inhaltsorientierte Testkonstruktionsansätze dienten zur Identifikation der Dimensionen erfolgreichen Managements, zur Konstruktion von Simulationen wichtiger Managementaufgaben und zur Sicherstellung einer reliablen Leistungsbeobachtung und -beurteilung bei den einzelnen Aufgaben. In Untersuchungen zur Kriteriumsvalidität wurde die prädiktive Validität von Assessment Center-Ratings für Leistungs- und Erfolgskriterien über Zeiträume von bis zu 20 Jahren bestätigt. Aus Untersuchungen zur Konstruktvalidität ist bekannt, dass mit dem Assessment Center etliche Führungsqualitäten erfasst werden können, wie z. B. die Fähigkeit zum Aufbau zwischenmenschlicher Beziehungen, das Entscheidungsvermögen und administrative Kompetenzen wie Planen und Delegation von Verantwortung. Vermutlich gibt es zum Assessment Center mehr bestätigende und positive Forschungsergebnisse als zu jedem anderen Verfahren der Personalauswahl und -entwicklung.

Warum also sollte noch eine Metaanalyse zur Validität der Gesamtbeurteilung aus dem Assessment Center durchgeführt werden? Es sprechen zum Mindesten drei Gründe dafür:

Erstens gibt es nicht ein einziges Assessment Center-Verfahren, sondern es existiert eine Vielfalt verschiedener Zusammenstellungen aus Beurteilungsdimensionen, Art und Anzahl der Aufgabenstellungen, Einbezug oder Ausschluss von Testverfahren, Arten von Beurteilern, Methoden des Beurteilertrainings, Integrationsverfahren der einzelnen Beobachtungen und Anwendungsweisen von Feedback. Möglicherweise existieren systematische Validitätsunterschiede zwischen diesen verschiedenen Verfahrensweisen des Assessment Centers.

Zweitens haben Praktiker versucht, das komplexe und zeitaufwendige Verfahren des Assessment Centers zu vereinfachen, Aufgabenstellungen auszulassen, die Trainingsdauer für die Beurteiler zu kürzen und den Zeitaufwand für die Integration der Beobachtungen zu vermindern. Es stellt sich die Frage, ob dadurch die Validität beeinflusst wird.

Drittens ergaben sich in den letzten Jahren sehr unterschiedliche Ergebnisse zur prädiktiven Validität. Die Validitätskoeffizienten der in dieser Untersuchung einbezogenen Studien beispielsweise umfassen Werte von –.25 bis +.78. In älteren Übersichtsartikeln

---

[1] Aus dem Englischen übersetzt von Jutta Baron-Boldt und Christoph Strunz. Erstveröffentlichung 1987 (s. Kapitel 1).

wird geargwöhnt, dass Assessment Center zwar den Aufstieg in der Organisation, nicht aber die Leistung der Teilnehmer vorhersagten, dass durch kontaminierte Kriterien die Korrelationskoeffizienten künstlich erhöht würden und dass somit die wahre Vorhersagegenauigkeit viel geringer sei, als ursprünglich angenommen wurde.

Bisher veröffentlichte Übersichtsartikel zu dieser Thematik können diese Frage nicht angemessen beantworten. Traditionelle Literaturübersichten sind naturgemäß subjektiv und können von den Vorannahmen des Autors stark beeinflusst sein – dies würde auch für die Autoren des vorliegenden Artikels gelten. Und was weit wichtiger ist, traditionelle Übersichtsartikel vernachlässigen große Mengen der Informationen, die in der primären Forschungsliteratur vorhanden sind, und gewichten möglicherweise die verschiedenen Merkmale der Forschungsmethodik falsch. Aufgrund dieser Unzulänglichkeiten werden oft in einem Forschungsgebiet falsche Folgerungen aus widersprüchlichen Ergebnissen gezogen.

Die vorliegende Metaanalyse wurde durchgeführt, um die große Menge an Forschungsergebnissen zur prädiktiven Validität der Gesamtbeurteilung aus dem Assessment Center systematischer als bisher zusammenzufassen. Der Begriff „Metaanalyse" bezieht sich auf eine Anzahl von Methoden unterschiedlicher statistischer Feinheit, die zur quantitativen Zusammenfassung der Ergebnisse verschiedener Studien verwendet werden.

Aus verschiedenen Gründen wurde in dieser Untersuchung der von Schmidt und Hunter (1977) entwickelte Ansatz zur Generalisierung der Validität verwendet. Erstens werden explizite Formeln zur statistischen Integration der Effektgrößen verschiedener Studien angegeben. Zweitens wurde er speziell für die Analyse von Korrelationskoeffizienten (z. B. Validitätskoeffizienten) entwickelt. Drittens beruht er auf der Annahme, dass ein großer Teil der zwischen den einzelnen Korrelationen beobachteten Varianz eher auf statistische Artefakte und methodische Probleme zurückzuführen ist als auf wahre Unterschiede der zugrunde liegenden Populationskorrelationen. Diese Artefakte sind u. a. Stichprobenfehler aufgrund unterschiedlicher Stichprobengrößen, Unreliabilität der Messungen von Prädikatoren und Kriterien, unterschiedlicher Einengung des Messwertbereichs bei den einzelnen Stichproben und verschiedener anderer Fehler bei der Datenanalyse und der Niederschrift des Berichts. Es werden Formeln zur Schätzung der wahren Varianz der Validitätskoeffizienten und des auf diese Artefakte zurückzuführenden Anteils der beobachteten Varianz angegeben.

Untersuchungen zur Generalisierbarkeit der Validität anderer Auswahlverfahren lassen vermuten, dass ein beträchtlicher Anteil der Varianz in der prädiktiven Validität auf statistische Artefakte zurückzuführen ist. Untersuchungen über Eignungstests für Programmierer und Büroangestellte (Schmidt, Gast-Rosenberg & Hunter, 1980; Pearlman, Schmidt & Hunter, 1980), über mechanische und chemische Verständnistests (Schmidt, Hunter & Caplan, 1981), über gewichtete biografische Fragebogen (Brown, 1981), über allgemeine Intelligenztests (Pearlman et al., 1980; Schmidt et al., 1981) und über Tests für verbale, quantitative, logische, räumlich-mechanische und motorische Fähigkeiten, Wahrnehmungsgeschwindigkeit, Gedächtnis und Leistungsfähigkeit haben ergeben, dass mindestens 60 % der Varianz zwischen einem einzelnen Prädiktor und einem Kriterium durch Stichprobenfehler, Unreliabilität der Messungen von Prädiktoren und Kriterien und verringerte Streuung bei Prädiktoren und Kriterien erklärt werden können.

Die prädiktive Validität von Assessment Centern wird möglicherweise auch durch diese Artefakte beeinflusst. Zum einen könnte der Stichprobenfehler zur Variabilität der

Validitätskoeffizienten beitragen. Viele der Untersuchungen zur Kriteriumsvalidität des Assessment Centers werden an relativ kleinen Stichproben durchgeführt, da das Assessment Center-Verfahren teuer und zeitaufwendig ist. Thornton und Byham 1982 fanden Stichprobengrößen von 12 bis 5.943, mit einem Median von 55. Die meisten Studien werden mit 40 bis 50 Kandidaten durchgeführt, nur sehr wenige mit mehr als 100. Da der Stichprobenfehler in den bisherigen Untersuchungen zur Generalisierbarkeit der Validität den größten Teil der artifiziellen Varianz aufklärte, und da die Stichproben in Assessment Center-Studien relativ klein sind und sehr stark in ihrem Umfang variieren, wurde angenommen, dass der Stichprobenfehler einen sehr großen Teil der Variabilitätskoeffizienten für Assessment Center erklären würde.

Außerdem treten in vielen Studien zum Assessment Center mäßige bis starke Einengungen des Messbereichs auf. Wenn die Ergebnisse des Assessment Centers für betriebliche Zwecke verwendet werden, wird nicht jeder beurteilte Kandidat auch ausgewählt oder befördert. Auf diese Weise kann es zu Einschränkungen der Leistungsspanne im Assessment Center kommen.

Weiterhin kann die Reliabilität von Leistungs- und Fähigkeitsbeurteilungen durch Vorgesetzte, einem in Assessment Center-Studien häufig verwendeten Kriterium, mangelhaft sein. So stellen auch Thornton und Byham 1982 fest, dass die „Schwächen von Beurteilungen durch Vorgesetzte mannigfaltig sind. Es können Milde-Effekte, Halo-Effekte und Tendenzen zu Bereichseinschränkungen auftreten" (S. 298). Zusätzlich bestehen beträchtliche Unterschiede in der Reliabilität von Kriterien für Assessment Center. Beispielsweise reicht die mittlere Reliabilität der in dieser Metaanalyse einbezogenen Kriterien von .61 bis 1.00.

Obwohl die Annahme berechtigt ist, dass die Streuung der Validitätskoeffizienten für Assessment Center teilweise in methodologischen Artefakten begründet ist, lassen die vielfältigen Gestaltungsmöglichkeiten für Assessment Center auch die Möglichkeit nicht ausschließen, dass gewisse Moderatorvariablen die prädiktive Validität des Assessment Centers beeinflussen können. Es gibt eine solche Vielfalt von Vorgehensweisen im Assessment Center, dass man nicht von einem „typischen" Assessment Center reden kann (Alexander, 1979; Bender, 1973; Byham, 1978a, 1978b; Thornton & Byham, 1982). „Weder der Inhalt noch die Durchführung der Assessment Center sind standardisiert, und ebenso große Unterschiede bestehen bei der Auswertung und Zusammenfassung der Leistungsbeurteilungen des Assessment Centers" (Bender, 1973, S. 56). Diese Variabilität macht einen expliziten Vergleich verschiedener Studien extrem schwierig. Die Metaanalyse stellt eine quantitative Methode zur Zusammenfassung der Korrelationskoeffizienten der prädiktiven Validität dar.

Viele der Einzelstudien über Moderatorvariablen im Assessment Center, die sich auf eine einzige Stichprobe beschränken, haben widersprüchliche und unschlüssige Ergebnisse erbracht. Die Einzelstudien befassten sich u. a. mit folgenden Moderatoren: Alter der Kandidaten (Burroughs, Rollins & Hopkins, 1973; Neidig, Martin & Yates, 1978), Zugehörigkeit der Kandidaten zu Minderheitsgruppen (Alexander, 1979; Clingenpeel, 1979; Huck, 1974; Huck & Bray, 1976; Jaffee, Cohen & Cherry, 1972; Marquardt, 1976; Moses, 1973; Moses & Boehm, 1975; Russel, 1975), Geschlecht der Kandidaten (Alexander, 1979; Clingenpeel, 1979; Hall, 1976; Marquardt, 1976; Moses, 1973; Moses & Boehm, 1975), Zusammensetzung der Kandidatengruppe (Byham, 1981; Schmitt & Hill, 1977), Art des Kriteriums (Klimosky & Strickland, 1977) und Zeitpunkt der Kriterienmessung (Finley, 1970; Hinrichs, 1978; Howard, 1979; Mitchel, 1975; Moses, 1972; Slivinski & Bourgeois, 1977). Außerdem wurde die Untersuchung weiterer Parameter vorgeschlagen (Thornton & Byham, 1982): Arten von Übungen und Simulationen, Durchführungsweise des Assessment Centers, Anzahl von Kandidaten pro Beurteiler, Methoden der Informationsintegration, Verwendung von Leistungsdaten, Zweck des Assessment Centers. Die Metaanalyse stellt eine Methode zur Untersuchung der Streuung der Validitätskoeffizienten zwischen Studien mit verschiedenen Stichproben dar.

In der vorliegenden Untersuchung wurde der metaanalytische Ansatz von Hunter, Schmidt und Jackson (1982) auf die Ergebnisse von 50 Studien angewendet, die verschiedene Kriterien zur Gesamtbewertung aus dem Assessment Center in Beziehung setzen. Damit sollte dreierlei erreicht werden:
a) die Schätzung der wahren Validität des Assessment Centers,
b) die Bestimmung des Anteils der Ergebnisvarianz zwischen den Einzeluntersuchungen, der auf statistische Artefakte und methodische Probleme zurückzuführen ist, und
c) die Identifikation der Moderatorvariablen, die die prädiktive Validität der Assessment Center beeinflussen.

9.2 Methode

Zahl der Untersuchungen

Die Literatursuche wurde gestützt auf: die Psychological Abstracts, die Literaturlisten älterer Übersichtsartikel (Cohen et al., 1977; Howard, 1974; Huck, 1973; Thornton & Byham, 1982) und persönliche Kontakte zu führenden Wissenschaftlern auf diesem Gebiet. Aus dieser Gesamtmenge wurden nach folgenden Kriterien die publizierten und unpublizierten Studien ausgewählt, über die die Metaanalyse durchgeführt werden sollte:
a) Die Beschreibung der Assessment Center entsprach den Standards für Assessment Center (Task Force on Assessment Center Standards, 1980).
b) Eine Korrelation zwischen der Gesamtbeurteilung und einem Kriterium war angegeben oder aus den angegebenen Daten bestimmbar.

Bei den ausgewählten Studien handelte es sich um experimentelle Untersuchungen, bei denen die Ergebnisse aus dem Assessment Center nicht zu betrieblichen Zwecken ausgewertet wurden, um Untersuchungen, in denen die späteren Leistungen der Assessment Center-Gruppe mit denen einer Kontrollgruppe verglichen wurden, um Korrelationsstudien mit Feedback an Beurteilte und Vorgesetzte und um Untersuchungen zur konkurrenten Validität. Keine Studie wurde aufgrund ihrer schlechten methodischen Qualität ausgeschlossen. Allerdings beurteilten die Autoren die Qualität verschiedener Merkmale der Assessment Center, die Angemessenheit der angegeben Informationen und die externe Validität jeder Studie.

Ratings der Merkmale der untersuchten Assessment Center

Aus theoretischen und/oder empirischen Gründen wurde angenommen, dass bestimmte Variablen die Beziehung zwischen Gesamtbeurteilung im Assessment Center und verschiedenen Kriterien mitbestimmen. Außerdem wurden einige demografische und sons-

tige Variablen untersucht. Für jede Studie wurden folgende Informationen festgehalten:
a) Informationen zur Identifikation: die Identifikationsnummern des Kodierenden, der Untersuchung und der Effektgröße; Jahr und Form der Veröffentlichung; Ursprungsland;
b) Merkmale der Kandidaten: Durchschnittsalter zum Beurteilungszeitpunkt; Ausbildungsniveau; derzeitige Position; prozentualer Anteil männlicher Kandidaten; prozentualer Anteil von Kandidaten aus Minderheitsgruppen;
c) Beschreibung des Assessment Centers: Art der verwendeten Beurteilungstechniken (z. B. Postkorb, führerlose Gruppendiskussion); Anzahl verschiedener Beurteilungstechniken; Anzahl von Kandidaten pro Beurteiler; beurteilte Dimensionen; Vorgehensweise bei der Integration der Daten; Zeitraum zwischen Assessment Center und Kriterienmessung;
d) Untersuchungsdesign und Berichtform: Untersuchungsdesign (z. B. experimentell); Anzahl der Kandidaten, für die eine Kriterienmessung vorgenommen wurde; Reliabilität des Kriteriums; systematische Identifikation der Dimensionen; mögliche Messbereichseinschränkungen; mögliche Beeinträchtigungen der Validität der Studie (z. B. Kriterienkontamination); Gesamtvaliditätsindex der Studie; Angemessenheit der im Bericht aufgezeichneten Informationen;
e) Zusammenfassungen: unkorrigierte Korrelationen; angegebene Statistiken; Folgerungen der Autoren aus den berechneten Korrelationen.

Übereinstimmung zwischen den Beurteilern

Die vier Autoren dieses Berichts kodierten die Merkmale der Studien. Nach einer Trainings- und Übungsphase wurden die Übereinstimmungen zwischen den vier Autoren einmal vor und einmal während der Kodierungsphase berechnet. Da die Merkmale auf mehreren verschiedenen Skalen eingestuft wurden, ergaben sich mehrere Indizes für die Reliabilität der Beurteilungen. In beiden Fällen wurden für alle Merkmale ausreichende Übereinstimmungen (d. h. > .85) errechnet. Detailliertere Ergebnisse teilt der Erstautor auf Anfrage mit.

Zusammenfassung der Validitäten innerhalb einzelner Studien

Viele der Studien gaben mehrere Validitätskoeffizienten an. In einigen Fällen standen den Forschern mehrere unabhängige Kandidatenstichproben zur Verfügung, so dass für jede Stichprobe getrennte Validitäten berechnet werden konnten. Da Validitäten für verschiedene Stichproben statistisch unabhängig sind, konnten sie unverändert in die Integrationsformeln eingehen. Häufiger jedoch verwendeten die Forscher mehrere Kriterienmessungen für ein und dieselbe Stichprobe (z. B. Leistungsbeurteilungen durch Vorgesetzte, Gehaltsentwicklung, Anzahl der Beförderungen). Da Validitäten, die für die gleiche Stichprobe berechnet wurden, statistisch abhängig sind, mussten sie nach dem Verfahren von Hunter et al. (1982, S. 118) zusammengefasst werden. In den meisten Fällen konnten die abhängigen Validitäten einer einzelnen Studie einfach gemittelt werden. In einigen Fällen wurden Korrelationen zwischen den Kriterien angegeben, so dass die Gesamtvalidität berechnet werden konnte (Hunter et al., 1982, S. 120). Der Vorteil dieser Gesamtvalidität gegenüber der mittleren Validität besteht darin, dass sie der Validität entspricht, die man erhalten würde, wenn man die Kriterienwerte der einzelnen Kandidaten summieren und mit der Gesamtbeurteilung korrelieren würde.

Die fünf Kategorien für die Kriterienmaße waren:
a) Ratings der Arbeitsleistung einschließlich eines Gesamtratings der Leistung, Feldbeobachtung, Feldinterviews,
b) Ratings des Leistungspotenzials des Managers,
c) Ratings der Leistung des Managers in den im Assessment Center verwendeten Dimensionen,
d) Leistungen in einem Manager-Trainingsprogramm,
e) Karriereentwicklung einschließlich Gehaltserhöhungen im Laufe der Zeit, absolute derzeitige Gehaltshöhe, Anzahl der Beförderungen und Stellenwechsel.

In einigen Studien wurden mehrere Validitätskoeffizienten für die gleiche Stichprobe und ein einziges Kriterium angegeben, das aber zu verschiedenen Zeitpunkten gemessen wurde (z. B. Anzahl der Beförderungen 1 Jahr, 5 Jahre und 10 Jahre nach der Beurteilung). In einer vorläufigen Analyse ergab sich eine niedrige, nicht signifikante Korrelation zwischen dem Zeitpunkt der Kriterienmessung und der Höhe der Validität (Untersuchungen zur konkurrenten Validität wurden bei dieser Analyse nicht berücksichtigt). Deshalb schien es gerechtfertigt zu sein, alle Validitäten zusammenzufassen, die in einer einzelnen Studie zu verschiedenen Zeitpunkten für die gleiche Kriterienkategorie bestimmt wurden. Da es in allen Studien im Laufe der Zeit zu Versuchspersonenschwund kam, musste eine mittlere Stichprobe berechnet werden.

Integration der Effektstärken verschiedener Studien

Zunächst wurden die mittlere Validität und die Varianz der Validitäten berechnet, jeweils mit Gewichtung nach Stichprobengröße. Auf diese Weise bekamen große Studien mehr Gewicht als kleine. Danach wurden Mittelwert und Varianz für statistische Artefakte korrigiert. Mithilfe der Verteilungsformel von Hunter et al. (1982, S. 90) wurden die gewichteten mittleren Validitäten für Messbereichseinschränkungen und Unreliabilität der Kriterien korrigiert. Die Daten wurden nicht für die Unreliabilität der Prädiktoren korrigiert, weil
a) keine sinnvolle Schätzung für die Verteilung der Reliabilitäten der Gesamtbeurteilung aus dem Assessment Center angegeben werden konnte, und
b) eine Korrektur für die Unreliabilität der Gesamtbeurteilung aus dem Assessment Center bedeuten würde, dass die Validität des Assessment Centers anhand verlässlicher Gesamtbeurteilungen bestimmt werden kann. Ergebnisse, die auf einer solchen Annahme beruhen, wären aber kaum noch praxisrelevant.

Folgende Schätzungen der Kriterienreliabilität gingen in die Berechnungen ein:

Leistungs-, Fähigkeits- und Dimensionsratings	.61;
Trainingsleistung	.80;
Maße der Karriereentwicklung	1.00;
Reliabilität der Kriterien für die Gesamtstichprobe	.77.

Die Reliabilitäten der Leistungs-, Fähigkeits- und Dimensionsratings wurden als identisch angesehen, da es sich in allen drei Fällen um Leistungen „on-the-job" handelt. Diese Reliabilitätsschätzungen wurden durch Kombination einerseits der Reliabilitäten der Leistungs-, Fähigkeits- und Dimensionsratings bestimmt, die in den einbezogenen Assessment Center-Studien angegeben wurden, sowie andererseits aus Reliabilitäten aus anderen Studien zur Leistungsbeurteilung. Es ergab sich eine Aufstellung von 286 Reliabilitäten, deren Mittelwerte und Varianzen berechnet wurden. Die Reliabilitätsschätzung für die Trainingskriterien leiteten wir aus einer von Pearlman et al. (1980, S. 375) errechneten Verteilung ab. Für die Kriterienmaße der Kategorie Karriereentwicklung nahmen wir eine mittlere Reliabilität von 1 mit einer Varianz von 0 an, da wir keine einschlägigen Daten finden konnten und daher einen konservativen, d. h. höheren Wert einsetzen wollten. Um die Reliabilitätswerte für sämtliche Studien zu erhalten, wurde aus den Reliabilitätsschätzungen jeder Kategorie im Verhältnis zu der Anzahl der Studien pro Kategorie eine Verteilung erstellt. Mittelwerte und Varianzen wurden dann anhand dieser Verteilung bestimmt.

Analyse der Moderatorvariablen

Die im Folgenden dargestellten Ergebnisse zeigen, dass nach der Korrektur für statistische Artefakte noch genügend Varianz zwischen den Korrelationen verblieb, um eine Suche nach Moderatorvariablen rechtfertigen zu können (Hunter et al., 1982). Es wurden 20 mögliche Moderatoren überprüft. Kontinuierliche und dichotome Moderatorvariablen wurden durch Korrelationen mit den Validitäten der Studien überprüft. Mögliche Moderatoren mit drei oder mehr Kategorien wurden durch einen Vergleich der korrigierten Mittelwerte und Varianzen der Validitäten jeder Kategorie überprüft.

Mehrere Faktoren beeinflussten unsere Auswahl möglicher Moderatoren: Erstens musste die Variable genügend Varianz haben, um einen sinnvollen Test zu ermöglichen. Zweitens musste die Variable eines der folgenden Kriterien erfüllen: Frühere Untersuchungen ließen diesen Moderatoreffekt vermuten; das Ergebnis würde für Fragen der Fairness gegenüber Minderheiten bedeutsam sein; oder das Ergebnis könnte praktische Relevanz für die Gestaltung oder Durchführung des Assessment Centers haben.

In Tabelle 1 sind die möglichen Moderatorvariablen aufgelistet. Zu den beiden letzten Variablen (Art des Kriteriums und Zweck der Beurteilung) sind einige Bemerkungen nötig. Man kann vermuten, dass verschiedene Kriterienarten und Beurteilungsziele unterschiedlichen Informationsgehalt für die Validität haben. Ebenso ist zu vermuten, dass die übrigen 18 möglichen Moderatoren für unterschiedliche Kategorien dieser beiden Moderatorvariablen unterschiedliche Bedeutung haben. Deshalb wurden die Validitäten ab einem bestimmten Punkt der Analyse nach Kriterienarten und Untersuchungszielen aufgeschlüsselt und dann innerhalb dieser Untergruppen auf Moderatoreffekte überprüft.

Ausreißer/Untersuchungen mit sehr großen Stichproben

In dieser Untersuchung war die Verteilung der Stichprobengrößen wegen drei relativ großer Stichproben rechtsschief. Moses und seine Mitarbeiter (1972; Moses & Boehm, 1975; Ritchie & Moses, 1983) arbeiteten mit Stichproben von 5.943, 4.846 bzw. 1.097

Tabelle 1: Variablen, deren Moderatoreffekt auf die Validität des Assessment Centers überprüft wurde

1	Design der Studie
2	Publikationsform
3	Jahr der Veröffentlichung
4	Durchschnittsalter der Kandidaten
5	Prozentualer Anteil männlicher Kandidaten
6	Prozentualer Anteil von Kandidaten aus Minderheitsgruppen
7	Einsatz von Intelligenztests
8	Gesamtzahl eingesetzter Beurteilungsinstrumente
9	Anzahl der Kandidaten pro Beurteiler
10	Länge des Assesssent Centers in Tagen
11	Dauer des Beurteilertrainings in Tagen
12	Zeit für die Integration der Informationen pro Kandidat in Stunden
13	Psychologen vs. Manager als Beurteiler
14	Einsatz von Peer-Ratings
15	Feedback an die Kandidaten
16	Feedback an den unmittelbaren Vorgesetzten
17	Qualität der Studie (Summierte Autorenratings der Beeinträchtigungen der Validität)
18	Qualität der Studie (Gesamturteil der Autoren)
19	Art des Kriteriums
20	Zweck des Assessment Centers

Kandidaten. Diese Stichproben waren erheblich größer als die nächstkleinere Stichprobe mit 471 Kandidaten. Da die Möglichkeit besteht, dass bei Berücksichtigung so großer Stichproben die gewichteten Mittelwerte und Varianzen verfälscht werden könnten (Hunter et al., S. 4), wurde die Metaanalyse zweimal durchgeführt, wobei diese großen Studien einmal einbezogen und einmal ausgeschlossen wurden. Im letzteren Falle war für die gesamte Stichprobe der Studien nur eine kleine, nichtsignifikante Verminderung der korrigierten Mittelwerte und Varianzen beobachtbar. Dennoch wurden diese drei Studien bei den meisten Berechnungen der Metaanalyse nicht berücksichtigt, da zu befürchten war, dass sie in den Untersuchungsanalysen, die meist auf der Grundlage nur weniger Studien gerechnet wurden, dominieren könnten.

9.3 Ergebnisse

Es fanden sich 50 Studien, die den obigen Auswahlkriterien entsprachen. Die Details dieser Studien werden an anderer Stelle veröffentlicht (Gaugler, Rosenthal, Thornton & Bentson, in Vorb.) und sind über den Erstautor erhältlich. In diesen Studien wurden 220 Validitätskoeffizienten angegeben, von denen nach einer Zusammenfassung nach Kriterienarten noch 112 übrig blieben. Drei Studien mit sehr großen Stichproben und zwei, in denen keine Stichprobengrößen angegeben waren, mussten bei der Analyse unberücksichtigt bleiben.

Prüfung der Generalisierbarkeit der Validität

In Tabelle 2 sind die Mittelwerte und Varianzen der ungewichteten Validitäten dargestellt sowie deren mit der Stichprobengröße gewichtete und die für statistische Artefakte korrigierten Werte. Diese Werte sind sowohl für die Gesamtstichprobe als auch für die nach Kriterienarten und Untersuchungszielen gebildeten Untergruppen angegeben.

Tabelle 2: Mittelwerte und Varianzen der Validitätskoeffizienten: ungewichtete, gewichtete und korrigierte Werte

Stichprobe	Anzahl der Validitäten	ungewichtete Validität (r)		mit Stichprobengröße gewichtete Validität		für statistische Artefakte korr. Validität	
		Mittelwerte	Varianz	Mittelwerte	Varianz	Mittelwerte	Varianz
Gesamt	107	.32	.030	.29	.0228	.37	.0172
Untergruppen „Kriterien":							
Leistung	44	.31	.032	.25	.0233	.36	.0203
Potenzial	13	.45	.037	.40	.0330	.53	.0373
Dimensionen	9	.25	.071	.22	.0606	.33	.0998
Training	8	.31	.031	.30	.0219	.35	.0197
Karriere	33	.32	.011	.30	.0087	.36	.0000
Untergruppen „Zweck des Assessment Centers":							
Beförderung	52	.29	.040	.24	.0304	.30	.0293
Frühe Identifikation	15	.31	.009	.30	.0032	.46	.0000
Personalauswahl	24	.30	.019	.29	.0166	.41	.0032
Forschung	6	.42	.003	.42	.0027	.48	.0000

In allen Fällen ist die Durchschnittsvalidität niedriger, wenn die Studien gemäß der Stichprobengröße gewichtet worden sind. So sinkt z. B. der Mittelwert für die Gesamtstichprobe von .32 auf .29. Diese Verminderung ergibt sich aus der negativen Korrelation zwischen Stichprobengröße und der Höhe des Validitätskoeffizienten ($r = .24$, $p < .05$).

Wenn man die Mittelwerte für Messbereichseinschränkungen und Unreliabilität des Kriteriums korrigiert, sind die korrigierten Werte deutlich erhöht. In der Gesamtstichprobe beträgt der korrigierte Mittelwert .37. Dies ist der beste Schätzwert der wahren prädiktiven Validität der Gesamtbeurteilung aus dem Assessment Center, da er für die statistischen und methodischen Artefakte in den einzelnen Studien korrigiert ist.

Auf einige Untergruppen haben diese Korrekturen weniger Auswirkungen als auf andere, da in einigen Untergruppen der Messwertbereich kaum eingeschränkt war (z. B. in Fällen mit Trainingsleistung als Kriterium) und in einigen anderen die geschätzte Reliabilität hoch war (z. B. bei der Verwendung von Daten zur Karriereentwicklung).

Tabelle 3: Konfidenzwerte und Konfidenzintervalle für die Validitätskoeffizienten der Assessment Center

Stichprobe	90 %-Vertrauensintervall	95 %-Konfidenzintervall	
	unterer Wert	unterer Wert	oberer Wert
Untergruppen „Kriterien":			
Leistung	.18	.08	.64
Potenzial	.28	.15	.91
Dimensionen	−.07	−.29	.95
Training	.17	.07	.63
Karriere	.36	.36	.36
Untergruppen „Zweck des Assessment Centers":			
Beförderung	.08	.04	.64
Frühe Identifikation	.46	.46	.46
Personalauswahl	.34	.30	.52
Forschung	.48	.48	.48

Die korrigierten Mittelwerte in den Kriterienkategorien liegen um .35 mit Ausnahme der mittleren Validität der Studien, in denen Leistungspotenzialbeurteilungen als Kriterien verwendet wurden – in diesen Fällen liegt der Mittelwert bei .53, also merklich höher. Wenn man die Studien nach verschiedenen Zielsetzungen kategorisiert, zeigt es sich, dass Studien zur frühen Identifikation von potenziellen Managern, zu Auswahl- und zu Forschungszwecken mittlere Validitäten zwischen .41 und .48 haben, wogegen der Mittelwert für Studien zum Zweck der Beförderung etwas niedriger liegt (.30).

Die nächsten Analysen beziehen sich direkt auf die Frage nach der Generalisierbarkeit der Validität des Assessment Centers. Die Angaben zur Verteilung der korrigierten Validitäten stehen in Tabelle 3. Der untere Wert des 90%-Konfidenzintervalls ist der Punkt, oberhalb dessen 90% der wahren Validität liegen. Diese Statistik kann zur Beurteilung der Wahrscheinlichkeit verwendet werden, ob ein beliebiges Assessment Center wenigstens minimale Validität besitzt. Dieser Wert ist für alle Kategorien größer Null, mit Ausnahme der Verwendung von Dimensionsratings als Kriterien. In den beiden letzten Spalten sind die obere und untere Grenze des 95%-Konfidenzintervalls um den korrigierten Mittelwert angegeben. Auch bei Anwendung dieses strengeren Konfidenzintervalls scheinen die Studien aller Kategorien zumindest minimale Validität zu haben, mit Ausnahme der Verwendung von Dimensionsratings und von Studien zu Beförderungszwecken.

Situationsspezifität

Verfahren zur Validitätsgeneralisierung ermöglichen es zu klären, ob die Variation in den Effektgrößen, in diesem Falle der prädiktiven Validitätskoeffizienten, trivial oder bedeutungsvoll ist. Zwei statistische Analysen sind zur Beantwortung dieser Frage angestellt worden: die Betrachtung des absoluten Ausmaßes der Varianz der korrigierten Validitätskoeffizienten und die des prozentualen Anteils der gewichteten Varianz, der nicht durch Artefakte erklärt werden kann. In der letzten Spalte von Tabelle 2 stehen die Daten, die für die erste Analyse relevant sind. Diese Werte wurden nach einer Formel von Hunter et al. (1982) berechnet. Schmitt, Gooding, Noe und Kirsch (1984) bemerkten, dass diese Korrektur ungenau sein kann, wenn sie auf kleine Stichproben angewandt wird. Daher ist bei der Interpretation der korrigierten Varianzen aus Forschungsstudien Vorsicht geboten, und ebenso bei den Werten aus Studien, in denen Dimensions- und Trainingsratings als Kriterien verwendet wurden. In den meisten Kategorien verminderten sich die ursprünglichen gewichteten Varianzen durch die Korrektur. Bei den Validitäten der Studien zur Karriereentwicklung, zur frühen Identifikation von potenziellen Managern, zur Auswahl und zu Forschungszwecken scheint beinahe die gesamte oder sogar die gesamte Varianz auf Artefakten zu beruhen. Diese Folgerung konnte durch einen Chi-Quadrat-Test für die unkorrigierten gewichteten Varianzen erhärtet werden, der von Hunter et al. (1982, S. 47) entwickelt wurde. Die Ergebnisse dieser Chi-Quadrat-Analyse müssen jedoch vorsichtig interpretiert werden. Nicht signifikante Ergebnisse, wie bei den Validitäten der Kategorien früher Identifikation von potenziellen Managern, Karriereentwicklung, Personalauswahl und Forschung, lassen vermuten, dass es in diesen Validitätspopulationen keine echte Varianz gibt, wogegen signifikante Ergebnisse mehrdeutig sind und ebenso gut auf Artefakte wie auf echte Varianz oder auch auf beides zurückzuführen sein könnten. Außerdem können selbst dann, wenn signifikante Ergebnisse auf echter Variabilität beruhen, diese in trivialen Größenordnungen liegen.

In Tabelle 4 stehen die Daten, die für die zweite Analyse relevant sind. Hier können wir entnehmen, dass 46% der gewichteten Varianz der prädiktiven Validitätskoeffizienten in der Gesamtpopulation *nicht* durch statistische und methodische Artefakte erklärbar sind. In manchen Kategorien verbleiben sogar noch größere Varianzanteile, z. B. bis zu 77% in Untersuchungen mit Dimensionsratings als Kriterien.

Tabelle 4: Prozentsatz der gewichteten Varianz, die *nicht* durch Artefakte erklärt wird

Stichprobe	gewichtete Varianz	Varianz nach Artefaktkorrektur	Prozentsatz der durch die Artefakte nicht erklärten Varianz
Gesamt	.0228	.0104	46
Untergruppen „Kriterien":			
Leistung	.0233	.0100	43
Potenzial	.0330	.0212	64
Dimensionen	.0606	.0466	77
Training	.0219	.0151	69
Karriere	.0087	.0000	0
Untergruppen „Zweck des Assessment Centers":			
Beförderung	.0304	.0196	65
Frühe Identifikation	.0032	.0000	0
Personalauswahl	.0166	.0015	9
Forschung	.0027	.0000	0

Die Zusammenfassung dieser beiden Analysen lässt vermuten, dass in der Gesamtstichprobe von 107 Koeffizienten bedeutsame Unterschiede zwischen den Validitätskoeffizienten bestehen, jedenfalls für die Studien, bei denen Arbeitsleistungs-, Leistungspotenzial- und Trainingserfolgsratings verwendet wurden, und in Studien zu Beförderungszwecken. In den übrigen Kategorien bestehen keine bedeutsamen Unterschiede; die Variation der beobachteten Validitäten scheint auf Artefakten zu beruhen.

Die Suche nach Moderatorvariablen

Die bisher berichteten Analysen lassen vermuten, dass gewisse Faktoren bei der Durchführung eines Assessment Centers Einfluss darauf haben, ob das Verfahren mehr oder weniger genaue Vorhersagen liefert. Es wurden deshalb Analysen durchgeführt, um zu klären, welche Variablen die Validitätskoeffizienten beeinflussen. Aufgrund der Art ihres Versuchsplans wurden Kategorien für die Studien gebildet; dann wurden die mittleren korrigierten Validitäten berechnet. Es ergaben sich keine bedeutsamen Unterschiede für verschiedene Studiendesigns: Rein experimentelle Studien, Studien zur prädiktiven Validierung ohne Rückmeldung an Teilnehmer oder Vorgesetzte, prädiktive Studien mit Feedback sowie Studien zur konkurrenten Validität wiesen eine mittlere Validität zwischen .36 und .43 auf. Bei einem ähnlichen Vergleich von Studien, die entweder in Zeitschriften veröffentlicht worden waren oder in unveröffentlichten Manuskripten und Tagungsberichten, konnten ebenfalls keine bedeutsamen Unterschiede in den mittleren Validitäten gefunden werden.

Die übrigen Moderatorvariablen wurden anhand von Korrelationen zwischen Variablenwerten und Validitätskoeffizienten untersucht, und zwar für die Gesamtstichprobe der Validitäten sowie für die Validitäten in den Kriteriumskategorien mit Leistungs-, Fähigkeits- und Dimensionsratings und die Validitäten bei Studien zu Beförderungszwecken.

Die Ergebnisse sind in Tabelle 5 dargestellt. Wegen der bei kleinen Stichproben relativ hohen Wahrscheinlichkeit zufällig signifikanter Ergebnisse wurden die Korrelationen nur dann berechnet, wenn mindestens 9 Validitätskoeffizienten zur Verfügung standen. Für einige wenige Variablen ergaben sich signifikante Korrelationen in allen Validitätsuntergruppen. Die Ergebnisse lassen vermuten, dass die Validität der Assessment Center höher ist, wenn der prozentuale Anteil männlicher Kandidaten niedriger ist, wenn viele verschiedene Beurteilungsinstrumente verwendet werden, wenn Psychologen statt Manager beurteilen, wenn Peer-Ratings in die Gesamtbeurteilung eingehen und wenn die Studien methodisch als einwandfrei bezeichnet werden können.

Andere Variablen allerdings zeigen nur für jeweils die eine Untergruppe von Studien einen Moderatoreffekt, die zu einem bestimmten Zweck durchgeführt wurden oder ein bestimmtes Kriterium verwendeten. Bei den Studien zu Beförderungszwecken waren die Validitäten höher, wenn der prozentuale Anteil von Kandidaten aus Minderheitsgruppen gering war. Im Falle der Vorhersage von Leistungsbeurteilungen waren die Validitäten niedriger, wenn die Beurteiler die Kandidaten mehrere Tage lang beobachten konnten; und wenn Fähigkeitsratings als Kriterien verwendet wurden, waren die Validitäten dann höher, wenn die Kandidaten Feedback erhielten.

9.4 Diskussion

Generalisierbarkeit der Validität des Assessment Centers

Die Ergebnisse dieser Metaanalyse stützen die weit verbreitete Ansicht, dass Assessment Center prädiktiv valide sind (Byham, 1978a; Cohen et al., 1977; Howard, 1974; Huck, 1973, Hunter & Hunter, 1984; Thornton & Byham, 1982). Der mittlere Validitätskoeffizient betrug nach der Korrektur für Stichprobenfehler, Messbereichseinschränkungen und Unreliabilität der Kriterien .37. Bei Assessment Centern mit verschiedenen Zielsetzungen lagen die mittleren korrigierten Validitätskoeffizienten zwischen .30 für Untersuchungen zu Beförderungszwecken und .48 in Arbeiten der Grundlagenforschung. Die mittleren korrigierten Validitätskoeffizienten zur Vorhersage verschiedener Kriterien lagen zwischen .33 für die Dimensionsratings und .53 für die Ratings der Führungsfähigkeit. Da die untere Grenze des 90%-Konfidenzintervalls für den mittleren korrigierten Validitätskoeffizienten in der Gesamtstichprobe bei .21 liegt, kann man auf die Generalisierbarkeit der Validität von Assessment Centern schließen.

Tabelle 5: Kontinuierliche und dichotome Moderatorvariablen für die Gesamtstichprobe und einige Untergruppen (angegeben sind die Korrelationen zwischen Variablenwerten und Validitätskoeffizienten)

Moderatorvariable	Gesamt-stich-probe	Untergruppen Kriterium			Zweck Beförderung
		Leistung	Potenzial	Dimension	
Jahr der Veröffentlichung	−.13 (107)	−.08 (44)	.11 (13)	−.87* (9)	−.52* (51)
Durchschnittsalter Kandidaten	.06 (57)	.15 (19)	−.51 (10)		−.19 (23)
Anteil Männer	−.43* (68)	−.55* (28)	−.91* (9)		−.26 (31)
Anteil Minorität	.03 (37)	.01 (15)			−.74* (19)
Mit Intelligenztest	−.11 (106)	.17 (43)	−.24 (12)	−.91* (9)	−.06 (49)
Gesamtzahl Instrumente	.25* (104)	.19 (42)	.63* (12)	.86* (9)	.48* (47)
Kandidaten pro Beurteiler	−.12 (80)	−.14 (33)	−.26 (11)		−.17 (43)
Dauer des Assessment Centers	−.02 (96)	−.50* (37)	.14 (12)		.03 (42)
Beurteilertraining	.08 (67)	.00 (28)	−.35 (10)	.17 (9)	−.22 (42)
Integration Ergebnisse	−.01 (53)	−.33 (19)	−.22 (11)		−.19 (36)
Psychologen vs. Manager a	.21* (76)	NV (31)	−.34 (11)		−.29* (44)
Peer-Ratings b	.36* (93)	.20 (40)	.62* (12)	.91* (9)	.28* (47)
Feedback an Kandidaten c	.10 (87)	.07 (31)	.62* (12)		.18 (39)
Feedback an Vorgesetzte c	−.14 (77)	−.17 (25)	−.15 (12)		−.03 (29)
Qualität Studie (Summe Ratings)	.18* (105)	−.06 (43)	.55* (12)	.86* (9)	.23 (49)
Qualität Studie (Gesamtbeurteilung)	.26* (107)	.23 (44)	.21 (13)	.91* (9)	.33* (51)

Anmerkungen: Die Werte in Klammern sind die Anzahl der Validitäten, die in die jeweiligen Berechnungen eingingen.
NV = Moderatorvariable variiert nicht, * p < .05.

Zu den dichotomen Moderatorvariablen:
a Psychologen = 1; Manager = 2.
b Kein Peer-Rating = 1; Peer-Rating = 2.
c Kein Feedback = 1; Feedback = 2.

Es muss darauf hingewiesen werden, dass die korrigierten Validitätskoeffizienten der vorliegenden Untersuchung sich von denen unterscheiden, die von Hunter und Hunter (1984) für die Daten von Cohen et al. (1974) berechnet wurden. Hunter und Hunter errechneten mittlere korrigierte Korrelationen von .63 mit dem Potenzial und von .43 mit der Leistung, demgegenüber betragen die vorliegenden mittleren Korrelationen .53 bzw. .36. Diese Unterschiede können auf zwei Ursachen beruhen:
a) In der vorliegenden Untersuchung wurde eine größere Anzahl sowohl veröffentlichter als auch unveröffentlichter Studien verwendet, zusätzlich auch die in den letzten 11 Jahren durchgeführten Studien;
b) wegen der leichten negativen Korrelation zwischen Veröffentlichungsjahr und Validität der Assessment Center kann angenommen werden, dass die neueren Untersuchungen tendenziell geringere Validität haben.

Wenn man beide Metaanalysen zusammen betrachtet, ist der Schluss gerechtfertigt, dass die Validität der Assessment Center generalisiert werden kann.

Situationsspezifische Validität des Assessment Centers

Die Ergebnisse stützen weiterhin die Annahme, dass Assessment Center auch situationsspezifische Validitätsanteile haben. Während in neueren Untersuchungen zur Generalisierbarkeit der Validität etwa 75 % der beobachteten Varianz zwischen den Testvalidierungsstudien auf Stichprobenfehler, Unreliabilität von Prädiktoren und Kriterien und Messbereichseinschränkungen zurückzuführen sind (Lilienthal & Pearlman, 1983; Pearlman, 1982, 1984; Pearlman et al., 1980; Schmidt et al., 1980; Schmidt & Hunter, 1977; Schmidt et al., 1981; Schmidt, Hunter, Pearlman & Shane, 1979), erklärten diese statistischen Artefakte in der vorliegenden Untersuchung nur 54 % der beobachteten Varianz in der Gesamtstichprobe. Die Hälfte der Varianz bleibt also unerklärt. In einigen genannten Untergruppen, die mit verschiedenen Zielsetzungen durchgeführt wurden oder verschiedene Kriterien ansetzten, war der Anteil unerklärter Varianz sogar noch höher.

Zusätzlich zum Anteil unerklärter Varianz ist auch die absolute Varianz bemerkenswert hoch. In der Gesamtstichprobe beträgt die Standardabweichung der Validitäten .13, bei Studien mit Dimensionsratings sogar .32.

Auch wenn Artefakte, die bei den Korrekturen unberücksichtigt geblieben sind, nur die Hälfte der verbleibenden Varianz erklären würden, wäre noch immer genug übrig, um den Schluss zu rechtfertigen, dass Assessment Center verschieden hohe wahre Validität haben können. Dieser Befund stimmt mit dem Schluss von Schmidt, Hunter und Mitarbeitern überein, dass die Validität häufig auch dann generalisierbar ist, wenn die Hypothese der Situationsspezifität nicht verworfen werden kann (Pearlman et al., 1980, 1981; Schmidt et al., 1980). Erklärungen für diese Annahme haben sich im Zusammenhang mit biografischen Fragebogen (Brown, 1981), Intelligenz und Rechentests (Schmidt et al., 1981) und dem Law-School-Aptitude Test (Linn, Harnish & Dunbar, 1981) ergeben. Vor dem Hintergrund des Nützlichkeitsansatzes von Brown (1981), in dem darauf hingewiesen wird, dass auch nur kleine *echte* Unterschiede zwischen Validitätskoeffizienten für verschiedene Situationen in der Praxis finanzielle Auswirkungen haben können, sollten Hinweise auf die Situationsspezifität mehr Beachtung finden.

Moderatoren der Validität des Assessment Centers

Die Moderatoranalysen ergaben einige sehr wertvolle Hinweise für die Praxis. Bei der Gestaltung eines Assessment Centers ist es von größter Bedeutung, eine Anzahl verschiedenartiger Aufgabenstellungen zu verwenden. Kürzungen auf Kosten der Aufgabenzahl werden vermutlich die Vorhersagegenauigkeit des Verfahrens mindern. Diese Untersuchung bestätigt also den Grundgedanken der ersten Verfahren. Es ist anzunehmen, dass ein Assessment Center unbedingt eine große Auswahl von Einzel-, Gruppen- und schriftlichen Übungen beinhalten muss, um die komplexen Verhaltensanforderungen der Führungsebene erfassen zu können.

Die Teilnehmer des Assessment Centers sollten Peer-Ratings abgeben. Die Genauigkeit von Peer-Ratings wird seit langem anerkannt, aber sie werden wegen der negativen Reaktionen der Teilnehmer nur selten angewandt. Dieses Dilemma sollte man direkt angehen, indem man den Teilnehmern die Vorteile erklärt und ihnen versichert, dass ihre Angaben nicht missbraucht werden. Letztendlich muss jeder Gestalter eines Assessment Centers selbst entscheiden, ob die Vorteile der Peer-Ratings (z. B. erhöhte Validität) ihre Nachteile überwiegen (z. B. vorübergehendes Unbehagen der Kandidaten). Diese Metaanalyse befürwortet die Verwendung von Peer-Ratings.

Als Beurteiler trainierte Manager können genaue Assessment Center-Ratings abgeben. Psychologen als Beurteiler können die Genauigkeit des Assessment Centers weiter verbessern. Anscheinend bringen beide Gruppen wertvolle und jeweils spezifische Fähigkeiten in den Beurteilungsprozess ein. Die Manager kennen die Arbeitsanforderungen und den Unternehmenskontext und können durch Training zu gewissenhaften Verhaltensbeobachtern werden; die Psychologen sind gegenüber dem Beurteilungsprozess objektiv und unparteiisch und können die gezeigten Leistungen anhand der ihnen zugrunde liegenden Merkmale sinnvoll interpretieren (z. B. zwischenmenschliche Fähigkeiten und Entscheidungsfähigkeiten).

Die Ergebnisse der Metaanalyse geben denen Recht (Klimoski & Strickland, 1977), die die Validität der Assessment Center zur Vorhersage von Leistungspotenzialbeurteilungen für größer halten ($\bar{r}=.53$) als zur Leistungsprognose ($\bar{r}=.36$). Diese Mittelwerte sind mit denen von Cohen et al. (1974) vergleichbar, die die größte Vorhersagegenauigkeit für Leistungspotenzialbeurteilungen (mdn $r=.63$) fanden, gefolgt von Karriereentwicklung (mdn $r=.40$) und Leistungsbeurteilung (mdn $r=.33$). In späteren Studien stellten Klimoski und Strickland (1981) und Turnage und Muchinsky (1984) fest, dass Assessment Center wohl die Karriereentwicklung, nicht aber die Leistung vorhersagen. In diesen letzteren Studien könnte die fehlende Korrelation mit Leistungskriterien auf mangelnde Reliabilität oder Validität der Kriterienmessungen zurückzuführen sein.

Klimoski und Strickland (1977) erklären sich die bessere Vorhersagekraft des Assessment Centers für Leistungspotenzialbeurteilungen als für Leistungen damit, dass die Beurteiler die betrieblichen Werte und Normen bezüglich Beförderung intuitiv kennen; daher haben sie auch einen Blick für jene Personen, die im Unternehmen vorankommen werden, und beurteilen diese besser. Die Vorhersage der künftigen Arbeitsleistungen eines Kandidaten ist angesichts der Vielzahl von Faktoren, die der Kandidat nicht direkt beeinflussen kann, und der bekannten Voreingenommenheiten bei der Beurteilung durch Vorgesetzte (z. B. Abhängigkeit von anderen Beschäftigten, Kunden, Rohstoffen usw.) eine sehr viel schwierigere Aufgabe.

Ein weiteres in der vorliegenden Metaanalyse untersuchtes Merkmal war das Design der Validierungsstudie – ob es sich z. B. um eine prädiktive Studie mit oder ohne Feedback handelte oder um ein reines Experiment. Das Design der Studien hatte nach den vorliegenden Befunden keinen Einfluss auf die Validität des Assessment Centers. Dieses Ergebnis steht im Widerspruch zu der verbreiteten Ansicht, dass die Verwendung von Assessment Center-Daten zu betrieblichen Zwecken die Validitätskoeffizienten erhöhe, da durch die Kenntnis der Prädiktordaten Kontamination auftrete. Wenn Kontamination ein ernsthaftes Problem darstellen würde, müsste die Validität in den Untersuchungen viel höher sein, in denen die Assessment Center-Daten zu betrieblichen Zwecken ausgewertet wurden. Die Metaanalyse ergab aber keine signifikanten Unterschiede zwischen den Studien, in denen die Assessment Center-Daten zu betrieblichen Zwecken verwendet wurden, und solchen, in denen dies nicht der Fall war.

Die interne und externe Validität der Studien stellt in allen durchgeführten Analysen ein größeres Problem dar. Es wurde ein Zusammenhang zwischen der internen und externen Qualität der Studien und ihrer prädiktiven Validität entdeckt. Die Beurteilung der Studienqualität durch die Autoren (aufgrund der Repräsentativität der Stichproben; der Unterschiede in Motivation, Praxiserfahrung und Ausbildung zwischen Kandidaten und bereits Eingestellten; der Kontamination des Kriteriums) war hoch korreliert mit der Validität des Assessment Centers. Dieses Ergebnis wird gestützt durch die Beobachtung von Thornton und Byham (1982), dass methodologisch einwandfreie Studien höhere Validität haben.

Die fehlende signifikante Beziehung zwischen Validität des Assessment Centers und dem Zeitpunkt der Kriterienmessung war eine kleine Überraschung. Etliche der früheren Studien hatten ergeben, dass die Gesamtbeurteilung aus dem Assessment Center über längere Zeiträume größere Vorhersagekraft hat (Hinrich, 1978; Mitchell, 1975; Moses, 1972). Andere Studien fanden keinen Zusammenhang zwischen Validität und Zeitpunkt der Kriterienmessung (Finley, 1970) oder aber einen negativen Zusammenhang (Howard, 1979; Slivinski & Bourgeois, 1972). Dieser Punkt verdient sicherlich weitere Erforschung.

9.5 Zusammenfassung und Schlussfolgerungen

Eine Metaanalyse nach der Methode von Hunter, Schmidt und Jackson (1982) über 50 Studien zum Assessment Center mit insgesamt 107 Validitätskoeffizienten zwischen der Gesamtbeurteilung aus dem Assessment Center und verschiedenen Kriterien ergab eine korrigierte mittlere Validität von .37 mit einer Varianz von .017. Es erschien angebracht, die Validitäten nach 5 Kriterien und 4 Untersuchungszielen zu unterteilen. Studien mit Ratings des Leistungspotenzials als Kriterium weisen höhere Validität auf als Studien mit dem Kriterium Beförderung. Nach der Korrektur für Artefakte verblieb noch so viel Varianz zwischen den Koeffizienten der prädiktiven Validität, dass eine Suche nach Moderatorvariablen gerechtfertigt war. Die Moderatoranalyse ergab, dass Assessment Center höhere Validitäten hatten, wenn verschiedene Beurteilungsinstrumente eingesetzt wurden, wenn die Beurteiler Psychologen statt Manager waren, wenn Peer-Ratings einbezogen wurden, wenn der prozentuale Anteil weiblicher Kandidaten hoch war und wenn die Studien methodologisch fundiert waren. Das Alter der Kandidaten, Feedback an die Vorgesetzten, die Dauer des Auswahlseminars in Tagen und der prozentuale Anteil von Kandidaten aus Minderheitsgruppen hatten keinen Einfluss auf die Validität der Assessment

Center. Die Ergebnisse lassen vermuten, dass Assessment Center sowohl generalisierbare als auch situationsspezifische Validitätsanteile besitzen.

Zusammenfassend kann empfohlen werden, Assessment Center entsprechend ihrem spezifischen Verwendungszweck zu entwickeln. Ein gut gestaltetes Assessment Center ist mit Sicherheit prädiktiv valide, aber um diese Validität zu optimieren, sollten einige Regeln beachtet werden. Aufgrund der obigen Ergebnisse kann vorgeschlagen werden, in Zukunft mehr (statt weniger) Beurteilungsverfahren einzusetzen, Psychologen als Beurteiler hinzuzuziehen und die Ratings der Beurteiler durch Peer-Ratings zu ergänzen. Innerhalb des Bereichs der in dieser Metaanalyse untersuchten Variablen scheint kein systematischer Zusammenhang zu bestehen zwischen der Validität des Assessment Centers und der Dauer des Beurteilungstrainings, dem Zeitpunkt der Kriterienerhebung, der Zeit, die den Beurteilern zur Integration der Daten zur Verfügung steht, der zeitlichen Ausdehnung des Assessment Centers und der Verwendung von Assessment Center-Daten zu betrieblichen oder anderen Zwecken. Außerdem empfehlen wir, bei Validierungsstudien für Assessment Center alle denkbaren Beeinträchtigungen der internen und externen Validität möglichst sorgfältig auszuschließen (z. B. durch Sicherstellung ausreichender Stichprobenrepräsentativität). Kann ein Wissenschaftler keine qualitativ angemessene Untersuchung zur prädiktiven Validität des Assessment Centers durchführen, so ist es höchstwahrscheinlich besser, gar keine durchzuführen.

Literatur

Alexander, H. S., Buck, J. A. & McCarthy, R. J. (1975). Usefulness of the assessment center process for selection to upward mobility programs. *Human Resource Management, 14,* 10–13.

Alexander, L. D. (1979). An exploratory study of the utilization of assessment center results. *Academy of Management Journal, 22,* 152–157.

Bender, J. M. (1973). What is „typical" of assessment centers? *Personnel, 50,* 50–57.

Brown, S. H. (1981). Validity generalization in the life insurance industry. *Journal of Applied Psychology, 66,* 664–670.

Burroughs, W. A., Rollins, J. B. & Hopkins, J. J. (1973). The effects of age, departmental experience, and prior rater experience on performance in assessment center exercises. *Academy of Management Journal, 16,* 335–339.

Byham, W. C. (1978a). How to improve the validity of an assessment center. *Training and Development Journal, 32,* 4–6.

Byham, W. C. (1978b). *Intercultural adaptability of the assessment center method.* Paper presented at Nineteenth International Congress of Applied Psychology, Munich.

Byham, W. C. (1981). *Dimensions of managerial success.* Pittsburgh: Development Dimensions International.

Clingenpeel, R. (1979). *Validity and dynamics of a foreman selection process.* Paper presented at the meeting of the 7th International Congress on the Assesament Center Method, New Orleans.

Cohen, B. M., Moses, J. L. & Byham, W. C. (1977). *The validity of assessment centers: A literature review* (Rev. Ed.; Monograph II). Pittsburgh: Development Dimensions Press.

Finley, R. M. Jr. (1970). *An evaluation of behavior predictions from projective tests given in a management assessment center.* Paper presented at the 78th annual convention of the American Psychological Association, Miami Besch.

Gaugler, B. B., Rosenthal, D. B., Thornton, G. C. III & Bentson, C. (1987). Meta-analysis of assessment center validity. *Journal of Applied Psychology, 72,* 493–511.

Hall, H. L. (1976, July). *An evaluation of the upward mobility assessment center for the Bureau of Engraving and Printing (TM 76–6).* Washington, D.C.: U.S. Civil Service Commission.

Hinrichs, J. R (1978). An eight-year follow-up of a management assessment center. *Journal of Applied Psychology, 63,* 596–601.

Howard, A. (1974). An assessment of assessment centers. *Academy of Management Journal, 17,* 115–134.

Howard, A. (1979). *Assessment center predictions sixteen years later.* Paper presented at the 7th International Congress on the Assessment Center Method, New Orleans.

Huck, J. R. (1973). Assessment centers: A review of the external and internal validities. *Personnel Psychology, 26,* 191–212.

Huck, J. R. (1974). *Determinants of assessment center ratings for white and black females and the relationship of these dimensions to subsequent performance effectiveness.* Unpublished doctoral dissertation, Wayne State University, Detroit.

Huck, J. R. & Bray, D. W. (1976). Management assessment center evaluations and subsequent job performance of black and white females. *Personnel Psychology, 29,* 13–30.

Hunter, J. E. & Hunter, R. F. (1984). Validity and utility of alternative predictors of job performance. *Psychological Bulletin, 96,* 72–98.

Hunter, J. E., Schmidt, F. L. & Jackson, G. B. (1982). *Meta-analysis: Cumulating research findings across studies.* Beverly Hills, CA: Sage.

Jaffee, C. L., Cohen, S. L. & Cherry, R. (1977). Supervisory selection program for disadvantaged or minority employees. *Training and Development Journal, 26,* 22–28.

Klimoski, R. J. & Strickland, W. J. (1977). Assessment centers: Valid or merely prescient. *Personnel Psychology, 30,* 353–363.

Klimoski, R. J. & Strickland, W. J. (1981). *A comparative view of assessment centers.* Unpublished manuscript.

Lilienthal, R. A. & Pearlman, K. (1983, February). *The validity of Federal selection tests for aide technicians in the health, science, and engineering fields (OPRD 83-1).* Washington, D.C.: U.S. Office of Personnel Management, Office of Personnel Research and Development (NTIS No. PB83-202051).

Linn, R. L., Harnisch, D. L. & Dunbar, S. B. (1981). Validity generalization and situational specificity: An analysis of the prediction of first year grades in law school. *Applied Psychological Measurement, 5,* 281–289.

Marquardt, L. D. (1976). *Follow-up evaluation of the second look approach to the selection of management trainees.* Chicago: Psychological Research and Services, National Personnel Department, Sears, Roebuck and Company.

Mitchel, J. O. (1975). Assessment center validity: A longitudinal study. *Journal of Applied Psychology, 60,* 573–579.

Moses, J. L. (1972). Assessment center performance and management progress. *Studies in Personnel Psychology, 4,* 7–12.

Moses, J. L. (1973). The development of an assessment center for the early identification of supervisory potential. *Personnel Psychology, 26,* 569–580.

Moses, J. L . & Boehm, V. R. (1975). Relationship of assessment center performance to management progress of women. *Journal of Applied Psychology, 60,* 527–529.

Neidig, R. D., Martin, J. C. & Yates, R. E. (1978). *The FBI's Management Aptitude Program Assessment Center (Research Report #1; TM 78-3).* Washington, D.C.: Applied Psychology Section, Personnel Research and Development Center, U.S. Civil Service Commission.

Pearlman, K. (1982). *The Bayesian approach to validity generalization: A systematic examination of the robustness of procedures and conclusions.* (Doctoral dissertation, George Washington University). Dissertation Abstracts International, 42, 4960-B.

Pearlman, K. (1984, August). *Validity generalization: Methodological and substantive implications for meta-analytic research.* Paper presented at the 92nd meeting of the American Psychological Association, Toronto, Ontario, Canada.

Pearlman, K., Schmidt, F. L. & Hunter, J. E. (1980). Validity generalization results for tests used to predict training success and job proficiency in clerical occupations. *Journal of Applied Psychology, 65,* 373–406.

Ritchie, R. J. & Moses, J. L. (1983). Assessment center correlates of women's advancement into middle management: A 7-year longitudinal analysis. *Journal of Applied Psychology, 68,* 227–231.

Russell, G. (1975). Differences in minority/nonminority assessment center ratings. *Assessment and Development, 3,* 3; 7; 8.

Schmidt, F. L., Gast-Rosenberg, I. & Hunter, J. E. (1980). Validity generalization results for computer programmers. *Journal of Applied Psychology, 65,* 643–661.

Schmidt, F. L. & Hunter, J. E. (1977). Development of a general solution to the problem of validity generalization. *Journal of Applied Psychology, 62,* 529–540.

Schmidt, F. L., Hunter, J. E. & Caplan, J. R. (1981). Validity generalization results for jobs in the petroleum industry. *Journal of Applied Psychology, 66,* 261–273.

Schmidt, F. L., Hunter, J. E., Pearlman, K. & Shane, G. S. (1979). Further tests of the Schmidt-Hunter Bayesian validity generalization procedure. *Personnel Psychology, 32,* 257–281.

Schmitt, N., Gooding, R. Z., Noe, R. A. & Kirsch, M. (1984). Metaanalysis of validity studies published between 1964 and 1982 and the investigation of study characteristics. *Personnel Psychology, 37,* 407–422.

Schmitt, N. & Hill, T. E. (1977). Sex and race composition of assessment center groups as a determinant of peer and assessor ratings. *Journal of Applied Psychology, 62,* 261–264.

Slivinski, L. W. & Bourgeois, R. P. (1977). Feedback of assessment center results. In J. L. Moses & W. C. Byham (Eds.), *Applying the assessment center method.* New York: Pergamon Press.

Schuler, H. & Stehle, W. (1987). *Assessment Center als Methode der Personalentwicklung.* Göttingen: Hogrefe/Verlag für Angewandte Psychologie.

Task Force on Assessment Center Standards (1980). Standards and ethical considerations for assessment center operations. *The Personnel Administrator, 25,* 35–38.

Thornton, G. C. III & Byham, W. C. (1982). *Assessment centers and managerial performance.* New York: Academic Press.

Turnage, J. J. & Muchinsky, P. M. (1984). A comparison of the predictive validity of assessment center evaluations versus traditional measures in forecasting supervisory job performance: Interpretive implications of criterion distortion for the assessment paradigm. *Psychological Bulletin, 69,* 595–602.

10 Kriterienbezogene Validität des Assessment Centers: lebendig und wohlauf?[1]

Chaitra M. Hardison und Paul R. Sackett

In den 1980er Jahren wurden zwei Metaanalysen veröffentlicht, die zeigten, dass die kriterienbezogene Validität von Assessment Centern (AC) über verschiedene ACs hinweg generalisierbar ist. Die erste Studie von Schmitt, Gooding, Noe und Kirsch (1984) berichtet stabile mittlere kriterienbezogene Validitäten (nur bezüglich des Stichprobenfehlers korrigiert) von $\rho = .43, .41, .31$ und $.24$ für AC-Gesamturteile (OARs) zur Vorhersage von Arbeitsleistung, Beförderungen, Erfolg/Noten oder Gehalt. Ähnliche Ergebnisse zur hohen Generalisierbarkeit über Situationen und Berufe hinweg stellten auch Gaugler, Rosenthal, Thornton und Bentson (1987 sowie Kapitel 9 in diesem Band) dar. Diese zweite, tiefer gehende Metaanalyse (Gaugler et al.) nennt nicht nur eine mittlere korrigierte kriterienbezogene Validität von $\rho = .37$ für verschiedenste Kriterien wie Trainingsleistung, Beförderung und Arbeitsleistung, sondern berücksichtigt und überprüft zusätzlich verschiedene AC-Charakteristika als potenzielle Moderatoren der OAR-Validität. Bis heute bietet die Metaanalyse von Gaugler und Kollegen das umfassendste Bild der kriterienbezogenen AC-OAR-Validität, weshalb sie das Verständnis für ACs ebenso wie das Vertrauen, welches in sie gesetzt wird, stark beeinflusst hat.

Zwar stellen die Schätzungen von Gaugler et al. zurzeit die besten verfügbaren Schätzungen der kriterienbezogenen Validität von ACs dar, jedoch basieren sie auf 47 Validitätskoeffizienten aus Studien, die bereits zwischen 1950 und 1980 veröffentlicht wurden. Die Forschung hat seit der Veröffentlichung der Ergebnisse von Gaugler et al. allerdings 40 neue Koeffizienten zur kriterienbezogenen Validität hervorgebracht. Jene weithin zitierten Schätzungen sind daher nicht länger aktuell.

Bisher wurde keine weitere metaanalytische Untersuchung der Literatur zur OAR-Validität durchgeführt, obwohl kürzlich eine Metaanalyse zu AC-*Dimensionen* veröffentlicht wurde. Die Autoren berichten eine mittlere korrigierte Validität von $\rho = .36$ für einzelne Dimensionen (Arthur, Day, McNelly & Edens, 2003). Da sich diese Studie nur auf die kriterienbezogene Validität von *Dimensionen* bezog und nicht auf AC-*OARs*, standen Studien, die nur auf die kriterienbezogene Validität von OARs gerichtet waren, nicht im Fokus der Untersuchung und wurden daher ausgeschlossen. Somit steht eine umfangreiche Zusammenfassung der neuesten Forschung zur kriterienbezogenen Validität von AC-OARs immer noch aus.

Aufgrund einer annähernden Verdopplung der Forschungsbasis ist es lohnenswert, die kriterienbezogene Validität von ACs erneut zu überprüfen. Aus diesem Grund skizziert das vorliegende Kapitel die aktuelle Literatur. Die hier dargestellten Resultate sind ein kurzer Überblick zu einer größeren metaanalytischen Untersuchung von Hardison und

---

[1] Übersetzung aus dem Englischen von Julia Winzen

Sackett (2004). Genauer gesagt wird folgender Frage nachgegangen: Wie hoch ist die geschätzte mittlere kriterienbezogene Validität basierend auf Studien, die nach der Metaanalyse von Gaugler et al. durchgeführt worden sind?

10.1 Literatursuche

Die Literatursuche wurde unter Verwendung der kombinierten Schlüsselworte: „Assessment Center" und „criterion-related" oder „predictive validity" zunächst in der Datenbank PsychInfo durchgeführt; anschließend wurden im Social Sciences Index (SSI) alle Studien gesucht, die die Metaanalyse von Gaugler et al. zitierten. Es wurden über 500 Studien gefunden. Unter Berücksichtigung der unten genannten Einschlusskriterien konnten insgesamt 40 Studien zusätzlich zu denjenigen aus der Metaanalyse von Gaugler et al. identifiziert und in unsere Berechnungen einbezogen werden.

Einschlusskriterien

In der vorliegenden Studie wurden drei Einschlusskriterien berücksichtigt, welche im Folgenden erörtert werden.

Erstens sollte in den Studien die Stichprobengröße erwähnt werden, und sie sollten den Definitionen eines ACs (siehe Joiner, 2000) entsprechen. Zweitens sollten die Ergebnisse in Form von Korrelationen dargestellt sein oder genügend Informationen bieten, um die Resultate in einen Korrelationskoeffizienten umrechnen zu können. Drittens mangelt es Studien mit geringem Stichprobenumfang an der Fähigkeit, erwartete Beziehungen zu entdecken; dennoch war es in der Vergangenheit üblich, dass Forscher nur signifikante Statistiken in ihren Ergebnistabellen berichteten. Wenn nun Studien, die nur signifikante Statistiken berichten, in metaanalytische Schätzungen eingeschlossen werden, könnten die sich ergebenden Schätzungen nach oben hin verzerrt sein (Hunter & Schmidt, 1990). Daher wurden Studien, die nichtsignifikante Resultate unberücksichtigt ließen, ausgeschlossen.

10.2 Kodierung

Eine Metaanalyse ist ein Prozess, der unweigerlich menschliche Urteile erfordert. Daher folgt nun eine Übersicht der Kodierungsentscheidungen für verschiedene Studiencharakteristika.

Stichprobengröße: Wenn eine Spannweite von Stichprobengrößen in einer Tabelle dargestellt war, wurde der Durchschnitt dieses Wertebereichs verwendet. Falls zwei unterschiedliche Zahlen für die Stichprobengröße berichtet wurden, wurde die konservativere Zahl eingesetzt.

Kriterien: In der Studie von Gaugler et al. wurden die Kriterien fünf Gruppen zugeordnet: Arbeitsleistung, Managementpotenzial, Leistungseinschätzung auf Basis der AC-Dimensionen, Training und beruflicher Aufstieg (Karriere). Die vorliegende Studie verwendete eine modifizierte Kriterienzusammenstellung und gruppierte die Validitäten in folgende Kategorien: Arbeitsleistung, Beförderung, Training, Fluktuation und Absatz/Produktivität. Basierend auf der Auswertung der im Rahmen der Literaturrecherche ausgewählten Studien wurde die neue Kategorie „Absatz/Produktivität" hinzugefügt. Aufgrund eines Mangels an verfügbaren Studien, die das „Potenzial" erwähnen, wurde diese Kategorie nicht in die Metaanalyse eingeschlossen. Um die Möglichkeit zu vermeiden, konzeptuell distinkte Konstrukte zu kombinieren, wurde die Kategorie „beruflicher Aufstieg" von Gaugler et al. in die Kategorien „Beförderung" und „Fluktuation" aufgespaltet. Validitätskoeffizienten, die nicht in die oben aufgeführten Kategorien passten, wurden von der Analyse ausgeschlossen.

Die meisten Studien enthielten Beziehungen zwischen mehr als einer Art von Assessment Center-Rating und mehr als einem Kriterientyp. Zum Beispiel berichtete eine Studie sowohl ein OAR als auch eine dichotomisierte (Ja/Nein-)Beurteilung der AC-Beobachter bezüglich des Potenzials für eine Beförderung. Für den Fall, dass es mehr als einen Prädiktorwert gab, wurde die OAR-Validität verwendet.

10.3 Metaanalytisches Vorgehen

Das metaanalytische Vorgehen in dieser Studie folgt dem von Hunter und Schmidt (1990) beschriebenen. Zunächst wurden der Durchschnitt der nach der Stichprobengröße gewichteten Korrelationen über die Studien hinweg ermittelt und die Varianz berechnet, die aufgrund des Stichprobenfehlers zu erwarten war. Die Korrektur der mangelnden Reliabilität wurde berechnet, indem die Verteilungen der Artefakte verwendet wurden, die in Tabelle 1 zu finden sind. Dabei wurden die verfügbaren Stichprobeninformationen berücksichtigt. Gaugler et al. korrigierten ihre Validitätskoeffizienten auch in Bezug auf Streuungseinschränkungen; bei erneuter Durchsicht der Studien für diese aktualisierte Metaanalyse wurde aber deutlich, dass in vielen Studien keine Auswahlentscheidungen basierend auf AC-OARs getroffen worden waren (d. h. eine direkte Streuungseinschränkung lag nicht vor). Stattdessen wiesen einige Studien unterschiedliche Arten von indirekter Streuungseinschränkung auf, wie zum Beispiel bei der Auswahl unter Verwendung eines zusammengesetzten Werts von AC-Beurteilungen und eines weiteren Auswahlmaßes wie der kognitiven Fähigkeit. Andere Studien untersuchten die konkurrente Validität; für diese konnten keine Informationen bezüglich der Größe indirekter Streuungseinschränkungen ausfindig gemacht werden. Wieder andere trafen eine Vorauswahl der Personen auf Basis solcher Maße wie kognitiver Fähigkeit oder bezogen nur solche Personen ein, denen von ihren Vorgesetzten eine hohe Leistungsfähigkeit oder ein hohes Potenzial zugeschrieben worden war. Obwohl es konzeptuell möglich wäre, die Validitäten entsprechend der zuvor beschriebenen Beispiele zu korrigieren, war die für die Berechnungen erforderliche Information nicht in den Artikeln verfügbar. In einigen Fällen wurden Informationen über die Selektionsrate berichtet; dennoch wäre dies nur dann für die Berechnung der Korrekturen nützlich, wenn die Streubreite der Werte durch eine direkte Auswahl über AC-OARs eingeschränkt wäre. Gelegentlich war aber unklar, ob die AC-Werte für die Auswahl eingesetzt worden waren. Als Konsequenz führte die unzureichende Darstellung der notwendigen Statistiken über die Korrektur der Streuungseinschränkungen zu ernsthaften Bedenken bezüglich der Angemessenheit, Korrekturen vorzunehmen, die ausschließlich auf Informationen zur Selektionsquote beruhen. Nur vier der Studien, die in der vorliegenden Analyse berücksichtigt wurden, enthielten ausreichende Information, um die Standardabweichungen (SD) in der Ausgangsstichprobe zu berechnen.

Tabelle 1: Artefaktverteilungen, die für die metaanalytischen Korrekturen verwendet wurden

	Ryy	SD$_{Ryy}$
Gesamt[c]	.74	.212
Arbeitsleistung[a]	.52[a]	.095
Training[b]	.79[b]	.077
Beförderung	1.00	.000
Fluktuation	1.00	.000
Absatz[a]	.57[a]	.154

Anmerkungen: a Artefaktverteilungen nach Viswesvaran, Ones & Schmidt (1996).
                b Die Artefaktverteilung kombiniert die Reliabilitäten der aktuellen Metaanalyse mit denen von Gaugler et al. (1987).
                c Die Artefaktverteilung wurde für alle Kriterien unter Verwendung der am Stichprobenumfang (k) gewichteten Reliabilitäten berechnet. Die Gesamt-SD$_{Ryy}$ wird aus der gepoolten Varianz der SD$_{Ryy}$ und der stichprobengewichteten Varianz der Mittelwerte berechnet.

In Anbetracht der begrenzten Angaben zu Streuungseinschränkungen für die verfügbaren Studien und der mangelnden Klarheit in Bezug auf die Korrekturen der Streuungseinschränkungen durch Gaugler et al. beziehen sich unsere Analysen ausschließlich auf Validitätsschätzungen, die nur hinsichtlich der Unreliabilität des Kriteriums korrigiert wurden, aber nicht hinsichtlich der Streuungseinschränkungen. Um die Resultate der vorliegenden Metaanalyse mit denen von Gaugler et al. vergleichen zu können, korrigierten wir Gauglers beobachtete Validitätsschätzungen hinsichtlich der Unreliabilität des Kriteriums (nicht hinsichtlich der Streuungseinschränkungen) in Anlehnung an die Verfahren, die bei Hunter, Schmidt und Jackson (1982, S. 82 f.) dargestellt werden. Die Korrekturen der Schätzungen von Gaugler et al. beruhen auf den beobachteten und an der Stichprobe gewichteten Schätzungen sowie der Information über die Verteilung der Artefakte für die kriterienbezogene Reliabilität, die bei Gaugler et al. (S. 496) für alle Variablen außer Arbeitsleistung und Gesamturteil beschrieben wird. Für die Arbeitsleistung verwendeten Gaugler et al. Validitäten, die in ihren Studien berichtet wurden, und Informationen zur Reliabilität aus weiterer Forschung zur Leistungsevaluation. Da mittlerweile aktuellere Reliabilitätsschätzungen für die Arbeitsleistung verfügbar sind (Viswesvaran, Ones & Schmidt, 1996), verwendeten wir diese Schätzungen für die Arbeitsleistung und passten die Schätzung der Gesamtreliabilität von Gaugler et al. dementsprechend an.

Unabhängigkeitsannahmen

Mehrere Studien berichten zwei oder mehr Validitätskoeffizienten, die auch in den vorliegenden Ergebnissen berücksichtigt werden. Eine einzige Studie könnte somit einen Koeffizienten für die Vorhersage der Arbeitsleistung und zusätzlich einen zur Vorhersage der Beförderung nennen. Mehr als einen Koeffizienten aus einer einzigen Studie einzubeziehen, verletzt die Annahme, dass die Validitäten aus unabhängigen Stichproben stammen. Diese Verletzung beeinträchtigt die in einer Metaanalyse dargestellte mittlere Validitätsschätzung nicht, aber sie kann zu einer Überschätzung des Ausmaßes an Variabilität zwischen den Studien beitragen (Hunter & Schmidt, 1990). Dies stellt ein Problem dar, wenn verschiedene Kriterien aus derselben Stichprobe so kombiniert werden, als stammten sie aus getrennten Studien, um eine einzige Schätzung der gesamten kriterienbezogenen Validität zu erhalten. Daher wurde die kriterienbezogene Validität für jedes Kriterium geschätzt, wobei eine Validitätsschätzung pro Studie zu der Analyse beitrug. Umfasste eine Studie mehrere Validitätsschätzungen für eine spezifische Kriteriumskategorie (z. B. Arbeitsleistung sowohl nach sechs Monaten als auch nach einem Jahr), wurde der Durchschnittswert ermittelt. Wurden Interkorrelationen erwähnt, berechneten wir die geschätzte Validität für die zusammengesetzten Dimensionen mithilfe von Linearkombinationen.

Interrater-Übereinstimmung

Alle berücksichtigten Studien wurden von der Erstautorin kodiert. Um die Reliabilität zu erheben, wurde eine Zufallsstichprobe von zehn Studien (24 der 106 Validitätskoeffizienten) von einem Doktoranden kodiert. Der prozentuale Anteil der Übereinstimmungen wurde für jede Variable als Verhältnis der identischen Kodierungsentscheidungen für diese Variable zur Gesamtzahl doppelt kodierter Koeffizienten berechnet. Alle Variablen überschritten bezüglich der Übereinstimmung die 80 %-Grenze. Die bleibenden Diskrepanzen wurden anschließend diskutiert; falls kein Konsens erzielt werden konnte, wurde die Kodierungsentscheidung der Autorin verwendet.

10.4 Ergebnisse

Tabelle 2 stellt die Ergebnisse der vorliegenden Metaanalyse dar. Die erste Spalte in Tabelle 2 enthält die Stichprobengröße aller zusammengefassten Studien, die zu den entsprechenden Berechnungen beitrugen. Die zweite Spalte verdeutlicht, dass in einigen Studien mehrere Validitäten für dieselbe Stichprobe genannt wurden. Daher repräsentiert die „Anzahl der r's", die sich in der zweiten Spalte befindet, die Anzahl der *nicht unabhängigen* Validitätsschätzungen, die anschließend zusammengefasst wurden, um eine unabhängige Schätzung für die Berechnungen zu bilden (für weitere Erklärungen siehe in Abschnitt 10.3 *Unabhängigkeitsannahmen*). Die dritte Spalte stellt die Anzahl der *unabhängigen* Stichproben *(k)* dar, die zur aktuellen metaanalytischen Schätzung beitrugen. Das entsprechend der Stichprobengröße gewichtete mittlere r und SD_r sind die Ergebnisse einer „bare-bones"-Metaanalyse, in der Korrekturen nur hinsichtlich des Stichprobenfehlers vorgenommen wurden. ρ und $SD\rho$ sind Populationsschätzungen, welche die durchschnittliche Validität darstellen, die im vorliegenden Datensatz bezüglich der Unreliabilität des Kriteriums korrigiert wurde. Da es keine Schätzungen der Reliabilität von Beförderung und Fluktuation gibt, wurden diese nicht korrigiert.

Wie in Tabelle 2 zu sehen, ist die mittlere hinsichtlich der Unreliabilität korrigierte Validität für alle Kriterien ($\rho = .26$), Arbeitsleistung ($\rho = .28$), Training ($\rho = .35$) und Beförderung ($\rho = .27$) positiv und spiegelt moderate Zusammenhänge mit den Kriterien wider. Sowohl Absatz ($\rho = .15$) als auch Fluktuation ($\rho = .07$) werden nicht gut vorher-

Tabelle 2: Ergebnisse der vorliegenden Metaanalyse

	Stichprobengröße	Anzahl der r's	Anzahl der Studien (k)[a]	mittleres r	SD_r	Korrigiert bzgl. Kriteriumsunreliabilität		90%-Vertrauensintervalle	
						ρ	SD_ρ	Untere Grenze	Obere Grenze
Gesamt	11.136	106	40	.22	.14	.26	.13	−.01	.52
Leistung	4.198	49	29	.20	.08	.28	.00	.28	.28
Training	3.503	15	10	.31	.10	.35	.09	.16	.53
Absatz	267	15	4	.11	.05	.15	.00	.15	.15
Beförderung	1.738	13	10	.27	.15	−[d]	−[d]	−.02	.56
Fluktuation	1.430	9	6	.07	.15	−[d]	−[d]	−.22	.36

Anmerkungen: a Anzahl der unabhängigen Validitäten aus unterschiedlichen Stichproben. Dies ist die Anzahl der Validitäten, auf der die Berechnungen basieren.
 d Für Beförderung und Fluktuation waren keine Korrekturen bezüglich der Kriteriumsunreliabilität möglich.

gesagt. Während die mittleren Populationsschätzungen für alle Variablen positiv sind, schließen die unteren Grenzen der Vertrauensintervalle (credibility values; CVs) für Fluktuation und Beförderung Null ein.

Für den Vergleich unserer Schätzungen mit denen von Gaugler et al. sollte angemerkt werden, dass Gaugler et al. Schätzungen berichteten, die hinsichtlich der Unreliabilität des Kriteriums *und* der Streuungseinschränkung korrigiert worden waren, so dass Schätzungen, die *nur* bezüglich der mangelnden Reliabilität korrigiert wurden, in der Originalstudie von Gaugler et al. nicht dargestellt wurden. Dennoch berechneten wir vergleichshalber für die Schätzungen von Gaugler et al. eine Korrektur ausschließlich bezüglich der Kriteriumsunreliabilität unter Verwendung der Formeln von Hunter, Schmidt und Jackson (1982, S. 82 f.). Die resultierende mittlere und hinsichtlich der Unreliabilität des Kriteriums korrigierte Gesamtschätzung von Gaugler et al. ($\rho = .34$) ist merklich höher als der Wert von $\rho = .26$, der in der vorliegenden Stichprobe erzielt wurde. Zusätzlich ergibt sich in den aktuellen Studien eine niedrigere mittlere Validität als bei Gaugler et al. in Bezug auf das Arbeitsleistungskriterium (.28 vs. .35); für das Trainingsleistungskriterium war hingegen kein Unterschied festzustellen (.35 vs. .34).

10.5 Diskussion

Das Ziel dieser Studie war es, die kriterienbezogene Validität basierend auf Studien zu schätzen, die nach der Metaanalyse von Gaugler et al. durchgeführt worden sind. Die Ergebnisse weisen darauf hin, dass ACs eine kriterienbezogene Validität aufweisen, deren mittlere Gesamtschätzung bei .26 liegt. Die aktuellen Resultate zeigen auch, dass ACs Trainingsleistung (ρ = .35), Arbeitsleistung (ρ = .28) und Beförderung (ρ = .27) viel besser vorhersagen als Absatzleistung (ρ = .15) oder Fluktuation (ρ = .07). Fluktuation und Beförderung haben die größte entsprechend der Stichprobengröße gewichtete Varianz (SD_r = .15 für beide), die CVs für beide schließen Null ein und die Korrekturen der kriterienbezogenen Reliabilität und der Streuungseinschränkungen konnten für beide Kriterien nicht berechnet werden. Die Korrektur bezüglich statistischer Artefakte kann die geschätzte Populationsvarianz einschränken. Da die CVs für die Beförderung von –.02 bis .56 reichten, ist es möglich, dass – falls Korrekturen hinsichtlich der Streuungseinschränkungen berechnet worden wären – dieses Vertrauensintervall nicht länger Null einschließen würde. Auf der anderen Seite würden die CVs für die Fluktuation (–.22 bis .36) vermutlich immer noch Null einschließen, wenn Korrekturen bezüglich der Streuungseinschränkungen vorgenommen würden. Die Daten zeigen, dass die kriterienbezogene Validität für die Fluktuation niedrig und nicht über alle Situationen hinweg generalisierbar ist. Möglicherweise variieren die entsprechenden Validitäten, weil Fluktuation oftmals sowohl freiwillig als auch unfreiwillig stattfindet, was heißt, dass in einigen Stichproben Personen am oberen ebenso wie am unteren Ende der Leistungsverteilung die Organisation verlassen haben könnten.

Es wurden moderate, aber erkennbare Unterschiede zwischen den früheren Schätzungen von Gaugler et al. und den aktuellen Schätzungen gefunden. Der Hauptunterschied ergibt sich für Studien, die Arbeitsleistungskriterien einsetzen. Hier erhält man beispielsweise Werte von .35 in der früheren und .28 in der aktuellen Metaanalyse. Im Gegensatz zu den Befunden beim Einsatz von Arbeitsleistungskriterien ergaben sich für Trainingskriterien (.34 vs. .35) und für die Kategorie beruflicher Aufstieg/Beförderung (.30 vs. .27) vergleichbare Ergebnisse. Eine mögliche Ursache für den Unterschied der Gesamtmittelwerte (.34 vs. .26) ist, dass die aktuelle Metaanalyse Studien eingeschlossen hat, die Kriterien verwendeten, welche nicht in der Untersuchung von Gaugler et al. berücksichtigt wurden. Genau diese Kriterien erwiesen sich als schlecht vorhersagbar durch OARs (ρ = .15 für Absatzleistung und .07 für Fluktuation).

Gaugler et al. fanden eine leicht negative Korrelation zwischen dem Publikationsjahr und der Validität; unsere Daten zeigen ebenfalls einen Abwärtstrend (r = –.25) für das Publikationsjahr (eine nähere Betrachtung der Daten ließ erkennen, dass die Auslassung eines Validitätskoeffizienten von 1983 diese Beziehung auf r = –.12 reduzierte). Eine mögliche Erklärung für die beobachteten Unterschiede könnten Veränderungen beim Vorgehen bezüglich der Forschungsberichte sein, die sich im Laufe der Zeit ergeben haben. Wie zuvor erwähnt, war es für Forscher üblich, nur signifikante Statistiken zu nennen. Die Verwendung dieser Statistiken in einer Metaanalyse könnte die Ergebnisse nach oben hin verzerren. Einige der veröffentlichten Dokumente aus der Metaanalyse von Gaugler et al. berichteten in der Tat nur signifikante Validitäten. Dies ist von großer Bedeutung für Studien, die auf kleinen Stichproben beruhen, da in diesem Fall große Effektstärken für statistische Signifikanz notwendig sind. Aus diesem Grund könnten die sich in der Studie von Gaugler et al. ergebenden Schätzungen nach oben hin verzerrt sein.

Eine zweite plausible Erklärung für solch eine Verminderung über die Zeit könnte sein, dass neuere Untersuchungsstichproben stärkere Streuungseinschränkungen aufweisen als frühere Untersuchungsstichproben. Vielleicht schlossen Studien einen größeren, variableren Bewerberkreis ein, als die Pionierarbeit für die AC-Forschung geleistet wurde. Als dann nähere Informationen zu den Kosten und Nutzen von ACs verfügbar wurden, beschränkten Organisationen und Forscher den Teilnehmerkreis auf Personen, die schon beschäftigt waren oder mithilfe verschiedener anderer Methoden, darunter Ausbildung und Berufserfahrung, vorausgewählt worden waren. Die sich dadurch ergebende Gesamtheit der in der Forschung repräsentierten Stichproben würde eine engere Streuung der AC-Leistung widerspiegeln und somit eine größere Verminderung der beobachteten Validitäten bedingen. Auf der anderen Seite könnten Stichproben aus der Trainingsforschung weniger eingeschränkt sein, da viele Studien eine breitgefasste Trainingsgruppe berücksichtigen, um die Leistung am Ende des Trainings als letzte Auswahlhürde zu verwenden.

Wie im Methodenabschnitt angemerkt, wurde die *indirekte* Streuungseinschränkung aufgrund unzureichender Information in der vorliegenden Studie nicht korrigiert. Falls die Studien die für die Korrektur der Streuungseinschränkungen erforderlichen Informationen berichtet hätten, wären die Validitäten möglicherweise vergleichbar zu denen von Gaugler et al. gewesen. Viele der hier dargestellten Schätzungen der Gesamtvalidität kommen aus Studien, die andere Maße zur Vorauswahl der Mitarbeiter verwenden, sich auf konkurrente Validierungsdesigns beziehen oder AC-Teilnehmer einschließen, die von ihrem Vorgesetzten für die Teilnahme im AC nominiert wurden. Diese Populationen sind auf indirekte Weise in Bezug auf die Streuung eingeschränkt. Jeglicher Unterschied zwischen den Schätzungen der aktuellen Studien und den Schätzungen von Gaugler et al. könnte einfach auf die Unterschiede der Streuungseinschränkungen zurückzuführen sein.

Ohne Information zur Berechnung der Korrekturen für die direkten und indirekten Streuungseinschränkungen bleibt die Höhe der uneingeschränkten mittleren kriterienbezogenen Validität ungewiss. Daher sind die mittleren Schätzungen, die in dieser Arbeit dargestellt werden, konservativ, weil wenige Studien (wenn überhaupt) wirklich uneingeschränkte Stichproben verwendeten. Da ACs verglichen mit anderen Auswahlverfahren kostspielig sind, ist es oftmals wünschenswert, den Bewerberkreis einzuschränken. Falls sich die Verwender eines ACs entscheiden, eine Vorauswahl aufgrund anderer Kriterien zu treffen, und somit eine stark eingeschränkte Bewerberstichprobe erzeugen, wird die beobachtete Validität geringer, als wenn das AC für alle potenziellen Bewerber eingesetzt würde.

Eine letzte Anmerkung zur Vorsicht bezüglich der Validitätsschätzungen ist am Platze: ACs sind eine Methodik, um Konstrukte zu messen, und nicht selbst ein psychologisches Konstrukt; daher bedeuten diese Resultate nicht, dass der Einsatz eines ACs kriterienbezogene Validität in allen Situationen oder für alle Kriterien sicherstellt. Nichtsdestoweniger legen die in dieser Studie vorgestellten Ergebnisse (in Verbindung mit den Befunden von Schmitt et al., Arthur et al. und Gaugler et al.) nahe, dass ACs das Arbeitsverhalten in einer Vielfalt beruflicher Situationen vorherzusagen erlauben; die Quellen der Varianz der AC-Validität sind gleichwohl noch nicht gänzlich verstanden.

Die seit Gaugler et al. veröffentlichten AC-Validierungsstudien bilden eine Datenbasis, die im Wesentlichen dieselbe Größe hat wie die von Gaugler et al. verwendete. Verglichen mit Gaugler et al. ergeben diese aktuelleren Studien eine etwas niedrigere mittlere Validitätsschätzung für die Arbeitsleistung (.28 vs. .35) und die Aufstiegskriterien (.27 vs. .30). Die Befunde für die Trainingskriterien sind vergleichbar (.35 vs. .34). Der Grund für die etwas niedrigeren Validitätsschätzungen ist unklar. Eine Möglichkeit ist die zwischenzeitliche Entwicklung zu einer vollständigeren Berichterstattung: Einige frühe Studien stellen nur signifikante Ergebnisse dar. Eine weitere ist das unterschiedliche Muster der Streuungseinschränkungen, wobei aktuellere Studien sich häufiger der Vorauswahl durch andere Prädiktoren bedienen. Aber das allgemeine Ergebnismuster ist über beide, voneinander unabhängige Metaanalysen hinweg ähnlich, es zeigt sich nämlich ein konsistenter Beleg für die Beziehung zwischen AC-OARs und wichtigen Kriterien. Die vorliegende Studie ist von Bedeutung, da sie ein aktuelleres Bild der Ergebnisse zur AC-Validität liefert, was für jeden nützlich ist, der sich für die Einschätzung der AC-Validität nicht auf ziemlich veraltete Informationen verlassen möchte.

Literatur

Arthur, W. Jr., Day, E. A., McNelly, T. L. & Edens, P. S. (2003). A meta-analysis of the criterion-related validity of assessment center dimensions. *Personnel Psychology, 56,* 125–154.

Gaugler, B. B., Rosenthal, D. B., Thornton, G. C. & Bentson, C. (1987). Meta-analysis of assessment center validity. *Journal of Applied Psychology, 72,* 493–511.

Hardison, C. M. & Sackett, P. R. (2004). *Assessment center predictive validity: A meta-analytic update.* Unpublished manuscript.

Hunter, J. E. & Schmidt, F. L. (1990). *Methods of meta-analysis. Correcting error and bias in research findings.* Newbury Park, CA: Sage Publications, Inc.

Hunter, J. E. Schmidt, F. L. & Jackson, G. B. (1982). *Meta-analysis: Cumulating research findings across studies.* Beverly Hills, CA: Sage Publications, Inc.

Joiner, D. A. (2000). Guidelines and ethical considerations for assessment center operations: International task force on assessment center guidelines. *Public Personnel Management, 29,* 315–331.

Schmitt, N., Gooding, R. Z., Noe, R. A. & Kirsch, M. (1984). Meta-analysis of validity studies published between 1964 and 1982 and the investigation of study characteristics. *Personnel Psychology, 37,* 407–422.

Viswesvaran, C., Ones, D. S. & Schmidt, F. L. (1996). Comparative analysis of the reliability of job performance ratings. *Journal of Applied Psychology, 81,* 557–574.

In der Metaanalyse berücksichtigte Literatur

Anderson, L. R. & Thacker, J. (1985). Self-monitoring and sex as related to assessment center ratings and on the job performance. *Basic and Applied Social Psychology, 6,* 345–361.

Archambeau, D. J. (1982). The predictability of job performance via the assessment center method: Implications for career planning and development. *Dissertation Abstracts International, 42* (7-B), 3020.

Bartels, L. K. & Doverspike, D. (1997). Effects of disaggregation on managerial assessment center validity. *Journal of Business and Psychology, 12,* 45–53.

Bobrow, W. & Leonards, J. S. (1997). Development and validation of an assessment center during organizational change. *Journal of Social Behavior and Personality, 12,* 217–236.

Chan, D. (1996). Criterion and construct validation of an assessment centre. *Journal of Occupational and Organizational Psychology, 69,* 167–181.

Dayan, K., Kasten, R. & Fox, S. (2002). Entry level police candidate assessment center: An efficient tool or a hammer to kill a fly? *Personnel Psychology, 55,* 827–849.

Drakeley, R. J., Herriott, P. & Jones, A. (1988). Biographical data, training success and turnover. *Journal of Occupational Psychology, 61,* 145–152.

Feltham, R. (1988). Assessment centre decision making: Judgmental vs. mechanical. *Journal of Occupational Psychology, 61,* 237–241.

Feltham, R. (1988). Validity of a police assessment centre: A 1–19-year follow-up. *Journal of Occupational Psychology, 61,* 129–144.

Fritzsche, B. A. (1994). The effects of using behavioral checklists on the predictive and construct validity of assessment center ratings. *Dissertation Abstracts International: Section B: the Sciences & Engineering, 54* (9-B), 4954.

Goffin, R. D., Rothstein, M. G. & Johnston, N. G. (1996). Personality testing and the assessment center: Incremental validity for managerial selection. *Journal of Applied Psychology, 81,* 746–756.

Goldstein, H. W., Yusko, K. P., Braverman, E. P., Smith, D. B. & Chung, B. (1998). The role of cognitive ability in the subgroup differences in incremental validity of assessment center exercises. *Personnel Psychology, 51,* 357–374.

Gomez, J. J. (1985). The criterion related validity of an assessment center for the selection of school-level administrators. *Dissertation Abstracts International, 47* (2-B), 830.

Gulan, N. C. (2000). Moderating effect of assessee personality characteristics on the validity of assessment center ratings. *Dissertation Abstracts International: Section B: the Sciences & Engineering, 61* (1-B), 571.

Hoffman, C. C. & Thornton, G. C. (1997). Examining selection utility where competing predictors differ in adverse impact. *Personnel Psychology, 50,* 455–470.

Jones, A., Herriot, P., Long, B. & Drakeley, R. (1991). Attempting to improve the validity of a well-established assessment centre. *Journal of Occupational Psychology, 64,* 1–21.

Jones, R. G. & Whitmore, M. D. (1995). Evaluting developmental assessment centers as interventions. *Personnel Psychology, 48,* 377–388.

Lynch, F. P. (1995). Construct validity of assessment center dimension ratings: Comparing assessor ratings and co-worker ratings. *Dissertation Abstracts International: Section B: the Sciences & Engineering, 56* (3-B), 1730.

Massie, E. W. (1991). An analysis of the predictive validity of the NAASP assessment center in the Maryland assessment center program. *Dissertation Abstracts International, 52* (9A), 3145.

Mayes, B. T., Belloli, C. A., Riggio, R. E. & Aguirre, M. (1997). Assessment centers for course evaluations: A demonstration. *Journal of Social Behavior and Personality, 12,* 303–320.

McEvoy, G. M. & Beatty, R. W. (1989). Assessment centers and subordinate appraisals of managers: A seven-year examination of predictive validity. *Personnel Psychology, 42,* 37–52.

Mitchell, D. R. D. (1997). The effects of assessment center feedback on employee development. *Dissertation Abstracts International: Section B: the Sciences & Engineering, 58* (3-B), 1579.

Nowack, K. M. (1997). Congruence between self-other ratings and assessment center performance. *Journal of Social Behavior and Personality, 12,* 145–166.

Prenevost, W. H. (1992). The relationship of assessment center feedback to practicing school administrators' behavior as observed by their supervisors. *Dissertation Abstracts International, 53* (3-A), 681.

Pynes, J. E. & Bernardin, H. J. (1989). Predictive validity of an entry-level police officer assessment center. *Journal of Applied Psychology, 74,* 831–833.

Pynes, J. E. & Bernardin, H. J. (1992). Mechanical vs. consensus-derived assessment center ratings: A comparison of job performance validities. *Public Personnel Management, 21,* 17–28.

Randall, E. J. (1983). Selection of sales personnel through the use of assessment centers. *Dissertation Abstracts International, 44* (11-A), 3478–3479.

Ross, J. D. (1980). Determination of the predictive validity of the assessment center approach to selecting police managers. *Journal of Criminal Justice, 8,* 89–96.

Russell, C. J. & Domm, D. (1995). Two field test of an explanation of assessment centre validity. *Journal of Occupational and Organizational Psychology, 68,* 25–47.

Schmitt, N., Noe, R. A., Meritt, R. & Fitzgerald, M. P. (1984). Validity of assessment center ratings for the prediction of performance ratings and school climate of school administrators. *Journal of Applied Psychology, 69,* 207–213.

Shechtman, Z. (1992). A group assessment procedure as a predictor of on-the-job performance of teachers. *Journal of Applied Psychology, 77,* 383–387.

Shore, T. H. (1992). Subtle gender bias in the assessment of managerial potential. *Sex Roles, 27,* 499–515.

Shore, T. H., Shore L. M. & Thornton, G. C. (1992). Construct validity of self- and peer evaluations of performance dimensions in an assessment center. *Journal of Applied Psychology, 77,* 42–54.

Tziner, A., Meir, E. I., Dahan, M. & Birati, A. (1994). An investigation of the predictive validity and economic utility of the assessment center for the high-management level. *Canadian Journal of Behavioural Science, 26,* 228–245.

Tziner, A., Ronen, S. & Hacohen, D. (1993). A four-year validation study of an assessment center in a financial corporation. *Journal of Organizational Behavior, 14,* 225–237.

Wingrove, J., Jones, A. & Herriot, P. (1985). The predictive validity of pre- and post-discussion assessment centre ratings. *Journal of Occupational Psychology, 58,* 189–192.

11 Evaluation zweier Potenzialanalyseverfahren zur internen Auswahl und Klassifikation

Yvonne Görlich, Heinz Schuler, Karlheinz Becker und Andreas Diemand

11.1 Einleitung

Die Potenzialanalyseverfahren PA2 und PA3, deren Gestaltung in Kapitel 16 geschildert wird, stellen die Grundlage einer Vielzahl konsequenzenreicher Personalentscheidungen und Maßnahmen der Personalentwicklung in der Sparkassen-Finanzgruppe dar. Sie sind Basis der Personalplanung und Teil einer ganzheitlichen Qualifizierungsstrategie. Das Verfahren PA2 wurde erarbeitet und eingeführt, um das Fähigkeits- und Entwicklungspotenzial sowie die beruflichen Interessen aller Sparkassenmitarbeiter etwa ein bis zwei Jahre nach Abschluss ihrer Ausbildung zum Bankkaufmann bzw. zur Bankkauffrau zu ermitteln und auf dieser Basis die weitere berufliche Entwicklung zu steuern. PA3 ist ein ähnlich aufgebautes, aber in den Anforderungen anspruchsvolleres Verfahren, das ca. drei bis fünf Jahre später diejenigen Mitarbeiter durchlaufen, die für Aufgaben der komplexen Kundenberatung oder für Führungsaufgaben in Frage kommen. Beiden Verfahren liegen die gleichen Anforderungsdimensionen zugrunde, die für PA3 um drei Führungsdimensionen erweitert sind.

Wirksamkeit und Nutzen von PA2 und PA3 sind gebunden an ihre methodische Qualität, ihre Praktikabilität und ihre Akzeptanz. Die Richtlinien sind die Testgütekriterien Objektivität (Standardisierung), Reliabilität (Messgenauigkeit) und Validität (Gültigkeit/ Tauglichkeit) sowie die soziale Validität und andere Fairnessaspekte.

Schon für die Verfahrenskonstruktion waren diese Richtlinien maßgebend; so sind Objektivität und Reliabilität sichergestellt. Die inhaltliche Validität ist durch die sorgfältige Anforderungsanalyse im Konstruktionsprozess gewährleistet. Letztendlicher Maßstab der Bewährung eines Verfahrens ist jedoch seine empirische Überprüfung an der Qualität und am Nutzen der Entscheidungen, die mit seiner Hilfe zu Stande kommen. Kern der Evaluation beider Verfahren ist die kriteriumsbezogene (prognostische und konkurrente) Validierung. Praktikabilität und Akzeptanz waren schon Richtgrößen bei der Verfahrensentwicklung und werden ebenfalls der Evaluation unterzogen.

11.2 Zielsetzungen und Erwartungen

Ziele der Evaluation der Potenzialanalyseverfahren PA2 und PA3 waren:
- die Validierung der Verfahren,
- die Feststellung ihrer Kompatibilität untereinander und mit dem Leistungsbeurteilungssystem MLB-Multimodal®[1],

---
[1] Vgl. hierzu Schuler, Muck, Hell, Becker & Diemand, 2004; Muck, Schuler, Becker & Diemand, 2004; Klingner, Schuler, Diemand & Becker, 2004

- die Errechung der Stabilität und Äquivalenz der Potenzialanalyse- und Beurteilungsdimensionen,
- die Gewinnung von Information über die Sicherheit beruflicher Klassifikationsentscheidungen, PE-Maßnahmen und Laufbahnentwicklungen,
- die Ermittlung des ökonomischen Nutzens ihres Einsatzes als Grundlage für Personalentscheidungen und Maßnahmen der Personalentwicklung,
- die Ermittlung der subjektiven Qualität und des Nutzens ihres Einsatzes als Grundlage für Personalentscheidungen und Maßnahmen der Personalentwicklung,
- die Erhebung der Verfahrensakzeptanz und deren Optimierbarkeit,
- die Erhebung der Verfahrenspraktikabilität und deren Optimierbarkeit,
- die Prüfung von Optimierungsmöglichkeiten des Algorithmus, der Verfahren und ihrer Bestandteile sowie des Verfahrenseinsatzes,
- die Gewinnung von Information über die Verfahrensverbreitung und Erarbeitung von Möglichkeiten zur Erhöhung der Verfahrensverbreitung.

In diesem Kapitel werden die wichtigsten Ergebnisse der Evaluation berichtet – andere Ergebnisse, z. B. zur Kompatibilität der Verfahren, zu Zufriedenheit, Involvement und Commitment der ehemaligen Teilnehmer sowie zur Verfahrensverbreitung können aus Umfangsgründen nicht dargestellt werden. Daher wird die Beschreibung des Vorgehens und der Stichproben auf die hier berichteten Ergebnisse beschränkt.

Die Konstruktion und dementsprechend auch die Evaluation der Potenzialanalyseverfahren PA2 und PA3 folgen dem trimodalen Ansatz der Eignungsdiagnostik (vgl. Schuler, 2000, 2006 und in diesem Band). Hierbei werden drei diagnostische Ansätze unterschieden: der Eigenschafts- oder Konstruktansatz, der sich vor allem psychologischer Tests als Messverfahren bedient; der Simulationsansatz, der durch arbeitsprobenartige Verfahren repräsentiert ist; und der biografische Ansatz, der vergangenes Verhalten, Erfahrungen und Leistungsergebnisse zur Grundlage der Prognose macht. Es wird erwartet, dass die Kombination dieser drei diagnostischen Ansätze zu besseren Ergebnissen – u. a. zu höherer Validität – führt, als dies für die Assessment Center-Anwendung typisch ist. Maßstab sind hierbei die von Thornton, Gaugler, Rosenthal und Bentson sowie von Hardison und Sackett in diesem Band berichteten Metaanalysen.

11.3 Vorgehen

Die *Konzeption* der Evaluation umfasste die Formulierung der Zielsetzung, die vorläufige Festlegung der Prädiktoren und Kriterien sowie der statistischen Auswertungsmethoden und die Erarbeitung eines Zeit- und Arbeitsplans. Zudem wurden die organisationalen Rahmenbedingungen (wie die Einrichtung eines Aufsichtsgremiums) geschaffen, organisationsinterne Abstimmungen getroffen und theorie- und erfahrungsgeleitet Prädiktoren, Kriterien, Moderatoren etc. operationalisiert und Erwartungen formuliert.

In der Phase der *Datenorganisation und -gewinnung* wurden die Kriterien der Berufsleistung von Experten beurteilt. Auf dieser Grundlage konnten die endgültigen Parameter operationalisiert sowie die Datenstruktur (Art, Qualität, Umfang, Abfolge) festgelegt werden. Es folgte die Ausarbeitung des Datenerhebungsplans und der Erhebungsinstrumente sowie die Vorbereitung der Datenorganisation, -eingabe und -verwertung. Neben

Leistungsbeurteilungen ehemaliger PA-Teilnehmer wurden für verbreitungsbezogene sowie Akzeptanz- und Praktikabilitätsanalysen Einschätzungen von derzeitigen Teilnehmern und Assessoren erhoben.

In der *Auswertungsphase* fanden zunächst mit einer Teilstichprobe Erprobungsanalysen statt. Die Verfahrensqualität wurde unter Anwendung der vorher festgelegten statistischen Modelle und Verfahren geprüft. Neben der Validierung der bestehenden Verfahren wurden über Kreuzvalidierung die optimalen Gewichtungs- und Verrechnungsalgorithmen ermittelt sowie der monetäre Nutzen der Verfahren bestimmt.

In der *Interpretationsphase* wurde die prädiktive Validität von PA2 und PA3 zunächst für die Erprobungsstichprobe und dann für die Validierungsstichprobe berechnet. Daneben wurden die soziale Validität und die Praktikabilität der Verfahrenselemente, der Durchführung und der Ergebniskommunikation beurteilt sowie der monetäre Nutzen interpretiert, den der Einsatz der PA-Verfahren bietet. Aus den Ergebnissen wurden dann Optimierungsmöglichkeiten der Potenzialanalysen hinsichtlich Einzelverfahren, Verfahrenszusammensetzung und Verfahrensablauf sowie der Gewichtungs- und Verrechnungsalgorithmen abgeleitet.

In der *Umsetzungsphase* wurden Vorschläge für mögliche Veränderungen von Einzelverfahren ausgearbeitet, für Kürzungen oder Ergänzungen sowie zur Erhöhung des Standardisierungsgrades (speziell der interaktiven Aufgaben), für eine Verbesserung des Feedbacks an die Teilnehmer und eine verbesserte Zuordnung von Maßnahmen der Personalentwicklung zu den Verfahrensergebnissen. Zudem wurden Empfehlungen für die Optimierung der Gewichtungen der Einzelverfahren und der Dimensionen, eine Neunormierung der PA2- und PA3-Verfahren, eine Erhöhung des Informationsgehalts der Verfahren für die Teilnehmer und die verbesserte Darstellung der Verfahren in der Sparkassenöffentlichkeit durch eine Nutzerfibel gegeben.

In der *Optimierungsphase* wurden die Änderungsvorschläge der Umsetzungsphase umgesetzt, zudem mussten Teilnehmer- und Assessorenmaterialien verändert und Auswertungssyntaxen angepasst werden. Durch Befragung von Teilnehmern und Assessoren, die die optimierten Verfahren durchlaufen hatten, wurde die soziale Validität geprüft.

Vorstudie zur Erfassung der Kriterien der Berufsleistung

Entsprechend dem trimodalen Ansatz der Personalpsychologie können auch die Kriterien über die drei diagnostischen Ebenen ermittelt werden. Für die Evaluation werden Verhaltens-, Eigenschafts- und Ergebniskriterien aufgestellt.

Um alle Merkmale zu erfassen, die die Berufsleistung ausmachen, wurde eine Liste von Kriterien zusammengestellt und Personalexperten verschiedener Institute der Sparkassen-Finanzgruppe vorgelegt. Zielsetzungen waren die Bewertung vorgegebener Kriterien aus Sicht der Personalexperten vor Ort, die Ermittlung zusätzlicher (bisher unberücksichtigter) Kriterien, Information über das Evaluationsprojekt sowie höheres Commitment für die Teilnahme des Instituts am Evaluationsprojekt.

Bei der Kriterienbewertung hatten die Personalexperten zu jedem vorgegebenen Kriterium folgende drei Fragen zu beantworten:
1. Wie aussagekräftig ist dieses Kriterium für den Berufserfolg?
2. Wie gut lässt sich dieses Kriterium erheben?
3. Wie lässt sich dieses Kriterium konkret in Ihrem Haus erheben?

Die erste Frage zielt auf die Validität ab, die zweite Frage auf die Praktikabilität. Diese beiden Fragen hatten einen geschlossenen Antwortmodus (5-stufig von (1) „überhaupt nicht" bis (5) „sehr"), die dritte Frage war frei zu beantworten.

An dieser Kriterienbewertung nahmen Personalverantwortliche aus 56 Instituten teil, die annähernd repräsentativ für die deutsche Sparkassenorganisation waren. In Tabelle 1 ist die Bewertung der vorgegebenen Kriterien durch die Personalverantwortlichen dargestellt. Insgesamt zeigt sich, dass sämtliche Kriterien als für den Berufserfolg wichtig bzw. zumindest als durchschnittlich wichtig (Median = 3) eingeschätzt werden. Die Operationalisierung dieser Kriterien wird dagegen unterschiedlich bewertet. Zusätzliche Kriterien wurden jeweils nur einmal genannt und konnten überwiegend durch die Dimensionen der Leistungsbeurteilungsverfahren abgebildet werden. In die Evaluation zusätzlich aufgenommen wurden der Wunsch, Karriere zu machen, und die Potenzialeinschätzung des Mitarbeiters durch die Führungskraft.

Kriterien der Berufsleistung

Aus der Vorstudie zur Kriterienerhebung wurden die Erhebungsinstrumente abgeleitet. Da die Potenzialanalyseverfahren alle drei eignungsdiagnostischen Ansätze umfassen, wurde auch die Leistungsbeurteilung über Verhaltens-, Eigenschafts- und Ergebniskriterien erhoben. In Anlehnung an die Metaanalyse von Thornton, Gaugler, Rosenthal und Bentson (1987 und in diesem Band) wurden neben der Leistungsbeurteilung die Kriterien Potenzialeinschätzung, Weiterbildungsergebnisse (Training) und Karriere erhoben.

1. Leistungsbeurteilung:

Verhaltenskriterien. Als Verhaltenskriterien waren in Anlehnung an das Leistungsbeurteilungssystem MLB-Multimodal Verhaltensweisen des Mitarbeiters (MA) auf einer 7-stufigen Skala von der Führungskraft einzustufen. Dabei ist jede Beurteilungsdimension mit mindestens 2 Items repräsentiert. Für MA im Markt wurde das höhere Gewicht der Dimension „Kundenorientierung/verkäuferische Fähigkeiten" über eine höhere Anzahl von Items gewährleistet. An dieser Stelle wird jeweils nur ein Beispielitem pro Dimension genannt:

– *Kundenorientierung/verkäuferische Fähigkeiten (nur für MA im Marktbereich):* Der MA stellt dem Kunden die Produkte so überzeugend dar, dass es zu einem Vertragsabschluss kommt.
– *Interne Kundenorientierung:* Der MA geht auf den individuellen Bedarf seines Gesprächspartners ein.
– *Kooperation und Teamfähigkeit:* Der MA bietet seine Hilfe an, wenn ein Kollege unter Zeitdruck einen Arbeitsvorgang durchführen muss.
– *Planung und Organisation:* Der MA setzt in seinen Aufgaben Prioritäten.
– *Fachkompetenz:* Die Fachkenntnisse des MA sind immer auf dem neuesten Stand.
– *Qualitätsorientierung:* Der MA zeigt ein gleichbleibend hohes Leistungsniveau über lange Zeitperioden hinweg.
– *Soziale Belastbarkeit:* Der MA zeigt sich für berechtigte Kritik zugänglich.
– *Initiative und Erfolgsorientierung:* Der MA erklärt sich immer wieder bereit, sich mit herausfordernden Tätigkeiten zu befassen.

Tabelle 1: Bewertung der Kriterien des Berufserfolgs durch Personalexperten

Kriterium	Aussagekraft für Berufserfolg	Operationalisierbarkeit
Leistungsbeurteilung durch die Führungskraft	4,18 (4)	4,02 (4)
Verkaufszahlen (Stückzahlen, Volumen, Deckungsbeitrag)	4,16 (4)	4,14 (4)
Zielerreichung	4,16 (4)	3,87 (4)
Führungsfähigkeit (z. B. Zufriedenheit der MA, Motivation der Gruppe)	4,14 (4)	2,68 (3)
Indikatoren der Arbeits-, Leistungs- und Berufszufriedenheit	4,05 (4)	2,91 (3)
Verhältnis Beratungstermine zu getätigten Abschlüssen	3,98 (4)	3,05 (3)
Erfüllung Ertragsziele	3,89 (4)	3,55 (4)
Qualifikationsindizierende Fördermaßnahmen (z. B. spezielle Weiterbildung)	3,80 (4)	3,57 (4)
Erwirtschaften von Provisionserlösen	3,61 (4)	3,96 (4)
Konkrete Arbeits- oder Marktergebnisse	3,61 (4)	2,77 (3)
Beitrag zu Projekterfolgen	3,53 (4)	2,44 (2)
Ausbildungs- und Trainingsergebnisse	3,48 (4)	3,78 (4)
Einhalten von Qualitätsstandards	3,47 (4)	2,62 (3)
Deckungsbeitrag/Kostensenkung	3,47 (3)	3,35 (4)
Ertragszuwachs	3,45 (4)	3,05 (3)
Andere Kennziffern (Cross-Selling-Quote/Marktanteile/Strukturzahlen)	3,42 (4)	3,00 (3)
Allgemeines Wohlbefinden	3,36 (4)	2,20 (2)
Leistungen der zugeordneten Mitarbeiter (bei Führungskräften)	3,33 (4)	2,71 (3)
Selbsteinschätzung der eigenen Leistung	3,13 (3)	3,25 (3)
Anzahl von Kontakten/Terminen	3,13 (3)	3,00 (3)
Karriereindikatoren – Beförderungen – Potenzielle Aufstiegsmöglichkeiten – Vergütungsstufe/Jahresbrutto – derzeitige Position – Anzahl der unterstellten Mitarbeiter	 3,38 (4) 3,07 (3) 3,05 (3) 2,82 (3) 2,52 (3)	 3,93 (5) 4,11 (5) 4,20 (5) 3,60 (4) 2,53 (3)
Beurteilung durch unterstellte Mitarbeiter (bei Führungskräften)	3,07 (3)	2,89 (3)
Fehlerquote (bei Formularen, Dokumentationen, Schriftverkehr)	2,96 (3)	2,20 (2)
Bearbeitungszeiten	2,95 (3)	2,34 (2)
Zahl konkreter Qualitätsverbesserungen	2,84 (3)	2,35 (2)
Budgetverantwortung	2,68 (3)	3,39 (4)
Zahl umsetzbarer Verbesserungsvorschläge	2,67 (3)	3,25 (3)
Einmalzahlungen	2,58 (3)	3,62 (4)
Fluktuation	2,50 (3)	3,00 (3)

Anmerkungen: Angegeben sind die Mittelwerte und in Klammern die Mediane; N = 56.

Für MA mit Führungsaufgaben zusätzlich:
- *Mitarbeiterorientierung:* Die Führungskraft führt regelmäßige Mitarbeitergespräche durch.
- *Leistungsförderung:* Die Führungskraft motiviert ihre Mitarbeiter, die für die Zukunft gesteckten Ziele zu erreichen.
- *Steuerung und Koordination:* Die Führungskraft sorgt durch konsequente Informationsweiterleitung für reibungslose Arbeitsabläufe.

Eigenschaftskriterien. Hierzu schätzte die Führungskraft folgende Eigenschaften des Mitarbeiters auf einer Prozentrangskala ein (Basis: Anforderungsdimensionen, das Beurteilungssystem MLB-Multimodal, Leistungsbeurteilungssystem für Auszubildende MLB-Junior): (interne) Kundenorientierung/verkäuferische Fähigkeiten, Kooperation und Teamfähigkeit, Planung und Organisation, Fachkompetenz, Qualitätsorientierung, soziale Belastbarkeit, Initiative und Erfolgsorientierung, Lernbereitschaft, Auftreten und Umgangsformen sowie Vertrauenswürdigkeit; zusätzlich für Mitarbeiter mit Führungsaufgaben: Mitarbeiterorientierung, Leistungsförderung, Steuerung und Koordination und die Gesamt-Führungskompetenz.

Ergebniskriterien. Die Führungskraft schätzte folgende Ergebnisse des Mitarbeiters auf einer Prozentrangskala ein: positiver Beitrag zur Zielerreichung, positiver Beitrag zum Ergebnis der Organisationseinheit (z. B. Geschäftsstelle, Abteilung), positiver Beitrag zum Betriebsklima, Verbesserungsvorschläge, Umsetzung von Verbesserungsvorschlägen; zusätzlich für den Marktbereich: positiver Beitrag zur Höhe des Bestands, positiver Beitrag zur Neugeschäftsgenerierung und positiver Beitrag zur Erhöhung des Deckungsbeitrags.

Da alle drei Beurteilungen hoch korreliert sind, wurde aus ihnen nach z-Standardisierung der Mittelwert gebildet.

2. Potenzialeinschätzung

Das Potenzial der MA wurde operationalisiert über die nach Einschätzung der Führungskraft noch erreichbare BAT-Stufe des MA und die Beurteilung bzgl. des Items „Der MA wird es in unserer Organisation noch weit bringen". Nach z-Standardisierung wurde der Mittelwert beider Items berechnet.

3. Weiterbildungsergebnisse

Es wurde der Mittelwert aus den Ergebnissen des Aufbaulehrgangs/Kundenberaterlehrgangs mit Abschluss Bankfachwirt und des Fachlehrgangs Bankbetriebswirt erhoben.

4. Karriere

Karriereindizes wurden nur für Personen bestimmt, deren Teilnahme am PA-Verfahren mindestens drei Jahre zurücklag, um überhaupt die Karrieremöglichkeit zu gewährleisten. Das Kriterium „Karriere" umfasst die derzeitige BAT-Stufe, die Gehaltserhöhung seit Teilnahme am PA-Verfahren und für Mitarbeiter mit Führungsaufgaben die Anzahl der unterstellten Mitarbeiter. Es wurde der Mittelwert aus den z-standardisierten Variablen berechnet.

Das Gesamtleistungskriterium setzt sich aus dem Mittelwert der vier z-standardisierten Einzelkriterien zusammen. Zur besseren Vergleichbarkeit mit den Ergebnissen in den Potenzialanalyseverfahren wurde der Wert in eine T-Skala (Mittelwert (M) = 50, Streuung/Standardabweichung (SD) = 10) transformiert.

11.4 Evaluation des Potenzialanalyseverfahrens „nach Bankkaufmann" (PA2)

Durchführung und Stichprobe

An Institute der Sparkassen-Finanzgruppe, aus denen bis zum Mai 2002 mindestens 10 Teilnehmer am PA-Verfahren teilnahmen, wurden zunächst Informationsschreiben verschickt, die das Evaluationsprojekt ankündigten und Sinn und Bedeutung dieses Projekts hervorhoben.

Für jeden dieser ehemaligen PA-Teilnehmer war die derzeitige Berufsleistung durch die Führungskraft zu beurteilen. In die Evaluation von PA2 gingen 798 Fremdbeurteilungen ein. Die Stichprobe kann als repräsentativ für die Grundgesamtheit des Deutschen Sparkassen- und Giroverbands betrachtet werden.

752 Mitarbeiter haben die Form A des PA2-Verfahrens bearbeitet, 46 die später eingeführte Form B. Das durchschnittliche Alter bei PA2-Teilnahme liegt bei 23 Jahren. Die Beurteilung fand durchschnittlich 3 Jahre später statt, so dass die ehemaligen PA2-Teilnehmer dann durchschnittlich 26 Jahre alt waren. Insgesamt wurden 486 Frauen und 312 Männer von ihrer Führungskraft beurteilt. Dieses Geschlechterverhältnis von 61 : 39 entspricht dem Verhältnis aller PA2-Teilnehmer. 2.872 Frauen (61 %) und 1.810 Männer (39 %) nahmen bis zum Mai 2002 am PA2-Verfahren teil.

Auch der höchste Schulabschluss und der Ausbildungsabschluss der Beurteilten entspricht dem aller PA2-Teilnehmer: 96 % sind Bankkaufleute, wobei die meisten Teilnehmer Abitur (55 %) oder die mittlere Reife haben (32 %). Einen Berufsfachschulabschluss und die Fachhochschulreife besitzen jeweils ca. 6 %, fast niemand hat dagegen einen Hauptschulabschluss; 1 % sind z. B. Studienabbrecher.

Zum Evaluationszeitpunkt sind 546 der beurteilten Personen im Markt beschäftigt, 139 im Stabsbereich und 113 im Betriebsbereich.

Ergebnisse

Funktionsfeldzuordnung

Da sich die Eignungsprognosen des PA-Verfahrens für die Funktionsbereiche Markt, Stab und Betrieb aus den gleichen Aufgaben – mit jeweils unterschiedlichen Gewichtungen der Anforderungsdimensionen – ableiten, ist bei der Funktionsfeldzuordnung besonders das durch das PA-Verfahren erhobene Interesse zu berücksichtigen. Die Interessen unterscheiden sich insbesondere zwischen Tätigkeiten mit direktem Kundenkontakt (Markt) und Back-Office-Tätigkeiten (Stab und Betrieb). Bezüglich der Funktionsfeldzuordnung Stab und Betrieb ist neben dem Interesse die Leistung im PA-Verfahren das wesentliche Kriterium der Funktionsfeldzuordnung. Wie Leistung im PA2-Verfahren und Interesse

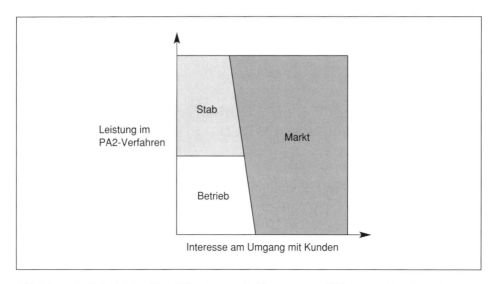

Abbildung 1: Beispiel für Klassifikationsentscheidungen ausgebildeter Bankkaufleute bei zwei Prädiktoren

am Umgang mit Kunden einander kompensieren können bzw. zu welcher Funktionsfeldentscheidung sie führen, ist in Abbildung 1 dargestellt.

Höhere Leistung ist im Stabsbereich – aufgrund der komplexen Tätigkeitsanforderungen – erforderlich. Die Anforderungen an Betriebsmitarbeiter sind dagegen weniger hoch. Dadurch erklären sich die niedrigen Eignungswerte für die Betriebsmitarbeiter. Da das PA2-Verfahren ein Klassifikations- und kein Selektionsverfahren ist und die Eignungs- und Interessenwerte an allen Teilnehmern normiert wurden (T-Skala), muss die Hälfte der Personen Leistungen unter 50 Punkten erreichen – wodurch auch die Funktionsfeldzuordnung der Betriebsmitarbeiter trotz unterdurchschnittlichem T-Wert als angemessen angesehen werden kann. In Abbildung 2 sind für die Mitarbeiter in ihrem derzeitigen Einsatzbereich die Leistungs- und Interessenwerte angegeben, die sie im PA2-Verfahren erbracht haben. Insgesamt kann die Zuordnung zu den Funktionsbereichen aufgrund der PA2-Ergebnisse als passend angesehen werden. Personen mit hohem Marktinteresse und hoher Markteignung sind dem Marktbereich zugeordnet worden, Personen mit sehr niedrigem Marktinteresse und hoher Stabseignung dem Stabsbereich und Personen mit ebenfalls niedrigem Marktinteresse bei gleichzeitigem Betriebsinteresse – bei niedrigem Leistungsniveau – dem Betriebsbereich.

Die Führungskräfte wurden zusätzlich danach gefragt, für welches Funktionsfeld die Mitarbeiter unabhängig von ihrem jetzigen Einsatzfeld am besten geeignet sind. Als richtig eingesetzt sehen die Führungskräfte 90 % der Mitarbeiter im Marktbereich, 78 % im Stabsbereich und nur 60 % der Mitarbeiter im Betriebsbereich.

Da es Ziel der Sparkassen-Finanzgruppe ist, möglichst viele Mitarbeiter für den Marktbereich zu qualifizieren, ist es wichtig, möglichst alle im PA2-Verfahren als marktgeeignet diagnostizierten auch als Marktmitarbeiter einzusetzen. Die Werte der Tabelle 2

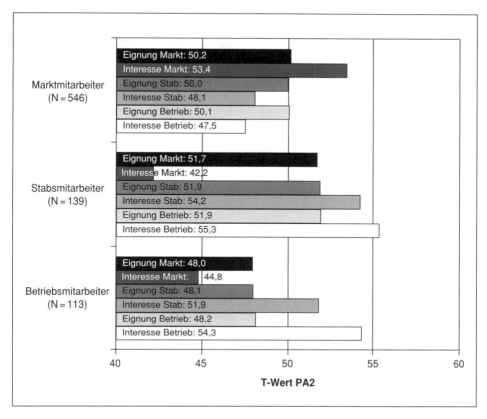

Abbildung 2: Leistung und Interesse im PA2-Verfahren für derzeitige Markt-, Stabs- und Betriebsmitarbeiter

zeigen, dass das PA2-Verfahren im Mittel die Eignungsaussage ergeben hat, die Führungskräfte durchschnittlich 3 Jahre nach PA-Teilnahme auch geben. Dies ist ein bedeutsamer Hinweis auf die prognostische Validität. Die meisten „stillen Reserven" für den Marktbereich sind im Betriebsbereich zu finden: 21 % der Betriebsmitarbeiter wären im Markbereich besser eingesetzt. Diese Einschätzung entspricht dem PA2-Ergebnis. Dass die Personen nicht im Marktbereich eingesetzt wurden, liegt möglicherweise an dem wenig ausgeprägten Interessenprofil. Aufgrund ihrer Fähigkeiten sind diese Mitarbeiter allerdings im Betriebsbereich unterfordert. Mitarbeiter, die im umgekehrten Fall derzeit im Markt beschäftig sind und nach Einschätzung der Führungskraft besser im Betriebsbereich eingesetzt wären, zeigen unterdurchschnittliche Leistungswerte – was typisch für Betriebsmitarbeiter ist – und ein flaches Interessenprofil, wobei das stärkste Interesse im Betriebsbereich liegt. Daher ist die Funktionsfeldempfehlung des PA2-Verfahrens „Betrieb" gewesen – übereinstimmend mit der späteren Einschätzung der Führungskraft. Die Stabsmitarbeiter, die nach Einschätzung der Führungskraft im Markt am besten eingesetzt wären, zeigten im PA2-Verfahren auch eine überdurchschnittliche

Tabelle 2: Bester Einsatzort des Mitarbeiters (Beurteilung durch die Führungskraft)

bestes Funktionsfeld	N	Eignung (T-Wert PA2)			Interesse (T-Wert PA2)		
		Markt	Stab	Betrieb	Markt	Stab	Betrieb
Derzeitiges Funktionsfeld des Mitarbeiters: **Markt** *(N = 530)*							
Betrieb	27 (5 %)	46	46	47	49	50	51
Stab	27 (5 %)	52	52	52	48	51	51
keine Veränderung	476 (90 %)	50	50	50	54	48	47
Derzeitiges Funktionsfeld des Mitarbeiters: **Stab** *(N = 106)*							
Betrieb	8 (8 %)	49	48	49	45	48	57
keine Veränderung	83 (78 %)	52	52	52	41	55	55
Markt	15 (14 %)	54	54	53	42	54	56
Derzeitiges Funktionsfeld des Mitarbeiters: **Betrieb** *(N = 87)*							
keine Veränderung	52 (60 %)	46	47	47	45	50	56
Stab	17 (19 %)	47	47	47	44	53	54
Markt	18 (21 %)	55	54	54	48	53	50

Markteignung, allerdings mit nur geringem Marktinteresse. Für Stabsmitarbeiter, die nach Einschätzung ihrer Führungskraft eher im Betrieb eingesetzt werden sollen, ist die PA2-Diagnose auch zu diesem Ergebnis gekommen.

Vorhersage der Leistungsbeurteilung durch die Führungskraft

Durch die Ergebnisse zur Funktionsfeldzuordnung zeigte sich, dass die Mitarbeiter weitgehend richtig platziert wurden. Im Folgenden wird innerhalb der drei Gruppen Markt, Stab und Betrieb berechnet, wie gut die Leistung der Mitarbeiter, beurteilt durch die Führungskraft, durch das PA2-Ergebnis vorhergesagt werden kann. Dadurch, dass diese Gruppe nur aus Mitarbeitern besteht, die aufgrund ihrer besonderen Eignung dort platziert sind, kann der Zusammenhang durch die Vorselektion unterschätzt werden. (Über eine Streuungskorrektur könnte dieser Fehlereinfluss reduziert werden.) Ein anderer Fehlereinfluss ist darin zu sehen, dass die Leistungsbeurteilung durch die Führungskraft nicht vollständig reliabel gemessen werden kann. Nachdem für die Leistungsbeurteilung der Sparkassenorganisation kein Reliabilitätswert vorliegt, wird für die rechnerische Korrektur (einfache Attenuationskorrektur) der in der Literatur empfohlene Wert von

.60 (vgl. Schuler & Marcus, 2004) verwendet. Dieser Wert entspricht etwa der Korrektur, die von Thornton et al. (1987; .61) für die Leistungsbeurteilung und die Potenzialeinschätzung verwendet wird. Die von Hardison und Sackett (in diesem Band) verwendete Reliabilität von .52 für die Arbeitsleistung wird für diese Studie als zu gering angesehen (wodurch sich eine konservativere Schätzung der Validierungswerte ergibt). Für die weiteren Kriterien stellen die Angaben von Hardison und Sackett brauchbare Reliabilitäten dar und werden zur besseren Vergleichbarkeit der Ergebnisse auch verwendet. So wird die Reliabilität der Weiterbildungsergebnisse mit .79, die der Karriere mit 1 und die der Gesamtleistung mit .74 angenommen. Wie Hardison und Sackett verzichteten auch wir auf eine Streuungskorrektur.

Vorhersage der Leistung im Marktbereich
In die Leistungsbeurteilung gingen die unter 11.3.2 beschrieben Verhaltens-, Eigenschafts- und Ergebniskriterien ein. Der Zusammenhang zwischen PA2-Ergebnis für die Markteignung und der Berufsleistung der Personen, die derzeit im Marktbereich beschäftigt sind (N=546), beträgt .44. Wird diese Korrelation um den Messfehler im Kriterium bereinigt (Rel. .74), erhöht sich die Korrelation auf .51. Nach der Optimierung der Verfahren (Reduktion aufgrund niedriger inkrementeller und sozialer Validität (vgl. S. 224 ff.) und Optimierung der Gewichtungen durch Kreuzvalidierung) erhöht sich die Validität auf .45 (korr. .52). Für die einzelnen Leistungskriterien und PA2-Aufgaben sind die Zusammenhänge mit dem PA2-Ergebnis in Tabelle 3 dargestellt.

Vorhersage der Leistung im Stabsbereich
Das PA2-Ergebnis kann die Leistung der Mitarbeiter im Stabsbereich noch besser vorhersagen als für die Mitarbeiter im Marktbereich. Der Zusammenhang zwischen PA2-Ergebnis für die Stabseignung und der Gesamtberufsleistung der Personen, die derzeit im Stabsbereich beschäftigt sind (N=139), beträgt .49 (korr. .57) – nach Optimierung sogar .50 (korr. .58). Für die einzelnen Leistungskriterien und PA2-Aufgaben sind die Zusammenhänge in Tabelle 4 dargestellt.

Vorhersage der Leistung im Betriebsbereich
Die Leistung der Mitarbeiter, die derzeit im Betrieb tätig sind, kann zu .46 (korr. .53) vorhergesagt werden. Durch Verfahrensoptimierung erhöht sich die Korrelation auf .51 (korr. 59). Dieser Zugewinn ist vor allem darauf zurückzuführen, dass in der ursprünglichen Gewichtung die Aufgaben zur Diagnose der kognitiven Fähigkeiten keine Berücksichtigung fanden. Aber auch bei weniger komplexen Tätigkeiten haben kognitive Fähigkeiten Prognosekraft (r=.30, siehe Tab. 5).

Tabelle 3: Zusammenhang der PA2-Ergebnisse mit der Berufsleistung von Mitarbeitern im Marktbereich

	Gesamt-leistung	Leistungs-beurtei-lung	Potenzial-einschät-zung	Weiter-bildungs-ergebnisse	Karriere
N	546	541	526	140	278
Gruppendiskussion	.25 (.29)	.19 (.25)	.25 (.32)	.00 (.00)	.22
Interview	.31 (.36)	.24 (.31)	.27 (.35)	.24 (.27)	.28
Interview (biografische Fragen)	.26 (.30)	.22 (.28)	.22 (.28)	.11 (.12)	.21
Interview (situative Fragen)	.29 (.34)	.21 (.27)	.26 (.34)	.31 (.35)	.29
Kundengespräch	.28 (.33)	.25 (.32)	.25 (.32)	.07 (.08)	.15
Protokollaufgabe (entfällt nach Optimierung)	.11 (.13)	.09 (.12)	.10 (.13)	.16 (.18)	.03
Kurzvortrag	.32 (.37)	.25 (.32)	.26 (.34)	.32 (.36)	.26
Einwandbegegnung	.31 (.36)	.23 (.30)	.26 (.34)	.23 (.26)	.29
Planungsaufgabe	.14 (.16)	.09 (.12)	.17 (.22)	.12 (.14)	.09
Fallbearbeitung	.18 (.21)	.16 (.21)	.19 (.25)	.24 (.27)	.10
Kognitive Fähigkeiten	.26 (.30)	.20 (.26)	.29 (.37)	.25 (.28)	.13
Konzentration	.16 (.19)	.10 (.13)	.18 (.23)	.32 (.36)	.05
Konzentration (nach Optimierung entfällt eine Konzentrationsaufgabe)	.11 (.13)	.07 (.09)	.14 (.18)	.22 (.25)	.01
Eignung Markt	**.44 (.51)**	**.34 (.44)**	**.41 (.53)**	**.42 (.47)**	**.32**
Eignung Markt (nach Optimierung)	**.45 (.52)**	**.35 (.45)**	**.42 (.54)**	**.39 (.44)**	**.33**
Selbstbeurteilung Markt (aus PA-Verfahren, gewichtet)	.15 (.17)	.14 (.18)	.18 (.23)	−.08 (−.09)	.18
Interesse Markt	.10 (.12)	.10 (.13)	.04 (.05)	.00 (.00)	.19

Anmerkungen: in Klammern die um den Messfehler im Kriterium korrigierten Werte: Reliabilität Gesamtleistung = .74, Rel. Leistungsbeurteilung und Potenzialeinschätzung = .60, Rel. Weiterbildungsergebnisse = .79, Rel. Karriere = 1 (daher keine Korrektur); Signifikanzgrenzen (einseitige Testung): für Gesamtleistung $p < .001$ ab .13; $p < .01$ ab .10; $p < .05$ ab .08; für Leistungsbeurteilung $p < .001$ ab .14; $p < .01$ ab .10; $p < .05$ ab .08; für Potenzialeinschätzung $p < .001$ ab .14; $p < .01$ ab .11; $p < .05$ ab .08; für Weiterbildungsergebnisse $p < .001$ ab .26; $p < .01$ ab .20; $p < .05$ ab .14; für Karriere $p < .001$ ab .19; $p < .01$ ab .14; $p < .05$ ab .10.

Tabelle 4: Zusammenhang der PA2-Ergebnisse mit der Berufsleistung von Mitarbeitern im Stabsbereich

	Gesamt-leistung	Leistungs-beurteilung	Potenzial-einschätzung	Weiter-bildungs-ergebnisse	Karriere
N	139	136	131	43	91
Gruppendiskussion	.27 (.31)	.21 (.27)	.26 (.34)	.00 (.00)	.24
Interview	.34 (.40)	.24 (.31)	.35 (.45)	.05 (.06)	.25
Interview (biografische Fragen)	.32 (.37)	.21 (.27)	.33 (.43)	.05 (.06)	.27
Interview (situative Fragen)	.27 (.31)	.20 (.26)	.29 (.37)	.03 (.03)	.18
Kundengespräch	.21 (.24)	.14 (.18)	.29 (.37)	−.09 (−.10)	.13
Protokollaufgabe (entfällt nach Optimierung)	.09 (.10)	.09 (.12)	.08 (.10)	−.02 (−.02)	.04
Kurzvortrag	.35 (.41)	.26 (.34)	.35 (.45)	.04 (.05)	.34
Einwandbegegnung	.32 (.37)	.24 (.31)	.37 (.48)	−.18 (−.20)	.27
Planungsaufgabe	.16 (.19)	.00 (.00)	.21 (.27)	.03 (.03)	.04
Fallbearbeitung	.17 (.20)	.07 (.09)	.20 (.26)	.17 (.19)	.08
Kognitive Fähigkeiten	.32 (.37)	.26 (.34)	.28 (.36)	.37 (.42)	.17
Konzentration	.21 (.24)	.16 (.21)	.17 (.22)	.32 (.36)	.19
Konzentration (nach Optimierung)	.23 (.27)	.09 (.12)	.21 (.27)	.31 (.35)	.27
Eignung Stab (gewichtetes Gesamt-PA-Verfahren)	**.49 (.57)**	**.33 (.43)**	**.42 (.54)**	**.25 (.28)**	**.37**
Eignung Stab (nach Optimierung)	**.50 (.58)**	**.35 (.45)**	**.51 (.66)**	**.22 (.25)**	**.39**
Selbstbeurteilung Stab (aus PA-Verfahren, gewichtet)	.19 (.22)	.12 (.15)	.22 (.28)	.03 (.03)	.11
Interesse Stab	.36 (.42)	.20 (.26)	.32 (.41)	.38 (.43)	.33

Anmerkungen: in Klammern die um den Messfehler im Kriterium korrigierten Werte: Reliabilität Gesamtleistung = .74, Rel. Leistungsbeurteilung und Potenzialeinschätzung = .60, Rel. Weiterbildungsergebnisse = .79, Rel. Karriere = 1 (daher keine Korrektur); Signifikanzgrenzen (einseitige Testung): für Gesamtleistung $p < .001$ ab .26; $p < .01$ ab .20; $p < .05$ ab .14; für Leistungsbeurteilung $p < .001$ ab .26; $p < .01$ ab .20; $p < .05$ ab .15; für Potenzialeinschätzung $p < .001$ ab .27; $p < .01$ ab .21; $p < .05$ ab .15; für Weiterbildungsergebnisse $p < .001$ ab .44; $p < .01$ ab .35; $p < .05$ ab .25; für Karriere $p < .001$ ab .32; $p < .01$ ab .24; $p < .05$ ab .18.

Tabelle 5: Zusammenhang der PA2-Ergebnisse mit der Berufsleistung von Mitarbeitern im Betriebsbereich

	Gesamt-leistung	Leistungs-beurteilung	Potenzial-einschätzung	Weiter-bildungs-ergebnisse	Karriere
N	113	112	106	23	70
Gruppendiskussion	.28 (.33)	.25 (.32)	.34 (.44)	.25 (.28)	.13
Interview	.31 (.36)	.25 (.32)	.36 (.46)	.23 (.26)	.07
Interview (biografische Fragen)	.28 (.33)	.20 (.26)	.34 (.44)	.02 (.02)	.13
Interview (situative Fragen)	.27 (.31)	.23 (.30)	.28 (.36)	.34 (.38)	−.01
Kundengespräch	.29 (.34)	.21 (.27)	.38 (.49)	.43 (.48)	−.02
Protokollaufgabe (entfällt nach Optimierung)	.00 (.00)	.12 (.15)	.06 (.08)	−.32 (−.36)	−.13
Kurzvortrag	.32 (.37)	.21 (.27)	.34 (.44)	.63 (.71)	.24
Einwandbegegnung	.34 (.40)	.24 (.31)	.40 (.52)	.60 (.68)	.30
Planungsaufgabe	.20 (.23)	.21 (.27)	.23 (.30)	.09 (.10)	.00
Fallbearbeitung	.09 (.10)	.10 (.13)	.13 (.17)	.36 (.41)	.05
Kognitive Fähigkeiten	.30 (.35)	.30 (.39)	.37 (.48)	.27 (.30)	.14
Konzentration	.24 (.28)	.19 (.25)	.19 (.25)	.21 (.24)	.31
Konzentration (nach Optimierung)	.18 (.21)	.14 (.18)	.15 (.19)	.13 (.15)	.23
Eignung Betrieb (gewichtetes Gesamt-PA-Verfahren)	**.46 (.53)**	**.41 (.53)**	**.52 (.67)**	**.48 (.54)**	**.23**
Eignung Betrieb (nach Optimierung)	**.51 (.59)**	**.42 (.54)**	**.57 (.74)**	**.61 (.69)**	**.28**
Selbstbeurteilung Betrieb (aus PA-Verfahren, gewichtet)	.16 (.19)	.13 (.17)	.11 (.14)	−.09 (.10)	.31
Interesse Betrieb	−.17 (−.20)	−.09 (−.12)	−.16 (−.21)	−.16 (−.18)	−.11

Anmerkungen: in Klammern die um den Messfehler im Kriterium korrigierten Werte: Reliabilität Gesamtleistung = .74, Rel. Leistungsbeurteilung und Potenzialeinschätzung = .60, Reliabilität Weiterbildungsergebnisse = .79, Rel. Karriere = 1 (daher keine Korrektur); Signifikanzgrenzen (einseitige Testung): für Gesamtleistung und Leistungsbeurteilung $p < .001$ ab .29; $p < .01$ ab .22; $p < .05$ ab .16; für Potenzialeinschätzung $p < .001$ ab .30; $p < .01$ ab .23; $p < .05$ ab .16; für Weiterbildungsergebnisse $p < .001$ ab .56; $p < .01$ ab .46; $p < .05$ ab .34; für Karriere $p < .001$ ab .36; $p < .01$ ab .28; $p < .05$ ab .20.

11.5 Evaluation des Potenzialanalyseverfahrens „Führung/komplexe Beratung" (PA3)

Durchführung und Stichprobe

Die Durchführung der Evaluation des PA3-Verfahrens entspricht der Durchführung der Evaluation des PA2-Verfahrens (vgl. Abschnitt 11.4.1), da die Daten beider Studien zusammen erhoben wurden.

In die Evaluation von PA3 gingen 687 Leistungsbeurteilungen ein. Die Stichprobe verteilt sich annähernd repräsentativ über die Regionalverbände. 629 Mitarbeiter haben die Form A des PA3-Verfahrens bearbeitet und 58 die Form B (erst im Jahr 2000 entwickelt).

Das durchschnittliche Alter bei PA3-Teilnahme lag für die Stichprobe bei 28 Jahren. Die Beurteilung fand durchschnittlich 3 Jahre später statt, so dass die ehemaligen PA3-Teilnehmer dann durchschnittlich 31 Jahre alt waren. Insgesamt wurden 274 Frauen und 413 Männer von ihrer Führungskraft beurteilt. Dieses Geschlechterverhältnis von jeweils 40:60 entspricht annähernd dem Verhältnis aller PA3-Teilnehmer. 1.633 Frauen (42 %) und 2.274 Männer (58 %) nahmen bis zum Mai 2002 am PA3-Verfahren teil.

Auch bezüglich des höchsten Schulabschlusses und hinsichtlich der Ausbildungsabschlüsse der Teilnehmer entsprechen sich die prozentualen Verteilungen von Evaluationsstichprobe und Gesamtgruppe, so dass die Stichprobe repräsentativ für die PA3-Teilnehmer ist. Zum Evaluationszeitpunkt waren 85 (12 %) im Betriebsbereich beschäftigt, 176 (26 %) im Stabsbereich und 424 (62 %) im Marktbereich, wobei 253 (37 %) in der Privatkundenberatung tätig waren und 173 (25 %) in der komplexen Beratung.

Von den beurteilten ehemaligen PA3-Teilnehmern hatten 210 (31 %) Personen Führungsaufgaben und 477 (69 %) keine Führungsaufgaben. Erst nach der PA3-Teilnahme (als mögliche Konsequenz der PA3-Empfehlung) nahmen 142 Personen Führungsaufgaben wahr, 58 waren schon zum PA3-Termin mit Führungsaufgaben betraut. Im Sinne der Konstruktvalidität sollten Personen mit Führungsaufgaben im Durchschnitt auch eine Empfehlung für eine Führungsaufgabe durch das PA3-Ergebnis erhalten.

Ergebnisse

Funktionsfeldzuordnung

Die Funktionsfeldzuordnung der ehemaligen PA3-Teilnehmer entspricht ihren Ergebnissen. Abbildung 3 zeigt, dass sich für Personen, die derzeit im Funktionsfeld Markt – komplexe Beratung eingesetzt sind, eine überdurchschnittliche Eignung für die komplexe Beratungstätigkeit nachweisen lässt und zudem diese Mitarbeiter ein besonders hohes Interesse für diesen Bereich zeigen.

Richtig platziert sehen die Führungskräfte 85 % der Mitarbeiter im Bereich Markt – komplexe Beratung (vgl. Tab. 6). Personen, die derzeit in der komplexen Beratung beschäftig sind, allerdings aus Sicht der Führungskräfte nur für weniger komplexe Markt-

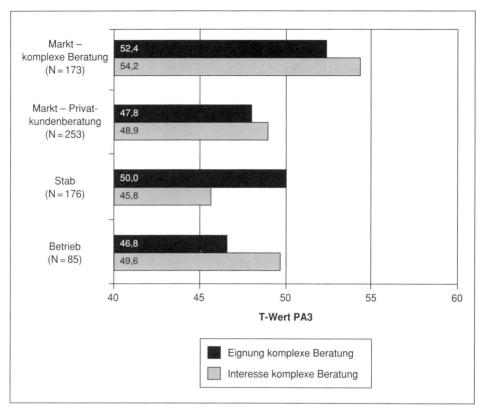

Abbildung 3: PA3-Ergebnisse von MA in unterschiedlichen Funktionsfeldern

tätigkeiten geeignet sind, zeigen auch niedrigere Eignungswerte als der Durchschnitt der Mitarbeiter in der komplexen Beratung. Aus dem PA3-Ergebnis hat sich nur eine mäßige Eignung abgeleitet. Auch im umgekehrten Fall entsprechen die PA3-Empfehlungen den Beurteilungen der Führungskraft durchschnittlich 3 Jahre später. So zeigen jeweils die Personen, die derzeit nicht in der komplexen Beratung beschäftig sind, dort aber besser eingesetzt wären, die höchsten Eignungs- und Interessenwerte verglichen mit den anderen Personen ihres derzeitigen Funktionsfelds.

Tabelle 6: Bester Einsatzort des Mitarbeiters (Beurteilung durch die Führungskraft)

bestes Funktionsfeld	N	Eignung Markt – komplexe Beratung	Interesse Markt – komplexe Beratung
*Derzeitiges Funktionsfeld des Mitarbeiters: **Markt – komplexe Beratung** (N = 171)*			
Betrieb	1 (1 %)	47	65
Stab	13 (8 %)	53	54
Markt – Privatkundenberatung	11 (6 %)	49	56
keine Veränderung	146 (85 %)	53	54
*Derzeitiges Funktionsfeld des Mitarbeiters: **Markt – Privatkundenberatung** (N = 245)*			
Betrieb	9 (4 %)	45	46
Stab	15 (6 %)	46	47
keine Veränderung	170 (69 %)	47	49
Markt – komplexe Beratung	51 (21 %)	51	52
*Derzeitiges Funktionsfeld des Mitarbeiters: **Stab** (N = 146)*			
Betrieb	9 (6 %)	46	50
keine Veränderung	121 (83 %)	49	45
Markt – Privatkundenberatung	5 (3 %)	50	47
Markt – komplexe Beratung	11 (8 %)	50	49
*Derzeitiges Funktionsfeld des Mitarbeiters: **Betrieb** (N = 76)*			
keine Veränderung	52 (68 %)	46	49
Stab	12 (16 %)	51	51
Markt – Privatkundenberatung	6 (8 %)	49	53
Markt – komplexe Beratung	6 (8 %)	52	56

Übertragung von Führungsaufgaben

Auch die Übertragung von Führungsaufgaben erfolgt entsprechend dem PA3-Ergebnis. So wurden nach dem PA3-Verfahren diejenigen Mitarbeiter mit Führungsaufgaben betraut, die eine zumindest durchschnittliche Führungseignung aufweisen und zudem ein überdurchschnittliches Interesse an Führungsaufgaben zeigen (vgl. Abb. 4).

Ein Beleg für die Konstruktvalidität ist die Tatsache, dass Personen, die zum Zeitpunkt der PA3-Teilnahme bereits Führungsaufgaben ausübten, auch besonders geeignet dafür sind. Damit kann gezeigt werden, dass in den Aufgaben des PA3-Verfahrens tatsächlich die Führungsfähigkeit gemessen wird.

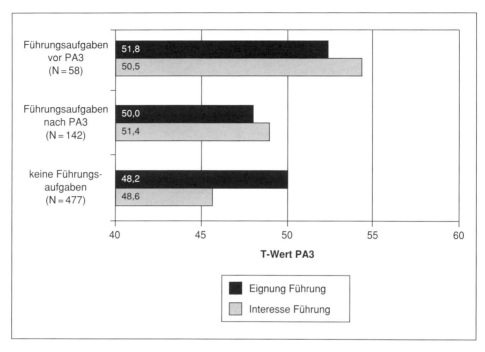

Abbildung 4: PA3-Ergebnisse von MA mit und ohne Führungsaufgaben

Vorhersage der Leistungsbeurteilung durch die Führungskraft

Vorhersage der Leistung im Bereich Markt – komplexe Beratung
Der Zusammenhang zwischen PA3-Ergebnis für die Eignung komplexe Beratung und dem Berufserfolg der Personen, die derzeit im Markt – komplexe Beratung beschäftigt sind, beträgt .51, nach Verfahrensoptimierung .54. Werden die Korrelationen um den Messfehler im Kriterium bereinigt, erhöhen sie sich auf .59 bzw. .63. Für die einzelnen Kriterien, die in das Aggregat der Leistungsbeurteilung eingingen, sind ebenfalls die Zusammenhänge mit dem PA3-Ergebnis in der Tabelle 7 dargestellt.

Vorhersage der Führungsleistung
Die Leistung der Mitarbeiter, die derzeit Führungsaufgaben wahrnehmen, kann zu .42 (korr. .49) durch das PA3-Ergebnis zur Führungseignung vorhergesagt werden. Besonders für die Prognose der Führungsleistung gewinnt das Verfahren durch die Optimierung: die Korrelation steigt auf .49 (korr. .57) – dies ist darauf zurückzuführen, dass die Aufgaben, die Führungsleistung messen, stärker gewichtet werden, und Verfahren, die keine inkrementelle und geringe soziale Validität erbringen, entfallen (vgl. S. 224 ff.). In Tabelle 8 sind zusätzlich die Korrelationen zu den Einzelverfahren und den Einzelkriterien dargestellt. Besonders valide ist erwartungsgemäß das Mitarbeitergespräch.

Tabelle 7: Zusammenhang der PA3-Ergebnisse mit der Berufsleistung von Mitarbeitern mit komplexer Beratungstätigkeit

	Gesamt-leistung	Leistungs-beurteilung	Potenzial-einschätzung	Weiter-bildungs-ergebnisse	Karriere
N	173	171	163	108	94
Gruppendiskussion	.28 (.33)	.22 (.28)	.22 (.28)	.08 (.09)	.28
Interview	.30 (.35)	.28 (.36)	.20 (.26)	.17 (.19)	.29
Interview (biografische Fragen)	.26 (.30)	.26 (.34)	.20 (.26)	.07 (.08)	.29
Interview (situative Fragen)	.26 (.30)	.24 (.31)	.16 (.21)	.22 (.25)	.22
Führungsalltag (vor Optimierung)	.00 (.00)	.03 (.04)	−.13 (−.17)	.09 (.10)	.16
Führungsalltag (nach Optimierung)	.15 (.17)	.15 (.19)	−.03 (−.04)	.24 (.27)	.19
Postkorb	.21 (.24)	.22 (.28)	.14 (.18)	.10 (.11)	.07
Kurzfälle (vor Optimierung)	.15 (.17)	.12 (.15)	.13 (.17)	.07 (.08)	.08
Kurzfälle (nach Optimierung)	.16 (.19)	.12 (.15)	.07 (.09)	.17 (.19)	.13
Kurzvortrag	.37 (.43)	.29 (.37)	.25 (.32)	.27 (.30)	.30
Verkaufsgespräch	.29 (.34)	.23 (.30)	.25 (.25)	.23 (.26)	.20
Mitarbeitergespräch	.23 (.27)	.23 (.30)	.16 (.21)	.12 (.14)	.11
Kognitive Fähigkeiten (vor Optimierung)	.29 (.34)	.21 (.27)	.21 (.27)	.21 (.24)	.29
Kognitive Fähigkeiten (nach Optimierung)	.24 (.28)	.17 (.22)	.15 (.19)	.27 (.30)	.14
Konzentration	.17 (.20)	.22 (.28)	.05 (.06)	.04 (.05)	−.04
Eignung komplexe Beratung	**.51 (.59)**	**.45 (.58)**	**.35 (.45)**	**.32 (.36)**	**.39**
Eignung komplexe Beratung (nach Optimierung)	**.54 (.63)**	**.48 (.62)**	**.37 (.48)**	**.34 (.38)**	**.38**
Interesse komplexe Beratung	−.02 (−.02)	−.06 (−.08)	.08 (.10)	−.03 (−.03)	.13
Selbstbeurteilung komplexe Beratung	.02 (.02)	−.02 (−.03)	.03 (.04)	−.02 (−.02)	.01

Anmerkungen: in Klammern die um den Messfehler im Kriterium korrigierten Werte: Reliabilität Gesamtleistung = .74, Rel. Leistungsbeurteilung und Potenzialeinschätzung = .60, Rel. Weiterbildungsergebnisse = .79, Rel. Karriere = 1 (daher keine Korrektur); Signifikanzgrenzen (einseitige Testung): für Gesamtleistung $p < .001$ ab .23; $p < .01$ ab .18; $p < .05$ ab .13; für Leistungsbeurteilung $p < .001$ ab .24; $p < .01$ ab .18; $p < .05$ ab .13; für Potenzialeinschätzung $p < .001$ ab .24; $p < .01$ ab .19; $p < .05$ ab .13; für Weiterbildungsergebnisse $p < .001$ ab .29; $p < .01$ ab .22; $p < .05$ ab .16; für Karriere $p < .001$ ab .31; $p < .01$ ab .24; $p < .05$ ab .17.

Tabelle 8: Zusammenhang der PA3-Ergebnisse mit der Berufsleistung von Mitarbeitern mit Führungsaufgaben

	Gesamt-leistung	Leistungs-beurteilung	Potenzial-einschätzung	Weiter-bildungs-ergebnisse	Karriere
N	210	210	206	127	127
Gruppendiskussion	.16 (.19)	.12 (.15)	.12 (.15)	.16 (.18)	.18
Interview	.25 (.29)	.20 (.26)	.24 (.31)	.16 (.18)	.27
Interview (biografische Fragen)	.22 (.26)	.19 (.25)	.20 (.26)	.08 (.09)	.24
Interview (situative Fragen)	.22 (.26)	.17 (.22)	.22 (.28)	.22 (.25)	.25
Führungsalltag (vor Optimierung)	.14 (.16)	.11 (.14)	.10 (.13)	.17 (.19)	.15
Führungsalltag (nach Optimierung)	.17 (.20)	.11 (.14)	.13 (.17)	.16 (.18)	.22
Postkorb	.20 (.23)	.16 (.21)	.13 (.17)	.19 (.21)	.09
Kurzfälle (vor Optimierung)	.14 (.16)	.15 (.19)	.16 (.21)	.00 (.00)	.00
Kurzfälle (nach Optimierung)	.15 (.17)	.19 (.25)	.16 (.21)	.02 (.02)	.00
Kurzvortrag	.30 (.35)	.25 (.32)	.24 (.31)	.27 (.30)	.17
Verkaufsgespräch	.17 (.20)	.12 (.15)	.15 (.19)	.16 (.18)	.16
Mitarbeitergespräch	.36 (.42)	.33 (.43)	.28 (.36)	.26 (.29)	.26
Kognitive Fähigkeiten (vor Optimierung)	.26 (.30)	.11 (.14)	.28 (.36)	.29 (.33)	.18
Kognitive Fähigkeiten (nach Optimierung)	.24 (.28)	.07 (.09)	.24 (.31)	.33 (.37)	.19
Konzentration	.24 (.28)	.22 (.28)	.21 (.27)	.21 (.24)	.04
Eignung Führung	**.42 (.49)**	**.34 (.44)**	**.37 (.48)**	**.34 (.38)**	**.28**
Eignung Führung (nach Optimierung)	**.49 (.57)**	**.39 (.50)**	**.41 (.53)**	**.42 (.47)**	**.34**
Interesse Führung	.15 (.17)	.11 (.14)	.11 (.14)	.10 (.11)	.07
Selbstbeurteilung Führung	−.05 (−.06)	−.09 (−.12)	−.02 (−.03)	−.07 (−.08)	.12

Anmerkungen: in Klammern die um den Messfehler im Kriterium korrigierten Werte: Reliabilität Gesamtleistung = .74, Rel. Leistungsbeurteilung und Potenzialeinschätzung = .60, Rel. Weiterbildungsergebnisse = .79, Rel. Karriere = 1 (daher keine Korrektur); Signifikanzgrenzen (einseitige Testung): für Gesamtleistung und Leistungsbeurteilung $p < .001$ ab .21; $p < .01$ ab .16; $p < .05$ ab .12; für Potenzialeinschätzung $p < .001$ ab .22; $p < .01$ ab .17; $p < .05$ ab .12; für Weiterbildungsergebnisse und Karriere $p < .001$ ab .27; $p < .01$ ab .21; $p < .05$ ab .15.

11.6 Bewertung der Potenzialanalyseverfahren durch Teilnehmer und Assessoren

Zur Bestimmung der Akzeptanz, Praktikabilität und sozialen Validität der Verfahren wurden Teilnehmer und Assessoren sowohl nach Durchführung der Originalversion der PA2- und PA3-Verfahren als auch nach Durchführung der optimierten Verfahren befragt.

Bei der *sozialen Validität* bzw. *sozialen Qualität* geht es um die Frage, was eine eignungsdiagnostische Situation zu einer sozial akzeptablen Situation macht. Hierfür werden nach Schuler und Stehle (1983) vier unabhängige Situationsparameter ermittelt, die als Komponenten der sozialen Validität zu verstehen sind: Information, Partizipation/Kontrolle, Transparenz und Urteilskommunikation/Feedback. Als abhängige Variable (Konsequenzen einer sozial validen Situationsgestaltung) kommt vor allem Akzeptanz in Betracht, daneben auch Zufriedenheit, Fairnesseinschätzung sowie andere Reaktionsweisen und Einschätzungen gegenüber der Organisation.

Durchführung und Stichprobe

In der ersten Studie zur sozialen Validität hatten Teilnehmer und Assessoren 18 Fragen zur Bewertung des Verfahrens (PA2 oder PA3) zu beantworten sowie bei 6 Fragen zu PA2 und 8 Fragen zu PA3 anzugeben, welche der Aufgaben des PA-Verfahrens am besten bzw. am wenigsten geeignet sind, den Berufserfolg in unterschiedlichen Bereichen vorherzusagen. Zusätzlich konnten noch Anmerkungen, Ergänzungen, Änderungen oder Kritik vorgenommen werden. Mögliche Moderatorvariablen wurden über die Angaben zur Person erhoben. Assessoren, die auch Feedbackgespräche in ihrem Hause führen, hatten noch zusätzliche Fragen zu beantworten. An dieser Studie nahmen 164 PA-Teilnehmer (84 PA2; 80 PA3) und 58 Assessoren (24 PA2; 34 PA3) teil.

In einer zweiten Studie wurden Teilnehmer und Assessoren befragt, nachdem sie die optimierten Verfahren durchgeführt hatten. Die Teilnehmer beantworteten 20 Fragen (18 waren identisch mit denen der Studie 1, um Mittelwertsvergleiche zwischen den Stichproben durchzuführen). Die Assessoren hatten neben den 18 Fragen der Studie 1 noch weitere 7 Fragen zur Optimierung zu beantworten. Diese Stichprobe setzt sich aus 113 Teilnehmern (64 PA2; 49 PA3) und 68 Assessoren (32 PA2; 36 PA3) zusammen.

Die Optimierung der Verfahren bestand neben der Verkürzung von Aufgaben in der Anreicherung der Verfahren um eine Selbstreflexion der Teilnehmer. Diese bestand darin, dass die Teilnehmer nach Ablauf des PA-Verfahrens noch einmal einen Überblick über die durchgeführten Verfahren bekamen und sich dabei selbst einschätzten. Zudem wurden die Eingangsbeschreibungen (Coverstories) der Aufgaben so verändert, dass der Bezug zur Sparkassentätigkeit deutlicher wurde. Um die Feedbackgespräche in den Instituten zu verbessern, hatten die Assessoren die Aufgabe, während der Teilnehmerbeobachtung positive und negative Verhaltensweisen der Teilnehmer zu markieren. Diese werden dann als verhaltensbasierte Grundlage der Gespräche genutzt.

Die Fragen, die beide Teilnehmergruppen zu beantworten hatten, lassen sich folgenden Dimensionen zuordnen (mit jeweils einer Beispielfrage):

- *Information:* Mir ist deutlich geworden, welche Anforderungen an mich zukünftig gestellt werden.
- *Transparenz:* Mir scheint, dass dieses Verfahren dazu beiträgt, berufliche Leistungsfähigkeit zu erfassen.
- *Feedback:* Das Verfahren gibt mir Hinweise, wie ich meine Leistung verbessern kann.
- *Kontrolle:* Durch eigene Anstrengung konnte ich das Ergebnis im PA-Verfahren verbessern.
- *Belastung:* Das Verfahren war anstrengend.
- *Spaß:* Das Verfahren hat mir Spaß gemacht.
- *Fairness:* Das Verfahren ist fair.
- *Akzeptanz:* Das Verfahren kann ich akzeptieren.
- *Entwicklung:* Das Verfahren bietet die Möglichkeit, sich in der Sparkassenorganisation weiterzuentwickeln.
- *Gesamtbewertung:* Die Teilnahme am Verfahren hat mir viel gebracht.

Die Assessorenfragen lassen sich wie folgt gruppieren (mit jeweils einer Beispielfrage):
- *Information für die Teilnehmer:* Die Aufgaben sind praxisnah.
- *Transparenz/Diagnostizität:* Personen, die für bestimmte Funktionsfelder in der Sparkasse geeignet sind, können durch das Verfahren ermittelt werden.
- *Feedback für die Teilnehmer:* Das Verfahren gibt Hinweise, wie die Teilnehmer ihre Leistung verbessern können.
- *Kontrolle für Teilnehmer:* Durch eigene Anstrengung können die Teilnehmer ihre Ergebnisse im PA-Verfahren verbessern.
- *Assessorenleistung/Objektivität:* Ich denke, andere Beobachter wären zu einem ähnlichen Ergebnis gekommen.
- *Praktikabilität:* Mir war klar, auf welches Verhalten ich zu achten hatte.
- *Belastung:* Die Beobachtungen sind anstrengend.
- *Fairness:* Das Verfahren ist fair.
- *Akzeptanz durch die Teilnehmer:* Das Verfahren wird von den Teilnehmern akzeptiert.
- *Entwicklung:* Das Verfahren bietet die Möglichkeit, sich in der Sparkassenorganisation weiterzuentwickeln.

Ergebnisse

Subjektive Bewertung der einzelnen Aufgaben von PA2 und PA3

Die Beurteilung, welche Aufgaben des PA2-Verfahrens besonders dafür geeignet sind, den Berufserfolg im Markt-, Stabs- und Betriebsbereich vorherzusagen, kann hier nicht in dem Detaillierungsgrad wiedergegeben werden, wie er der späteren Überarbeitung der Verfahren zugrunde lag. Wir beschränken uns hier auf die Auflistung von Rangreihen für die Aufgaben beider Potenzialanalyseverfahren.

Werden alle Einsatzbereiche berücksichtigt, kann die subjektive Einschätzung der Verfahren PA2 und PA3 in folgende Rangreihe hinsichtlich ihrer Eignung zur Vorhersage des Berufserfolgs gebracht werden (Teilnehmer- und Assessorenbewertungen zusammengefasst):

PA2	PA3
1. Kundengespräch	1. Kundengespräch
2. Interview	2. Mitarbeitergespräch
3. Planungsaufgabe	3. Interview
4. Kurzvortrag	4. Führungsalltag
5. Gruppendiskussion	5. Gruppendiskussion
6. Kognitionsaufgabe II	6. Kognitionsaufgabe I
7. Einwandbegegnung	7. Kurzvortrag
8. Konzentrationsaufgabe I	8. Kurzfälle
9. Fallbearbeitung	9. Postkorb
10. Protokollaufgabe	10. Konzentrationsaufgabe
11. Kognitionsaufgabe I	11. Kognitionsaufgabe II
12. Konzentrationsaufgabe II	

Diese Rangreihen wurden mit den empirisch ermittelten Validitäten verglichen, um das Verfahren um irrelevante Aufgaben zu verkürzen. Im optimierten PA2-Verfahren wurde daher auf die Konzentrationsaufgabe II und die Protokollaufgabe verzichtet, im optimierten PA3-Verfahren auf die Kognitionsaufgabe II sowie auf die Hälfte der Aufgaben Führungsalltag und Kurzfälle. Alle diese Verfahren wiesen keine inkrementelle Validität, und die vollständig entfallenen Verfahren auch niedrige Beurteilungen durch Teilnehmer und Assessoren auf.

Verfahrensbewertung durch die Teilnehmer

Werden die Einschätzungen der Teilnehmer, die das PA-Verfahren vor der Optimierung bewertet haben, mit denen verglichen, die das optimierte Verfahren durchlaufen haben, zeigt sich, dass insbesondere das PA2-Verfahren von denjenigen Teilnehmern besser beurteilt wird, die nach der Optimierung daran teilnahmen. Die Abbildungen 5 und 6 geben die Ergebnisse für PA2 und PA3 wieder. Beide Verfahren werden nach der Optimierung als transparenter erlebt und besser akzeptiert. Insgesamt können die Verfahren als sozial valide angesehen werden.

Verfahrensbewertung durch die Assessoren

Die Assessoren bewerten die Verfahren PA2 und PA3 vor und nach der Optimierung ähnlich positiv (vgl. Abb. 7 und 8). Für Fairness und Entwicklung bei PA2 finden sich signifikante Unterschiede zu Gunsten des optimierten Verfahrens, die Praktikabilität wird nach der Optimierung als etwas negativer bewertet (signifikant für PA3). Grund dafür ist zum einen der höhere Aufwand durch die zusätzliche Markierung von positiven und/oder negativen Verhaltensweisen der Teilnehmer. Zum anderen hatten die Assessoren ohne Training die optimierten Verfahren zu bearbeiten. Vor der Optimierung war ihnen das Verfahren dagegen gut vertraut. Dieses Element spielt bei der Befragung der *Teilnehmer* keine Rolle, da für diese das Verfahren vor und nach der Optimierung neu war.

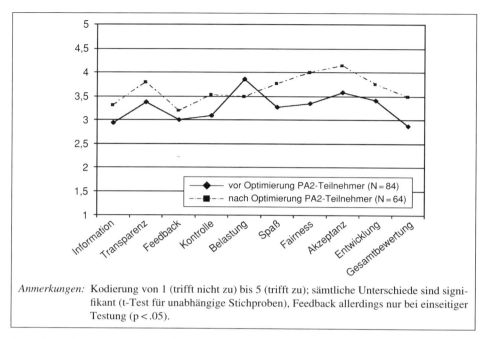

Abbildung 5: Bewertung des PA2-Verfahrens durch die Teilnehmer

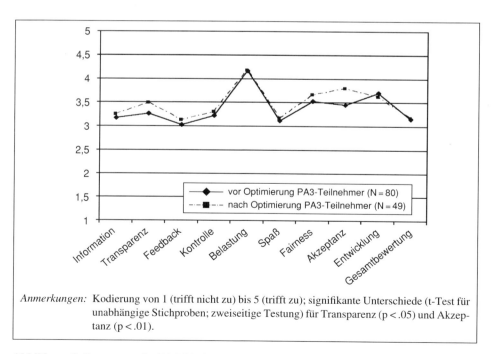

Abbildung 6: Bewertung des PA3-Verfahrens durch die Teilnehmer

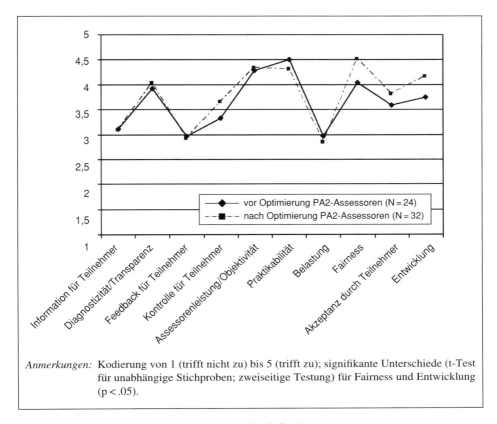

Anmerkungen: Kodierung von 1 (trifft nicht zu) bis 5 (trifft zu); signifikante Unterschiede (t-Test für unabhängige Stichproben; zweiseitige Testung) für Fairness und Entwicklung (p < .05).

Abbildung 7: Bewertung des PA2-Verfahrens durch die Assessoren

Feedbackgespräche in den Instituten

38 der 58 Assessoren führen die Feedbackgespräche in ihrem Hause durch. Bezüglich der Zeitabstände und der Beurteilung der Gespräche gibt es dabei keinen signifikanten Unterschied zwischen PA2 und PA3 (t-Test). Insgesamt zeigt sich, dass die Ergebnisse der PA-Verfahren den Verwendern nützliche Hinweise zur Personalentwicklung geben. Einen großen Vorteil sehen die Feedbackgeber in der unabhängigen Beurteilung durch die PA-Verfahren. Die Ergebnisse sind weitgehend plausibel und stimmen mit der Beurteilung durch den Feedbackgeber überein, geben darüber hinaus aber noch wichtige Ergänzungen zum bisherigen Bild über den Mitarbeiter. In manchen Fällen scheint das Feedback allerdings nicht ganz problemlos zu sein, weil den Feedbackgebern, die nicht am PA-Verfahren beteiligt waren, keine konkreten Verhaltenshinweise zur Verfügung standen. Hierfür wurde eine Optimierungsmöglichkeit gefunden, indem die Assessoren typische Verhaltensweisen markieren, die besonders positiv und/oder negativ bei den Teilnehmern aufgefallen sind. Auf diese kann der Feedbackgeber künftig im Gespräch zurückgreifen.

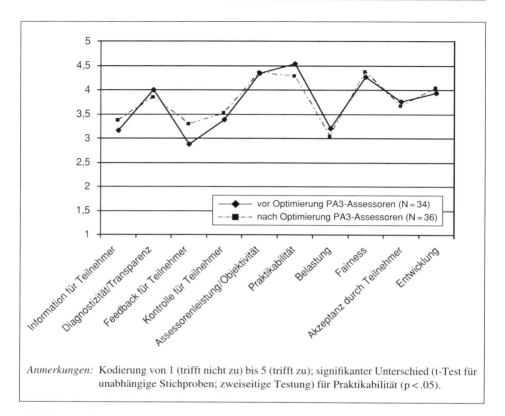

Anmerkungen: Kodierung von 1 (trifft nicht zu) bis 5 (trifft zu); signifikanter Unterschied (t-Test für unabhängige Stichproben; zweiseitige Testung) für Praktikabilität (p < .05).

Abbildung 8: Bewertung des PA3-Verfahrens durch die Assessoren

Tabelle 9: Bewertung der Feedbackgespräche

Bewertungsaussagen	Mittelwert (Median)
1. Ergebnisse	
Die Ergebnisse geben wichtige Ergänzungen zum bisherigen Bild über die Mitarbeiter.	4,22 (4)
Die Ergebnisse enthalten nützliche Hinweise zur Personalentwicklung.	4,00 (4)
2. Kommunikation	
Die Ergebnisse stimmen mit der Einschätzung der direkten Führungskraft des PA-Teilnehmers überein.	3,62 (4)
Bei der Ergebnisrückmeldung tauchen selten Probleme auf.	3,22 (3)

Anmerkung: Kodierung von 1 (trifft nicht zu) bis 5 (trifft zu).

11.7 Monetärer Nutzen des Einsatzes der Potenzialanalyseverfahren

Zur Schätzung des monetären Nutzens wird ein von Schmidt, Hunter, McKenzie und Muldrow (1979) vorgeschlagenes Berechnungsverfahren verwendet. Dieses erweitert das Modell von Brogden (1949) um die durchschnittliche Betriebszugehörigkeit der Mitarbeiter. Für den Vergleich zweier Auswahlverfahren a und b lautet die erweiterte Formel:

$$\Delta U_{a-b} = T \cdot N_A (r_{xy\_a} - r_{xy\_b}) \cdot SD_y \cdot \bar{z}_x - N_B \cdot (C_a - C_b).$$

Dabei bedeutet:

ΔU_{a-b}:	monetärer Nettonutzen für ein bestimmtes Auswahlprogramm bei einmaliger Anwendung
T:	durchschnittliche Betriebszugehörigkeit in Jahren (gleiche oder höhere Position)
N_A:	Zahl der Angenommenen oder dem Funktionsfeld Zugeordneten
$(r_{xy\_a} - r_{xy\_b})$:	Validitätsvorsprung eines Auswahl- oder Klassifikationsverfahrens a gegenüber einem Verfahren b (Kritische Anmerkung zu Korrelationsdifferenzen vgl. Görlich & Schuler, 2006, S. 814, Fußnote)
SD_y:	Standardabweichung der in Geldeinheiten ausgedrückten jährlichen Berufsleistung
$\bar{z}_x$:	mittlerer z-standardisierter Prädiktor der Angenommenen oder Zugeordneten
N_B:	Zahl der Teilnehmer
$C_a - C_b$:	Kostendifferenz beider Verfahren für die diagnostische Information pro Bewerber

Monetärer Nutzen des Einsatzes des PA2-Verfahrens

Aufgrund dessen, dass es sich bei PA2 um eine Zuordnungsempfehlung und nicht um eine Auswahlsituation handelt, wird der monetäre Nutzen unter dem des PA3-Verfahrens liegen. Da die meisten Personen im Markt beschäftigt werden sollen und sind, findet für den Markt eine geringere Selektion statt als für den Stabsbereich. Bei der Empfehlung für das Funktionsfeld Betrieb handelt es sich um eine Negativauswahl, d. h. Personen, die aufgrund ihrer Fähigkeiten nicht für den Bereich Stab geeignet sind und zudem kein Interesse und oft eine unzureichende Eignung für den Marktbereich haben, werden im Betriebsbereich eingesetzt. Daher wird für dieses Funktionsfeld der monetäre Nutzen nicht berechnet.

Für die repräsentative Validierungsstudie ist die Teilnehmeranzahl $N_B = 798$; die Anzahl der dem Funktionsfeld Markt zugeordneten Personen ist 546. Dies entspricht einer Selektionsquote von $p = 456/798 = 0{,}68$. Für den Stabsbereich liegt die Selektionsquote bei $p = 139/798 = 0{,}17$. Die durchschnittliche Betriebszugehörigkeit wird konservativ auf $T = 6$ Jahre geschätzt. Die prädiktive Validität von PA2-Markt wurde mit .44 (korr. .51) – nach Optimierung mit .45 (korr. .52) berechnet, für PA2-Stab mit .49 (korr. .57) – nach Optimierung mit .50 (.58). Der Validitätsvorsprung beträgt gegenüber einem durchschnittlichen Assessment Center (vgl. die Metaanalyse von Hardison & Sackett, in diesem Band) für die attenuationskorrigierten Daten (Reliabilität des Kriteriums jeweils mit .74 angenommen) $.51 - .26 = .25$ bzw. $.52 - .26 = .26$ nach Optimierung für den Marktbereich und $.57 - .26 = .31$ bzw. $.58 - .26 = .32$ nach Optimierung für den Stabsbereich.

Unter Annahme normalverteilter Leistungsdaten und bei gegebener Selektionsquote kann der mittlere z-standardisierte Prädiktorwert ($\bar{z}_x$) der Tabelle 2 bei Görlich und Schuler (2006, S. 834) entnommen werden. Für den Marktbereich (Selektionsquote = 0,68) ist $\bar{z}_x = 0{,}526$, für den Stabsbereich (Selektionsquote = 0,17) ist $\bar{z}_x = 1{,}489$.

Zur Berechnung der Standardabweichungen der in Geldeinheiten ausgedrückten Berufsleistung (SD_y) wird die proportionale Regel von Hunter und Schmidt (1982) verwendet, die den Durchschnitt bisheriger SD_y-Berechnungen mit 40 % bis 70 % des durchschnittlichen Jahresbruttogehalts angeben (vgl. Funke, Schuler & Moser, 1995). Diese SD_y-Schätzung erwies sich nach Boudreau (1991) meist als Unterschätzung. Für Markt- und Stabstätigkeiten wird konservativ von 50 % des Bruttogehalts ausgegangen. Das durchschnittliche Jahresgehalt wird von der BAT-Stufe abgeleitet. Durchschnittlich sind die Mitarbeiter bei PA2-Teilnahme 23 Jahre alt; wird ein Verbleiben von 6 Jahren angenommen, ist die BAT-Stufe mit 26 Jahren relevant. Wird konservativ von der BAT-Stufe VIb ausgegangen, beträgt das Jahresgehalt 26.400 € (bei 13 Gehältern, darin 12-mal vermögenswirksame Leistungen); 50 % davon sind $SD_y = 13.200$ €. Die teilnehmerbezogenen Ausgaben belaufen sich auf 520 €. Dies sind 70 € mehr pro Teilnehmer als bei einem extern durchgeführten Assessment Center innerhalb der Sparkassen-Finanzgruppe.

An einer Durchführung des PA-Verfahrens nehmen ca. 12 Personen teil, von denen entsprechend der Selektionsquote durchschnittlich 8 Personen dem Marktbereich und 2 Personen dem Stabsbereich zugeordnet werden. Die beiden anderen Teilnehmer werden durchschnittlich dem Betriebsbereich zugeordnet. Daraus ergibt sich ein inkrementeller Nutzen des PA2-Verfahrens gegenüber einem herkömmlichen AC für das Funktionsfeld Markt von $\Delta U_{a-b} = 6 \cdot 8 \cdot 0{,}25 \cdot 13.200\,€ \cdot 0{,}526 - 9 \cdot 70 = 82.688\,€$ bzw. 86.021 € nach Optimierung des Verfahrens. Für das Funktionsfeld Stab errechnet sich ein inkrementeller Nutzen von $\Delta U_{a-b} = 6 \cdot 2 \cdot 0{,}31 \cdot 13.200\,€ \cdot 1{,}489 - 3 \cdot 70 = 72.906\,€$ bzw. 75.264 € nach Optimierung. In den Formeln wurden jeweils die Kosten, die für die Personen entstehen, die dem Bereich Betrieb zugeordnet werden, ebenfalls abgezogen – so gehen insgesamt Kosten für 12 Teilnehmer (9 + 3) in die Nutzenrechnung ein. Der Gesamtnutzen einer PA2-Durchführung gegenüber einem herkömmlichen AC ist somit 155.594 € vor und 161.286 € nach der Optimierung.

Monetärer Nutzen des Einsatzes des PA3-Verfahrens

Bei PA3 handelt es sich um ein internes Auswahlverfahren, da nicht alle Teilnehmer für die komplexe Beratung oder für die Übernahme von Führungsaufgaben geeignet sind. Für die komplexe Beratung ist die Zahl der „Angenommenen" $N_A = 173$ und für Führung $N_A = 210$. Die Zahl der „Bewerber" (N_B) ist in beiden Fällen 687. Dies entspricht einer Selektionsquote für komplexe Beratung von $p = 173/687 = 0{,}25$ und für Führung $p = 210/687 = 0{,}31$. Die durchschnittliche Betriebszugehörigkeit sind $T = 10$ Jahre. Die prädiktive Validität von PA3-komplexe Beratung ist .51 (korr. .59), nach Optimierung .54 (korr. .63), d. h. der Validitätsvorsprung der attenuationskorrigierten Werte beträgt $.59 - .26 = .33$ bzw. .37 nach Optimierung. Für die Führungseignung liegt der Validitätsvorsprung (attenuationskorr.) bei .23 und nach Optimierung bei .31. Für die komplexe Beratung ist $\bar{z}_x = 1{,}271$; für Führung ist $\bar{z}_x = 1{,}138$.

Für komplexe Beratungs- und Führungsaufgaben kann SDy mit 70 % des Bruttogehalts angenommen werden, da der Handlungs- und Entscheidungsspielraum relativ groß ist. Das durchschnittliche Jahresgehalt wird von der BAT-Stufe abgeleitet. Durchschnittlich sind die Mitarbeiter bei PA3-Teilnahme 28 Jahre alt; wird ein Verbleiben von 10 Jahren angenommen, ist die BAT-Stufe für 33-Jährige relevant. Wird die BAT-Stufe konservativ auf Va geschätzt (für Führungskräfte etwas höher), beträgt das Jahresgehalt für Mitarbeiter in der komplexen Beratung 34.656 € und für Mitarbeiter mit Führungsaufgaben 36.580 € (bei 13 Gehältern, darin 12-mal vermögenswirksame Leistungen). 70 % davon sind $SD_y = 24.259$ € für Mitarbeiter im Bereich der komplexen Beratung und $SD_y = 25.606$ € für Mitarbeiter mit Führungsaufgaben. Die teilnehmerbezogenen Ausgaben belaufen sich auf 620 €, d. h. 170 € mehr pro Teilnehmer als bei einem extern durchgeführten Assessment Center.

Wie beim PA2-Verfahren nehmen an einer Durchführung des PA3-Verfahrens ca. 12 Personen teil. Entsprechend der Selektionsquote werden durchschnittlich jeweils 3 Personen für die komplexe Beratungstätigkeit und für die Führung ausgewählt. Auch hier werden die Kosten für die 12 Personen auf die beiden Bereiche aufgeteilt, so dass für jede Rechnung die Kosten für 6 Teilnehmer abgezogen werden. Gegenüber einem herkömmlichen AC errechnet sich für die komplexe Beratungstätigkeit ein inkrementeller Nutzen von $\Delta U_{a-b} = 10 \cdot 3 \cdot 0{,}33 \cdot 24.259\,€ \cdot 1{,}271 - 6 \cdot 170 = 304.229\,€$ bzw. 341.228 € nach Optimierung des Verfahrens. Für die Führungseignung errechnet sich ein inkrementeller Nutzen von $\Delta U_{a-b} = 10 \cdot 3 \cdot 0{,}23 \cdot 25.606\,€ \cdot 1{,}138 - 6 \cdot 170 = 200.043\,€$ bzw. 269.979 € nach Optimierung. Der Gesamtnutzen einer PA3-Durchführung gegenüber einem herkömmlichen AC ist somit 504.272 € vor und 611.207 € nach der Optimierung.

11.8 Fazit

Aus den dargestellten Ergebnissen konnte gezeigt werden, dass Assessment Center oder Potenzialanalyseverfahren nicht prinzipiell wenig valide Verfahren sind – wie z. B. aus den Metaanalysen in diesem Buch ableitbar. Allerdings sollten die Metaanalysen auch eine Warnung sein, dass ACs keine generelle Validität besitzen müssen. Denn gerade bei arbeitsprobenartigen Verfahren oder Arbeitssimulationen ist es zwingend notwendig, dass sie auf einer fundierten Anforderungsanalyse aufbauen (vgl. Görlich, in diesem Band). Weitere wichtige Voraussetzung für ein valides Verfahren ist die Standardisierung. Denn nur, wenn für alle Teilnehmer die gleichen Bedingungen gelten und verschiedene Assessoren das gezeigte Verhalten eines Teilnehmers ähnlich beurteilen, ist Objektivität gegeben. Diese Objektivität ist in den PA2- und PA3-Verfahren durch standardisierte und strukturierte Aufgaben (vgl. Höft & Marggraf-Micheel, in diesem Band) und Rollenvorgaben sowie durch die Verhaltensverankerung der Beurteilungsdimensionen gegeben. Weiteres validitätserhöhendes Merkmal ist die Kombination der drei eignungsdiagnostischen Zugänge in einem Verfahren. Neben der hohen prädiktiven Validität – aus der sich auch der hohe monetäre Nutzen des Verfahrens ableiten lässt – werden die beschriebenen Verfahren u. a. durch den inhaltlichen Bezug zur Tätigkeit von den Teilnehmern als fair erlebt und akzeptiert. Schließlich ermöglicht die Bestimmung der Validität anhand verlässlicher, trimodal kombinierter Kriterien angemessenere Schätzungen der Verfahrensqualität als für eignungsdiagnostische Verfahren üblich.

Literatur

Boudreau, J. W. (1991). Utility analysis for decisions in human resource management. In M. D. Dunnette & L. M. Hough (Eds.), *Handbook of industrial and organizational psychology* (2nd ed., Vol. 2, pp. 621–745). Palo Alto, CA: Consulting Psychologists Press.

Brogden, H. E. (1949). When testing pays of. *Personnel Psychology, 2,* 171–183.

Funke, U., Schuler, H. & Moser, K. (1995). Nutzenanalyse zur ökonomischen Evaluation eines Personalauswahlprojekts für Industrieforscher. In T. J. Gerpott & S. H. Siemers (Hrsg.), *Controlling von Personalprogrammen* (S. 139–171). Stuttgart: Schäffer-Poeschel.

Görlich, Y. & Schuler, H. (2006). Personalentscheidungen, Nutzen und Fairness. In H. Schuler (Hrsg.), *Lehrbuch der Personalpsychologie* (2. Aufl., S. 797–840). Göttingen: Hogrefe.

Hunter, J. E. & Schmidt, F. L. (1982). Fitting people to jobs: The impact of personnel selection on national productivity. In M. D. Dunnette & E. A. Fleishman (Eds.), *Human performance and productivity* (Vol. 1, pp. 233–284). Hillsdale, NJ: Erlbaum.

Klingner, Y., Schuler, H., Diemand, A. & Becker, K. (2004). Entwicklung eines multimodalen Systems zur Leistungsbeurteilung von Auszubildenden. In H. Schuler (Hrsg.), *Beurteilung und Förderung beruflicher Leistung* (2. Aufl., S. 187–213). Göttingen: Hogrefe.

Muck, P. M., Schuler, H., Becker, K. & Diemand, A. (2004). Entwicklung eines multimodalen Systems zur Beurteilung von Gruppenleistungen. In H. Schuler (Hrsg.), *Beurteilung und Förderung beruflicher Leistung* (2. Aufl., S. 159–185). Göttingen: Hogrefe.

Schmidt, F. L., Hunter, J. E, McKenzie, R. C. & Muldrow, T. W. (1979). Impact of valid selection procedures on work-force productivity. *Journal of Applied Psychology, 75,* 333–347.

Schuler, H. (2000). Das Rätsel der Merkmals-Methoden-Effekte: Was ist „Potential" und wie lässt es sich messen? In L. von Rosenstiel & Th. Lang-von Wins (Hrsg.), *Perspektiven der Potentialbeurteilung* (S. 53–71). Göttingen: Hogrefe.

Schuler, H. (2006). *Lehrbuch der Personalpsychologie* (2. Aufl.). Göttingen: Hogrefe.

Schuler, H. & Marcus, B. (2004). Leistungsbeurteilung. In H. Schuler (Hrsg.), *Enzyklopädie der Psychologie. Organisationspsychologie 1 – Grundlagen und Personalpsychologie* (S. 1079–1138). Göttingen: Hogrefe.

Schuler, H., Muck, P. M., Hell, B., Höft, S., Becker, K. & Diemand, A. (2004). Entwicklung eines multimodalen Systems zur Beurteilung von Individualleistungen. In H. Schuler (Hrsg.), *Beurteilung und Förderung beruflicher Leistung* (2. Aufl., S. 133–158). Göttingen: Hogrefe.

Schuler, H. & Stehle, W. (1983). Neuere Entwicklungen des Assessment Center-Ansatzes – beurteilt unter dem Aspekt der sozialen Validität. *Psychologie und Praxis. Zeitschrift für Arbeits- und Organisationspsychologie, 27,* 33–44.

Thornton, G. C., III, Gaugler, B. B., Rosenthal, D. B. & Bentson, C. (1987). Die prädiktive Validität des Assessment Centers – eine Metaanalyse. In H. Schuler & W. Stehle (Hrsg.), *Assessment Center als Methode der Personalentwicklung* (S. 36–77). Göttingen: Hogrefe.

Teil IV:
Reliabilitätssicherung

12 Reliabilität und Trainingseffekt

Grete P. Amaral und Heinz Schuler

12.1 Einführung

Eine zentrale Erkenntnis der Forschung zu Assessment Centern (AC) ist, dass ACs generalisierbare prädiktive Validität aufweisen, also den Berufserfolg vorherzusagen erlauben (vgl. u. a. Hardison & Sackett sowie Thornton, Gaugler, Rosenthal & Bentson, in diesem Band, die die zugrunde liegenden Metaanalysen ausführlich darstellen und erörtern).

Dieser Befund kann jedoch unterschiedlich interpretiert werden. Positiv zu werten ist, dass prädiktive Validität – auch in den neueren Studien – substanziell nachweisbar ist. Weniger positiv ist jedoch, dass sie im Vergleich zur Validität anderer eignungsdiagnostischer Verfahren deutlich geringer ausfällt, z. B. im Vergleich zu den wesentlich weniger aufwendigen Intelligenztests. Es ist zu klären, warum dies so ist und ob, bzw. wie man die Validität von ACs systematisch erhöhen kann. Mit diesen Fragen haben sich im letzten Vierteljahrhundert viele Untersuchungen auseinander gesetzt. Auch wenn nach wie vor keine abschließenden oder durchschlagenden Antworten gefunden wurden, gibt es eine Reihe aussagekräftiger Ergebnisse, wie Verfahren gestaltet werden sollten, um die kriterienbezogene Validität zu verbessern (vgl. Lievens & Klimoski, 2001).

Das folgende Kapitel greift zwei interessante und bisher wenig untersuchte Aspekte dieses Fragenkomplexes auf. Zum einen die simple Tatsache, dass die Validität eines Verfahrens niemals höher ausfallen kann als seine Reliabilität. In anderen Worten stellt somit die Messgenauigkeit eines Verfahrens die maximale Obergrenze für die mögliche Aussagefähigkeit des Verfahrens dar (genau genommen ist die Obergrenze $\sqrt{R}$, da das Verfahren am „perfekten" Kriterium gemessen werden kann, Bortz, 2004). Trotz dieses Zusammenhangs gibt es erstaunlich wenige Studien, die die Reliabilität von ACs systematisch untersuchen und diesbezüglich Optimierungsmöglichkeiten aufzeigen.

Als Zweites stellt sich gerade in Praktikerkreisen immer wieder die Frage, inwieweit AC-Leistungen trainierbar sind. Könnten angesichts der hohen Verbreitung des Verfahrens vielleicht unerwünschte Trainingseffekte auftreten? Könnten diese eine Erklärung dafür sein, weshalb die Validität geringer ausfällt als erhofft und auch weshalb sie in neueren Validitätsuntersuchungen niedriger ist als in früheren (vgl. Hardison & Sackett, in diesem Band)? Eine solche Hypothese stützt sich auf die Etablierung des ACs seit seiner Einführung und auf die verstärkten Anstrengungen von Bewerbern, sich auf dem verknappten Arbeitsmarkt durch Vorbereitung und Training auf Auswahl- und Potenzialanalyseverfahren vorzubereiten. In einem solchen Fall würde sich die Trainierbarkeit auch in einer geringeren (Retest-)Reliabilität des Verfahrens widerspiegeln – d. h. diese beide Fragestellungen könnten miteinander zusammenhängen. Nachfolgend sollen nunmehr beide Fragestellungen genauer untersucht und Schlussfolgerungen aus den vorliegenden Forschungsergebnissen gezogen werden.

Von den verschiedenen Kennwerten zur Reliabilitätsmessung (interne Konsistenz, Paralleltest-Reliabilität etc.) ist die Retestreliabilität der plakativste. Dabei wird geprüft, ob die Potenzialaussage eines ACs im Wiederholungsfall exakt replizierbar ist. Bei der Paralleltest-Reliabilität wird hingegen die Replizierbarkeit der AC-Ergebnisse in einem ähnlichen oder ggf. auch parallelen AC geprüft. In beiden Fällen sind zahlreiche Einflussfaktoren zu kontrollieren. So sollten im Idealfall bei der Wiederholung die gleichen *situativen* Bedingungen herrschen (z. B. gleiche Assessoren, gleiche Teilnehmer, identische Aufgaben) und Trainings- und Vergessenseffekte sollten entweder bei allen Teilnehmern in gleicher Weise auftreten oder gar nicht vorhanden sein. Da dies in der Praxis kaum realisierbar ist, wird die Reliabilität von ACs schon aus diesem Grund immer unter dem Maximalwert von r = 1.0 liegen. Dennoch ist es entscheidend, einen möglichst hohen Wert zu erzielen. Aus der Testtheorie und Empirie sind drei zentrale Maßnahmen bekannt, die die Reliabilität maximieren: (1) Verlängerung des Testverfahrens, (2) das Vorgeben von voneinander unabhängigen, das gleiche Konstrukt messenden Einzelaufgaben und (3) der (ausschließliche) Einsatz von möglichst hoch reliablen Einzelaufgaben (Bortz & Döring, 2002, vgl. auch Schuler, in diesem Band). Daneben hat sich gezeigt, dass die zwischen zwei Messungen liegende Zeitspanne möglichst kurz sein sollte (Amelang & Bartussek, 2001). Werden diese Prinzipien auf ACs transferiert, so hat beispielsweise ein AC, das möglichst viele, reliable Aufgaben einsetzt, wie z. B. gut evaluierte Persönlichkeits- und Intelligenztestverfahren, diese Aufgaben voneinander unabhängig gestaltet und systematisch kombiniert, die besten Ausgangsvoraussetzungen, um durch eine hohe Reliabilität auch eine maximale Validität erzielen zu können. Zwar ist eine hohe Reliabilität kein Garant für eine hohe Validität, aber eine notwendige Voraussetzung. Allerdings können die genannten reliabilitätsfördernden Maßnahmen eventuell die sogenannte Augenscheinvalidität, d. h. die Teilnehmerakzeptanz, reduzieren, denn oft sind sie (z. B. die Wiederholung ähnlicher Testitems, lange Tests, etc.) aus mangelndem Verständnis für ihre Notwendigkeit bei den Teilnehmern wenig beliebt. Der Verzicht auf diese Maßnahmen ist aber kein sinnvoller Ausweg, ist doch das zentrale Ziel des ACs eine möglichst genaue und zutreffende Diagnostik.

Zur Vertiefung sollen im Folgenden die die Reliabilität beeinflussenden Wirkfaktoren in einer Überblicksabbildung dargestellt werden (Abb. 1). Die Abbildung ist aus dem Modell zum Transferprozess von Baldwin und Ford (1988) abgeleitet und stellt gleichzeitig die zentralen Parameter der potenziellen Trainierbarkeit von ACs dar. In einer perfekten Untersuchung der Retestreliabilität würden alle aufgeführten Einflussfaktoren konstant gehalten.

Im Idealfall misst ein AC berufserfolgsrelevante Persönlichkeitsmerkmale und ggf. persönlichkeitsspezifische Verhaltensweisen (Verbindung 1; Höft & Schuler, 2001). Möglicherweise ist die Leistung im AC jedoch beeinflusst durch AC-Vorerfahrung und Vorbereitung. Dies jedoch nur dann, wenn diese Lernerfahrungen transferwirksam auf das AC übertragen werden konnten (Verbindung 2). Daneben wird die Leistung im AC durch situative Faktoren beeinflusst, die zumeist als Messfehler interpretiert werden (Verbindung 3). Komplex wird die Situation dadurch, dass Persönlichkeitseigenschaften zudem auch die AC-Vorerfahrung und Vorbereitung beeinflussen sowie den Transfer (Verbindungen 4 und 5). Zum Beispiel konnte gezeigt werden, dass intelligente und ehrgeizige Probanden von Training und Übung stärker profitieren und sich zudem intensiver auf Leistungssituationen vorbereiten (Hogan & Hogan, 1995; Klauer, 2001; Wall, 2003).

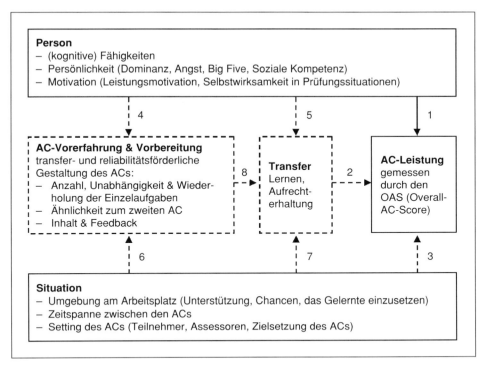

Abbildung 1: Einflussfaktoren auf die Trainierbarkeit von ACs, basierend auf dem „Model of a Transfer Process" von Baldwin und Ford (1988)

Auch situative Faktoren beeinflussen neben der Leistung im AC ebenso die AC-Vorerfahrung sowie den Transfer (Verbindungen 6 und 7). Und nicht zuletzt ist auch die Gestaltung des vorherigen ACs als möglicher Einflussfaktor zu analysieren. So sind aus der Literatur zu Trainingsmaßnahmen transferwirksame Designfaktoren bekannt, die auch hier eine Rolle spielen könnten. Als zentrale Faktoren gelten: (a) eine hohe Ähnlichkeit der beiden Situationen/Verfahren, (b) das systematische Lehren genereller Prinzipien und Verhaltensregeln, (c) Feedback, (d) Stimulusvariabilität, z. B. in Form von vielen unterschiedlichen Beispielsituationen in der Trainingssituation, (e) verteiltes anstelle von massiertem Training und (f) Überlernen (Wexley & Latham, 1994; Hasselhorn & Mähler, 2000). Eine ideale AC-Vorbereitung sollte daher (a) die gleichen Aufgaben trainieren, (b) generelle Prinzipien lehren (z. B. „sich möglichst häufig aktiv um das Einholen der Meinungen und Gedanken anderer zu bemühen"), (c) ein intensives, konkretes, individuelles Feedback beinhalten u. v. a.

Die Messung der Retestreliabilität erfolgt immer in dem skizzierten Umfeld. Als einzige Besonderheit gilt dann, dass das vorherige AC mit dem zweiten AC (möglichst) identisch ist. Wenn also Trainingseffekte auftreten, so könnten diese die Reliabilität des ACs schmälern. Dies gilt jedoch nur dann, wenn die Trainingseffekte individuell unterschiedlich groß ausfallen, bei einheitlicher Verbesserung aller Teilnehmer im gleichen Maß wäre die Reliabilität durch den Lernzuwachs unbeeinträchtigt.

12.2 Retestreliabilität und Paralleltest-Reliabilität des Assessment Centers

Der Aufwand und die begrenzte Bereitschaft von Unternehmen, eine zweite AC-Durchführung zu Forschungszwecken zu realisieren, mag eine Ursache dafür sein, dass die Paralleltest- und die Retestreliabilität bisher so selten untersucht wurden. So konnten wir bis heute nur fünf unabhängige Untersuchungen zu diesen Koeffizienten ausfindig machen. Häufig zitiert wird die Paralleltest-Reliabilität von r = .73 einer Studie des AC-Gesamtwerts von Moses (1973). In der Studie nahmen 85 Kandidaten „shortly after" (S. 572) einem ersten AC an einem anderen AC teil, wobei in beiden ACs die gleichen Anforderungsdimensionen gemessen wurden. Der hohe Wert kommt wohl auch deswegen zu Stande, weil der eingerechnete Intelligenztest alleine eine Retestreliabilität von r = .72 aufweist. Für einzelne Dimensionen schwanken die Reliabilitäten nach Moses (1973) zwischen r = .49 (oral skills) und r = .62 (forcefulness). Eine jüngere Studie von Kleinmann (1997) weist eine Paralleltest-Reliabilität von r = .65 für 62 Teilnehmer nach, die zwischen zwei ACs kein Feedback erhielten und von r = .34 für 63 Teilnehmer, die Feedback, insbesondere in Bezug auf die Anforderungsdimensionen, erhielten. McConnel und Parker (1972, zitiert in Hinrichs & Haanperä, 1976) errechnen eine Retestreliabilität von r = .74 (n = 21) sowie eine interne Konsistenz von r = .88 (Mittelwert aus 6 Koeffizienten zwischen r = .85 und r = .98; n = 129). McIntyre (1980) stellte eine Retestreliabilität von r = .57 fest (24 Wiederholungsteilnehmer am identischen Verfahren, die nach der ersten Teilnahme Feedback erhielten, dazwischen liegende Zeitspanne unklar). In der jüngsten Studie errechneten Kelbetz und Schuler (2002) Retestreliabilitäten von r = .37, .41 sowie .34 für verschiedene Maße des AC-Gesamtwerts. Dort nahmen 47 Personen, die ein AC zur Identifikation von Führungsnachwuchskräften nicht bestanden hatten, nach durchschnittlich zwei Jahren erneut an dem gleichen Verfahren teil. Sie hatten nach dem ersten AC-Versuch Feedback bekommen und waren in der Organisation verblieben.

Zusammengefasst ergibt sich stichprobenfehlerkorrigiert aus diesen Werten eine mittlere Reliabilität von immerhin noch befriedigenden r = .71[1]. Die Unterschiede zwischen den einzelnen Ergebnissen sind allerdings beträchtlich. Der Erhalt von Feedback und die dazwischen liegenden Zeitspanne scheinen im Sinne der dargestellten theoretischen Grundlagen relevante Einflussfaktoren zu sein, auch wenn angesichts der geringen Studien- und Versuchspersonenzahl keine eindeutigen Aussagen gemacht werden können. In jedem Fall weisen diese Werte auf Optimierungspotenzial hin.

12.3 Trainierbarkeit von Assessment Center-Einzelverfahren

Die Befundlage zur Trainierbarkeit – insbesondere zum AC-Gesamtwert, aber auch zu einzelnen AC-Aufgaben – ist ebenfalls eher dürftig. Die meisten Studien stammen aus den Jahren 1950 bis 1982, sind Laborstudien, fokussieren auf AC-Einzelaufgaben und

---

1 Der von Kleinmann (1997) genannte Wert von r = .34 der Experimentalgruppe blieb bei dieser Mittelung unberücksichtigt, um eine konservative Schätzung und eine adäquatere Vergleichbarkeit mit den üblichen Reliabilitätsangaben anderer eignungsdiagnostischer Verfahren zu gewährleisten, die zumeist auf internen Konsistenzen bzw. Wiederholung des Verfahrens ohne jegliche Intervention basieren. Würde dieser Wert ebenfalls eingeschlossen, so läge die mittlere Reliabilität bereits nur noch bei r = .61.

weisen eine geringe Stichprobenzahl auf (vgl. die Übersichtsarbeit von Sackett, Burris & Ryan, 1989). Nichtsdestoweniger bilden sie eine Basis für die nachfolgend untersuchten Fragestellungen:
- In der *führerlosen Gruppendiskussion* konnte durch Training basierend auf individuellem Feedback eine starke Verbesserung erzielt werden (d = 1.04[2] bei Kurecka, Austin, Johnson & Mendoza, 1982). Vages Training erbrachte dagegen geringe Effekte und einfache Wiederholung des Verfahrens gar keine Verbesserung (Denning & Grant, 1979; Klubeck & Bass, 1954; Petty, 1974).
- Für *Rollenspiele* belegen Moses und Ritchie (1976) bessere Leistungen einer Experimentalgruppe, die ein Behavior-Modeling-Training durchlief, im Vergleich zu einer untrainierten Kontrollgruppe (Effektstärken von d = .61 bis .90). Amaral (2003) konnte in einer Experimentalgruppe durch ein Feedback mit konkreten Verhaltenstipps eine Verbesserung von d = 1.10 in einem unmittelbar folgenden parallel aufgebauten Rollenspiel erzielen. Die Vergleichsgruppe erzielte ohne Feedback dagegen nur eine Steigerung von d = .24.
- Bei *kognitiven Leistungstests* werden bei unmittelbarer Wiederholung der identischen Testform Effektstärken von ca. d = .76 gefunden (Metaanalyse von Kulik, Bangert-Drowns & Kulik, 1984). Entsprechend der Vergessenskurve sinkt der Effekt mit zunehmendem Zeitintervall und pendelt sich nach einem Jahr bei ca. d = .25 bis .33 ein (Amelang & Bartussek, 2001, Schneider, 1987). Gezieltes Training erweist sich bei einigen Untertests als hoch leistungssteigernd (z. B. d = 1.54 für den Konzentrationstest d2; Fay & Freitag, 1989). Eine allgemeine Anhebung des kognitiven Leistungsniveaus ist jedoch kaum zu erzielen (Amelang & Bartussek, 2001).
- Bei *Postkörben* konnten durch Training mit konkreten Lösungshinweisen oder mit generellen strategischen Tipps Verbesserungen von d = .42 bis .99 erzielt werden (Brannick, Michaels & Baker, 1989; Brostoff & Meyer, 1984; Gill, 1982). Dagegen verbesserten vage Hinweise die Leistung nicht (Brannick et al., 1989; Jaffee & Michaels, 1978).
- Bei *Interviews* verglichen Barbee und Keil (1973) die Leistungen einer untrainierten Kontrollgruppe mit denen einer durch detaillierte Tipps und mit Video geschulten Trainingsgruppe. Erstere verbesserte sich um d = .42; Letztere um d = 1.17. Hollandsworth, Dressel und Stevens (1977) erzielten Leistungssteigerungen zwischen d = .05 und d = 2.22 für ein verhaltensmodellierendes Training mit intensivem Feedback. Venardos und Harris (1973), Speas (1979) sowie Keith, Engelkes und Winborn (1977) erzielten signifikante Verbesserungen durch ein intensives Training mit Feedback für verschiedene Zielgruppen, wohingegen Logue, Zenner und Gohman (1968) keine signifikante Verbesserung durch ein Rollenspiel mit kurzem Videofeedback erzielen konnten.

Zusammengefasst zeigen diese Studien vier wesentliche Aspekte: Als Erstes, dass Trainingseffekte gefunden werden. Als zweite Beobachtung lässt sich vereinfacht schließen, dass Effektstärken dann höher ausfallen, wenn konkretes Feedback gegeben wird oder intensives, individuelles Training erfolgt. Etwas allgemeiner formuliert, stimmen diese

---

2 Wenn aufgrund der angegebenen Werte möglich, wurden im Folgenden Effektstärken aus den Daten der Primärstudien errechnet und berichtet. Dabei wird die Mittelwertdifferenz durch die Standardabweichung der Kontrollgruppe dividiert.

Ergebnisse mit einer interessanten Grundlinie der generellen Befunde zu Training, Transfer und Trainierbarkeit überein (z. B. Alliger, Tannenbaum, Bennett, Traxer & Shotland, 1997; Salas & Cannon-Bowers, 2001; Sonnentag, Niessen & Ohly, 2004): Viele Studien zeigen, dass die Transferwirksamkeit bei aktiven, intensiv die Teilnehmer involvierenden Lernaktivitäten höher ausfällt als bei passiven Lernaktivitäten wie z. B. dem Lesen allgemeiner Verhaltenstipps (Burke, Sarpy, Smith-Crowe, Chan-Serafin, Islam & Salvador, in Druck; Taylor, Russ-Eft & Chan, 2005). Als dritter auffälliger Effekt lässt sich ein Zusammenhang mit der Zeitspanne beobachten. Bei kurzen Zeitspannen lassen sich höhere Effekte nachweisen, was wiederum durch die Befunde zum Vergessen gut erklärbar ist.

Eine vierte Grundlinie der allgemeinen Befunde zu Training und Transfer lässt sich hier zwar nicht so eindeutig beobachten, sollte aber dennoch erwähnt werden: Die Höhe der Effekte hängt maßgeblich von den gewählten Kriterien ab. So lassen sich für den Wissenszuwachs (erfasst durch Wissenstests) systematisch deutlich höhere Effekte nachweisen als für Verhaltensänderungen (z. B. erfasst durch Verhaltensbeobachtungen am Arbeitsplatz nach erfolgter Trainingsmaßnahme). Beispielsweise erbrachte die Metaanalyse zum Behavior-Modeling-Training von Taylor et al. (2005) eine Effektstärke von (nur) $d = .26$ für tatsächlich verbessertes Vorgesetztenverhalten am Arbeitsplatz, aber eine Effektstärke von $d = 2.34$ für den Zuwachs an deklarativem Wissen über ein besseres Verhalten als Vorgesetzter. Wenn man das AC v. a. als verhaltensbeobachtendes Messinstrument auffasst, sind also vergleichsweise geringe Effekte zu erwarten.

12.4 Trainierbarkeit der Assessment Center-Gesamtleistung

Betrachtet man vor diesem Hintergrund die Befundlage zur Trainierbarkeit für AC-Gesamtwerte (Overall-Assessment-Score, OAS), so lässt sich erneut nur eine geringe Anzahl von Studien heranziehen. Unsere Literaturanalyse erbrachte sieben relevante Studien. Mayes, Belloli, Riggio und Aguirre (1997) beschreiben, dass der OAS dann etwas besser ausfiel, wenn die Kandidaten zuvor an einem kompetenzbasierten Training teilgenommen hatten. Struth, Frank und Amato (1980) fanden, dass ehemalige Assessoren in einem ähnlichen AC besser abschnitten als Teilnehmer, die zuvor keine Assessoren gewesen waren ($d = .45$). Kleinmann (1997) fand eine Verbesserung von $d = .28$, wenn AC-Dimensionen und erwünschte Verhaltensweisen unmittelbar vor dem AC detailliert erläutert wurden. McIntyre (1980) berichtet, dass 67 % von AC-Wiederholern sich auf einer vierstufigen Skala um eine oder mehr Stufen verbesserten. Dagegen erbrachte die Reanalyse der oben beschriebenen Daten von Moses (1973, vgl. Amaral, 2003) keine Verbesserung ($d = .02$) der Leistung im zweiten AC. Zuletzt berichten Dulewicz und Fletcher (1982), dass sie keine signifikante Verbesserung des OAS durch vorherige Erfahrung mit Postkörben und Teammeetings im Arbeitsalltag nachweisen konnten.

Etwas ausführlicher sollen die diesbezüglichen Resultate der bereits oben erwähnten Untersuchung von Kelbetz und Schuler (2002) dargestellt werden. Hier waren 67 % der Teilnehmer, die beim ersten Mal in dem gleichen AC durchgefallen waren, beim zweiten Versuch erfolgreich. Allerdings schrumpfte die resultierende Effektstärke von $d = .97$ nach Korrektur des Regressionseffekts auf $d = .40$. Zunächst einmal könnten für die sehr hohe Bestehensquote im zweiten Anlauf somit Selektionseffekte verantwortlich sein: Nicht alle „Nichtbesteher" haben schließlich das AC erneut durchlaufen, sondern wahrscheinlich nur eine Subgruppe von ausdauernden und hinreichend ehrgeizigen Bewerbern, die den Mut hatten, es erneut zu versuchen. Korrigiert werden musste der hohe Wert jedoch vor allem aufgrund eines statistischen Artefakts, nämlich des Regressionseffekts (Bortz & Döring, 2002; Vagt, 1976). Dieser Effekt beruht auf der Tatsache, dass bei der systematisch vorselegierten Stichprobe nicht erfolgreicher AC-Teilnehmer mit einer Selektion derjenigen zu rechnen ist, bei denen sich die Fehlerfaktoren in einer sehr ungünstigen Kombination beteiligt haben („an dem Tag lief einfach nichts"). Da sich diese (unabhängigen) Messfehleranteile bei einem zweiten AC sehr wahrscheinlich nicht wieder so ungünstig kombinieren, resultiert eine statistisch bedingte Ergebnisverbesserung. Umgekehrt würde der Effekt bei einer Selektion besonders erfolgreicher Teilnehmer zu einer statistisch bedingten Verschlechterung führen, daher wird der Effekt auch als Regression zur Mitte bezeichnet. Es gilt allerdings: Je geringer die Messfehleranteile sind, je reliabler das Verfahren also ist, desto weniger fällt der Effekt ins Gewicht. Aufgrund der in dieser Studie gefundenen sehr geringen Retestreliabilität von im Mittel $r = .37$ musste allerdings die beobachtete Effektstärke drastisch nach unten korrigiert werden. In anderen Worten: Bei geringer Reliabilität ist eine mögliche Trainierbarkeit schwer nachweisbar, da sie von Messfehlern überdeckt wird bzw. werden kann.

Zusammengefasst lässt sich feststellen, dass die Befundlage für AC-Gesamtwerte weniger eindeutig zu interpretieren ist als diejenige für AC-Einzelaufgaben. Die gefundenen Effektstärken sind entweder kleiner als bei den AC-Einzelverfahren, oder es wurden gar keine Effekte gefunden. Mögliche Gründe hierfür könnten sein:
– unterschiedliche Trainingsmaßnahmen (z. B. Wiederholung des identischen ACs mit oder ohne Feedback, Erfahrung als Assessor, Informationen über AC-Dimensionen),
– die Komplexität des ACs als schwer trainierbare Situation im Vergleich zu einer einzigen AC-Einzelaufgabe – insbesondere da im AC Verhaltensverbesserungen nachgewiesen werden müssten,
– Unterschiede der AC-Verfahren, Zielgruppen, Settings etc. oder
– bis dato unbekannte Drittfaktoren.

Um dies abschließend klären zu können, würde eine große Anzahl von Studien benötigt, bei denen die genannten Faktoren systematisch variiert werden. Eine solche Datenbasis liegt jedoch bisher nicht vor. Daneben klammern die aufgeführten Studien die für Praktiker spannende Frage aus, ob bzw. in welchem Maße AC-Erfahrene und vorbereitete Teilnehmer besser abschneiden als AC-Neulinge.

Im Folgenden erfolgt daher eine Zusammenfassung der metaanalytischen Untersuchung von Amaral (2003, bzw. Amaral & Schuler, 2006), die diese Aspekte adressiert.

12.5 Einfluss von Assessment Center-Vorerfahrung und Vorbereitung auf die Assessment Center-Leistung

Methode

Die Untersuchung von Amaral (2003) zielte darauf ab, den Einfluss von vorheriger AC-Erfahrung, Training und Vorbereitung auf die Leistung in einem zweiten AC zu untersuchen (vgl. Abb. 1). Dabei wurde zweistufig vorgegangen. Im ersten Teil der Untersuchung wurden die AC-Leistungen von AC-vorerfahrenen und vorbereiteten Teilnehmern mit denen von unerfahrenen und unvorbereiteten Teilnehmern verglichen (für diese Gruppe ist die Verbindung 2 in Abb. 1 nicht vorhanden). Allerdings ist diese Vergleichsgruppenbildung in einem gewissen Maße künstlich, da die „Übungsindizes" (d. h. AC-Vorerfahrung, Vorbereitung, vorheriger Besuch von Personalentwicklungsmaßnahmen etc.) eigentlich kontinuierliche Variablen sind. Es wurden daher fünf verschiedene mehrstufige Variablen definiert (Details siehe unten) und diese dann mit dem AC-Gesamtwert (OAS) korreliert. Um daneben mögliche Einflüsse der verschiedenen Settings, d. h. der AC-Gestaltung, Zielgruppen etc., abschätzen zu können, wurden insgesamt zehn unabhängige Studien mit den AC-Verfahren verschiedener Organisationen in gleicher Weise durchgeführt. Die Ergebnisse der zehn Studien wurden anschließend metaanalytisch zusammengefasst[3].

Der große Vorteil der metaanalytischen Zusammenfassung der Ergebnisse besteht darin, dass sie es bereits bei der geringen Anzahl von k = 10 Einzelstudien erlaubt, hinsichtlich des Stichprobenfehlers korrigierte mittlere Effektstärken zu kalkulieren und auf Signifikanz zu testen. Somit ist eine wesentlich genauere Schätzung der wahren Effekte möglich als beispielsweise aufgrund einer narrativen Ergebniszusammenfassung. Der zweite Vorteil liegt darin, dass – bei einem Einsatz von Random-Effect-Modellen – geprüft werden kann, ob die Streuung der Ergebnisse zwischen den zehn Einzelstudien noch im statistischen Toleranzbereich liegt, d. h. ob Homogenität vorliegt oder ob von systematischen Unterschieden zwischen den Ergebnissen ausgegangen werden muss. Hier limitiert im vorliegenden Fall die geringe Anzahl von Studien (k = 10) die Aussagefähigkeit dieses Homogenitätstests jedoch beträchtlich – in etwa in gleicher Weise, als ob ein t – Test lediglich mit n = 10 Personen durchgeführt würde. Dieses Problem wird daher als Stichprobenfehler zweiter Art (Hunter & Schmidt, 2004) bezeichnet. Eigentlich sollten mindestens k = 32 Einzelstudien für diese Testung vorliegen (Schulze, 2004). Es ist aber immer noch besser, die Homogenität zu prüfen, anstatt sie einfach zu postulieren und ein Fixed-Effects-Modell der Metaanalyse zu wählen.

In einem zweiten Teil der Untersuchung prüften Detailanalysen, ob Drittvariablen die Ergebnisse beeinflussen. Wie bereits in der Einführung dargestellt, ist anzunehmen, dass AC-Vorerfahrung nicht alleine vom Zufall abhängt, sondern auch von der Persönlichkeit (Verbindung 4 in Abb. 1) und von situativen Faktoren (Verbindung 6 in Abb. 1). Um diese Einflüsse zu kontrollieren, wurden Drittfaktoren erhoben und in einer hierarchischen Regression auspartialisiert. Zudem wurden die Effekte der Faktoren „Zeitspanne zwischen den ACs" und „Feedback" getrennt untersucht[4].

---

[3] Von den bisher genannten Studien anderer Autoren wären die Angaben in vier Studien ausreichend gewesen, um ebenfalls in die Metaanalyse einbezogen zu werden. Allerdings unterscheiden sich diese Studien in den Rahmenbedingungen so stark vom hier gewählten Design, dass die mangelnde Vergleichbarkeit in keinem Verhältnis zum Nutzen eines Zuwachses von k = 10 auf k = 14 Studien steht. Daher wurden diese Studien nicht in die Metaanalyse aufgenommen.

[4] Da diese Faktoren nur bei Personen mit AC-Vorerfahrung erhoben werden können, konnten sie in der Regression über alle Kandidaten nicht berücksichtigt werden.

Primärstudien

Es wurden 10 Primärstudien in jeweils verschiedenen Organisationen durchgeführt (zu den Details der Studien vgl. Amaral 2003). Die Organisationen wurden durch Direktansprache sowie über Artikel in Personalmagazinen rekrutiert. Vorausgesetzt wurde eine Stichprobengröße von mindestens 20 Personen sowie ein numerisch gebildeter OAS. Im Gegenzug erhielten die Organisationen ein Feedback zur AC-Gestaltung. Die Teilnahme der Kandidaten an der Untersuchung war freiwillig und hatte keinen Einfluss auf den OAS. Die Teilnehmer hatten folgende Übungsindizes anzugeben: (1) *AC-Vorerfahrung:* Anzahl der zuvor durchlaufenen ACs[5], (2) *Vorbereitung:* Anzahl der Strategien zur Vorbereitung auf das AC (z. B. Lesen von Ratgeberliteratur, Üben mit Kollegen, Erfahrungsaustausch mit AC-Erfahrenen), (3) *Anzahl Trainings:* innerhalb der letzten drei Jahre durchlaufene Personalentwicklungstrainings (z. B. Rhetorikseminar, Präsentationstechniken), (4) *vorherige Interviews:* Anzahl von Auswahlinterviews innerhalb der letzten drei Jahre und (5) *vorherige Intelligenztests:* Anzahl von durchlaufenen Intelligenztests während der letzten drei Jahre.

Zur Berechnung der zwischen den ACs liegenden Zeitspanne wurden die Probanden gebeten, Monat und Jahr aller vorherigen AC-Teilnahmen anzugeben – berechnet wurde dann die zeitliche Differenz zwischen dem aktuellen und dem unmittelbar vorherigen AC. Hinsichtlich des Feedbacks war anzugeben (a) ob ein Feedback erhalten wurde, (b) in welcher Form (schriftlich, mündlich), (c) die Dauer des Feedbacks in Viertelstunden, (d) die Zufriedenheit mit dem Feedback auf einer fünfstufigen Skala und (e) ob das Feedback konkrete Vorschläge zur Verhaltensverbesserung enthielt.

Daneben wurden folgende Drittvariablen erfasst: Selbstwirksamkeit in Prüfungssituationen (Übersetzung der Skala von Ryan, Ployhart, Greguras & Schmit, 1998; Cronbach's $\alpha = .82$); Intelligenzquotient aus dem jeweiligen Intelligenztest, bzw. erfasst mit der deutschen Version des Wonderlic Personnel Test (Wonderlic Personnel Test Incorporate, 1996), Leistungsmotivation mit ihren Subfacetten Dominanz und Furchtlosigkeit gemessen mit dem Leistungsmotivationsinventar (Schuler & Prochaska, 2001) oder mit dem Beruflichen Motivationstest (S & F Personalpsychologie, 2001a), Zustandsangst erfasst mit dem Stait-Trait-Angst-Inventar (Laux, Glanzmann, Schaffner & Spielberger, 1981), ein Maß der sozialen Kompetenz (S & F Personalpsychologie, 2001b), die Big-Five-Faktoren gemessen mit der deutschen Version des NEO-FFI (Borkenau & Ostendorf, 1993), durchschnittliche Schul- und Hochschulabschlussnoten sowie demografische Daten wie Alter, Geschlecht, Ausbildungsniveau und Berufserfahrung in Jahren.

Metaanalytisches Vorgehen zur Mittelung der Ergebnisse der Primärstudien

Zunächst wurden für jede Studie die *Korrelationen* der fünf Übungsindizes mit dem OAS berechnet sowie die *Effektstärken* der OAS-Differenz zwischen Erfahrenen und Unerfahrenen, Vorbereiteten und Unvorbereiteten etc. (zu den jeweiligen Ergebnis-

---

5 Die Operationalisierung der Übungsindizes durch Angabe von absoluten Häufigkeiten maximiert die Reliabilität – gerade im Vergleich zur Alternative der Erfassung durch Selbsteinschätzungsskalen.

sen aller zehn Einzelstudien vgl. Amaral, 2003; zur Berechnung der Effektstärke wurde gemäß Hunter & Schmidt, 2004, S. 277, die Differenz der Mittelwerte von Erfahrenen und Unerfahrenen durch die gepolte Standardabweichung beider Gruppen dividiert).

Anschließend wurden metaanalytisch die mittleren (wahren) Korrelationen und Effektstärken geschätzt, wobei die von Hunter und Schmidt (2004) vertriebenen Programme genutzt wurden (Meta-Analysis Programs). Korrigiert wurde hinsichtlich (1) des Stichprobenfehlers, (2) der Reliabilität des OAS sowie (3) der Verteilungsunterschiede der Prädiktoren, d.h. der Übungsindizes. Eine Korrektur für weitere Artefakte konnte aufgrund fehlender Daten nicht vorgenommen werden. So liegen z.B. keine Kennwerte zur Reliabilität der fünf Übungsindizes vor. Da jedoch Absolutzahlen anzugeben waren (z.B. die Anzahl der zuvor besuchten ACs), ist von einer sehr hohen Reliabilität auszugehen, d.h. davon, dass die Teilnehmer auch bei erneuter Befragung wieder die gleichen Anzahlen vorheriger AC-Teilnahmen etc. nennen würden. Da in der Metaanalyse keine Korrektur vorgenommen wurde, entspricht dies der konservativen Annahme, dass $r_{xx} = 1.0$ für alle fünf Übungsindizes beträgt.

(1) Die Korrektur des Stichprobenfehlers ist integraler Bestandteil aller metaanalytischen Methoden. (2) Für die Korrektur der mangelnden Reliabilität des Kriteriums (OAS) wurde die bereits dargestellte mittlere Reliabilität von $r = .71$ gewählt. (3) Die Korrektur hinsichtlich der Verteilungsunterschiede der Übungsindizes musste bei der Analyse der *korrelativen Zusammenhänge mit dem OAS* erfolgen, da bei allen fünf Übungsindizes große Verteilungsunterschiede auftraten (z.B. schwankte der Prozentsatz der vorbereiteten Teilnehmer zwischen den Studien von 10% bis 93%). Als statistisches Artefakt wirkt sich dies insofern auf die beobachteten Korrelationen aus, als diese bei starken Abweichungen von 50% unangemessen niedriger ausfallen. Um die Korrektur vorzunehmen, wurde eine Referenzverteilung definiert. Dazu wurde die mittlere Standardabweichung der 10 Studien genutzt, d.h. $SD_M = .61$ für AC-Vorerfahrung, $SD_M = .90$ für Vorbereitung, $SD_M = 3.28$ für vorherige Interviews, $SD_M = .49$ für vorherige Intelligenztests und $SD_M = 1.12$ für vorherige Trainings. Dann konnte für jede Studie der individuelle u-Wert als Quotient der jeweiligen Standardabweichung SD_i dividiert durch die mittlere Standardabweichung SD_M gebildet werden (die SD_i-Werte sind bei Amaral, 2003, angegeben). Es resultierte für einige Studien ein u-Wert kleiner als 1.00 (Streuungsverminderung) und für einige ein u-Wert größer als 1.00 (Streuungserhöhung).

Zusammengefasst wurde die Metaanalyse für *Korrelationen* anschließend mit dem Programm für direkte Verteilungsunterschiede berechnet (VG6-D, vgl. Hunter & Schmidt, 2004, Kap. 3). Dabei wurden für jede Studie die individuelle Korrelation, die Stichprobengröße, der u-Wert und $r_{xx} = 1.00$ sowie $r_{yy} = .71$ eingegeben. Die Ergebnisse sind in Tabelle 1 dargestellt.

Bei der Metaanalyse für *Effektstärken* musste keine Korrektur für Verteilungsunterschiede vorgenommen werden, da diese Messgröße von Verteilungsunterschieden nicht beeinflusst wird. Sie wurde mit dem Programm für d-Werte berechnet (D-Value1, vgl. Hunter & Schmidt, 2004, Kap. 7). Dabei wurde hinsichtlich des Stichprobenfehlers und r_{yy} korrigiert. Die Ergebnisse sind in Tabelle 2 dargestellt.

Tabelle 1: Metaanalyse der Korrelationen mit dem AC-Gesamtwert (OAS) mit Korrektur der Verteilungsunterschiede (unter Einsatz des Programms VG6 der Hunter-Schmidt Meta-Analysis Programs, Hunter & Schmidt, 2004)

Prädiktoren	k	N	$\bar{n}$	$\bar{r}$	σ_r^2	σ_e^2	ρ	σ_{meas}^2	σ_ρ	% Var	80 % CV
AC-Vorerfahrung	10	1093	109	.08	.0126	.0092	*.12*	.0125	.04	89 %	.06–.17
Vorbereitung	10	1091	109	.14	.0112	.0089	*.14*	.0095	.08	60 %	.04–.24
Vorher. Interviews[a]	9	981	109	–.01	.0087	.0093	*.00*	.0111	.00	100 %	.00–.00
Vorher. Intelligenztests[a]	8	956	120	.04	.0059	.0084	*.02*	.0101	.00	100 %	.02–.02
Anzahl Trainings[a]	10	1019	102	.11	.0090	.0098	*.17*	.0198	.00	100 %	.17–.17

Anmerkungen: Vorher. = vorherige; k = Anzahl unabhängiger Studien; N = Gesamtzahl aller Teilnehmer; $\bar{n}$ = mittlere Stichprobengröße; $\bar{r}$ = mittlere, hinsichtl. des Stichprobenfehlers korrigierte Korrelation; σ_r^2 = beobachtete Gesamtvarianz; σ_e^2 = Gesamtvarianz aufgrund des Stichprobenfehlers; ρ = um Unreliabilität von AC, Stichprobenfehler und um Verteilungsunterschiede korrigierte Korrelation; σ_{meas}^2 = Varianz aufgrund von Stichprobenfehler, Unreliabilität des ACs und der Verteilungsunterschiede; σ_ρ = Standardabweichung von ρ; 80 % CV = 80 % Vertrauensintervall (Untergrenze und Obergrenze des Vertrauensintervalls); a) innerhalb der letzten drei Jahre; Kursivsetzung = Kernergebnisse zur Trainierbarkeit.

Tabelle 2: Metaanalyse der Effektstärken (d-Werte) der AC-Gesamtwerte (OAS) ohne Korrektur der Verteilungsunterschiede (unter Einsatz des Programms D-Value der Hunter-Schmidt Meta-Analysis Programs, Hunter & Schmidt, 2004)

Prädiktoren	k	N	$\bar{n}$	$\bar{d}$	σ_r^2	σ_e^2	δ	σ_{meas}^2	σ_ρ	% Var	80 % CV
AC-Vorerfahrung	10	1093	109	.20	.1420	.0380	*.26*	.0386	.41	27 %	–.27–.79
Vorbereitung	10	1091	109	.43	.1060	.0388	*.55*	.0414	.33	39 %	.13–.97
Vorher. Interviews[a]	9	981	109	.12	.0544	.0380	*.15*	.0383	.16	70 %	–.05–.36
Vorher. Intelligenztests[a]	8	956	120	.14	.0596	.0344	*.17*	.0348	.20	58 %	–.08–.42
Anzahl Trainings[a][b]	9	919	102	.20	.0636	.0420	*.25*	.0427	.18	67 %	.02–.48

Anmerkungen: Vorher. = vorherige; k = Anzahl unabhängiger Studien; N = Gesamtzahl aller Teilnehmer; $\bar{n}$ = mittlere Stichprobengröße; $\bar{d}$ = mittlere, hinsichtl. des Stichprobenfehlers korrigierte Effektstärke; σ_r^2 = beobachtete Gesamtvarianz; σ_e^2 = Gesamtvarianz aufgrund des Stichprobenfehlers; δ = um Unreliabilität von AC und hinsichtlich des Stichprobenfehlers korrigierte Effektstärke; σ_{meas}^2 = Gesamtvarianz aufgrund des Stichprobenfehlers und der Unreliabilität von AC; σ_δ = Standardabweichung von δ; 80 % CV = 80 % Vertrauensintervall (Untergrenze und Obergrenze des Vertrauensintervalls); a) innerhalb der letzten drei Jahre; b) eine Studie musste ausgeschlossen werden, das sich 100 % der Teilnehmer vorbereitet hatten; Kursivsetzung = Kernergebnisse zur Trainierbarkeit.

Bezüglich der Fragestellung, ob systematische Unterschiede zwischen den 10 Studien bestehen, wird in den Tabellen 1 und 2 der prozentual durch die Fehlervarianz erklärbare Anteil an der Gesamtvarianz angegeben. Ist dieser Anteil größer als 75 %, so besagt die 75 %-Regel, dass diese Unterschiede auf statistische Effekte und nicht auf systematische Unterschiede zwischen den Ergebnissen der Einzelstudien zurückzuführen sind. Als Signifikanztest für die Homogenitätsprüfung wurde das 80 %-Vertrauensintervall gewählt.

Regressionsanalytisches Vorgehen zur Feststellung des Einflusses von Drittvariablen

Die einfachen Korrelationen zwischen Prädiktor und AC-Gesamtwert lassen ebenso wie ihre metaanalytische Zusammenfassung mögliche Einflüsse von Drittvariablen außer Acht. Die multiple Regression erlaubt es hingegen, solche Effekte zu untersuchen. Zunächst wurden jeweils relevante Drittvariablen identifiziert, d. h. Variablen, die mindestens entweder mit dem Prädiktor oder dem Kriterium korrelieren, denn nur dann können sie überhaupt den Zusammenhang zwischen Übungsindizes und OAS beeinflussen. Die Ergebnisse lassen sich aus Tabelle 3 ersehen. In der Tabelle sind die Korrelationen für alle 10 Studien zusammengefasst, was möglich war, indem sowohl Prädiktoren als auch Kriterien zuvor z-standardisiert wurden. Die Ergebnisse entsprechen somit einer lediglich bezüglich des Stichprobenfehlers korrigierten Metaanalyse, die von der Homogenität der Ergebnisse zwischen den Studien ausgeht[6].

Soziale Kompetenz, Zustandsangst und Schultyp konnten nicht in die Regression aufgenommen werden, da sie nur in einem Teil der zehn Studien erfasst wurden und damit die Stichprobengröße deutlich verringert hätten. Anschließend wurde eine stufenweise multiple Regression durchgeführt. Auf jeder Stufe wurden neue Variablen zu den Variablen der vorherigen Stufe in die Regression hinzugenommen und dann eine Regression berechnet (vgl. Tab. 4). So erhöht sich schrittweise die erklärte Varianz, wobei auf jeder Stufe die inkrementelle Varianz berechnet wird, d. h. die durch die neu aufgenommenen Variablen zusätzlich erklärte Varianz. Die gemeinsam erklärte Varianz zweier Variablen wird dabei immer der zuerst aufgenommenen Variable zugeschlagen. Würden z. B. zwei Intelligenztestergebnisse nacheinander als Prädiktoren aufgenommen, so würde der auf der ersten Stufe aufgenommene Test einen hohen Varianzanteil erklären und der danach aufgenommene keine Varianz erklären, d. h. eine inkrementelle Varianz von null aufweisen. Da geprüft werden soll, ob die Übungsindizes einen eigenen Varianzanteil des OAS erklären (und eben nicht nur mit dem OAS korrelieren aufgrund ihres Zusammenhangs mit einer mit dem OAS ebenfalls korrelierten Drittvariablen wie z. B. Intelligenz, vgl. Abb. 1) werden sie als letztes in die Regression aufgenommen und ihre inkrementelle Varianz bestimmt (vgl. Tab. 4).

---

6 Die notwendige Voraussetzung der Homogenität der Prädiktoren wurde in gleicher Weise wie für die Übungsindizes für jeden anderen Prädiktor (Intelligenz, Leistungsmotivation etc.) metaanalytisch geprüft. Von den in die Regression aufgenommenen Prädiktoren ist sie lediglich für Intelligenz (Varianzaufklärung 46 %) verletzt. Wird zudem die Problematik des Stichprobenfehlers zweiter Art und das Fehlen von Hypothesen für systematische Unterschiede berücksichtigt, erschien es gerechtfertigt, die Regressionsanalyse dennoch durchzuführen.

Tabelle 3: Korrelationen der Drittvariablen mit der AC-Gesamtleistung und der AC-Vorerfahrung

Prädiktoren	r EX	r OAS	Prädiktoren	r EX	r OAS
Persönlichkeitsmerkmale:			Berufserfahrung (N = 1010)	–.03	–.05
Zustandsangst (N = 461)	–.06	–.14**	Alter (N = 1078)	–.01	–.03
Selbstw. in Prüfungs. (N = 1065)	.04	.16***	*Übungsindizes:*		
Soziale Kompetenz (N = 552)	.06	.28***	AC-Vorerfahrung (N = 1093)	1.0	*.09***
Leistungsmotivation (N = 1076)	.03	.13***	Vorbereitung (N = 1091)	.08**	*.14****
Dominanz (N = 1076)a)	.03	.15***	Anzahl Trainings (N = 1019)b)	.12***	*.11****
Furchtlosigkeit (N = 1076)a)	.05	.16***	Vorher. Interviews (N = 979)b)	.00	*–.01*
Emotionale Stabilität (N = 345)	–.02	.08	Vorher. Intelligenztests (N = 956)b)	.26***	*.04*
Extraversion (N = 346)	.05	.08	*Kognitive Fähigkeiten:*		
Offenheit (N = 346)	.01	.06	Ausbildungsabschlussnote (N = 830)b)	–.01	.17***
Verträglichkeit (N = 346)	–.04	.02	Schulabschlussnote (N = 891)c)	–.02	.03
Gewissenhaftigkeit (N = 346)	–.05	.06	Schultyp (N = 1065)d)	.02	.19***
Demografische Variablen:			Intelligenz (N = 1011)	.03	.24***
Geschlecht (N = 1070)	–.06	–.03	Intelligenz (N = 296, WPT)e)	.02	.12*

Anmerkungen: r EX = Korrelation mit AC-Vorerfahrung (Anzahl vorheriger ACs); r OAS = Korrelation mit der AC-Gesamtleistung; wenn nicht anders angegeben, sind alle Korrelationen Bravais-Pearson-Korrelationen; Selbstw. = Selbstwirksamkeit; Prüfungss. = Prüfungssituationen; Vorher. = vorherige; N = Gesamtzahl der Probanden; a) Subfacette des Leistungsmotivationsinventars; b) innerhalb der letzten 3 Jahre; c) Umpolung der Noten: positive Korrelation für positiven Zusammenhang; d) Spearman's-Rho-Rangkorrelationen; e) Studien, bei denen der Wonderlic Personnel Test als Intelligenzmaß eingesetzt wurde; + p < .1, * p < .05, ** p < .01, *** p < .001; Kursivsetzung = Kernergebnisse zur Trainierbarkeit.

Tabelle 4: Hierarchische Regression des AC-Gesamtwerts

Stufe	Aufgenommene Variablen (auf der jeweiligen Stufe zusätzlich zur vorherigen Stufe)	R	R^2	ΔR^2
1	(K + Schultyp + Intelligenz)	.26	.07	.07
2	(+ Leistungsmotivation)	.29	.09	.02
3	(+ Furchtlosigkeit + Dominanz)	.33	.11	.02
4	(+ Selbstwirksamkeit in Prüfungssituationen)	.35	.12	.01
5	(+ Anzahl Trainings)	.36	.13	*.01*
6	(+ Vorbereitung)	.37	.14	*.01*
7	(+ AC-Vorerfahrung)	.38	.14a)	*.01*

Anmerkungen: K = Konstante, R = Multiple Korrelation aller Variablen, die auf dieser Stufe in die Regressionsanalyse aufgenommen wurden, mit dem AC-Gesamtwert; R^2 = Varianzanteil, der durch die auf dieser Stufe aufgenommenen Variablen erklärt wird; ΔR^2 = Inkrementeller Varianzanteil, d. h. zusätzlich zur vorherigen Stufe aufgeklärter Varianzanteil; n = 892; a) rundungsbedingt; Kursivsetzung = Kernergebnisse zur Trainierbarkeit.

Tabelle 5: Standardisierte Betakoeffizienten und Partialkorrelationen der Regression des AC-Gesamtwerts auf Stufe 7

Prädiktoren	Stand. Beta	r partial
Intelligenz	.17***	.17
Schultyp	.10**	.11
Leistungsmotivation	.00	.00
Dominanz	.13***	.12
Furchtlosigkeit	.11**	.10
Selbstwirksamkeit in Prüfungssituationen	.09	.09
Anzahl Trainings	*.07**	.08
Vorbereitung	*.10***	.10
AC-Vorerfahrung	*.07**	.08

Anmerkungen: Stand. Beta = Standardisierter Beta-Koeffizient; r partial = Partialkorrelation; * p < .05, ** p < .01, *** p < .001; Kursivsetzung = Kernergebnisse zur Trainierbarkeit.

Für die abschließende Regression unter Einschluss aller Variablen werden noch die standardisieren Beta-Koeffizienten und Partialkorrelationen angegeben (vgl. Tab. 5).

Ergebnisse

Die zehn ACs unterscheiden sich hinsichtlich einiger Kennzahlen (vgl. Amaral, 2003). Die meisten ACs wurden zu Auswahlzwecken durchgeführt. Die Mehrheit der Organisationen entstammte der Finanzdienstleistungsbranche, wobei jedoch absolut mehr Versuchspersonen aus der Industrie teilnahmen. Die Zielgruppe war überwiegend das untere oder mittlere Management. Das Durchschnittsalter lag bei 28 Jahren (SD = 12). Die meisten Teilnehmer waren Männer (83 %, SD = 37 %). Im Durchschnitt hatten 28 % der Teilnehmer AC-Vorerfahrung (SD = 64 %) und 68 % hatten sich vorbereitet (SD = 47 %). 44 % der Kandidaten hatten während der letzten drei Jahre ein Auswahlinterview durchlaufen (SD = 50 %) und 10 % einen Intelligenztest (SD = 30 %). Zusammengefasst machen die hohen Standardabweichungen deutlich, dass den 10 Studien eine sehr gemischte Zusammenstellung von AC-Verfahren zugrunde liegt.

Die Tabellen 1 und 2 zeigen die Resultate der Metaanalyse. Die korrigierten mittleren Zusammenhänge betrugen: $\rho = .12$ bzw. $\delta = .26$ für AC-Vorerfahrung, $\rho = .14$ bzw. $\delta = .55$ für Vorbereitung, $\rho = .17$ bzw. $\delta = .25$ für die Anzahl durchlaufener Trainingsmaßnahmen und jeweils ca. $\rho = .00$ bzw. $\delta = .15$ bzw. $\delta = .17$ für vorherige Interviews und vorherige Intelligenztests. Die letztgenannten Variablen hängen somit gar nicht mit dem OAS zusammen. Für die Korrelationen der ersten drei Übungsindizes schließt das Vertrauensintervall null aus. Auch der Prozentanteil der aufgeklärten Varianz liegt durchgängig über

75 % und deutet somit ebenfalls auf Homogenität hin. Somit kann man für diese drei Übungsindizes von generalisierbaren, kleinen Effekten sprechen. Ein anderes Bild hinsichtlich der Homogenität ergab sich jedoch als Ergebnis der Metaanalyse der Effektstärken. Hier ist null bei allen Vertrauensintervallen eingeschlossen (Ausnahme Vorbereitung) und der Prozentanteil der aufgeklärten Varianz lag durchgängig unter 75 %.

Es zeigt sich also, dass die unterschiedliche Operationalisierung der Übungsindizes – einerseits als kontinuierliche Variablen, bei der stärkere Korrekturen durchgeführt werden mussten, und andererseits als Reduktion auf zwei Gruppen (Erfahrene vs. Unerfahrene), bei der weniger statistische Korrekturen erforderlich waren – zu unterschiedlichen Ergebnissen führen. Welche Analysemethode jedoch angemessener ist, ist gegenwärtig nicht zu entscheiden. Ebenso sind aufgrund des Stichprobenfehlers zweiter Art beide Homogenitätsaussagen nur grobe Abschätzungen; wie bereits erwähnt, wären verlässliche Aussagen erst bei einer größeren Studienzahl möglich.

Die Ergebnisse der Zusammenhänge mit den Drittvariablen (mehrheitlich Persönlichkeitsmerkmale) und der AC-Vorerfahrung bzw. dem OAS lassen sich aus Tabelle 3 ersehen. So hängen die Übungsindizes untereinander leicht zusammen. Beispielsweise haben AC-vorerfahrene Teilnehmer häufiger an Intelligenztests teilgenommen ($r = .26$), was wenig verwunderlich ist, da diese häufig als AC-Einzelverfahren eingesetzt werden. Davon abgesehen korrelierte allerdings kein Persönlichkeitsmerkmal und keine demografische Variable signifikant mit der AC-Vorerfahrung. Das heißt, ihr erwarteter Einfluss als Drittvariablen (wie er mit Verbindung 4 in Abb. 1 beschrieben wurde) wird von den Resultaten dieser Studie nicht gestützt. Vielleicht sind situative Einflüsse, die nicht geprüft werden konnten – wie Zufall oder Selektionseffekte – so stark, dass sie solche Zusammenhänge überdecken.

Wie erwartet und in Übereinstimmung mit den bisherigen Forschungsergebnissen (z. B. Höft & Schuler, 2001) korrelieren allerdings viele Drittvariablen mit dem OAS (und bestätigen damit die Existenz der postulierten Zusammenhänge von Verbindung 1 in Abb. 1).

Die Ergebnisse der multiplen Regression in Tabelle 4 zeigen dagegen, dass Drittvariablen die (geringen) Zusammenhänge der drei Übungsindizes (AC-Vorerfahrung, Vorbereitung und Anzahl von Trainings) mit dem OAS nicht beeinflussen. Insgesamt konnten diese drei Übungsindizes 3 % der OAS-Varianz inkrementell aufklären (vgl. die kursiv gedruckten Zahlen in Tab. 4). In einer Regression, bei der die Übungsindizes zuerst eingingen (vgl. Amaral, 2003), d. h. bei maximalem Einfluss, erklärten sie 4 % ($R = .18$) der OAS-Varianz. Der Prozentsatz ist somit in beiden Fällen vergleichbar gering. Entsprechend sind die standardisierten Beta-Koeffizienten und Partialkorrelationen in etwa in vergleichbarer Höhe wie die Ausgangskorrelationen, insbesondere wenn die Interkorrelationen der Übungsindizes berücksichtigt werden. So beträgt z. B. die Partialkorrelation für Vorbereitung $r = .10$ und die metaanalytisch ermittelte Korrelation $\rho = .17$.

Zum Schluss wurde noch der Einfluss von Zeitspanne und Feedback untersucht. Die Zeitspanne zwischen den ACs hing nicht signifikant mit dem OAS zusammen ($r = .11$, $n = 218$, $M = 5.3$ Jahre, $SD = 3.9$ Jahre). Für Feedback ergab sich: Erhalt von Feedback (dichotomisiert, ja/nein) mit dem OAS $r = -.10$ ($n = 214$) und Erhalt von Feedback mit konkreten Hinweisen zur Verhaltensverbesserung $r = -.01$ ($n = 214$). Die negativen Zusammenhänge resultieren möglicherweise aus dem negativen Zusammenhang zwischen Feedback und Zeitspanne ($r = -.17*$; $n = 207$), d. h. der Tatsache, dass bei ACs in jüngerer Zeit häufiger Feedback gegeben wurde.

12.6 Schlussfolgerungen und Diskussion

Als weit verbreitetes Verfahren sind ACs nicht nur den Anwendern, sondern auch den (zukünftigen) Teilnehmern bekannt. In der Konsequenz zeigte die Untersuchung von Amaral (2003), dass insgesamt 28 % der Teilnehmer über AC-Vorerfahrung verfügten und sich durchschnittlich 78 % vorbereitet hatten, wenn das AC Selektionszwecken diente.

Die Ergebnisse dieser Studie zeigten ebenfalls, dass AC-Vorerfahrung und Vorbereitung in Organisationen einen zwar nachweisbaren, aber – mit Ausnahme der direkten Vorbereitung – eher geringen Einfluss auf die AC-Gesamtleistung hat. Was bedeutet dies im Kontext der bisherigen Befunde und des in Abbildung 1 dargestellten Modells?

Die bisherige Forschung konnte zeigen, dass konkrete und individuelle Strategien wie Feedback (Kelbetz & Schuler, 2002) oder die detaillierte Vermittlung der in einem bestimmten AC bewerteten Anforderungsdimensionen (Kleinmann, 1997) zu einer spürbaren Leistungsverbesserung führten. Allerdings waren hier die Effektstärken schon deutlich geringer als bei vergleichbaren Laborstudien zu AC-Einzelaufgaben. Angesichts der wesentlich höheren Komplexität eines ACs im Vergleich zu einer AC-Einzelaufgabe (bei der schon wenige Verhaltensänderungen große Effekte bewirken können) ist das wenig verwunderlich. So war anzunehmen, dass gerade in der praxistypischen Mischung von unterschiedlichen AC-Vorerfahrungen und vermutlich unterschiedlich effektiver Vorbereitung eher geringe Effekte gefunden werden. Das Resultat bestätigt dies. So sind die beobachteten Effekte eher gering.

Verständlich wird dies, wenn man bedenkt, wie schwierig es ist, die Vorbereitung und Vorerfahrung perfekt auf ein (dem einzelnen Teilnehmer meist) unbekanntes neues AC abzustimmen, bei dem häufig andere Aufgabentypen und Anforderungsdimensionen zum Einsatz kommen.

Auch kann man davon ausgehen, dass die von Teilnehmern gewählten Vorbereitungsstrategien und Vorerfahrungen eher dem unsystematischen Feedback ähneln, das sich bereits bei AC-Einzelverfahren als wenig effektiv erwiesen hatte (Brannick et al., 1989; Petty, 1974). So waren beispielsweise in der vorliegenden Studie nur 50 % derjenigen, die überhaupt ein Feedback erhalten hatten, mit diesem zufrieden. Nur 50 % erhielten konkrete Hinweise, wie sie ihr Verhalten verbessern könnten. Es scheint somit schwierig zu sein, von einem solchem Feedback in einem AC einer (zumeist) anderen Organisation in nennenswerter Weise zu profitieren. Zudem war die AC-Vorerfahrung meist sehr lange her (M = 5.3 Jahre). Vergessenseffekte könnten daher den Lernerfolg noch weiter reduziert haben. Insgesamt lässt sich die Praxis also nicht mit systematischen Trainingsanstrengungen vergleichen, wie sie in Laboruntersuchungen getestet werden.

Bei der Erklärung der geringen Effekte sind auch einige Methodenfaktoren zu berücksichtigen. So sind kleine Effektstärken typisch in Studien zur Trainingswirksamkeit mit mehr als 100 Teilnehmern (Lipsey & Wilson, 1993). Im gewählten Design (Trainingsgruppe vs. Kontrollgruppe) fallen Effekte üblicherweise geringer aus als im Prä-Post-Design (Carlson & Schmidt, 1999). Auch die Reliabilität (selbst wenn man von einer durchschnittlichen Reliablität von $r_{yy} = .71$ ausgeht) schmälert die Möglichkeit, Effekte nachzuweisen. Vor diesem Hintergrund ist es bemerkenswert, dass überhaupt geringe Effekte in der Studie gefunden wurden.

Die Ergebnisse der Studie von Amaral (2003) stehen jedoch nicht in Konflikt mit dem in Abbildung 1 entwickelten Modell. Zwar konnten nicht alle Verbindungen nachgewiesen werden. Es könnte jedoch beispielsweise der Fall sein, dass situative Faktoren (wie sie in Abb. 1 mit den Verbindungen 3 und 6 beschrieben werden) einen unerwartet großen Einfluss gehabt und dadurch die möglichen Einflüsse der Persönlichkeit überdeckt haben könnten. Zudem zeigt das Modell, dass Vorbereitung und Erfahrung nicht automatisch zu Ergebnisverbesserungen führen. Stattdessen sind die Voraussetzungen für erfolgreichen Transfer zu schaffen. Die Studie stützt die Annahme, dass diese Voraussetzungen in Organisationen nur in geringem Maße realisiert werden.

Aus Anwenderperspektive können die Resultate als erfreulich interpretiert werden. Im Durchschnitt sind die Vorteile der AC-Vorerfahrenen und der vorbereiteten Teilnehmer gegenüber Neulingen gering. Somit kann auch die Aussagekraft des ACs durch sie nicht in Frage gestellt werden. Dies gilt jedoch nur bei durchschnittlicher Betrachtung. Im Einzelfall können durchaus viel stärkere Trainingseffekte erzielt werden. Insbesondere sind stärkere Effekte zu erwarten, wenn ein Teilnehmer ein transferförderndes AC-Training oder Entwicklungs-AC unter genauer Kenntnis der anstehenden AC-Einzelaufgaben durchlaufen würde. Diese Annahme wird u. a. auch durch die Ergebnisse von Kleinmann (1997) gestützt. Es sollte also davon abgesehen werden, Teilnehmern detaillierte Informationen über Anforderungsdimensionen, Aufgabenstellungen und gewünschte Verhaltensweisen zu geben, wenn man nicht zu einem großen Prozentsatz sozial erwünschtes Verhalten erfassen will. Zwar hat die Fähigkeit, sich sozial erwünscht verhalten zu können, sich als ein geeigneter Prädiktor zur Vorhersage des Berufserfolgs erwiesen (Diemand & Schuler, 1998). Dennoch sind dann uninformierte Teilnehmer benachteiligt.

Interessant ist in diesem Zusammenhang die Fragestellung, ob die gefundenen Effekte auf Kompetenz- oder Performanzsteigerung beruhen, d. h., ob sich die Kandidaten lediglich in Bezug auf ihre AC-Leistungen verbessern konnten oder ob sie grundlegende Kompetenzen erworben haben, die sie auch auf andere berufliche Situationen transferieren können. In letzterem Fall wäre nämlich die Validität der AC-Aussage auch durch die geringen Leistungssteigerungen vollständig unbeeinträchtigt. Aus verschiedenen Gründen ist eine solche Kompetenzsteigerung anzunehmen: Erstens mussten die Kandidaten die Informationen und Vorerfahrungen in ein anderes Setting – das zweite AC – übertragen. Zudem waren die Zeitspannen zwischen den AC-Erfahrungen sehr groß, es gab jedoch keinen Zusammenhang im Sinne einer Vergessenskurve. Des Weiteren ist davon auszugehen, dass vorbereitete Kandidaten sich auch auf andere wichtige berufliche Situationen vorbereiten, was als Kompetenz anzusehen ist. Endgültig kann diese Fragestellung jedoch erst in weiteren Untersuchungen geklärt werden.

Abschließend soll nochmals die Bedeutung der Reliabilität angesprochen werden. Die sehr geringe Anzahl an Studien und die dort gefundenen, heterogenen Kennwerte machen deutlich, dass diesem, für die Validität des ACs doch so wichtigen Kennwert bisher zu wenig Aufmerksamkeit gewidmet wurde. Hier zeigte sich in der Studie von Kelbetz und Schuler (2002) deutlich, welche drastischen Auswirkungen eine geringe Reliabilität auf die Aussagekraft haben kann und dass eine geringe Reliabilität es beispielsweise deutlich erschwert, differenzierte Befunde wie Leistungssteigerungen nachzuweisen. In diesem Zusammenhang sind die in den letzten Jahren in Deutschland in der Praxis beobachteten Tendenzen kritisch zu hinterfragen: Häufig wurden nachweislich reliable Einzelaufgaben wie Tests aus dem AC ausgeklammert und stattdessen verstärkt zusammenhängende Einzelaufgaben eingeführt (z. B. Lernpotenzial-AC, Sarges, 2001; dynamisierte ACs, Aldering, 2001, u. v. m.). Zwar sind solche Verfahren durch Feedbackschleifen und gegenseitige Abhängigkeiten der Einzelverfahren realitätsnäher und dadurch augenscheinvalider. Aber sie lassen eine zentrale Anforderung an ein gutes Messinstrument außer Acht: die Notwendigkeit, die Reliabilität zu maximieren. Es ist daher zu erwarten, dass eine systematische Untersuchung der Reliabilität von ACs die Schwächen solcher „Weiterentwicklungen" aufdecken würde. Im Gegenzug sollte stattdessen eine systematische Zusammenstellung von ausschließlich reliablen und validen Einzelverfahren erfolgen, um das Potenzial der Verfahrensmethode AC auszuschöpfen. Die Augenscheinvalidität könnte dabei durch alternative Maßnahmen wie z. B. Erklärungen der allgemeinen diagnostischen Prinzipien (Testlänge, Unabhängigkeit der Aufgaben etc.) verbessert werden, ohne dabei die Aussagekraft des Verfahrens zu schmälern.

Zuletzt ist darauf hinzuweisen, dass die hier getroffenen Aussagen auf der bisher immer noch geringen Datenbasis zu den Themenbereichen Reliabilität und Trainierbarkeit basieren. Einige Annahmen und Aussagen konnten noch nicht zweifelsfrei nachgewiesen werden oder wurden noch gar nicht untersucht. Auch die Metaanalyse von Amaral (2003) mit ihren 10 Einzelstudien lässt einige Fragen unbeantwortet. So gibt es bei dieser Untersuchung einige methodische Einschränkungen, die kurz aufgeführt werden sollten: Die Studie basierte ausschließlich auf freiwilligen Teilnehmerangaben. Aufgrund des Stichprobenfehlers zweiter Art bleibt unklar, ob eine Generalisierbarkeit der Ergebnisse tatsächlich möglich ist und ob die notwendigen Homogenitätsvoraussetzungen für die Regressionsanalyse tatsächlich vorlagen. Selbst wenn dies der Fall war, könnten immer noch einige nicht untersuchte Drittfaktoren eine Rolle gespielt haben, so dass die – kleinen – Effekte womöglich doch nicht im geschätzten Maß auf die Übungsindizes zurückgeführt werden können. Es wäre daher in jedem Fall lohnenswert, die angesprochenen Themenkomplexe in weiteren Studien genauer zu untersuchen und diesen Einschränkungen mit einer höhere Datenbasis, ergänzenden Studiendesigns und einer wesentlich größeren Studienanzahl entgegenzutreten.

Literatur

Aldering, C. (2001). Projektleiter-Assessment – Beispiel eines dynamisierten Assessment Centers. In W. Sarges (Hrsg.), *Weiterentwicklungen der Assessment Center Methode* (2. Aufl., S. 143–153). Göttingen: Hogrefe.

Alliger, G. M., Tannenbaum, S. I., Bennett, W. Jr., Traxer, H. & Shotland, A. (1997). A meta-analysis of the relations among training criteria. *Personnel Psychology, 50,* 341–358.

Amaral, G. P. (2003). *Übungs- und Trainingseffekte in Assessment Centern.* Berlin: dissertation.de.

Amaral, G. P. & Schuler, H. (in press). Effects of preparation and practice on assessment center performance. *International Journal of Selection and Assessment.*

Amelang, M. & Bartussek, D. (2001). *Differenzielle Psychologie und Persönlichkeitsforschung* (5. Aufl.). Stuttgart: Kohlhammer.

Baldwin, T. T. & Ford, J. K. (1988). Transfer of training: A review and directions for future research. *Personnel Psychology, 41,* 63–105.

Barbee, J. R. & Keil, E. C. (1973). Experimental techniques of job interview training for the disadvantaged. *Journal of Applied Psychology, 58,* 209–213.

Borkenau, P. & Ostendorf, F. (1993). *NEO-Fünf-Faktoreninventar (NEO-FFI) nach Costa und McCrae. Handanweisung.* Göttingen: Hogrefe.

Bortz, J. (2004). *Statistik für Sozialwissenschaftler* (6. Aufl.). Berlin: Springer.

Bortz, J. & Döring, N. (2002). *Forschungsmethoden und Evaluation. Für Human- und Sozialwissenschaftler* (3. Aufl.). Berlin: Springer.

Brannick, M. T., Michaels, C. E. & Baker, D. P. (1989). Construct validity of in-basket scores. *Journal of Applied Psychology, 74,* 957–963.

Brostoff, M. & Meyer, H. H. (1984). The effects of coaching on in-basket performance. *Journal of Assessment Center Technology, 7,* 17–21.

Burke, M. & Day, R. R. (1986). A cumulative study of the effectiveness of managerial training. *Journal of Applied Psychology, 71,* 232–245.

Burke, M. J., Sarpy, S. A., Smith-Crowe, K., Chan-Serafin, S., Islam, G. & Salvador, R. (in press). The relative effectiveness of worker safety and health training methods. *American Journal of Public Health.*

Carlson, K. D. & Schmidt, F. L. (1999). Impact of experimental design on effect size: Findings from the research literature on training. *Journal of Applied Psychology, 84,* 851–862.

Denning, D. L. & Grant, D. L. (1979). Knowledge of the assessment process: Does it influence candidate ratings? *Journal of Assessment Center Technology, 3,* 17–22.

Diemand, A. & Schuler, H. (1998). Wirksamkeit von Selbstdarstellungsvariablen im Rahmen der prognostischen Validierung eines Potenzialanalyseverfahrens. *Zeitschrift für Arbeits- und Organisationspsychologie, 42,* 134–146.

Dulewicz, S. V. & Fletcher, C. (1982). The relationship between previous experience, intelligence and background characteristics of participants and their performance in an assessment centre. *Journal of Occupational Psychology, 55,* 197–207.

Fay, E. & Freitag, G. (1989). Über die Übbarkeit der Leistung im Test „Konzentriertes und sorgfältiges Arbeiten". In G. Trost (Hrsg.), *Test für Medizinische Studiengänge (TMS): Studien zur Evaluation. 13. Arbeitsbericht* (S. 248–278). Bonn: Institut für Test- und Begabungsforschung.

Gill, R. W. T. (1982). A trainability concept for management potential and an empirical study of its relationship with intelligence for two managerial skills. *Journal of Occupational Psychology, 52,* 185–197.

Hasselhorn, M. & Mähler, C. (2000). Transfer: Theorien, Technologien und empirische Erfassung. In W. Hager, J.-P. Patry & H. Brezing (Hrsg.), *Evaluation psychologischer Interventionsmaßnahmen. Standards und Kriterien: Ein Handbuch* (S. 86–101). Bern: Huber.

Hinrichs, J. R. & Haanperä, S. (1976). Reliability of measurement in situational exercises: An assessment of the assessment center method. *Personnel Psychology, 29,* 31–40.

Höft, S. & Schuler, H. (2001). The conceptual basis of assessment centre ratings. *International Journal of Selection and Assessment, 9,* 114–123.

Hogan, R. & Hogan, J. (1995). *Hogan Personality Inventory* (2. Aufl.). Tulsa, OK: Hogan Assessment Systems.

Hollandsworth, J. G. Jr., Dressel, M. E. & Stevens, J. (1977). Use of behavioral versus traditional procedures for increasing job interview skills. *Journal of Counseling Psychology, 24,* 503–510.

Hunter, J. E. & Schmidt, F. L. (2004). *Methods of meta-analysis. Correcting error and bias in research findings* (2. Aufl.). Newbury Park, CA: Sage.

Jaffee, C. L. & Michaels, C. E. Jr. (1978). Is in-basket performance subject to coaching effects? *Journal of Assessment Center Technology, 1,* 13–17.

Keith, R. D., Engelkes, J. R. & Winborn, B. B. (1977). Employment-seeking preparation and activity: An experimental job-placement training model for rehabilitation clients. *Rehabilitation Counseling Bulletin, 21,* 159–165.

Kelbetz, G. & Schuler, H. (2002). Sind Assessment Center übungs- und trainingsanfällig? *Zeitschrift für Personalpsychologie, 1,* 4–18.

Klauer, K. J. (2001). Einführung Trainingsforschung: Ansätze – Theorien – Ergebnisse. In K. J. Klauer (Hrsg.), *Handbuch kognitives Training* (2. Aufl., S. 5–66). Göttingen: Hogrefe.

Kleinmann, M. (1997). *Assessment Center. Stand der Forschung – Konsequenzen für die Praxis.* Göttingen: Verlag für Angewandte Psychologie.

Klubeck, S. & Bass, B. M. (1954). Differential effects of training on persons of different leadership status. *Human Relations, 7,* 59–72.

Kulik, J. A., Bangert-Drowns, R. L. & Kulik, C. C. (1984). Effectiveness of coaching for aptitude tests. *Psychological Bulletin, 95,* 179–188.

Kurecka, P. M., Austin, J. M. Jr., Johnson, W. & Mendoza, J. L. (1982). Full and errant coaching effects on assigned role leaderless group discussion performance. *Personnel Psychology, 35,* 805–812.

Laux, L., Glanzmann, P., Schaffner, P. & Spielberger, C. D. (1981). *State-Trait-Angstinventar – STAI.* Weinheim: Beltz Test.

Lievens, F. & Klimoski, R. J. (2001). Understanding the assessment centre process: Where are we now? *International Journal of Industrial and Organizational Psychology, 16,* 245–286.

Lipsey, M. S. & Wilson, D. B. (1993). The efficacy of psychological, educational and behavioral treatment. *American Psychologist, 48,* 1181–1209.

Logue, P. E., Zenner, M. & Gohman, G. (1968). Video-tape role playing in the job interview. *Journal of Counseling Psychology, 15,* 436–438.

Mayes, B. T., Belloli, C. A., Riggio, R. E. & Aguirre, M. (1997). Assessment centers for course evaluations: A demonstration. *Journal of Social Behavior and Personality, 12,* 303–320.

McConnel, J. H. & Parker, T. (1972). An assessment center program for multiorganizational use. *Training and Development Journal, 26,* 6–14.

McIntyre, F. (1980). The reliability of assessment center results after feedback. *Journal of Assessment Center Technology, 3,* 10–14.

Moses, J. L. (1973). The development of an assessment center for the early identification of supervisory potential. *Personnel Psychology, 26,* 569–580.

Moses, J. L. & Ritchie, R. J. (1976). Supervisory relationships training: A behavioral evaluation of a behavior modeling program. *Personnel Psychology, 29,* 337–343.

Petty, M. M. (1974). A multivariate analysis of the effects of experience and training upon performance in a leaderless group discussion. *Personnel Psychology, 27,* 271–282.

Ryan, A. M., Ployhart, R. E., Greguras, G. J. & Schmit, M. J. (1998). Test preparation programs in selection contexts: Self-selection and program effectiveness. *Personnel Psychology, 51*, 599–621.

S & F Personalpsychologie (Hrsg.). (2001a). *Beruflicher Motivationstest (BMT-51)*. Stuttgart: S&F Personalpsychologie Managementberatung GmbH.

S & F Personalpsychologie (Hrsg.). (2001b). *Verhalten in Sozialen Interaktionen (VSI)*. Stuttgart: S&F Personalpsychologie Managementberatung GmbH.

Sackett, P. R., Burris, L. R. & Ryan, A. M. (1989). Coaching and practice effects in personnel selection. In C. L. Cooper & I. T. Robertson (Eds.), *International Review of Industrial and Organizational Psychology* (pp. 145–183). Chichester: Wiley.

Salas, E. & Cannon-Bowers, J. A. (2001). The science of training: A decade of progress. *Annual Review of Psychology, 52*, 471–499.

Sarges, W. (2001). Lernpotential-Assessment Center. In W. Sarges (Hrsg.), *Weiterentwicklungen der Assessment Center-Methode* (2. Aufl., S. 97–108). Göttingen: Hogrefe.

Schneider, B. (1987). Vorbereitung auf Intelligenz- und Leistungstests: Eine Gefahr für die Eignungsdiagnostik? In R. Horn, K. Ingenkamp & R. Jäger (Hrsg.), *Tests und Trends, Band 6* (S. 3–25). Weinheim: Psychologie Verlags Union.

Schuler, H. & Prochaska, M. (2001). *Leistungsmotivationsinventar – LMI*. Göttingen: Hogrefe.

Schulze, R. (2004). *Meta-analysis: A comparison of approaches*. Göttingen: Hogrefe & Huber.

Sonnentag, S., Niessen, C. & Ohly, S. (2004). Learning at work: Training and development. In C. Cooper & I. Robertson (Eds.), *International Review of Industrial and Organizational Psychology* (pp. 249–289). Chichester: Wiley.

Sonntag, K. (2004). Personalentwicklung. In H. Schuler (Hrsg.), *Organisationspsychologie – Grundlagen und Personalpsychologie* (S. 827–890). Göttingen: Hogrefe.

Speas, C. M. (1979). Job-seeking interview skills training: A comparison of four instructional techniques. *Journal of Counseling Psychology, 26*, 405–410.

Struth, M. R., Frank, F. D. & Amato, A. (1980). Effects of assessor training on subsequent performance as an assessee. *Journal of Assessment Center Technology, 3*, 17–22.

Taylor, P. A., Russ-Eft, D. F. & Chan, D. W. L. (2005). A meta-analytic review of behavior modeling training. *Journal of Applied Psychology, 90*, 692–709.

Vagt, G. (1976). Korrektur von Regressionseffekten in Behandlungsexperimenten. *Zeitschrift für experimentelle und angewandte Psychologie, 23*, 284–296.

Venardos, M. G. & Harris, M. B. (1973). Job interview training with rehabilitation clients: A comparison of videotape and role-playing procedures. *Journal of Applied Psychology, 58*, 365–367.

Wall, C. (2003). *Training der Leistungsmotivation. Entwicklung und Evaluation von Fördermaßnahmen auf der Grundlage des Leistungsmotivationsinventars*. Berlin: dissertation.de

Wexley, K. N. & Latham, G. P. (1994). *Ressourcen in Organisationen*. Stuttgart: Klett-Cotta.

Wonderlic Personnel Test, Inc. (1996). *Wonderlic Personnel Test (WPT)*. Libertyville, IL: Wonderlic Personnel Test, Inc.

13 Entwicklung paralleler Rollenspiele

Yvonne Görlich, Heinz Schuler und Ingo Golzem

13.1 Theoretische Überlegungen

Die Entwicklung von Paralleltests hat in der Testtheorie eine lange Tradition. „Paralleltests oder – wie sie sonst noch genannt werden – Alternativ- oder Äquivalenztests sind solche Tests, die einen Paarling besitzen, mit dem sie wechselseitig austauschbar sind" (Lienert & Raatz, 1994, S. 297). Die Vorzüge von Paralleltests liegen z. B. darin, dass bei Gruppentestungen ein Abschreiben der Probanden untereinander vermieden werden kann, ein möglicher Übungsfortschritt bei ein und demselben Testteilnehmer ermittelt werden kann oder die Wahrscheinlichkeit des Bekanntwerdens von Aufgaben eines Auswahlverfahrens reduziert werden kann. Paralleltests können nach dem Prinzip ihres Entwicklungsprozesses unterschieden werden, der simultan oder sukzessive stattfinden kann. Simultane Entwicklung meint die gleichzeitige Konstruktion und Analyse der Aufgaben, sukzessive Entwicklung meint die inhaltliche Entwicklung und Anpassung einer neuen Testform nach Maßgabe einer bereits existierenden.

Die Entwicklung von simulationsorientierten Parallelverfahren stellt insofern eine Herausforderung dar, als im Vergleich zur Entwicklung von Paralleltests im engeren Sinne (klassische Papier- und Bleistifttests, z. B. Intelligenztests) nicht auf Itemebene, sondern auf Aufgabenebene die Parallelität geprüft werden muss; zudem hat die Inhaltsvalidität einen besonderen Stellenwert. Während sich die testtheoretische Literatur zur Prüfung der Parallelität im Wesentlichen auf den Vergleich von Item- und Skalenwerten sowie die Interkorrelation der Verfahrensergebnisse beschränkt, erfordert eine umfassende Parallelitätsprüfung erheblich weitergehende Vergleiche. Auch sind für praktische Anwendungszwecke verschiedene Personengruppen in die Prüfung und Einschätzung der Verfahren einzubeziehen.

Tabelle 1 gibt einen Überblick über Aspekte der Aufgabenparallelität und idealtypische Möglichkeiten ihrer Prüfung bzw. Berücksichtigung und zeigt den iterativen Prozess bei der Entwicklung.

13.2 Ausgangssituation und Zielsetzung

Da es sich bei dem Potenzialanalyseverfahren für die Berufsausbildung Bankkaufmann/-frau (PA1, Verfahrensbeschreibung siehe Schuler, Becker & Diemand, in diesem Band) um ein Selektionsverfahren handelt, war schon bei der Konstruktion bewusst, dass mit zunehmender Einsatzhäufigkeit das Risiko des Bekanntwerdens von Teilen des Auswahlverfahrens steigt. Aus diesem Grund wurden neben den interaktiven Verfahren Gruppendiskussion und Interview simultan zwei Rollenspiele entwickelt, die alternativ eingesetzt werden können. Bei diesen strukturierten Rollenspielen

Tabelle 1: Aspekte der Aufgabenparallelität und Möglichkeiten ihrer Prüfung bzw. Berücksichtigung

	Konstruktionsprozess	Konstrukteure	Experten	Teilnehmer	Vorerprobung und Überarbeitung	Probeanwendung und Überarbeitung	Normierung	Prognostische Validierung
Phänomenale Parallelität		x	x	x	x			
Anforderungsbezug								
– Handlungsebene	x	x	x					
– Kontextebene	x	x	x					
– Konstruktebene	x	x	x			x		
Strukturale Äquivalenz (Skalierung, Instrumente, Abläufe etc.)	x	x	x					
Sprachliche Äquivalenz (inkl. Verständlichkeit)	x	x	x	x				
Akzeptanz			x	x	x			
Aufgabenschwierigkeit								
– Mittelwert	(x)	(x)	(x)		x	x	x	
– Streuung	(x)	(x)	(x)		x	x	x	
Trennschärfe						(x)	x	
Reliabilität							(x)	
Inhaltsvalidität	x	x	x	x				
Konstruktvalidität								
– Aufgabeninterkorrelationen					x	x	x	x
– Dimensionsinterkorrelationen					x	x	x	x
– Faktorielle Validität					x	x	x	x
– weitere Methoden					x	x	x	x
Prognostische Validität								x
Fairness	x	x	x	x	x	x	x	x

Anmerkung: Eingeschränkte Möglichkeiten der Prüfung im vorliegenden Kontext sind mit (x) gekennzeichnet.

handelt es sich um das Verkaufsgespräch „Freizeitgestaltung" und um die Kundenbeschwerde „Kosten". Beide Rollenspiele sind in drei Situationen unterteilt, in denen ein trainierter Assessor eine vorgegebene Rolle spielt. Neben dem Rollenspieler bewertet ein weiterer Assessor die Leistung des Bewerbers in allen drei Situationen. Diese Bewertung erfolgt über verhaltensverankerte Einstufungsskalen (wobei 1 die niedrigste und 5 die höchste Skalenausprägung markiert). Zusätzlich beurteilen beide Assessoren die Teilnehmerleistung in den Anforderungsdimensionen „Kundenorientierung/verkäuferische Fähigkeiten", „Initiative und Erfolgsorientierung" und „soziale Belastbarkeit". Inhaltlich hat der Kandidat beim Verkaufsgespräch „Freizeitgestaltung" die Aufgabe, dem Kunden eine von drei vorgegebenen Freizeitaktivitäten zu verkaufen, wobei die Leistung darin besteht, bedarfsgerecht den Kunden zu überzeugen. Bei der Kundenbeschwerde hat dagegen der Kandidat die Aufgabe, adäquat auf einen aufgebrachten Kunden zu reagieren.

Aufgrund dessen, dass gerade die Rollenspiele bei den Teilnehmenden einen prägnanten Eindruck hinterlassen, also gut in Erinnerung behalten werden, und relativ einfach kommunizierbar sind, ergibt sich die Gefahr, dass sich der Schwierigkeitsgrad für künftige Teilnehmer ändert, bzw. dass informierte Teilnehmer mit besseren Voraussetzungen in die Potenzialanalyse gehen als uninformierte Teilnehmer. Da die Rollenspiele einen substanziellen Beitrag zur Potenzialdiagnose leisten (u. a. aufgrund ihres höheren als üblichen Standardisierungsgrades und damit überlegener Reliabilität), sowohl von Anwendern wie Teilnehmern geschätzt werden und letztere über Tätigkeitsanforderungen informieren, stellen sie eine unentbehrliche Verfahrenskomponente dar. Ziel war es daher, Rollenspiele zu entwickeln, die hinsichtlich aller relevanten Aspekte als parallel zu den existierenden Rollenspielen angesehen werden können, dabei dennoch eine gewisse Unterschiedlichkeit zu den Originalrollenspielen aufweisen und von den Verwendern tatsächlich eingesetzt werden. Um Letzteres zu gewährleisten, müssen sie gleich attraktiv erscheinen wie die Originalrollenspiele und durch geeignete kommunikative Maßnahmen propagiert werden.

13.3 Vorgehen

Bei der Entwicklung der parallelen Rollenspiele wurde wie folgt vorgegangen (wobei die einzelnen Schritte inhaltlich in den nächsten Abschnitten ausgeführt werden):
1. Erarbeitung von parallelen Rollenspielen,
2. Gewinnung einer ersten Expertenstichprobe,
3. Bewertung der entwickelten Rollenspiele durch Experten hinsichtlich unterschiedlicher Parallelitätsaspekte,
4. Auswertung der ersten Expertenbefragung,
5. Überarbeitung der Rollenspiele, die als am parallelsten eingestuft wurden für das Verkaufsgespräch (VG) und die Kundenbeschwerde (KB),
6. Entwicklung des Versuchsplans für die Probanwendung,
7. Gewinnung der Stichproben für die Probanwendung,
8. Probanwendung von 3 Rollenspielen (2 VG (1 VG bankfremder Kontext, 1 VG bankspezifischer Kontext, 1 KB), dabei wurde jeweils ein Originalrollenspiel und ein neues Rollenspiel durchgeführt (jeweils ein VG und ein KG),
9. Befragung der Rollenspieler und Personalexperten (zweite Expertenbefragung) hinsichtlich unterschiedlicher Parallelitätsaspekte,
10. Auswertung der Ergebnisse von Schritt 8 und 9,
11. Endgestaltung der Rollenspiele,
12. Drucklegung und Verbreitung der Materialien.

13.4 Erarbeitung von parallelen Rollenspielen

Unter Berücksichtigung inhaltlicher Parallelitätsaspekte wurden zunächst zwei parallele Verkaufsgespräche und zwei parallele Gespräche zu Kundenbeschwerden entwickelt. Dabei wurden alle Rollenspiele in den Sparkassenkontext eingekleidet, um Inhaltsvalidität zu gewährleisten und die Teilnehmer über ihre spätere Tätigkeit besser zu informieren als durch das Rollenspiel „Freizeitgestaltung". Da allerdings ein Ergebnis der ersten Expertenbefragung war, dass der Schwierigkeitsgrad eines „bankspezifischen" Rollenspiels für Haupt- und Realschüler zu hoch ist, wurde zusätzlich ein „bankfernes" Rollenspiel aus dem Lebensbereich Jugendlicher konstruiert.

Im Einzelnen wurden die Verkaufsgespräche „Bankprodukt 1", „Bankprodukt 2" und „Sportartikel" entwickelt sowie die Beschwerdegespräche „Technik" und „Dienstleistung". Bei den Verkaufsgesprächen ist wie im Originalrollenspiel „Freizeitgestaltung" der Kunde (Rollenspieler) bedarfsgerecht für eine von drei Optionen zu gewinnen, bei den Kundenbeschwerden ist erneut angemessen auf den Kunden zu reagieren, der zwei Beschwerden vorbringt. Auch sind die Rollenspiele standardisiert in drei Situationen unterteilt, in denen sowohl der Rollenspieler als auch der beobachtende Assessor die Leistung des Bewerbers auf verhaltensverankerten Einstufungsskalen bewertet. Zusätzlich sind die Anforderungsdimensionen „Kundenorientierung/verkäuferische Fähigkeiten", „Initiative und Erfolgsorientierung" sowie „soziale Belastbarkeit" einzuschätzen.

13.5 Erste Expertenbefragung

Durchführung und Stichprobe

Zunächst wurden jeweils 2 Verkaufsgespräche (Bankprodukt 1, Bankprodukt 2) und 2 Kundenbeschwerden (Technik und Dienstleistung) den Experten zur Bewertung vorgelegt. Im Verlauf der Befragung zeigte sich, dass von der Hälfte der Befragten ein Verkaufsgespräch mit bankfernem Kontext gewünscht wird (entsprechend dem Original-VG Freizeitgestaltung), 50 % der Befragten hielten einen bankspezifischen Kontext für sinnvoll. Im Nachtrag wurde das Verkaufsgespräch „Sportartikel" entwickelt und den gleichen Experten zur Bewertung gegeben, dabei wurden die Parallelitätsaspekte eingeschätzt, allerdings nicht der Rangplatz des Verfahrens im Vergleich zu den anderen Verfahren.

An der Befragung nahmen 18 Experten aus 16 Instituten und 5 Regionalverbänden teil. Von ihnen waren 8 weiblich und 10 männlich. 17 Personen hatten Erfahrung mit PA1, nur eine Person hatte keine Erfahrung mit PA1. Assessoren bei PA1 waren 13 Personen, durchschnittlich hatten die Befragten 16 Jahre (SD = 7,3) Berufserfahrung im Bankbereich und 9 Jahre (SD = 6,6) im Personalbereich. Die Positionen der Befragten waren Ausbildungsleiter, Personalentwickler, Personalreferenten, Abteilungsleiter und Mitarbeiter des Bereichs Personal.

Ergebnisse

Die Experten hatten 7 Parallelitätsaspekte für jedes neue Rollenspiel im Vergleich zum Originalrollenspiel zu beantworten. Tabelle 2 gibt den Prozentsatz der Experten an, die der Aussage zustimmten. Als besonders parallel werden von den Experten das Verkaufsgespräch „Sportartikel" und die Kundenbeschwerde „Technik" eingeschätzt.

Zusätzlich hatten die Experten die Aufgabe, eine Rangreihe für die Eignung der Rollenspiele zur Auswahl von Auszubildenden zu bilden (ohne VG Sportartikel, da dieses nachträglich bewertet wurde). Tabelle 3 gibt die Ergebnisse wieder: Insgesamt werden die Verkaufsgespräche besser beurteilt als die Kundenbeschwerden, wobei die Originale jeweils positiver bewertet wurden. Um Vertrautheitseffekte auszuschalten (da bekannte Dinge positiv bewertet werden, Bornstein, 1989), sollten auch Personen befragt werden, die keine Erfahrung mit PA1 haben. Dies traf allerdings nur auf eine der befragten Personen zu (19 Jahre im Personalbereich beschäftigt, männlich). Ihre Rangreihe weicht erheblich von der der erfahrenen Verwender ab und favorisiert die neuen Rollenspiele.

Tabelle 2: Bewertung der Parallelität (Expertenbefragung 1)

Decken sich die Rollenspiele bezüglich …	Verkaufsgespräche			Kundenbeschwerden	
	Sportartikel	Bankprodukt 1	Bankprodukt 2	Technik	Dienstleistung
… der für die Probanden möglichen und geforderten Reaktionen?	92 %	83 %	82 %	100 %	94 %
… der Erfahrungsvoraussetzungen/ Lebensnähe?	100 %	39 %	24 %	88 %	41 %
… der Anforderungsdimensionen, die sie erfassen?	100 %	94 %	94 %	100 %	100 %
… des sprachlichen Niveaus/ihrer Verständlichkeit?	100 %	67 %	47 %	76 %	65 %
… der zu erwartenden Akzeptanz der Teilnehmer?	100 %	72 %	59 %	88 %	82 %
… der Schwierigkeit, also der vom Probanden geforderten Leistung?	100 %	50 %	35 %	82 %	53 %
… der Tauglichkeit und Gesamteinschätzung als parallel?	92 %	67 %	47 %	94 %	76 %
Das neue Rollenspiel erscheint mir ausreichend unterschiedlich zur Originalversion.	100 %	94 %	94 %	94 %	94 %
Mittelwert	*98 %*	*71 %*	*60 %*	*90 %*	*76 %*
N	13	18	17	17	17

Anmerkung: Prozentsatz der Zustimmungen.

Tabelle 3: Bewertung der Rollenspiele als Rangreihe (Expertenbefragung 1)

Rangplatz	N	M	SD	Transformierter Rangplatz (mit Rangbindung)
VG Bankprodukt 1	18	2,22	1,31	1,5
VG Freizeitgestaltung (Original)	18	2,22	1,52	1,5
VG Bankprodukt 2	18	3,11	1,64	3
KB Kosten (Original)	17	3,94	1,03	4
KB Technik	17	4,24	1,25	5
KB Dienstleistung	17	5,18	1,33	6

Der Frage, ob die gleichen Fähigkeiten im Verkaufsgespräch und in der Kundenbeschwerde erfasst wurden, stimmten genau 50 % der Experten zu. Die anschließende Frage, ob es sinnvoll ist, sowohl ein Verkaufsgespräch als auch eine Kundenbeschwerde durchzuführen, wurde von 61 % bejaht. Uneindeutig ist auch, welche Rollenspiele dann kombiniert werden sollten (siehe Tab. 4; leichter Vorteil für die VG Bankprodukt 1 und Bankprodukt 2 und die KB Technik, d. h. für die neuen Rollenspiele).

Tabelle 4: Bevorzugte Kombination der Rollenspiele (Expertenbefragung 1)

Kombination	Anzahl der Nennungen
VG Bankprodukt 1 + KB Technik	2
VG Bankprodukt 1 + KB Dienstleistung	0
VG Bankprodukt 1 + KB Kosten	2
VG Freizeitgestaltung + KB Technik	1
VG Freizeitgestaltung + KB Dienstleistung	2
VG Freizeitgestaltung + KB Kosten	0
VG Bankprodukt 2 + KB Technik	2
VG Bankprodukt 2 + KB Dienstleistung	0
VG Bankprodukt 2 + KB Kosten	2

Um die Rollenspiele im nächsten Entwicklungsschritt weiter zu verbessern, wurden die Experten gebeten, sowohl anzugeben, welche Aussagen der handelnden Personen verbesserungsbedürftig sind, als auch, ob etwas im Rollenspiel verbessert werden kann. Tabelle 5 gibt das Verbesserungspotenzial der neuen Rollenspiele an. Was konkret verbessert werden sollte, merkten die Experten individuell an.

Tabelle 5: Verbesserungspotenzial der neuen Rollenspiele (Expertenbefragung 1)

	„Die Aussagen der handelnden Personen sind verbesserungsbedürftig."	Zustimmung zur Frage „Könnte noch etwas im Rollenspiel verbessert werden?"
VG Sportartikel	15 %	46 %
VG Bankprodukt 1	17 %	44 %
VG Bankprodukt 2	35 %	53 %
KB Technik	12 %	29 %
KB Dienstleistung	6 %	47 %

Anmerkung: Prozentsatz der Zustimmungen.

Die Verbesserungsvorschläge der Experten wurden in die Überarbeitung der Rollenspiele aufgenommen, wobei die Verkaufsgespräche „Sportartikel" und „Bankprodukt 1" sowie die Kundenbeschwerde „Technik" für die Echtanwendung überarbeitet wurden und das Verkaufsgespräch „Bankprodukt 2" und die Kundenbeschwerde „Dienstleistung" verworfen wurden. Da das Verkaufsgespräch „Bankprodukt 2" entfällt, wird im weiteren Textverlauf das Verkaufsgespräch „Bankprodukt 1" als Verkaufsgespräch „Bankprodukt" bezeichnet.

13.6 Empirische Parallelitätsprüfung

Durchführung und Stichprobe

Die empirische Parallelitätsprüfung fand im Rahmen einer Echtanwendung statt. Dabei hatten die Bewerber für einen Ausbildungsplatz „Bankkaufmann/-frau" neben den Originalverfahren von PA1 (Gruppendiskussion, Interview, Rollenspiel) ein zusätzliches Parallelrollenspiel durchzuführen. Um Übungseffekte ermitteln zu können, wurden verschiedene Ablaufpläne entwickelt. So sollten bei einem Durchgang mit 6 Teilnehmern 3 Teilnehmer zuerst das Original- und dann das neue Rollenspiel durchführen, die anderen 3 Teilnehmer zuerst das neue Rollenspiel und dann das Originalrollenspiel. Es wurde des Weiteren darauf geachtet, dass die Rollenspiele nicht direkt hintereinander stattfinden, und um möglichst geringe Trainingseffekte zu bewirken, wurde jeweils ein Verkaufsgespräch mit einer Kundenbeschwerde kombiniert. So sollten folgende Varianten geprüft werden:
– VG Freizeitgestaltung (Original) – KB Technik (und umgekehrt)
– KB Kosten (Original) – VG Bankprodukt (und umgekehrt)
– KB Kosten (Original) – VG Sportartikel (und umgekehrt)

In der Praxis wurde allerdings teilweise anders verfahren als vorgesehen: so wurden auch die Verkaufsgespräche untereinander kombiniert, meistens zuerst das Originalrollenspiel durchgeführt (94-mal zuerst das Original, 33-mal zuerst das neue Rollenspiel, vgl. Tab. 6), teilweise kein Originalrollenspiel durchgeführt, sondern nur das neue Rollenspiel „Sportartikel" oder das Rollenspiel Kundenbeschwerde „Dienstleistung" (das für die Probeanwendung nicht vorgesehen war), Personen mit Realschulabschluss erhielten überwiegend nur Verkaufsgespräche, Bewerber mit Abitur eher die Kundenbeschwerden (vgl. Tab. 6).

Die Durchführungen fanden von Mai bis November 2004 mit 151 Bewerbern in 8 Instituten aus 3 Regionalverbänden statt, wobei keiner der Bewerber bisher eine kaufmännische Ausbildung hatte.

Tabelle 6: Stichprobenbeschreibung der Echtanwendung

	Haupt-schule	mittlere Reife	Fachabitur/ Wirt-schafts-gymn.	Abitur	Gesamt	Zuerst Original-RS	Zuerst neues RS
nur VG Sportartikel	0	17 (6|11)	0	0	17 (6|11)		
nur KB Dienstleistung	0	0	1 (0|1)	6 (3|3)	7 (3|4)		
VG Freizeitgestaltung – VG Sportartikel	0	15 (9|6)	0	0	15 (9|6)	15	0
VG Freizeitgestaltung – VG Bankprodukt	0	9 (2|7)	1 (0|1)	0	10 (2|8)	7	3
VG Freizeitgestaltung – KB Technik	0	14 (6|8)	4 (1|3)	12 (6|6)	30 (13|17)	24	6
KB Kosten – VG Sportartikel	0	10 (8|2)	11 (4|7)	30 (18|12)	51 (30|21)	35	16
KB Kosten – VG Bankprodukt	2 (2|0)	0	6 (1|5)	13 (8|5)	21 (11|10)	13	8
Gesamt	2 (2|0)	65 (31|34)	23 (6|17)	61 (35|26)	151 (74|77)	94	33
Durchschnittliches Alter	15,0	15,9	18,4	18,8	17,4		

Anmerkung: (weiblich\|männlich); Altersrange: 15 bis 23 (M = 17,4; SD = 1,8); RS = Rollenspiel.

Ergebnisse

Insgesamt korrelieren die neuen Rollenspiele und die Originalrollenspiele zu r = .74 (vgl. Tab. 7). Dieser Wert entspricht der wünschenswerten Reliabilität von interaktiven Verfahren, sie liegt nur knapp unter der in der Literatur berichteten Wiederholungsreliabilität für identische Rollenspiele mit r = .80 (Schuler, Funke, Moser & Donat, 1995). Die Mittelwerte und Streuungen unterscheiden sich zwischen neuen Rollenspielen und Originalrollenspielen über alle Gruppen hinweg leicht. So liegt der Mittelwert der Originalrollenspiele bei 2,95 mit einer Streuung von 0,94 (N = 127) und der der neuen Rollenspiele bei 3,07 mit einer Streuung von 1,01 (werden auch die Personen berücksichtigt, die nur ein neues Rollenspiel durchgeführt haben, sinkt der Mittelwert der neuen Rollenspiele auf 3,04 und die Streuung auf 0,97, N = 151). Grund für leicht bessere Leistungen im neuen Rollenspiel sind zum einen die Lerneffekte aus dem ersten Rollenspiel, bei dem es sich in den meisten Fällen um das Originalrollenspiel handelte, und zum anderen, dass die Verkaufsgespräche mit bankfernem Kontext (insbesondere das VG Sportartikel) etwas leichter sind als die Rollenspiele mit bankspezifischen Kontext. Auch hinsichtlich ihrer Verteilungseigenschaften unterscheiden sich Original- und neue Rollenspiele kaum voneinander: beide Verfahren sind annähernd normalverteilt. In Tabelle 7 sind sämtliche Mittelwertsvergleiche und Zusammenhänge für die durchgeführten Rollenspiele dargestellt. Der einzige signifikante Unterschied zwischen den durchgeführten Rollenspielen zeigt sich beim Vergleich zwischen Kundenbeschwerde und Verkaufsgespräch „Sportartikel". Die unterschiedlichen Mittelwerte zwischen den Verkaufsgesprächen und den Kundenbeschwerden gehen darauf zurück, dass Abiturienten häufiger die Kundenbeschwerde vorgelegt wurde, Realschülern dagegen häufiger die beiden Verkaufsgespräche (vgl. Abb. 1 und Tab. 8). Da in 25 Fällen ausschließlich Verkaufsgespräche durchgeführt

Tabelle 7: Mittelwertsvergleich und Korrelationen zwischen Original- und neuen Rollenspielen

	N	Original-RS		neues RS		Differenz					r
		M	SD	M	SD	M	SD	T	df	p (2-seitig)	
nur VG Sportartikel	17			2,73	0,78						
nur KB Dienstleistung	7			2,98	0,54						
VG Freizeitgestaltung – VG Sportartikel	15	2,61	1,10	2,76	1,16	–0,16	0,58	–1,03	14	.320	.87
VG Freizeitgestaltung – VG Bankprodukt	10	2,34	1,08	2,24	1,05	0,10	0,67	0,48	9	.640	.80
VG Freizeitgestaltung – KB Technik	30	2,94	1,10	2,94	1,05	0,00	0,76	0,00	29	1,000	.75
KB Kosten – VG Sportartikel	51	3,18	0,75	3,45	0,81	–0,28	0,66	–3,03	50	.004	.65
KB Kosten – VG Bankprodukt	21	2,93	0,80	2,96	0,94	–0,03	0,79	–0,16	20	.874	.59
VG-VG	25	2,50	1,08	2,55	1,12	–0,05	0,62	–0,42	24	.678	.84
VG-KB	102	3,06	0,88	3,20	0,94	–0,14	0,72	–2,02	101	.046	.69
Gesamt	127	2,95	0,94	3,07	1,01	–0,13	0,70	–2,03	126	.044	.74

Anmerkung: t-Test für abhängige Stichproben, als Gesamtwert für die Rollenspiele wurde jeweils der Mittelwert beider Beobachter über alle 3 RS-Situationen und alle 3 Anforderungsdimensionen verwendet, sämtliche Korrelationen sind signifikant (p < .001).

wurden, konnte berechnet werden, inwieweit Verkaufsgespräch und Kundenbeschwerde die gleichen Konstrukte messen. Die Korrelation von .84 für die Verkaufsgespräche untereinander stellt die Obergrenze der Vorgaben der DIN 33430 dar und ist allgemein als Paralleltest-Reliabilität außergewöhnlich hoch, d. h. die Verkaufsgespräche „Freizeitgestaltung", „Sportartikel" und „Bankprodukt" können als parallel angesehen werden.

Für die Konstruktvalidität und Parallelität spricht auch, dass die Korrelation zwischen den branchenfernen Rollenspielen „Freizeitgestaltung" und „Sportartikel" höher ist als die Korrelation zwischen „Freizeitgestaltung" und „Bankprodukt". Der Zusammenhang zwischen den Verkaufsgesprächen und den Kundenbeschwerden von .69 zeigt, dass auch diese als parallel angesehen werden können – obwohl sie teilweise allerdings auch etwas Unterschiedliches messen. Der genaue Anteil, der auf die Konstruktunterschiedlichkeit zurückgeht, kann über eine doppelte Attenuationskorrektur bestimmt werden. Dabei wird der Teil, der auf den Messfehler (Reliabilität, hier die Paralleltest-Reliabilität zwischen den Verkaufsgesprächen) beider Verfahren zurückzuführen ist, eliminiert. Da die Wurzel der Reliabilität die Obergrenze der Validität (hier: der Konstruktvalidität) darstellt, kann der „wahre Zusammenhang" zwischen Verkaufsgespräch und Kundenbeschwerde wie folgt bestimmt werden:

$$(r_{tk})_{korr} = \frac{r_{tk}}{\sqrt{r_{tt} \cdot r_{kk}}} = \frac{0,69}{\sqrt{0,84 \cdot 0,84}} = 0,82$$

Dies entspricht einer Varianzaufklärung von $0,82^2 \cdot 100 = 67\%$, d. h. zu 67 % messen Verkaufsgespräch und Kundenbeschwerde das gleiche Konstrukt, zu 33 % etwas Unterschiedliches. Dagegen waren nur 50 % der Experten der ersten Befragung (siehe Abschnitt 13.5) und 43 % der zweiten Expertenbefragung (siehe Abschnitt 13.7) der Meinung, dass mit dem Verkaufsgespräch und der Kundenbeschwerde die gleichen Fähigkeiten erfasst werden. Wird die Varianzaufklärung ohne Attenuationskorrektur berechnet, messen beide Verfahrenstypen zu $0,69^2 \cdot 100 = 48\%$ das gleiche Konstrukt – was in etwa den Experteneinschätzungen entspricht.

Die Mittelwerte zwischen den Schulformen unterscheiden sich aufgrund der kleinen Stichprobe der Hauptschüler (N = 2) varianzanalytisch nicht voneinander. Deskriptiv zeigt sich für die neuen Rollenspiele die Reihenfolge der Leistung: Hauptschule < Realschule < Fachabitur < Abitur, für die Originalrollenspiele dagegen Realschule < Hauptschule < Abitur < Fachabitur (vgl. Abb. 1). Da es sich um 2 Hauptschüler handelt, deren Leistung mit denen der Realschüler vergleichbar ist, und auch die Leistung der Fachabiturienten der der Abiturienten entspricht, können jeweils beide Gruppen zusammengefasst werden. Werden diese Gruppen verglichen (vgl. Tab. 8), so ergeben sich signifikante Unterschiede zwischen den Bildungsgruppen für Original- und neue Rollenspiele: Für beide Gruppenvergleiche liegen die gleichen Effektstärken vor, was ebenfalls ein Hinweis auf die Parallelität beider Verfahren ist.

Hinsichtlich der Verfahrensfairness ist es auch wichtig, dass sowohl für Original- als auch für die neuen Rollenspiele keine bzw. die gleichen Geschlechterunterschiede vorliegen. Da für die Schulformen – insbesondere bei Einteilung Haupt-/Realschüler und (Fach-)Abiturienten – annähernd das gleiche Geschlechterverhältnis gegeben ist

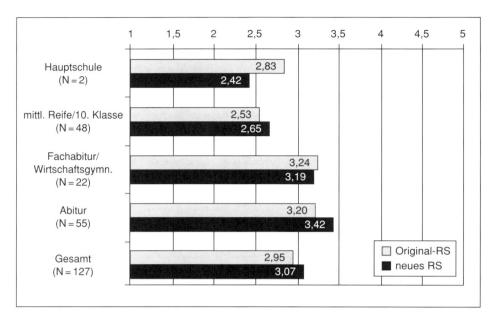

Abbildung 1: Mittelwertsvergleich zwischen Schulformen

Tabelle 8: Mittelwertsvergleich zwischen zusammengefassten Schulformen

	Haupt- und Realschüler			(Fach-) Abiturienten			Differenzen				Effekt-stärke
	N	M	SD	N	M	SD	M	T	df	sign. (2-seitig)	
Originalrollenspiele	50	2,54	1,04	77	3,21	0,77	0,67	3,92	83,05	.000	0,73
neue Rollenspiele	50	2,64	1,10	77	3,36	0,84	0,72	3,92	84,88	.000	0,73

Anmerkung: t-Test für unabhängige Stichproben.

(vgl. Tab. 6), kann der Mittelwertsvergleich für alle Teilnehmer berechnet werden. Die Ergebnisse in Tabelle 9 zeigen, dass sowohl für die Original- als auch für die neuen Rollenspiele keine signifikanten Geschlechterunterschiede vorliegen. Grund dafür, dass in den neuen Rollenspielen die männlichen Personen tendenziell etwas schlechter abschneiden, ist, dass diese häufiger als die weiblichen Teilnehmer Fachabiturienten und seltener Abiturienten sind, deren Leistung (siehe Abb. 1) sich nur für die neuen Rollenspiele unterscheidet. Auch für die einzelnen Rollenspiele gibt es keine signifikanten Geschlechterunterschiede. Insgesamt ergeben sich tendenziell gegenläufige Geschlechterunterschiede zwischen den Original- und den neuen Rollenspielen, so dass bei einer gleichzeitigen Durchführung von Verkaufsgespräch und Kundenbeschwerde (vgl. auch Abschnitt 13.7) möglichst ein Original- und ein neues Rollenspiel kombiniert werden sollte.

Tabelle 9: Prüfung auf Geschlechterunterschiede

	weiblich			männlich			Differenzen				Effekt- stärke
	N	M	SD	N	M	SD	M	T	df	sign. (2-seitig)	
Originalrollenspiele	65	2,87	0,99	62	3,02	0,89	−0,15	−0,90	125	.370	0,16
neue Rollenspiele	65	3,19	1,07	62	2,95	0,93	0,25	1,38	125	.170	0,25
VG Freizeitgestaltung (Original)	24	2,63	1,25	31	2,83	0,99	−0,20	−0,65	53	.519	0,17
VG Sportartikel (nur, wenn auch Original-RS durchgeführt wurde)	39	3,38	0,98	27	3,18	0,88	0,20	0,83	64	.408	0,21
VG Bankprodukt	13	2,74	1,06	18	2,72	1,01	0,02	0,06	29	.956	0,02
KB Kosten (Original)	41	3,02	0,79	31	3,22	0,74	−0,21	−1,13	70	.264	0,27
KB Technik	13	3,10	1,25	17	2,82	0,90	0,28	0,71	28	.481	0,26

Anmerkung: t-Test für unabhängige Stichproben.

Einen weiteren Hinweis auf die Parallelität zwischen den Rollenspielen bietet die Beobachterübereinstimmung. Tabelle 10 zeigt, dass die Beobachterübereinstimmung sowohl für die Original- als auch für die neuen Rollenspiele sehr hoch ist. Die Korrelationen sind für alle Verfahren sehr hoch, die Mittelwerte zwischen den Beobachtern unterscheiden sich nur für das Originalrollenspiel „Freizeitgestaltung" signifikant.

Auch die Korrelationsmuster von Original- und neuen Rollenspielen weisen auf Parallelität hin. In Tabelle 11 sind die Interkorrelationen von Situations- und Dimensionseinschränkungen innerhalb jeweils der Original- und der neuen Rollenspiele dargestellt, in Tabelle 12 die Korrelationen von Situations- und Dimensionseinschätzungen zwischen Original- und neuen Rollenspielen. Erwartungsgemäß sind die Interkorrelationen zwischen den Situationen untereinander und den Anforderungsdimensionen sehr hoch. Die hohen Korrelationen zwischen Situationen und Dimensionen der Originalrollenspiele und der neuen Rollenspiele entsprechen den Anforderungen an Parallelverfahren. Zwischen den korrespondierenden Situationen und Dimensionen finden sich allerdings nur teilweise die höchsten Korrelationen, was der üblichen geringen Diskriminanz von Urteilsdimensionen entspricht (vgl. Schuler sowie Woehr, Arthur & Meriac und Lance, in diesem Band).

Tabelle 10: Beobachterübereinstimmung

	N	Beobachter 1		Beobachter 2		Differenz					r
		M	SD	M	SD	M	SD	T	df	p (2-seitig)	
VG Freizeitgestaltung (Original)	51	2,66	1,04	2,76	1,12	–0,09	0,25	–2,67	50	.010	.97
VG Sportartikel	78	3,20	0,96	3,15	0,92	0,05	0,28	1,63	77	.108	.96
VG Bankprodukt	26	2,70	1,05	2,71	1,01	–0,01	0,23	–0,14	25	.887	.98
KB Kosten (Original)	62	3,18	0,76	3,18	0,77	0,00	0,38	0,00	61	1,000	.88
KB Technik	26	2,88	1,05	2,87	1,02	0,01	0,27	0,24	25	.811	.97
KB Dienstleistung	7	2,98	0,54	2,99	0,56	–0,01	0,03	–1,00	6	.356	1,00
Situation 1-Original	113	2,96	1,20	2,92	1,23	0,04	0,61	0,77	112	.440	.87
Situation 1-neues RS	137	2,99	1,16	2,99	1,17	0,00	0,50	0,00	136	1,000	.91
Situation 2-Original	113	2,84	0,96	2,96	1,03	–0,12	0,53	–2,49	112	.014	.86
Situation 2-neues RS	137	3,09	1,07	3,00	0,95	0,09	0,56	1,90	136	.060	.85
Situation 3-Original	113	2,93	0,97	2,96	1,01	–0,03	0,53	–0,53	112	.598	.86
Situation 3-neues RS	137	3,13	1,09	3,10	1,04	0,03	0,47	0,63	136	.530	.90
KV-Original	113	2,92	1,07	2,99	1,06	–0,07	0,62	–1,22	112	.227	.83
KV-neues RS	137	3,01	1,11	2,96	1,09	0,05	0,46	1,20	136	.231	.91
IE-Original	113	2,91	1,07	2,92	1,08	–0,01	0,54	–0,17	112	.862	.87
IE-neues RS	137	2,89	1,09	2,84	1,08	0,05	0,47	1,28	136	.202	.91
SB-Original	113	3,12	1,08	3,19	1,12	–0,07	0,57	–1,31	112	.193	.86
SB-neues RS	137	3,10	1,08	3,14	1,08	–0,04	0,41	–1,03	136	.304	.93
gesamt Original-RS	137	3,03	0,99	3,00	0,95	0,03	0,26	1,34	136	.182	.96
gesamt neue RS	113	2,95	0,93	2,99	0,96	–0,04	0,33	–1,37	112	.174	.94

Anmerkungen: t-Test für abhängige Stichproben; reduziertes N, da ein Institut nur gemittelte Daten weitergab, N für neue Rollenspiele größer, da ein Institut teilweise nur ein neues Rollenspiel durchführte; KV = Kundenorientierung/verkäuferische Fähigkeiten; IE = Initiative und Erfolgsorientierung; SB = Soziale Belastbarkeit; sämtliche Korrelationen sind signifikant (p < .001).

Tabelle 11: Interkorrelationsmuster innerhalb von Original- und neuen Rollenspielen

	Situation 1	Situation 2	Situation 3	KV	IE	SB
Situation 1		.77	.69	.81	.75	.76
Situation 2	.70		.80	.82	.79	.76
Situation 3	.62	.75		.83	.84	.78
KV	.83	.78	.79		.85	.86
IE	.74	.80	.81	.89		.83
SB	.71	.74	.73	.80	.83	

Anmerkungen: N = 127; unterhalb der Diagonalen befindet sich das Korrelationsmuster der Originalrollenspiele, oberhalb der Diagonalen das der neuen Rollenspiele, p < .001 für alle Korrelationen; KV = Kundenorientierung/verkäuferische Fähigkeiten; IE = Initiative und Erfolgsorientierung; SB = Soziale Belastbarkeit.

Tabelle 12: Korrelationen von Situations- und Dimensionseinschätzungen zwischen Original- und neuen Rollenspielen

		Neue Rollenspiele					
		Situation 1	Situation 2	Situation 3	KV	IE	SB
Originalrollenspiele	Situation 1	*.51*	.48	.49	.60	.54	.63
	Situation 2	.55	*.55*	.58	.61	.60	.64
	Situation 3	.56	.54	*.60*	.65	.59	.64
	KV	.57	.55	.60	*.70*	.63	.70
	IE	.57	.57	.61	.73	*.68*	.72
	SB	.56	.54	.58	.68	.64	*.78*

Anmerkungen: N = 127; p < .001 für alle Korrelationen; KV = Kundenorientierung/verkäuferische Fähigkeiten; IE = Initiative und Erfolgsorientierung; SB = Soziale Belastbarkeit.

Ein weiterer Hinweis auf die Parallelität der Konstruktvalidität sind die vergleichbaren Zusammenhänge zwischen den Original- und den neuen Rollenspielen mit den interaktiven Verfahren Interview und Gruppendiskussion (siehe Tab. 13). Für die Verkaufsgespräche „Freizeitgestaltung" und „Bankprodukt" ergeben sich ähnliche Korrelationen, für das Verkaufsgespräch „Sportartikel" sind sie etwas niedriger. Bezüglich der

Tabelle 13: Zusammenhänge mit anderen interaktiven PA1-Verfahren

	Interview	Gruppendiskussion
VG Freizeitgestaltung (Original)	.57*** (N = 55)	.58*** (N = 44)
VG Bankprodukt	.55*** (N = 31)	.60** (N = 20)
VG Sportartikel (nur wenn auch Original-RS durchgeführt)	.47*** (N = 66)	.54*** (N = 34)
VG Sportartikel (alle Teilnehmer)	.47*** (N = 83)	.43*** (N = 51)
KB Kosten (Original)	.52*** (N = 72)	.61*** (N = 29)
KB Technik	.43** (N = 30)	.72*** (N = 19)
KB Dienstleistung	.87** (N = 7)	.62 (N = 7)
Original-RS	.56*** (N = 127)	.60*** (N = 73)
neue RS (nur wenn auch Original-RS durchgeführt)	.50*** (N = 127)	.62*** (N = 73)
neue RS (alle Teilnehmer)	.48*** (N = 151)	.55*** (N = 97)

Anmerkungen: *** p < .001, ** p < .01, * p < .05, einseitige Testung.

Kundenbeschwerde ergeben sich für das Originalrollenspiel etwas höhere Korrelationen mit dem Interview und etwas niedrigere Korrelationen mit der Gruppendiskussion im Vergleich zur Kundenbeschwerde „Technik".

13.7 Ergebnisse der zweiten Expertenbefragung

Durchführung und Stichprobe

Die zweite Expertenbefragung fand im Rahmen der Echtanwendung mit Bewerbern statt (vgl. Abschnitt 13.6). Die Assessoren, die das PA1-Verfahren (inkl. neue Rollenspiele) durchführten, hatten die Aufgabe, die neuen Rollenspiele hinsichtlich ihrer Parallelität zu vergleichen. 46 Experten aus 8 Instituten (aus 3 Regionalverbänden) nahmen an der Befragung teil, 25 Personen beantworteten dabei allerdings nur die Fragen zu dem einen Rollenspiel, welches sie tatsächlich durchgeführt haben. 16 Personen waren weiblich und 26 männlich (4 machten keine Angaben). Durchschnittlich waren die Befragten seit 3 Jahren Assessor bei PA1 (SD = 1,68) und hatten 18 Jahre (SD = 10,4) Berufserfahrung im Bankbereich und 9 Jahre (SD = 8,7) im Personalbereich. Die Positionen der Befragten waren v. a. Ausbildungsleiter, Personalentwickler, Personalreferenten, Abteilungsleiter und Mitarbeiter des Bereichs Personal, Filialleiter, Teamleiter, Personalrat, Sachbearbeiter und Privatkundenberater.

Ergebnisse

Die Bewertung der Parallelität der neuen Rollenspiele mit den Originalrollenspielen ist Tabelle 14 zu entnehmen. Im Vergleich zur ersten Expertenbefragung (Abschnitt 13.5) schätzten die Experten der zweiten Befragung allerdings die Verfahren als weniger parallel ein. In der ersten Befragung lag der Mittelwert der Parallelitätseinschätzung des Verkaufsgesprächs „Sportartikel" zum Verkaufsgespräch „Freizeitgestaltung" bei 98 % und für das Verkaufsgespräch „Bankprodukt" bei 71 %. Bei der Kundenbeschwerde sahen die Experten der ersten Befragung die Parallelität zu 90 % gegeben, in der zweiten Befragung nur zu 63 %, was als „überwiegend" parallel gewertet werden kann. Auch das Verkaufsgespräch „Sportartikel" kann in der zweiten Expertenbefragung mit 74 % als parallel angesehen werden. Das Verkaufsgespräch „Bankprodukt" wird dagegen als weniger parallel – aufgrund des branchenspezifischen Kontexts – eingeschätzt, als es in den Ergebnissen der empirischen Prüfung (vgl. Abschnitt 13.6) zum Ausdruck kommt.

Wie auch schon in der ersten Expertenbefragung werden von den Experten der zweiten Befragung die bekannten Verfahren jeweils positiver bewertet (vgl. Tab. 15).

Der Meinung, dass mit dem Verkaufsgespräch und der Kundenbeschwerde die gleichen Fähigkeiten erfasst werden, sind 43 % (9 von 21) der Befragten; 76 % (16 von 21) halten es für sinnvoll, sowohl ein Verkaufsgespräch als auch eine Kundenbeschwerde durchzuführen. Die empirischen Parallelitätsergebnisse zeigen, dass eine Kombination sinnvoll sein kann, da durch den Einsatz eines weiteren Verfahrens die Reliabilität (Messgenauigkeit) gesteigert werden kann und durch die Kombination $1/3$ der Varianz durch unterschiedliche Konstrukte aufgeklärt wird. Die Kombinationswünsche der Experten sind in Tabelle 16 dargestellt. Auch hier ist die Tendenz erkennbar, die bereits vertrauten Verfahren besser zu bewerten als die neuen Rollenspiele.

Tabelle 14: Bewertung der Parallelität (Expertenbefragung 2)

Decken sich die Rollenspiele bezüglich ...	Verkaufs-gespräch		Kunden-beschwerde
	Sport-artikel	Bank-produkt	Technik
... der für die Probanden möglichen und geforderten Reaktionen?	93 %	35 %	56 %
... der Erfahrungsvoraussetzungen/Lebensnähe?	43 %	6 %	60 %
... der Anforderungsdimensionen, die sie erfassen?	87 %	48 %	71 %
... des sprachlichen Niveaus/ihrer Verständlichkeit?	97 %	67 %	72 %
... der zu erwartenden Akzeptanz der Teilnehmer?	79 %	31 %	63 %
... der Schwierigkeit, also der vom Probanden geforderten Leistung?	67 %	9 %	52 %
... der Tauglichkeit und Gesamteinschätzung als parallel?	70 %	24 %	54 %
Das neue Rollenspiel erscheint mir ausreichend unterschiedlich zur Originalversion.	59 %	85 %	78 %
Mittelwert	*74 %*	*38 %*	*63 %*
N	30	33	25

Anmerkung: Prozentsatz der Zustimmungen.

Tabelle 15: Bewertung der Rollenspiele als Rangreihe (Expertenbefragung 2)

	N	M	SD	Transformierter Rangplatz
VG Freizeitgestaltung (Original)	29	1,62	0,98	1
VG Sportartikel	28	2,43	1,26	2
KB Kosten (Original)	21	2,48	0,81	3
VG Bankprodukt	23	3,83	1,44	4
KB Technik	21	4,09	0,83	5

Tabelle 16: Bevorzugte Kombination der Rollenspiele (Expertenbefragung 2)

Kombination	Anzahl der Nennungen
VG Freizeitgestaltung + KB Kosten	6
VG Sportartikel + KB Kosten	5
VG Freizeitgestaltung + KB Technik	3
VG Sportartikel + KB Technik	2
VG Bankprodukt + KB Kosten	2
VG Bankprodukt + KB Technik	1

Auch die Experten der zweiten Befragung wurden gebeten, Verbesserungsvorschläge zu äußern. Aufgrund ihrer Erfahrung mit der konkreten Durchführung konnten von vielen Experten wertvolle Verbesserungsvorschläge gegeben werden (vgl. Tab. 17). Die Hinweise wurden geprüft und in die Endgestaltung aufgenommen. Insbesondere wurde die Bewerberinstruktion für die Rollenspiele VG „Bankprodukt" und KB „Technik" schlüssiger dargestellt, wodurch dem häufigsten Kritikpunkt Rechnung getragen werden konnte. Wichtig war allerdings, bei der Endgestaltung keine wesentliche Veränderung vorzunehmen, um die empirische Parallelität nicht zu gefährden.

Tabelle 17: Verbesserungspotenzial der neuen Rollenspiele (Expertenbefragung 2)

	„Die Aussagen der handelnden Personen sind verbesserungsbedürftig."	„Könnte noch etwas im Rollenspiel verbessert werden?"
VG Sportartikel	48 %	33 %
VG Bankprodukt	56 %	81 %
KB Technik	50 %	64 %

Anmerkung: Prozentsatz der Zustimmungen.

13.8 Fazit

Nach der empirischen Prüfung können die neu entwickelten Rollenspiele als parallel zu den Originalrollenspielen angesehen werden. Sowohl die Aufgabencharakteristika und Gruppenvergleiche (Fairnessaspekt) als auch die Reliabilitäten und die Konstruktvalidität kommen für die Rollenspiele zu ähnlichen Ergebnissen. Die Experten der erste Befragung bewerten die neuen Rollenspiele besser als die Experten der zweiten Befragung, insgesamt werden die Rollenspiele „Sportartikel" und „Technik" als parallel zu den Originalrollenspielen „Freizeitgestaltung" und „Kosten" gesehen; bezüglich der Parallelitätseinschätzung für das Verkaufsgespräch „Bankprodukt" zum Verkaufsgespräch „Freizeitgestaltung" unterscheiden sich die Expertenbefragungen. In beiden Befragungen hält es die Mehrheit der Experten für angemessen, sowohl ein Verkaufsgespräch als auch eine Kundenbeschwerde durchzuführen, was empirisch der Reliabilität und der Konstrukterfassung zugute kommt. Die Verkaufsgespräche „Freizeitgestaltung", „Bankprodukt" und „Sportartikel" messen das gleiche Konstrukt, können also vollständig alternativ eingesetzt werden (wobei das Verkaufsgespräch Sportartikel sich als etwas leichter erwiesen hat und daher gut bei Haupt- und Realschülern zum Einsatz kommen kann, um Bodeneffekte zu vermeiden). Ebenso können die beiden Rollenspiele „Kundenbeschwerde" untereinander austauschbar verwendet werden. Zu einem späteren Zeitpunkt wäre zu prüfen, ob sich die Original- und neuen Rollenspiele auch hinsichtlich ihrer prognostischen Validität als parallel erweisen.

Literatur

Bornstein, R. F. (1989). Exposure and affect: Overview and meta-analysis of research, 1962–1987. *Psychological Bulletin, 106,* 265–289.

DIN 33430, Ausgabe 2002–06. *Anforderungen an Verfahren und deren Einsatz bei berufsbezogenen Eignungsbeurteilungen.* Berlin: Beuth.

Lienert, G. A. & Raatz, U. (1994). *Testaufbau und Testanalyse* (5. Aufl.). Weinheim: Beltz.

Schuler, H., Funke, U., Moser, K. & Donat, M. (1995). *Personalauswahl in Forschung und Entwicklung. Eignung und Leistung von Wissenschaftlern und Ingenieuren.* Göttingen: Hogrefe.

14 Die Assessment Center-Bewertung als Ergebnis vieler Faktoren: Differenzierung von Einflussquellen auf Assessment Center-Beurteilungen mithilfe der Generalisierbarkeitstheorie

Stefan Höft

14.1 Mangelhafte Assessment Center-Konstruktvalidität: ein Befund mit vielen möglichen Ursachen

Sackett und Dreher weisen 1982 nach, dass die im Rahmen von Assessment Centern (AC) erhobenen Anforderungen nicht den Kriterien entsprechen, die an valide Konstrukte gestellt werden. In Multitrait-Multimethod-(MTMM-)Analysen (vgl. Campbell & Fiske, 1959) zeigen sich typischerweise kaum Konvergenz gleicher Anforderungen über Verfahren hinweg und kaum Diskriminanz von Anforderungen, die innerhalb eines Verfahrens erhoben werden. Für diese mangelhaften Konstruktvaliditätsergebnisse wurden seit der Veröffentlichung von Sackett und Dreher unterschiedlichste Ursachen diskutiert. Höft und Funke (2006) teilen die möglichen Fehlerquellen in fünf Gruppen ein (vgl. auch Lievens & Klimoski, 2001): mangelhaft definierte Anforderungen, verfahrensspezifische Probleme, teilnehmerbedingte Effekte, Mängel bei der Erfassung anforderungsrelevanter Verhaltensweisen sowie beobachterbedingte Fehler. Diese potenziellen Fehlerquellen lassen sich in einem Prozessmodell zur Urteilsbildung im AC integrieren. Es ist in Abbildung 1 dargestellt.

Der Prozess startet bei der Definition der berufserfolgsrelevanten Anforderungsdimensionen. Sie umschreiben das theoretisch mögliche Universum relevanter Verhaltensweisen. Nur eine Teilmenge dieser Verhaltensweisen kann in dem eingesetzten eignungsdiagnostischen Verfahren umgesetzt werden (in einem Rollenspiel können beispielsweise nur bestimmte kooperative Verhaltensweisen gezeigt werden, die sich nur zum Teil mit kooperativen Verhaltensweisen aus einer Gruppendiskussion überlappen). Das tatsächlich von einem AC-Teilnehmer gezeigte Verhalten ist aber zusätzlich abhängig von seiner Situationsinterpretation („Welches Verhalten wird von mir erwartet?") und seinem tatsächlich vorhandenen Verhaltensrepertoire, d. h. der Teilnehmer muss auch in der Lage sein, das von ihm als passend angesehene Verhalten in der Situation umzusetzen.

Das letztlich real gezeigte Verhalten muss korrekt beobachtet und bewertet werden. Besonderen Einfluss auf die Qualität der Aufzeichnungen haben in dieser Phase das eingesetzte Beobachtungssystem (Technik der Beobachtung und Bewertung) und die Person des Beobachters (Kompetenzgrad und Motivation). Die abgeleiteten (numerischen) Bewertungen zu den Anforderungsdimensionen dienen dann als Grundlage für die Diagnose der Konstruktausprägungen und die Analyse der Konvergenz und Divergenz zwischen verschiedenen Konstruktmessungen.

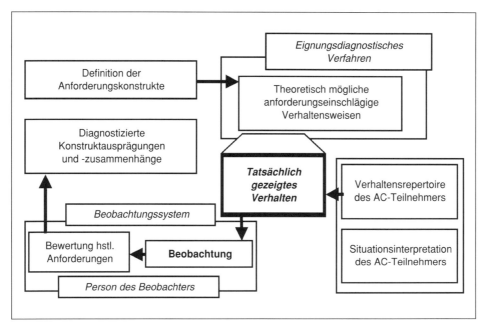

Abbildung 1: Ein Prozessmodell zur Urteilsbildung im Assessment Center (aus Höft & Funke, 2006)

Es wird deutlich, dass die wissenschaftlich bevorzugt untersuchten numerischen AC-Urteile das Endprodukt einer komplexen Prozesskette unterschiedlichster Einflüsse sind. Wenn in einer wissenschaftlichen Studie der Zusammenhang zwischen verfahrensspezifisch erhobenen Anforderungen mithilfe des MTMM-Ansatzes untersucht wird, wird dabei stillschweigend über die übrigen Elemente der Prozesskette generalisiert. Die Aufschlüsselung der Prozesskette zeigt aber, dass das im Fokus des Interesses stehende „Verhaltensrepertoire des AC-Teilnehmers", also seine eigentlich zu diagnostizierende Kompetenz, nur ein (hoffentlich varianzstarker) Urteilseinfluss unter vielen ist.

14.2 Zielsetzung der Arbeit und Grundprinzip der Herangehensweise

In der vorgestellten Studie soll eine Analysemethode angewandt werden, die in Erweiterung des orthodoxen MTMM-Ansatzes eine simultane Analyse zusätzlicher Einflussquellen ermöglicht und einen Rückschluss auf deren Relevanz für die Urteilsbildung im AC erlaubt.

Es handelt sich hierbei um eine Kombination aus generalisierbarkeitstheoretischer Designbeschreibung und strukturgleichungstheoretischer Varianzkomponentenschätzung. Zunächst soll das Grundprinzip dieser beiden Ansätze erläutert werden.

Grundprinzip der Generalisierbarkeitstheorie

Die Generalisierbarkeitstheorie (kurz: G-Theorie) kann als Erweiterung der Klassischen Testtheorie verstanden werden, obwohl ihr Potenzial deutlich darüber hinausgeht. Im Folgenden sollen die für das weitere Verständnis der Studie notwendigen Grundlagen anhand beispielhafter Designs dargestellt werden. Ein Standardwerk zur Generalisierbarkeitstheorie ist immer noch das (schwer lesbare) Buch der Begründer Cronbach, Gleser, Rajaratnam und Nanda (1972). Eine aktualisierte Darstellung ist beispielsweise bei Brennan (2001) zu finden. Eine leichter verständliche Einführung geben Shavelson und Webb (1991).

Bei einer möglichen Erhebung (z. B. einem Assessment Center) sollen insgesamt P Personen in V Verfahren hinsichtlich D Dimensionen eingestuft worden sein. Der Erhebungsplan gewährleistet, dass jede Person jedes Verfahren durchläuft und auch in jedem Verfahren hinsichtlich jeder Dimension bewertet wird. In der Sprache der G-Theorie liegt damit ein 2-Facetten-Design vor. Die Messobjekte (hier: insgesamt P Personen) wurden in einer durch zwei Facetten (Facette v: Verfahren; Facette d: Dimensionen) beschriebenen Situation untersucht.

Die g-theoretische Beschreibung von Erhebungsdesigns ergibt sich durch die vorliegende spezifische Kombination von überkreuzten, genesteten oder konfundierten Facetten. Dabei bedeutet analog der varianzanalytischen Terminologie:

– *überkreuzt:* Zwei Facetten A und B sind überkreuzt, wenn jede Bedingung der Facette A kombiniert wird mit jeder Bedingung der Facette B. Um anzuzeigen, dass sämtliche Kombinationen auftreten, wird auch von *vollständig überkreuzten* Facetten gesprochen bzw. geschrieben. Die Kurzform lautet: (A × B) (sprich: „A ist überkreuzt mit B");
– *genestet:* Eine Facette A ist in einer Facette B genestet, wenn mehrere Bedingungen von A mit einer Bedingung von B kombiniert sind, aber gleichzeitig unterschiedliche Bedingungen von A mit jeder Bedingung von B kombiniert sind. Die Kurzform lautet: (A : B) (sprich: „A ist genestet in B");
– *konfundiert:* Eine Facette A ist mit einer Facette B konfundiert, wenn nur einzelne, unterschiedliche Bedingungen von A kombiniert sind mit jeder Bedingung von B. Die Kurzform lautet hier: (A,B) (sprich „A ist konfundiert mit B").

In dem geschilderten Fall liegt eine vollständige Überkreuzung aller Facetten vor: ein Design des Typs (p × v × d). Zu jeder Person wird in jedem Verfahren eine Bewertung zu jeder Dimension getroffen.

Anders hätte es beispielsweise ausgesehen, wenn in jedem Verfahren andere Dimensionen erhoben werden (insgesamt werden in diesem Fall also V · D Dimensionen erfasst). Im Sinne der G-Theorie haben wir es dann mit einem (p × (d : v))-Design zu tun: Die Dimensionen sind in den Verfahren genestet. Die Dimensions-Verfahrens-Kombinationen sind vollständig gekreuzt mit den Personen, d. h. zu jeder Person wurde die gleiche Dimensions-Verfahrens-Kombination erhoben. Abgesehen von diesem speziellen sind natürlich noch viele Nestungsformen in 2-Facetten-Designs denkbar (z. B. (p × (v : d)) oder (d : v : p) usw.).

Wenn pro Verfahren nur eine Dimensionen, in jedem Verfahren eine neue Dimension und diese Dimensions-Verfahrens-Kombination bei allen Personen erfasst wird, liegt ein (p × (v,d))-Design vor. Dimension und Verfahren sind miteinander konfundiert.

Die unterschiedlichen Datenkonstellationen in den drei Designs sind anhand einfacher Beispiele in Abbildung 2 dargestellt (vgl. analog Shavelson & Webb, 1991, p. 48).

(a) (p × (v × d))-Design				(b) (p × (d : v))-Design					(c) (p × (v,d))-Design		
Personen	Verf 1		Verf 2		Personen	Verf 1		Verf 2		Personen	Verf 1	Verf 2
	Dim		Dim			Dim		Dim			Dim	Dim
	1	2	1	2		1	2	3	4		1	2
1					1					1		
2					2					2		
3					3					3		
4					4					4		

Anmerkungen: Dargestellt sind vier Personen, die sich unterschiedlich kombinierten Verfahrens- (Verf) und Dimensions- (Dim) Erhebungen unterziehen

Abbildung 2: Veranschaulichung unterschiedlicher Erhebungsdesigns mit generalisierbarkeitstheoretischer Beschreibung

Im Mittelpunkt der G-Theorie steht die Zerlegung der Gesamtvarianz der erhobenen Messwerte in einzelne Komponenten, die die Wirkung der Facetten bzw. Facettenkombinationen abbilden.

Mithilfe einfacher algebraischer Umformungen sowie unter Rückgriff auf die Prinzipien der Varianzanalyse für zufällige Effekte lässt sich zeigen, dass im (p × v × d)-Design die Gesamtvarianz $\sigma^2(X_{pvd})$ der Messwerte in sieben Varianzkomponenten aufgeschlüsselt werden kann (vgl. Formel 1):

$$\begin{aligned}\sigma^2(X_{pvd}) &= E_p E_v E_d (X_{pvd} - \mu_{...})^2 \\ &= \sigma^2(p) + \sigma^2(v) + \sigma^2(d) \\ &+ \sigma^2(pv) + \sigma^2(pd) + \sigma^2(vd) \\ &+ \sigma^2(pvd,e)\end{aligned} \quad (1)$$

Anmerkungen: X_{pvd} bezeichnet den Messwert von Person p im Verfahren v zur Dimension d.
$\mu_{...}$ bezeichnet den theoretischen „grand mean", d.h. den Erwartungswert über alle Personen, Verfahren und Dimensionen hinweg.

Drei Varianzkomponenten lassen sich auf die Haupteffekte der Facetten zurückführen: generelle Unterschiede zwischen den Personen ($\sigma^2(p)$), zwischen den Verfahren ($\sigma^2(v)$) und den Dimensionen ($\sigma^2(d)$). Weitere drei Komponenten fallen auf die Interaktionen 1. Ordnung, $\sigma^2(pv)$ bezeichnet also z.B. verfahrensspezifische Personunterschiede, die über die Dimensionen generalisieren. Das Residuum $\sigma^2(pvd,e)$ beinhaltet die Interaktion 2. Ordnung (dimensions- und verfahrensspezifische Personunterschiede), die gezwungenermaßen mit dem unsystematischen Messfehler e konfundiert ist, da nur ein Datensatz für diese spezifische Kombination vorliegt. Abbildung 3a zeigt ein Venn-Diagramm, das die separierten Varianzkomponenten grafisch darstellt.

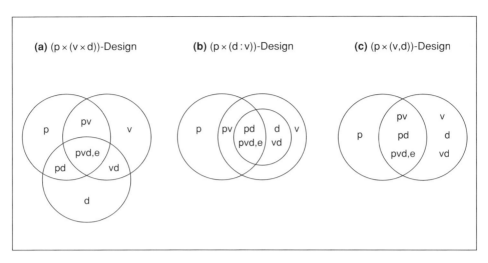

Abbildung 3: Venn-Diagramm-Darstellungen zu den in den unterschiedlichen Designs separierten Varianzkomponenten (Abb. a–c)

Die Abbildungen 3b und 3c zeigen analoge Venn-Diagramme für die (p × (d : v))- und (p × (v,d))-Erhebungsdesigns. Hier wird deutlich, dass je nach Designtyp unterschiedliche Komponenten nur noch konfundiert erhoben werden können: Im (p × (d : v))-Design sind nur noch fünf Varianzanteile separierbar. Die Nestung der d-Facette führt dazu, dass die betroffenen Anteile ($\sigma^2(d)$, $\sigma^2(pd)$, $\sigma^2(vd)$) nur noch zusammen mit v-Komponenten erhoben werden können. Grafisch wird dies durch die Einbettung des d-Mengensymbols in der v-Menge veranschaulicht. Beim (p × (v,d))-Design sind die d- und v-Facettenanteile schließlich gar nicht mehr zu trennen.

Zum Abschluss dieser kurzen Einführung soll auf die Dekomponierung der „beobachteten Varianz" $\sigma^2(X_{.vd})$ eingegangen werden. Sie ist wichtig, da diese Varianzform als Analysegrundlage für Strukturgleichungsmodelle (vgl. S. 279 ff.) dient und gleichzeitig auch die empirische Basis der gängigen klassisch testtheoretischen Konzepte darstellt. Der entscheidende Unterschied im Vergleich zur absoluten Varianz ist, dass bei der beobachteten Varianz nicht der quadrierte Abstand vom grand mean $\mu_{...}$, sondern der quadrierte Abstand der Messwerte X_{pvd} zum Erwartungswert $\mu_{.vd}$ bei konstant gehaltenen Facettenausprägungen v und d gebildet wird:

$$\sigma^2(X_{.vd}) = E_p E_v E_d (X_{pvd} - \mu_{.vd})^2$$
$$= \sigma^2(p)$$
$$+ \sigma^2(pv) + \sigma^2(pd) \quad (2)$$
$$+ \sigma^2(pvd, e)$$

Anmerkungen: $\mu_{.vd}$ bezeichnet den Erwartungswert über alle Personen bei konstant gehaltenen Facettenausprägungen v und d.

Formel 2 zeigt, dass die beobachtete Varianz nur vier der sieben Gesamtvarianzkomponenten beinhaltet, nämlich die, an denen die Personen p beteiligt sind. Diese Komponenten werden auch als *relative Varianzkomponenten* bezeichnet, da sie bei relativen Interpretationen und Entscheidungen herangezogen werden. In solchen Situationen ist der Auswerter daran interessiert, wie eine Person im Vergleich zu den anderen Teilnehmern abgeschnitten hat. Wichtig ist hier also der relative Stand oder der Rang der Person.

Die Varianzkomponenten der beobachteten Varianz $\sigma^2(X_{vd})$ beeinflussen den relativen Stand der Personen. Alle anderen Komponenten sind in diesem Fall uninteressant, da sie gleichen Einfluss auf alle Personen haben und somit den relativen Stand der Personen nicht verändern. Anders wäre es, wenn Informationen für absolute Interpretationen und Entscheidungen benötigt werden. Hier ist der Auswerter am absoluten Stand der Person interessiert. Kriterium sind hier nicht die anderen, sondern ob eine Person ein gestecktes Ziel erreicht hat oder gescheitert ist, ob sie die gestellte Aufgabe gelöst hat oder nicht usw. In solchen Situationen sind dementsprechend alle Varianzkomponenten relevant. Solche Fragestellungen werden im Rahmen der kriteriumsorientierten Testtheorie untersucht (vgl. Nussbaum, 1982, 1987). Die g-theoretisch ermittelten Varianzkomponenten sind prinzipiell für beide Fragestellungen (norm- und kriteriumsorientierte Interpretationen) nutzbar.

Grundprinzip der strukturgleichungstheoretischen Varianzkomponentenschätzung

Üblicherweise werden zur Schätzung der Varianzkomponenten in einem generalisierbarkeitstheoretischen Design Varianzanalysen mit zufälligen Effekten eingesetzt (vgl. für eine Übersicht zu möglichen Schätzmethoden Brennan, 2001, S. 53–92). Eine Randannahme ist dabei, dass alle realisierten Facettenbedingungen eine Zufallsauswahl aus dem (theoretisch unbegrenzten) Universum möglicher Facettenausprägungen darstellen. Das heißt, es wird beispielsweise beim $(p \times v \times d)$-Design angenommen, dass sowohl die untersuchten Personen als auch die gewählten Dimensionen und Verfahren nur austauschbare Stellvertreter darstellen und dass von diesen Realisierungen auf die allgemein geltenden (Varianz-)Einflüsse generalisiert werden muss.

In der hier berichteten Studie wird ein Zugang über lineare Strukturgleichungsmodelle (kurz: SEM; vgl. z. B. Bollen, 1989) gewählt. Er hat zwei Vorteile gegenüber der traditionellen Herangehensweise: Zum einen kann über den bei allen SEM-Verfahren implementierten Modellgütetest die Gültigkeit des durch die G-Theorie angenommenen additiven Modells überprüft werden. Zum anderen ist die SEM-Modellierung im Vergleich zum Einsatz einer Varianzanalyse deutlich flexibler: Gleichheitsrestriktionen können leicht aufgelöst werden, zudem können unvollständige Erhebungsdesigns (z. B. unvollständig überkreuzte Facetten) analysiert werden. Ein Nachteil ist, dass ohne größeren Aufwand nur relative Varianzkomponenten geschätzt werden können. – Viele Fragestellungen (unter anderem auch die vorliegende) beziehen sich aber alleine auf diese Komponenten. Hier soll wieder nur die prinzipielle Herangehensweise skizziert werden. Eine etwas ausführlichere Darstellung findet sich bei Marcoulides (1996). Eine detailliertere Beschreibung mit Herleitung und Nachweis gibt Höft (1996).

Als Veranschaulichungsbeispiel dient wieder ein 2-Facetten-Design $(p \times v \times d)$, bei dem die Leistung von P Personen (p) in zwei Verfahren (v) hinsichtlich zweier Anforderungsdimensionen (d) beurteilt wird. Gemäß der G-Theorie können sieben Varianzkomponenten (drei Haupteffekte, drei Interaktionen 1. Ordnung, ein Residuum) geschätzt werden, die die gefundenen Leistungsunterschiede vollständig erklären. Für unsere Untersuchung sind nur die relativen Varianzkomponenten interessant, also alle Varianzkomponenten, die die p-Facette enthalten (vier Komponenten: $\sigma^2(p)$, $\sigma^2(pv)$, $\sigma^2(pd)$, $\sigma^2(pvd,e)$). Sie beschreiben die Unterschiede, die sich auf den relativen Stand der Personen innerhalb ihrer Gruppen beziehen. Die übrigen Komponenten ($\sigma^2(v)$, $\sigma^2(d)$, $\sigma^2(vd)$) verhalten sich neutral bezogen auf den relativen Personenstatus innerhalb der Gruppe und gelten dementsprechend gleich für alle Personen (konstante Effekte der Situation).

Stanley (1961) zeigt, dass die relativen Varianzkomponenten algebraisch aus der über die Personen gebildeten Kovarianzmatrix der verfahrensspezifischen Dimensionsbewertungen v1d1 bis v2d2 abgeleitet werden können. Abbildung 4 veranschaulicht, dass jede theoretische (Ko-)Varianz eine Linearkombination aus unterschiedlichen Varianzkomponenten repräsentiert.

Cov-Matrix	v1d1	v1d2	v2d1	v2d2
v1d1	σ^2(v1d1)			
v1d2	σ(v1d1,v1d2)	σ^2(v1d2)		
v2d1	σ(v1d1,v2d1)	σ(v1d2,v2d1)	σ^2(v2d1)	
v2d2	σ(v1d1,v2d2)	σ(v1d2,v2d2)	σ(v2d1,v2d2)	σ^2(v2d2)

Cov-Matrix	v1d1	v1d2	v2d1	v2d2
v1d1	a			
v1d2	b	a		
v2d1	c	d	a	
v2d2	d	c	b	a

mit
a = $\sigma^2(p)$ + $\sigma^2(pv)$ + $\sigma^2(pd)$ + $\sigma^2(pvd,e)$
b = $\sigma^2(p)$ + $\sigma^2(pv)$
c = $\sigma^2(p)$ + $\sigma^2(pd)$
d = $\sigma^2(p)$

Abbildung 4: Deduktion der relativen Varianzkomponenten eines (p × v × d)-Designs aus einer über die Personen gebildeten theoretischen Kovarianzmatrix (Cov)

Auf dieser Basis ist es sehr einfach, ein strikt paralleles SEM-Modell mit latenten Variablen analog zu den g-theoretischen Varianzkomponenten zu konstruieren. Es ist in Abbildung 5 dargestellt. Durch die Gleichheitsrestriktion der den Interaktionstermen entsprechenden latenten Variablen ($\sigma^2(pv1) = \sigma^2(pv2)$, $\sigma^2(pd1) = \sigma^2(pd2)$; Homoskedastizität = Gleichheitsrestriktion der spezifischen Fehlerterme) resultieren entsprechende Schätzer für die vier relativen Varianzkomponenten $\sigma^2(p)$, $\sigma^2(pv)$, $\sigma^2(pd)$ und $\sigma^2(pvd,e)$.

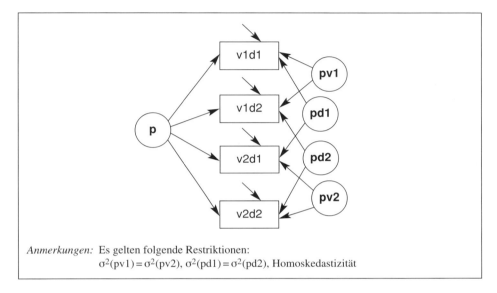

Anmerkungen: Es gelten folgende Restriktionen:
$\sigma^2(pv1) = \sigma^2(pv2)$, $\sigma^2(pd1) = \sigma^2(pd2)$, Homoskedastizität

Abbildung 5: SEM-Modell zum $(p \times v \times d)$-Design

Die g-theoretischen SEM-Modelle, die in der späteren realen AC-Anwendung verwendet werden, sind komplexer, basieren aber alle auf dem gleichen Grundprinzip: Jede Varianzquelle wird durch spezifische latente Variablen repräsentiert, die auf die jeweils für das Designelement geltende Kombination von manifesten Variablen wirken (die latente Variable pv1 lädt auf alle manifesten v1-Variablen, die latente Variable pd2 lädt auf alle manifesten d2-Variablen usw.). Um zur Varianzanalyse äquivalente Schätzungen zu erhalten, muss ein strikt paralleles Messmodell gewählt werden. Die Modellgüteindizes zeigen, inwieweit diese strikten Vorannahmen angemessen sind.

14.3 Informationen zum analysierten Assessment Center

Als Datengrundlage für die weiteren Analysen dient eine Stichprobe mit 2.100 AC-Bewerbern. Diese Personen durchliefen zwischen März 1999 und August 2001 die Assessment Center-Phase des DLR-Auswahlprogramms für Nachwuchsflugzeugführer. Ein ausführlicher Bericht zu konventionellen Konstruktvaliditätsanalysen (MTMM-Analyse, explorative und konfirmatorische Faktorenanalysen), die genau auf dieser Stichprobe basieren, ist bei Höft (2002) zu finden.

Eine ausführliche Beschreibung zum vollständigen DLR-Auswahlprogramm geben Höft und Marggraf-Micheel (in diesem Band). An dieser Stelle wird deshalb nur auf die im Weiteren analysierten interaktiven Verfahren (ein Rollenspiel und zwei Gruppendiskussionen) eingegangen. Sie werden DLR-intern als „Assessment Center" bezeichnet und stellen eine konzeptionelle Einheit dar. Eine Verfahrensbeschreibung wird in Tabelle 1 gegeben.

Tabelle 1: Kurzcharakterisierung der AC-Verfahren im DLR-Auswahlprogramm

Rollenspiel (RSP)	Im Rollenspiel sind die Bewerber aufgefordert, eine unangenehme Konfliktsituation mit einem DLR-Rollenspieler zu klären. Der Konfliktinhalt lehnt sich an mögliche Problemsituationen in der Ausbildung an. Nach einer 10-minütigen Vorbereitung, bei der sich der Bewerber mit einigen Vorinformationen zur Situation vertraut macht, folgt das ebenfalls ca. 10-minütige Rollenspiel. Die DLR-Rollenspieler agieren aus Gründen der Standardisierung gemäß einem flexiblen Drehbuch.
Gruppenübung Umlaufplanung (GUP)	In diesem Verfahren erstellen die Bewerber gemeinsam einen Dienst- oder Stundenplan, der mit ihren jeweiligen eigenen zum Teil bereits bestehenden Verpflichtungen in Einklang gebracht werden muss. Jeder Bewerber hat dabei individuell wichtige und sehr wichtige Termine zu berücksichtigen, die er nach Möglichkeit nicht aufgeben sollte. Jeder Bewerber hat individuelle Ziele (attraktive Dienste übernehmen, möglichst wenige persönliche Termine aufgeben) und ein gemeinsames Ziel (die Erstellung des Dienst- bzw. Stundenplans) zu verfolgen. Hinter den vorgegebenen Terminplänen verbirgt sich eine Systematik, die jeden Bewerber gleichermaßen mit den anderen Bewerbern in einen Interessenkonflikt bringt. GUP ist eine kognitiv komplexe Problemlöseaufgabe, in der die gemeinsame Handlungsplanung eine zentrale Rolle spielt.
Gruppenübung Konflikt (GKO)	Dieses Verfahren birgt ein stärker konfliktorientiertes Verhandlungsgespräch im Sinne einer Ressourcenproblematik. Die Bewerber repräsentieren jeweils Zweigstellen einer größeren Organisation und müssen deren Interessen in einer zukunftsweisenden Entscheidungssituation vertreten. Als Hilfsmittel zur Veranschaulichung des aktuellen Diskussionsstandes dient eine symbolische Broschüre, auf der die Diskussionsteilnehmer ihre Zweigstellen im Sinne einer Rangreihenfolge platzieren (hoher Rangplatz = bevorzugte Berücksichtigung der Zweigstelle). Zur Anreicherung der Diskussion dienen unterschiedliche Zweigstellencharakteristika, die pointiert, aber ausgewogen über die unterschiedlichen Rollen verteilt sind.

Von 1999 bis 2004 wurde ein Anforderungsprofil mit sieben Dimensionen eingesetzt, die für die Urteilskommunikation zu zwei Merkmalsbereichen (Soziale Kompetenz und Handlungskompetenz) zusammengefasst wurden. Eine Kurzbeschreibung der Dimensionen findet sich in Tabelle 2. Sie werden für jedes Verfahren spezifisch verhaltensorientiert operationalisiert.

Die Kombination der Anforderungen mit den Verfahren ist in Tabelle 3 dargestellt. Sechs Anforderungsdimensionen werden in zwei, die Dimension „Konfliktbewältigung" sogar in allen drei Verfahren erfasst. Pro Verfahren werden fünf Dimensionen erhoben.

Tabelle 2: Die Anforderungen des DLR-Assessment Centers von 1999 bis 2004

Titel	Kurzbeschreibung
Merkmalsbereich Soziale Kompetenz (SK)	Umgang mit anderen sowie die Wahrnehmung der eigenen Person („Ich und andere")
Kooperation (KO)	Informationsaustausch und gegenseitige Unterstützung bei der Zusammenarbeit im Team
Konfliktbewältigung (KF)	Meinungsverschiedenheiten konstruktiv gestalten
Empathie (EM)	Interesse und Verständnis für die Sichtweise und die Beweggründe anderer zeigen
Selbstreflexion (SR)	Die eigenen Stärken und Schwächen realistisch einschätzen
Merkmalsbereich Handlungskompetenz (HK)	Beitrag des Einzelnen zum Problemlöseprozess der Gruppe („Ich und die Aufgabe")
Engagement (EG)	Intensive Beteiligung am Gruppenprozess durch Fragen, Wortbeiträge oder Ideen
Flexibilität (FL)	Sich rasch auf neue Situationen einstellen und neue Informationen in das Handeln einbeziehen
Belastbarkeit (BE)	Konzentrierte Aufgabenbewältigung trotz ungünstiger Rahmenbedingungen (Stress, Zeitdruck usw.)

Tabelle 3: Anforderungs-Verfahrens-Matrix des DLR-Assessment Centers von 1999 bis 2004

		RSP	GUP	GKO
Soziale Kompetenz	Kooperation			
	Konfliktbewältigung			
	Empathie			
	Selbstreflexion			
Handlungskompetenz	Engagement			
	Flexibilität			
	Belastbarkeit			

Anmerkungen: Weiße Zellen kennzeichnen die in dem jeweiligen Verfahren erfassten Dimensionen.

Während der Verfahrensdurchführung erfolgt eine freie Protokollierung der beobachteten Verhaltensweisen. Nach Abschluss des Verfahrens werden die Protokollsätze den einschlägigen Dimensionen zugeordnet. Der Erfüllungsgrad wird für jede Dimension mithilfe einer sechsstufigen Skala (von 1 = „Anforderung gar nicht erfüllt" bis 6 = „Anforderung optimal erfüllt") bewertet. Eine Sonderrolle nimmt die Dimension „Selbstreflexion" ein: Sie wird im Anschluss an die betreffenden Verfahren erhoben, indem die Selbsteinschätzung (Was war gut? Was war weniger gut?) der Bewerber zu ihrem eigenen gerade gezeigten Verhalten im standardisierten Diskurs (Rollenspiel) bzw. über eine offene schriftliche Befragung (Gruppendiskussion GUP) erhoben wird. Diese Selbsteinschätzung wird dann von den Beobachtern mit ihren vorgenommenen Bewertungen verglichen und hinsichtlich ihrer Passung ebenfalls mithilfe der sechsstufigen Skala beurteilt.

Die Auswahlkommission für jede AC-Einzeldurchführung besteht aus vier geschulten Beobachtern (drei DLR-Psychologen und ein Flugkapitän der beauftragten Fluggesellschaft). Ein Beobachterrotationsplan regelt eindeutig, welcher Beobachter welchen Teilnehmer beobachtet. Eine Dimensionsaufteilung innerhalb eines Verfahrens findet nicht statt, d. h. jeder Beobachter bewertet in jedem Verfahren alle fünf Dimensionen für den ihm zugeteilten Teilnehmer. Eine detaillierte Analyse zum Rotationsplan folgt ab S. 288 ff. An dieser Stelle ist zunächst nur wichtig, dass jeder AC-Teilnehmer in jedem Verfahren von zwei unabhängigen Kommissionären beobachtet und beurteilt wird. Es liegen also zu jeder verfahrensspezifischen Dimensionsbewertung zwei konkurrierende Urteile vor.

Damit umfasst die Datenbasis 2.100 Teilnehmer mit jeweils fünf Anforderungsbewertungen von zwei Beurteilern in jedem der drei Verfahren (2.100 · 2 · 5 · 3 = 63.000 Einzelbewertungen).

14.4 Ergebnisse der Generalisierbarkeitsstudien

Die im Folgenden beschriebenen Generalisierbarkeitsstudien bauen sukzessive aufeinander auf. Zunächst (Analyse 1) wird eine Analyse auf der Ebene der Dimensionen und Verfahren durchgeführt, die im Wesentlichen den Ansatzpunkt der üblichen MTMM-Analysen repliziert. Danach werden die Beobachter als weitere Facette zunächst unspezifisch (Analyse 2), dann spezifisch (Analyse 3) in das g-theoretische Design eingebunden.

Analyse 1: Einfaches MTMM-Design: (p × [v × d])

In der Analyse von Höft (2002) zur Korrelationsmatrix der Anforderungsdimensionen und Verfahren (vgl. Tab. 3) zeigte sich das seit der Studie von Sackett und Dreher (1982) bekannte Bild: Es ergaben sich bedeutsame verfahrensspezifische Zusammenhänge zwischen den Bewertungen, die deutlich stärker sind als die dimensionsspezifischen Zusammenhänge.

Im Sinne der G-Theorie liegt hier zunächst ein (p × [v × d])-Design vor. Die eckigen Klammern sollen andeuten, dass die Verfahren und Dimensionen nur unvollständig überkreuzt sind, da pro Verfahren immer nur fünf der sieben Dimensionen erhoben werden. Mithilfe der ab S. 279 ff. erläuterten SEM-Modellierung kann diese unvollständige Kombination aber ohne Probleme abgebildet werden, was auf Grundlage der realisierten Kombination eine Schätzung aller Varianzkomponenten ermöglicht. In Abbildung 6 ist das entsprechende Venn-Diagramm dargestellt. Die Varianzkomponentenschätzungen sind in Tabelle 4 angegeben.

Tabelle 4: Ergebnisse der (p × [v × d])-Analyse

Varianzkomponente	Varianz	% Varianz
p	.087	17,5
pv	.151	30,3
pd	.051	10,2
pvd,e	.209	42,0
Total	.498	100
Modellgüteindizes für die strikt parallele Modellversion: $\chi^2 = 3.976,8$ (df = 116; N = 2.100) GFI = .785; AGFI = .778; RMSEA = .126		

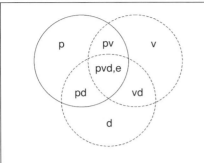

Anmerkungen: Um anzuzeigen, dass die Facetten v und d unvollständig überkreuzt sind, werden sie mit gestrichelten Rahmungen dargestellt

Abbildung 6: Venn-Diagramm zur (p × [v × d])-Analyse

Insgesamt können 58 % der relativen Gesamtvarianz (= beobachtete Varianz) auf systematische Einflüsse zurückgeführt werden. Die größte systematische Varianzquelle stellen verfahrensspezifische Personunterschiede ($\sigma^2(pv) = .151$, 30,3 % der Gesamtvarianz) dar. Hier zeigen sich also die bereits aus den üblichen MTMM-Analysen bekannten Verfahrenseinflüsse. Gleichzeitig ist aber ein nicht unerheblicher Varianzanteil (17,5 %) auf generelle Personunterschiede zurückzuführen. Verfahrensübergreifende, dimensionsabhängige Unterschiede stellen mit knapp 10 % die kleinste systematische Varianzquelle dar.

Der Modellgütetest zeigt, dass das durch die übliche varianzanalytische Herangehensweise implizierte strikt parallele Modell nicht adäquat ist. (Durch die große Stichprobengröße sind allerdings die χ^2-Statistik und auch die GFI- und AGFI-Koeffizienten negativ gebiast; vgl. Marsh, Balla & McDonald, 1988). Eine Freisetzung der gleichgesetzten Parameter führt zu keiner bedeutsamen Verbesserung (tau-äquivalentes Messmodell: $\chi^2 = 2854.3$ mit df = 94 und N = 2.100, GFI = .844; AGFI = .800; RMSEA = .118). Dies deutet darauf hin, dass das (p × [v × a])-Modell zu einfach konzipiert ist und die bestehenden systematischen Einflüsse nicht adäquat beschreibt.

Analyse 2: Einfaches Beobachterdesign (p × [(b : v) × d])

In einem weiteren Schritt soll deshalb ein erweitertes Design eingesetzt werden, in dem die Beobachter als explizite Designfacette b eingeführt werden. Die Analyse stützt sich somit auf die Kovarianz-Matrix von 30 manifesten Variablen (fünf Dimensionen in drei Verfahren, jeweils durch zwei unabhängige Beobachter erhoben). Wir gehen zunächst davon aus, dass in jedem Verfahren neue Beobachter eingesetzt werden, die jeweils für die ihnen zugewiesenen Teilnehmer alle Dimensionsbewertungen vornehmen. Im Sinne der G-Theorie liegt damit ein $(p \times [(b:v) \times d])$-Design vor: Die Beobachterfacette b ist genestet in der Verfahrensfacette v, die wiederum unvollständig überkreuzt ist mit der Dimensionsfacette d. Die Beobachter-Verfahrens-Dimensions-Kombinationen sind hingegen vollständig überkreuzt mit den Personen p.

Tabelle 5: Interpretation der unterschiedlichen Varianzkomponenten im $(p \times [(b:v) \times d])$-Design

Varianz-komponente	Interpretation
p	*Generelle Unterschiede zwischen den Personen* Ein hoher Wert zeigt an, dass die Personen generell gut oder schlecht abschneiden $\Rightarrow$ homogene Interkorrelation aller Bewertungen
pv	*Verfahrensspezifische Personunterschiede* Ein hoher Wert deutet auf einen großen Einfluss der spezifischen Verfahren auf die Personenleistung hin, die über die Dimensionen und Beobachter generalisiert $\Rightarrow$ hohe Interkorrelationen der verfahrensspezifischen Bewertungen
pd	*Dimensionsspezifische Personunterschiede* Ein hoher Wert zeigt ein akzentuiertes Leistungsprofil an, das über die Dimensionen variiert, aber über Verfahren und Beobachter generalisiert $\Rightarrow$ hohe Interkorrelationen der dimensionsspezifischen Bewertungen
pvd	*Personunterschiede spezifisch für die jeweilige Verfahrens-Dimensions-Kombination* Ein hoher Wert zeigt, dass sich die Beobachter einig sind hinsichtlich der akzentuierten verfahrensspezifischen Dimensionsbewertungen $\Rightarrow$ hohe Interkorrelationen der Beobachterratings zu den spezifischen Verfahrens-Dimensions-Kombinationen
pb, pvb	*Konfundierung aus generellen beobachter- und verfahrensspezifischen beobachterabhängigen Personunterschieden* Ein hoher Wert zeigt an, dass die Leistungsbewertungen abhängig sind von dem jeweiligen (verfahrensspezifisch eingesetzten) Beobachter $\Rightarrow$ hohe Interkorrelationen zwischen Bewertungen, die von demselben Beobachter getroffen wurden
pdb, pvdb,e	*Unaufgeklärtes Residuum* Beobachter- und dimensionsspezifische Personunterschiede, Interaktion 3. Ordnung, nicht aufgeklärte systematische und unsystematische Fehler $\Rightarrow$ generell niedrige Interkorrelationen und/oder negative Auswirkungen auf die Modellgüte

Anmerkungen: Nach dem Doppelpfeil $\Rightarrow$ sind die jeweiligen Auswirkungen der Varianzkomponente auf die über die Personen gebildete Korrelationsmatrix angegeben.

Das diesem Design zugeordnete Venn-Diagramm ist in Abbildung 7 dargestellt. Es können zusätzlich zur unbedingten Personvarianz ($\sigma^2(p)$) insgesamt sechs relative Varianzkomponenten separiert werden. In Erweiterung zum vorher analysierten ($p \times [v \times d]$)-Design kann durch die nach Beobachtern ausdifferenzierte Datenstruktur nun die Varianz der Interaktion 2. Ordnung $\sigma^2(pvd)$ separat vom Residuum geschätzt werden. Hinzu kommt eine beobachterspezifische Komponente mit den konfundierten Varianzen $\sigma^2(pb)$ und $\sigma^2(pvb)$. Eine kurz gefasste inhaltliche Interpretation der Varianzkomponenten wird in Tabelle 5 gegeben.

Die Varianzkomponentenschätzungen zum ($p \times [(b:v) \times d]$)-Design sind in Tabelle 6 aufgeführt. Im Vergleich zum einfacheren ($p \times [v \times d]$)-Design reduziert sich der Anteil der generellen und dimensionsspezifischen Personunterschiede ($\sigma^2(p)$ und $\sigma^2(pd)$) jeweils um 3 bis 4 % (12,2 % bzw. 7,1 %). Deutlich dramatischer wirkt sich die Berücksichtigung der Beobachter auf die verfahrensspezifische Varianzaufklärung ($\sigma^2(pv)$) aus: Sie fällt von 30,3 % auf nur noch 10,3 %. Nicht unberücksichtigt bleiben sollte die (beobachterunabhängige) Interaktionsvarianz $\sigma^2(pvd)$, die in der vorherigen Analyse mit dem Residuum konfundiert war und in dieser Analyse immerhin 9,5 % der Varianz erklärt. Die Beobachter sind sich zu einem gewissen Grad also einig, dass die Personen innerhalb der Verfahren dimensionsspezifische Unterschiede gezeigt haben.

Ein Großteil der von $\sigma^2(pv)$ abgezogenen Varianz wird aber durch die beobachterspezifischen Anteile (Konfundierung von $\sigma^2(pb)$ und $\sigma^2(pvb)$) gebunden. Aus dieser Sicht erklärt sich der hohe pv-Anteil in der ($p \times [v \times d]$)-Analyse zu wesentlichen Anteilen also als „verdeckter" Beobachtereffekt. In dieser Analyse wurde auf über die Beobachter gemittelte Daten zurückgegriffen. Dadurch kam es zu einer Konfundierung der Verfahrens- und Beobachtereffekte und die primär beobachterbedingte Systematik wurde fälschlicherweise dem Verfahren zugeschrieben.

Tabelle 6: Ergebnisse der ($p \times [(b:v) \times d]$)-Analyse

Varianzkomponente	Varianz	% Varianz
p	.087	12,2
pv	.073	10,3
pd	.051	7,1
pvd	.068	9,5
pb,pvb	.154	21,6
pdb,pvdb,e	.281	39,3
Total	.715	100
Modellgüteindizes für die strikt parallele Modellversion: $\chi^2 = 5.429,3$ (df = 116; N = 2.100) GFI = .844; AGFI = .842; RMSEA = .075		

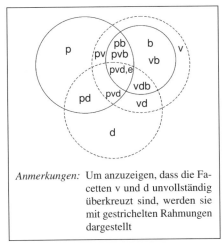

Anmerkungen: Um anzuzeigen, dass die Facetten v und d unvollständig überkreuzt sind, werden sie mit gestrichelten Rahmungen dargestellt

Abbildung 7: Venn-Diagramm zur ($p \times [(b:v) \times d]$)-Analyse

Zumindest die RMSEA-Statistik weist für die strikt parallele Variante (mit immerhin 459 Freiheitsgraden!) eine akzeptable Modellgüte aus, die durch weitere Relaxationen (Aufgabe der Homoskedastizität und Freigabe der gleichheitsrestringierten Varianzen) noch einmal verbessert werden kann. Insgesamt passt das additive Modell der G-Theorie deutlich besser als im (p × [v × d])-Design.

Analyse 3: Erweitertes Beobachterdesign (p × [[b × v] × d])

Die (p × [(b : v) × d])-Analyse hat gezeigt, dass große Anteile der verfahrensspezifischen Varianz auf Beobachtereinflüsse zurückzuführen sind. Durch die Konfundierung der Varianzkomponenten $\sigma^2(pb)$ und $\sigma^2(pvb)$ bleibt aber zunächst unklar, welcher dieser beobachterspezifischen Einflüsse überwiegt: Handelt es sich um idiosynkratische Urteilstendenzen, die zu verfahrungsübergreifenden, allein dem Beobachter eigenen Urteilen führen (= $\sigma^2(pb)$)? Oder zeigt sich hier ein allein dem Verfahren eigener Effekt, der zu beobachterspezifischen Bewertungszusammenhängen führt (= $\sigma^2(pvb)$)?

Die durch die Nestung der Beobachter- in der Verfahrensfacette erzwungene Konfundierung der beobachterspezifischen Einflüsse kann durch eine genauere Analyse des Beobachterrotationsplans zumindest zum Teil aufgelöst werden. Eine detailliertere Darstellung der Anforderungs-Verfahrens-Matrix, bei der die jeweils eingesetzten Beobachter berücksichtigt werden, zeigt Tabelle 7.

Aus dem ca. 35 trainierte Personen umfassenden Beobachterstab des DLR werden in jedem Einzel-AC vier Beobachter eingesetzt. In der Tabelle 7 werden sie mit den Kennbuchstaben A bis D gekennzeichnet.

In dem ersten Verfahren (Rollenspiel) werden alle Teilnehmer von zwei Beobachtern (A und C) beurteilt. Im weiteren Verlauf des ACs können zwei Teilnehmer-Subgruppen X und Y unterschieden werden: Die Teilnehmer der Subgruppe X werden im zweiten

Tabelle 7: Anforderungs-Verfahrens-Matrix mit rekonstruierter Beobachterzuweisung

Subgruppe X / Subgruppe Y		Dimension (d)						
		1	2	3	4	5	6	7
Verfahren (v)	1		A C / A C	A C / A C	A C / A C		A C / A C	A C / A C
	2	C D / A B	C D / A B		C D / A B	C D / A B	C D / A B	
	3	A B / C D	A B / C D	A B / C D		A B / C D		A B / C D

Anmerkungen: In den Zellen sind die eingesetzten Beobachter (A bis D) eingetragen. Leere Zellen weisen darauf hin, dass die Anforderungsdimension in dem betreffenden Verfahren nicht erhoben wird.

Verfahren (Gruppendiskussion GUP) zunächst von Beobachter C und D beurteilt, im dritten Verfahren (Gruppendiskussion GKO) dann von Beobachter A und B. Bei den Teilnehmern der Subgruppe Y ist es genau umgekehrt. Sie werden in GUP zunächst von A und B, in GKO dann von C und D beurteilt.

Beide Gruppen haben also gemeinsam, dass sie von Beobachter A und Beobachter C zweimal beobachtet werden. Diese wiederholte Beobachtung kann genutzt werden, um die beobachterspezifischen Einflüsse ($\sigma^2(pb)$) von den verfahrensspezifischen Beobachtereinflüssen ($\sigma^2(pvb)$) zu trennen. Da dies nicht für alle eingesetzten Beobachter möglich ist (Beobachter B und D bewerten den jeweiligen Teilnehmer nur einmal), liegt wieder eine unvollständige Überkreuzung vor.

In Abbildung 8 ist das dazugehörige Venn-Diagramm dargestellt. Eine inhaltliche Beschreibung der neu separierten Varianzkomponenten wird in Tabelle 8 gegeben. Die entsprechenden Komponentenschätzungen für beide Subgruppen werden in Tabelle 9 zusammengefasst.

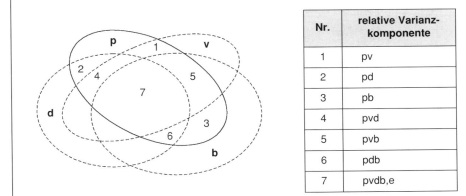

Anmerkungen: Um anzuzeigen, dass die Facetten v, d und b unvollständig überkreuzt sind, werden sie mit gestrichelten Rahmungen dargestellt

Abbildung 8: Venn-Diagramm zur (p × [[b × v]× d])-Analyse

Die bereits in der (p × [(b : v) × d])-Analyse separierten Varianzkomponenten werden auch in der erweiterten Analyse in praktisch unveränderter Größe in beiden Subgruppen geschätzt. Bei den nun separierbaren beobachterspezifischen Einflüssen zeigt sich, dass dimensionsspezifische Beobachterurteile keinerlei Relevanz haben und der generelle Beobachtereffekt nur eine untergeordnete Rolle spielt ($\sigma^2(pb) = .038$ bzw. .024; entspricht 5,3 % bzw. 3,4 % der Gesamtvarianz). Der größte systematische Varianzanteil geht auf verfahrensspezifische Beobachterurteile zurück (18,8 % bzw. 18,7 %). Ähnlich wie bei der (p × [(b : v) × d])-Analyse weist der RMSEA-Koeffizient eine akzeptable Modellgüte aus, die durch weitere Relaxationen gesteigert werden kann.

Tabelle 8: Interpretation der zusätzlich separierten Varianzkomponenten

Varianz-komponenten	Interpretation
pb	*Beobachterspezifische Personunterschiede* Hohe Werte zeigen an, dass die Beobachter ähnliche Bewertungen geben, wenn sie Personen mehrfach beurteilen ⇒ Hohe Korrelationen zwischen Bewertungen vom gleichen Beobachter
pvb	*Unterschiede zwischen Personen abhängig vom spezifischen Beobachter in den spezifischen Verfahren* Hohe Werte deuten an, dass die verfahrensspezifischen Leistungen einer Person unterschiedlich von den beteiligten Beobachtern bewertet werden ⇒ Hohe Korrelationen für beobachterspezifische Beurteilung in den einzelnen Verfahren
pdb	*Dimensionsspezifische Unterschiede zwischen Personen abhängig vom eingesetzten Beobachter* Hohe Werte zeigen an, dass die Leistung der Person abhängig von der bewerteten Dimension unterschiedlich von den eingeteilten Beobachtern beurteilt wird ⇒ Hohe Korrelationen zwischen beobachterspezifischen Dimensionsbewertungen

Tabelle 9: Ergebnisse der (p × [[b × v]× d])-Analyse

Varianzkomponente	Subgruppe X		Subgruppe Y	
	Varianz	% Varianz	Varianz	% Varianz
p	.075	10.5	.083	11,5
pv	.067	9.3	.078	10,9
pd	.049	6.8	.052	7,3
pb	.038	5.3	.024	3,4
pvd	.068	9.5	.070	9,7
pvb	.135	18.8	.134	18,7
pdb	.009	1.3	.000	0,0
pvdb,e	.278	38.7	.276	38,4
Total	.719	100	.717	100

Modellgüteindizes für die strikt parallele Modellversion:

Subgruppe X
$\chi^2 = 3.083,1$ (df = 457; N = 1.081)
GFI = .831; AGFI = .828; RMSEA = .076

Subgruppe Y
$\chi^2 = 3.055,2$ (df = 457; N = 989)
GFI = .822; AGFI = .819; RMSEA = .078

14.5 Zusammenfassung und Schlussfolgerungen zur Assessment Center-Konstruktvalidität

Für die mangelnde Konstruktvalidität von Assessment Center-Beurteilungen wurden im Laufe der Forschung unterschiedlichste Erklärungen herangezogen. Viele der empirischen Studien konzentrieren sich aber auf eine einfache MTMM-Analyse, bei der nur Verfahren und Anforderungsdimensionen explizit berücksichtigt werden. Die Einflüsse der anderen Wirkfaktoren können nur indirekt erschlossen werden.

In der vorgestellten Studie wurde ein Analyseansatz vorgestellt, der alternativ zum orthodoxen Ansatz eine Kombination aus generalisierbarkeitstheoretischer Designbeschreibung und strukturgleichungstheoretischer Varianzkomponentenschätzung verwendet.

Als empirische Grundlage diente ein Pool mit Daten von 2.100 Nachwuchsflugzeugführerbewerbern, die das Assessment Center des Deutschen Zentrums für Luft- und Raumfahrt e. V. (DLR) in den Jahren 1999 bis 2001 durchlaufen haben. Jede AC-Bewertung konnte bis zum beobachterspezifischen Einzelurteil zurückverfolgt werden. Dadurch war es möglich, neben dem generellen Personeneffekt (p) den Einfluss dreier Varianzquellen und der damit verbundenen Interaktionen zu schätzen: Verfahrens- (v) und anforderungsspezifische Effekte (d) sowie Beobachtereffekte (b).

Die alleinige Analyse der verfahrens- und dimensionsspezifischen Urteile zeigte zunächst das AC-übliche Bild: Große Varianzanteile gingen auf verfahrensspezifische Einflüsse zurück. Ein in zwei Teilschritten erweitertes Design, in dem die Beobachterzuteilung explizit berücksichtigt wurde, offenbarte allerdings, dass ein Großteil der dem Verfahren zugeordneten Systematik auf die in dem Verfahren eingesetzten Beobachter zurückzuführen ist. Es werden also nicht primär verfahrensspezifische Einflüsse erfasst, sondern zu einem größeren Teil beobachterspezifische Urteile innerhalb des Verfahrens.

Wie ist die entsprechende Varianzquelle $\sigma^2(pvb)$ inhaltlich zu interpretieren? Wie in Tabelle 8 ausgeführt, zeigt sie, dass die in einem Verfahren gezeigte Leistung unterschiedlich von den beteiligten Beobachtern bewertet wird. Mögliche Ursache könnten individuelle Bewertungsmaßstäbe der als Beobachter tätigen Personen sein. Plausibler erscheint, dass die Beobachter bei der Bewertung innerhalb des Verfahrens nur unzureichend zwischen den zu beurteilenden Dimensionen trennen (also einen klassischen Halo-Fehler begehen, der möglicherweise durch eine unzureichende Dimensionsdifferenzierung im Sinne eines illusionären Halo-Fehlers noch weiter unterstützt wird; vgl. Hoyt & Kerns, 1999). Gleichzeitig überschneiden sich die halo-beeinflussten Urteile der unabhängig bewertenden Beobachter durch unreliable Bewertungen nur teilweise, wodurch der bedeutsame beobachterspezifische Bewertungsanteil deutlich hervortritt.

Die Analyse bestätigt damit die von Kolk, Born und van der Flier (2002) aufgestellte und experimentell untersuchte Hypothese, wonach der unerkannte beurteilergebundene Variationsanteil (die sogenannte „common rater variance") einen wesentlichen Bestandteil der primär dem Verfahren zugeordneten Varianz darstellt. In vielen publizierten MTMM-Analysen zu AC-Daten wird die Systematik der Beobachterzuteilung nicht berichtet, der genaue Prozess der Beobachtung und Bewertung wird häufig nicht thematisiert, und somit bleibt eine offenkundig bedeutsame Einflussquelle unberücksichtigt.

Um beobachterbedingte Einflüsse möglichst gering zu halten, kann an mindestens drei Stellen angesetzt werden: Das Dimensionsprofil muss eindeutig und vollständig formuliert sein, das Beobachtungssystem muss die Beobachter bei ihrer kognitiv anspruchsvollen Arbeit so gut wie möglich entlasten, und die Beobachter müssen durch ausreichendes Training kompetent und motiviert sein, um ihre Aufgabe erfüllen zu können. Diese Aspekte werden in den ab 2005 eingeführten Umstrukturierungen des DLR-Auswahlprogramms angegangen (vgl. Höft & Marggraf-Micheel sowie Muck & Höft, in diesem Band, zu weiteren Details).

Literatur

Bollen, K. A. (1989). *Structural equations with latent variables*. New York: John Wiley.
Brennan, R. L. (2001). *Generalizability theory*. New York: Springer.
Campbell, D. T. & Fiske, D. W. (1959). Convergent and discriminant validation by the multitrait-multimethod matrix. *Psychological Bulletin, 56,* 81–105.
Cronbach, L. J., Gleser, G. C., Nanda, H. & Rajaratnam, N. (1972). *The dependability of behavioral measurements: Theory of generalizability for scores and profiles.* New York: John Wiley.
Höft, S. (1996). *Generalisierbarkeitstheorie über Strukturgleichungsmodelle: Eine Darstellung und Anwendung auf die Konstruktvalidität von Assessment Centern.* Unveröffentlichte Diplomarbeit, Universität Bonn.
Höft, S. (2002). *2100 Nachwuchsflugzeugführer-Bewerber im Assessment Center des DLR: Zeitliche Verlaufsanalysen zu ausgewählten Konstruktvaliditätsindikatoren im Einsatzzeitraum März 1999 bis August 2001* (DLR-Forschungsbericht 2002–15). Köln: Deutsches Zentrum für Luft- und Raumfahrt e. V.
Höft, S. & Funke, U. (2006). Simulationsorientierte Verfahren der Personalauswahl. In H. Schuler (Hrsg.), *Lehrbuch der Personalpsychologie* (2. Aufl., S. 145–188). Göttingen: Hogrefe.
Hoyt, W. T. & Kerns, M.-D. (1999). Magnitude and moderators of bias in observer ratings: A meta analysis. *Psychological Methods, 4,* 403–424.
Kolk, N. J., Born, M. P. & van der Flier, H. (2002). Impact of common rater variance on construct validity of assessment center dimension judgements. *Human Performance, 15,* 325–338.
Lievens, F. & Klimoski, R. (2001). Understanding the assessment center process: Where are we now? In C. L. Cooper & I. T. Robertson (Eds.), *International Review od Industrial and Organizational Psychology* (Vol. 16, pp. 245–286). Chicester: John Wiley.
Marcoulides, G. A. (1996). Estimating variance components in generalizability theory: The covariance structure analysis approach. *Structural Equation Modeling, 3,* 290–299.
Marsh, H. W., Balla, J. R. & McDonald, R. P. (1988). Goodness-of-fit indices in confirmatory factor analysis: The effect of sample size. *Psychological Bulletin, 102,* 391–410.
Nussbaum, A. (1982). Kriteriumsorientierte Messung im Rahmen der Generalisierbarkeitstheorie. *Zeitschrift für Empirische Pädagogik, 6,* 75–89.

Nussbaum, A. (1987). Das Modell der Generalisierbarkeitstheorie. In K. J. Klauer (Hrsg.), *Kriteriumsorientierte Tests* (S. 114–136). Göttingen: Hogrefe.

Sackett, P. R. & Dreher, G. F. (1982). Constructs and assessment center dimensions: Some troubling empirical findings. *Journal of Applied Psychology, 67,* 401–410.

Shavelson, R. J. & Webb, N. M. (1991). *Generalizability theory: A primer.* Newbury Park: Sage.

Stanley, J. C. (1961). Analysis of unreplicated three-way classifications with applications to rater bias and trait independence. *Psychometrika, 26,* 205–219.

Teil V:
Anwendungsbereiche

15 Potenzialanalysen als Grundlage von Personalentscheidungen in einer Dienstleistungsorganisation

Heinz Schuler, Karlheinz Becker und Andreas Diemand [1]

15.1 Zielsetzung und Grundkonzeption

Viele Großorganisationen bieten ihren Mitarbeitern eine Vielfalt an systematischen sowie individuellen Entwicklungsmöglichkeiten. Nur in wenigen Fällen allerdings sind diese Maßnahmen mit der strategischen Ausrichtung der Organisation einerseits und den Fähigkeiten und Interessen der Mitarbeiter andererseits optimal abgestimmt. Gerade wenn ein Großteil der Beschäftigten von Beginn der Ausbildungszeit an oder nach Abschluss des Studiums im Wesentlichen in der betreffenden Organisation verbleibt, kommt einer fähigkeits- und interessengerechten Laufbahn- und Entwicklungsplanung große Bedeutung zu. Die Sparkassen-Finanzgruppe ist ein Beispiel für eine Organisation, in der dieser Fall vorliegt. Bereits in den 90er Jahren wurden ca. 6 % der Lohn- und Gehaltssumme (das waren rund 1,3 Mrd. DM; Renner, 1997) in die Aus- und Weiterbildung der Mitarbeiter investiert. Gleichzeitig erfolgte eine teilweise strategische Neuorientierung der Sparkassen-Finanzgruppe, die v. a. der Markttätigkeit einen höheren Stellenwert zuordnete. Hieraus entstand das Vorhaben, mittels eignungsdiagnostisch fundierter Potenzialanalysen dem ubiquitär angestrebten Ziel „die richtige Person auf dem richtigen Platz" näherzukommen. Unter den vielfältigen detaillierteren Zielsetzungen können insbesondere folgende hervorgehoben werden:
– bestmöglicher Einsatz der Mitarbeiter, Vermeidung von Über- wie Unterforderung,
– Vergleiche des Kompetenzbedarfs mit dem Potenzial auf individuellem sowie kollektivem Niveau,
– Erkennen des Förderbedarfs auf individuellem wie kollektivem Niveau,
– Orientierung an der strategischen Ausrichtung der Gesamtorganisation sowie ihrer Einheiten,
– frühzeitige Identifikation „stiller Reserven" in der gesamten Organisation,
– frühzeitiges Erkennen von „high potentials",

---

[1] Aus der großen Zahl weiterer Beteiligter an den berichteten Projekten danken die Verfasser insbesondere folgenden Damen und Herren für ihre wertvolle Mitarbeit: Jürgen Backhaus, Dorothea Barthelme, Kerstin Ebeling, Horst Eimer, Regina Fiege, Frank Fischer, Uwe Funke, Dietmar Haase, Barbara Hirth, Stefan Höft, Iris Kallo, Tina Laubach, Ivonne Magin, Klaus Moser, Michael Prochaska, Klaus Renner, Britt Richter, Wolfgang Roß, Katrin Schuler und Katja Tannhäuser.

Besonderer Dank gilt dem heutigen Bundespräsidenten der Bundesrepublik Deutschland, Herrn Dr. Horst Köhler, für die Unterstützung dieses Vorhabens in seiner Funktion als Präsident des Deutschen Sparkassen- und Giroverbands 1993–1998.

Gleichermaßen geht der Dank der Autoren an den derzeitigen Präsidenten des Deutschen Sparkassen- und Giroverbands, Herrn Heinrich Haasis, der die Verfahrensentwicklung in seiner Funktion als Präsident des Baden-Württembergischen Sparkassen- und Giroverbands maßgeblich gefördert hat.

- Zuordnung von Personen und beruflichen Laufbahnen,
- Zuordnung von Personen und Maßnahmen der Personalentwicklung,
- Durchführung vergleichbarer Potenzialanalysen zu mehreren Zeitpunkten,
- Reduktion des Fluktuationsrisikos,
- Erhöhung der Produktivität der Organisation,
- Erhöhung der Attraktivität der Organisation am Arbeitsmarkt,
- Vergleichsmöglichkeiten zwischen Personen und zwischen Organisationseinheiten,
- Realisierung hoher wissenschaftlicher Standards,
- Konzeption eines evaluierbaren und optimierbaren Systems,
- Orientierung an den Prinzipien der sozialen Validität,
- hoher Grad der Partizipation und Eigenbeteiligung der Betroffenen,
- aktuelle Anforderungsbasis unter Nutzung aller maßgeblichen Informationen,
- Beteiligung aller Regionen an der Erarbeitung,
- zeitökonomische Verfahrensdurchführung.

Der Anspruch an die zu entwickelnden Potenzialanalyseverfahren war also hoch – was der Verantwortung entspricht, die eine Großorganisation wie die Sparkassen-Finanzgruppe für das Wohl ihrer Mitarbeiter und der Öffentlichkeit hat, und was der Bedeutung der Einstellungs- und Laufbahnentscheidungen entspricht, die auf ihrer Basis getroffen werden.

Unter hohem Partizipationsgrad wurden zunächst die Zielsetzungen geklärt. Im Anschluss daran wurde die Arbeit an einem Verfahrenssystem in Angriff genommen, das den Einsatz von Potenzialanalysen an drei erfolgs- und entwicklungskritischen Zeitpunkten vorsieht: zum Zeitpunkt des Eintritts in die Organisation, also bei der Entscheidung über die Berufsausbildung zum Bankkaufmann; nach Abschluss dieser Ausbildung und Erwerb einiger Berufserfahrung, d. h. ca. ein bis zwei Jahre später; und schließlich zum Zeitpunkt der Entscheidung über den Karriereverlauf nach weiteren drei bis fünf Jahren Berufserfahrung, namentlich zur Klärung der Frage, inwieweit eine Führungsaufgabe oder eine komplexe Beratungstätigkeit in Frage kommt. Die drei dieser Zielsetzung entsprechenden Verfahren wurden mit „Potenzialanalyse für die Berufsausbildung Bankkaufmann (PA1)", „Potenzialanalyse nach Abschluss Bankkaufmann (PA2)" und „Potenzialanalyse Führung/komplexe Beratung (PA3)" benannt. Damit fügen sich die drei Potenzialanalyseverfahren zu einer „eignungsdiagnostischen Kette", die eingebettet ist in die berufliche Entwicklung der Sparkassenmitarbeiter und begleitet wird von Verfahren der Leistungsbeurteilung und Maßnahmen der Personalentwicklung wie in Abbildung 1 dargestellt. PA1 soll von allen Bewerbern durchlaufen werden. Für PA2 ist vorgesehen, dass alle Mitarbeiter mit bankkaufmännischer Ausbildung am Verfahren teilnehmen. PA3 dagegen zielt auf die Gruppe besonders qualifizierter Mitarbeiter (ca. 20 %).

Das theoretische Grundmodell hinter der Potenzialanalysekonzeption ist der *multimodale* oder *trimodale Ansatz der Personalpsychologie* (Schuler, 2006a). Hierbei werden die personalpsychologischen Bereiche Eignungsdiagnostik, Personalentwicklung und Leistungsbeurteilung dadurch miteinander verknüpft, dass durchgängig die drei methodischen Ebenen *Aufgabe/Ergebnis*, *Verhalten* und *Eigenschaften* unterschieden werden (vgl. Tab. 1). Jede der drei Ebenen ist durch eine eigenständige Mess- und Validitätslogik charakterisiert (für eine ausführlichere Darstellung vgl. Schuler, in diesem Band, sowie Schuler & Höft, 2004). Für den Bereich Eignungsdiagnostik bedeutet dies die er-

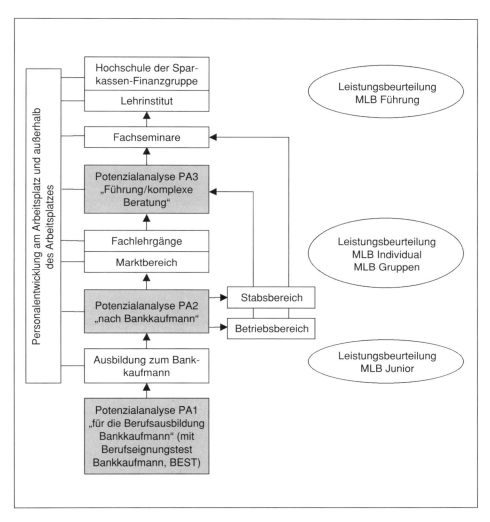

Abbildung 1: Die eignungsdiagnostische Kette der Sparkassen-Finanzgruppe

gänzende Erfassung biografischer Daten (vergangenes Verhalten und Leistungsergebnisse), aktuellen Verhaltens (z. B. mittels Rollenspielen und Gruppenaufgaben) und erfolgsrelevanter Eigenschaften (durch Testverfahren). Die Ergebnisse psychologischer Diagnosen sind zum Teil immer auch von der Erfassungsmethode abhängig. Erst durch die systematische Kombination unterschiedlicher Verfahrenstypen wird sichergestellt, dass alle relevanten Facetten der intervenierenden Merkmalsbereiche abgedeckt werden. Zusätzlich hat die multimodale Messung den Vorteil höherer Reliabilität der Messwerte und erhöhter Generalisierbarkeit der eignungsdiagnostischen Befunde auf zukünftiges berufliches Verhalten. In den Potenzialanalyseverfahren PA1 bis PA3 wurden deshalb alle drei Ebenen berücksichtigt.

Tabelle 1: Der trimodale Ansatz der Personalpsychologie (aus Schuler, 2006b, S. 52)

Arbeits- und Anforderungsanalyse	Eignungsdiagnostische Verfahren/ Personalauswahl	Maßnahmen der Personalentwicklung	Leistungskriterien
Aufgaben-, Ergebnis- und Qualifikationsanforderungen	Kenntnisprüfungen, Noten, Biografie, fachliche Qualifikation und Erfahrung	Wissensorientierte Verfahren, Bildung, fachl. Qualifizierung	Ergebniskriterien, Qualitätskriterien, Standards, Examina, Aufgabenerledigung, Zielerfüllungsgrad
Verhaltensanforderungen, z. B. Fertigkeiten, Gewohnheiten, Handlungsregulation	Arbeitsproben, Simulationen, Fertigkeitsprüfungen	Verhaltensorientierte Verfahren, stellenbezogene Entwicklung, Coaching	Verhaltenskriterien
Eigenschaftsanforderungen, z. B. Fähigkeiten, Temperamentsmerkmale, Interessen	Tests, Potenzialanalyse	Persönlichkeitsentwicklung, Sozialisation	Eigenschaftskriterien

Gleichermaßen war die Ausarbeitung des Systems der Leistungsbeurteilung am multimodalen Ansatz der Personalpsychologie orientiert und basiert auf der Grundlage der gleichen Anforderungsanalyse und -dimensionen, wodurch die Kompatibilität von Diagnose, Entwicklung und Beurteilung sichergestellt ist. Hierüber wird an anderer Stelle berichtet (Becker, Diemand & Schuler, 2004; Klingner, Schuler, Diemand & Becker, 2004; Muck, Schuler, Becker & Diemand, 2004; Schuler, Muck, Hell, Höft, Becker & Diemand, 2004).

15.2 Anforderungsanalyse

Grundlage der Potenzialanalyseverfahren wie aller weiteren personalpsychologischen Instrumente und Maßnahmen war die Analyse der Anforderungen. Angesichts ihrer Bedeutsamkeit und der Tragweite der nachfolgenden Konsequenzen hatte auch dieser Schritt mit gebotener Sorgfalt und in Orientierung am Prinzip der Multimodalität zu erfolgen. Die Anforderungsanalysen für die Potenzialanalyseverfahren PA1, 2 und 3 unterschieden sich in verschiedenen Details (beispielsweise war die Ermittlung von Anforderungen an Führungskräfte selbstverständlich nur für PA3 erforderlich). Es wurden mehrere Verfahrenstypen eingesetzt, qualitative wie quantitative, darunter sowohl etablierte Verfahren (wie etwa die Methode der kritischen Ereignisse nach Flanagan, 1954) als auch neu entwickelte (wie das Verfahren „Bedeutsamkeit und Erfüllungsgrad von Anforderungen"; Schuler, 1996). Verschiedentlich wurden den Vorlagen an die sparkasseninternen Experten Anforderungssystematiken wie Borman und Brushs Taxonomie der Führungsanforderungen (1993) zugrunde gelegt, jeweils adaptiert an die Verhältnisse der Organisation. Tabelle 2 fasst die wichtigsten Verfahrenstypen zusammen, die zur Anforderungsanalyse Verwendung fanden.

15.3 Anforderungsdimensionen

Die aus den Anforderungsanalysen ermittelten Informationen wurden zu Anforderungsdimensionen aggregiert. Die multimodale Vorgehensweise ermöglicht es, zu diesen Dimensionen als Ergebnis unterschiedlicher Vorgehensweisen zu gelangen und damit Sicherheit hinsichtlich der Relevanz der Dimensionen zu gewinnen. Die Aggregation erfolgte zunächst nach inhaltlicher Ähnlichkeit der Anforderungsaspekte. Eine solche Zusammenfassung von Daten, z. B. die Aggregation einzelner Verhaltenserfordernisse zu komplexen Anforderungsbereichen, kann nicht nach einem mathematischen Algorithmus erfolgen – eine Zuordnungsvorschrift hierfür liegt nicht vor. Es ist vielmehr Aufgabe des Analytikers, sein Erfahrungswissen in diesen Verdichtungsprozessen einzubeziehen und sich dabei am eignungsdiagnostischen Forschungsstand zu orientieren. Die Zielsetzung der Aggregation war vor allem, zu einer handhabbaren Anzahl von Anforderungsgruppen zu gelangen, die Grundlage der Ausarbeitung eignungsdiagnostischer Verfahren sein können. Hierbei hatten gegenwärtige, aber auch die als Experteneinschätzungen vorliegenden künftigen Aufgaben berücksichtigt zu werden. Zukünftige Anforderungen wurden v. a. aus den für die künftigen Jahre festgelegten strategischen Zielen der Sparkassen-Finanzgruppe abgeleitet.

Die Verdichtung der Rohdaten zu Anforderungsdimensionen erfolgte im Entwicklungsprozess für jedes der drei Verfahren (PA1, 2 und 3) unabhängig durch zumindest drei Experten der Eignungsdiagnostik und drei Experten der Personalentwicklung in der Sparkassenorganisation. Nach Dimensionslösungen wurden die vorläufigen Dimensionen jeweils zwischen 40 und 50 Beteiligten zur Abstimmung und Festlegung vorgelegt. Als Konvergenz der verschiedenen Prozessschritte ergaben sich sieben für PA1, PA2 und PA3 gemeinsame Dimensionen. Ergänzt werden sie durch die Anforderungsdimensionen „Selbstkontrolle und Qualitätsorientierung" im Verfahren PA1 sowie die „Führungsdimensionen" „Mitarbeiterorientierung", „Leistungsförderung" und „Steuerung und Koordination" im Verfahren PA3 (Tab. 3).

15.4 Eignungsdiagnostische Verfahren

Bei der Umsetzung der Anforderungen in eignungsdiagnostische Verfahren wurde darauf geachtet, das Prinzip der Multimodalität in möglichst vielfältiger Weise zu berücksichtigen. Aus den verschiedenen Gesichtspunkten, die hierbei zur Geltung gebracht werden können (vgl. Schuler, 2000), wurden insbesondere folgende durch entsprechende Einzelverfahren realisiert:
– Eigenschaftsansatz (z. B. Fähigkeitstest) vs. Simulationsansatz (z. B. Kundengespräch) vs. biografischer Ansatz (z. B. Interviewfragen);

Tabelle 2: Eingesetzte anforderungsanalytische Verfahren und deren Funktionen

Anforderungsanalyseverfahren	Wichtigste Funktionen
Experten-Interviews	Generierung von Hypothesen zu generellen und laufbahn- sowie positionsspezifischen Anforderungen in der Sparkassenorganisation; Sammlung von Informationen zur Entwicklung und Anpassung anforderungsanalytischer Erhebungsinstrumente; Ermittlung organisationaler Strategiekonzepte
Dokumenten- und Literaturauswertung	Sammlung anforderungsbezogener Informationen zu allen beruflichen Laufbahnphasen und Karrierezweigen; Überprüfung organisationaler Rahmenbedingungen
Diskussion „Funktionsfelddifferenzierung"	Überprüfung der Unterscheidbarkeit der diskriminanzanalytisch ermittelten fünf Funktionsfelder Betriebstätigkeit, Stabstätigkeit, Privatkundenberatung, Individual- und Firmenkundenberatung; Konkretisierung der Funktionsfelder; Überprüfung der Verständlichkeit sowie der Anwendbarkeit in allen Verbandsgebieten des Deutschen Sparkassen- und Giroverbandes
Satzergänzungsverfahren „Zukünftige Anforderungen" (für verschiedene Beschäftigtengruppen)	Qualitative Erhebung zukünftiger (bedeutsamer) Anforderungen; Überprüfung der Stabilität der gegenwärtig als bedeutsam eingeschätzten Anforderungen
Methode der Schlüsselereignisse	Erhebung erfolgskritischer Situationen zur Ausgestaltung arbeitsproben-/simulationsartiger eignungsdiagnostischer Verfahren
Fragebogen „Rangreihe der Anforderungsdimensionen"	Ermittlung der sparkassenspezifischen Rangreihe allgemein bedeutsamer Führungsanforderungen aus der Literatur
Fragebogen „Präsizierung der Anforderungsdimensionen"	Aufgaben- und verhaltensnahe Formulierung der wichtigsten Anforderungen an Führungskräfte der Sparkassenorganisation
Fragebogen „Bedeutsamkeit und Erfüllungsgrad der Anforderungen"	Quantitative Bestimmung der Bedeutsamkeit von Aufgaben-, Verhaltens- und Eigenschaftsanforderungen sowie Identifikation ihrer eignungsdiagnostischen Relevanz
Fragebogen „Unterschied Stabs-/Betriebsbereich vs. Markt"	Ermittlung von Anforderungsunterschieden zwischen Führungstätigkeiten in stabs-, betriebs- und marktbezogenen Führungstätigkeiten
Experteneinschätzung „Ausbildungsbezogene Anforderungen"	Ermittlung der Besonderheiten der Anforderungen an Auszubildende

Tabelle 3: Die Anforderungsdimensionen der Potenzialanalyseverfahren

Anforderungsdimensionen	PA1	PA2	PA3
Kundenorientierung/verkäuferische Fähigkeiten Freude am Verkauf, aktive Kundenansprache, verbindliches Gesprächsverhalten, überzeugend auftreten, Ertragsorientierung u. a.	*	*	*
Kooperation und Teamfähigkeit Weitergabe von Informationen und Erfahrung, Unterstützung anderer, Offenheit, freiwillige Übernahme von Aufgaben, Vorschläge und Kritik vorbringen, Rücksicht u. a.	*	*	*
Soziale Belastbarkeit Gelassenheit in kritischen Situationen, sich nicht verwirren lassen, auf Kritik konstruktiv reagieren, Frustrationen standhalten, Hektik und Stress ertragen u. a.	*	*	*
Initiative und Erfolgsorientierung Einsatzbereitschaft, Übernahme herausfordernder Tätigkeiten, Erfolgszuversicht, Aktivitätsniveau, Übernahme von Verantwortung, eigenständige Weiterbildung u. a.	*	*	*
Selbstkontrolle und Qualitätsorientierung konzentrierte Arbeitsweise, Selbstdisziplin, effektive Zeiteinteilung, Regeln und Verpflichtungen einhalten, gewissenhafte Aufgabenerledigung, Loyalität und Fairness u. a.	*		
Konzentrationsfähigkeit Genauigkeit bei der Aufgabenbewältigung (Fehlerfreiheit), Konstanz der Leistung über die Zeit, Qualität der Arbeit unter Zeitdruck u. a.	BEST Noten	*	*
Kognitive Fähigkeiten Erkennen und Bearbeiten komplexer Zusammenhänge, rasches Erkennen des Wesentlichen, Bearbeitung von Problemen, schlussfolgerndes Denken, kreative Leistungen u. a.	BEST Noten	*	*
Planung und Organisation Organisation von Aufgaben und Aufgabenumfeld, rationelle Arbeitsweise, Zeitmanagement, Prioritäten setzen, rationelle Arbeitsweise, Planung und Zielsetzung u. a.	BEST Noten	*	*
Mitarbeiterorientierung Aufrechterhaltung guter Beziehungen, Mitarbeiter trainieren, coachen und entwickeln, Integration, Konfliktregelung, Anerkennung, Konflikthandhabung, Förderung der Kooperation u. a.			*
Leistungsförderung Mitarbeiter anleiten und motivieren, Leistungsfeedback geben, konstruktives Kritisieren, Alternativen aufzeigen, zielorientiertes Führen, Überzeugung und Durchsetzung u. a.			*
Steuerung und Koordination Mitarbeiter wirkungsvoll einsetzen, Delegieren, Schnittstellen erkennen, Übergänge schaffen, Verteilung personeller und materieller Ressourcen, Abstimmung und Koordination u. a.			*

Anmerkung: BEST = Berufseignungstest Bankkaufmann

- offenes Verhalten (z. B. Präsentation) vs. Verhaltensbeschreibung (z. B. Persönlichkeitstest);
- konkretes Verhalten (z. B. Führungsentscheidungen) vs. Verhaltenspräferenz (z. B. Interessentest);
- Fremdbeurteilung (durch Beobachter) vs. Selbstbeurteilung (z. B. Selbsteinschätzungen);
- maximales Verhalten (z. B. Planungsaufgabe) vs. typisches Verhalten (z. B. Rollenspiel);
- schriftliche Ausdrucksformen (z. B. Fallbearbeitung) vs. mündliche Ausdrucksformen (z. B. Selbstvorstellung);
- offene Reaktionsform (z. B. Kreativitätstest) vs. geschlossene Reaktionsform (z. B. Mehrfachwahlaufgabe);
- interaktive Aufgabe (z. B. Gruppendiskussion) vs. nicht interaktive Aufgabe (z. B. Konzentrationsaufgabe).

Durch jeden dieser Modalitätsaspekte werden teilweise unterschiedliche Facetten der Berufseignung oder des Potenzials einer Person ermittelt; in mancher Hinsicht überschneiden sich die empirischen Realisationen natürlich auch. Dies ist von Vorteil, weil hierdurch die Chance besteht, dass sich Unschärfen und Messfehler der Einzelverfahren ausgleichen. Letztlich kann erst eine empirische Evaluation nach umfangreicher Anwendung zeigen, welche Einzelverfahren in der Lage sind, eine eigenständige Information zum gesamten Diagnoseergebnis beizutragen – technisch gesprochen: inkrementelle Validität zu erzielen. (Görlich, Schuler, Becker und Diemand legen in diesem Band eine solche Evaluation für die Verfahren PA2 und PA3 dar.)

Aus der Verfolgung des Prinzips der Multimodalität ergab sich das Erfordernis, in jedem der Potenzialanalyseverfahren eine relativ große Anzahl von Einzelverfahren zum Einsatz zu bringen. Für jedes der Potenzialanalyseverfahren wurde zunächst eine Zahl von etwa 30 Einzelverfahren entwickelt und in verschiedenen Schritten erprobt. Die Prüfungen erfolgten hinsichtlich der psychometrischen Qualität der Verfahren, der Reaktion der Teilnehmer, der erforderlichen Durchführungszeit und der Durchführbarkeit in organisatorischer Sicht. Nachdem die Vorgabe lautete, die Durchführungszeit dürfe für PA2 und PA3 einen Tag, für PA1 einen halben Tag nicht überschreiten, war für die Einzelverfahren sowie für die gesamte Potenzialanalyse ein Umfangs-/Reliabilitätsoptimum zu finden. Der Aufgabenentwicklung für PA1 kam dabei entgegen, dass zur Erfassung der kognitiven Aspekte bereits ein eigenständiges Verfahren existierte (Berufseignungstest Bankkaufmann „BEST", im Kern ein Intelligenztest), das den Bereich der kognitiven Anforderungen abdeckt. Überdies werden kognitive Fähigkeiten durch die Vorauswahl der Auszubildenden nach Schulabschluss und Schulnoten berücksichtigt. PA1 konnte deshalb im Unterschied zu PA2 und PA3 auf die nicht kognitiven Eignungsgesichtspunkte beschränkt bleiben.

An Einzelverfahren wurden schließlich für die drei Potenzialanalyseverfahren die in Tabelle 4, 5 und 6 bezeichneten zum Einsatz gebracht:

Tabelle 4: Die Einzelverfahren des Potenzialanalyseverfahrens für die Berufsausbildung Bankkaufmann/-frau (PA1)

Fragebogen zur Verhaltensorientierung	Als verhaltensbezogener Persönlichkeitstest erfasst der Fragebogen zur Verhaltensorientierung fünf Dimensionen, die sich in den Anforderungsanalysen als erfolgsrelevant erwiesen haben.
Interessenfragebogen	Der Interessenfragebogen auf Basis der Berufswahltheorie von Holland (1997) ermittelt die Interessenausprägung hinsichtlich der Tätigkeitsfelder „Markt", „Betrieb" und „Stab" sowie dreier unspezifischer Interessenbereiche. Die Items werden im Forced-Choice-Format vorgegeben.
Fragebogen zur Selbsteinschätzung	Die Bewerber werden gebeten, sich mit gleichaltrigen Personen zu vergleichen und die Ausprägung ihrer eigenen Fähigkeiten und Verhaltenstendenzen hinsichtlich der anforderungsrelevanten Eignungsdimensionen einzuschätzen. Zur Unterstützung werden ihnen „Orientierungsfragen" vorgelegt (z. B. „Kann ich mich sprachlich gut ausdrücken, mich anderen problemlos verständlich machen?").
Multimodales Interview	Nach dem Schema des Multimodalen Interviews (Schuler, 2002) wird ein anforderungsbezogenes Auswahlgespräch durchgeführt. Es besteht aus acht standardisierten und freien Gesprächskomponenten: Gesprächsbeginn, Selbstvorstellung, freie Fragen, Fragen zur Berufs- und Organisationswahl, Fragen zu Erfahrungen und Interessen, realistische Tätigkeitsinformation, situative Fragen, Gesprächsabschluss.
Strukturiertes Rollenspiel	Als anforderungstypische dynamische Interaktionssituationen werden ein oder zwei Rollenspiele mit drei standardisierten Sequenzen durchgeführt. Sie beziehen sich auf Verkaufs- und Beschwerdesituationen. Als Gesprächspartner fungiert ein geschulter Rollenspieler.
Gruppendiskussion	In einer Gruppe von ca. sechs Personen werden mehrere Themen diskutiert. Hierbei übernimmt jeder Teilnehmer einmal die Rolle des Diskussionsleiters und einmal die Aufgabe der Gesprächszusammenfassung.

Tabelle 5: Die Einzelverfahren des Potenzialanalyseverfahrens nach Abschluss Bankkaufmann/-frau (PA2)

Selbstbeurteilung „Einschätzungen"	Mithilfe von Orientierungsfragen (z. B. „Wie verhalte ich mich gegenüber Kunden, bin ich sicher im Auftreten, bin ich kontaktfreudig?") nehmen die Teilnehmer zu Beginn des Potenzialanalyseverfahrens Selbsteinschätzungen hinsichtlich aller sieben Anforderungsdimensionen vor.
Gruppendiskussion „Besprechung"	In Einzelarbeit hat jeder Teilnehmer zunächst die Anforderungen an ein neues Teammitglied festzulegen. Anschließend wird eine Gruppendiskussion mit dem Ziel geführt, sich auf eine Rangfolge der wichtigsten Anforderungen an das neue Teammitglied zu einigen.
Interview „Erfahrungen und Situationen"	Als Kurzform eines Multimodalen Interviews werden strukturierte Interviews geführt, die aus biografiebezogenen und situativen Fragen bestehen und sich auf typische Arbeitssituationen und deren Anforderungen beziehen.

Tabelle 5: Die Einzelverfahren des Potenzialanalyseverfahrens nach Abschluss Bankkaufmann/-frau (PA2) (Fortsetzung)

Kundengespräch „Allstadt"	Als Rollenspiel wird ein Kundengespräch geführt, das aus vier standardisierten Interaktionssequenzen besteht. Gesprächspartner in dieser dyadischen Interaktionssituation ist ein geschulter Rollenspieler.
Protokollaufgabe „Bericht"	In schriftlicher Form ist ein Protokoll des Kundengesprächs anzufertigen, das auch Vorschläge umfasst, wie in derartigen Situationen künftig besser vorgegangen werden kann.
Kurzvortrag „Tag der offenen Tür I"	Nach einer knappen Vorbereitungszeit haben die Teilnehmer vor Publikum ein kurzes Referat über die Vorzüge der Ausbildung zum Bankkaufmann zu halten.
Einwandbegegnung „Tag der offenen Tür II"	Im Anschluss an den Kurzvortrag werden dem Referenten kritische Fragen aus dem Publikum gestellt, denen er möglichst geschickt zu begegnen hat.
Planungsaufgabe „Dienstwege"	In der Rolle eines Sparkassenmitarbeiters hat der Teilnehmer einen Plan zur Erledigung dringlicher Aufgaben auszuarbeiten, wobei vorgegebene Termine, Weg- und Verweilzeiten zu berücksichtigen sind.
Fallbearbeitung „Abläufe"	In einer Vorlage wird der Arbeitstag eines Mitarbeiters geschildert, der seine Tätigkeit unzureichend organisiert und dadurch seinen Aufgaben nicht gerecht wird. Die Teilnehmer haben die Mängel in der Arbeitsgestaltung zu erkennen und Vorschläge zur Problemlösung zu erarbeiten.
Kognitionsaufgabe „Einfälle"	Zur Messung der Kreativitätsaspekte Flexibilität (Sprachflüssigkeit) und Einfallsreichtum wird verlangt, ähnliche Beziehungen für Eigenschaftsbegriffe zu finden sowie Hypothesen über die Ursachen vorgegebener Sachverhalte zu formulieren.
Kognitionsaufgabe „Zusammenhänge"	Zur Messung des schlussfolgernden Denkens, des Problemlösens, des Erkennens und Bearbeitens komplexer Information werden Aufgaben in Form von Diagrammen und Tabellen gestellt, die zu analysieren und überprüfen sind.
Konzentrationsaufgabe „Kontrolle"	Unter Zeitbeschränkung sind Aufgabenblöcke auf die Richtigkeit durchgeführter Additionen zu prüfen.
Konzentrationsaufgabe „Telefon-Banking"	Den Teilnehmern wird ein Text aus dem Sparkassenkontext vorgegeben, der unter Zeitbeschränkung auf Schreibfehler, Auslassungsfehler, Fehler in Überschriften und Formulierungsfehler zu prüfen ist.
Interessenfragebogen „Präferenzen"	In einem Interessenfragebogen sind Wahlentscheidungen über die relative Bevorzugung und Ablehnung von Tätigkeiten in den Funktionsbereichen „Markt", „Stab" und „Betrieb" zu treffen. Die tätigkeitsbezogenen Aussagen entstammen der Anforderungsanalyse und werden in einem Forced-Choice-Format vorgegeben.

Tabelle 6: Die Einzelverfahren des Potenzialanalyseverfahrens Führung/komplexe Beratungstätigkeiten (PA3)

Selbstbeurteilung „Einschätzungen"	Mithilfe von Orientierungsfragen (z. B. „Fällt es mir leicht, die Zusammenarbeit in einem Team zu fördern?") nehmen die Teilnehmer zu Beginn des Potenzialanalyseverfahrens Selbsteinschätzungen hinsichtlich aller zehn Anforderungsdimensionen vor.
Gruppendiskussion „Ausschusssitzung"	Aus einer Liste mit Bewerbern haben die Teilnehmer zunächst in Einzelarbeit Vorschläge auszuarbeiten, wem die Leitung von Projektgruppen zu übertragen ist. Anschließend wird eine Gruppenentscheidung über die Besetzung dieser Positionen getroffen.
Interview „Erfahrungen und Situationen"	Als Kurzform eines Multimodalen Interviews werden strukturierte Interviews geführt, die aus biografiebezogenen und situativen Fragen bestehen und sich auf Führungs- und Beratungsaufgaben beziehen.
Führungsalltag „Geschäftsstellenleitung"	Um die für Führungstätigkeiten charakteristischen Unterbrechungen durch unvorhergesehene Zwischenfälle zu simulieren, werden den Teilnehmern über den Tag verteilt Vignetten von Führungssituationen mit sofortigem Entscheidungsbedarf zur Bearbeitung vorgelegt.
Postkorb „Vorgänge"	Termingebundene Anfragen und weitere Arten sparkassentypischer Vorgänge sind von jedem Teilnehmer individuell zu bearbeiten, wobei auf Querbeziehungen, Terminüberschreitungen u. Ä. zu achten ist.
Kurzfälle „Ausarbeitung I und II"	Lösungsvorschläge für zwei Kurzfälle sind schriftlich auszuarbeiten und zu begründen. Die Fälle betreffen einen Konfliktfall in einer Arbeitsgruppe und die Verbesserung einer Serviceleistung.
Kurzvortrag „Stellungnahme"	In der Rolle eines Geschäftsstellenleiters hat der Teilnehmer seine Kollegen über Aufgabenstellungen und Fortschritte der regionalen Projektgruppenarbeit zu informieren und dabei Führungsprobleme und Lösungsansätze darzustellen.
Verkaufsgespräch „Allfinanz"	Als dyadische Interaktionssituation in fünf Sequenzen hat der Teilnehmer in der Rolle eines Geschäftsstellenleiters ein Gespräch mit einem potenziellen Neukunden zu führen, dessen Rolle von einem hierfür geschulten Rollenspieler übernommen wird.
Mitarbeitergespräch „Beurteilungsgespräch"	In der Rolle der Führungskraft hat der Teilnehmer zunächst eine Gesprächsstrategie für ein Beurteilungsgespräch mit einem Mitarbeiter zu entwickeln und anschließend dieses Gespräch durchzuführen. Die Rolle des Mitarbeiters wird von einem geschulten Rollenspieler übernommen.
Konzentrationsaufgabe „Geschäftsbericht"	Ein Text ist unter Zeitbegrenzung Korrektur zu lesen, der Schreibfehler, Übertragungsfehler, Fehler in Überschriften, Tabellen und Grafiken sowie Formatierungsfehler enthält.
Kognitionsaufgabe „Problemanalyse"	Zur Erfassung zentraler kognitiver Funktionen (Textverständnis, Regelerkennen, schlussfolgerndes Denken und Problemlösen) werden Texte vorgegeben. Die Aufgabe für die Teilnehmer besteht darin, zutreffende von unzutreffenden Aussagen über diese Texte zu unterscheiden.

Tabelle 6: Die Einzelverfahren des Potenzialanalyseverfahrens Führung/komplexe Beratungstätigkeiten (PA3) (Fortsetzung)

Kognitionsaufgabe „Erbschaft"	Zur Messung von Sprachverständnis und Wortschatz sind aus einer in Schriftform wiedergegebenen Unterhaltung Aussagen bezüglich ihrer richtigen Bedeutung zu beurteilen und Wörter hinsichtlich ihrer sinnvollen Verwendung zu überprüfen.
Fragebogen „Interessen"	In einem Interessenfragebogen sind Wahlentscheidungen über die relative Bevorzugung und Ablehnung von Tätigkeiten in den Funktionsbereichen „Führung" und „komplexe Beratung" zu treffen. Die tätigkeitsbezogenen Aussagen entstammen der Anforderungsanalyse und werden in einem Forced-Choice-Format vorgegeben.

Die Vielzahl der Einzelverfahren erfordert selbstverständlich gut organisierte Durchführungen, die üblicherweise in den hierfür gut ausgerüsteten Sparkassenakademien stattfinden. Als Organisationshilfe wurden Durchführungspläne für verschiedene Personenzahlen ausgearbeitet, in denen auch die Rotation der Beobachter berücksichtigt wird. In den meisten Fällen erfolgt die Durchführung mit 12 oder 18 Teilnehmern, was sich daraus ergibt, dass sich die Zahl 6 als ideale Teilnehmerzahl für Gruppendiskussionen erwiesen hat.

Als Besonderheit der hier geschilderten Potenzialanalysen wird der Einsatz von Selbsteinschätzungen und Interessentests in allen drei Verfahren auffallen. Die Durchführung von Interessentests erklärt sich daraus, dass die Potenzialanalyseverfahren PA2 und PA3 unter anderem die Funktion haben, optimale Berufswege für die Mitarbeiter der Sparkassen-Finanzgruppe zu finden. Selbstverständlich ist hierfür die Berücksichtigung der Interessen der Betroffenen ein wesentliches Erfordernis. Hierzu wurden die Interessentests so konstruiert, dass sie den Teilnehmern helfen, eigene Berufsvorstellungen an den Tätigkeitsanforderungen zu überprüfen, um realitätsgerechte Präferenzen zu entwickeln. (Beispielsweise lautet ein Item, das sich auf Führungstätigkeit bezieht, nicht „Ich habe Interesse, Führungskraft zu werden", sondern „Ich würde gerne Beurteilungsgespräche mit meinen zugeordneten Mitarbeitern führen".) Auch die grundsätzliche beiderseitige Entscheidung über die Aufnahme einer Ausbildungs- und Berufstätigkeit (PA1) soll durch die Berücksichtigung der realitätsgerechten Interessen unterstützt werden.

Die Skalen zur Selbsteinschätzung dienen der Reflexion über die eigenen anforderungsentsprechenden Fähigkeiten (was u. a. den später zu führenden Personalentwicklungsgesprächen zugute kommen soll) sowie der Vertrautheit mit den Anforderungsdimensionen. Letzteres kann zwar eine Gefährdung der prognostischen Validität eines Assessment Centers darstellen (vgl. Kleinmann, Melchers, König & Klehe, in diesem Band), entspricht aber dem Bestreben nach größtmöglicher Transparenz des Verfahrens für die Teilnehmer. Nachdem die Beurteilungsdimensionen nicht willkürlich gewählt wurden, sondern den tatsächlichen Anforderungen entsprechen, stellt die Beschäftigung mit ihnen gleichzeitig eine Vorbereitung auf die mögliche künftige Arbeitstätigkeit dar. Auf die ursprünglich erwogene Möglichkeit, die Selbsteinschätzung auch als Diagnostikum zu verwenden (hierfür wurde die Selbsteinschätzung zeitweise sowohl zu Beginn wie am Ende des PA-Verfahrens durchgeführt), wurde verzichtet, da sie keine inkrementelle Validität lieferte.

Die Zuordnung von Verfahren und Anforderungsdimensionen erfolgte so, dass jede Dimension durch mehrere Verfahren abgedeckt war. Beispielhaft wird dies in Tabelle 7 für PA1 dargestellt (beschränkt auf die nicht kognitiven Tätigkeitsanforderungen).

Tabelle 7: Verfahrens-Anforderungs-Matrix für PA1 (nicht kognitive Verfahren)

	schriftliche Verfahren Fragebogen …			mündliche Verfahren		
	Verhaltensorientierung	Interessen	Selbsteinschätzung	Interview	Rollenspiel	Gruppendiskussion
Kundenorientierung/ verkäuf. Fähigkeiten	×		×	×	×	×
Kooperation & Teamfähigkeit	×		×	×		×
Soziale Belastbarkeit	×	Interessenfelder	×	×	×	
Initiative & Erfolgsorientierung	×		×	×	×	×
Selbstkontrolle & Qualitätsorientierung	×		×	×		

15.5 Verfahrensüberprüfung

Der Ersteinsatz der Verfahren nach Abschluss der Konstruktions- und Vorerprobungsphase erfolgte in kontrollierten Probeanwendungen im Rahmen von „Ernstanwendungssituationen". Die Zahl der Teilnehmer an diesen Probeanwendungen betrug N = 257 für PA1, N = 188 für PA2 und N = 126 für PA3. In allen Fällen waren die Teilnehmer Mitarbeiter von oder Bewerber bei einer größeren Zahl von Sparkassen, die in etwa repräsentativ über das Bundesgebiet verteilt waren.

Mit den Probeanwendungen der Potenzialanalyseverfahren wurden insbesondere folgende Ziele verfolgt:
– die Überprüfung der Einzelverfahren durch Ermittlung statistischer Kennwerte (v. a. Mittelwert, Standardabweichung, Range, Aufgabenschwierigkeit, Trennschärfe, Konsistenzkoeffizienten);
– die Überprüfung der Einzelverfahren und des Gesamtverfahrens hinsichtlich möglicher Unterschiede bezüglich demografischer Variablen wie Geschlecht, Alter, Vorbildung und Berufserfahrung;
– die Ableitung von Verbesserungsmöglichkeiten zur Verfahrensoptimierung;
– die Ermittlung von Normwerten.

Die Ergebnisse der Probeanwendungen ergaben nur geringfügigen Modifikationsbedarf, so dass die ermittelten Normwerte als gültig für die weitere Verfahrensanwendung angesehen werden konnten.

Zur Weiterverwertung wurden die dimensionsbezogenen Werte der Teilnehmer standardisiert (T-Werte mit einem Mittelwert von 50 und einer Standardabweichung von 10 Punkten). Alle Daten folgten einer Normalverteilung hinsichtlich der relevanten Kenngrößen Form, Schiefe und Exzess.

Auch wenn – besonders zum Zwecke der Personalentwicklung für PA2 und PA3 – eine relativ unabhängige Ermittlung der Anforderungsdimensionen angestrebt wird, ist nicht damit zu rechnen, dass die Ergebnisse eine vollständige Unabhängigkeit aufweisen. Dies ist insbesondere dadurch nicht zu erwarten, dass aus jedem Einzelverfahren mehrere Dimensionswerte ermittelt werden, wodurch höhere Korrelationswerte zwischen den Dimensionen entstehen, als wenn pro Einzelverfahren jeweils nur eine Dimension gemessen würde. Angesichts dessen sind durchschnittliche Korrelationen von $r = .46$ für PA1, $r = .32$ für PA2 und $r = .25$ für PA3 akzeptabel, im Falle der beiden letztgenannten Verfahren sogar gute Werte, die für die Diskriminanz der Dimensionen sprechen. Der Wert für PA1 ist deshalb höher, weil hier nur die nicht kognitiven Verfahren mit einem höheren Anteil an solchen Aufgaben eingehen, deren Ergebnis durch Beobachterwerte bestimmt wird. Für diese ist, wie in mehreren Kapiteln dieses Bandes dargelegt, generell ein Mangel an Urteilsdiskriminanz kennzeichnend.

15.6 Bestimmung der Eignung für die Tätigkeitsbereiche

Im Verfahren PA1 ergibt sich die Eignung einer Person als normorientierter Wert im Vergleich mit der gesamten Bewerbergruppe. Hierzu werden die Ergebnisse aus den Einzeldimensionen nach einem organisationsintern festgelegten Algorithmus gewichtet, der die Bedeutung der Dimensionen, die Messqualität der Einzelverfahren und den sequenziellen Charakter der gesamten Auswahlentscheidung zu berücksichtigen hatte.

Für die Verfahren PA2 und PA3 ist die Eignungsbestimmung schwieriger, weil das Ziel in einer klassifikatorischen Zuordnung, das heißt in der Bestimmung relativer Erfolgswahrscheinlichkeiten für die Funktionsfelder „Markt", „Stab" und „Betrieb" bzw. „einfache vs. komplexe Beratung" und „Führung" besteht. Hierbei kann niemand unberücksichtigt bleiben wie bei der Personalauswahl, sondern für jede Person muss die optimale Zuordnungsmöglichkeit gefunden werden. Nachdem die Funktions- oder Tätigkeitsfelder inhaltlich ähnlich sind (z. B. einfache und komplexe Kundenberatung), aber unterschiedliche Qualifikationsansprüche stellen, ergibt sich beispielsweise das Problem, dass Mitarbeiter, die für komplexe Beratung qualifiziert sind, dadurch automatisch für einfache Beratungsaufgaben einen höheren Eignungswert bekommen als Personen, die nur für einfache kundenbezogene Aufgaben qualifiziert sind. Für diesen Zweck sind grundsätzlich mehrere Modelle der Personalklassifikation geeignet (vgl. Schuler & Höft, 2004; Görlich & Schuler, 2006).

Aus statistischen (relative Robustheit) sowie pragmatischen Gründen (Handhabbarkeit im Praxiseinsatz und Nachvollziehbarkeit für die Verwender) wurde ein lineares Prognosemodell verwendet. Hierbei werden die standardisierten Ergebnisse der Anforderungserfüllung entsprechend ihrer jeweiligen Bedeutung für die Tätigkeitsbereiche, wie sie sich in den Ergebnissen der Anforderungsanalyse zeigt, gewichtet; die gewichteten Werte werden addiert. Um Vergleichbarkeit zu gewährleisten, werden diese Werte der Tätigkeitsbereiche wiederum standardisiert. Anschließend ist für jeden Teilnehmer eine optimale Zuordnung und damit Tätigkeitsfeldempfehlung möglich.

15.7 Ergebnisinformation für die Personalverantwortlichen und individuelle Rückmeldung an die Teilnehmer

Entsprechend der Komplexität der Verfahren und ihrer Auswertung kann das Feedback nicht – wie im Assessment Center üblich – unmittelbar nach Verfahrensabschluss gegeben werden, sondern erfordert eine normorientierte Verrechnung der Auswertungsergebnisse. Dementsprechend erfolgt die Ergebnisinformation für PA2 und PA3 an Führungskräfte und Personalentwickler sowie das gleichlautende Feedback an die Teilnehmer erst ca. zwei Wochen nach Durchführung. Auswertung und Entscheidung im Verfahren PA1 erfolgen sehr viel rascher, wobei das Feedback an die Teilnehmer wesentlich knapper ausfällt als die im folgenden geschilderte Prozedur für PA2 und PA3.

Die Ergebnisrückmeldung zu PA2 und PA3 enthält Informationen zum jeweiligen Potenzialanalyseverfahren, d. h. über die Anforderungsdimensionen sowie vor allem dimensionsspezifische Merkmalsausprägungen des Teilnehmers. Erfüllungsgrad der Anforderungen gemäß Verfahrensergebnis und gemäß Selbsteinschätzung werden numerisch und grafisch einander gegenübergestellt. Anschließend werden Eignungswerte für die fraglichen Tätigkeitsfelder aufgeführt und erläutert. Auch die Interessenausprägung des Teilnehmers für die Tätigkeitsfelder wird in dieser Weise übermittelt. Damit stellt die Ergebnisinformation eine Grundlage für zielführende Personalentwicklungsgespräche dar.

Literatur

Becker, Kh., Diemand, A. & Schuler, H. (2004). Multimodale Leistungsbeurteilungssysteme für Mitarbeiter, Führungskräfte und Auszubildende in der Kreditwirtschaft – Ziele und Inhalte. In H. Schuler (Hrsg.), *Beurteilung und Förderung beruflicher Leistung* (2. Aufl., S. 125–132). Göttingen: Hogrefe.

Borman, W. & Brush, D. (1993). More progress toward a taxonomy of managerial performance requirements. *Human Performance, 6*, 1–21.

Flanagan, J. C. (1954). The critical incidents technique. *Psychological Bulletin, 51*, 327–358.

Görlich, Y. & Schuler, H. (2006). Personalentscheidungen, Nutzen und Fairness. In H. Schuler (Hrsg.), *Lehrbuch der Personalpsychologie* (2., überarbeitete und erweiterte Aufl., S. 797–840). Göttingen: Hogrefe.

Holland, J. L. (1997). *Making vocational choices. A theory of vocational personalities and work environments* (3rd ed.). Odessa, FL: Psychological Assessment Resources.

Klingner, Y., Schuler, H., Diemand, A. & Becker, Kh. (2004). Entwicklung eines multimodalen Systems zur Leistungsbeurteilung von Auszubildenden. In H. Schuler (Hrsg.), *Beurteilung und Förderung beruflicher Leistung* (2. Aufl., S. 187–213). Göttingen: Hogrefe.

Muck, P. M., Schuler, H., Becker, Kh. & Diemand, A. (2004). Entwicklung eines multimodalen Systems zur Beurteilung von Gruppenleistungen. In H. Schuler (Hrsg.), *Beurteilung und Förderung beruflicher Leistung* (2. Aufl., S. 159–185). Göttingen: Hogrefe.

Renner, K. (1997). Auswahl- und Potentialanalyse (PA)-Verfahren (I). *Betriebswirtschaftliche Blätter, 10/97,* 455–458.

Schuler, H. (1996). *Psychologische Personalauswahl.* Göttingen: Hogrefe.

Schuler, H. (2000). Das Rätsel der Merkmals-Methoden-Effekte: Was ist „Potential" und wie lässt es sich messen? In L. von Rosenstiel & Th. Lang-von Wins (Hrsg.), *Perspektiven der Potentialbeurteilung* (S. 53–71). Göttingen: Hogrefe.

Schuler, H. (2002). *Das Einstellungsinterview.* Göttingen: Hogrefe.

Schuler, H. (Hrsg.). (2006a). *Lehrbuch der Personalpsychologie* (2. Aufl.). Göttingen: Hogrefe.

Schuler, H. (2006b). Arbeits- und Anforderungsanalyse. In H. Schuler (Hrsg.), *Lehrbuch der Personalpsychologie* (2., überarbeitete und erweiterte Aufl.), S. 45–68. Göttingen: Hogrefe.

Schuler, H. & Höft, S. (2004). Berufseignungsdiagnostik und Personalauswahl. In H. Schuler (Hrsg.), *Organisationspsychologie 1 – Grundlagen und Personalpsychologie* (S. 439–532). Göttingen: Hogrefe.

Schuler, H., Muck, P. M., Hell, B., Höft, S., Becker, Kh. & Diemand, A. (2004). Entwicklung eines multimodalen Systems zur Beurteilung von Individualleistungen. In H. Schuler (Hrsg.), *Beurteilung und Förderung beruflicher Leistung* (2. Aufl., S. 133–158). Göttingen: Hogrefe.

16 Assessment Center zur Auswahl von Verkehrsflugzeugführern

Stefan Höft und Claudia Marggraf-Micheel

16.1 Einführung

Als Beispiel für eine Assessment Center-Anwendung soll in diesem Beitrag das Auswahlprogramm für (Nachwuchs-)Flugzeugführer der Abteilung Luft- und Raumfahrtpsychologie des Deutschen Zentrums für Luft- und Raumfahrt e.V. (DLR) dargestellt werden.

Aufgaben des DLR und der Abteilung Luft- und Raumfahrtpsychologie

Das DLR ist das nationale Forschungszentrum der Bundesrepublik Deutschland für Luft- und Raumfahrt. Es ist Mitglied in der Helmholtz-Gemeinschaft Deutscher Forschungszentren (HGF); seine umfangreichen Forschungs- und Entwicklungsarbeiten sind in nationale und internationale Kooperationen eingebunden. Insgesamt 5.100 Mitarbeiter (Stand: 2005) arbeiten an acht nationalen Standorten und sechs Außenstellen in 31 Forschungsinstituten und wissenschaftlich-technischen Einrichtungen. Die Forschungs- und Entwicklungsarbeit ist in die fünf Schwerpunkte Luftfahrt, Weltraum, Raumfahrtmanagement, Verkehr und Energie aufgeteilt. Als nationale Raumfahrtagentur setzt das DLR beispielsweise die deutschen Raumfahrtaktivitäten auf Grundlage der politischen Vorgaben der Bundesregierung und im Auftrag und nach Maßgabe der zuständigen Bundesressorts um. Inhaltliche Schwerpunkte für den Bereich Luftfahrt liegen in der Reduzierung der Betriebs- und Herstellungskosten von Flugzeugen (z. B. Entwicklung von sparsamen und leisen Triebwerken), der Reduzierung von Fluglärm und Emissionen, der Erhöhung der Flughafen- und Luftraumkapazitäten sowie der Gewährleistung der Sicherheit im Luftverkehr. Ausführliche Informationen zu laufenden Projekten finden sich unter www.dlr.de. Das Gesamt-Jahresbudget des DLR belief sich 2004 auf knapp 1,2 Milliarden Euro. Immerhin 21 % (245 Millionen Euro) wurden als Drittmittel eingeworben. 59 % der Gesamtsumme wurden in nationale und europäische Raumfahrtprojekte investiert.

Die Abteilung Luft- und Raumfahrtpsychologie ist dem Institut für Luft- und Raumfahrtmedizin zugeordnet. Innerhalb der primär ingenieurwissenschaftlich ausgerichteten DLR-Gesamtorganisation beschäftigt sich dieses Institut mit humanwissenschaftlichen Fragestellungen zur Gesundheit und Leistungsfähigkeit des Menschen im Straßenverkehr und in der Luft- und Raumfahrt. Der Arbeitsschwerpunkt der Abteilung liegt neben der psychophysiologischen Beanspruchungsforschung im Raumfahrtkontext auf der

Auswahl von Luftfahrtpersonal (Flugzeugführer und Fluglotsen) und den damit verbundenen psychodiagnostischen Fragestellungen.

Hauptauftraggeber für eignungsdiagnostische Untersuchungen sind die Deutsche Lufthansa AG (DLH) mit ihren angegliederten Flugbetrieben sowie die Deutsche Flugsicherung. Als zusätzliche Auftraggeber mit kleinerem Auftragsvolumen können auf nationaler Ebene beispielsweise Hapag Lloyd Flug, die ADAC Luftrettung und unterschiedliche Landespolizei-Hubschrauberstaffeln genannt werden. Internationale Kunden sind zum Beispiel Austrian Airlines, SunExpress und Royal Jordanien.

Fünfzig Jahre Kooperation zwischen Lufthansa und DLR bei der Flugzeugführerauswahl

Die Zusammenarbeit zwischen der DLR-Abteilung (damals Teil des Instituts für Flugmedizin der Deutschen Versuchsanstalt für Luftfahrt) und dem Lufthansa-Konzern wurde im Zuge der Neugründung des DLH-Konzerns 1955 initiiert. Sie dürfte damit eine der längsten Kooperationen in der Geschichte beider Organisationen sein (vgl. Wenninger-Muhr, 2005). Unter Federführung von Konrad Steininger (selbst Pilot und Psychologe) wurden Erkenntnisse der deutschen Luftwaffe und der US Air Force aus dem 2. Weltkrieg zur Ausbildung von Fliegerkadetten auf den zivilen Bereich übertragen. Das Konzept, Bewerber ohne jegliche Vorerfahrung (sogenannte „ab initio"-Kandidaten) auszuwählen und auf einer eigenen zivilen Fliegerschule einheitlich auszubilden (ab 1958 in Bremen), war zum damaligen Zeitpunkt Neuland. Die damals abgeleiteten Anforderungen (z. B. zur Raumorientierung, Wahrnehmungsgeschwindigkeit und psychomotorischen Koordination) finden sich aber noch heute als Bestandteile des eingesetzten Anforderungsprofils wieder (vgl. z. B. Steininger, 1960, 1969, für einen historischen Einblick).

Deutlich geändert haben sich allerdings die Durchführungsbedingungen: 1970 dauerte das Auswahlverfahren noch eine Woche und war geprägt durch den Einsatz von Papier-Bleistift-Verfahren sowie Psychomotorik- und Mehrfacharbeitstests, die in aufwendigen Einzeluntersuchungen erhoben werden mussten. Heute wird eine wesentlich erweiterte Verfahrensbatterie sequenziell an insgesamt 2,5 Tagen durchgeführt. Das Untersuchungsaufkommen ist trotz einiger bedeutsamer Einbrüche der Luftfahrtbranche (bedingt z. B. durch mehrere Ölkrisen, den Golfkriegen und dem Terroranschlag vom 11. September 2001) im Gesamttrend deutlich gestiegen. So untersuchte die DLR-Abteilung beispielsweise im Jahr 2003 alleine für den DLH-Konzern über 4.000 Bewerber (Stelling, 2004).

16.2 Anforderungen an Flugzeugführer

Bis in die 80er Jahre beschrieb das traditionelle Anforderungsprofil eines Verkehrsflugzeugführers kognitive, psychomotorische und sensorische Fähigkeiten, die bei der Bewältigung der Schnittstelle Mensch-Maschine Relevanz zeigten. Wichtige identifizierte Anforderungen waren beispielsweise Überwachung und Kontrolle von Flugparametern und Systemen in Relation zu Umweltbedingungen, die Integration von Informationen aus unterschiedlichen Kanälen sowie die Übersicht über Situationen und die Möglichkeit, zeitnah kritische Entscheidungen zu treffen.

Erweiterung des traditionellen Anforderungsprofils um Teamaspekte

Unfallanalysen führten Mitte der 80er Jahre zu einer Erweiterung des Anforderungsprofils. Die detaillierte Untersuchung zu Flugunfällen von Düsenflugzeugen kommerzieller Flugbetriebe seit den 50er Jahren führte zu dem Ergebnis, dass mehr als 50 % der Unfälle auf ein Fehlverhalten der Besatzung zurückzuführen sind (vgl. Tab. 1).

Tabelle 1: Ursachen für Flugzeugunfälle von 1950 bis 2004 (nach Kebabjian, 2006)

Unfallursachen	Jahrzehnte					
	50er	60er	70er	80er	seit 1990	Gesamt
Pilotenfehler	43	34	26	29	30	32
Wettervermittelte Pilotenfehler	9	19	16	17	20	16
Technikvermittelte Pilotenfehler	7	5	4	4	6	5
Pilotenfehler insgesamt	*58*	*58*	*46*	*49*	*56*	*53*
Sonstiges menschliches Versagen	2	8	9	7	7	7
Wetter	15	9	12	14	8	11
Technische Probleme	19	19	21	19	20	20
Sabotage	5	4	9	11	8	8
Sonstige	0	2	3	1	1	1

Anmerkungen: Angegeben sind die ermittelten primären Ursachen bei insgesamt 1.459 untersuchten Flugunfällen in Prozent (Summationsabweichungen entstehen durch Rundungsfehler). Als Unfalldatenbank dient http://www.planecrashinfo.com. Unberücksicht bleibt bei dieser relativen Prozentangabe die absolute Anzahl von Unfällen, die seit Jahren kontinuierlich sinkt (vgl. Boeing Commercial Airplanes, 2005). Unter der Rubrik „wettervermittelte Pilotenfehler" und „technikvermittelte Pilotenfehler" sind Ursachen subsumiert, die wetter- bzw. technikbedingte, nicht fatale Auslöser hatten, dann aber von der verantwortlichen Crew unzureichend bearbeitet wurden.

Detailanalysen zeigen (vgl. zur Übersicht Eißfeldt, Goeters, Maschke, Hörmann & Schiewe, 1995), dass häufig das Zusammentreffen mindestens zweier kritischer Faktoren einen Unfall ursächlich bedingt, wobei Mängel in der Crewarbeit in vielen Fällen als mitverursachend gewertet wurden. Eine Feinanalyse der Fehler der Crew offenbart einen hohen Anteil mangelhafter Interaktion zwischen den Besatzungsmitgliedern im Cockpit. Allein in 26 % der Fälle, die als Unfallursache Crewversagen aufweisen, erfolgte eine ungenügende Kontrolle durch das zweite Besatzungsmitglied.

Deutlich wurde: Wenn die Teammitglieder nicht wie ein gutes Team kooperieren, wird die Arbeitsbelastung ansteigen, die Produktivität sinken und schließlich die Sicherheit bedroht sein. Diese Erkenntnisse führten dazu, Anforderungen des Berufes nicht nur auf die Aufgaben des Piloten (Schnittstelle Crew-Flugzeug) auszurichten, sondern darüber hinaus die Zusammenarbeit im Team zu berücksichtigen.

Anforderungsanalysen des DLR

Mit Bezug auf diese Unfallanalysen wurden durch die DLR-Abteilung Luft- und Raumfahrtpsychologie umfassende Anforderungsanalysen durchgeführt, um die Bedeutung der Teamarbeit im Anforderungsprofil zu überprüfen und Teamkompetenzen zu differenzieren. In moderierten Expertenworkshops, die mit Trainingspiloten und Luftfahrtpsychologen besetzt waren, wurden 1995 teamarbeitsbezogene Verhaltensaspekte eines „guten Piloten" gesammelt. Orientiert an bestehenden Taxonomien aus dem Assessment Center-Bereich (vgl. Shore, Thornton & Shore, 1990) diente ein 2-Faktoren-Modell zur Verhaltensgruppierung: „Soziale Kompetenz" beschreibt mit den zugeordneten Dimensionen (Kooperation, Konfliktverhalten, Empathie, Selbstreflexion) den Umgang mit anderen sowie die Wahrnehmung der eigenen Person. Der Merkmalsbereich „Handlungskompetenz" (zugeordnete Dimensionen: Engagement, Flexibilität, Zuverlässigkeit/Disziplin, Entscheidungsfindung, Belastbarkeit) bildet den Beitrag des Einzelnen zum Problemlöseprozess der Gruppe ab (Pecena, 2000). Dieser Ansatz diente bis Ende 2004 als Grundlage für das Beurteilungssystem in den verhaltensorientierten Diagnoseverfahren (vgl. Muck & Höft, in diesem Band, zu dem ab 2005 eingesetzten überarbeiteten System).

In Ergänzung zu dem qualitativen, stark verhaltensorientierten Workshop-Ansatz wurde in einer separaten Untersuchungsreihe ein strukturierter, eigenschaftsorientierter Zugang gewählt, um eine Gesamtübersicht zum Anforderungsprofil für Flugzeugführer zu erhalten. Als konzeptionelle Grundlage diente hier der „Job-Analysis Survey"-Ansatz (F-JAS) von Fleishman (1992). Das Befragungskonzept des F-JAS-Verfahrens besteht darin, ein zu bewertendes Merkmal, das mit Definition vorgestellt und zum Teil gegenüber anderen Merkmalen abgegrenzt wird, auf einer 7-stufigen, verhaltensverankerten Skala hinsichtlich seiner Relevanz einstufen zu lassen. Als Auskunftsgeber dienen typischerweise Stelleninhaber. Die Originalversion umfasst 72 Dimensionen aus dem Bereich kognitiver, psychomotorischer, physischer und sensorischer Grundfähigkeiten, Kenntnisse und Fertigkeiten sowie aus dem Bereich interaktiv-sozialer Merkmale.

Für die Ermittlung der Anforderungen an Piloten wurden fünf für die Cockpitarbeit nicht relevante Skalen entnommen und neun Skalen aus dem Bereich interaktiv-sozialer Fähigkeiten ergänzt, um diesen Bereich besser auszudifferenzieren. Die Analysen wurden mit 141 lizenzierten Flugschülern und 25 Flugschülern durchgeführt. In einer ergänzenden Studie wurde mit dem gleichen Verfahren das in Teilbereichen divergierende Anforderungsprofil von Fluglotsen untersucht (vgl. im Überblick Goeters, Maschke & Eißfeldt, 2004).

Die Ergebnisse zeigen, dass unter den wichtigsten Anforderungen interaktive Kompetenzen (Kooperation, Kommunikation) genauso zu finden sind wie basale (Mehrfacharbeitsfähigkeit, Raumorientierung) und übergeordnete kognitive Fähigkeiten (Zeitmanagement, Entscheidungsfähigkeit) sowie emotionale Anforderungen (Stressresistenz).

Moderne Auswahl für Flugzeugführer zielt daher in Konsequenz unter anderem dieser Erkenntnisse nicht allein auf die individuelle kognitive und motorische Leistungsfähigkeit, sondern auch auf Kompetenzen für positive soziale Interaktionen (Hörmann, 1998).

Europäische Richtlinien zur Lizenzierung von Flugpersonal

Die zivilen Luftfahrtbehörden von 34 europäischen Ländern haben sich 1990 in der sogenannten „Joint Aviation Authorities (JAA)" zusammengeschlossen. Ziel der JAA ist es, vereinheitlichte Regelungen der Luftfahrt auf einem hohen Sicherheitsstandard festzulegen („Joint Aviation Requirements; JAR") und gleichzeitig eine Harmonisierung mit dem Regelwerk der amerikanischen Luftfahrtbehörde FAA zu erreichen. Die getroffenen Vereinbarungen werden von jedem Mitgliedsstaat sukzessive in nationales Recht umgesetzt.

Im Regelwerk JAR-FCL1 (2003) werden die Anforderungen an den Lizenzerwerb von Piloten aufgelistet. JAR-FCL3 (2003) listet Kriterien auf, die sich auf die psychologische Begutachtung von Piloten beziehen. Während die europäischen Richtlinien die Berücksichtigung dieser Kriterien nur für die Untersuchung von Piloten fordert, die in Unfälle verwickelt waren, Trainingsschwierigkeiten haben oder bei der Luftfahrtbehörde auffällig werden, geht das DLR-Auswahlprogramm einen Schritt weiter, indem die untersuchten Merkmale bereits bei der Eignungsdiagnose abgedeckt werden.

16.3 Das DLR-Auswahlprogramm für Nachwuchsflugzeugführer

Im Folgenden soll das Auswahlprogramm für Nachwuchsflugzeugführer in seinem chronologischen Ablauf sowie in seinem konzeptionellen Aufbau beschrieben werden. Das Auswahlverfahren für lizenzierte Flugzeugführer ist im Grundprinzip ähnlich. Größter Unterschied ist der Einsatz eines professionellen, zertifizierten Flugsimulators anstelle des für flugunkundige Bewerber konzipierten simulatorähnlichen Gerätetests.

Der Ablauf einer Eignungsuntersuchung

Soweit die Bewerber die Formalkriterien hinsichtlich Alter, Schulbildung, Körpergröße und europäischer Staatsangehörigkeit erfüllen (aktuelle Angaben sind unter http://www.lufthansa-pilot.de zu finden), werden sie zur ersten Untersuchungseinheit, der *Berufsgrunduntersuchung (BU)*, eingeladen. Der Name leitet sich aus dem Charakter der erhobenen Anforderungen ab. Sie werden als grundlegend für die prinzipielle Ausübung des Berufes angesehen.

An zwei halben Tagen werden computergestützte Testverfahren zu relevanten kognitiven Grundfähigkeiten durchgeführt (vgl. z. B. Goeters & Lorenz, 2002). Zusätzlich wird das technisch-physikalische und mathematische Wissen überprüft (z. B. Zierke, 2005) sowie ein Englischtest und ein luftfahrtspezifisch konzipiertes Persönlichkeitsverfahren (z. B. Hörmann & Maschke, 1996) bearbeitet. Die Eignungsuntersuchung wird abgerundet durch Psychomotorik- und Mehrfacharbeitstests (z. B. Manzey, Finell &

Albers, 2001). Jeder kognitive Merkmalsbereich wird durch mindestens zwei unabhängige Verfahren redundant abgedeckt. Während innerhalb eines Merkmalsbereichs schlechte Leistungen in einem Verfahren durch sehr gute Leistungen im parallel eingesetzten Verfahren kompensiert werden können, ist dies zwischen den Merkmalsbereichen nicht möglich: In allen Bereichen muss eine mindestens durchschnittliche Leistung (bezogen auf die Bewerbernormgruppe) erzielt werden. Dieses Kriterium erfüllen ca. 30 % der Bewerber.

Erfolgreiche Bewerber werden ein zweites Mal zur sogenannten *Firmenqualifikation (FQ)* eingeladen. Im Gegensatz zur BU werden hier spezifischere Kriterien erhoben, die das jeweils beauftragende Unternehmen für sein zukünftiges Cockpit-Personal definiert hat.

Am ersten FQ-Tag werden klassische Assessment Center-Verfahren durchgeführt. Nach einem Rollenspiel, in dem Peer-Konflikte aus der Fliegerschule nachgestellt werden, diskutieren die Bewerber in Kleingruppen mit drei bis fünf Teilnehmern zwei inhaltlich unterschiedlich gestaltete Themenkomplexe: In der ersten Gruppenarbeit müssen die Teilnehmer unter Zeitdruck Informationen zusammentragen, um ein komplexes Planungsproblem zu lösen. Planungskonflikte und zusätzliche Informationen im Diskussionsverlauf erschweren die Organisation. In der zweiten Gruppendiskussion repräsentieren die Teilnehmer unterschiedliche Firmenvertreter, die begrenzte Ressourcen untereinander aufteilen müssen. Der jeweilige Diskussionsstand wird mithilfe von Legekärtchen festgehalten. Beide Gruppendiskussionsvarianten enthalten in veränderlichen Anteilen kooperative und kompetetive Anteile: Die Diskussionsteilnehmer sollen ihre eigenen Interessen vertreten, gleichzeitig aber eine gemeinschaftlich getragene Lösung erarbeiten. Ein Beobachterrotationsplan gewährleistet, dass jeder Teilnehmer in jedem Verfahren unabhängig von zwei variierenden Beobachtern (trainierte DLR-Psychologen und Flugkapitäne der auswählenden Luftfahrtgesellschaft) bewertet wird (vgl. Höft, 2002, für weitere Details). Nach jedem Verfahren schätzen die Teilnehmer in einem retrospektiven Verhaltensinventar ihre gerade gezeigte Leistung ein. Diese Selbstbeurteilung wird in der späteren Beobachterkonferenz bei kritischen Kandidaten als weiteres Diagnosekriterium mit den Fremdurteilen der Beobachter verglichen.

Parallel zu den Gruppendiskussionen findet ein Computerteamtest („Dyadic Cooperation Test; DCT"; vgl. Stelling, 1999) statt. Die Bewerber bearbeiten unter Zeitdruck zunächst einzeln, danach in Zweierteams eine Kognitionsaufgabe (möglichst optimale Beladung mehrerer Straßen mit in unterschiedlicher Anzahl zur Verfügung stehenden Gewichten). Die Kommunikation erfolgt in der Zweierbedingung nur über Kopfhörer nach festgelegten Sprachregeln. In unterschiedlichen Durchgängen übernehmen die Teilnehmer wechselseitig die Rolle eines Zuarbeiters oder eines Koordinators. Die Arbeit wird durch Störungen (z. B. Sonderregelungen oder Ausfälle der Bildschirmanzeige) und verteilte Arbeitsaufgaben erschwert. Während im Einzeldurchgang vorrangig die Lösung der kognitiven Aufgabe im Vordergrund steht, wird im Teamdurchgang zusätzlich eine strukturierte Verhaltensbeobachtung durch den Testleiter durchgeführt.

Am Ende des Tages entscheiden die Beobachter in einer Konferenz, welche Bewerber für den zweiten Tag eingeladen werden. Bei Diskussionsfällen wird auf den Selbst-Fremd-Vergleich sowie die Verhaltensbeobachtungen im DCT als ergänzende diagnostische Informationen zurückgegriffen. Abgelehnten Bewerbern (ca. 20 % in dieser Auswahlstufe) wird ein mündliches Feedback zu den Ablehnungsgründen angeboten.

Am nächsten Tag absolvieren die Bewerber zunächst ein flugsimulatorähnliches Testgerät, das mit Schubhebel, Steuerhorn und Instrumentenüberwachung höhere (psycho-)motorische Anforderungen stellt als das entsprechende Testverfahren in der BU. In mehreren Übungsdurchgängen werden auftretende Fehler mit einem Testleiter besprochen, bevor die eigentlichen Testdurchgänge beginnen. Insgesamt dauert der einzeln betreute Simulatortest 1,5 Stunden. Die Leistung wird nach einem vorgegebenen Kategoriensystem hinsichtlich verschiedener Kriterien (z. B. Umsetzung der Kurs-, Höhen- und Geschwindigkeitsvorgaben im Rahmen der erlaubten Grenzen) bewertet. Ein abschließendes Urteil trifft der in jeder Kommission vertretene Flugkapitän (alle DLH-Auswahlkapitäne sind zeitgleich Trainer oder Simulatorprüfer in der DLH-Flotte).

Ca. 75 % der Bewerber in dieser Auswahlstufe schließen den Simulatortest mit einem ausreichenden Ergebnis ab. Als letztes Verfahren folgt dann ein biografieorientiertes Interview mit der Auswahlkommission an. Orientiert an dem in den bisherigen persönlichkeitsorientierten Verfahren (Persönlichkeitsinventar und Verhaltensbeobachtungen) gezeigten Leistungsprofil wird gestützt auf die vorliegenden biografischen Angaben ein hypothesenorientiertes, leitfadengebundenes Interview geführt. Fallweise werden situative Fragen eingesetzt. Nach Abschluss des Interviews wird, gestützt auf alle vorliegenden diagnostischen Informationen, individuell von jedem Kommissionsmitglied eine Risikoabwägung vorgenommen. Danach wird im Konsens eine abschließende Entscheidung („Angebot eines Ausbildungsvertrags ja/nein") getroffen. Ungefähr 65 % der verbliebenen Bewerber durchlaufen diese letzte psychologische Auswahlstufe erfolgreich.

Nach einer erfolgreichen abschließenden medizinischen Untersuchung (Medical Stufe 1; Ausfallquote ca. 4 %) kann der angenommene Bewerber zum nächstmöglichen Zeitpunkt an der Fliegerschule seine Ausbildung aufnehmen.

In Abbildung 1 sind die beschriebenen Auswahlschritte noch einmal in der Übersicht zu sehen. Insgesamt schließen ca. 8 % der Bewerber die Eignungsuntersuchung mit einem positiven Ergebnis (Aufnahme der Ausbildung an der Fliegerschule) ab.

Der konzeptionelle Aufbau des Auswahlprogramms

Schuler und Höft (2004) unterscheiden in Anlehnung an die älteren Arbeiten von Schuler und Funke (1993) sowie Wernimont und Campbell (1968) drei eignungsdiagnostische Konzepte:
– Beim *eigenschaftsorientierten Ansatz* wird direkt auf den Eigenschaftsansatz der Persönlichkeitspsychologie zurückgegriffen. Die Anforderungen werden als zeitstabile und konsistente Persondispositionen interpretiert. Die Dispositionsausprägung wird typischerweise unabhängig vom konkreten Berufskontext über zumeist klassisch testtheoretisch konstruierte Verfahren erhoben.
– Beim *simulationsorientierten Ansatz* wird versucht, das Arbeitsgeschehen durch eine realitätsnahe Simulation möglichst gut im Verfahren abzubilden. Das innerhalb der Simulation gezeigte Verhalten wird als repräsentative Stichprobe für das eigentliche Arbeitsverhalten angesehen. Wesentliches Bestimmungsmerkmal dieser Verfahren ist eine zumeist gegenwarts-, verhaltens- und berufsbezogene Aufgabenvorgabe.
– Die Grundidee der *biografieorientierten Verfahren* ist es, die in der Vergangenheit erzielten Resultate (früher gezeigtes Verhalten und erzielte Ergebnisse) für die Prognose

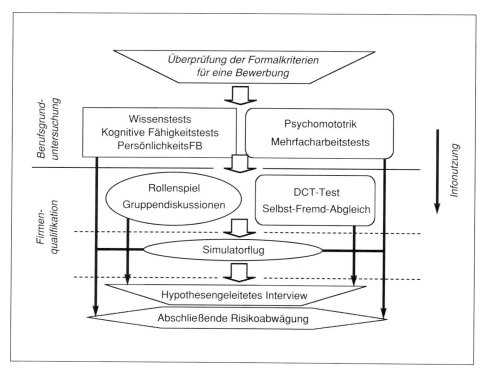

Abbildung 1: Das DLR-Auswahlprogramm für Nachwuchsflugzeugführer

zukünftigen Verhaltens zu verwenden. Diese Konzeption impliziert eine Stabilitätsannahme von Verhalten, anders als beim Eigenschaftsansatz wird aber direkt ohne den „Umweg" über ein Konstrukt von der Vergangenheit auf die Zukunft geschlossen.

Eine genauere Analyse des DLR-Auswahlprogramms zeigt, dass alle drei Verfahrenskonzepte vertreten sind:

Eigenschaftsorientierte Verfahren (in Abb. 1 mit einer rechteckigen Rahmung versehen) finden sich in der Berufsgrunduntersuchung bei der Erfassung der basalen kognitiven Fähigkeiten, des relevanten Wissens und der relevanten Persönlichkeitsmerkmale. Hier wird mit testtheoretisch gut fassbaren Konstrukten gearbeitet, die relativ einfach computerisiert erhoben werden können. Repräsentanten des simulationsorientierten Ansatzes finden sich in zweifacher Form (vgl. Höft & Funke, 2006, für eine entsprechende Unterteilung; in Abb. 1 sind die Verfahren mit einer ellipsenförmiger Rahmung versehen): Interaktive, situationsgebundene Aufgaben werden im Rollenspiel und in den Gruppendiskussionen, psychomotorische Aufgaben im Simulatortest abgebildet. Biografieorientiert wird bei der Überprüfung der Formalkriterien sowie im abschließenden hypothesengeleiteten Interview vorgegangen (vgl. Abb. 1, trapezförmige Rahmung).

Einige Verfahren weisen eine Mischcharakteristik auf (in Abb. 1 mit einer abgerundeten Rechteck-Rahmung gekennzeichnet). So erfassen die Psychomotorik- und Mehrfacharbeitstests in der Berufsgrunduntersuchung Konstrukte (im Falle der Mehrfacharbeit ein nicht unumstrittener Ansatz, vgl. Manzey et al., 2001), die Verfahrensgestaltung simuliert aber bereits wichtige Cockpitmerkmale. Der DCT wird im Einzeldurchgang zunächst als komplexer kognitiver Test ausgewertet (= eigenschaftsorientiert), im Teamdurchgang konzentriert sich die Diagnose aber auf das Interaktionsverhalten (= simulationsorientiert). Der Selbst-Fremd-Abgleich begleitend zum Rollenspiel und den Gruppendiskussionen bezieht sich auf gezeigtes Verhalten, die eingesetzten retrospektiven Verhaltensinventare sind aber nach testtheoretischen Grundprinzipien konzipiert.

Eine besondere Rolle nimmt das abschließende Interview ein. Zur Vorbereitung des Gesprächs wird erstmalig im Auswahlprozess eine Gesamtzusammenschau der bisher angefallenen diagnostischen Informationen durchgeführt. Orientiert am individuellen Stärken- und Schwächenprofil des jeweiligen Bewerbers wird dann der biografisch genauer zu untersuchende Persönlichkeitsbereich im Interviewleitfaden festgelegt. Das Interview fungiert hier also als hypothesengeleitetes Datenintegrationsverfahren.

Das DLR-Auswahlprogramm kann aus dieser Perspektive als multimethodales Verfahrensarrangement interpretiert werden. Als „Assessment Center" wird DLR-intern übrigens (ganz konform zu Thornton & Byham, 1982, und dem Arbeitskreis Assessment Center e. V., 2004) nur der interaktionsbezogene Teil der simulationsorientierten Verfahren (Rollenspiel und Gruppendiskussion) bezeichnet.

Eine besondere Herausforderung stellt die Integration dieser unterschiedlichen Datenquellen dar: Bei der Risikoabwägung nach dem Interview werden letztlich alle Ergebnisse in Form einer klinischen Urteilsbildung kombiniert. – Da hier mit unterschiedlichsten Methoden(formaten) gearbeitet werden muss und ein direkt zuordenbarer Kriteriumsbezug fehlt (in die Bewertung fließen auch schwierig fassbare Aspekte wie Person-Organisations-Passung ein), ist dies die derzeit einzig gangbare Lösung.

16.4 Qualitätssicherung des Auswahlprogramms

Zur Gewährleistung einer gleich bleibend hohen Qualität der durchgeführten eignungsdiagnostischen Dienstleistung wurde 2002 ein Qualitätsmanagementsystem eingeführt. Gleichzeitig finden in unregelmäßigen Abständen Validitätsuntersuchungen statt, die zum einen wissenschaftliche Fragestellungen untersuchen, zum anderen aber auch zur Verfahrensverbesserung genutzt werden.

Qualitätsmanagementsystem

Für alle Arbeitsabläufe in der Abteilung Luft- und Raumfahrtpsychologie wird angestrebt, dass Qualität gesichert wird und dass darüber hinaus die Optimierung aller Vorgänge innerhalb dieser Abläufe erfolgt. Der Gesamtablauf der Personalauswahl (d. h. die eigentliche Durchführung der Eignungsauswahl, die Konzeption von Untersuchungen sowie die Bereitstellung psychodiagnostischer Methoden) soll daher im Sinne einer hohen Qualität an sich und auch im Sinne der Erwartungen der Auftraggeber ausgerichtet sein. Dieser Anspruch eines Qualitätsmanagements der Personalauswahl ist letztlich durch die Zertifizierung der Abteilung nach DIN EN 180 9001 im Jahre 2002 festgeschrieben (vgl. Oubaid, 2005). Die Dokumentation des Qualitätsmanagementsystems besteht aus der Beschreibung der Prozesse im Rahmen der Personalauswahl, aus Verfahrensanweisungen sowie den konkreten Arbeitsanweisungen und mitgeltenden Unterlagen, z. B. in Form von Checklisten, Formblättern, verwendeten Materialien usw.

Somit bildet der Kern des Qualitätsmanagementsystems – die im Handbuch festgehaltene Dokumentation – die Voraussetzung aber auch die Prozessanforderung selbst, da die Erstellung und Bereitstellung dieser Materialien für sich gesehen eine qualitätssichernde Maßnahme darstellt. Die Dokumentation führt während der Erarbeitung zu klärenden Absprachen der Mitarbeiter und bietet als vorliegendes Werk hohe Transparenz. Arbeitsabläufe können dann aufgrund dieser bereitgestellten Dokumentation voll standardisiert durchgeführt werden. So ist beispielsweise auch festgelegt, in welchen Schritten die Aus- und Weiterbildung des an der Eignungsdiagnose beteiligten Personals erfolgen soll und wie die Einführung neuer Verfahren geregelt ist. Im Folgenden soll dies anhand des Trainings für AC-Beobachter sowie am Beispiel einer Einschleusung neuer simulationsorientierter Verfahren veranschaulicht werden.

Einarbeitung neuer AC-Beobachter

Die Einarbeitung von neuen Psychologen oder auch Flugkapitänen, die als Firmenvertreter bei den ACs mitwirken, in ihre Tätigkeit als Beobachter erfolgt in drei Schritten. Vorangestellt ist ein zweitägiges Beobachterseminar in Präsenzform. Am ersten Tag wird zunächst der generelle Ablauf des Auswahlprogramms allgemein und des ACs im Speziellen beschrieben. Danach werden die eingesetzten Verfahren ausführlich dargestellt und zum Teil in der Rolle der Teilnehmer praktisch erprobt. Am zweiten Tag steht das eingesetzte Beobachtungssystem im Mittelpunkt. Nach einer ausführlichen Beschäftigung mit dem für die Verhaltensbeobachtung relevanten Anforderungsprofil werden mithilfe von beispielhaften Videosequenzen erste Erfahrungen im Einsatz von Formblättern und dem Beobachtungsprozess selbst ermöglicht. Größeren Raum nimmt dabei die Diskussion zur Bewertung der gezeigten Videobeispiele ein. Divergierende Urteile werden nach Möglichkeit auf Unterschiede in der Beobachtungs- (Wurden die relevanten Verhaltensaspekte gesehen?) oder in der Bewertungsphase (Wurden die gesehenen Verhaltensaspekte unterschiedlich beurteilt?) zurückgeführt. Mit weiteren Details zur Beobachterrotation sowie zur Entscheidungsfindung am Abend des AC-Tages endet das Seminar.

Da zwischen dem Trainingsseminar und dem ersten Einsatz der neuen Beobachter Wochen bis Monate liegen können, schließt sich in der Zeit nach dem Seminar ein computerbasiertes Training (CBT; Dauer ca. vier Stunden) an. Die angehenden Beobachter bearbeiten mehrere Trainingsmodule, die dazu dienen, das Dimensionsverständnis zu vertiefen und die Urteilsbildung zu unterstützen (vgl. Lüth & Höft, 2005). Neben eher kognitiv strukturierenden Übungen, in denen beispielsweise einzelne Verhaltensprotokollsätze zu einschlägigen Anforderungsdimensionen zugeordnet werden sollen, werden auch Videos aus realen Untersuchungssituationen eingesetzt. Genauso wie beim Seminar selbst können Beobachter hier Bewerberverhalten protokollieren und anforderungsbezogen bewerten. Alle Module sind so konstruiert, dass der Benutzer eine Rückmeldung über die Qualität seiner Eingaben erhält. Den Videosequenzen sind „Musterprotokolle" und „Musterbewertungen" beigefügt, mit denen die eigene Lösung abgeglichen werden kann. Anders als im Seminar kann jeder Benutzer sein Lerntempo selbst steuern, indem er Sequenzen mehrfach beobachtet oder Pausen einlegt. In Ergänzung dazu nehmen die frisch trainierten Beobachter an bis zu drei AC-Durchführungen als Hospitanten teil, bei denen sie ihre erstellten Protokolle und Bewertungen mit den Unterlagen der eingesetzten Kommission vergleichen. Bei längeren Pausen zwischen den Beobachtereinsätzen werden kürzere Versionen des CBTs (ca. eine Stunde) zur Auffrischung angeboten.

Entwicklung neuer AC-Verfahren

Für die Einschleusung neu entwickelter AC-Verfahren (z. B. neue Rollenspiele) in die Auswahl sind im Qualitätsmanagementsystem ebenfalls festgelegte Vorgehensweisen beschrieben. Umfänglicher wird die Verfahrenskonstruktion durch die Anforderung, Parallelversionen zu konstruieren, um die Verbreitung von Vorinformationen zum Auswahlverfahren zu erschweren. Konstruierte (Parallel-)Verfahren werden deshalb mehrfach mit freiwilligen Probanden erprobt, um ihre generelle Funktionalität zu prüfen (Ist die simulierte Situation z. B. zu leicht oder zu schwer? Entsprechen die Reaktionen der Probanden den Erwartungen? Kann aufgrund der Realerprobungen von vergleichbaren Problemszenarien in den Parallelverfahren ausgegangen werden?).

Wenn die Verfahren feststehen, werden alle als Rollenspieler fungierenden Testleiter in Kleingruppenarbeit und gegebenenfalls Einzelcoachings in die neuen Verfahrensvarianten eingewiesen. Die Beobachter werden während eines Präsenztermins mit den Verfahren vertraut gemacht. Soweit es sinnvoll erscheint (z. B. bei Gruppenverfahren), werden sie in der Teilnehmerrolle erprobt. Das Training konzentriert sich danach auf die praktische Erprobung der Beobachtung und Bewertung der neuen Szenarien. Videobeispiele dienen zur Diskussion gemeinsamer Bewertungsstandards. Vor dem ersten Beobachtereinsatz mit den neuen Verfahren dient ein kürzeres CBT-Modul wieder zur individuell gesteuerten Auffrischung.

Der Echteinsatz im Auswahlverfahren wird für einen begrenzten Zeitraum mithilfe von Supervision und Feedbacksystemen begleitet. Wenn sich kein Veränderungsbedarf mehr zeigt, erfolgt eine endgültige Dokumentation der neuen Verfahren sowie der Testleiter- und Beobachteranweisungen.

Validitätsstudien

An dieser Stelle sollen beispielhaft zwei kriteriumsbezogene Validierungsstudien zu persönlichkeitsorientierten DLR-Verfahren beschrieben werden. Detaillierte Darstellungen finden sich beispielsweise bei Damitz, Eißfeldt, Grasshoff, Lorenz, Pecena und Schwert (2001) oder auch Höft und Pecena (2004).

Das Persönlichkeitsprofil von Problempiloten

Das DLR-Persönlichkeitsinventar „Temperament Struktur Skalen (TSS)" wurde in den 60er Jahren speziell für luftfahrtpsychologische Untersuchungen konstruiert und seitdem stetig weiterentwickelt. Die unterschiedlichen Skalen und Items werden aus einer qualitativen Analyse zu unerwünschten Laufbahnentwicklungen von Verkehrsflugzeugführern abgeleitet (vgl. Maschke, 1986). Die Analysen zur Item- und Testkonstruktion basieren ausschließlich auf einschlägigen Bewerberdaten (Goeters, Timmermann & Maschke, 1993). Das Verfahren liegt in unterschiedlichen Versionen vor. Eine kurzgefasste Beschreibung der Standardskala findet sich beispielsweise bei Höft (2005).

Die Validität des TSS konnte vielfach bestätigt werden (vgl. für einen ersten Überblick Maschke, 1986). In der Studie von Hörmann und Maschke (1996) wurde beispielsweise der Karriereverlauf von 274 Verkehrsflugzeugführern einer europäischen Charter-Airline nachverfolgt, bei deren Einstellungsuntersuchung ca. drei Jahre zuvor unter anderem auch der TSS eingesetzt worden war. Als Kriterium wurde das Votum einer Expertengruppe von Trainingskapitänen und Luftfahrtpsychologen herangezogen, die die Untersuchungsgruppe nach einem Studium der Fliegerakte in eine Problemgruppe und eine Standardgruppe aufteilte. Zur Problemgruppe (insgesamt 16 %) wurden alle Piloten gezählt, deren Training abgebrochen werden musste, die über das übliche Maß hinaus Zusatztraining benötigten oder zu denen negative Berichte zu Auffälligkeiten vorlagen.

In Abbildung 2 ist zu sehen, dass die Problemgruppe ein spezifisches Persönlichkeitsprofil mit einigen statistisch bedeutsamen Skalenunterschieden aufweist: Problempiloten beschreiben sich als deutlich ängstlicher (Skala AEN), feindseliger (FEI) und empathischer (WAE) als die Standardgruppe. Gleichzeitig fallen sie durch deutlich niedrigere Vitalitätswerte (VIT) auf. Unauffällig sind sie in den restlichen Skalen (Extraversion EXT, Dominanz DOM, Leistungsstreben LEI sowie Rigidität RIG). Hörmann und Maschke können zeigen, dass die Berücksichtigung dieser Persönlichkeitsunterschiede zu einer bedeutsamen Verbesserung der Vorhersage „Problempilot ja/nein" führt.

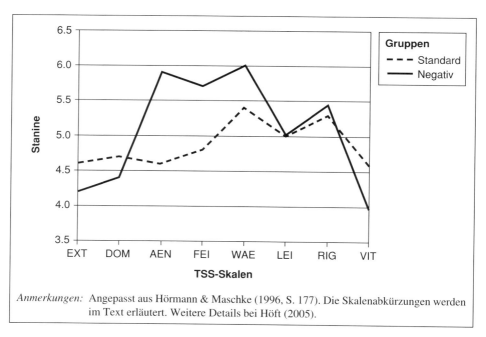

Anmerkungen: Angepasst aus Hörmann & Maschke (1996, S. 177). Die Skalenabkürzungen werden im Text erläutert. Weitere Details bei Höft (2005).

Abbildung 2: TSS-Persönlichkeitsprofil von Problem-Piloten (Negativ) im Vergleich zum Standardprofil von unauffälligen Piloten

Die Konvergenz von AC-Bewertungen mit Peer-Urteilen

Damitz, Manzey, Kleinmann und Severin (2003) untersuchten für die Teilstichprobe der angenommenen Bewerber den Zusammenhang von Bewertungen aus der AC-Phase des Auswahlprogramms mit analogen Peer-Urteilen (N = 73), die ca. eineinhalb bis zwei Jahre später an der Fliegerschule in Bremen erhoben wurden. Die Ergebnisse sind in Tabelle 2 im Überblick dargestellt.

Tabelle 2: Korrelation von AC-Bewertungen mit später erhobenen Peer-Beurteilungen (aus Damitz et al., 2005)

AC-Bewertungen		Korrelation mit analogen Peer-Urteilen	
Merkmalsbereiche	Einzeldimensionen	r	r_{korr}
Soziale Kompetenz	Konfliktbewältigung	.38**	.46
	Kooperation	.20*	.26
	Empathie	–.07	–.09
	Selbstreflexion	.02	.02
Handlungskompetenz	Entscheidungsfindung	.30**	.41
	Belastbarkeit	.21*	.40
	Flexibilität	.03	.04
	Zuverlässigkeit/Disziplin	.03	.04
	Engagement	.40**	.49
	AC-Gesamturteil	.28**	.38

Anmerkungen: N = 73; * p < .05; ** p < .01 (für negative Korrelationen wurde kein Signifikanztest durchgeführt); r_{korr}: Koeffizienten wurden hinsichtlich Varianzeinschränkung und Kriteriumsunreliabilität korrigiert

Die höchste Konvergenz mit einer Korrelation von r = .40 (r_{korr} = .49) ergibt sich beispielsweise für die Beurteilung zur Dimension „Engagement", gefolgt von „Konfliktbewältigung" (r = .38 bzw. r_{korr} = .48). Das AC-Gesamturteil hängt immer noch zu r = .28 (r_{korr} = .38) mit dem entsprechenden Peer-Urteil aus der Fliegerschule zusammen.

Speziell die handlungs- und aktivitätsbezogenen Dimensionen scheinen (auch für Laien) gut beobachtbar zu sein (vgl. Höft, Schümann-Sen & Maschke, 2005). Die komplexer gestaltete Dimension „Kooperation" sowie die schwieriger zu beobachtende Dimension „Belastbarkeit" erreichen Zusammenhänge um .20. Die übrigen Dimensionen sind uneindeutig. Hier können sich unreliable Messungen auf Seiten der Flugschüler und auch AC-Beobachter auswirken, die durch Fehler in der Beobachtung, abweichende

Konstruktinterpretationen, mangelnde Möglichkeiten zur Beobachtung einschlägiger Verhaltensweisen usw. verursacht werden.

Beide Studien belegen also, dass die dargestellten DLR-Verfahrensansätze bedeutsame Zusammenhänge mit berufserfolgsrelevanten Kriterien aufweisen. Wie die Analysen von Höft (2005) allerdings zeigen, gibt es kaum Zusammenhänge zwischen den TSS-Ergebnisse und den AC-Bewertungen. Sie sind also nicht wechselseitig ersetzbar, und somit erscheint weiterhin eine multimethodale Diagnostik in diesem Bereich (gleichzeitiger Einsatz von TSS und AC) angebracht.

16.5 Aktuelle Problemstellungen in der (DLR-)Diagnostik

In unserer täglichen diagnostischen Arbeit treffen wir immer wieder auf bestimmte Problemlagen, die unseres Erachtens von genereller Relevanz sind und zu denen praxistaugliche Lösungen entwickelt werden müssen. Wir beschränken uns in der Darstellung auf drei Problembereiche.

Rationalisierung des eignungsdiagnostischen Prozesses

Primär aus Kosten-, sekundär auch aus Standardisierungsgründen gibt es immer wieder Bestrebungen, aufwendige Gerätetests (z. B. das Simulatorverfahren oder den DCT) weitergehend zu computerisieren und damit eine Vorgabe in der Gruppe zu ermöglichen. Dadurch können einzelne Parameter (z. B. Reaktionszeiten) exakter erhoben werden, andere Elemente (z. B. die Verhaltensbeobachtung durch den Testleiter oder individuelles Feedback in der Übungsphase) entfallen. Bei der Assessment Center-Beobachtung gibt es wiederkehrende Überlegungen, die Teilnehmeranzahl in den einzelnen Untersuchungen zu erhöhen, um somit die Gesamtanzahl der notwendigen Untersuchungstage zu reduzieren. Das bedeutet aber gleichzeitig eine erhöhte kognitive Anforderung an die Kommissionsmitglieder, mehr Bewerber (zum Teil zeitgleich) beobachten zu müssen. Die erzielten Einsparungen könnten sich also direkt in einer reduzierten Bewertungsreliabilität niederschlagen und damit zu einer Verschlechterung der Diagnostik mit entsprechenden Folgekosten führen.

Bei Rationalisierungen müssen also die erzielten (Kosten-)Vorteile immer abgewogen werden in Relation zu möglichen Verschlechterungen in der Diagnostik.

Berücksichtigung von Testvorbereitung

Im Umfeld des DLR-Auswahlprogramms haben sich mehrere kommerzielle Vorbereiter angesiedelt, die in kostspieligen Seminaren eine „ideale Vorbereitung" auf das Testverfahren versprechen. Durch den Erfahrungsaustausch ehemaliger Bewerber in nicht moderierten Internetforen wird die Gerüchteküche immer wieder angeheizt.

Um gleiche Testbedingungen für alle Bewerber zu gewährleisten, hat das DLR unterschiedliche Maßnahmen ergriffen: Hierzu gehört die systematische Analyse von Testwiederholungs- und Vorbereitungseffekten (z. B. Stelling, 2002), die Entwicklung von Parallelverfahren in allen Phasen des Auswahlprogramms (z. B. Zierke, 2005) sowie die kontrollierte Bereitstellung von Coachingprogrammen (unter http://www.hh.dlr.de).

Integration multimethodal gewonnener diagnostischer Informationen

Die klinische Urteilsbildung im Zuge der Risikoabwägung nach dem abschließenden Interview ist unbefriedigend, da viele Entscheidungsprozesse unaufgeklärt bleiben.

Hier wäre es erstrebenswert, die Systematik und Logik der intuitiven Datenverknüpfung weiter aufzuschlüsseln und in einem statistischen Modell abzubilden. Da auch neuere Ansätze nicht ohne Kriteriumsdaten auskommen (z. B. Häusler & Sommer, 2006), wird in einem statistischen Vorhersagemodell auch der bei den Entscheidungen berücksichtigte aufgaben- und kontextbezogene Kriteriumsraum untersucht werden müssen. Eine so detaillierte Kriteriumssammlung existiert bis heute nicht.

Literatur

Arbeitskreis Assessment Center e. V. (2004). *Standards der Assessment Center-Technik 2004*. Verfügbar unter: http://www.arbeitskreis-ac.de [1. 10. 05].

Boeing Commercial Airplanes. (2005). *Statistical summary of commercial jet airplane accidents. Worldwide operations 1959–2004*. Available: www.boeing.com/news/techissues [1. 2. 06].

Damitz, M., Eißfeldt, H., Grasshoff, D., Lorenz, B., Pecena, Y. & Schwert, T. (2000). *Validierung des DLR-Auswahlverfahrens für Nachwuchsfluglotsen der DFS Deutsche Flugsicherung GmbH: Ergebnisse des Projekts Qualitätssicherung* (DLR-Forschungsbericht 2000–45). Köln: Deutsches Zentrum für Luft- und Raumfahrt e. V.

Damitz, M., Manzey, D., Kleinmann, M. & Severin, K. (2003). Assessment center for pilot selection: Construct and criterion validity and the impact of assessor type. *Applied Psychology: An International Review, 52,* 193–212.

Eißfeldt, H., Goeters, K.-M., Maschke, P., Hörmann, H.-J. & Schiewe, A. (1995). *Effektives Arbeiten im Team: Crew-Resource-Management-Training für Piloten und Fluglotsen* (DLR-Forschungsbericht 94-09). Köln: Deutsche Forschungsanstalt für Luft- und Raumfahrt e. V. (DLR).

Fleishman, E. A. (1992). *Fleishman Job Analysis Survey (F-JAS). Rating scale booklet.* Palo Alto, CA: Consulting Psychologists Press.

Goeters, K.-M. & Lorenz, B. (2002). On the implementation of item-generation principles for the design of aptitude testing in aviation. In S. H. Irvine & P. C. Kyllonen (Eds.), *Item generation for test development* (pp. 339–360). Mahwah, NJ: Lawrence Erlbaum.

Goeters, K.-M., Maschke, P. & Eißfeldt, H. (2004). Ability requirements in core aviation professions: Job analyses of airline pilots and air traffic controllers. In K.-M. Goeters (Ed.), *Aviation psychology: Practice and research* (pp. 99–122). Aldershot, UK: Ashgate.

Goeters, K.-M., Timmermann, B. & Maschke, P. (1993). The construction of personality questionnaires for selection of aviation personnel. *International Journal of Aviation Psychology, 3,* 123–141.

Häusler, J. & Sommer, M. (2006). Neuronale Netze: Nichtlineare Methoden der statistischen Urteilsbildung in der psychologischen Eignungsdiagnostik. *Zeitschrift für Personalpsychologie, 5,* 4–15.

Höft, S. (2002). *2100 Nachwuchsflugzeugführer-Bewerber im Assessment Center des DLR: Zeitliche Verlaufsanalysen zu ausgewählten Konstruktvaliditätsindikatoren im Einsatzzeitraum März 1999 bis August 2001* (DLR-Forschungsbericht 2002-15). Köln: Deutsches Zentrum für Luft- und Raumfahrt e. V. (DLR).

Höft, S. (2005). Persönlichkeitsfragebogen und/oder Assessment Center? Ein Beispiel aus der Personalauswahl für Luftfahrtberufe zur kombinierten Verwendung unterschiedlicher Diagnoseansätze. In K. Sünderhauf, S. Stumpf & S. Höft (Hrsg.), *Assessment Center – von der Auftragsklärung bis zur Qualitätssicherung* (S. 243–259). Lengerich: Pabst Science Publishers.

Höft, S. & Funke, U. (2006). Simulationsorientierte Verfahren der Personalauswahl. In H. Schuler (Hrsg.), *Lehrbuch der Personalpsychologie* (S. 145–188). Göttingen: Hogrefe.

Höft, S. & Pecena, Y. (2004). Behaviour-oriented assessment for the selection of aviation personnel. In K.-M. Goeters (Ed.), *Aviation psychology: Practice and research* (pp. 153–170). Aldershot: Ashgate.

Höft, S., Schümann-Sen, M. & Maschke, P. (2005). Peer-Urteile in einem Assessment Center zur Personalauswahl: Enthalten sie Informationen zum Beurteilten oder zum Beurteiler? *Zeitschrift für Personalpsychologie, 4*, 159–169.

Hörmann, H.-J. (1998). Selection of civil aviation pilots. In K.-M. Goeters (Ed.), *Aviation Psychology: A science and a profession* (pp. 55–62). Ashgate, UK: Aldershot.

Hörmann, H.-J. & Maschke, P. (1996). On the relationship between personality and job performance of airline pilots. *International Journal of Aviation Psychology, 6*, 171–178.

JAR-FCL1. (2003). Bekanntmachung der Bestimmungen über die Lizenzierung von Piloten (Flugzeug) durch das Bundesministerium für Verkehr, Bau- und Wohnungswesen (JAR-FCL1 deutsch). *Bundesanzeiger, 80a.*

JAR-FCL3. (2003). Bekanntmachung der Bestimmungen über die Anforderungen an die Tauglichkeit des Luftfahrtpersonals durch das Bundesministerium für Verkehr, Bau- und Wohnungswesen (JAR-FCL3 deutsch). *Bundesanzeiger, 81a.*

Kebabjian, R. (2006). *Accident statistics in aviation.* Available: http://www.planecrashinfo.com/cause.htm [1. 2. 06].

Lüth, N. & Höft, S. (2005). Computergestützte Trainingstools für AC-Beobachter: Ein Vergleich zweier Techniken. In Arbeitskreis Assessment Center e. V. (Hrsg.), *Aus Konfusionen, Kontroversen und Konzepten wächst Kompetenz. Dokumentation zum 6. Deutschen Assessment-Center-Kongress* (S. 169–182). Lengerich: Pabst Science Publisher.

Manzey, D., Finell, G. & Albers, F. (2001). *Multiple Task Coordination Test (MTC): Ein neues Verfahren zur Erfassung von Mehrfacharbeitsleistungen im Rahmen psychologischer Auswahluntersuchungen bei Flugzeugführern* (Forschungsbericht 2001-05). Köln: Deutsches Zentrum für Luft- und Raumfahrt e. V. (DLR).

Maschke, P. (1986). *Temperament-Struktur-Skalen (TSS). Testmanual* (Forschungsbericht 86–58). Hamburg: Deutsche Forschungs- und Versuchsanstalt für Luft- und Raumfahrt, Institut für Flugmedizin, Abteilung für Luft- und Raumfahrtpsychologie.

Oubaid, V. (2005). Qualitätsmanagement nach ISO 9000 in der beruflichen Eignungsdiagnostik – Ein Beispiel vom DLR. In K. Sünderhauf, S. Stumpf & S. Höft (Hrsg.),

Assessment Center – von der Auftragsklärung bis zur Qualitätssicherung (S. 389–400). Lengerich: Pabst Science Publishers.

Pecena, Y. (2000). *Assessment-Center zur Auswahl von Flugzeugführern* (DLR-Forschungsbericht 2000–27). Köln: Deutsches Zentrum für Luft- und Raumfahrt e. V. (DLR).

Schuler, H. & Funke, U. (1993). Diagnose beruflicher Eignung und Leistung. In H. Schuler (Hrsg.), *Lehrbuch Organisationspsychologie* (S. 235–283). Bern: Huber.

Schuler, H. & Höft, S. (2004). Berufseignungsdiagnostik und Personalauswahl. In H. Schuler (Hrsg.), *Enzyklopädie der Psychologie. Organisationspsychologie 1 – Grundlagen und Personalpsychologie* (S. 439–532). Göttingen: Hogrefe.

Shore, T. H., Thornton, G. C. & Shore, L. M. (1990). Construct validity of two categories of assessment center dimension ratings. *Personnel Psychology, 43,* 101–116.

Steininger, K. (1960). *Erfahrungen bei der Auswahl und Ausbildung des fliegenden Personals der Deutschen Lufthansa AG* (Forschungsbericht Nr. 142 der Deutschen Versuchsanstalt für Luftfahrt e. V.). Mülheim (Ruhr): Zentrale für Wissenschaftliches Berichtswesen der Deutschen Versuchsanstalt für Luftfahrt e. V.

Steininger, K. (1969). *Methodologische Grundlagen und Verbesserungsmöglichkeiten diagnostischer Verfahren zur Eignungsauslese von fliegendem Personal* (Forschungsbericht Nr. 873 der Deutschen Versuchsanstalt für Luft- u. Raumfahrt e. V.). München: Zentralstelle für Luftfahrtdokumentation und -information.

Stelling, D. (1999). *Teamarbeit in Mensch-Maschine-Systemen.* Göttingen: Hogrefe.

Stelling, D. (Hrsg.). (2002). *Testtraining und Fähigkeitsdiagnostik* (DLR-Forschungsbericht 2002-04). Köln: Deutsches Zentrum für Luft- und Raumfahrt e. V. (DLR).

Stelling, D. (Hrsg.). (2004). *Jahresbericht 2003 des Arbeitsbereichs Cockpit* (IB-316-2004-02). Hamburg: Deutsches Zentrum für Luft- und Raumfahrt e. V. (DLR), Abteilung Luft- & Raumfahrtpsychologie.

Thornton, G. C. & Byham, W. C. (1982). *Assessment centers and managerial performance.* New York: Academic Press.

Wenninger-Muhr, J. (2005). DLR-LH: eine 50-jährige Erfolgsstory. *Flightcrewinfo, 2005-3,* 4–7.

Wernimont, P. & Campbell, J. P. (1968). Signs, samples, and criteria. *Journal of Applied Psychology, 52,* 372–376.

Zierke, O. (2005). Automatisierte Paralleltestkonstruktion für die Personalauswahl. *Zeitschrift für Personalpsychologie, 4,* 28–38.

17 Vorauswahlmethoden für Assessment Center: Referenzmodell und Anwendung

Patrick Mussel, Andreas Frintrup, Klaus Pfeiffer und Heinz Schuler

Assessment Center (AC) erfreuen sich sowohl unter Anwendern als auch unter Kandidaten großer Beliebtheit, insbesondere für die Auswahl von Trainees und Führungskräften (Schuler, Frier & Kaufmann, 1993). Während Kandidaten den hohen Bezug der Verfahren zu künftigen beruflichen Anforderungen, die Möglichkeit der Kontrolle und Einflussnahme sowie das sich in der Regel anschließende Feedback schätzen (Schuler, 1993), sind Anwender insbesondere von der Validität des Verfahrens überzeugt. Bemerkenswerterweise deckt sich diese Einschätzung nur teilweise mit aktuellen Befunden zur prädiktiven Validität des ACs (Hardison & Sackett, in diesem Band). Diese Befunde sowie der mit der Durchführung von ACs verbundene hohe Aufwand legen eine Ergänzung der Potenzialanalyse um weitere Verfahren zur Effizienzsteigerung des Prozesses nahe. Im Folgenden wird diskutiert, welche Verfahren diese Funktion in welcher Weise erfüllen können, und es werden Daten einer empirischen Studie vorgestellt, die die Funktion von Vorauswahlverfahren für ACs am Beispiel eines mehrstufigen Auswahlprozesses illustrieren.

17.1 Nutzen von Vorauswahlverfahren

Einen Personalauswahl- bzw. Potenzialanalyseprozess um Verfahren der Vorauswahl zu erweitern, kann auf zwei verschiedenen Ebenen Nutzen stiften: Zum einen im Sinne einer höheren Prozesseffizienz, zum anderen durch einen diagnostischen Gewinn der resultierenden Entscheidung. Auf diese beiden Aspekte soll im Folgenden kurz eingegangen werden.

Assessment Center zählen zu den beliebtesten Verfahren der Personalauswahl. Dies ist insofern bemerkenswert, als mit ihrer Entwicklung und Durchführung ein erheblicher Aufwand verbunden ist, der auch unter Verwendern das Verfahren in Bezug auf seine Praktikabilität auf die letzten Plätze fallen lässt (Schuler, Frier & Kauffmann, 1993). Während der Aufwand in der Entwicklung der AC-Aufgaben entsprechend des Simulationsansatzes (Schuler, 2006) durch die anforderungsspezifische Gestaltung der Aufgabeninhalte und Bewertungsskalen bedingt ist, liegt der hohe Aufwand in der Durchführung am multiplen Prinzip des ACs (Thornton, 1992): Mehrere Personen werden in mehreren Aufgaben durch mehrere Beobachter anhand mehrerer Dimensionen beurteilt. Daraus lässt sich ableiten, dass der Aufwand für die Durchführung eines ACs linear mit der Anzahl der Personen ansteigt, die diagnostiziert werden sollen. Gelingt es, bereits im Vorfeld der Durchführung Personen im Sinne einer Negativselektion zu identifizieren, die für die zu besetzende Stelle nicht in Frage kommen, so ließe sich die Basisrate der potenziell geeigneten Kandidaten erhöhen und dadurch im Gegenzug der Durchführungsaufwand verringern, da weniger Kandidaten zu einem vergleichsweise aufwendigeren AC eingeladen werden müssten, um eine Position zu besetzen. In diesem Zusammenhang sind auch die Möglichkeiten der internetbasierten Diagnostik zu erwähnen, durch die der Aufwand für die Administration von Vorauswahlverfahren auf ein Minimum reduziert wird, in der Regel kombiniert mit effizienten Bewerbermanagementlösungen (Frintrup, in Druck). Warmke (1987) weist darauf hin, dass eine Vorselektion darüber hinaus im Interesse der Bewerber ist, da auch diese einen hohen Ressourceneinsatz für die Teilnahme an ggf. mehrtägigen ACs erbringen müssen. Bei gleich bleibender Anzahl an Positiventscheidungen ist somit eine Vorauswahl auch aus ethischer Perspektive begrüßenswert, da weniger Personen nach entsprechendem Ressourceneinsatz eine Absage erteilt werden muss.

Der zweite Aspekt betrifft die prognostische Qualität der Entscheidung. Zwar haben sich ACs als wirksame und in ihrem Funktionsspektrum als unersetzbare Verfahren der Potenzialanalyse etabliert, doch rangieren sie bezüglich ihrer prädiktiven Validität lediglich im Mittelfeld der Rangliste eignungsdiagnostischer Methoden. In ihrer aktuellen Metaanalyse berichten Hardison und Sackett (in diesem Band) eine prädiktive Validität von $r = .22$ bzw. $\rho = .26$ über alle Kriterien hinweg – eine etwas nach unten korrigierte Schätzung gegenüber der letzten Übersicht von Thornton, Gaugler, Rosenthal und Benton (1987 und in diesem Band), die die prädiktive Validität des ACs mit $r = .29$ bzw. $\rho = .37$ angaben (was teilweise auch auf unterschiedliche Korrekturen, insbesondere die fehlenden Korrekturen für Streuungseinschränkungen bei Hardison et al., zurückzuführen ist: Korrigiert man die Studien aus Thornton et al. analog zu Hardison et al., so beläuft sich die prädiktive Validität auf $\rho = .34$). Dieses Ergebnis stellt zwar den Einsatz von ACs nicht grundsätzlich in Frage, betont aber die Notwendigkeit einer umfassenden Diagnostik im Sinne der Multimodalität (Schuler, 2006). Demnach lassen sich simulationsorientierte Verfahren sinnvoll durch solche Methoden ergänzen, die sich auf den biografischen Ansatz bzw. den Eigenschaftsansatz beziehen. Der Nutzen einer Vorauswahl im Sinne des diagnostischen Zuwachses lässt sich dabei an der inkrementellen Validität eines Verfahrens messen, das dieses über die prädiktive Validität von ACs hinaus besitzt.

17.2 Verfahren der Vorauswahl

In der Praxis durchgeführte ACs lassen sich kaum vergleichen. Bedingt durch Unterschiede in der Entwicklung (z. B. anforderungsanalytisch), im Umfang (wenige Stunden bis zu mehreren Tagen), in der Durchführung (Schulung und Qualifikation der Assessoren), in der psychometrischen Qualität (z. B. Standardisierung) und insbesondere der eingesetzten Verfahren lässt sich hier eine große Heterogenität beobachten. So ist es vielfach nicht unüblich (und diagnostisch alles andere als verwerflich), auch schriftliche Testverfahren in ein AC zu integrieren. Daher soll unter Vorauswahlverfahren im Folgenden kein bestimmter Verfahrenstypus verstanden werden. Vielmehr stehen all jene Verfahren im Blickpunkt des Interesses, aufgrund derer eine Negativselektion bezüglich der Einladung zum AC getroffen werden kann. Die folgende Auflistung der Verfahren für die Vorauswahl mag dabei illustrieren, wie unterschiedlich eine Vorauswahl ausse-

hen kann – abhängig von den konkreten Rahmenbedingungen und der Zielsetzung des gesamten Potenzialanalyseprozesses:
- Bewerbungsunterlagen,
- Referenzen,
- Formalqualifikation,
- akademische Leistungen,
- Berufserfahrung,
- Empfehlungen,
- Peer-Ratings,
- Self Assessments,
- Telefoninterviews,
- Intelligenztests,
- allgemeine Persönlichkeitstests (i. S. der Big Five),
- spezifische Persönlichkeitstest (z. B. zur Erfassung von Leistungsmotivation, Integrität, soziale Kompetenz, Locus of Control, Dominanz),
- biografische Fragebogen,
- Wissenstests,
- Interessentests und
- Leistungsbeurteilungen (nur für interne ACs).

Abbildung 1 zeigt ein Referenzmodell, das auf Basis primär metaanalytischer Daten den Nutzen bestimmter Verfahren für die Vorauswahl von AC-Teilnehmern zeigt (entsprechende Referenzen finden sich im Anhang). Wie oben bereits angedeutet, soll der Nutzen einer Vorauswahl im Sinne der Prozesseffizienz verstanden werden als Negativselektion aufgrund von Verfahren, die relativ geringe Kosten je durchgeführter Diagnose verursachen und dazu führen, dass bei mindestens gleich bleibender Qualität der Entscheidung weniger Personen zum AC eingeladen werden müssen. Die Vorhersage der Leistungen im AC lässt sich somit als Korrelation zwischen einem Vorauswahlverfahren und dem AC operationalisieren. Diese Konstruktzusammenhänge stellen dabei Korrelationen auf operativer Ebene dar, die entsprechend bezüglich Einschränkungen in der Reliabilität von Prädiktor oder Kriterium nicht korrigiert wurden (vgl. Schmidt & Hunter, 1998). Korrekturen für Streuungseinschränkungen waren aufgrund mangelnder Informationen nicht möglich und auch in den meisten Fällen nicht indiziert, da AC-Ratings und korrespondierende Maße oftmals ohne zwischenzeitliche Selektion erhoben wurden (z. B. Durchführung an einem Tag ohne zwischenzeitliche Selektion).

Der diagnostische Zuwachs ergibt sich aus der inkrementellen Validität der Vorauswahlverfahren über das AC hinaus. Die prädiktive Validität des ACs basiert dabei auf den Daten von Hardison und Sackett (in diesem Band), die eine mittlere prädiktive Validität von $\rho = .26$ berechnet haben, korrigiert für Unreliabilität im Kriterium (durchschnittlich .52). Die prädiktive Validität der Vorauswahlverfahren basiert auf den im Anhang genannten Referenzen, die für Unreliabilität im Kriterium sowie ggf. Streuungseinschränkungen korrigiert wurden.

Im unteren linken Bereich der Grafik befinden sich Verfahren, die sowohl bezüglich des diagnostischen Zuwaches als auch bezüglich der Prozesseffizienz einen geringen Nutzen stiften – allen voran sind hier graphologische Gutachten zu nennen. Verfahren

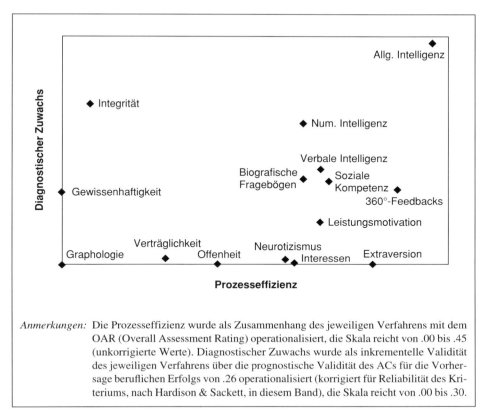

Abbildung 1: Referenzmodell, das auf Basis primär metaanalytischer Daten den Nutzen bestimmter Verfahren für die Vorauswahl von AC-Teilnehmern zeigt

zur Erfassung von Gewissenhaftigkeit und Integrität erhöhen den diagnostischen Zuwachs, wenn sie gemeinsam mit einem AC eingesetzt werden, da diese Verfahren inkrementelle Validität über das AC zeigen. Hingegen weisen Verfahren zur Erfassung von Neurotizismus, unternehmerischen Interessen und insbesondere Extraversion zwar keinen diagnostischen Zuwachs auf, können jedoch einen Nutzen bezüglich der Prozesseffizienz stiften. Durch diese Verfahren kann das Abschneiden im AC vorhergesagt werden, wodurch die Basisrate geeigneter Kandidaten erhöht wird und somit weniger Kandidaten zum AC eingeladen werden müssen.

Besonders interessant sind nun Verfahren, die beide Funktionen erfüllen. Diese in der Mitte der Grafik dargestellten Verfahren erfassen beispielsweise Leistungsmotivation oder soziale Kompetenz. Etwas problematisch ist möglicherweise die Einordnung von 360°-Feedbacks, zum einen, da die entsprechenden Werte nur auf Primärstudien und nicht auf metaanalytischen Ergebnissen beruhen, zum anderen, da solche Beurteilungen in den meisten Fällen auch als Kriterium für die prädiktive Validität des ACs herangezogen werden, jedoch nicht gleichzeitig Prädiktor und Kriterium sein können. Daher liegen hier Ergebnisse zugrunde, bei denen AC-Leistungen aufgrund zuvor erhobener 360°-

Feedbacks vorhergesagt wurden, und deren prädiktive Validität sich auf die Vorhersage von Beförderungen bezieht.

Den höchsten Nutzen in Bezug auf die beiden Aspekte Prozesseffizienz und diagnostischer Zuwachs stiftet jedoch das Merkmal allgemeine Intelligenz. Dies deckt sich mit metaanalytischen Befunden zur überragenden Bedeutung der allgemeinen Intelligenz für die Prognose von Berufs- und Traingserfolg (vgl. Schmidt & Hunter, 2004). Interessanterweise sind auch spezifische kognitive Fähigkeiten, die sich auf verbale oder numerische Intelligenz beziehen, gut geeignet, wobei Erstere erwartungsgemäß stärker zur Prozessoptimierung beitragen.

In der diagnostischen Praxis müssen die konkreten Ziele und Rahmenbedingungen entscheiden, welchen Stellenwert Aspekte der Optimierung der Entscheidungsqualität oder der Prozesseffizienz haben. Die folgende Studie schildert exemplarisch einen Anwendungsfall, bei dem beide Aspekte für die Vorauswahl gleichermaßen von Bedeutung waren. Nach einer kurzen Beschreibung der Rahmenbedingungen werden Ergebnisse berichtet, die eine Bewertung des Nutzens von Vorauswahlverfahren entsprechend dem zuvor entwickelten Referenzmodell erlauben.

17.3 Projektbeschreibung und Prozess

Die Daten der vorliegenden Studie wurden im Rahmen der Rekrutierung der Mitarbeiter für ein neues Werk der Volkswagen AG erhoben (vgl. Schuler & Brandenburg, 2003, für eine Projektvorstellung). Als Projektgesellschaft fertigt die Auto5000 GmbH, eine 100%ige Tochter der Volkswagen AG, seit 2003 in Wolfsburg mit ca. 3.750 Mitarbeitern den VW Touran, ein Multi Purpose Vehicle auf Golfplattform. Öffentliche Aufmerksamkeit erreichte das Projekt unter dem Projekttitel „5.000 · 5.000", da zum Zeitpunkt der Projektplanung die Absicht bestand, insgesamt 5.000 neue Mitarbeiter in primär gewerblich-technischen Berufen zu einer einheitlichen Vergütung von seinerzeit DM 5.000,– einzustellen. Die diagnostische Besonderheit des Projekts bestand einerseits in dem Einsatz von Personalauswahlmethoden, die üblicherweise nicht im Bereich gewerblicher Rekrutierung eingesetzt werden, und andererseits in den Voraussetzungen, die an die Bewerber gestellt wurden: Während auf eine Formalqualifikation (i. S. einer fachspezifischen Ausbildung z. B. als Kfz-Mechaniker, Mechatroniker o. Ä.) als Bewerbungsvoraussetzung gänzlich verzichtet wurde, mussten die Bewerber zum Zeitpunkt der Bewerbung entweder arbeitslos oder von Arbeitslosigkeit bedroht sein, um im Bewerbungsprozess Berücksichtigung zu finden. Die hinter dieser Strategie stehende Bemühung zur Reduzierung der Arbeitslosigkeit in der Arbeitsmarktregion Wolfsburg stellte besondere Herausforderungen an die Auswahl und auch Entwicklung der zukünftigen Mitarbeiter, da aus einer sehr heterogenen Gruppe an Bewerbern jene „Talente" identifiziert werden mussten, die das Potenzial für die späteren beruflichen Anforderungen und umfangreiche Qualifizierungsmaßnahmen mitbrachten.

Neben einer qualitativ hochwertigen Personalauswahl erforderte die hohe Anzahl der zu besetzenden Stellen sowie insbesondere das große Bewerberinteresse an den neu zu schaffenden Arbeitsplätzen auch einen effizienten, ressourcenschonenden Prozess. In Zusammenarbeit mit der S & F Personalpsychologie Managementberatung GmbH wurde dabei ein dreistufiger Auswahlprozess realisiert. Die Bewerbung erfolgte ausschließlich online über das Internetportal der Auto5000 GmbH. Im Zeitraum zwischen Februar 2002 und Mai 2003 wurden auf diesem Wege ca. 48.000 Bewerbungen registriert (vgl. Abb. 2). Nach der Registrierung bearbeiteten die Bewerber neben einem Personalfragebogen Kurzversionen von Testverfahren zur Erfassung von Intelligenz, technisch-mechanischem Verständnis und Gewissenhaftigkeit. Basierend auf diesen Informationen wurde eine erste Vorauswahl im Sinne einer Negativ-Selektion getroffen. Die bestgeeigneten Kandidaten wurden für die Bearbeitung einer umfangreicheren Testbatterie in geschützter Umgebung in Testzentren eingeladen, die in einer Anfangsphase auf Papier (N = 2.909) durchgeführt und später durch eine internetbasierte Umsetzung (N = 20.745) abgelöst wurde. Die Testteilnahme in den Testzentren setzte eine Identifikation der Teilnehmer durch Ausweispapiere voraus. Neben den oben genannten Merkmalen wurden dabei Integrität, Leistungsmotivation, soziale Kompetenz sowie das Interesse für gewerbliche Tätigkeiten der Kandidaten erfasst[1]. Die zweistufige Darbietung der Testverfahren über eine Vorauswahlstufe und eine Diagnose in geschützter Umgebung sollte sicherstellen, dass mit Techniken kritischer Distanzprofile Faking-Versuche in der unkontrollierten Testsituation des Internets durch eine zweite Testdarbietung identifiziert werden können (vgl. Frintrup, in Druck).

Nach einer weiteren Selektion wurden die bestgeeigneten Kandidaten zu einem AC eingeladen (N = 13.365), welches aus einem Multimodalen Interview MMI[2], einer Gruppendiskussion sowie einem Logistiktest (berufsspezifischer Intelligenztest zur Messung

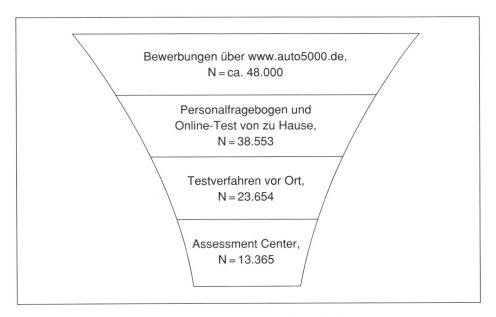

Abbildung 2: Kaskadischer Auswahlprozess der Auto5000 GmbH

---

1 Nähere Informationen zu den proprietären Verfahren sind auf Anfrage vom zweiten Autor erhältlich.
2 Das Multimodale Interview MMI® ist international marken- sowie urheberrechtlich geschützt. Rechtsinhaberin ist S & F Personalpsychologie Managementberatung GmbH.

von Verarbeitungskapazität im Format einer Zeit-Weg-Arbeitsplanung) bestand. Bewerber für die Bereiche „Shopfloor" und „Instandhaltung" (beide Jobgruppen bestehen inhaltlich aus Aufgabeninhalten mit direktem wertschöpfenden Bezug in Karosseriebau, Lackiererei und Montage) bearbeiteten darüber hinaus eine High-Fidelity-Arbeitsprobe, die aus vier an einer echten Karosse auszuführenden Arbeitsschritten bestand (z. B. Teilemontage nach Plan und Stücklisten unter Einsatz branchenüblicher Werkzeuge). Bewerber aus dem Bereich „Betriebsingenieure" (untere Führungsebene, vom Funktionsumfang vergleichbar mit dem klassischen Meister in der industriellen Fertigung) durchliefen alternativ ein Führungsrollenspiel, das ein typisches Mitarbeitergespräch simulierte. Personen, die diese Selektionsstufe erfolgreich absolvierten, wurden zu einer arbeitsmedizinischen Untersuchung einschließlich Drogenscreening eingeladen und erhielten ggf. ein Arbeitsangebot, das zunächst mit einer halbjährigen Qualifizierungsphase begann.

17.4 Stichprobe

Das AC wurde insgesamt von 11.698 Personen aus dem Bereich Shopfloor durchlaufen, von 1.201 Personen aus dem Bereich Instandhalter sowie 466 Personen aus dem Bereich Betriebsingenieure.

Die Kandidaten im Bereich Shopfloor waren durchschnittlich 31 Jahre alt (SD = 7.78, das Alter war für N = 10.881 bekannt), 13,1 % waren weiblich (basierend auf N = 10.601). Der größte Teil der Stichprobe hatte Realschulabschluss (64,1 %), 27,7 % wiesen einen Hauptschulabschluss, 8,2 % Abitur auf (basierend auf N = 2.810). Für die Position Instandhalter waren die Bewerber im Mittel 30 Jahre alt (SD = 7.05, basierend auf N = 1.131), 0,9 % waren weiblich (N = 1.086). Auch hier wies die Mehrheit der Personen einen Realschulabschluss auf (81,5 %), 14 % hatten einen Hauptschulabschluss, 4,4 % Abitur (der höchste Schulabschluss war für 157 Personen bekannt). Im Bereich Betriebsingenieur waren die Kandidaten zum Zeitpunkt der Diagnose im Schnitt 38 Jahre alt (SD = 6.02), 3,7 % waren weiblich (N = 196). Informationen bezüglich der Schulbildung lagen nur für sieben Personen vor, so dass hier keine Aussagen gemacht werden konnten.

Tabelle 1 sind die Ergebnisse der varianzanalytischen Auswertungen zum Einfluss der demografischen Variablen auf den Gesamtwert des ACs zu entnehmen. Dabei fanden sich für keine der drei Gruppen bedeutsame Unterschiede zwischen Personen mit unterschiedlichem Schulabschluss. Auch Personen mit und ohne Weiterbildung sowie mit oder ohne Abitur schnitten im AC gleich gut ab. In der Gruppe Shopfloor fanden sich etwas höhere Werte für Männer (.035, N = 9.310) als für Frauen (–.263, N = 1.433), der Unterschied beträgt ca. eine halbe Standardabweichung bzw. 1 % aufgeklärte Varianz. In keiner der drei Gruppen konnten Unterschiede für Personen unterschiedlicher Staatsangehörigkeit beobachtet werden. In Bezug auf diese Merkmale ist daher nicht von einer Benachteiligung bestimmter Personengruppen auszugehen.

Im Bereich Shopfloor fanden sich für Personen mit nicht technischer Ausbildung tendenziell geringere Werte ($z = -.170$, N = 67) im AC als für Personen mit technischer Ausbildung ($z = .093$, N = 219), wobei nur 0.9 % an Varianz aufgeklärt werden können.

Bezüglich des Wohnortes haben Personen aus den neuen Bundesländern in der Gruppe der Betriebsingenieure etwas geringere Werte ($z = .008$, N = 100) als Personen aus den neuen Bundesländern ($z = .238$, N = 144, 1 % aufgeklärte Varianz). Für Fachtalente zeigt

Tabelle 1: Varianzanalytische Auswertungen zwischen dem Gesamtwert des ACs und den demografischen Variablen.

	Betriebsingenieur	Instandhalter	Shopfloor
Geschlecht	$N=298$, $F_{1,296}=0.29$, $p=.593$, $\omega^2=.000$	$N=1.086$, $F_{1,1084}=0.86$, $p=.354$, $\omega^2=.000$	$N=10.743$, $F_{1,10741}=112$, $p=.000$, $\omega^2=.010$
Schulabschluss	$N=73$, $F_{1,71}=0.33$, $p=.567$, $\omega^2=.000$	$N=150$, $F_{1,148}=0.78$, $p=.379$, $\omega^2=.000$	$N=2.925$, $F_{2,2922}=2.12$, $p=.120$, $\omega^2=.001$
Ausbildung	$N=183$, $F_{3,179}=0.62$, $p=.602$, $\omega^2=.000$	$N=812$, $F_{3,808}=0.90$, $p=.439$, $\omega^2=.000$	$N=286$, $F_{1,284}=3.73$, $p=.054$, $\omega^2=.009$
Ausbildungsgang		$N=812$, $F_{9,802}=1.86$, $p=.054$, $\omega^2=.009$	$N=268$, $F_{4,263}=2.65$, $p=.034$, $\omega^2=.024$
Weiterbildung	$N=188$, $F_{2,185}=0.72$, $p=.487$, $\omega^2=.000$	$N=820$, $F_{2,817}=1.85$, $p=.157$, $\omega^2=.002$	$N=293$, $F_{1,291}=0.23$, $p=.634$, $\omega^2=.000$
Studium	$N=188$, $F_{1,186}=0.06$, $p=.806$, $\omega^2=.000$	$N=820$, $F_{1,818}=0.39$, $p=.530$, $\omega^2=.000$	
Ost-West	$N=244$, $F_{1,242}=3.42$, $p=.066$, $\omega^2=.010$	$N=915$, $F_{1,913}=4.27$, $p=.039$, $\omega^2=.004$	$N=2.391$, $F_{1,2389}=0.52$, $p=.473$, $\omega^2=.000$
Bundesland	$N=217$, $F_{1,215}=3.59$, $p=.060$, $\omega^2=.012$	$N=897$, $F_{5,891}=1.26$, $p=.279$, $\omega^2=.001$	$N=2.385$, $F_{10,2374}=0.62$, $p=.796$, $\omega^2=.000$
Staatsangehörigkeit		$N=567$, $F_{1,565}=0.45$, $p=.505$, $\omega^2=.000$	$N=247$, $F_{1,245}=0.21$, $p=.647$, $\omega^2=.000$
Arbeitslos	$N=188$, $F_{1,186}=0.51$, $p=.476$, $\omega^2=.000$	$N=820$, $F_{1,818}=0.02$, $p=.881$, $\omega^2=.000$	
Dauer der Arbeitslosigkeit	$N=188$, $F_{7,180}=1.25$, $p=.280$, $\omega^2=.009$	$N=820$, $F_{7,812}=2.59$, $p=.012$, $\omega^2=.013$	$N=294$, $F_{7,286}=1.50$, $p=.166$, $\omega^2=.012$

Anmerkung: Jede Zelle der Tabelle entspricht einer Varianzanalyse; ω^2: Effektstärkenmaß für den Anteil aufgeklärter Varianz.

sich eine ähnliche Tendenz (West: $z=.055$, $N=530$; Ost: $z=-.080$, $N=385$) bei 0,4 % aufgeklärter Varianz. Dieser Effekt spiegelt sich in der Gruppe der Betriebsingenieure noch einmal für das Bundesland wider – Personen aus Sachsen-Anhalt ($z=.010$, $N=80$) haben geringere Werte als Personen aus Niedersachsen ($z=.252$, $N=137$) – für andere Bundesländer lagen nicht genügend Fälle für Vergleichszwecke vor. Abschließend konnte noch in allen drei Gruppen ein bedeutsamer Einfluss der Dauer der Arbeitslosigkeit beobachtet werden: Je länger die Arbeitslosigkeit andauerte, desto schlechter schnitten die betreffenden Personen auch im AC ab (ca. 1 % aufgeklärte Varianz in allen Gruppen). Dieser Effekt spiegelt möglicherweise negative Folgen der Arbeitslosigkeit wider.

17.5 Ergebnisse

Im Folgenden wird über die Konstruktzusammenhänge der AC-Verfahren sowie die Zusammenhänge der Vorauswahlverfahren mit den Verfahren des ACs berichtet. Die Ergebnisse wurden dabei über die drei Gruppen metaanalytisch aggregiert, wobei angesichts der großen Unterschiede in der Stichprobengröße kein stichprobengewichtetes Mittel berechnet wurde. Vielmehr wurden die Werte aus dem Bereich Shopfloor dreifach, aus dem Bereich Instandhalter zweifach sowie aus dem Bereich Betriebsingenieure einfach gewichtet. Dieses Vorgehen wurde in Anlehnung an Huffcutt, Roth und McDaniel (1996) gewählt, da „such a weighting scheme retained the general notion that large samples are more credible than smallers, but it also ensured that no one study contributes any more than three times any other study to the results" (S. 465). Neben unkorrigierten Korrelationen finden sich die korrigierten Werte in Klammern. Im Falle der Zusammenhänge mit den Vorauswahlverfahren wurden diese entsprechend der empirisch ermittelten Streuungseinschränkung (über 39 Merkmale im Schnitt u = .914, SD = .084, wobei in 13 % der Fälle eine Streuungserweiterung beobachtet wurde) sowie der Reliabilität des Kriteriums (.735 für ACs nach Scholz & Schuler, 1993) korrigiert. Die Konstruktzusammenhänge sind durch zuletzt genannte Werte in Prädiktor und Kriterium korrigiert.

Tabelle 2: Konstruktzusammenhänge der AC-Verfahren

	MMI	GD	AP	RS	Log
MMI	.901				
GD	.352 (.479)	.922			
AP	.113 (.153)	.049 (.066)	.879		
RS	.357 (.486)	.303 (.412)		.877	
Log	.005 (.007)	.023 (.032)	−.005 (−.007)	−.004 (−.006)	

Anmerkungen: MMI: Multimodales Interview (N = 13.118); GD: Gruppendiskussion (N = 13.102); AP: Arbeitsprobe (N = 10.096); RS: Rollenspiel (N = 254); Log: Logistiktest (N = 10.616).

In der Diagonalen von Tabelle 2 finden sich die internen Konsistenzen der Verfahren (mit Ausnahme des Logistiktests, für den nur ein Gesamtwert vorliegt). Alle Koeffizienten liegen über .87, was für hohe Homogenität der einzelnen Aufgaben spricht. Für die Gruppendiskussion (hohe Standardisierung in Bezug auf Teilnehmerinstruktion, Verhaltensbeobachtungsskalen und algebraische Aggregation der Einzelbeobachtungen), bei der jeder Kandidat durch zwei aufgabenspezifisch geschulte Assessoren beobachtet wurde, fanden sich darüber hinaus Interrater-Reliabilitäten von .686. Bezüglich der Konstruktzusammenhänge zeigten sich erwartungsgemäß hohe Korrelationen zwischen dem MMI, der Gruppendiskussion und dem Rollenspiel (zwischen .303 und .357, unkorrigiert, bzw. .412 und .486, korrigiert). Hingegen ist die Arbeitsprobe nur gering mit diesen Aufgaben korreliert, der Logistiktest unkorreliert. Da die Kandidaten entweder die Arbeitsprobe oder das Rollenspiel bearbeiteten, kann zwischen diesen beiden Verfahrenstypen kein Zusammenhang berichtet werden.

Tabelle 3: Zusammenhänge des Prescreenings mit den Vor-Ort-Tests

	Intell_B	Techn.-m. V.	Gewissenh.	Gesamt Pre
Intell_B	.292 (.338)	.039 (.044)	−.010 (−.012)	.182 (.224)
Techn.-m.-V.	.037 (.043)	.560 (.635)	−.070 (−.085)	.318 (.392)
Gewissenh.	.042 (.048)	−.049 (−.059)	.524 (.666)	.295 (.384)
Gesamt vO	.153 (.177)	.421 (.478)	.122 (.148)	.412 (.502)
N	10.410–10.450	10.505–10.545	10.403–10.443	10.505–10.545

Anmerkungen: In den Spalten sind die Ergebnisse der Kurzversionen des Prescreenings abgetragen, in den Zeilen die Ergebnisse der Langversionen. Intell_B: Kurztest/Skala zur Erfassung von Bearbeitungsgeschwindigkeit; Techn.-m. V.: Verfahren zur Erfassung technisch-mechanischen Verständnisses; Gewissenh.: Gewissenhaftigkeitstest; Gesamt Pre: Gesamtwert Prescreening; Gesamt vO: Gesamtwert vor Ort.

In Tabelle 3 finden sich die Zusammenhänge zwischen dem Prescreening und den Verfahren vor Ort. Dabei zeigt sich, dass das Abschneiden in den Vor-Ort-Tests bereits sehr gut durch den Gesamtwert des Prescreenings vorhergesagt werden kann (.412 unkorrigiert, .502 korrigiert). Dies ist in zweierlei Hinsicht bemerkenswert: Zum einen, da die Bearbeitung des Prescreenings in ungeschützter Umgebung stattfand, wodurch Einflüsse wie Tageszeit, Lärm, Hard- und Softwareausstattung und insbesondere die Nutzeridentifikation unkontrolliert blieben. Zum anderen, da sich die beiden Testbatterien aus unterschiedlichen Verfahren (z. B. Integrität, Leistungsmotivation) und Verfahrensversionen (Kurz- vs. Langversion) zusammensetzten. Betrachtet man die Zusammenhänge auf Ebene der Einzelverfahren, so finden sich für technisch-mechanisches Verständnis und Gewissenhaftigkeit ebenfalls hohe, für die Dimension Bearbeitungsgeschwindigkeit etwas niedrigere Zusammenhänge (wobei auch hier zu berücksichtigen ist, dass Prescreening und Vor-Ort-Test aus unterschiedlichen Testversionen bestanden).

In Tabelle 4 sind die Zusammenhänge zwischen dem Prescreening, das die Bewerber von zu Hause aus bearbeitet haben, und dem AC abgebildet. Der Gesamtwert des Prescreenings korreliert dabei positiv, wenngleich schwach mit dem Gesamtwert des ACs (OAR, .099 unkorrigiert, .117 korrigiert). Die geringen Zusammenhänge mit Intelligenz lassen sich durch die spezifische Version des Testverfahrens im Pretest erklären, da nur Aufgaben zur Bearbeitungsgeschwindigkeit eingesetzt wurden (um einer Abnutzung des Verfahrens entgegen zu wirken, siehe oben). Entsprechend wurden für diese Operation der Intelligenz keine Zusammenhänge mit der Leistung im AC erwartet (Jäger, 1967). Der stärkste Zusammenhang zwischen den einzelnen Verfahren kann für den Test zur Erfassung technisch-mechanischen Verständnisses und die Arbeitsprobe beobachtet werden (.108 unkorrigiert, .126 korrigiert).

Tabelle 4: Zusammenhänge des Prescreenings mit dem AC

	MMI	GD	AP	RS	Log	OAR
Intell_B	–.024 (–.025)	–.003 (–.000)	.001 (.006)	.060 (.069)	–.010 (–.014)	–.022 (–.021)
Techn.-m. V.	.037 (.043)	.051 (.059)	.108 (.126)	–.008 (–.009)	–.012 (–.014)	.099 (.115)
Gewissenh.	.043 (.055)	.007 (.008)	.068 (.086)	–.033 (–.036)	–.024 (–.031)	.050 (.063)
Gesamt Pre	.056 (.067)	.051 (.060)	.108 (.118)	.043 (.046)	–.012 (–.016)	.099 (.117)
N	10.637–10.963	10.647–10.975	9.543–9.848	110–114	8.821–9.108	10.781–11.113

Anmerkungen: MMI: Multimodales Interview; GD: Gruppendiskussion; AP: Arbeitsprobe; RS: Rollenspiel; Log: Logistiktest; OAR: Gesamtwert des ACs; Intell_B: Kurztest zur Erfassung von Bearbeitungsgeschwindigkeit; Techn.-m V.: Verfahren zur Erfassung technisch-mechanischen Verständnisses; Gewissenh.: Gewissenhaftigkeitstest; Gesamt Pre: Gesamtwert Prescreening.

Tabelle 5: Zusammenhänge der Vor-Ort-Tests mit dem AC

	MMI	GD	AP	RS	Log	OAR
Intelligenz	.104 (.143)	.144 (.198)	.083 (.114)	.094 (.132)	.144 (.195)	.191 (.263)
techn.-m. V.	.027 (.034)	.045 (.060)	.260 (.330)	.005 (.007)	.045 (.060)	.163 (.208)
Integrität	.057 (.081)	.028 (.040)	–.028 (–.043)	.014 (.018)	–.029 (–.039)	.024 (.031)
Leistungsm.	.110 (.144)	.100 (.131)	–.044 (–.058)	.042 (.054)	–.031 (–.041)	.096 (.126)
Soziale Kompetenz	.195 (.238)	.247 (.300)	–.079 (–.097)	.163 (.198)	–.028 (–.034)	.175 (.213)
Gewissenh.	.057 (.077)	.053 (.069)	–.047 (–.061)	.020 (.024)	–.019 (–.025)	.053 (.071)
Interessen	–.099 (–.122)	–.159 (–.195)	.063 (.079)	–.070 (–.085)	–.042 (–.052)	–.092 (–.114)
Gesamt vO	.130 (.197)	.163 (.246)	.175 (.261)	.085 (.135)	.095 (.141)	.246 (.366)
N	10.772–11.811	10.782–11.821	9.634–9.862	178–271	9.253–10.279	10.877–11.916

Anmerkungen: MMI: Multimodales Interview; GD: Gruppendiskussion; AP: Arbeitsprobe; RS: Rollenspiel; Log: Logistiktest; OAR: Gesamtwert des ACs; Intelligenz: Verfahren zur Erfassung von allgemeiner Intelligenz; Techn.-m. V.: Verfahren zur Erfassung von technisch-mechanischem Verständnis; Leistungsm.: Leistungsmotivationstest; Gewissenh.: Gewissenhaftigkeitstest. Gesamt vO: Gesamtwert Vor-Ort-Tests.

Deutlichere Zusammenhänge zum AC lassen sich für die in geschützter Umgebung dargebotenen Langversionen der Testverfahren nachweisen (vgl. Tab. 5). Der Gesamtwert der vor Ort eingesetzten Testbatterie korreliert dabei zu .246 (.366 korrigiert) mit dem OAR. Bezüglich der Einzelverfahren finden sich erwartungsgemäß hohe Zusammenhänge zu allgemeiner Intelligenz. Unter den Persönlichkeitstests zeigt interessanterweise das Verfahren zur Erfassung sozialer Kompetenz die deutlichsten Zusammenhänge zum OAR. Betrachtet man diese Korrelationen getrennt für die fünf Verfahren des ACs, so zeigen sich nur Zusammenhänge zu den drei interaktiven Verfahren MMI, Gruppendiskussion und Rollenspiel, wohingegen der Logistiktest und die Arbeitsprobe erwartungsgemäß unkorreliert sind. Ebenfalls bedeutsame Zusammenhänge zum OAR finden sich für das Testverfahren zur Erfassung technisch-mechanischen Verständnisses, wobei, wie bereits für das Prescreening, dies nur auf den Zusammenhang zur Arbeitsprobe zurückzuführen ist. Während Leistungsmotivation noch schwach mit dem OAR korreliert ist, finden sich keine Zusammenhänge zu Integrität, Gewissenhaftigkeit oder Interessen für gewerbliche Tätigkeiten.

17.6 Diskussion

Die Rahmenbedingungen der beschriebenen Studie stellten besondere Anforderungen an den Prozess der Personalauswahl. Aufgrund der großen Anzahl zu besetzender Stellen sowie des mit ca. 48.000 Bewerbungen sehr großen Interesses der Bewerber musste ein schlanker und effizienter Prozess implementiert werden, der den Aufwand für die Bewerberadministration und Verfahrensdurchführung in gewissen Grenzen hielt. Dies sollte jedoch nicht zulasten der diagnostische Qualität des Auswahlprozesses gehen, insbesondere da sich für das Projekt nur Arbeitslose oder von Arbeitslosigkeit bedrohte Menschen bewerben konnten, die keine automobilspezifische Ausbildung nachweisen mussten. Entsprechend diesen Maßgaben wurde ein mehrstufiger internetbasierter Prozess definiert, im Rahmen dessen mit unterschiedlichen Methoden unterschiedliche anforderungsrelevante Merkmale erfasst wurden.

Die Ergebnisse legen nahe, dass die eingesetzten Vorauswahlverfahren einen Beitrag im Sinne der Prozesseffizienz geleistet haben. Entsprechend dem Referenzmodell in Abbildung 1 fanden sich hohe Zusammenhänge von Intelligenz und sozialer Kompetenz mit dem OAR. Dadurch war es möglich, bereits zu einem frühen Zeitpunkt im Prozess eine Negativselektion durchzuführen und entsprechend weniger Personen zum AC einzuladen. Interessanterweise zeigte sich auch ein Testverfahren zur Erfassung technisch-mechanischen Verständnisses als guter Prädiktor des OAR, was erwartungsgemäß insbesondere auf die gewerbliche Arbeitsprobe des ACs als zentrales Auswahlelement zurückzuführen war.

Darüber hinaus wurden auch Verfahren zur Vorauswahl eingesetzt, die nur geringe Zusammenhänge zum OAR aufwiesen, wie Gewissenhaftigkeit und Integrität. Von eben jenen Merkmalen steht jedoch zu erwarten, dass sie – neben allgemeiner Intelligenz – einen hohen diagnostischen Zuwachs in der Prognose späterer beruflicher Leistung erbringen. Diese Hypothese konnte zum Zeitpunkt dieser Studie empirisch nicht geprüft werden, da ein entsprechendes Leistungskriterium nicht zur Verfügung stand.

Zusammenfassend lässt sich feststellen, dass Vorauswahlverfahren einen doppelten Nutzen für das AC aufweisen: Erhöhung von Prozesseffizienz und Erweiterung der auswahlrelevanten diagnostischen Information.

Literatur

Atkins, P. W. B. & Wood, R. E. (2002). Self- versus others' ratings as predictors of assessment center ratings: Validation evidence for 360-degree feedback programs. *Personnel Psychology, 55,* 871–904.

Barrick, M. R., Mount, M. K. & Judge, T. A. (2001). Personality and performance at the beginning of the new millenium: What do we know and where do we go next? *International Journal of Selection and Assessment, 9,* 9–30.

Carless, S. A. & Allwood, V. E. (1997). Managerial assessment centres: What is being rated? *Australian Psychologist, 32,* 101–105.

Chan, D. (1996). Criterion and construct validation of an assessment centre. *Journal of Occupational and Organisational Psychology, 69,* 167–181.

Collins, J. M., Schmidt, F. L., Sanchez-Ku, M., Thomas, L., McDaniel, M. A. & Le, H. (2003). Can basic individual differences shed light on the construct meaning of assessment center evaluations? *International Journal of Selection and Assessment, 11,* 17–29.

Drakeley, R. J., Herriot, P. & Jones, A. (1988). Biographical data, training success and turnover. *Journal of Occupational Psychology, 61,* 145–152.

Frintrup, A. (in Druck). Internetgestützte Personalauswahl. In H. Schuler & K. Sonntag (Hrsg.), *Handbuch der Arbeits- und Organisationspsychologie*. Göttingen: Hogrefe.

Funke, U. & Schuler, H. (2001). FSK. Fragebogen zur sozialen Kompetenz. In W. Sarges & H. Wottawa, *Handbuch Wirtschaftspsychologie Testverfahren* (S. 255–261). Lengerich: Pabst Science Publishers.

Huffcutt, A. I., Roth, P. L. & McDaniel, M. A. (1996). A meta-analytic investigation of cognitive ability in employment interview evaluations: Moderating characteristics and implications for incremental validity. *Journal of Applied Psychology, 81,* 459–474.

Hunter, J. E. & Hunter, R. F. (1984). Validity and utility of alternative predictors of job performance. *Psychological Bulletin, 96,* 72–98.

Jäger, A. O. (1967). *Dimensions of intelligence*. Oxford, UK: Hogrefe.

Ones, D. S., Viswesvaran, C. & Schmidt, F. L. (1993). Comprehensive meta-analysis of integrity test validities: Findings and implications for personnel selection and theories of job performance. *Journal of Applied Psychology, 78,* 679–703.

Pearlman, K., Schmidt, F. L. & Hunter, J. E. (1980). Validity generalization results for tests used to predict job proficiency and training success in clerical occupations. *Journal of Applied Psychology, 65,* 373–406.

Rothstein, H. R., Schmidt, F. L., Erwin, F. W., Owens, W. A. & Sparks, C. P. (1990). Biographical data in employment selection: Can validities be made generalizable? *Journal of Applied Psychology, 75,* 175–184.

Schmidt, F. L. & Hunter, J. E. (1998). The validity and utility of selection methods in personnel psychology: Practical and theoretical implications of 85 years of research findings. *Psychological Bulletin, 124,* 262–274.

Schmidt, F. L. & Hunter, J. E. (2004). General mental ability in the world of work: Occupational attainment and job performance. *Journal of Personality and Social Psychology, 86,* 162–173.

Scholz, G. & Schuler, H. (1993). Das nomologische Netzwerk des Assessment Centers: Eine Metaanalyse. *Zeitschrift für Arbeits- und Organisationspsychologie, 37,* 73–85.

Schuler, H. (1993). Social validity of selection situations: A concept and some empirical results. In H. Schuler, J. L. Farr & M. Smith (Eds.), *Personnel selection and assessment: Individual and organizational perspectives* (pp. 11–26). Hillsdale, NJ: Lawrence Erlbaum.

Schuler, H. (Hrsg.). (2006). *Lehrbuch der Personalpsychologie* (2. Aufl.). Göttingen: Hogrefe.

Schuler, H. & Brandenburg, T. (2003). Personalauswahl für 48.000 Bewerber. *PERSONALmagazin, 9,* 74–77.

Schuler, H., Frier, D. & Kauffmann, M. (1993). *Personalauswahl im europäischen Vergleich.* Göttingen: Hogrefe.

Thornton, G. C. III (1992). *Assessment center in human ressource management.* Reading, MA: Addison-Wesley.

Thornton, G. C. III, Gaugler, B. B., Rosenthal, D. & Bentson, C. (1987). Die prädiktive Validität des Assessment Centers – eine Metaanalyse. In H. Schuler & W. Stehle (Hrsg.), *Assessment Center als Methode der Personalentwicklung* (S. 36–60). Göttingen: Hogrefe.

Van der Berg, P. T. & Feij, J. A. (2003). Complex relationships among personality traits, job characteristics, and work behaviors. *International Journal of Selection and Assessment, 11,* 326–339.

Warmke, D. L. (1987). Preselection for assessment centres: Some choices and issues to consider. *Journal of Management Development, 4,* 28–39.

Anhang: Konstrukt- und prädiktive Validität des ACs und der Vorauswahlverfahren

	Konstruktvalidität			Prädiktive Validität				Multiple Regression			
	N	k	r	N	k	r	ρ	β_{AC}	β_2	MR	Inkr
AC[a]				11.136	40	.22	.26				
Allgemeine Intelligenz[b]	5.419	34	.43				.55	.029	.538	.551	.291
Verbale Intelligenz[c]	12.957	22	.30	17.539	194	.18	.35	.171	.298	.385	.125
Numerische Intelligenz[c]	11.525	19	.28	39.584	453	.23	.42	.155	.377	.445	.185
Biografische Fragebogen[d]	282	1	.28	11.321	79	.28	.33	.182	.279	.373	.113
Unternehmerische Interessen[e]	875	1	.27	1.789	3	.07	.10	.251	.032	.262	.002
Leistungsmotivation[f]	613	5	.30	161	1	.18	.25	.203	.189	.316	.056
Integrität[g]	11.907	3	.02	26.215	43	.24	.40	.251	.394	.472	.212
Extraversion[h]	1.847	13	.36	39.432	222	.06	.12	.249	.030	.262	.002
Neurotizismus[h]	1.023	6	.26	38.817	224	.06	.12	.245	.056	.266	.006
Offenheit[h]	619	5	.18	23.225	143	.03	.05	.259	.003	.260	.000
Gewissenhaftigkeit[i]	494	4	−.05	48.100	239	.12	.23	.272	.244	.356	.096
Verträglichkeit[h]	830	7	.12	36.210	206	.06	.10	.252	.070	.269	.009
Soziale Kompetenz[j]	572	7	.31	240	4	.33	.33	.174	.276	.369	.109
Graphologische Gutachten[k]		0					.02	.260	.020	.261	.001
360°-Feedbacks[l]	63	1	.39	46	1	.33	.33	.155	.270	.359	.099

Anmerkungen: N: Anzahl der Personen; k: Anzahl der Korrelationskoeffizienten; r: unkorrigierte Validität; ρ: korrigierte Validität; β_{AC}: Betagewicht des ACs; β_2: Betagewicht des in Spalte 1 genannten Vorauswahlverfahrens; MR: Multiple Regression; Inkr: Inkrementelle Validität. Soweit nicht anderes angegeben, basieren alle Zusammenhänge auf den Ergebnissen aktueller Metaanalysen.
[a] Prädiktive Validität des ACs nach Hardison & Sackett (in diesem Band); [b] Konstruktvalidität von allgemeiner Intelligenz und AC nach Collins, Schmidt, Sanchez-Ku, Thomas, McDaniel & Le (2003), prädiktive Validität nach Schmidt & Hunter (2004) als Mittel über mehrere Metaanalysen (daher keine Angaben zu N, k und r); [c] Konstruktzusammenhänge zwischen verbaler sowie numerischer Intelligenz und AC nach Scholz & Schuler (1993), prädiktive Validität nach Pearlman, Schmidt & Hunter (1980), letztere Werte wurden nicht für die Reliabilität im Prädiktor korrigiert und weichen daher von den Darstellungen der Autoren ab; [d] Zusammenhänge zwischen biografischen Fragebogen und AC basieren auf der Primärstudie von Drakeley, Herriot & Jones (1988), prädiktive Validität als mittlere Korrelation über berufliche Leistung nach Rothstein, Schmidt, Erwin, Owens & Sparks (1990, Tab. 5); [e] Zusammenhang von unternehmerischen Interessen und AC aufgrund der Primärstudie von Carless & Allwood (1997), die

prädiktive Validität bezieht sich auf allgemeine Interessen nach Hunter & Hunter (1984); [f] Leistungsmotivation und AC nach Scholz & Schuler (1993), prädiktive Validität basiert auf der Primärstudie von van der Berg & Feij (2003), korrigiert für Reliabilität des Kriteriums; [g] der Zusammenhang zwischen Integrität und AC basiert auf den Ergebnissen der vorliegenden Studie, die prädiktive Validität bezieht sich auf Ones, Visveswaran & Schmidt (1993); [h] Zusammenhang von Extraversion, Neurotizismus, Verträglichkeit und Offenheit basiert auf Collins et al. (2003), die prädiktive Validität dieser Merkmale auf Barrick, Mount & Judge (2001); [i] Gewissenhaftigkeit und AC nach Scholz & Schuler (1993), prädiktive Validität ebenfalls nach Barrick et al. (2001); [j] Zusammenhang zu sozialer Kompetenz nach Scholz & Schuler (1993), prädiktive Validität aufgrund von Funke & Schuler (2001); [k] prädiktive Validität graphologischer Gutachten zitiert nach Schmidt & Hunter (1998, daher keine Angaben zu N, k und r), für den Zusammenhang zu AC konnten keine empirischen Zusammenhänge gefunden werden, daher wurde r=0 angenommen; [l] die Prognose der AC-Ergebnisse aufgrund einer 360°-Beurteilung nach der Primärstudie von Atkins & Wood (2002), die prädiktive Validität bezieht sich auf die Prognose von Beförderungen nach der Primärstudie von Chan (1996).

18 Assessment Center als Auswahlverfahren zur Entsendung von Mitarbeitern ins Ausland[1]

Filip Lievens

Noch immer ist es üblich, international tätige Führungskräfte und speziell ins Ausland entsandte Mitarbeiter intuitiv und unsystematisch auszuwählen (Deller, 1997; Ones & Viswesvaran, 1997). Ein wesentliches Problem ist, dass die Auswahl der international eingesetzten Führungskräfte oftmals lediglich auf der Grundlage von Fachwissen und technischen Kompetenzen beruht (Schmitt & Chan, 1998). Als problematisch hat sich zudem erwiesen, dass sich bisherige Forschungsanstrengungen vorrangig mit personenbezogenen und zwischenmenschlichen Faktoren beschäftigt haben, die für den Erfolg oder Misserfolg von ins Ausland entsandten Mitarbeitern verantwortlich sind (z. B. Mendenhall & Oddou, 1985; Ones & Viswesvaran, 1997; Ronen, 1989). Wenige Forschungsaktivitäten haben sich jedoch mit der Frage beschäftigt, wie Auswahlsysteme konzipiert sein müssen, die effektive Erfolgsprädiktoren für die Arbeit in Übersee darstellen könnten (Arvey, Bhagat & Salas, 1991). Deshalb betonen viele Autoren den offensichtlichen Bedarf an einer entsprechenden Erweiterung bestehender Auswahlverfahren für international tätige Führungskräfte (Arthur & Bennett, 1997; Church, 1982).

Ziel dieser Studie ist es zu überprüfen, ob Assessment Center-Aufgaben als mögliche „Werkzeuge" zur Auswahl von ins Ausland zu entsendenden Mitarbeitern sinnvoll einzusetzen sind. Des Weiteren werden die Ergebnisse einer empirischen Studie präsentiert, welche die Kriteriumsvalidität eines Assessment Centers zur Auswahl von europäischen Führungskräften untersucht.

Durchgeführt wurde diese Studie im Rahmen der Auswahl europäischer Führungskräfte für ein „Executive Training Program" (ETP) in Japan. Ziel dieses interkulturellen Trainingsprogramms ist es, jungen europäischen Führungskräften ein vertieftes Verständnis der japanischen Gesellschaft, ihrer Kultur, bestehender Geschäftspraktiken sowie der Sprache zu vermitteln. Das Programm dauert 18 Monate und besteht aus intensiven Sprachkursen, Seminaren an Universitäten, Unternehmensbesichtigungen und einem unternehmensinternen Training. Üblicherweise findet es in Kleingruppen statt (Sprachkurse z. B. in Gruppen mit jeweils drei Teilnehmern). Als Ergebnis sollen die Teilnehmer so viel Erfahrung in allen Facetten der japanischen Kultur und Gesellschaft sowie in japanischen Geschäfts- und Managementpraktiken gesammelt haben, dass sie in der Lage sind, erfolgreich Führungspositionen in Unternehmen mit Handelsbeziehungen zu Japan einzunehmen. Mit dem Ziel, europäischen Firmen den Eintritt in den japanischen Markt zu erleichtern, wird das ETP von der Europäischen Union finanziell unterstützt. Bisher wurden die Mitglieder des Programms von den ETP-Mitarbeitern

---

1 Übersetzung aus dem Englischen von Christin Haehnel

mittels eines Interviews ausgewählt. Aufgrund der mit dem „Executive Training Program" verbundenen hohen Kosten wurde das Auswahlverfahren jedoch um Assessment Center-Aufgaben erweitert.

18.1 Hintergrund der Studie

Interkulturelle Einsatzmöglichkeiten von Assessment Centern: Konzeptionelle Fragen

Durch die weltweite Ausbreitung von Assessment Centern, ihre interkulturelle Anwendung, die Globalisierung des Wirtschaftslebens, den Bedarf an weltweit tätigen Führungskräften sowie durch die Etablierung von Beratungsfirmen, die Assessment Center-Dienstleistungen in vielen Länder anbieten, wurde die Frage aufgeworfen, inwieweit Assessment Center in interkulturellen Situationen anwendbar sind. Dieser Frage kann man sich auf zwei verschiedenen Arten nähern (Berry, 1969; Chawla & Cronshaw, 2002). Der erste Ansatz geht davon aus, dass (a) es allgemeine individuelle Eigenschaften gibt, die für das effektive Funktionieren einer Organisation unabdingbar sind, (b) bestehende Diagnoseverfahren auf verschiedene Länder angepasst werden können, (c) Standardisierung und Validitätssicherung den Einsatz festgelegter Dimensionen und Verfahren verlangen und dass (d) die Anwendung einheitlicher Auswahlverfahren in verschiedenen Kulturen zu einer homogenen Organisationskultur beiträgt. Der zweite Ansatz nimmt hingegen an, dass (a) gewöhnliche Auswahlverfahren nicht valide sein werden (z. B. beschreiben sie besondere Aspekte des Kriteriums Leistung nicht genau), (b) unterschiedliche Kulturen eingehend untersucht werden müssen, um spezifische Merkmale herauszufinden, (c) die Akzeptanz verschiedenartiger Auswahlmethoden in unterschiedlichen Kulturen variiert und (d) das Training der Beurteiler ein Verständnis des länderspezifischen Kontexts vermitteln muss.

Mit der Anpassung des Assessment Centers auf die lokale Kultur sind relative Vor- und Nachteile verbunden, die entscheidend dafür sind, ob sich Assessment Center als nützlich für die Auswahl der ins Ausland zu entsendenden Mitarbeiter erweisen. Durch eine solche Modifikation könnten beispielsweise einzelne lokale Anforderungen berücksichtigt werden, gleichzeitig würden jedoch Vergleiche zwischen Eignungsdiagnosen über verschiedene Standorte hinweg problematisch. Briscoe postuliert (1997), dass für die internationale Anwendung von Assessment Centern eine Modifikation der Gestaltung erfolgen sollte. Solche Veränderungen des Designs betreffen die Verwendung einer größeren Breite von Dimensionen, die Auswahl anderer Simulationsverfahren, die heterogene Zusammensetzung des Beurteilerteams sowie die Bewertung der Leistung unter dem Gesichtspunkt der bestehenden kulturellen und nationalen Unterschiede in der Führungspraxis.

Die kulturübergreifende Anwendung von Assessment Centern: Stand der empirischen Forschung

Einige Studien haben bereits spezielle Fragestellungen aufgegriffen, mit denen man bei der Anwendung von Assessment Centern in einem interkulturellen Kontext konfrontiert wird. Diese Studien waren jedoch nur beschreibender Natur. So schilderten Tyler und

Butler (1993) zum Beispiel ihre Erfahrungen, die sie bei der Auswahl international tätiger Arbeitskräfte für die Weltbank gemacht haben. Sie berichteten von Schwierigkeiten bei der Festlegung der Bezeichnungen, der Definitionen und der Angemessenheit der Leistungsdimensionen über verschiedene Kulturen hinweg (vgl. Tuggle, 1996). Twisk (1994) zeigte mit einem weiteren international durchgeführten Assessment Center die Notwendigkeit auf, verschiedene Leistungsdimensionen und Simulationsverfahren zu konstruieren, die die unterschiedlichen Kulturen sieben europäischer Länder widerspiegeln. Darüber hinaus mussten die Beurteiler gemäß der entsprechenden Kultur geschult werden.

Auch die empirischen Forschungsbemühungen hinsichtlich der jeweiligen Effektivität der Assessment Center-Aufgaben, mit denen die Leistung ins Ausland zu entsendender Arbeitskräfte vorhergesagt werden soll, sind noch nicht ausreichend fortgeschritten. Love, Bishop, Heinisch und Montei (1994) berichten von der Entwicklung einer Serie von arbeitsprobenartigen Testverfahren zur Auswahl amerikanischer Arbeiter für ein japanisch-amerikanisches Joint Venture-Montagewerk. Sie kamen zu dem Schluss, dass aufgrund ihrer hohen Inhalts- und Augenscheinvalidität Arbeitssimulationen die erste Wahl bei der Entwicklung eines Auswahlverfahrens für Joint Venture-Organisationen sein sollten. Es wurde jedoch kein Beweis für Kriteriumsvalidität vorgelegt, die den bevorzugten Einsatz ihrer Arbeitssimulationen rechtfertigen würde. Stahl (2001) entwickelte ein Assessment Center zur Auswahl ins Ausland zu entsendender Deutscher und legte einen vorläufigen Beleg dafür vor, dass die Anwendung eines Assessment Centers die Auswahl international tätiger Manager wirksam unterstützen kann. Obwohl die Kriteriumsvalidität des Assessment Centers nicht untersucht wurde, fand Stahl, dass Kandidaten, die hohe Werte bei den verschiedenen Kriterien interkultureller Kompetenz aufwiesen, auch von ihren Mitbewerbern als anpassungsfähiger an eine ausländische Umgebung eingeschätzt wurden. Eine bislang unbeantwortete, aber wichtige Frage ist deshalb, ob Assessment Center auch zur Auswahl international tätiger Führungskräfte angewendet werden können (Arthur & Bennett, 1997; Briscoe, 1997; Howard, 1997; Ones & Viswesvaran, 1997).

Zusammenfassung

Alles in allem kommen diese vorrangig konzeptionellen und empirischen Arbeiten zu den gemeinsamen Erkenntnissen, (1) dass die Effektivität von Assessment Centern als Hilfsmittel zur Auswahl von Managern auf einen internationaleren Kontext ausgeweitet werden könnte, (2) dass das Design von international angewendeten Assessment Centern modifiziert werden sollte, um kulturelle und nationale Faktoren widerzuspiegeln, und (3) dass Belege für die Kriteriumsvalidität von Assessment Centern noch ausstehen. In dieser Studie wird die Kriteriumsvalidität zweier Assessment Center-Aufgaben (d. h. einer Analyse/Präsentation und einer Gruppendiskussion) untersucht, die zur Auswahl europäischer Führungskräfte für einen internationalen Einsatz in Japan verwendet werden. Wir folgten dabei Empfehlungen, die von Briscoe (1997) zur Gestaltung der Assessment Center-Aufgaben vorgelegt wurden. Im Besonderen wurde ein breites Spektrum von Dimensionen bewertet, Führungskräfte verschiedener Nationalitäten wurden zusammen beurteilt, eine der Aufgaben wurde auf teambasierte Entscheidungsprozesse in japanischen Organisationen abgestellt und ein geeignetes Kulturmodell zur Bewertung von Verhaltensweisen entwickelt. In Übereinstimmung mit Empfehlungen zur Verbesserung der Qualität von Konstruktmessungen durch Assessment Center-Aufgaben (Lievens & Conway, in press) erfassten wir ein Maximum von vier Leistungsdimensionen. Der ersten Spalte von Tabelle 1 ist zu entnehmen, welche spezifischen Leistungsdimensionen in den Assessment Center-Aufgaben erfasst wurden. Wir stellten die Hypothese auf, dass entsprechend sorgfältig aufgebaute und modifizierte Assessment Center-Aufgaben es ermöglichen, die generelle interkulturelle Trainingsleistung europäischer Führungskräfte vorauszusagen.

Tabelle 1: Dimensionen-Aufgaben-Matrix

Dimensionen	Analyse/ Präsentation	Gruppendiskussion
1. Hartnäckigkeit/Belastbarkeit (kann Schwierigkeiten nüchtern betrachten, bleibt trotz Enttäuschungen und Rückschlägen zuversichtlich, verfolgt ein Ziel sogar bei Missgeschicken weiter)	X	–
2. Teamarbeit (kooperiert und arbeitet bei der Zielverfolgung gut mit anderen zusammen, teilt Informationen, baut unterstützende Verbindungen zu Kollegen auf und erzeugt ein Gefühl von Teamgeist)	–	X
3. Kommunikation (kann sich klar, fließend und treffend ausdrücken, kommuniziert sowohl in individuellen Situationen als auch in einer Gruppe mit einem Tempo und auf einem Niveau, das ihm die Aufmerksamkeit seiner Zuhörer sichert)	X	X
4. Anpassungsfähigkeit (kann sich schnell an neue Situationen und Arbeitsweisen anpassen, ist offen für neue Ideen, will und kann sich an veränderte Anforderungen und Ziele anpassen)	X	X
5. Organisatorisches und wirtschaftliches Bewusstsein (hat ein Augenmerk auf organisatorische Angelegenheiten und ist wachsam gegenüber Änderungen in der Dynamik einer Organisation, kennt sich in finanziellen und wirtschaftlichen Angelegenheiten aus, richtet sein Handeln an Erträgen, Märkten und Geschäftsmöglichkeiten aus, die die größte Rendite erwarten lassen)	X	X

18.2 Methode

Die Stichprobe

An dem Auswahlverfahren nahmen 166 europäische Führungskräfte teil (125 Männer und 41 Frauen). Die Teilnehmer waren zwischen 23 und 52 Jahre alt, mit einem Durchschnittsalter von 29,3 Jahren (SD = 4,4). Insgesamt waren 15 verschiedene europäische

Nationalitäten vertreten. Im Hinblick auf die Arbeitstätigkeiten war die Stichprobe verhältnismäßig heterogen. Die Führungskräfte waren überwiegend im Export, im Marketing, im Verkauf oder im allgemeinen Management tätig und arbeiteten in einer Vielfalt von Unternehmen (z. B. im Dienstleistungsgewerbe, in der verarbeitenden Industrie, in der Elektronikbranche etc.). Die meisten der Firmen (71 %) standen zu diesem Zeitpunkt bereits in Handelsbeziehungen mit Japan.

Die Vorselektion der Führungskräfte fand in ihrem Heimatland statt und wurde von lokalen Abteilungen der Beratungsfirma durchgeführt, die für die letztendliche Auswahl verantwortlich war. Diese Vorauswahl fand auf der Grundlage von relevanten früheren Erfahrungen und zusätzlich anhand von biografischen Informationen statt (z. B. wurden mindestens zwei Jahre Führungs- und sechs Monate Auslandserfahrung vorausgesetzt). Der eigentliche Auswahlprozess dauerte einen Tag. Insgesamt waren 30 Durchgänge erforderlich. An jedem Durchgang nahmen vier bis sechs Führungskräfte (mit unterschiedlichen Nationalitäten) teil, die von einem Team, bestehend aus erfahrenen Psychologen (d. h. aus externen Beratern) und Mitarbeitern des „Executive Training Program" (ETP), beurteilt wurden. Am Ende des Tages erhielten die Führungskräfte ein individuelles Feedback hinsichtlich ihrer Stärken und Schwächen.

Die Beurteiler

Die Gruppe der Beurteiler setzte sich aus erfahrenen Psychologen und Mitarbeitern des ETP zusammen. Die Psychologen stammten aus einem Zusammenschluss von zehn externen Beratern (7 Frauen, 3 Männer, durchschnittliche Beurteilungserfahrung = 10 Jahre, SD = 7), von denen die meisten auch schon an Assessment Centern in anderen Ländern mitgewirkt hatten. Aufgrund ihres Wissens über die japanische Kultur wurden noch ETP-Mitarbeiter einbezogen, die den Psychologen Hinweise zur Anwendung des geeigneten kulturellen Modells geben konnten, sobald Entscheidungen über die Effektivität von Verhaltensweisen zu treffen waren. Sowohl die Psychologen als auch die Mitarbeiter des ETP nahmen an einem Training teil, das im Einklang mit den Richtlinien und ethischen Vorschriften für den Ablauf von Assessment Centern stand (Task Force on Assessment Center Guidelines, 1989). Das Training dauerte drei Tage und umfasste die Erklärung der Leistungsdimensionen und der verwendeten Aufgaben. Zudem diente das Training der Einübung, wie man Verhalten beobachtet, erfasst, einordnet, zusammenfasst und auswertet sowie entsprechendes Feedback gibt. Wie schon erwähnt waren die Mitarbeiter des „Executive Training Program" insbesondere bei der Artikulation des angemessenen Kulturmodells hilfreich, das als Grundlage zur Bestimmung der Effektivität von Verhaltensweisen gewählt wurde (siehe auch Briscoe, 1997; Howard, 1997). Am Ende des Trainings unterzogen sich die Beurteiler selbst den verschiedenartigen Aufgaben.

Den Beurteilern stand eine Verhaltenscheckliste zur Verfügung, die ihnen bei der Beobachtung, Aufzeichnung und Klassifikation helfen sollte. Die Kandidaten wurden je Leistungsdimension mithilfe eine 9-stufigen Skala beurteilt, deren Extremausprägungen mit den Adjektiven schwach (1) und herausragend (9) markiert waren. Im Einklang mit aktuellen Assessment Center-Praktiken variierten die Beurteiler über die Simulationsaufgaben hinweg. Das Verhältnis von Kandidaten und Beurteilern war ausgeglichen (ein Beurteiler pro Kandidat).

Die Dimensionen des Assessment Centers

Wir begannen eine Reihe von Workshops mit den ETP-Mitarbeitern durchzuführen, um spezifische Leistungsdimensionen für die am ETP in Japan teilnehmenden Führungskräfte festzulegen. Letztendlich basierte die Wahl der Kriterien auf (1) den Zielen des ETP (siehe oben), (2) einem Überblick über die aktuellen Rollenvoraussetzungen und Fertigkeiten erfolgreicher ETP-Teilnehmer und (3) einer Durchsicht der vorliegenden Literatur über die Anpassung von Auslandsmitarbeitern. Schließlich wurden spezifische Leistungsdimensionen festgelegt, die das allgemeine Kriterium der interkulturellen Trainingsleistung abbilden (siehe Tab. 1, erste Spalte). Außerdem wurden Workshops mit den ETP-Mitarbeitern durchgeführt, um spezifische Verhaltensdefinitionen zu diesen Leistungsdimensionen zu erarbeiten (siehe die Definitionen in Klammern in der ersten Spalte in Tab. 1).

Die Aufgaben des Assessment Centers

Analyse/Präsentation. Bei diesem Aufgabentyp hatte jeder Kandidat die Rolle eines Beraters einzunehmen und eine komplexe Zusammenstellung von Fakten und Zahlen zu analysieren, die sich auf verschiedene Abteilungen eines mittelständischen Unternehmens bezogen. Genauer gesagt, hatte jeder Kandidat die Aufgabe, die Strategien für die nächsten fünf Jahre festzulegen und diese Strategieempfehlungen dem Beurteilerteam zu präsentieren. Zwischen den bewerteten Dimensionen wurden Korrelationen zwischen .69 und .84 errechnet. Angesichts dieser hohen Korrelationen ermittelten wir durch Durchschnittsbildung der bewerteten Dimensionen zudem ein Maß, das die analytische Leistung bzw. die Präsentationsleistung der Kandidaten zusammenfasst.

Gruppendiskussion mit festgelegten Rollen. Dieses Verfahren verlangte von jedem Teilnehmer, die Rolle eines Managers in einem mittelständischen Unternehmen zu übernehmen. Jeder dieser Manager hatte eine andere Funktion im Unternehmen. Ziel war es, Übereinstimmung über Kostenreduzierungen zu erzielen. Der dabei angewendete Beobachtungs- und Bewertungsprozess entsprach exakt dem, der bei der Analyse-/Präsentationsaufgabe verwendet wurde. Auch bei diesem Verfahren wurden hohe Korrelationen zwischen den beurteilten Dimensionen festgestellt, die zwischen .76 und .88 lagen. Angesichts dieser hohen Korrelationen berechneten wir auch hier durch die Bildung des Durchschnitts der bewerteten Dimensionen ein zusätzliches Maß, welches die Leistung der Kandidaten in der Gruppendiskussion zusammenfasst.

Weitere Auswahlinstrumente

Zusätzlich zu den zwei Assessment Center-Aufgaben umfasste der Auswahlprozess noch einen kognitiven Fähigkeitstest (d. h. einen Test des logischen Denkens, Saville & Holdsworth, 1989), einen Persönlichkeitstest, der die fünf großen Persönlichkeitsmerkmale – die „Big Five" – erfasst, sowie ein Behavioral-Description-Interview, in dem die Kandidaten aufgefordert wurden, spezifische Beispiele vergangener Situationen zu nennen, in denen sie bestimmte Fertigkeiten gezeigt haben. Genauere Informationen zu diesen Auswahlinstrumenten finden sich in Lievens, Harris, van Keer und Bisqueret (2003).

Kriteriumsmaße

Nachdem die Führungskräfte das Trainingsprogramm absolviert hatten (d. h. nach 18 Monaten), erfassten Personen, die in täglichem Kontakt mit den Führungskräften standen, alle Kriteriumsdaten. Insbesondere die Ausbilder der „Naganuma"-Schule, in der Sprachkurse und Unternehmensseminare abgehalten wurden, stellten Kriteriumsdaten zur Verfügung. Keinem von ihnen waren die in Europa durchgeführten Führungskräftebeurteilungen bekannt. Es wurde versichert, dass die ermittelten Daten vertraulich behandelt würden und lediglich zu Forschungszwecken dienen.

Die Ausbilder erhielten Bewertungsformulare mit den jeweiligen Leistungsdimensionen. Sie wurden aufgefordert, die Führungskräfte anhand jeder Leistungsdimension mithilfe einer 5-stufigen Bewertungsskala, welche sich von schlecht (1) bis herausragend (5) erstreckte, zu beurteilen. Zu jeder Leistungsdimension wurden Verhaltensbeispiele aufgelistet. Abgesehen von einer Ausnahme erhielt die Beratungsagentur alle Bewertungsbogen zurück. Angesichts der moderat hohen Korrelationen (höher als .35) der Leistungsdimensionen berechneten wir ein zusammengefasstes Maß der interkulturellen Trainingsleistung (Alpha = .79). Da jeder Teilnehmer nur von einem Ausbilder bewertet wurde, war es uns nicht möglich, die Interrater-Reliabilität zu ermitteln.

Zusätzlich zu diesen Leistungskriterien wurden auch die objektiven Ergebnisse des Abschlusstests der Führungskräfte an der „Naganuma"-Schule herangezogen. Mit dem Abschlussexamen, welches aus einem mündlichen und einem schriftlichen Teil bestand, wurde erfasst, inwieweit sich die Teilnehmer den Inhalt des interkulturellen Trainingsprogramms erfolgreich angeeignet hatten. Die Führungskräfte konnten in diesem Test eine Maximalpunktzahl von 200 erreichen. Die im Abschlussexamen erreichte Punktzahl korrelierte zu .29 mit den Einschätzungen der Ausbilder und zu .17 mit den Bewertungen der Auslandsmitarbeiter.

18.3 Ergebnisse

Für das ETP-Programm in Japan wurden letztendlich nur 86 von 166 Managern (52 %) ausgewählt. Von diesen nahmen wiederum sechs nicht am ETP teil, obwohl sie ausgewählt worden waren. Darüber hinaus verließen zwei Manager das ETP, so dass Kriteriumsdaten von 78 Managern zur Verfügung standen.

Tabelle 2 zeigt die Mittelwerte, Standardabweichungen und Korrelationen zwischen den Variablen der Studie. Die bivariaten Korrelationen zwischen den verschiedenen Prädiktoren und den Kriterien werden in den letzten zwei Zeilen dargestellt. Die Korrelationen wurden hinsichtlich direkter Streuungseinschränkungen (Thorndike, 1949) und Messfehler im Kriterium korrigiert. Zur Korrektur der Messfehler bei der Beurteilung der Trainingsleistung durch die Ausbilder verwendeten wir den gleichen Wert (.80) wie McDaniel et al. (1994). Um die Messfehler im Kriterium Sprachkenntnisse zu bereinigen, verwendeten wir die Retest-Reliabilität des Kenntnistests (.91). Die Signifikanzberechnungen wurden vor der Korrektur der Korrelationen vorgenommen (Sackett & Yang, 2000).

Wenn man die Korrelationen der Aufgaben des Assessment Centers mit den zwei Messungen der Kriterien genauer betrachtet, zeichnet sich ein uneinheitliches Bild ab.

Tabelle 2: Mittelwerte, Standardabweichungen und Korrelationen der Variablen der Studie

	M	SD	1.	2.	3.	4.	5.	6.	7.	8.	9.	10.
Prädiktoren (N = 166)												
1. Kognitive Fähigkeiten	5.28	1.64	–									
2. Emotionale Stabilität	5.61	1.56	.02	–								
3. Extraversion	6.02	1.57	.01	–.23	–							
4. Verträglichkeit	6.10	2.07	–.12	–.07	.05	–						
5. Gewissenhaftigkeit	5.71	1.40	–.03	–.03	–.22	–.05	–					
6. Offenheit	5.82	1.45	.08	–.03	–.06	–.30	–.13	–				
7. Analyse/Präsentation	5.21	1.54	.20	.01	.15	–.12	.03	.02	–			
8. Gruppendiskussion	4.83	1.63	.27	.01	.09	–.04	.11	.01	.48	–		
9. Strukturiertes Interview	5.38	1.19	.12	.03	.04	–.09	.00	.02	.23	.20	–	
Kriterien (N = 78)												
10. Trainingsleistung	3.35	0.53	.09 (.11)	–.03 (–.04)	–.03 (–.04)	–.24 (–.26)	.18 (.20)	.31 (.33)	.12 (.16)	.31 (.40)	.21 (.27)	–
11. Sprachkenntnisse	127.81	30.53	.23 (.27)	–.29 (–.29)	.07 (.08)	.03 (.03)	.12 (.12)	.10 (.10)	–.03 (–.03)	.37 (.44)	–.05 (–.06)	.26 –

Anmerkungen: Korrelationen zwischen Prädiktoren und Kriterien, die hinsichtlich Streuungseinschränkung und mangelnder Reliabilität des Kriteriums korrigiert wurden, sind in Klammern gesetzt. Die statistische Signifikanz wurde vor den Korrekturen ermittelt. Unkorrigierte Korrelationen mit den Kriterien über .19 sind signifikant für $p < .10$, über .22 für $p < .05$ und über .29 für $p < .01$. Die sonstigen unkorrigierten Korrelationen über .13 sind signifikant für $p < .10$, über .16 für $p < .05$ und über .20 für $p < .01$.

Das Ergebnis der Gruppendiskussion korrelierte signifikant mit den Beurteilungen der Ausbilder (unkorrigiert $r = .31$, $p < .01$, korrigiert $r = .41$) und mit dem Ergebnis des Sprachkenntnistests (unkorrigiert $r = .37$, $p < .01$, korrigiert $r = .44$). Kein signifikanter Zusammenhang wurde jedoch zwischen den beiden Kriterien und den Ergebnissen der Analyse/Präsentation gefunden (unkorrigiert $r = .12$, nicht signifikant (ns) für die Beurteilung durch die Ausbilder und unkorrigiert $r = -.03$, ns für die Ergebnisse des Sprachkenntnistests).

Außerdem zeigt Tabelle 2 die Korrelationen der anderen Auswahlinstrumente mit den beiden Kriterien. Kognitive Fähigkeiten korrelierten signifikant mit den Ergebnissen des Sprachtests (r = .23, p < .05, korrigiert r = .27), wohingegen keine signifikante Korrelation mit den Beurteilungen der Trainingsleistung durch die Ausbilder gefunden werden konnte (r = .09, ns, korrigiert r = .11). Offenheit korrelierte hingegen signifikant mit den Beurteilungen der interkulturellen Trainingsleistung durch die Ausbilder (r = .31, p < .01, korrigiert r = .33). Weder Extraversion (r = .03, ns) noch Gewissenhaftigkeit (r = .18, ns, korrigiert r = .20) waren jedoch mit den Beurteilungen der Trainingsleistung in Beziehung zu bringen. Zwischen Verträglichkeit und den Beurteilungen der Ausbilder war ein signifikanter, wenn auch negativer Zusammenhang erkennbar (r = –.24, p < .05, korrigiert r = –.26).

Tabelle 3: Hierarchische Regressionsanalyse über die Beurteilungen der zwei Kriterien interkultureller Trainingsleistung durch die Ausbilder für jedes Auswahlinstrument

Modell	Prädiktoren	Trainingsleistung			Sprachkenntnisse		
		Beta	R^2	ΔR^2	Beta	R^2	ΔR^2
Schritt 1							
	Kognitive Fähigkeiten	.05			.17		
	Emotionale Stabilität	.07			–.22*		
	Extraversion	.08			.05		
	Verträglichkeit	–.14			.07		
	Gewissenhaftigkeit	.12			.04		
	Offenheit	.23*			.08		
			.18	.18*		.13	.13
Schritt 2							
	Strukturiertes Interview	.23*			–.05		
			.26	.09**		.13	.00
Schritt 3							
	Analyse/Präsentation	.07			–.26*		
	Gruppendiskussion	.35**			.45***		
			.39	.13**		.28	.15**

Anmerkungen: $N = 78$; für Trainingsleistung: korrigiertes $R^2 = .31$; für Sprachkenntnisse: korrigiertes $R^2 = .18$. Die Schätzungen wurden für Schritt 3 vorgenommen. * $p < .05$, ** $p < .001$ und *** $p < .001$. Die Inputmatrix wurde hinsichtlich multivariater Streuungseinschränkung und mangelnder Reliabilität des Kriteriums korrigiert. Aufgrund von Rundungen weicht ΔR^2 um .01 vom kumulierten R^2 ab.

Um festzustellen, ob Assessment Center-Aufgaben inkrementelle Validität hinsichtlich kognitiver Fähigkeitstests und Persönlichkeitstests aufweisen, führten wir eine hierarchische multiple Regressionsanalyse durch. In einem ersten Schritt trugen wir die fünf großen Persönlichkeitsmerkmale und die kognitiven Fähigkeiten ein und fügten als Nächstes das strukturierte Interview hinzu. Schließlich wurden in einem letzten Schritt die Assessment Center-Aufgaben eingefügt. Da sowohl multivariate Streuungseinschränkungen als auch Messungenauigkeiten des Kriteriums das Ergebnis der Regression beeinflussen könnten, führten wir die angemessenen Korrekturen (für die genaue Vorgehensweise siehe Ree, Carretta & Teachout, 1995) anhand der Korrelationsmatrix durch und verwendeten diese korrigierte Korrelationsmatrix (Tab. 2) als Input für unsere hierarchische Regressionsanalyse. Tabelle 3 zeigt die Ergebnisse der zwei Kriterien interkultureller Trainingsleistung. Bevor die Korrekturen durchgeführt wurden, ermittelten wir die statistische Signifikanz (indem eine hierarchische multiple Regressionsanalyse auf der Grundlage der unkorrigierten Korrelationsmatrix durchgeführt wurde). In einem dritten Schritt ermittelten wir ΔR^2, was für beide Messungen des Kriteriums statistisch signifikant war. Folglich klärte das Assessment Center sogar zusätzliche Varianz der Trainingsleistung auf, wenn kognitive Fähigkeiten, Persönlichkeit und das strukturierte Interview als Prädiktoren enthalten waren.

18.4 Diskussion

In dieser Studie berichteten wir über eine systematische Herangehensweise zur Entwicklung von Assessment Center-Aufgaben zur Auswahl europäischer Führungskräfte für ein interkulturelles Trainingsprogramm. Nachdem die auf den Leistungsbereich bezogenen Dimensionen spezifiziert wurden, entwickelten wir zwei Assessment Center-Aufgaben. Um die angenommenen Zusammenhänge zwischen den Assessment Center-Aufgaben und den Kriterien zu untersuchen, wurde die prädiktive Validität geprüft. Des Weiteren prüften wir auch, ob die Assessment Center-Aufgaben inkrementelle Validität über eher traditionelle Auswahlinstrumente wie kognitive Fähigkeiten und Persönlichkeitsmaße aufwiesen.

Anhand der Ergebnisse wurde ersichtlich, dass die Gruppendiskussion mit festgelegten Rollen einen sehr starken Prädiktor darstellt. Der für die Gruppendiskussion erzielte korrigierte Validitätskoeffizient entsprach ungefähr der metaanalytisch bestimmten Schätzung der korrigierten Validität durch Gaugler, Rosenthal, Thornton und Bentson (1987). Darüber hinaus klärte diese Aufgabe zusätzliche Varianz zu Persönlichkeitseigenschaften und kognitiven Fähigkeiten auf. Im Gegensatz dazu stellte die Analyse- und Präsentationsaufgabe keinen signifikanten Prädiktor dar.

Das Ergebnis, dass die Gruppendiskussion mit festgelegten Rollen zu den besten Validitätsergebnissen führt, könnte ein Hinweis darauf sein, dass insbesondere die Auswahl und das Design kulturell angemessener Simulationsaufgaben entscheidend sind. Den Beurteilern zufolge bietet diese spezielle Gruppenaufgabe ihnen eine vorzügliche Möglichkeit, Einflussgeschick, das Verhalten als Teammitglied und die Qualität des Beitrags zur Gruppe zu beurteilen. Offensichtlich sind diese Fähigkeiten für die erfolgreiche Leistung im „Executive Training Program" (und im Unternehmen?) in Japan unverzichtbar.

Das Ergebnis zeigt, dass Assessment Center auf internationale Einsätze übertragbar sind und dass solche modifizierten Assessment Center valide Prädiktoren für die Leistung international tätiger Führungskräfte bereitstellen können.

Auf der Grundlage unserer Ergebnisse können folgende Empfehlungen für Praktiker, die an der Konstruktion von Assessment Centern für die Auswahl von ins Ausland zu entsendenden Mitarbeitern interessiert sind, abgeleitet werden (siehe auch Briscoe, 1997). Erstens sollte man bei der Gestaltung eines solchen Auswahlverfahrens nicht nur die typischen Leistungsdimensionen von Managern erfassen, sondern auch die Fähigkeiten, die eine wesentliche Rolle bei der Anpassung an die neuen ausländischen Gegebenheiten spielen. Hierzu können verschiedene Leistungstaxonomien nützlich sein (Arthur & Bennett, 1997; Mendenhall & Oddou, 1985; Ones & Viswesvaran, 1997; Ronen, 1989). Zweitens sollten die bezüglich der Managementpraktiken bestehenden kulturellen und nationalen Unterschiede bei der Gestaltung der Simulationsaufgaben berücksichtigt werden. Bei der Auswahl von Personen, die in einer individualistisch geprägten Kultur arbeiten werden, sollte man beispielsweise vornehmlich individuell ausgerichtete Aufgaben einsetzen. Umgekehrt sollten Gruppenaufgaben, die Entscheidungen in der Gruppe verlangen, bevorzugt bei Personen angewendet werden, die für die Arbeit in einer kollektivistischen Kultur ausgewählt werden. Drittens sollte bei der Zusammensetzung des Beurteilerteams darauf geachtet werden, dass die einzelnen Beurteiler von unterschiedlicher kultureller Herkunft sind (z. B. sollten sie sowohl aus dem Herkunfts- als auch aus dem Entsendungsland stammen). Ähnliche Empfehlungen könnten für die kulturelle Herkunft der Rollenspieler gegeben werden. Da die ins Ausland entsandten Mitarbeiter auch mit Menschen zusammenarbeiten, die einen unterschiedlichen kulturellen und nationalen Hintergrund haben, scheint es wünschenswert zu sein – falls es praktisch umsetzbar ist – Teilnehmer mit unterschiedlichem kulturellem Hintergrund gemeinsam zu bewerten. Abschließend stellt sich noch die Frage, wie das Verhalten der Kandidaten beurteilt werden soll. Als problematisch bei der Bewertung von in Übersee tätigen Personen hat sich herausgestellt, dass die Effektivität ihres Verhaltens entsprechend der spezifischen Kultur variieren kann. Deshalb ist es entscheidend, dass die Beurteiler vor der Beobachtung und Bewertung von Kandidaten zu einem Konsens darüber gelangen, was effektive und ineffektive Verhaltensweisen je Leistungsdimension darstellen. Dafür könnte die Kultur des Gastgeberlandes als Bezugsrahmen dienen. Beurteiler sollten sich dieses Bezugsrahmens sowie möglicher interkultureller Unterschiede bezüglich der Effektivität von Managementverhalten zumindest bewusst sein. Um jedoch herauszufinden, welche anderen Assessment Center-Gestaltungsfaktoren von wesentlicher Bedeutung sind, um valide Prädiktoren zu garantieren, werden noch weitere Studien benötigt (Briscoe, 1997).

Abschließend prognostizieren wir, dass Assessment Center in Zukunft häufiger in internationalem Rahmen eingesetzt werden. Das wird auf drei verschiedene Arten geschehen. Organisationen aus dem Heimatland werden Assessment Center zur Beurteilung von Personen einsetzen, die in ein Gastland gehen. Des Weiteren werden sie ihre Auswahlmethoden aber auch in den jeweiligen Gastländern zur Auswahl von Personen aus diesen Ländern nutzen. Das Auswahlverfahren wird auch von Organisationen übernommen werden, die sich in Ländern befinden, in denen gegenwärtig noch keine Assessment Center eingesetzt werden. Jede dieser Anwendungsmöglichkeiten des Assessment Centers birgt einzigartige Herausforderungen. Befürworter und Anwender des Assessment Centers werden entscheiden müssen, welche seiner Elemente und spezifischen Praktiken unverändert auf den neuen Schauplatz übertragen werden können und welche Anpassungen vorgenommen werden müssen, um der Eigenart des neuen Einsatzortes gerecht zu werden und nach wie vor valide Prädiktoren bereitzustellen. Dieser Beitrag stellt einen ersten Schritt im Hinblick auf diese Bemühungen dar.

Literatur

Arthur, W. Jr. & Bennett, W. Jr. (1997). A comparative test of alternative models of international assignee job performance. In Z. Aycan (Ed.), *New approaches to employee management. Expatriate management: Theory and research* (Vol. 4, pp. 141–172). Greenwich, CT: JAI Press.

Arvey, R. D., Bhagat, R. S. & Salas, E. (1991). Cross-cultural and cross-national issues in personnel and human resources management: Where do we go from here? In G. R. Ferris & K. M. Rowland (Eds.), *Research in personnel and human resource management* (Vol. 9, pp. 367–407). Greenwich: JAI press.

Berry, J. (1969). On cross-cultural comparability. *International Journal of Psychology, 4,* 119–128.

Briscoe, D. R. (1997). Assessment centers: Cross-cultural and cross-national issues. *Journal of Social Behavior and Personality, 12,* 261–270.

Chawla, A. & Cronshaw, S. (2002, October). *Top-down vs. bottom-up leadership assessment: Practical implications for validation in assessment centers.* Paper presented at the 30th International Congress on Assessment Center Methods, Pittsburgh, PA.

Church, A. T. (1982). Sojourner adjustment. *Psychological Bulletin, 91,* 540–572.

Deller, J. (1997). Expatriate selection: Possibilities and limitations of using personality scales. In Z. Aycan (Ed.), *New approaches to employee management. Expatriate management: Theory and research* (Vol. 4, pp. 93–116). Greenwich, CT: JAI Press.

Gaugler, B. B., Rosenthal, D. B., Thornton, G. C. & Bentson, C. (1987). Meta-analysis of assessment center validity. *Journal of Applied Psychology, 72,* 493–511.

Howard, A. (1997). A reassessment of assessment centers, challenges for the 21st century. *Journal of Social Behavior and Personality, 12,* 13–52.

Lievens, F., Harris, M. M., van Keer, E. & Bisqueret, C. (2003). Predicting cross-cultural training performance: The validity of personality, cognitive ability, and dimensions measured by an assessment center and a behavior description interview. *Journal of Applied Psychology, 88,* 476–489.

Love, K. G., Bishop, R. C., Heinisch, D. A. & Montei, M. S. (1994). Selection across two cultures: Adapting the selection of American assemblers to meet Japanese job performance demands. *Personnel Psychology, 47,* 837–846.

McDaniel, M. A., Whetzel, D. L., Schmidt, F. L. & Maurer, S. D. (1994). The validity of employment interviews: A comprehensive review and meta-analysis. *Journal of Applied Psychology, 79,* 599–616.

Mendenhall, M. & Oddou, G. (1985). The dimensions of expatriate acculturation. *Academy of Management Review, 10,* 39–48.

Ones, D. S. & Viswesvaran, C. (1997). Personality determinants in the prediction of aspects of expatriate job success. In Z. Aycan (Ed.), *New approaches to employee man-

agement. Expatriate management: Theory and research (Vol. 4, pp. 63–92). Greenwich, CT: JAI Press.

Ree, M. J., Carretta, T. R. & Teachout, M. S (1995). Role of ability and prior knowledge in complex training performance. *Journal of Applied Psychology, 80,* 721–730.

Ronen, S. (1989). Training the international assignee. In I. L. Goldstein (Ed.), *Training and development in organizations* (pp. 417–453). San Francisco, CA: Jossey-Bass.

Sackett, P. R. & Yang, H. (2000). Correction for range restriction: An expanded typology. *Journal of Applied Psychology, 85,* 112–118.

Saville, P. & Holdsworth, R. (1989). *Management and Graduate Item Bank.* Esher, Surrey: Saville & Holdsworth.

Saville, P. & Holdsworth, R. (1990). *Occupational Personality Questionnaire Manual.* Esher, Surrey: Saville & Holdsworth.

Schmitt, N. & Chan, D. (1998). *Personnel selection: A theoretical approach.* Thousands Oaks, CA: Sage.

Stahl, G. K. (2001). Using assessment centers as tools for global leadership development: An exploratory study. In M. Mendenhall, T. M. Kühlmann & G. K. Stahl (Eds.), *Developing global business leaders: Policies, processes, and innovations* (pp. 1–210). Westport, CT: Quorum.

Task Force on Assessment Center Guidelines. (1989). Guidelines and ethical considerations for assessment center operations. *Public Personnel Management, 18,* 457–470.

Thorndike, R. L. (1949). *Personnel selection: Test and measurement techniques.* New York: Wiley.

Tuggle, T. (1996, May). *World-wide assessment centers at Texas Instruments.* Paper presented at the 24th International Congress on the Assessment Center Method, Washington, DC.

Twisk, T. (1994, April). *Assessment of international managers.* Paper presented at the 22nd International Congress on the Assessment Center Method, San Francisco, CA.

Tyler, K. & Butler, S. (1993, April). *The challenges of implementing assessments centers in a multi-cultural organization: The World Bank as a case study.* Paper presented at the 21st International Congress on the Assessment Center Method, Atlanta, GA.

19 Interkulturelle Unterschiede in der Assessment Center-Anwendung[1]

Diana E. Krause, Diether Gebert und George C. Thornton III

Wenngleich es von unübersehbarer Bedeutsamkeit für international agierende Unternehmen ist, über Wissen im Hinblick auf die interkulturelle Assessment Center-Anwendung zu verfügen, ist zu diesem Thema bislang kaum etwas bekannt. Mit Blick auf dieses Problemfeld, das für Organisationen nicht nur aufgrund der Globalisierung der Märkte relevant ist, bleibt festzuhalten, dass die Assessment Center-Forschung diesbezüglich noch „in den Kinderschuhen steckt". Dies kommt pointiert auch in dem jüngsten amerikanischen Buch zum Thema Assessment Center (AC) zum Ausdruck, in dem unter der Überschrift „Cross-cultural Assessment Centers" lediglich festgestellt werden kann, dass zu dieser Frage mehr Forschung notwendig ist (Thornton & Rupp, 2006). Warum ist zu dieser Frage mehr Forschung notwendig? Warum ist Wissen über die interkulturelle Assessment Center-Anwendung für sogenannte „Global Player" wichtig?

Um als Organisation langfristig erfolgreich zu sein, ist es insbesondere heute angesichts der hyperkompetitiven Umwelt (Ilinitch, D'Aveni & Lewin, 1996, S. 211) unabdingbar, dass die Organisation eine Balance zwischen den gegensätzlichen Anforderungen der Stabilität und des Wandels (Gebert, 2004) realisiert. Dieses Bemühen um Ausbalancierung des Konflikts zwischen Stabilität und Wandel konkretisiert sich auch in der AC-Anwendung: Denn eine grundsätzliche Frage, die sich international agierende Unternehmen heute in Bezug auf Personalauswahlverfahren und Personalentwicklungsentscheidungen stellen müssen, ist die Frage nach der Balance zwischen dem *Bedarf nach kulturspezifischer Ausgestaltung* des ACs und dem gleichzeitigen *Bedarf nach kulturübergreifender Standardisierung* des ACs (Krause & Thornton, in Druck).

Der Bedarf nach kulturspezifischer Ausgestaltung des ACs betrifft dabei etwa die Auswahl der Kriterien der Leistung und des Berufserfolgs in der jeweiligen Landeskultur, die Auswahl der Übungen, die Frage kulturspezifischer Beobachtertrainings oder die Frage des auf die jeweilige Landeskultur zugeschnittenen Kandidatenfeedbacks. Parallel ist die Realisierung einer kulturübergreifenden Standardisierung des ACs erforderlich, so dass eine Vergleichbarkeit der AC-Resultate gegeben ist und international valide Leistungsprognosen aus dem AC ableitbar sind. Das Wissen über internationale Unterschiede in der AC-Anwendung und die Umsetzung der Resultate einer interkulturellen AC-Forschung würden ermöglichen, dass solche AC-Übungen und Techniken Anwen-

---

[1] Wir danken dem Arbeitskreis Assessment Center e. V. für die Unterstützung bei der Planung und Durchführung der Untersuchung in Deutschland, Österreich und der Schweiz. Ferner gebührt Dank dem Deutschen Akademischen Austauschdienst (DAAD) für die materielle Unterstützung im Rahmen der weltweiten Untersuchung zur aktuellen AC-Praxis.

dung fänden, die in der jeweiligen Landeskultur bei gleicher Validität akzeptiert sind. Vor dem Hintergrund der Brisanz dieses Problemfelds beschäftigt sich eine Subeinheit der Task Force on Assessment Center Guidelines (eine Expertengruppe, die ehrenamtlich und unabhängig von anderen Institutionen tätig ist) derzeit damit, Richtlinien zu entwickeln, die bei der interkulturellen AC-Anwendung als Qualitätsstandards gelten können.

Wir wollen in diesem Beitrag angesichts der erwähnten Brisanz ausgewählte Forschungsergebnisse aus mehreren Einzelstudien (Krause & Gebert, 2003a; Krause & Gebert, 2003b; Krause, Meyer zu Kniendorf & Gebert, 2001a; Krause et al., 2001b) zur unterschiedlichen AC-Anwendung in drei europäischen Ländern (Deutschland, Österreich und Schweiz) und den USA vorstellen. Unsere Auswahl betrifft folgende Maßnahmenbereiche in der AC-Anwendung: (1) Anforderungsanalyse und Anforderungsdimensionen, (2) die Art der Übungen, (3) die Zusammensetzung des Beobachterpools, die Beobachtungssysteme, das Beobachtertraining, (4) die Frage der Transparenz für die und Informierung der AC-Teilnehmer sowie die Gestaltung des Feedbacks und (5) die Evaluation des ACs. Die Unterschiede, die wir in diesen AC-Maßnahmen zwischen deutschsprachigen Organisationen auf der einen Seite und US-amerikanischen Organisationen auf der anderen Seite identifizierten, erklären wir durch interkulturelle Unterschiede im Professionalisierungsniveau, durch landesspezifische Vorbehalte gegenüber dem Einsatz psychometrischer Testverfahren und durch generelle interkulturelle Unterschiede in der Gesetzgebung und Rechtsprechung (siehe Abb. 1).

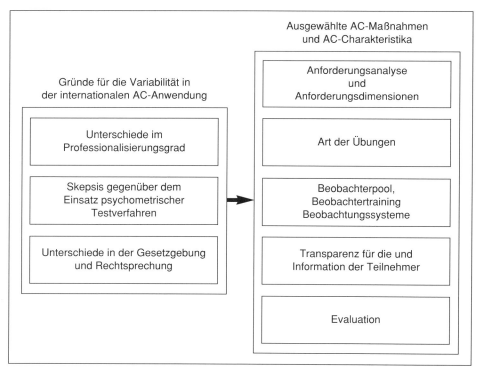

Abbildung 1: Bezugsrahmen

Zur Identifikation der Unterschiede in der AC-Anwendung in den untersuchten Ländern haben wir eine Untersuchung zum „state of the art" des ACs durchgeführt, die in drei Schritten erfolgte. Im ersten Schritt entwickelten wir einen Fragebogen zur Konzeption, Durchführung und Evaluation des ACs (153 Fragen), der vom Arbeitskreis Assessment Center e. V. an 1.560 deutschsprachige Organisationen unterschiedlicher Größe und Branchenzugehörigkeit versandt wurde. Insgesamt nahmen 281 Unternehmen aus Deutschland ($N=182$), Österreich ($N=69$) und der Schweiz ($N=30$) an der Untersuchung teil. Die Unternehmensvertreter wurden gebeten, Fragen zur Konzeption, Durchführung und Evaluation des in ihrer Organisation hauptsächlich eingesetzten ACs zu beantworten[2]. Im zweiten Schritt bewerteten wir unsere Ergebnisse in Bezug auf die Einhaltung international anerkannter Qualitätsstandards der AC-Anwendung (Task Force on Assessment Center Guidelines, 2000). Im dritten Schritt haben wir die Ergebnisse für Deutschland, Österreich und die Schweiz mit den Ergebnissen der aktuellsten Untersuchung zur AC-Praxis in den USA (Spychalski, Quinones, Gaugler & Pohley, 1997) inferenzstatistisch verglichen.

Von den 281 deutschsprachigen Organisationen, die sich an der Studie beteiligten, setzten 141 Organisationen ein AC ein. In der amerikanischen Vergleichsstudie (Spychalski et al., 1997) beträgt der Stichprobenumfang 291 Organisationen, von denen 215 Organisationen das AC einsetzten. Die höhere Anwenderquote im US-amerikanischen Raum ist darauf zurückzuführen, dass bei Spychalski et al. (1997) gezielt solche Organisationen angesprochen wurden, von denen bekannt war, dass sie ACs einsetzen. Außerdem waren in der Stichprobe von Spychalski et al. (1997) mehr größere Unternehmen als in der deutschsprachigen Stichprobe vertreten. Dies kann zusätzlich die höhere Anwenderquote des ACs im US-amerikanischen Raum erklären, da die Wahrscheinlichkeit des AC-Einsatzes mit zunehmender Unternehmensgröße steigt. Dabei ist zu berücksichtigen, dass die Organisationsgröße eine Moderatorvariable im Hinblick auf die AC-Anwendung darstellen könnte: Größeren Organisationen steht in der Regel ein höheres Budget für Personalzwecke zur Verfügung, weshalb sie höhere qualitätsfunktionale Investitionen in das AC leisten können. Die Hypothese, dass die AC-Anwendung mit der Organisationsgröße kovariiert, haben wir für die deutschsprachige Stichprobe überprüft. Diese Überprüfung zeigte, dass sich große Organisationen in der Tat von kleinen Organisationen in der Durchführung einzelner AC-Maßnahmen signifikant unterscheiden.

Aus diesem Grund war es notwendig, beide Stichproben bezüglich der Organisationsgröße vergleichbar zu machen. Um diese Äquivalenz herzustellen, haben wir alle Organisationen in der deutschsprachigen Stichprobe, die weniger als 2000 Mitglieder haben, von der statistischen Analyse ausgeschlossen. Damit sind die deutschsprachige Stichprobe und die US-amerikanische Stichprobe im Hinblick auf die Organisationsgröße weitgehend parallelisiert. Vor dem Hintergrund der näherungsweisen Parallelisierung sind unsere Ergebnisse um den Einfluss der Organisationsgröße auf die Untersuchungsergebnisse bereinigt. Ferner gilt zu berücksichtigen, dass die Unterschiede in der AC-Anwendung zwischen deutschen, österreichischen und schweizerischen Organisationen geringfügig sind (Krause et al., 2001a), so dass die zusammenfassende Ana-

---

2 Diese Unternehmensvertreter waren Bereichsleiter, Abteilungsleiter oder Gruppenleiter für Personal.

lyse der deutschsprachigen Stichprobe legitimiert ist. Unsere Ergebnisse reflektieren damit die Antworten von $N=75$ deutschen, österreichischen und schweizerischen Organisationen und von $N=215$ US-amerikanischen Organisationen, die aktuell ACs einsetzen. In beiden Stichproben stehen also große Organisationen im Zentrum der Betrachtung, die im Mittel ca. 16.000 Mitglieder haben.

19.1 Anforderungsanalyse und Anforderungsdimensionen

Konsistent mit den Richtlinien zur internationalen AC-Anwendung (Task Force on Assessment Center Guidelines, 2000) führen fast alle Unternehmen in beiden Ländergruppen eine Anforderungsanalyse durch. Typischerweise werden unterschiedliche Verfahren zur Anforderungsanalyse benutzt (siehe Abb. 2). Die deskriptive Analyse zeigt, dass im deutschsprachigen Raum eher die Vorgesetzten und selten die Stelleninhaber selbst über ihre Tätigkeit befragt werden. Fraglich bleibt dabei, ob die Annahmen von Vorgesetzten tatsächlich mit den Anforderungen des Stelleninhabers übereinstimmen oder ob vielmehr deren implizite Vermutungen über die Tätigkeit des Positionsinhabers im Anforderungsprofil reproduziert werden. Ferner wird im deutschsprachigen Raum die Critical Incident-Technik (Flanagan, 1954) selten genutzt. Da bei dieser Methode nach „kritischen" Verhaltensweisen in der jeweiligen Position gefragt wird, anhand derer erfolgreiche von erfolglosen Stelleninhabern differenziert werden können, ist sie jedoch sowohl für Vorgesetzte als auch für Mitarbeiter in besonderem Maße geeignet, um die stellenspezifischen Anforderungen im Anforderungsprofil zu bündeln.

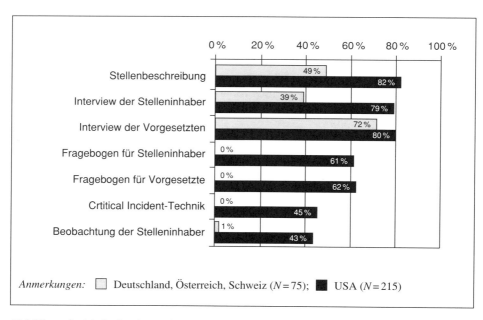

Abbildung 2: Methoden der Anforderungsanalyse

Der Vergleich[3] der angewandten Methoden der Anforderungsanalyse zeigt folgendes Bild: Stellenbeschreibungen ($\chi^2 = 30.17$, $p < .001$), Interview der Stelleninhaber ($\chi^2 = 42.15$, $p < .001$), Fragebogen für Stelleninhaber ($\chi^2 = 50.84$, $p < .001$), Fragebogen für Vorgesetzte ($\chi^2 = 147.46$, $p < .001$), die Critical Incident-Technik ($\chi^2 = 50.84$, $p < .001$) und die Beobachtung der Stelleninhaber ($\chi^2 = 43.87$, $p < .001$) werden im US-amerikanischen Raum signifikant häufiger genutzt als in Deutschland, Österreich und der Schweiz[4]. Diese Unterschiede verdeutlichen, dass die Anforderungsanalysen im US-amerikanischen Raum auf einer breiteren methodischen Basis, intensiver und damit sorgfältiger durchgeführt werden als im deutschsprachigen Raum. Die Unterschiede zwischen den Ländergruppen in der Art der durchgeführten Anforderungsanalysen weisen darauf hin, dass die Handhabung der AC-Entwicklung in beiden Ländergruppen auf einem unterschiedlichen Professionalisierungsniveau erfolgt. Diese Unterschiede können dadurch erklärt werden, dass die anspruchsvolleren Verfahren (z. B. Fragenbogen für Stelleninhaber, Fragebogen für Vorgesetzte, Critical Incident-Technik) in manchen deutschsprachigen Organisationen aufgrund des für ihre Durchführung erforderlichen methodischen Aufwands und der wahrgenommenen Praxisferne auf Akzeptanzbarrieren stoßen.

Für die Durchführung und spätere Evaluierung des ACs sind insbesondere die Anzahl und die Art der verwendeten Anforderungsdimensionen bedeutsam. Die Ergebnisse zeigen, dass ca. die Hälfte (54 %) der Organisationen im deutschsprachigen Raum mehr als acht Anforderungsdimensionen pro AC beobachtet. Damit werden tendenziell zu viele Anforderungsdimensionen beobachtet. Mit zunehmender Anzahl der Anforderungsdimensionen steigt zum einen die Gefahr, dass diese nicht hinreichend unterscheidbar sind, wodurch für die Beobachter eine interkategoriale Merkmalsdifferenzierung erschwert (Chan, 1996; Kleinmann, 1997) und ihre Informationsverarbeitungskapazität überfordert wird. So kann die Tendenz der Beobachter zu undifferenzierten Globalurteilen steigen. Zum anderen sinkt mit zunehmender Anzahl der beobachteten Anforderungsdimensionen die konvergente Validität des ACs (vgl. Thornton, Gaugler, Rosenthal & Bentson, in diesem Band). Eine überschaubare Anzahl klar definierter und gut voneinander abgrenzbarer Anforderungsdimensionen stellt im Hinblick auf die Validität des ACs eine wichtige Voraussetzung dar.

Welche Anforderungsdimensionen werden aktuell im AC beobachtet und bewertet? Zu dieser Frage stehen uns lediglich Daten aus den deutschsprachigen Organisationen zur Verfügung[5]. Tabelle 1 gibt einen Überblick über die Art der aktuell in Deutschland,

---

3 Da eine Vielzahl von Chi-Quadrat-Tests zur Untersuchung der Maßnahmenunterschiede zwischen den Ländergruppen durchgeführt wurde, wurde das Signifikanzniveau bei diesen Tests nach Bonferroni adjustiert. Mit anderen Worten: Wir berichten nur solche Unterschiede in der AC-Anwendung, in denen sich die Ländergruppen auf dem Signifikanzniveau $p < .001$ unterscheiden.

4 Die einzige Kategorie, in der sich die beiden Ländergruppen nicht unterscheiden, ist die Befragung der Vorgesetzten.

5 Die Messung der Anforderungsdimensionen erfolgte auf qualitative und quantitative Weise. Den Unternehmensvertretern wurde eine Liste mit 50 Konstrukten vorgegeben, wobei sie u. a. in freier Form jeweils angaben, was sie inhaltlich unter diesen Konstrukten verstehen. Außerdem gaben die Befragten jeweils an, ob das Konstrukt im AC beobachtet wird. Zusätzlich enthielt der Fragebogen eine offene Antwortkategorie, in der andere beobachtete Konstrukte benannt werden konnten und deren Bedeutung erfragt wurde.

Tabelle 1: Beobachtete Anforderungsdimensionen in ACs in Deutschland, Österreich und der Schweiz (aus Krause, Meyer zu Kniendorf & Gebert, 2001a)

Anforderungsdimension	Prozent der Fälle N = 141	Anforderungsdimension	Prozent der Fälle N = 141
1. Kommunikationsfähigkeit	89 %	15. Offenheit	38 %
2. Durchsetzungskraft	86 %	16. Authentizität	29 %
3. Kooperationsfähigkeit	85 %	17. Delegationsfähigkeit	29 %
4. Führungskompetenz	76 %	18. Fachwissen	14 %
5. Konfliktfähigkeit	74 %	19. Charisma	11 %
6. Problemlösefähigkeit	70 %	20. Unternehmerisches Denken	9 %
7. Systematisches Denken	65 %	21. Ambiguitätstoleranz	7 %
8. Zielorientierung	65 %	22. Motivation	6 %
9. Entscheidungsfreude	62 %	23. Lernbereitschaft	3 %
10. Belastbarkeit	59 %	24. Einfühlungsvermögen	3 %
11. Engagement	58 %	25. Argumentationsfähigkeit	3 %
12. Kreativität	46 %	26. Flexibilität	2 %
13. Organisationstalent	45 %	27. Interkulturelle Kompetenz	1 %
14. Kundenorientierung	41 %	28. Sonstiges	6 %

Anmerkung: Mehrfachnennungen

Österreich und der Schweiz diagnostizierten Anforderungsdimensionen. Wie ersichtlich ist, werden am häufigsten Kommunikationsfähigkeit, Durchsetzungskraft und Kooperationsfähigkeit beobachtet und bewertet (Krause et al., 2001a).

Die Art der derzeit am häufigsten beobachteten Merkmale zeigt, dass sie weder disjunkt noch gleichermaßen gut beobachtbar sind, so dass die diskriminante und konvergente Validität des ACs beeinträchtigt werden (Sackett & Dreher, 1982). Darüber hinaus ist die Bedeutung dieser Anforderungsdimensionen intersubjektiv keineswegs eindeutig. Beispielsweise können AC-Entwickler, Beobachter und Teilnehmer unter dem Konstrukt „Kommunikationsfähigkeit" jeweils etwas anderes verstehen. Schließlich bleibt zu fragen, ob das Standardrepertoire der aktuell beobachteten und bewerteten Merkmale der Anforderungswirklichkeit im Zeitalter der Globalisierung und Internationalisierung noch hinreichend entspricht. Möglicherweise sind im Hinblick auf sich wandelnde Bedingungen Veränderungen in den Anforderungsprofilen zu berücksichtigen, die stärker als bisher die Beobachtung von Konstrukten wie z. B. interkulturelle Kompetenz, Ambiguitätstoleranz oder Charisma bzw. Einflussnahme erforderlich machen. Genau dies geschieht aber im deutschsprachigen Raum nicht. Insbesondere ist die seltene Beobachtung der Anforderungsdimension „Charisma" überraschend, weil ein visionär-charismatisches Führungsverhalten in idealtypischen Beschreibungen nicht nur in Deutschland, sondern auch in anderen Ländern eine herausragende Führungsperson kennzeichnet (Brodbeck et al., 2000, S. 15).

Eine Veränderung der Anforderungsprofile würde sich auch aus einem weiteren Grund als funktional erweisen: Eine jüngst durchgeführte Metaanalyse (Arthur, Day, McNelly & Edens, 2003), in die 34 Studien eingingen, zeigte, dass die Reduktion eines

Sets von Anforderungsdimensionen auf sieben Dimensionen positiv mit der kriteriumsbezogenen Validität des ACs einhergeht. Diese sieben Dimensionen sind in Tabelle 2 zusammengefasst. Ganz ähnliche Anforderungsdimensionen zeigt eine weitere Metaanalyse (Bowler & Woehr, 2006), die die Konstruktvalidität folgender sechs Anforderungsdimensionen mithilfe einer Multitrait-Multimethod(MTMM)-Matrix bestätigt: Kommunikation, Einflussnahme, Organisation und Planung, Problemlösen, Bewusstheit für die Bedürfnisse anderer und Antrieb. In dieser Metaanalyse erwiesen sich außerdem bestimmte Dimensionen (Kommunikation, Einflussnahme, Organisation und Planung sowie Problemlösen) als konstruktvalider im Vergleich zu anderen Dimensionen (Bewusstheit für andere, Antrieb). Insofern wäre es nicht nur aus Gründen der Veränderungen in der Position, Organisation und Umwelt der Organisation wünschenswert, Aktualisierungen der Art der Anforderungsdimensionen vorzunehmen, sondern insbesondere aus Gründen der Gewährleistung kriterien- und konstruktvalider AC.

Tabelle 2: Konstruktvalide Assessment Center-Dimensionen (nach Arthur, Day, McNelly & Edens, 2003)

Kommunikation	Das Ausmaß, in dem jemand mündliche und schriftliche Informationen gibt, auf Fragen antwortet und mit Herausforderungen umgeht.
Consideration/ Bewusstheit für andere	Das Ausmaß, in dem die Handlungen einer Person die Berücksichtigung der Gefühle und Bedürfnisse anderer widerspiegeln, sowie das Bewusstsein über den Einfluss und die Auswirkungen der Entscheidungen, die relevant für andere sowohl innerhalb als auch außerhalb der Organisation sind.
Antrieb	Das Ausmaß, in dem jemand ein hohes Aktivitätsniveau entwickelt und beibehält, hohe Leistungsstandards setzt und auf deren Erfüllung beharrt sowie wünscht, in eine höhere Stellung aufzusteigen.
Einfluss auf andere	Das Ausmaß, in dem jemand andere überzeugt, etwas zu tun, oder einen eigenen Standpunkt einnimmt, um gewünschte Ergebnisse zu erzielen; das Ausmaß, in dem die Handlungen eher durch eigene Überzeugungen als durch die Meinung anderer beeinflusst sind.
Organisieren und Planen	Das Ausmaß, in dem jemand sich seine eigene Arbeit und Ressourcen systematisch einteilt, um eine effiziente Aufgabenerfüllung zu erreichen; das Ausmaß, in dem ein Individuum vorausblickt und sich auf die Zukunft vorbereitet.
Problemlösen	Das Ausmaß, in dem jemand Informationen sammelt, technische und professionelle Informationen versteht, Daten und Informationen effektiv analysiert, verschiedene Optionen, Ideen und Problemlösungen generiert, realisierbare Handlungsoptionen auswählt, vorhandene Ressourcen in neuer Weise nutzt und imaginäre Lösungen generiert und überdenkt.
Stress-/ Unsicherheitstoleranz	Das Ausmaß, in dem jemand in verschiedenen Situationen mit unterschiedlich starkem Druck und Widerspruch und trotz unterschiedlich schwerer Enttäuschung seine Leistungsfähigkeit aufrechterhält.

19.2 Art der Übungen

Typischerweise werden die Anforderungsdimensionen in geeigneten Übungen zu simulieren versucht. Im Hinblick auf die Art der eingesetzten Übungen zeigt unser Vergleich, dass in beiden Ländergruppen eine Kombination unterschiedlicher Übungsarten eingesetzt wird (siehe Abb. 3), wobei diese Kombination länderspezifisch variiert: Während im US-amerikanischen Raum signifikant häufiger als im deutschsprachigen Raum die Postkorbübung ($\chi^2 = 23.81, p < .001$), das Rollenspiel ($\chi^2 = 60.60, p < .001$) und psychometrische Testverfahren ($\chi^2 = 20.06, p < .001$) Anwendung finden, werden umgekehrt im deutschsprachigen Raum signifikant häufiger als im US-amerikanischen Raum Interviews ($\chi^2 = 21.16, p < .001$), Präsentationen ($\chi^2 = 42.57, p < .001$) und Fallstudien ($\chi^2 = 16.60, p < .001$) eingesetzt.

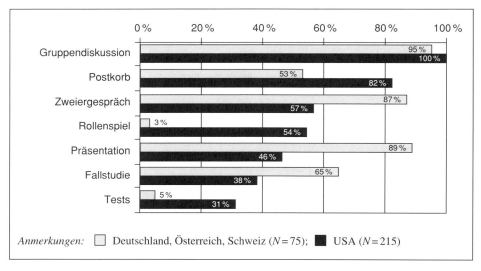

Abbildung 3: Übungsarten

Der Befund der äußerst geringen Einsatzhäufigkeit psychometrischer Testverfahren im AC im deutschsprachigen Raum spiegelt sich auch in einem Vergleich der Nutzung von Testverfahren zur Personalauswahl generell in verschiedenen europäischen Ländern wider (Schuler, 2000). Dieser Vergleich zeigte, dass sowohl bei der Auswahl von Trainees als auch bei der Auswahl von Führungskräften Leistungs- und Intelligenztests sowie Persönlichkeitstests in Deutschland am seltensten eingesetzt werden im Vergleich zu Großbritannien, Frankreich, Spanien und den Benelux-Ländern. Die geringe Anwendung von psychometrischen Testverfahren im AC in deutschsprachigen Regionen ist u. a. auch deshalb problematisch, weil der geforderten Methodenvielfalt im AC (Kersting, 2003) auf diese Weise nicht hinreichend entsprochen wird. Außerdem ist zu berücksichtigen, dass beispielsweise Intelligenztests unbestritten valide Verfahren zur Personalauswahl sind, denn sie weisen mit einer Validität von $r = .51$ (Schmidt & Hunter, 1998) eine der höchsten Validitäten im Vergleich zu anderen eignungsdiagnostischen Instrumenten auf.

Allein aus diesem Grund wäre der häufigere Einsatz von psychometrischen Testverfahren, wie etwa kognitive Fähigkeitstests, im AC zu empfehlen (vgl. Kleinmann, 2003, S. 39). Dabei ist selbstverständlich zu berücksichtigen, dass ACs eine inkrementelle Validität aufweisen, wenn sie kombiniert mit Intelligenztests eingesetzt werden (Krause, Kersting, Heggestad & Thornton, 2006). Dieser aktuelle Befund kann nicht deutlich genug unterstrichen werden, denn die gegenwärtige Personalpraxis scheint nicht mehr, sondern weniger von der Relevanz des kombinierten Einsatzes von Intelligenztests und AC überzeugt zu sein. Angesichts unserer Resultate (Krause et al., 2006) könnte sich diese Überzeugung jedoch als Irrtum erweisen.

In diesen länderspezifisch variierenden Anwendungshäufigkeiten einzelner Übungsarten zeigen sich nach unserer Interpretation kulturspezifische Besonderheiten: Im deutschsprachigen Raum hat insbesondere der Einsatz von personbezogenen Testverfahren ideologiebedingt eine geringe Akzeptanz. Personalverantwortliche in deutschsprachigen Organisationen vertreten oftmals die Meinung, dass über den Einsatz psychometrischer Testverfahren Begabungsunterschiede im Sinne unveränderlicher Traits festgeschrieben und damit auch soziale Ungleichheiten in den weiteren beruflichen Chancen reproduziert würden. Insofern ist es verständlich, dass speziell im Zuge der Anlage-Umwelt-Debatte im Europa der 60er Jahre der Einsatz von Tests als repressiv abqualifiziert wurde – ein Tatbestand, unter dem die Personalauswahlpraxis noch heute leidet. Um dennoch eine soziale Akzeptanz des ACs sicherzustellen, setzen deutschsprachige Organisationen umgekehrt häufiger solche Übungsarten ein, die stärker den Situationscharakter der Übungen betonen, die Befähigung des Umgangs mit komplexen Aufgabenstellungen testen und aktives Handeln von den Teilnehmern verlangen. Diese Übungsarten werden vermutlich als tätigkeitsspezifischer und realitätsnäher wahrgenommen, so dass ihnen eine höhere Augenscheinvalidität zugeschrieben wird.

19.3 Beobachterpool, Beobachtersysteme und Beobachtertraining

Der Beobachterpool setzt sich bei allen Organisationen aus dem deutschsprachigen und US-amerikanischen Raum aus unterschiedlichen Funktionsgruppen zusammen (siehe Abb. 4), wodurch die Beurteilung der AC-Teilnehmer auf einer breiten Basis abgesichert wird. In US-amerikanischen Organisationen sind in 49 % der Fälle Führungskräfte der Linie im Beobachterpool, außerdem Mitarbeiter aus HR-Abteilungen sowie organisationsexterne Personen – wie etwa Berater. In deutschsprachigen Organisationen fungieren signifikant häufiger als in US-amerikanischen Organisationen Führungskräfte der Linie ($\chi^2 = 52.01$, $p < .001$) und Personalexperten ($\chi^2 = 184.01$, $p < .001$) als Beobachter.

Die stärkere Integration von Linienmanagern interpretieren wir im Zusammenhang mit der spezifischen Arbeitsgesetzgebung im deutschsprachigen Raum. Sowohl Kündigungsschutzgesetze als auch die Rechtsprechung in deutschen Arbeitsgerichten verleihen der Frage der Personalauswahl und -beförderung ein erhöhtes Gewicht: Aufgrund spezifischer deutscher Rechtsnormen und deutscher Rechtsprechung sind die Langfristigkeit der getroffenen Personalentscheidungen hoch und die Reversibilität dieser Entscheidungen gering (Krause & Gebert, 2003b). Dies könnte ein Grund dafür sein, dass

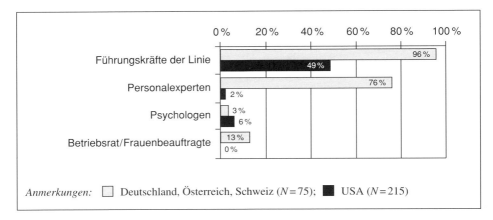

Abbildung 4: Beobachterpool

in der Hierarchie hoch angesiedelte Manager in den Personalauswahl- und Personalentwicklungsprozess stärker einbezogen werden als in den USA.

Psychologen nehmen in beiden Ländergruppen nur in Ausnahmefällen den Beobachterstatus ein. Allerdings fanden Thornton et al. (in diesem Band), dass die prädiktive Validität durch den Einsatz von Psychologen als Beobachter steigt. Insofern wäre es wünschenswert, wenn Organisationen bei der Zusammensetzung des Beobachterpools diesem empirischen Befund in der Praxis gerecht würden. Aufgrund des Betriebsverfassungsgesetzes werden im deutschsprachigen Raum außerdem Vertreter des Betriebsrats und Frauenbeauftragte als Beobachter eingesetzt.

Im Hinblick auf die Konstrukt- und Kriteriumsvalidität des ACs ist es wichtig, geeignete Beobachtungssysteme einzusetzen. Im Wesentlichen unterscheidet man zwischen Beobachtungsskalen, Verhaltenschecklisten und verhaltensnahen Beschreibungen. Bei Beobachtungsskalen werden konkrete Verhaltensindikatoren des Konstrukts auf einer meist 7-fach gestuften Likert-Skala eingeschätzt. Bei Verhaltenschecklisten entscheidet der Beobachter jeweils, ob der Teilnehmer die konkrete Operationalisierung des Konstrukts zeigt oder nicht zeigt. Bei verhaltensnahen Beschreibungen sind die Verhaltensweisen auf einer Skala einzustufen, deren Pole nicht numerisch, sondern verbal-inhaltlich definiert sind.

In der Art der verwendeten Beobachtungssysteme unterscheiden sich beide Ländergruppen (siehe Abb. 5): Deutschsprachige Organisationen setzen signifikant häufiger Beobachtungsskalen ($\chi^2 = 66.71$, $p < .001$) ein als US-amerikanische Organisationen, welche umgekehrt verhaltensnahe Beschreibungen ($\chi^2 = 40.72$, $p < .001$) signifikant häufiger einsetzen. Verhaltenschecklisten werden in beiden Ländergruppen von ca. der Hälfte der Unternehmen eingesetzt; in diesem Punkt fanden wir keine signifikanten Unterschiede zwischen den Gruppen.

Reilly, Henry und Smither (1990) belegten, dass sich die Verwendung von Verhaltenschecklisten oder verhaltensnahen Beschreibungen positiv auf die Konstruktvalidität des ACs auswirkt, weil die Beobachter eine eindeutige Zuordnung des Teilnehmerverhaltens in die jeweiligen Anforderungsdimensionen vornehmen können. Durch Beob-

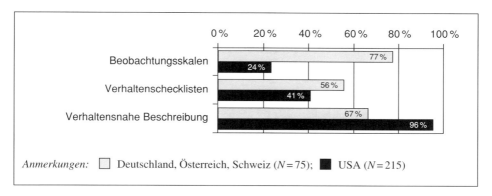

Abbildung 5: Beobachtungsverfahren

achtungsskalen werden die ohnehin nicht hinreichend trennscharfen Anforderungsdimensionen meist nur schlagwortartig reproduziert, wodurch die Heterogenität in der Bedeutungszuweisung zwischen den Beobachtern pro Merkmal steigt, was eine fehlerbehaftete Gesamtbeurteilung zur Folge hat. Insofern zeigt sich auch in den eingesetzten Beobachtungssystemen, dass US-amerikanische Organisationen methodisch adäquate Verfahren häufiger einsetzen, als wir dies für deutschsprachige Organisationen feststellen können – ein Befund, der den höheren Professionalisierungsgrad in den USA im Vergleich zu den drei europäischen Ländern erneut zum Ausdruck bringt.

Der Umgang mit den Beobachtungssystemen wird in der Regel in entsprechenden Beobachtertrainings geübt. Diesbezüglich zeigt unser Vergleich, dass fast alle Unternehmen in Deutschland, Österreich, der Schweiz und den USA separate Beobachtertrainings durchführen. Ein Beobachtertraining dauert dabei in den USA ($M = 3.84$ Tage, $SD = .74$) signifikant länger als im deutschsprachigen Raum ($M = 1,72$ Tage, $SD = .72$, t = –2.66, p < .001). Von der Dauer der durchgeführten Beobachtertrainings lässt sich jedoch nicht auf die Qualität dieser Trainings zurückschließen (Lievens, 1998). Mit zunehmender Länge der Schulung nimmt keineswegs automatisch die Qualität der vermittelten Inhalte zu. Analog zu dieser These konnte metaanalytisch belegt werden (vgl. Thornton, Gaugler, Rosenthal & Bentson, in diesem Band), dass die prädiktive Validität nicht durch die Dauer des Beobachtertrainings determiniert wird. Um Beobachter hinsichtlich ihrer eigenen Wahrnehmungsverzerrungen zu sensibilisieren und ihnen ausreichende Sicherheit in der Methode der Verhaltensbeobachtung zu vermitteln, kommt es demnach weniger auf die Länge als vielmehr auf die Qualität des Trainings an.

Im Hinblick auf die Qualität des Beobachtertrainings sind zum einen die vermittelten Inhalte und zum anderen die angewandte Methodik entscheidend. Für beide Aspekte wollen wir Vorschläge unterbreiten. Inhaltlich sollte ein qualitativ hochwertiges Beobachtertraining die Beobachter mit der Methode der Verhaltensbeobachtung sowie der adäquaten Anwendung der Beobachtungssysteme einschließlich der korrekten Skaleninterpretation vertraut machen. Dies schließt ein, dass die Beobachter Kenntnis über systematische Beurteilungsfehler bekommen – wie etwa den Halo-Effekt, Attributionsfehler, den Primacy-Effekt oder die Aktivierung impliziter Persönlichkeitstheorien – um diese reduzieren zu können. Ferner sollten die Beobachter lernen, sich pro Übung auf diejenigen Anforderungsdimensionen zu konzentrieren, die mit der Übung erfasst werden sollen, gleichzeitig aber zwischen den Anforderungsdimensionen zu differenzieren und die verschiedenen Anforderungsdimensionen unabhängig voneinander zu beobachten. Zur Erhöhung der Anschaulichkeit dieser zu vermittelnden Inhalte könnte es methodisch hilfreich sein, eine Videodemonstration vorzuführen, in der alle Beobachter die Aufgabe haben, dieselbe AC-Sequenz zu beobachten und anschließend den dargestellten Teilnehmer auf den entsprechenden Anforderungsdimensionen einzustufen. Dies kann ermöglichen, dass den Beobachtern die Unterschiede in der Beobachtung zwischen den verschiedenen Beobachtern bei der Beurteilung der gleichen Beobachtungssequenz verdeutlicht werden und sie außerdem für eigene Fehler in der Beurteilung sensibilisiert werden.

19.4 Transparenz für die und Information der Assessment Center-Teilnehmer sowie der Feedbackprozess

Bezüglich der Rechte der AC-Teilnehmer (vgl. Task Force on Assessment Center Guidelines, 2000) ist das Ausmaß relevant, in dem für die Teilnehmer Transparenz gegeben ist (vgl. Kleinmann, Melchers, König & Klehe, in diesem Band) und sie hinreichend Informationen vor Beginn des ACs erhalten. Wie unsere Resultate zeigen, werden die AC-Teilnehmer in beiden Ländergruppen über die Ziele, Anforderungsdimensionen und konkret beobachteten Verhaltensweisen im AC eher selten informiert (siehe Abb. 6, oberer Teil). In den Organisationen des US-amerikanischen Raums sind die Ziele des ACs für die Teilnehmer signifikant intransparenter ($\chi^2 = 38.60$, $p < .001$) als in deutschsprachigen Organisationen. In beiden Stichproben bleiben die Anforderungsdimensionen und die konkret beobachteten Verhaltensweisen vergleichsweise intransparent für die Teilnehmer.

Der Vergleich zwischen externen und internen ACs im deutschsprachigen Raum zeigt, dass bei externen ACs sowohl die Anforderungsdimensionen als auch die konkret eingestuften Verhaltensweisen signifikant intransparenter für die Teilnehmer sind als bei internen ACs (zu weiteren Durchführungsunterschieden zwischen internen und externen ACs im deutschsprachigen Raum siehe Krause & Gebert, 2003b). Kontraintuitiv kann dieses Ergebnis als funktional bewertet werden, da eine hohe Intransparenz bei externen ACs zur Steigerung der prädiktiven Validität führt (Kleinmann, 1997). Dieser Zusammenhang wird u. a. durch das Teilnehmerverhalten erklärbar: Teilnehmer bilden im AC Hypothesen über die Anforderungsdimensionen und relevanten Verhaltensweisen, die im Einzelfall mehr oder weniger zutreffend sein werden. Ihren Hypothesen folgend, versuchen sie sich durch Impression-Management (vgl. McFarland, Yun, Harold, Viera & Moore, 2005) möglichst optimal darzustellen. Die Fähigkeit der Teilnehmer, zutreffende Hypothesen über die verdeckten Anforderungsdimensionen und relevanten Verhaltensweisen zu entwickeln, könnte mit dem Konstrukt „soziale Urteilskompetenz" oder „Intelligenz" zusammenhängen. Dieses Gespür für sozial anerkanntes Handeln bzw. die allgemeine Intelligenz (vgl. Ackerman, Beier & Boyle, 2005; Ackerman & Heggestad, 1997) eines AC-Teilnehmers führt sowohl im AC als auch im späteren Berufsleben zu besseren Beurteilungen, so dass die prädiktive Validität steigt.

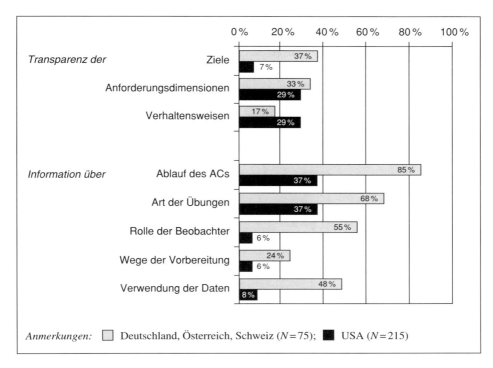

Abbildung 6: Transparenz für die und Information der Teilnehmer

Bei internen ACs wirkt sich hingegen eine hohe Transparenz der Ziele, Anforderungsdimensionen und beobachteten Verhaltensweisen für die Teilnehmer durch die Zunahme der Konstruktvalidität funktional aus (Kleinmann, 1997). Da das Ziel interner ACs überwiegend in der Potenzialdiagnose und -entwicklung besteht, kommt es hier wesentlich auf eine konstruktvalide Ermittlung individueller Stärken-Schwächen-Profile an. Nur bei hoher Konstruktvalidität der Anforderungsdimensionen lassen sich wirksame Entwicklungsmaßnahmen für den jeweiligen Teilnehmer vorschlagen. Deshalb empfiehlt Kleinmann (1997) bei internen ACs die Ziele, Anforderungsdimensionen und konkret beobachteten Verhaltensweisen für die Teilnehmer offenzulegen, bei externen ACs hingegen nicht. Allerdings könnte sich eine hohe Intransparenz bei externen ACs negativ auf die soziale Validität und damit auf die Akzeptanz des ACs (Kersting, 1998) und die wahrgenommene Fairness im AC (Gilliland, 1993) durch den Teilnehmer auswirken, weshalb diese Empfehlung überdenkenswert erscheint.

Die Richtlinien zur professionellen Durchführung des ACs (Task Force on Assessment Center Guidelines, 2000) besagen, dass die Teilnehmer vor Beginn des ACs Informationen erhalten sollten. Diese Informationen sollten Details beinhalten über den Ablauf des ACs, die Art der Übungen, die Rolle der Beobachter, Vorbereitungsmöglichkeiten und die Verwendung der Daten. Im deutschsprachigen Raum erhalten die Teilnehmer über all diese Aspekte signifikant häufiger Informationen als die Teilnehmer im US-amerikanischen Raum (siehe Abb. 6, unterer Teil). Dies wird u. a. folgenden

Grund haben: Da im deutschsprachigen Raum das Betriebsverfassungsgesetz einen Schutz personenbezogener Daten fordert und Mitbestimmungsgesetze das Verhältnis zwischen Arbeitnehmer und Organisation regulieren, wird auf die Information der Teilnehmer in deutschsprachigen Organisationen mehr Wert gelegt als in US-amerikanischen Organisationen. Diesbezüglich soll nicht unerwähnt bleiben, dass sich auch im Zuge der Anlage-Umwelt-Debatte in Europa die Auffassung durchgesetzt hat, dass zwischen Arbeitgeber und Arbeitnehmer keine vollständige Interessenkongruenz gegeben ist, sondern von einem partiellen Interessengegensatz auszugehen ist. Das Ziel der in dieser Zeit entwickelten Rechtsprechung (Mitbestimmungsgesetz, Betriebsverfassungsgesetz, Arbeitsrecht, Datenschutzgesetz) ist es, soweit wie möglich einen Interessenausgleich zwischen Arbeitgeber und Arbeitnehmer herzustellen. Dies soll auf dem Weg von in Gesetzen ausgeführten Verhandlungsprozessen geschehen, wobei dem „Arbeitsdirektor" eine vermittelnde Funktion zukommt. Besonderer Wert wird dabei auf die Wahrung der Arbeitnehmerrechte gelegt. Vor diesem Hintergrund sind spezifische juristische Regelungen zu interpretieren, die sich auch im AC widerspiegeln.

Ferner gilt, dass der in deutschsprachigen Organisationen stärker ausgeprägte institutionalisierte Kollektivismus (Brodbeck et al., 2000) im Vergleich zu US-amerikanischen Organisationen zusätzlich im Sinne einer kulturspezifischen Wertorientierung erklären kann, dass Arbeitgeber-Arbeitnehmer-Konflikte in deutschsprachigen Regionen nicht individualisiert, sondern durch entsprechende kollektive Interessenvertretungen (z. B. Arbeitgeberverband, Gewerkschaft) verhandelt werden. Durch die institutionalisierte Kollektivismus-Orientierung sind in deutschsprachigen Regionen die Rechte des Arbeitnehmers stärker geschützt als in den USA, wo demgegenüber eine stärker individualistische Orientierung vorherrscht. Auf der Handlungsebene im AC zeigt sich der stärkere institutionalisierte Kollektivismus in der stärkeren Transparenz und Informierung der AC-Teilnehmer, aber auch in der Gestaltung des Feedbackprozesses. Denkbar ist auch, dass sich die stärkere institutionalisierte Kollektivismus-Orientierung auf den Einsatz von psychometrischen Testverfahren im AC auswirkt. Wenn Personalexperten auf den Einsatz trait-basierter Testverfahren verzichten, weil sie meinen, dass sie durch deren Einsatz soziale Ungleichheiten in der zukünftigen Karriere des Arbeitnehmers reproduzieren würden, so kann auch diese Maßnahme als Indikator für den stärkeren Schutz des einzelnen im deutschsprachigen Raum im Vergleich zu den USA interpretiert werden.

Unsere Ergebnisse in Bezug auf die Gestaltung des Feedbackprozesses zeigen für den deutschsprachigen Raum das in Tabelle 3 zusammengefasste Bild. Dabei ist zusätzlich die jeweilige Zielsetzung des ACs zu berücksichtigen: Die Teilnehmer externer ACs erhalten primär mündliches Feedback, während die Teilnehmer interner Verfahren zumeist schriftlich und mündlich Rückmeldung bekommen. Das Feedbackgespräch wird in den meisten Fällen direkt im Anschluss an das AC von einem Beobachter, einem Mitarbeiter der Personalabteilung und/oder einem externen Experten geführt. Bezüglich der Dauer eines Feedbackgesprächs findet sich eine erhebliche Streuung zwischen 15 und mehr als 90 Minuten, wobei die Teilnehmer interner ACs signifikant längeres Feedback erhalten als die Teilnehmer externer ACs, was unter Gesichtspunkten der nach dem AC resultierenden Motivation und organisationalen Bindung interner Teilnehmer, aber auch der bereits getätigten Investitionen in Humankapital (Krause & Gebert, 2003b) als funktional angesehen werden kann.

Tabelle 3: Feedbackpraxis im AC in Deutschland, Österreich und der Schweiz (aus Krause, Meyer zu Kniendorf & Gebert, 2001b)

Art des Feedbacks N = 141		Dauer des Feedbackgesprächs N = 141		Wann erfolgt das Feedback? N = 141		Durch wen erfolgt das Feedback?* N = 141	
mündlich & schriftlich	50 %	≤ 15 min	11 %	direkt im Anschluss	67 %	Beobachter	62 %
mündlich	46 %	15–30 min	18 %			MA Personalabteilung	45 %
schriftlich	1 %	30–45 min	28 %				
		45–60 min	24 %	≤ 1 Wo danach	21 %	externer Experte	27 %
kein Feedback	3 %	60–90 min	16 %			direkter Chef	18 %
		> 90 min	3 %	> 1 Wo danach	12 %	sonstige Personen	3 %

Anmerkungen: min = Minuten, Wo = Woche, * Mehrfachantworten

Außerdem ist im Rahmen des Feedbackgesprächs zu berücksichtigen, dass es in einer Weise erfolgen sollte, die Akzeptanz seitens des AC-Teilnehmers findet. Bislang wissen wir nur unzureichend, ob und in welcher Weise ein Teilnehmer das Wissen, das er in Form von Feedback erhält, zukünftig berücksichtigt (vgl. Kudisch, Lundquist & Al-Bedah, 2004; Thornton & Rupp, 2006). Dennoch ist davon auszugehen, dass die Akzeptanz der Feedbackinhalte seitens des AC-Teilnehmers maßgeblich seine resultierende Arbeitsmotivation, organisationale Bindung und insofern das Image der Organisation auf dem internen und externen Arbeitsmarkt beeinflusst. Um die Akzeptanz der Rückmeldung zu erhöhen, sind nach Edison (2003) die in Kasten 1 aufgelisteten Eigenschaften des Feedbackgebers bedeutsam.

Kasten 1: Eigenschaften und Verhaltensweisen des Feedbackgebers, die zur Vorhersage der Feedbackakzeptanz der Teilnehmer dienen (nach Edison, 2003)

- Erfahrung im Feedback haben
- Anspannung der Teilnehmer lindern
- Eigene Verständlichkeit überprüfen
- Vertrauenswürdigkeit ausstrahlen
- Die zu besetzende Arbeitsstelle gut kennen
- Wärme durch nonverbales Verhalten verbreiten
- Höflichkeit/Freundlichkeit zeigen

Ferner haben sich insbesondere in US-amerikanischen Organisationen bestimmte Strategien zur Steigerung der Feedbackakzeptanz und zur Verbesserung des Feedbackgesprächs als hilfreich erwiesen (siehe Kasten 2), die vor allem bei internen Personalentwicklungs-ACs sinnvoll sind. Eine Implementierung dieser Strategien würde sich positiv auf die Akzeptanz der Rückmeldung durch den Feedbacknehmer auswirken.

Kasten 2: Strategien zur Steigerung der Feedbackakzeptanz und Verbesserung des Feedbacks (nach Poteet & Kudisch, 2003)

- Offene Diskussionen und gemeinsamen Dialog fördern
- Praktische Hilfe und spätere Unterstützung anbieten
- Vertrauen, Bedürfnis nach Identität aufbauen
- Beobachtern Verantwortung geben
- Eigenes Anliegen, Interesse und Empathie verdeutlichen
- Feedback und Coaching mit den Ergebnissen verknüpfen
- Spezifisches, verhaltensbezogenes Feedback geben
- Glaubwürdigkeit aufbauen
- Themenspezifische Diskussion ermöglichen
- Realistische, durchführbare Entwicklungspläne aufstellen
- Unaufmerksamkeit, Überreden, konfrontierende und wertende Aussagen vermeiden

19.5 Evaluation des Assessment Centers

Insgesamt ist die Häufigkeit der Prüfung statistischer Gütekriterien sowohl in deutschsprachigen als auch in US-amerikanischen Organisationen gering (siehe Abb. 10), was das geringe Ausmaß der Qualitätskontrolle (vgl. dazu Höft, 2001; Kersting, 2004) in der AC-Praxis zeigt. Dieser Befund spiegelt sich auch in der internationalen Untersuchung von Ryan, McFarland, Baron und Page (1999) wider, in der u. a. gezeigt wurde, dass Deutschland im internationalen Vergleich einen der hinteren Rangplätze in Bezug auf das Ausmaß der Qualitätssicherung von Personalauswahlverfahren einnimmt.

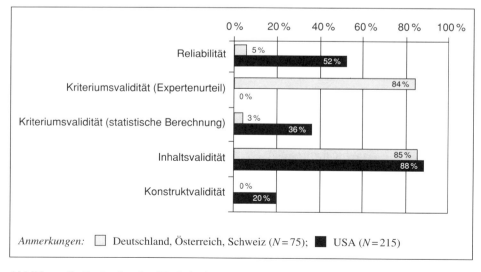

Abbildung 7: Evaluation der Gütekriterien

Unser Vergleich zeigt, dass im US-amerikanischen Raum die Reliabilität ($\chi^2 = 25.66$, $p < .001$) und Kriteriumsvalidität ($\chi^2 = 30.21$, $p < .001$) signifikant häufiger mithilfe statistischer Verfahren getestet werden als in deutschsprachigen Organisationen, wo zur „Prüfung" der Reliabilität und Validität vor allem auf sogenannte Expertenurteile zurückgegriffen wird. Diese Expertenurteile basieren auf nichts anderem als der Intuition der Personalverantwortlichen in dem jeweiligen Unternehmen. Im deutschsprachigen Raum ist besonders interessant, dass die Bestimmung der prädiktiven Validität in 84 % der Fälle durch intuitionsbasierte Expertenurteile, aber nur in 3 % der Fälle durch statistische Berechnungen erfolgt. Die intuitive und/oder erfahrungsbasierte Experteneinschätzung der prädiktiven Validität beruht auf einem qualitativen Verständnis der Experten über die Enge der Beziehung zwischen Prädiktor und Kriterium und gibt demnach den intuitiv gewonnenen Grad ihrer subjektiven Gewissheit wieder, in dem auf der Basis der AC-Leistung der spätere Berufserfolg vorhergesagt werden kann. Selbstverständlich kann diese Einschätzung und ihre Generalisierung in hohem Maße irrtumsbehaftet sein.

Die starke Diskrepanz zwischen der intendierten und der aktuellen AC-Praxis interpretieren wir mit der ideologiebedingten unterschwelligen Skepsis gegenüber trait-basierten Leistungsprognosen. Außerdem halten wir es für möglich, dass im deutschsprachigen Raum den Experten, die über hinreichendes Wissen zur Methode und statistischen Durchführung der prädiktiven Validitätsbestimmung verfügen, häufig nur eine beratende Funktion innerhalb ihrer Organisation zukommt. Das heißt, dass sie nicht über Entscheidungsvollmachten im Hinblick auf die Konzeption und Durchführung des ACs in ihrem Unternehmen verfügen – wiederum ein Ausdruck eines zu geringen Professionalisierungsgrads der AC-Praxis im deutschsprachigen Raum. In manchen deutschsprachigen Organisationen werden zudem die statistischen Verfahren zur Kriteriumsvalidierung als zu theorielastig und praxisfern eingestuft, so dass ihre Etablierung intraorganisational geringe Akzeptanz findet. Die deutschsprachigen Unternehmensvertreter realisieren häufig nicht, dass im Hinblick auf die prädiktive Validität ihre Intuition und ihre Erfahrung durch entsprechende Statistik ersetzt werden müssen.

Ferner kann das geringe Ausmaß der Kriteriumsvalidierung im deutschsprachigen Raum auch Ausdruck mikropolitischer Absicherungsstrategien sein: Aufgrund potenzieller unternehmensinterner Umstrukturierungen und Fusionen muss aus Effizienzgründen jeder Bereich seine Existenz durch entsprechende „Zahlen" legitimieren. Fällt nun aber die statistische Überprüfung der prädiktiven Validität z. B. in Höhe von $r = .30$ vergleichsweise niedrig aus, könnten die Personalverantwortlichen diese statistisch abgesicherte Information gar nicht oder nur verfälscht der Geschäftsleitung mitteilen, um sich so gegenüber Kürzungs- oder Schließungsmaßnahmen zu schützen. Konsequenterweise wird deshalb auf die Erhebung politisch riskanten Zahlenmaterials von vornherein verzichtet. Während die Inhaltsvalidität in beiden Ländergruppen etwa gleich häufig beachtet wird, gilt für die Konstruktvalidität, dass sie deutschsprachigen Unternehmensvertretern als Kategorie nahezu unbekannt ist, in US-amerikanischen Organisationen dagegen untersucht wird (siehe Abb. 7). Diese Ergebnisse zur Evaluation des ACs verweisen für beide Ländergruppen auf erheblichen Verbesserungsbedarf. Denn weder deutschsprachige noch US-amerikanische Organisationen können es sich heute angesichts der eingangs erwähnten hyperkompetetiven Umwelt leisten, ineffiziente ACs einzusetzen.

19.6 Ausblick

In diesem Beitrag erklärten wir die Maßnahmenunterschiede im AC zwischen deutschsprachigen und US-amerikanischen Organisationen durch:
1. ideologiebedingte Vorbehalte gegenüber dem Einsatz psychometrischer Testverfahren,
2. den auf der Handlungsebene geringeren Professionalisierungsgrad in deutschsprachigen Organisationen im Vergleich zu US-amerikanischen Organisationen und
3. Spezifika des Betriebsverfassungsgesetzes und der Arbeitsgesetzgebung in deutschsprachigen Organisationen.

Zusätzlich haben wir uns gefragt, ob sich hinter diesen Gründen generelle kulturelle Unterschiede zwischen den Regionen verbergen könnten, die als abstraktere Muster zur Erklärung der Unterschiede in der AC-Anwendung geeignet sind. Als erklärungsrelevant vermuten wir folgende Kulturdimensionen: hohe vs. niedrige Machtdistanz, starke vs. schwache Unsicherheitsvermeidung, Individualismus vs. Kollektivismus und externale vs. internale Kontrolle (Krause & Thornton, 2004).

Hohe vs. niedrige Machtdistanz meint den Grad, in dem die Mitglieder einer Landeskultur die ungleiche Machtverteilung zwischen Personen akzeptieren. Mit starker vs. schwacher Unsicherheitsvermeidung ist das Ausmaß angesprochen, in dem die Mitglieder einer Landeskultur unerwartete, unvorhersehbare Situationen zu reduzieren versuchen. Individualismus bedeutet, dass individuelle Interessen in der jeweiligen Landeskultur über Gruppeninteressen dominieren, während umgekehrt Kollektivismus meint, dass Gruppeninteressen Vorrang über individuelle Interessen haben. Mit externaler vs. internaler Kontrolle ist die landeskulturspezifische Kontrollorientierung angesprochen, ob also die Mitglieder einer Landeskultur meinen, dass sie selbst Einfluss darauf haben, was in ihrem Leben geschieht (internale Kontrolle), oder aber ob sie meinen, dass Geschehnisse durch personexterne Faktoren determiniert werden (externale Kontrolle; Krause & Thornton, in Druck). Momentan führen wir ein Forschungsprojekt durch, das u. a. den Einfluss dieser kulturellen Wertorientierungen auf die AC-Anwendung in Amerika, Europa, Südafrika und asiatischen Ländern erklären soll. Wie sich diese Effekte im internationalen Vergleich konkretisieren, bleibt abzuwarten.

Literatur

Ackerman, P. L., Beier, M. E. & Boyle, M. O. (2005). Working memory and intelligence: The same or different constructs? *Psychological Bulletin, 131,* 30–60.

Ackerman, P. L. & Heggestad, E. D. (1997). Intelligence, personality, and interests: Evidence for overlapping traits. *Psychological Bulletin, 121,* 219–245.

Arthur, W. Jr., Day, E. A., McNelly, T. L. & Edens, P. S. (2003). A meta-analysis of the criterion-related validity of assessment center dimensions. *Personnel Psychology, 56,* 125–154.

Bowler, M. C. & Woehr, D. J. (2006). A meta-analytic evaluation of the impact of dimension and exercise factors on assessment center ratings. *Journal of Applied Psychology, 91,* 1114–1124.

Brodbeck, F. C. et al. (2000). Cultural variation of leadership prototypes across 22 European Countries. *Journal of Occupational and Organizational Psychology, 71,* 1–29.

Chan, D. (1996). Criterion and construct validation of an assessment centre. *Journal of Occupational and Organizational Psychology, 69,* 167–181.

Edison, C. E. (2003). *From assessment center feedback to human performance improvement.* Paper presented at the 31st International Congress on Assessment Center Method, Atlanta, GA.

Flanagan, J. C. (1954). The critical incident technique. *Psychological Bulletin, 51,* 327–358.

Gebert, D. (2004). Durch diversity zu mehr Teaminnovativität? Ein vorläufiges Resümee der empirischen Forschung sowie Konsequenzen für das diversity Management. *Die Betriebswirtschaft, 64,* 412–430.

Gilliland, S. W. (1993). The perceived fairness of selection systems: An organizational justice perspective. *Academy of Management Review, 18,* 694–734.

Höft, S. (2001). Erfolgsüberprüfung personalpsychologischer Arbeit. In H. Schuler (Hrsg.), *Lehrbuch der Personalpsychologie* (S. 617–652). Göttingen: Hogrefe.

Ilinitch, A. Y., D'Aveni, R. A. & Lewin, A. Y. (1996). New organizational forms and strategies for managing in hypercompetitive environments. *Organization Science, 7,* 211–220.

Kersting, M. (1998). Differentielle Aspekte der sozialen Akzeptanz von Intelligenztests und Problemlöseszenarien als Personalauswahlverfahren. *Zeitschrift für Arbeits- und Organisationspsychologie, 42,* 61–75.

Kersting, M. (2003). Assessment Center: Erfolgsmessung und Qualitätskontrolle. In S. Höft & B. Wolf (Hrsg.), *Qualitätsstandards für Personalentwicklung in Wirtschaft und Verwaltung* (S. 72–93). Hamburg: Windmühle.

Kersting, M. (2004). Qualitätssicherung und -verbesserung: Zur Überprüfung der Gültigkeit berufsbezogener Eignungsbeurteilungen. In L. F. Hornke & U. Winterfeld (Hrsg.), *Eignungsbeurteilungen auf dem Prüfstand: DIN 33430 zur Qualitätsicherung* (S. 103–128). Heidelberg: Spektrum Akademischer Verlag.

Kleinmann, M. (1997). *Assessment Center: Stand der Forschung – Konsequenzen für die Praxis.* Göttingen: Hogrefe.

Kleinmann, M. (2003). *Assessment Center.* Göttingen: Hogrefe.

Krause, D. E. & Gebert, D. (2003a). A comparison of assessment center practices in organizations in German-speaking regions and the United States. *International Journal of Selection and Assessment, 11,* 297–312.

Krause, D. E. & Gebert, D. (2003b). Unterschiede in der Durchführung zwischen internen und externen Assessment Centern – Eine empirische Analyse. *Zeitschrift für Arbeits- und Organisationspsychologie, 47,* 87–94.

Krause, D. E., Kersting, M., Heggestad, E. & Thornton, G. C. III (2006). Incremental validity of assessment center ratings over cognitive ability tests. A study at the executive management level. *International Journal of Selection and Assessment, 14,* 360–371.

Krause, D. E., Meyer zu Kniendorf, C. & Gebert, D. (2001a). Aktuelle Trends in der Assessment-Center-Anwendung. *Wirtschaftspsychologie, 8,* 47–55.

Krause, D. E., Meyer zu Kniendorf, C. & Gebert, D. (2001b). Das Assessment Center in der deutschsprachigen Wirtschaft. *Personal – Zeitschrift für Human Resource Management, 53,* 638–642.

Krause, D. E. & Thornton, G. C. III (in Druck). Cultural values and assessment center practices in the Americas, Europe and Asian countries. *Presented at the 32nd International Assessment Center Congress*, Las Vegas, NV.

Krause, D. E. & Thornton, G. C. III. (eingereicht). Kulturelle Wertorientierungen und die Assessment Center-Anwendung. *Zeitschrift für Führung und Organisation*.

Kudisch, J., Lundquist, C. & Al-Bedah, E. A. (2004). *Accepting and applying assessment center feedback: A view from the Middle East.* Presented at the 32nd International Assessment Center Congress, Las Vegas, NV.

Lievens, F. (1998). Factors which improve the construct validity of assessment centers: A review. *International Journal of Selection and Assessment, 6,* 141–152.

McFarland, L. A., Yun, G. J., Harold, C. M., Viera, L. Jr. & Moore, L. G. (2005). An examination of impression management use and effectiveness across assessment center exercises: The role of competency demands. *Personnel Psychology, 58,* 949–980.

Poteet, M. L. & Kudisch, J. D. (2003). *Straight from the horse's mouth: Strategies for increasing feedback acceptance.* Paper presented at the 31st International Congress on Assessment Center Methods, Atlanta, GA.

Reilly, R. R., Henry, S. & Smither, J. W. (1990). An examination of the effects of using behavior checklists on the construct validity of assessment center dimensions. *Personnel Psychology, 43,* 71–84.

Ryan, A. M., McFarland, L. A., Baron, H. & Page, R. (1999). An international look at selection practices: Nation and culture as sources of variability in practice. *Personnel Psychology, 52,* 359–391.

Sackett, P. R. & Dreher, G. H. (1982). Constructs and assessment center dimensions: Some troubling empirical findings. *Journal of Applied Psychology, 67,* 401–410.

Schmidt, F. L. & Hunter, J. E. (1998). The validity and utility of selection methods in personnel psychology. Practical and theoretical implications of 85 years of research findings. *Psychological Bulletin, 124,* 262–274.

Schuler, H. (2000). Personalauswahl im europäischen Vergleich. In E. Regnet & L. M. Hoffmann (Hrsg.), *Personalmanagement in Europa* (S. 129–139). Göttingen: Hogrefe.

Spychalski, A. C., Quinones, M. A., Gaugler, B. B. & Pohley, K. (1997). A survey of assessment center practices in organizations in the United States. *Personnel Psychology, 50,* 71–90.

Task Force on Assessment Center Guidelines. (2000). *Guidelines and ethical considerations for assessment center operations.* Paper presented at the 28th International Congress on Assessment Center Methods, San Francisco, CA.

Thornton, G. C. III. & Rupp, D. (2006). *Assessment centers and human resource management.* Reading, MA: Addison-Wesley.

Die Autorinnen und Autoren des Bandes

Amaral, Dr. Grete P.
AT & T Global Network Services
Deutschland GmbH, Böblingen
E-Mail: gamaral@emea.att.com

Arthur, Prof. Dr. Winfred Jr.
Texas A & M University, Texas
E-Mail: wea@psyc.tamu.edu

Becker, Direktor Dr. Karlheinz
Sparkassenakademie Baden-Württemberg, Neuhausen a. d. Fildern
E-Mail: karlheinz.becker@sv-bw.de

Bentson, Dr. Cynthia
Seattle, Washington

Diemand, Dr. Andreas
Württembergischer Sparkassen- und Giroverband, Neuhausen a. d. Fildern
E-Mail: andreas.diemand@sv-bw.de

Fisseni, Prof. Dr. Hermann-Josef
Universität Bonn
E-Mail: hfisseni@rz-online.de

Frintrup, Andreas
S&F Personalpsychologie, Stuttgart
E-Mail: frintrup@personalpsychologie.de

Gaugler, Dr. Barbara B.
Minneapolis, Wisconsin

Gebert, Prof. Dr. Diether
TU Berlin
E-Mail: diether.gebert@tu-berlin.de

Golzem, Ingo
Sparkassenverband Baden-Württemberg, Neuhausen/Rastatt
Sparkassenakademie, Baden-Württemberg
E-Mail: Ingo.Golzem@sv-bw.de

Görlich, Dr. Yvonne
Universität Hohenheim, Stuttgart
E-Mail: goerlich@uni-hohenheim.de

Hardison, Dr. Chaitra M.
University of Minnesota, Minneapolis
E-Mail: hard0211@umn.edu

Höft, Dr. Stefan
Deutsches Zentrum für Luft- und Raumfahrt e. V., Hamburg
E-Mail: stefan.hoeft@dlr.de

Klehe, Dr. Ute-Christine
Arbeids- & Organisatiepsychologie, Amsterdam
E-Mail: u.klehe@uva.nl

Kleinmann, Prof. Dr. Martin
Universität Zürich
E-Mail: m.kleinmann@psychologie.unizh.ch

König, Dr. Cornelius J.
Universität Zürich
E-Mail: c.koenig@psychologie.unizh.ch

Krause, Prof. Dr. Diana E.
University of Western Ontario
London, Ontario, Canada
E-Mail: dkrause2@uwo.ca

Lance, Prof. Dr. Charles E.
University of Georgia, Athens, Georgia
E-Mail: clance@arches.uga.edu

Lievens, Prof. Dr. Filip
Universität Gent
Gent, Belgien
E-Mail: filip.lievens@ugent.be

Marggraf-Micheel, Dr. Claudia
Deutsches Zentrum für Luft- und
Raumfahrt e. V., Hamburg
E-Mail: Claudia.Marggraf@dlr.de

Melchers, Dr. Klaus G.
Universität Zürich
E-Mail: k.melchers@psychologie.
unizh.ch

Meriac, John Patrick
University of Tennessee
Knoxville, Tennessee
E-Mail: johnmeriac@yahoo.com

Muck, Dr. Peter M.
Universität Bielefeld
E-Mail: peter.muck@uni-bielefeld.de

Mussel, Patrick
S & F Personalpsychologie, Stuttgart
E-Mail: mussel@gmx.com

Pfeiffer, Klaus
gedas deutschland GmbH, Berlin
E-Mail: klaus.pfeiffer@gedas.de

Preusser, Ivonne
Globalpark GmbH, Köln-Hürth
E-Mail: preusser@globalpark.de

Rosenthal, Dr. Douglas B.
Job Performance Systems, Inc.
Alexandrea, Virginia

Sackett, Prof. Dr. Paul R.
University of Minnesota, Minneapolis
E-Mail: psackett@tc.umn.edu

Schuler, Prof. Dr. Heinz
Universität Hohenheim, Stuttgart
E-Mail: schuler@uni-hohenheim.de

Thornton III, Prof. Dr. George C.
Colorado State University, Fort Collins
E-Mail: thornton@lamar.colostate.edu

Woehr, Prof. Dr. David J.
University of Tennessee
Knoxville, Tennessee
E-Mail: davidwoehr@ln.utk.edu

Personenverzeichnis

Ackerman, P. L. 370, *376*
Adams, K. A. 48, *56*, 82, *103*, 110, *124*
Adler, A. 133, *144*
Adler, S. 42, *51*
Aguirre, M. *201*, 240, 254
Al-Bedah, E. A. 373, *378*
Albers, F. 318, *328*
Aldering, C. 252
Alexander, H. S. *188*
Alexander, L. D. 173, *188*
Alliger, G. M. 240, 252
Allwood, V. E. *100*, *342*, 344
Alvares, K. M. 81, *100*
Amaral, G. P. 28, 235, 239–241, 243–244, 248–251, *252*
Amato, A. 240, *255*
Amelang, M. 236, 239, *252*
Anderson, A. 93, *101*
Anderson, L. R. *200*
Arbeitskreis Assessment Center e. V. *144*, 321, *327–328*, 361
Archambeau, D. J. *100*, *200*
Arditi, V. A. 47, *53*
Arnold, J. 42, *51*
Arthur, W. Jr. 13, 15, 22–23, *33*, 37, 45–48, *51*, *57*, 81, 89, 96, 98–99, *100*, 110–113, 116, 118, *122*, *125*, 192, 199, *200*, 267, 346, 348, 356, *357*, 364–365, *376*
Arvey, R. D. 346, *357*
Asher, J. J. 62, 64, *68*
Ashton, M. C. 65–66, 69
Atchley, E. K. 99, *102*
Atchley, K. 43, *55*
Atkins, P. W. B. 43, *51*, *342*, 345
Austin, J. M. Jr. 239, *254*
Avis, J. M. 37, *54*
Aycan, Z. *357*

Baker, D. P. 81, *100*, 113, *122*, 239, *253*
Baldwin, T. T. 236–237, *253*
Bales, R. F. 155, *165*
Balla, J. R. 285, *292*
Ballantyne, I. 42, *52*
Bandura, A. 132, 134, *144*
Bangert-Drowns, R. L. 239, *254*
Barbee, J. R. 239, *253*
Barlay, L. A. 43, *52*
Barnes-Farrell, J. L. 82, *101*
Baron, H. 374, *378*
Baron, R. M. 117, *124*
Barrick, M. R. *342*, 345
Bartels, L. K. *200*
Bartussek, D. 236, 239, *252*
Bass, B. M. 239, *254*
Baumann, L. B. 99, *102*
Beatty, R. W. *201*
Beaubein, J. M. 113, *122*
Beck, D. 155–156, *166*

Becker, A. S. 82, *100–101*, 105, 113, *122*
Becker, Kh. 27, 30, 65–66, 68, 203, *232*, 256, 297, 300, 304, *311–312*
Beckmann, D. 143, *144*
Beier, M. E. 370, *376*
Belloli, C. A. *201*, 240, 254
Bender, J. M. 173, *188*
Bennett, W. Jr. 89, *100*, 121, *123*, 240, 252, 346, 348, 356, *357*
Bentson, C. 25, *34*, 36, 45, *53*, 64, *69*, 70, *79*, 81, *101*, 109, *122*, 171, 179, *189*, 192, 200, 204, 206, *232*, 235, *343*, 355, *357*, 363, 369
Bernardin, H. J. *202*
Bernthal, P. 43, *52*
Berry, J. 347, *357*
Bhagat, R. S. 346, *357*
Binning, J. F. 99, *103*
Birati, A. *202*
Bishop, R. C. 348, *357*
Bisqueret, C. 39, *55*, 351, *357*
Bliese, P. D. 43, *57*
Bobko, P. 31, *35*, 64, 67, *68–69*
Bobrow, W. 40, *52*, *200*
Boehm, V. R. 173, 177, *190*
Boeing Commercial Airplanes *327*
Bohrnstedt, G. W. 150, *166*

Bollen, K. A. 279, *292*
Bolz, C. 14, *34*
Boramir, I. 4, *36*
Borkenau, P. 243, *253*
Borman, W. C. 121, *122*, 301, *311*
Born, M. P. 37, 50, *54*, 74, *79*, 81, *100*, *102*, 113, 118, *123*, 159, *167*, 291, *292*
Bornstein, R. F. 260, *273*
Bortz, J. 235–236, 241, *253*
Boudreau, J. W. 230, *232*
Bourgeois, R. P. 174, 187, *190*
Bowler, M. C. 111, *122*, 365, *376*
Boyle, M. O. 370, *376*
Brähler, E. 143, *144*
Brandenburg, T. 334, *343*
Brannick, M. T. 81, *100*, 239, 250, *253*
Braverman, E. P. 15, *34*, 46, *53*, *201*
Bray, D. W. 8–9, *33*, *100–101*, 173, *189*
Brennan, R. L. 276, 279, *292*
Bretz, R. D. Jr. 82, *100*
Brezing, H. *253*
Brickner, M. 81, *102*
Briscoe, D. R. 38, *52*, 347–348, 350, 356, *357*
Brodbeck, F. C. 364, 372, *377*
Brogden, H. E. 229, *232*
Brostoff, M. 239, *253*
Broughton, R. 152, *168*
Brown, S. H. 172, 185, *188*
Brush, D. 301, *311*

Buck, J. A. *188*
Buffett, J. 113, *122*
Bühler, Ch. 131, 133, *144*
Bungard, W. 23, *33*, *166*
Burke, M. J. 240, *253*
Burnett, D. D. 49, *57*, 119, *125*
Burris, L. R. 239, *255*
Burroughs, W. A. 173, *188*
Buss, D. M. 152, *165*
Buster, M. A. 67, *68*
Butler, S. 348, *358*
Bycio, P. 49, *52*, 81–82, 95, *100*
Byham, T. 43, *52*, 55
Byham, W. C. 5, 8–9, *36*, 37, 39, 42, *52*, *57*, 81, *103*, 173–174, 183, 187, *188*, *190–191*, 321, *329*

Caldwell, C. *52*
Callinan, M. 62, *68*
Campbell, C. H. 121, *122*
Campbell, D. T. 10, *34*, *100*, 110, *122*, 274, *292*
Campbell, J. P. 319, *329*
Campbell, R. J. 8, *33*
Cannon-Bowers, J. A. 240, *255*
Caplan, J. R. 172, *190*
Carless, S. A. *100*, *342*, *344*
Carlson, K. D. 250, *253*
Carretta, T. R. 355, *358*
Caspar, F. 158, *168*
Cattell, R. B. 143, *144*
Chan, D. W. L. 93, 95, 98, *100*, *201*, 240, *255*, *342*, 345–346, *358*, 363, *377*

Chan-Serafin, S. 240, *253*
Chapman, J. 41, *53*
Chasteen, C. S. 120, *124*
Chawla, A. 38, *52*, 347, *357*
Cherry, R. 173, *189*
Chorvat, V. P. *100*
Christiansen, N. D. 37, 49, *53*, 120, *122*, *124*
Chung, B. 15, *34*, 46, *53*, *201*
Church, A. H. 99, *101*
Church, A. T. 346, *357*
Clause, C. 67, *69*
Cleveland, J. N. 42, *57*
Clevenger, J. P. 81, *103*
Clingenpeel, R. 173, *188*
Cober, A. 46, *55*
Coffey, H. S. 148, *166*
Cohen, B. M. 42, *52–53*, 174, 183, 185–186, *188*
Cohen, S. L. 173, *189*
Cohen, S. P. 155, *165*
Colbeck, L. 67, *68*
Collins, J. M. 45–46, *52*, *342*, 344
Conway, J. M. 37, 47–48, *55*, 110–114, *123–124*, 349
Cook, K. 43, *52*
Cooper, C. L. *69*, *167*, *255*, *292*
Cornwell, J. M. *101*, 112, *122*
Craik, K. H. 46, *52*
Crawley, B. *101*
Cronbach, L. J. 243, 276, *292*
Cronshaw, S. F. 38, *52*, 99, *101*, 347, *357*

D'Aveni, R. A. 359, *377*
Dahan, M. 81, *103*, 202

Dailey, L. 42, *52*
Dalessio, A. *103*, 113, *125*
Damitz, M. 38, 44, 50, *52*, 323, 325, *327*
Day, D. V. 50, *56*, 85, *104*, 113, *125*
Day, E. A. 13, *33*, 37, *51*, 81, *100*, 120, *122*, *124*, 192, *200*, 364–365, *376*
Day, R. R. *253*
Dayan, K. 38, 44–45, *52*, *201*
de Fruyt, F. *55*
de Vera, M. V. *122*
Deller, J. 346, *357*
Denning, D. L. 239, *253*
Development Dimensions, Inc. *34*
Dickson, M. W. 43, *57*
Diemand, A. 27, 30, 65–66, 68, 203, *232*, 251, *253*, 256, 300, 304, *311–312*
Dieterich, R. 133, *144*
Dobbins, G. H. 81, *102*
Domm, D. R. 99, *103*, 116, 121, *124*, *202*
Donahue, L. M. *101*, 112, *122*
Donat, M. 19, *36*, 263, *273*
Döring, N. 236, 241, *253*
Douthitt, S. S. 121, *123*
Doverspike, D. 46, *55*, *200*
Dowell, B. E. 42, *52*
Downs, S. 67, *68*
Drakeley, R. J. *201*, *342*, 344
Dreher, G. F. 10–11, 14–15, 24, *35*, 70, *80*, 82–83, *103*, 110–111, 121, *124*, *167*, 274, 284, *293*
Dreher, G. H. 364, *378*
Dressel, M. E. 239, *254*
Dulewicz, S. V. 240, *253*
Dunbar, S. B. 185, *189*
Dunnette, M. D. *232*

Eckardt, T. *53*
Edens, P. S. 13, *33*, 37, *51*, 81, *100*, 112, *122*, 192, *200*, 364–365, *376*
Edison, C. E. 373, *377*
Eggert, D. 143, *144*
Eid, M. *35*
Eidson, C. 43, *55*
Eißfeldt, H. 315–316, 323, *327*
Elder, E. D. 42, *52*
Ellis, R. J. 99, *101*
Endler, N. S. *145*
Engelkes, J. R. 239, *254*
Epstein, S. 119, *122*
Erwin, F. W. *342*, 344
Etchegaray, J. M. 48, *56*, 82, *103*, *124*
Eysenck, H. J. 143, *144*
Eysenck, S. B. G. 143, *144*

Fallon, J. D. 37, *54*
Farr, J. L. 86, *102*, *343*
Farr, R. M. 67, *68*
Fay, E. 239, *253*
Feij, J. A. *343*, 345
Feldman, J. M. 85, *101*, *103*
Felker, D. B. 121, *122*
Feltham, R. *201*
Fennekels, G. P. 5, *34*, 62, *68*, *144*
Ferris, G. R. *357*
Finell, G. 317, *328*

Finley, R. M. Jr. 174, 187, *189*
Fisch, R. 155–156, *166*
Fisher, G. A. 150, *166*
Fiske, D. W. 8, 10, *34*, *100*, 110, *122*, 274, *292*
Fisseni, H.-J. 5, 24, *34*, 62, *68*, 126, *144*
Fitzgerald, M. P. *202*
Flanagan, J. C. 300, *311*, 362, *377*
Fleenor, J. W. 93, 98, *101*
Fleisch, J. M. 42, *53*
Fleishman, E. A. *232*, 316, *327*
Fletcher, C. 240, *253*
Foa, E. B. 149, *166*
Foa, U. G. 149, *166*
Ford, J. K. 41, *53*, 236–237, *253*
Ford, P. 121, *122*
Forgas, J. P. 153–154, *166*
Foster, M. R. 37, *55*, 99, *102*, 109, 114, 116, 118, 120–121, *123*
Fox, S. 38, *52*, *201*
Frank, F. D. 240, *255*
Frankl, V. E. 134, *144*
Franz, M. L. von *145*
Fredricks, A. J. *101*
Freedman, M. B. 148–149, 151, *166*
Freitag, G. 239, *253*
French, N. R. 37, *55*, 99, *102*, 109, *123*
Freud, S. 133, *145*
Fricke, R. 131, *145*
Frier, D. 4, 10, 31, *35*, 330, *343*
Frintrup, A. 31, 330–331, 335, *342*
Fritscher, W. 7, *34*

Fritzsche, B. A. *201*
Fromm, E. 133, *145*
Funder, D. C. *122*
Funke, U. 6, 19, *34*, *36*, 49, *55*, 61, *69*, 147, *166*, 230, *232*, 263, *273*, 274–275, *292*, 319–320, *328–329*, *342*, 345

Gast-Rosenberg, I. 172, *190*
Gatewood, R. D. 37, *55*, 99, *102*, 109, *123*
Gaugler, B. B. III 25, 33, *34*, *36*, 37, 45, *53*, 56, 64, *69*, 70–71, *79–80*, 81–84, 86, 97, *101*, *103*, 109, 112, *122*, *125*, 171, 179, *189*, 192–195, 197–199, *200*, 204, 206, *232*, 235, 331, *343*, 355, *357*, 361, 363, 369, *378*
Gebelein, S. 42, *53*
Gebert, D. 33, 71, *79*, 359–360, 364, 367, 370, 372–373, *377*
Gelléri, P. 4, *34*
Gentry, W. A. *102*, 114, *123*
Gerpott, T. J. *232*
Gerrity, M. J. *101*, 112, *122*
Gewin, A. G. 110, *123*
Giese, F. 61, 63, *68*
Gifford, R. 153, *166*
Gill, R. W. T. 239, *253*
Gilliland, S. W. 371, *377*
Glanzmann, P. 243, *254*
Glaser, R. 131, *145*
Gleser, G. C. 276, *292*
Gniatczyk, L. A. 99, *102*

Goeters, K.-M. *167*, 315–317, 324, *327–328*
Goffin, R. D. *201*
Gohman, G. 239, *254*
Goldsmith, R. F. 41, *55*
Goldstein, H. W. 15, 18, *34*, 46, *53*, *201*
Goldstein, I. L. *358*
Gomes, M. 152, *165*
Gomez, J. J. *201*
Gooding, R. Z. 181, *190*, 192, *200*
Goodstone, M. S. 50, *53*
Görlich, Y. 22, 27–28, 61, 64–65, 67, *68*, 203, 229, 231, *232*, 256, 304, 310, *311*
Gowing, M. 39, *53*
Graf, J. 143, *146*
Grant, D. L. 8–9, *33*, *100*, 239, *253*
Grasshoff, D. 323, *327*
Gratton, L. *103*
Green, B. F. *125*
Greguras, G. J. 243, *255*
Greif, S. 65, *68*
Gruys, M. L. *52*
Guinn, S. 42, *53*
Gulan, N. C. *201*
Guldin, A. 11, 14, 23, *34*, 159, *166*
Gurtman, M. B. 152, *166*
Guterman, H. A. 49, *57*

Haaland, S. 37, 49, *53*, *122*
Haanperä, S. 238, *253*
Hacohen, D. *202*
Hager, W. *253*
Hahn, J. 81, *100*
Hakel, M. D. 56, 82, 97, *103*
Hale, B. 41, *53*

Hall, H. L. 173, *189*
Hardison, C. M. 15, 25–26, 32, 45, *53*, 64, 66, 109, 112, *122*, 192, *200*, 204, 213, 229, 235, 330–332, 345
Harel, G. H 47, *53*
Harnisch, D. L. *189*
Harold, C. M. 370, *378*
Harris, M. B. 239, *255*
Harris, M. M. 39, *55*, 81–82, 84, *101*, *103*, 113, *122*, 351, *357*
Harris, W. G. 65–66, *69*
Harville, D. L. 121, *123*
Hasselhorn, M. 237, *253*
Hattrup, K. 46, *55*
Häusler, J. *327*
Heggestad, E. D. 367, 370, *376–377*
Heinisch, D. A. 348, *357*
Heise, D. R. 150, *166*
Hell, B. 4, *36*, 147, *167*, *232*, 300, *312*
Henderson, F. 93, 98, *101*
Henderson, J. L. *145*
Hennessy, J. 50, *53*, 112, *123*
Henry, S. E. 38, *53*, 83, *103*, 112, *124*, 368, *378*
Herkner, W. 154, *166*
Herriot, P. *101*, *201–202*, *342*, 344
Hersen, M. *57*
Hezlett, S. A. 46, *56*
Hiatt, J. 38, *53*
Higgins, D. S. 152, *165*
Highhouse, S. 81, *101*
Hill, T. E. 173, *190*
Hinrichs, J. R. *101*, 174, *189*, 238, *253*

Hochreich, D. J. 132, 136–137, *145*
Hoffman, C. C. *201*
Hoffmann, L. M. *378*
Höft, S. 5–6, 14, 17, 25, 29, 31, *34*, *36*, 47, *54*, 61, *69*, 147, 156–158, 160, 163, *166–167*, 231, *232*, 236, 249, *253*, 274–275, 279, 281–282, 284, *292*, 298, 300, 310, *312*, 313, 316, 318–320, 322–326, *328–329*, 374, *377*
Hogan, J. 236, *253*
Hogan, R. 236, *253*
Holdsworth, R. 351, *358*
Holland, J. L. *311*
Hollandsworth, J. G. Jr. 239, *254*
Holling, H. 16, *36*, 65, 68
Hopkins, J. J. 173, *188*
Hörmann, H.-J. 315, 317, 324, *327–328*
Horn, R. 255
Hornke, L. F. *377*
Hough, L. M. *232*
Howard, A. 9, 38–39, 46, 48, *54*, 81, *101*, 109, 111, 121, *123*, 174, 183, 187, *189*, 348, 350, *357*
Howard, L. 38, *54*
Hoyt, W. T. 291, *292*
Huck, J. R. 39, *56*, *101*, 173–174, 183, *189*
Huffcutt, A. I. 82, 85, 89, *100*, *104*, 338, *342*
Hunter, J. E. 15, 31–32, *35*, 45–46, *56*, 64, 66, *69*, 89, 98, *101*, 112, 121, *125*, 172, 174–178, 181, 183, 185, 187, *189–190*, 193–197, *200*, 229–230, *232*, 242, 244–245, *254*, 332, 334, *342–343*, 345, 366, *378*
Hunter, R. F. 183, *189*, 342

Ilgen, D. R. 82, *101*
Ilinitch, A. Y. 359, *377*
Ingenkamp, K. 255
International Task Force on Assessment Center Guidelines. *54*, *123*
Irvine, S. H. *327*
Islam, G. 240, *253*

Jackson, G. B. 174, 187, *189*, 195, 197, *200*
Jackson, D. N. 65–66, *69*
Jacobi, J. *145*
Jacobson, L. 38, *54*
Jaffé, A. *145*
Jaffee, C. L. 41, *53*, 173, *189*, 239, *254*
Jäger, A. O. 340, *342*
Jäger, R. 255
Jansen, P. G. W. 44, *54*, 93, 98, *101*
Janz, T. 47, *53*
JAR-FCL1 *328*
JAR-FCL3 317, *328*
Jeserich, W. 5, 9, *34*
John, O. P. *168*
Johnson, C. D. 121, *123*
Johnson, R. L. Jr. 82, *103*, 113, *125*
Johnson, W. 239, *254*
Johnston, N. G. *201*
Joiner, D. A. 193, *200*
Jones, A. *201–202*, *342*, 344
Jones, R. G. 43, *54*, 81, 86, 97, *102*, 201

Joyce, L. W. *102*, 121, *123*
Judge, T. A. *342*, 345
Jung, C. G. 133, *145*
Jüttemann, G. 131, *145*

Kamp, J. 46, *52*
Kandola, R. S. 62, *69*
Kanning, U. 4, *34*
Kasten, R. 19, 38, *52*, *201*, 373–374
Kauffmann, M. 4, 10, 31, *35*, 330, *343*
Kebabjian, R. 315, *328*
Keil, E. C. 239, *253*
Keith, R. D. 239, *254*
Kelbetz, G. 15, 28, *34*, 49, *54*, 238, 240, 250–251, *254*
Kelly, G. A. 131, *145*
Kerns, M.-D. 291, *292*
Kersting, M. 16, *34*, 366, 371, 374, *377*
Kiesler, D. J. 153, *167*
Kirsch, M. 181, *190*, 192, *200*
Klauer, K. J. 131, *145*, 236, *254*, 293
Klehe, U.-C. 23, 70, 74, *79*, 308, 370
Kleinmann, M. 4–5, 11, 15, 23, 28, *34–35*, 38, 49, *52*, *54*, 70–71, 73–77, *79*, 98, *102*, 113, *123*, *145*, 238, 240, 250–251, *254*, 308, 325, *327*, 363, 367, 370–371, *377*
Klimoski, R. J. 37, 47, 50, *55*, 81, *102*, 109, 111–112, *124*, 159, *167*, 186, *189*, 235, *254*, 274, 292
Klingner, Y. 62, 64, 67, *69*, *232*, 300, *311*
Klubeck, S. 239, *254*

Knapp, D. 32, 121, *123*
Kohne, W. *54*
Kolk, N. J. 37, 48, 50, *54*, 74, 76, *79*, 81, *100*, *102*, 113, 118, *123*, 159, *167*, 291, 292
Köller, O. 49, *54*, 70–71, *79*, *102*, 113, *123*
Kompa, A. 5, *35*
König, C. J. 23, 70, 74, *79*, 308, 370
Kozloff, B. 39, *54*
Krause, D. E. 33, 71, *79*, 359–361, 364, 367, 370, 372–373, 376, *377–378*
Kreipe, K. 7, *35*
Kretschmer, E. 129, *145*
Kriska, S. D. 49, *55*
Krumm, S. *166*
Kudisch, J. D. 37, 42–43, *54–55*, 81, *102*, 373–374, *378*
Kühlmann, T. M. *56*, *358*
Kulik, C. C. 239, *254*
Kulik, J. A. 239, *254*
Kuptsch, C. 49, *54*, 70–71, *79*, 98, *102*
Kurecka, P. M. 239, *254*
Kyllonen, P. C. *327*

Ladd, R. T. 81, 99, *102*
Lambert, T. A. 110–111, 113, 116, 118, 121, *123*
Lance, C. E. 11, 15, 24, 37, 48, *55*, 99, *102*, 109–111, 113–114, 116, 118, 120–121, *123*, 267
Landy, F. J. 86, *102*
Lang-von Wins, Th. *35*, *232*, *312*
Latham, G. P. 237, *255*

Lattmann, C. 5, *35*
Lauterbach, K. 152, *165*
Laux, L. 243, *254*
Le, H. 45, *52*, *342*, 344
Leary, T. 148, *166–167*
Leichner, R. 131, *145*
Leonards, J. S. *200*
Lersch, Ph. 129, *145*
Lewin, A. Y. 359, *377*
Lienert, G. A. 63, *69*, 147, *167*, 256, *273*
Lievens, F. 21–22, 32, 37, 39, 44, 46–48, 50, *55*, 81, 85–86, *102*, 109–114, 116–117, 120, *123–124*, 159, 165, *167*, 235, *254*, 274, *292*, 346, 349, 351, *357*, 369, *378*
Lilienthal, R. A. 185, *189*
Linn, R. L. 185, *189*
Lipsey, M. S. 250, *254*
Lockwood, W. 42, *52*
Logue, P. E. 239, *254*
London, M. *124*
Long, B. *201*
Lopez, F. E. 50, *53*
Lorenz, B. 317, 323, *327*
Lorr, M. 77, *79*
Love, K. G. 348, *357*
Lovler, R. 41, *55*, 121, *124*
Lowry, P. E. 81, *102*, 121, *124*
Lucke, J. F. 150, *166*
Lundquist, C. 43, *54*, *378*
Lüth, N. 163, *167*, 322, *328*
Lynch, F. P. *201*

Mabey, B. 50, *53*, 112, *123*
Magnezy, R. 84, *103*, 113, *124*

Magnusson, D. *145*
Mähler, C. 237, *253*
Mahoney-Phillips, J. 39, *55*
Maldegan, R. M. 37, *51*, 81, *100*
Manzey, D. 38, *52*, 317, 321, 325, *327–328*
Marcoulides, G. A. 279, *292*
Marcus, B. 213, *232*
Marquardt, L. D. 173, *189*
Marsh, H. W. 285, *292*
Martell, R. F. 83, *103*
Martin, J. C. 23, 70, *103*, 173, *190*
Maschke, P. 315–317, 323–325, *327–328*
Massarik, F. *144*
Massie, E. W. *201*
Maurer, S. D. *357*
Maurer, T. 43, *55*
Mayes, B. T. 43, 50, *56*, *125*, *201*, 240, *254*
McArthur, L. Z. 117, *124*
McCarthy, J. M. 65–66, *69*
McCarthy, R. J. *188*
McConnel, J. H. 238, *254*
McDaniel, M. A. 45, *52*, 338, *342*, 344, 352, *357*
McDonald, R. P. 285, *292*
McEvoy, G. M. *201*
McFarland, L. A. 31, *35*, 49, *55*, 64, *69*, 370, 374, *378*
McIntyre, F. 238, 240, *254*
McKellin, D. B. 82, *101*
McKenzie, R. C. 229, *232*

McNelly, T. L. 13, *33*, 37–38, *51*, *54*, 81, *100*, 112, *122*, 192, *200*, 364–365, *376*
Meir, E. I. 81, *103*, 202
Melchers, K. G. 23, 70, 74, *79*, 308, 370
Mendenhall, M. *56*, 346, 356, *357–358*
Mendoza, J. L. 239, *254*
Meritt, R. *202*
Metzger, J. 38, *54*
Meyer zu Kniendorf, C. 360, 364, 373, *377*
Meyer, H. H. 239, *253*
Michaels, C. E. Jr. 81, *100*, 239, *253–254*
Milkovich, G. T. 82, *100*
Miller, G. A. 82, *103*
Mischel, W. 132, 134, *145*
Mitchel, J. O. 174, *189*
Mitchell, D. R. D. 187, *201*
Moede, W. 61, 63, *69*
Montei, M. S. 348, *357*
Moore, L. G. 370, *378*
More, W. W. 77, *79*
Morris, M. A. 48, *56*, 82, *103*, 110, *124*
Moser, K. 19, *36*, 49, *55*, 230, *232*, 263, *273*
Moses, J. L. 173, 177, 187, *188*, *190*, 238–240, *254*
Moskowitz, D. S. 150, *167*
Mount, M. K. *342*, 345
Muchinsky, P. M. 81, *103*, 186, *191*
Muck, P. M. 25, 147, *167*, *232*, 292, 300, *312*, 316

Mueller-Hanson, R. A. 40, *57*, *125*
Muldrow, T. W. 229, *232*
Münsterberg, H. 61, 65, *69*
Murray, H. A. 8, *35*, 62, 129–131, 143, *145*

Nanda, H. 276, *292*
Neidig, R. D. *103*, 173, *190*
Neuberger, O. 5, *35*
Newbolt, W. H. 37, *55*, 99, *102*, 109–110, 114, 116, *123*
Niessen, C. 240, *255*
Noble, C. L. *123*
Noe, R. A. 181, *190*, 192, *200*, *202*
Noonan, L. E. 85, *103*
Nowack, K. M. *202*
Nussbaum, A. 279, *292–293*

O'Brien, E. J. 119, *122*
O'Connell, M. S. 46, *55*
O'Connor, B. 153, *166*
O'Reilly, C. 46, *52*
Obermann, C. 5, *35*, 62, *69*
Oddou, G. 346, 356, *357*
Office of Strategic Services Assessment Staff 8, *35*
Ohly, S. 240, *255*
Olman, J. M. 50, *54*
Ones, D. S. 45, *57*, 195, *200*, *342*, 345–346, 348, 356, *357*
Orne, M. T. 70, *80*
Osburn, H. G. 48, *56*, 82, *103*, 110, *124*
Osgood, C. E. 153, *167*
Ossorio, A. G. 148, *166*

Ostendorf, F. 243, *253*
Oubaid, V. 322, *328*
Owens, W. A. *342*, 344

Paese, M. J. 42, *52*
Page, R. 374, *378*
Parker, M. L. W. *103*
Parker, T. 238, *254*
Patry, J.-P. *253*
Pearlman, K. 172, 177, 185, *189–190*, *342*, 344
Pecena, Y. 160, *167*, 316, 323, *327–329*
Pellum, M. W. 121, *125*
Pendit, V. 39, *56*
Pervin, L. A. 119, *124*, *168*
Petermann, F. *35*
Peterson, D. R. 24, 142, 144, *145*
Petty, M. M. 239, 250, *254*
Phillips, N. 147, *168*
Pilgram, M. 39, *57*
Pinder, R. *101*
Ployhart, R. E. 243, *255*
Pohley, K. A. 33, *36*, 37, *56*, 71, *80*, 81, *103*, 109, *125*, 361, *378*
Pond, S. B. III. *102*, 121, *123*
Poteet, M. L. 43, *55*, 374, *378*
Pöttker, J. 4, *34*
Povah, N. 42, *52*
Preckel, D. 74, *80*
Prenevost, W. H. *202*
Prochaska, M. 243, *255*
Pulakos, E. D. 67, *69*, 121, *122*
Pynes, J. E. *202*

Quiñones, M. A. 33, *36*, 37, *56*, 71, *80*, 81,

100, 103, 109, *125,* 361, *378*

Raatz, U. 147, *167,* 256, *273*
Rajaratnam, N. 276, *292*
Randall, E. J. *202*
Raymark, P. H. 99, *103*
Read, W. 82, *100*
Ree, M. J. 355, *358*
Regnet, E. *378*
Reibnitz, U. 73, *80*
Reilly, R. R. 46, 83, 98, *103,* 112, *124,* 368, *378*
Renner, K. 297, *312*
Renthe-Fink, L. von 7, *35*
Reynolds, D. 41, *56*
Richards, W. 41, *56*
Richter, G. M. 74, *79*
Richter, H. E. 143, *144*
Rick, S. 93, *101*
Rieffert, J. B. 7, 129, *145*
Riegelhaupt, B. J. 121, *122*
Riggio, R. E. 43, 50, *56,* 113, *125, 201,* 240, *254*
Ritchie, R. J. 177, *190,* 239, *254*
Roberts, R. E. 37, *54*
Robertson, I. T. 62, *68–69, 103, 167, 255, 292*
Robie, C. 48, *56,* 82–84, *103,* 110, 113, 118, *124*
Roch, S. 83, *104*
Rogers, C. R. 24, 138–139, 143, *145*
Rollier, T. J. 37, *54*
Rollins, J. B. 173, *188*
Ronen, S. *202,* 346, 356, *358*
Rose, M. 121, *124*

Rosenstiel, L. von 35, *232, 312*
Rosenthal, D. B. 25, *34, 36,* 45, *53,* 64, *69,* 70, *79,* 81, *101,* 109, *122,* 171, 179, *189,* 192, *200,* 204, 206, *232,* 235, 331, *343,* 355, *357,* 363, 369
Ross, J. D. *202*
Roth, E. 42, *56*
Roth, P. L. 31, *35,* 64–67, *68–69,* 338, *342*
Rothstein, H. R. *342,* 344
Rothstein, M. G. *201*
Rotolo, C. T. 37, *54*
Rotter, J. B. 24, 132, 135–137, 143, *145*
Rowland, K. M. *357*
Rumsey, M. G. 121, *122*
Rupp, D. E. 37–38, *56–57,* 359, 373, *378*
Russ-Eft, D. F. 240, *255*
Russell, C. J. 82, 97, 99, *103,* 116, 121, *124, 202*
Russell, G. *190*
Ryan, A. M. 49, *55,* 239, 243, *255,* 374, *378*

S & F Personalpsychologie 243, *255,* 334
Sackett, P. R. 10–11, 14–15, 24–26, 32, *35,* 38, 45, 47, *53, 56,* 64, 66, 70, *80,* 81–83, 96, *103,* 109–112, 114, 116–117, 121, *122, 124, 167,* 192–193, *200,* 204, 213, 229, 235, 239, *255,* 274, 284, *293,* 330–332, 345, 352, *358,* 364, *378*
Sagie, A. 84, *103,* 113, *124*

Salas, E. 240, *255,* 346, *357*
Salvador, R. 240, *253*
Salvaggio, A. N. 113, *122*
Sanchez-Ku, M. 45, *52, 342,* 344
Sarges, W. 5, *35–36,* 37, 129, *144, 146, 252, 255, 342*
Sarpy, S. A. 240, *253*
Saville, P. 351, *358*
Schaar, H. 4, *36*
Schaffner, P. 243, *254*
Schiewe, A. 315, *327*
Schleicher, D. J. 43, 50, *56,* 85, *103,* 113, 115, *125*
Schmidt, F. L. 15, 31–32, *35,* 45–46, *52, 56–57,* 64, 66, *69,* 89, 98, *101,* 112, 121, *125,* 172, 174, 185, 187, *189–190,* 193–197, *200,* 229–230, *232,* 242, 244–245, 250, *253–254,* 332, 334, *342–343,* 344, *357,* 366, *378*
Schmidt, J. A. 153, *167*
Schmidt-Atzert, L. *166*
Schmit, M. J. 243, *255*
Schmitt, N. 17, *36,* 67, *69,* 81–82, *103,* 112, *125,* 173, 181, *190,* 192, 199, *200, 202,* 346, *358*
Schneewind, K. A. 143, *146*
Schneider, B. 239, *255*
Schneider, J. R. 46, *56,* 81, *103,* 112, *125*
Scholl, W. 154, *167*
Scholz, G. 12–14, *35,* 66, *69,* 79, *80,* 338, *343,* 345

Schuler, H. 3–6, 8–15, 17, 19, 25, 27–28, 30–31, *33–36*, 47, 49, *54–55*, 61–63, 65–67, *68–69*, 79, *80*, 147, 159, *166–167*, *190*, 203–204, 213, 223, 229–230, *232*, 235–236, 238, 240–241, 243, 249–251, *252–255*, 256, 263, 267, *273*, *292*, 297–298, 300, 304, 310, *311–312*, 319, *328–329*, 330–331, 334, 338, *342–343*, 345, 366, *377–378*
Schulz, M. 41, *52*
Schulze, R. 16, *36*, 242, *255*
Schümann-Sen, M. 325, *328*
Schüpbach, H. 74, *80*
Schwert, T. 323, *327*
Sciarrino, J. A. 62, 64, *68*
Scullen, S. E. 115, *123*
Seegers, J. 39, *56*
Severin, K. 38, *52*, 325, *327*
Shane, G. S. 185, *190*
Sharpley, D. *103*
Shavelson, R. J. 276, *293*
Shechtman, Z. *202*
Shore, L. M. *103*, *167*, *202*, *329*
Shore, T. H. *103*, 157, *167*, *202*, 316, *329*
Shotland, A. 240, *252*
Siemers, S. H. *232*
Silverman, W. H. 82, 84, *103*, 113, *125*
Simoneit, M. 129, *146*
Slivinski, L. W. 174, 187, *190*

Smith, A. F. R. 41–43, *52*, *54*, *56*
Smith, D. B. 15, *34*, 46, 53, *201*
Smith, D. E. 37, *55*, 82, 99, *101–102*, 109, 113, *122–123*
Smith, F. D. 121, *125*
Smith, M. *343*
Smith-Crowe, K. 240, *253*
Smither, J. W. 83, *103*, 112, *124*, 368, *378*
Smith-Jentsch, K. A. 77, *80*
Sommer, M. *327*
Sonnentag, S. 240, *255*
Sonntag, K. *255*, *342*
Sowarka, B. H. 133, *144*
Sparks, C. P. *342*, 344
Speas, C. M. 239, *255*
Spector, P. E. 46, *56*
Spielberger, C. D. 243, *254*
Spychalski, A. C. 33, *36*, 37, 42, *56*, 71, *80*, 81–82, *103*, 109, *125*, 361, *378*
Stahl, G. K. 44, *56*, 348, *358*
Stanley, J. C. 280, *293*
Staw, B. 46, *52*
Stehle, W. 9, 25, *33*, *35–36*, *69*, *190*, 223, *232*, *343*
Steininger, K. 314, *329*
Stelling, D. 314, 318, 326, *329*
Stern, W. 24, 135–137, 143, *146*
Stevens, J. 239, *254*
Stoop, B. A. M. 44, *54*, 93, 98, *101*
Strauss, B. *35*
Strickland, W. J. 173, 186, *189*

Strittmatter, P. *145*
Struth, M. R. 240, *255*
Stumpf, S. 5, *36*, *166–167*, *328*
Suci, G. J. 153, *167*
Sulsky, L. M. 85, *103*
Sünderhauf, K. 5, *36*, *167*, *328*
Swann, W. B. 117, *125*

Tannenbaum, P. H. 153, *167*
Tannenbaum, S. I. 240, *252*
Task Force on Assessment Center Guidelines *358*, 360, *378*
Task Force on Assessment Center Standards 174, *190*
Taylor, P. A. 240, *255*
Teachout, M. S. 121, *125*, 355, *358*
Tedeschi, J. K. 70, *80*
Temblay, P. F. 65–66, *69*
Tett, R. P. 49, *57*, 119, *125*
Thacker, J. *200*
Thayer, P. W. *102*, 121, *123*
Thibodeaux, H. F. 37, *54*
Thomae, H. 24, 131, 134, 140, 143, *145–146*
Thomas, A. *166*
Thomas, J. L. 43, *57*
Thomas, L. *342*, 344
Thomas, M. A. 45, *52*
Thoresen, J. D. 40, *57*, *102*, 114, 121, *123*, *125*
Thorndike, R. L. 352, *358*
Thornton, G. C. III. 5, 8–9, 15, 21–22, 25–

26, 33, *34*, *36*, 37–40, 42, 45, *52–53*, *56–57*, 64, *69*, 70, *79*, 81–84, *101*, *103*, 109, 112, 120–121, *122*, *125*, 157, *167*, 171, 173–174, 179, 183, 187, *189*, *191*, 192, *200–202*, 204, 206, 213, *232*, 235, 316, 321, *329*, 330–331, *343*, 355, *357*, 359, 363, 367–369, 373, 376, *377–378*
Timmermann, B. 324, *327*
Trapmann, S. 4, *36*
Trapnell, P. D. 147, 150, *168*
Traxer, H. 240, *252*
Trobst, K. K. 158, *168*
Trost, G. *253*
Truxillo, D. M. *101*, 112, *122*
Tubre, T. C. 81, 99, *100*
Tuggle, T. 348, *358*
Turnage, J. J. 81, *103*, 186, *191*
Tuzinski, K. 47, 109, 111–112, 114, 116–117, 121, *124*
Twisk, T. 348, *358*
Tyler, K. 347, *358*
Tziner, A. 81, *103*, 202

Vagt, G. 241, *255*
van Dam, K. 46, *55*
Van der Berg, P. T. *343*
van der Flier, H. 37, 50, *54*, 74, 79, 81, *100*, *102*, 113, 118, *123*, 159, *167*, 291, *292*
van Keer, E. 55, *102*, *357*
Vance, C. A. 46, *56*
Venardos, M. G. 239, *255*
Viera, L.Jr. 370, *378*
Viswesvaran, C. 45, *57*, 195, *200*, *342*, 346, 348, 356, *357*

Wagner, C. C. 153, *167*
Wall, C. 236, *255*
Ware, A. P. 46, *52*, 63
Warmke, D. L. 331, *343*
Warr, P. 50, *53*, 112, *123*
Warrenfeltz, W. 42, *53*
Webb, N. M. 276, *293*
Wenninger-Muhr, J. 314, *329*
Wernimont, P. 319, *329*
Wesley, S. 121, *124*
Wexley, K. N. 237, *255*
Whetzel, D. L. *357*
White, G. M. 153–154, *167*
Whitmore, M. D. 43, *54*, 97, *102*, *201*
Widaman, K. F. *125*
Wigdor, A. K. *125*
Wiggins, J. S. 147–152, 158, 161, *167–168*
Wilkerson, B. 43, *55*
Wilson, D. B. 250, *254*
Wilson, L. 39, *57*
Winborn, B. B. 239, *254*
Wingrove, J. 202
Winterfeld, U. *377*
Wirtz, M. 158, *168*
Woehr, D. J. 15, 22–23, 37, 48, *51*, *57*, 81, 82, 83, 85, *100*, *103–104*, 110–113, 116, 118, *122–123*, *125*, 267, 365, *376*
Wolf, B. *377*
Wonderlic Personnel Test, Inc. 255
Wood, R. E. 43, *51*, *342*, 345
Woods, S. B. 82, *103*, 113, *125*
Wottawa, H. *342*
Wundt, W. M. *168*

Yang, H. 352, *358*
Yates, R. E. *103*, 173, *190*
York, K. M. 43, *52*
Yun, G. J. 370, *378*
Yusko, K. P. 15, *34*, 46, *53*, *201*

Zedeck, S. 46, *52*
Zenner, M. 239, *254*
Zierke, O. 317, 326, *329*
Zoogah, B. 49, *52*

Sachverzeichnis

Affiliation 152–156
Akzeptanz 223, 367, 371, 373
Akzeptanzbarriere 363
Anforderungs-Verfahrens-Matrix 283
Anforderungsanalyse 300
– Methoden 363
– Verfahren 362
Anforderungsdimension 11, 147, 157, 274, 301, 303, 363–366, 368–371
– erkennen 78
– interpersonale 165
– Transparenz 23
Anforderungsprofil 156–160, 163, 282, 314, 316, 362, 364
Anlage-Umwelt-Debatte 367, 372
Ansatz
– eigenschaftsorientierter 319
– simulationsorientierter 319
– trimodaler 17, 19, 20, 204
Anzahl der Dimensionen und Übungen 89
Arbeitsgesetzgebung 367, 376
Arbeitsprobe 22, 61, 121, 340
– Fairness 67
– inkrementelle Validität 66
– Validität 64
– zur Leistungsbeurteilung 65
Arbeitsproben-Aufgabe
– inhaltsvalide 121
Arbeitssimulation 62, 63
Artefaktverteilung 195
Assessment Center (AC)
– als Kriterienmaß 43
– Anforderungen 70, 282, 283, 362
– Aufgaben 6, 61, 351
– Beurteilung 12
– Dimension 351
– dynamisiertes 252
– Entwicklungs- 42, 43

– Erfahrung 49
– interkulturelle Einsatzmöglichkeiten 347
– Konstruktvalidität 70, 75, 81, 109, 112, 274, 291
– kulturspezifische Ausgestaltung 359
– kulturübergreifende Anwendung 347
– kulturübergreifende Standardisierung 359
– Richtlinien zur internationalen Anwendung 362
– Technologien 40
– Übungen und Persönlichkeitstheorie 141
– und dialogische Kommunikation 132
– und Verhaltensänderungen 130
– unter einer persönlichkeitstheoretischen Sicht 129
– Ursprung 129
– Verbreitung 3
– virtuelles 40
– Vorerfahrung 49
– zur Entsendung von Mitarbeitern ins Ausland 346
– Zweck der Durchführung 85, 92
AT & T-Studie 8, 15
Attributionsfehler 369
Aufgabeneffekt 114, 121
– Methodenfehler- und situationsspezifische Interpretation 115
– situationsspezifische Interpretation 114, 116
Aufgabenfaktor 112, 116, 119
Aufgabenparallelität 257
Aufgabentyp 40
Augenscheinvalidität 236, 252, 367
Auslandseinsatz 32
Austauschtheorie
– soziale 149

Bare-bones-Metaanalyse 196
Belastbarkeit 163, 164
Beobachter 84, 85, 90, 274, 284, 291
– Beruf 91
Beobachterpool 367
Beobachterrotationsplan 284, 288
Beobachterschulung 91, 93
Beobachtertyp 50
Beobachterübereinstimmung 268
Beobachtungssystem 274, 368, 369
Berufseignungsdiagnostik
– trimodaler Ansatz 17
Berufsgrunduntersuchung 317
Berufsleistung 205, 206
Betriebsverfassungsgesetz 372, 376
Beurteiler 84, 85, 350
Beurteilereffekt 118
Beurteilerfehler 117
Beurteilungsdimension 14, 82
Beurteilungsmethode
– aufgabeninterne 110
Beurteilungssystem 316
Bewertungsmaßstab
– individueller 291
Bezugsrahmen
– konzeptioneller 152
biografischer Ansatz 301

Charakterologie
– Konzept 129
Circumplex
– interpersonaler 148, 150, 151, 156, 165
Circumplexansatz 158, 159
Circumplexdarstellung 162
Circumplexmodell 148, 150
common rater variance 291
Computerteamtest 318

Daseinstechnik 140
Daseinsthema 140
Dauer der Beobachterschulung 92
Dekomponierung 278
Designfaktor 98
Designverbesserungs-Ansatz 113

Deutsches Zentrum für Luft- und Raumfahrt e.V. (DLR) 156, 165, 313
Diagnostik
– multimethodale 326
Dimension 39, 47, 48, 82, 90, 110, 121, 122, 349, 351
– Anzahl 91, 96, 97
Dimensionsbeurteilung 114, 120
Dimensionseffekt 118
Dimensionseinschätzung 47
Dimensionsfaktor 81, 84, 112, 116
Dimensionsurteil 118, 120
DIN EN 180 9001 322
DIN 33430 273, 377
DLR-Auswahlprogramm für Nachwuchsflugzeugführer 281
Dominanz 152–156
Drittvariable 246, 249

Effektstärke 241
Eigenschaftsansatz 301
Eigenschaftskriterien 208
Eignungsdiagnostik
– konstrukt- bzw. eigenschaftsorientierter Ansatz 147, 319
– multimodale 30
– simulationsorientierter Ansatz 147, 319
– trimodaler Ansatz 204
eignungsdiagnostische Kette 30, 298, 299
Einsatzhäufigkeit 10
Einsatzzweck 3, 5
Empathie 138
Engagement 163, 164
Entwicklung, historische 7
Entwicklungs-Assessment Center 42, 43
Ergebniskriterien 208
Erhebungsdesign 276, 277
– unvollständiges 279
Erwartung 136
Evaluation 203

Facette
– genestete 276
– konfundierte 276
– überkreuzte 276

Facettenanalyse 149
Facettentheorie 150
Fairness 371
Fallstudie 366
Feedback 249, 250, 372, 373
Firmenqualifikation 318
Fluglotse 314
Flugzeugführer 314
– Auswahlprogramm 317
Forschung
– Grundkonzepte aus empirischer F. 137
Fremdbild
– Unterscheidung von Selbstbild 139
Funktion
– „latente" 5

Gegenstand 3
Generalisierbarkeitsstudie 284
Generalisierbarkeitstheorie 276
Gesamturteil
– leistungsbezogenes 120
Gesamtvarianz 277
Geschlechterunterschied 267
Gestaltungsmerkmal 89
Gewissenhaftigkeit 333
Gruppendiskussion 239, 318, 335
Gütekriterien 374

Halo-Effekt 369
Halo-Fehler 291
Handlungskompetenz 157
Heerespsychologe, deutscher 129
Humankapital 372

Image 373
Impression-Management 49, 370
Integrität 333
Intelligenz 13, 334
– allgemeine 13
– praktische 76
Intelligenztest 15, 66
Interaktionsmodell
– circumplex-orientiertes 164
Interessentest 308
Interkorrelation
– von Rollenspielen 268

interne Auswahl 203
Interpersonaler Circumplex 25
Interpersonalität 147
Interview 239, 366
– halbstandardisiertes 127, 128
– multimodales 335
Intransparenz 370
Intuition 375

Job-Analysis Survey 316

Kandidatenverhalten
– situationsübergreifende Spezifität 119
Klassifikation 203
Klassifikationsentscheidung 210
Kollektivismus
– institutionalisierter 372
Kommunikation 153, 154
– dialogische 133
Kompetenz
– interkulturelle 348
– soziale 157, 160, 333
Konfundierung 287
Konstruktfehlspezifizierung 99
Konstruktvalidierung 17, 153
Konstruktvalidität 10, 14, 23, 24, 29, 48, 70, 71, 75, 81, 110, 111, 113, 114, 119, 147, 156, 159, 265, 274, 291, 365, 368, 371, 375
– Parallelität 269
Konstruktvaliditätsparadox 117
Konstruktvaliditätsproblem 112, 113, 116, 117
Konstruktzusammenhang 338
Kontext
– kulturübergreifender 38
– multinationaler 38
Konvergenz
– zwischen Person und Umwelt 137
Konvergenzlehre 136
Konzepte
– eignungsdiagnostische 319
Kooperation 160, 161, 163–165
Koordination 160–165
Kovarianzmatrix 280

Kriteriums-/Kriterienmaß 176, 352
Kriteriums-/Kriterienreliabilität 176, 375
Kriteriumsvalidität 375

Ländervergleich 33
Laufbahnplanung 30
– und Entwicklungsplanung 297
Leistungsbeurteilung 206
Leistungsmotivation 333
Leistungspotenzial
– Einschätzung 128
Leistungsprognose
– trait-basierte 375
Leistungssteigerung 251
Leistungstest
– klassischer 127
Leistungsurteil
– dimensionsspezifisches 120
Lerntheorie
– sozial-kognitive 132
Linienmanager 367
Logistiktest 335
Luftfahrtpersonal 314

Machtdistanz 376
Mechanismus
– interpersonaler 148, 149, 151
Merkmal
– designbezogenes 105–108
Messtheorie
– kriteriumsorientierte 131
Messung
– multimodale 299
Metaanalyse 25, 26, 28, 81, 88, 90, 97, 171, 172, 194, 197, 242, 244, 364, 365, 369
– der konvergenten und diskriminanten Validität 91, 92
Methode
– aufgabeninterne 118
– aufgabenübergreifende 118
Methodenfaktor 81, 86, 88–90
Methoden- und Designfaktoren 95
Methodenfehler-Interpretation 114
– der Aufgabeneffekte 114

Methodenvielfalt 366
Mitbestimmungsgesetz 372
Modalität 19, 20, 21
– Eigenschaften 19, 20
– Ergebnis 19, 20
– Verhalten 19, 20
Modell
– circumplex-orientiertes 160
Modellgütetest 279, 285
Moderator 186
Moderatorvariable 173, 177, 182, 184
MTMM-Analyse 284, 291
MTMM-Ansatz 96
MTMM-Forschungsdesign 114
MTMM-Methode 87, 88
MTMM-Methodologie 121
Multimodalität 15
– Prinzip 300, 301, 304
Multiplizismus 16
Multitrait-Multimethod-(MTMM-) Analyse 274
Multitrait-Multimethod-Design 109
Multitrait-Multimethod-Matrix (MTMM) 10
Multitrait-Multimethod-Methodologie 24

Need-Press-Theorie 130
Netzwerk
– nomologisches 152
Nutzen
– monetärer 229

Observer drift 158
OSS-Verfahren 8

Parallelität
– Bewertung 260, 271
– der Konstruktvalidität 269
Parallelitätsaspekt 259
Parallelitätsprüfung
– empirische 262
Paralleltest 256
Paralleltest-Reliabilität 236
Parallelverfahren 28, 29, 326

Peer-Rating 186
Peer-Urteil 325
Performanzsteigerung 251
Person-Person-Beziehungen 142
Personalauswahl 366
Personalentscheidung 297
Personalentwicklung 42
Personalpsychologie
– multimodaler Ansatz 298, 300
– trimodaler Ansatz 298, 300
Persönlichkeit 126
– Fünf-Faktoren-Modell 25
Persönlichkeitsinventar 323
Persönlichkeitsmerkmal 14
Persönlichkeitsprofil 324
Persönlichkeitstest 14, 25
Persönlichkeitstheorie 24, 127, 141
– biografisch orientierte 130
– humanistische 133
– implizite 369
– interaktionale 134
– keine einheitliche 134
– nicht situative Übungen 142
– nicht situative Übungen und spezielle P. 143
– psychodynamische 133
– situative Übungen 142
– Teilnehmer 139
– zielorientierte 131
Post-Aufgaben-Dimensionsrating 110
post-exercise dimension rating 110
Postkorbübung 366
Potenzialanalyseverfahren 203
Potenzialdiagnose 371
Potenzialeinschätzung 208
Potenzialentwicklung 371
Praktikabilität 223
Präsentation 366
Primacy-Effekt 369
Probearbeit 62, 63
Probezeit 62
Professionalisierungsgrad 369, 376
Professionalisierungsniveau 363
Prozess 334
Prozesseffizienz 32
Prozessmodell 131

– der Person 131
– zur Urteilsbildung 274

Qualitätskontrolle 374
Qualitätsmanagementsystem 321
Qualitätssicherung 374
Qualitätsstandard 33, 361

Rahmenmodell 152
Rationalisierung 326
Rechtsprechung 372
Regressionseffekt 241
Reliabilität 27, 28, 235, 251, 338, 375
– von Kriterien 173
Retestreliabilität 236, 238
Rollenspiel 239, 318, 366
– paralleles 256

Schulung der Beobachter 85
Selbstbild
– Unterscheidung von Fremdbild 139
Selbsteinschätzung 308
SEM-Modell
– g-theoretisches 281
Simulation
– inhaltsvalide 121
Simulationsansatz 301
Simulatortest 319
Situation
– psychologische 136
Situationscharakter 367
Situationsspezifität 181
Steuerung 160–165
Stichprobenfehler
– zweiter Art 242
Strukturgleichungsmodell
– lineares 279
Strukturierung
– aktuelle 140
– chronische 141
– temporäre 141
– thematische S. individueller Lebensphasen 140
Subjektivität
– kontrollierte 133
SYMLOG 155, 156, 161

Teilnehmer-pro-Beobachter-Verhältnis 96, 97
Teilnehmerakzeptanz 236
Teilnehmerpersönlichkeit 128
Testtheorie
– klassische 276
– kriteriumsorientierte 279
Testverfahren 366, 367, 372, 376
– arbeitsprobenartiges 62, 63
Testvorbereitung 326
Testwiederholungseffekt 326
Trainierbarkeit 238, 240
Training 322
– bezugsrahmenorientiertes 164
– computerbasiertes 322
Trait 367
– interpersonaler 151
Trait-Aktivierung 49
Transferprozess 236
Transparenz 70, 71, 74, 370
Transparenzprinzip 133

Übung 366
Übungseffekt 28
Übungsfaktor 84
Unsicherheitsvermeidung 376
Urteilsbildung
– klinische 321, 327
Urteilsdimension 13
Urteilskompetenz
– soziale 370

Validierung 203, 220
Validierungsstudie 323
Validität 27, 31, 44, 47, 171, 187, 192, 235, 360, 375
– Analysemethoden zur Untersuchung konstrukt- und kriterienbezogener V. 94
– Belege kriterienbezogener V. 94
– diskriminante 10, 11, 23, 29, 83, 90–93, 96, 97, 99, 105–108, 111, 113, 120, 147, 158, 165, 364
– diskriminante V. der Dimensionen 84–86

– Generalisierbarkeit 172, 173, 179, 181, 183
– höchste 366
– inhaltliche 109
– inkrementelle 6, 13, 15, 18, 22, 31, 32, 45, 47, 66, 355, 367
– konstruktbezogene 81, 84, 85, 87, 88, 93, 95, 98
– konvergente 10, 11, 23, 29, 90–93, 96, 97, 99, 105–108, 111, 113, 120, 147, 158, 165, 363, 364
– konvergente V. der Dimensionen 83–86
– kriteriums-/kriterienbezogene 22, 44, 81, 88, 93, 95, 98, 192, 197, 198, 365
– Metaanalyse 91, 92
– Moderatoren konstruktbezogener 86
– prädiktive/prognostische 25, 26, 76, 171, 172, 179, 180, 187, 355, 368, 369, 370, 375
– situationsspezifische 185
– soziale 9, 223, 298, 371
– Verminderung der beobachteten V. 199
– von AC-Dimensionen 192
– von Arbeitsproben 64, 66
Validitätsparadox 99
Validitätssicherung 347
Varianz
– Dekomponierung der beobachteten V. 278
Varianzanalyse
– mit zufälligen Effekten 279
Varianzkomponente 277, 286, 290
– relative 279
Varianzkomponentenschätzung 29, 279
Verfahren 274
– anforderungsanalytisches 302
– Bedeutsamkeit und Erfüllungsgrad von Anforderungen 300
– Bewertung durch die Assessoren 225
– Bewertung durch die Teilnehmer 225
– biografieorientiertes 319

– Unterscheidungsmerkmale eignungs-
  diagnostischer 19
Verfahrensarrangement
– multimethodales 321
Verfahrenselement 5
Verhaltensbeobachtung 369
Verhaltensbeschreibung 160
Verhaltensdiagnose 165
Verhaltensdimension 82, 83, 109
Verhaltensgleichung 136
Verhaltenskategorie
– situationsübergreifende konsistente 120
Verhaltenskriterien 206
Verhaltensmodell 164
Verhaltenspotenzial 136

Verhältnis Teilnehmer pro Beobachter 83, 91
Verstärkerwert 136
Videodemonstration 370
Vorauswahl 32, 331
Vorbereitung 242, 250
Vorbereitungseffekt 326
Vorerfahrung 49, 242, 250
Vorgehensweise bei der Beurteilung 91

Wahrnehmung
– interpersonale 154

Zielsetzung 5
Zielverhalten 121

Heinz Schuler
Yvonne Görlich

Kreativität

Ursachen, Messung, Förderung und Umsetzung in Innovation

(Reihe: »Praxis der Personalpsychologie«, Band 13)
2007, VI/112 Seiten,
€ 19,95 / sFr. 32,–
(Im Reihenabonnement
€ 15,95 / sFr. 25,80)
ISBN 978-3-8017-2028-5

Kreativität stellt ein entscheidendes Anforderungsmerkmal oder Trainingsziel für eine Vielzahl beruflicher Tätigkeiten dar. Der Band geht auf die verschiedenen Aspekte von Kreativität ein und stellt geeignete diagnostische Verfahren zur Messung von Kreativität vor. Da das Zustandekommen von Kreativität nicht nur von persönlichen Eigenschaften, sondern auch von Merkmalen der Lebens- und Arbeitssituation abhängt, werden verschiedene Möglichkeiten zur Förderung von Kreativität in Organisationen aufgezeigt.

Hermann-Josef Fisseni
Ivonne Preusser

Assessment-Center

Eine Einführung in Theorie und Praxis

2007, VIII/297 Seiten,
€ 29,95 / sFr. 48,90
ISBN 978-3-8017-2036-0

Das Assessment Center (AC) hat sich in den letzten Jahren zu einem der wichtigsten Auswahl- und Förderinstrumente entwickelt und neben den klassischen Rekrutierungs- und Potenzialerfassungsmethoden eine bedeutsame Stellung im Personalbereich erworben. Der Band stellt praxisorientiert das Konzept des ACs dar. Er informiert über organisationsspezifische Rahmenbedingungen, Weiterentwicklungen des Verfahrens sowie die breite Palette der Anwendungsmöglichkeiten. Zahlreiche Praxisbeispiele geben konkrete Hilfestellungen bei der Entwicklung und Veränderung von eigenen ACs.

Fritz Westermann (Hrsg.)

Entwicklungsquadrat

Theoretische Fundierung und praktische Anwendungen

(Reihe: »Psychologie für das Personalmanagement«)
2007, 262 Seiten,
€ 39,95 / sFr. 64,–
ISBN 978-3-8017-2034-6

Der Band bietet die erste systematische Aufarbeitung der Methode des Entwicklungsquadrates. Dabei werden sowohl theoretische Grundlagen als auch praxisnahe Beiträge mit zahlreichen Anwendungsbeispielen dargestellt, die dem Leser ein umfassendes Bild der Möglichkeiten dieser Methode vermitteln. Innovative Ansätze werden z.B. zu folgenden Themenfeldern vorgestellt: Assessment Center, Führungskräfteentwicklung, Gutachtenerstellung, Konfliktdiagnose und -moderation, Teamentwicklung, Führungs- und Managementtrainings sowie Zielvereinbarungen.

Lutz von Rosenstiel
Dieter Frey (Hrsg.)

Marktpsychologie

(Enzyklopädie der Psychologie,
Serie »Wirtschafts-, Organisations- und Arbeitspsychologie«, Band 5)
2007, XXVII/882 Seiten, Ganzleinen,
€ 169,– / sFr. 262,–
(bei Abnahme der gesamten Serie
€ 149,– / sFr. 231,–)
ISBN 978-3-8017-0583-1

Der Band stellt Theorien und Forschungsbefunde zu Konsumententypologien und Entscheidungsprozessen von Konsumenten dar. Die Beeinflussung der Konsumenten durch Produkt- und Imagegestaltung, durch Marktkommunikation und Werbung sowie durch die Wahl der Absatzwege wird erörtert. Auch marktpsychologische Fragen, wie die Frage nach der Wirtschaftsberichterstattung und ihrer Wirkung, nach der Sozialisation von Konsumenten oder nach dem Konsumentenschutz, finden eine fundierte Beantwortung.

Hogrefe Verlag GmbH & Co. KG
Rohnsweg 25 · 37085 Göttingen · Tel: (0551) 49609-0 · Fax: -88
E-Mail: verlag@hogrefe.de · Internet: www.hogrefe.de

Heinz Schuler (Hrsg.)
Lehrbuch der Personalpsychologie
2., überarbeitete und erweiterte Auflage 2006,
VII/892 Seiten, Großformat,
€ 69,95 / sFr. 118,–
ISBN 978-3-8017-1934-0

Uwe Peter Kanning
Diagnostik sozialer Kompetenzen
(Reihe: »Kompendien Psychologische Diagnostik«, Band 4)
2003, 138 Seiten,
€ 19,95 / sFr. 33,90
ISBN 978-3-8017-1641-7

Das erfolgreiche Lehrbuch liegt nun in einer überarbeiteten und erweiterten Auflage vor. In 27 Kapiteln wird das Gesamtgebiet der Personalpsychologie aufgezeigt. In der Neuauflage wurden Kapitel über Persönlichkeit und berufsbezogenes Sozialverhalten, über Selbstmanagement und über Einfluss, Konflikte und Mikropolitik ergänzt. Ein neuer Buchabschnitt zur „Evaluation" bietet nun Information über die Erfolgsüberprüfung personalpsychologischer Arbeit, den Nutzen verbesserter Personalentscheidungen sowie über Qualitätsstandards und rechtliche Aspekte der Personalauswahl.

Soziale Kompetenzen bilden die Basis für Wohlergehen und Erfolg im zwischenmenschlichen Bereich. In der Wirtschaft zählen soziale Kompetenzen daher zu Recht zu den sog. Schlüsselqualifikationen. Der Band gibt einen ebenso anschaulichen wie praxisnahen Einblick in die unterschiedlichsten Methoden zur Diagnose sozialer Kompetenzen.

Michael Paschen
Anja Weidemann
Daniela Turck
Christian Stöwe
Assessment Center professionell
Worauf es ankommt und wie Sie vorgehen
2., erweiterte Auflage 2005,
311 Seiten, geb.,
€ 39,95 / sFr. 69,90
ISBN 978-3-8017-1937-1

Uwe Peter Kanning
Standards der Personaldiagnostik
2004, 607 Seiten, geb.,
€ 49,95 / sFr. 86,–
ISBN 978-3-8017-1701-8

Mit Hilfe dieses Buches können bestehende Assessment Center (AC) differenziert bewertet und optimiert sowie hochwertige AC selbst erstellt und durchgeführt werden. Das Buch liefert Anleitungen zur Konzeption und Übungserstellung, ausführliche Argumentationshilfen für die interne Kommunikation, Einladungsschreiben für Teilnehmer oder fertige Konzepte für Beobachtertrainings.

Auf dem Hintergrund der 2002 verabschiedeten DIN 33430, die grundlegende Qualitätsstandards für die berufsbezogene Eignungsbeurteilung festschreibt, vermittelt dieser Band praxisorientiert die Grundlagen einer professionellen Personaldiagnostik. In anschaulicher Weise wird der Prozess der Entwicklung neuer Verfahren von der Anforderungsanalyse bis hin zur Evaluation des wirtschaftlichen Nutzens beschrieben. In Form von so genannten »Standards« werden konkrete Handlungsanweisungen für die Praxis gegeben.

www.hogrefe.de

HOGREFE

Hogrefe Verlag GmbH & Co. KG
Rohnsweg 25 · 37085 Göttingen · Tel: (0551) 49609-0 · Fax: -88
E-Mail: verlag@hogrefe.de · Internet: www.hogrefe.de